알렉시아드
황제의 딸이 남긴 위대하고 매혹적인 중세의 일대기

안나 콤니니 | 지음
장인식, 여지현, 유동수, 김연수 | 옮김

Preface 작가의 말

　시간은 저항할 수 없이 쉼 없이 움직여, 빛 아래 창조된 모든 것을 쓸어버리고 집어삼켜, 완전한 어둠 속으로 빠뜨린다. 가치가 없는 것이든, 강력하고 기념할 만한 가치가 있는 행동이든 가리지 않는다. 극작가의 말처럼, '가려져 있던 것에 빛을 가져오고, 드러나 있던 것을 우리에게서 가린다*.'

　그럼에도, 역사에 관한 이야기는 이 시간의 흐름에 맞서는 거대한 방파제이다. 이 저항할 수 없는 파도를 가로막으려 하면서, 수면에 떠다니는 것은 무엇이든 단단히 움켜쥐고 망각의 구렁텅이 속에 빠지지 않도록 한다.

　이제, 나는 다음의 사실을 밝힌다. 나, 안나는 알렉시오스 황제와 이리니 황후의 딸로 포르피로옌니티**다. 그리스어를 매우 열심히 공부했고, 이에 문학을 어느 정도 알고 있다. 사실, 수사학도 이해하고 있다. 아리스토텔레스의 논문과 플라톤의 대화록을 독파했을 뿐 아니라, 내 정신을 사과(四科)***로 굳건히 하였다. (꼭 언급해 둘 만한데, 지식에 대한 나의 열정과 천성을 통해 타고난 것, 저 위에서 하느님이 나누어 주신 것을, 시간 들여 이뤘다고 언급하는 것이 자랑은 아니리라).

---

*　소포클레스의 『아이아스』
**　콘스탄티노폴리스 부콜레온 궁정의 자줏빛 산실에서 태어난 자식이라는 뜻으로, 동로마 제국에서 재위하는 황제와 황후 밑에서 태어난 황녀를 의미한다. 황자는 포르피로옌니토스로 불렸다.
***　quadrivium; 기하학, 음악, 천문학, 산술학으로 중세 기초 학문 네 가지

계속하자면, 내가 이 글을 쓰는 목적은 침묵 속에 잠기거나 시간의 흐름에 휩쓸려 망각의 바다로 쓸려가서는 안 될 내 아버지의 위업에 대한 기록을 남기는 것이다. 그가 황제로서 이룬 업적뿐 아니라, 제위에 오르기 전 다른 이들을 섬기면서 한 일들까지도.

이를 기록함으로써 작가로서의 내 기량을 과시하려는 의도는 없다. 오히려 내가 중요하게 여기는 것은 너무나도 찬란했던 그의 일생이 미래 세대를 위해 기록되어야 한다는 점이다. 가장 위대한 공적이라 할지라도 역사라는 기록을 통해 보존되고 보호받지 못한다면, 싸늘한 침묵 속으로 사라질 테니 말이다. 내 아버지의 행적은 그 자체로 지도자의 능력을 증명하며, 나아가 정당한 권위에 따를 준비도 되어 있었다는 것을 보여준다.

그의 일생에 대한 이야기를 쓰기로 마음먹은 후, 근본적인 의문이 나를 두렵게 한다. 의심과 험담을 내뱉는 자들은 내가 아버지에 대한 역사책을 쓰는 것이, 나 자신을 드높이려는 것이고, 내가 제시하는 역사적 사실들은 완전히 잘못된 것이며, 공허한 칭송에 불과하다고 얘기하는 것이 아니겠냔 것이다. 또 한편으로는, 만약 그가 취한 몇몇 행동을 비판해야 하는 상황에 대해, 그를 탓하는 것이 아니라 행위의 본질을 비판하는 것인데도 그런 나의 의도를 비웃을 사람들이 두려워진다. 그들은 악의와 시기로 가득 차 있기에, 모든 것을 질투하고 올바른 것을 인정하지 못한다. 그리고 내 면전에서 노아의 아들 '함'의 이야기*를 들이밀며 호메로스처럼, '무고한 이를 탓할 것이다.'라고 말할 것이다. 그러나 역사가로서 해야 할 역할을 맡은 자라면 마땅히 개인적인 호오는 제쳐두고 걸맞은 행동을 해야 했다. 적을 극찬하는 일도 종종 있을 것이며, 식구들의 행동이 잘못되었고 질책당해 마땅하다면 비판하는 일도 종종 있을 것이다. 친구들을 비난하거나 적을 칭찬할 때 주저해서는 안 된다. 나는 실제 일어난

---

* 함은 아버지 노아가 술에 취해 벌거벗고 자는 것을 본 뒤, 이에 대해 떠벌리고 다녔다. 아버지를 비판하는 것이 패륜적이라는 공격을 당할지 모른다는 의미에서 이 이야기를 인용하고 있다. 창세기 9장 18~27절

일들의 증거와 직접 목격한 자들의 증언을 찾았으니, 양쪽, 즉 나에게 모욕당한 자들과 나를 반기는 자들을 모두 만족시킬 수 있을 것이다. 지금 살아있는 어떤 이들의 아버지나 할아버지들이 실제 목격자다.

내 아버지의 행적에 대한 기록을 남기겠다고 결심한 이유는 이러하다. 나는 브리엔니오스 가문의 자손이자, 동시대인과 비교해 눈에 띄는 미남이며, 대단히 현명하고 언변이 능숙한 카이사르* 니키포로스의 정실부인이었다. 그를 보거나 그의 말을 듣는 것만으로도 기뻤다. 하지만 지금은 본 글에서 엉뚱한 길로 빠지지 말고 주제에 초점을 맞추자. 그 시대 가장 뛰어났던 남편은, 황제인 내 동생 요안니스가 군대를 이끌고 야만인들과 맞설 때, 그리고 안티오히아**를 차지했던 자들과 싸울 때 함께 싸웠다. 고난과 압박 속에서도 카이사르는 글쓰기에 소홀하지 않았으며, 훌륭한 수필을 몇 편 썼다. 역경과 전쟁이 잠시 소강상태에 접어들어 역사와 문학을 연구할 기회가 있을 때마다 그는, 황후***의 총애 하에서 내 아버지, 그리고 로마인의 황제인 알렉시오스의 치세에 대한 역사책을 편찬하려고 했다. 나아가 황후의 뜻을 따라 더 이전 시기의 역사부터 다루기 시작했으니, 로마인의 황제인 로마노스 디오예니스부터 시작해 알렉시오스 시대까지 다루려 한 것이다.

디오예니스가 통치할 때 내 아버지는 막 눈부신 유년기를 맞이한 때였고, 아이 때 한 일을 칭송할 것이 아니라면 기록할 만한 일은 전혀 없다.

카이사르의 계획은 글에서 분명히 드러나며 내가 적은 바와 같다. 그러나 그의 소망은 이루어지지 못했고 역사로 기록되지 못했다. 니키포로스 보타니아티스 황제까지 기록한 후, 더 나아갈 기회가 찾아오지 않았기 때문이다. 나는 이러한 이유로 아버지가 한 일을 온전히 기록하여, 미래 세대가 이토록 중요

---

* 동로마 최고위직 중 하나로 주로 황제의 아들이나 가까운 친인척이 받았다. 여기서는 지은이의 남편 소小 니키포로스 브리엔니오스를 가리킨다.
** 현재 튀르키예의 안타키아
*** 알렉시오스 1세 콤니노스의 황후 이리니 두케나(1066~1138)

한 위업을 알게 하려는 것이다.

카이사르의 글을 접해본 사람이라면 누구나 그 글의 우아한 구조와 매력을 알겠지만, 앞서 언급했듯이 내 아버지가 통치하던 시기에 대해 그는 초안만 반쯤 완성한 채로 귀국했다. 아아! 치명적인 병과 함께 돌아왔다. 군인으로 살아가며 끝없이 고생하고 지나칠 정도로 많이 원정을 떠났으며 우리를 너무나도 걱정했기 때문이리라. 그는 걱정이 몸에 배어 있었고 쉴 줄 몰랐다. 여기에 여러 혹독한 기후를 겪었던 것도 그의 죽음에 한몫했으리라. 시리아인과 킬리키아인에 맞서 원정에 나섰을 때 그의 몸 상태는 정말 좋지 않았다. 시리아에서 건강이 나빠지기 시작해, 킬리키아, 팜필리아, 리디아와 비티니아 등 기나긴 여정을 거친 뒤에야 부종을 안고서 우리가 있는 콘스탄티노폴리스로 돌아올 수 있었다. 그는 이 역경 속에서 겪은 모험의 비극적인 이야기를 생생하게 들려주려 했으나, 병 때문에 그럴 수 없었다. 우리 역시 허락되지 않았으니, 이어갈 수 없었다. 아버지와 대화 중 자칫 부종이 심해지지는 않겠냐는 두려움이 있었기 때문이다.

여기까지 쓰고 나니 넋이 나갈 것 같고 눈물이 앞을 가린다. 오! 로마 제국을 위해 자문할 이를 잃고야 말았구나! 오, 그의 지혜와 경험에서 얻은 지식이여! 문학에 대한 지식, 그리고 나라 안팎에서 익힌 방대한 지식이여! 왕의 자리뿐 아니라 더 드높고 신성한 자리에 걸맞던, 그의 우아한 풍채와 아름다운 얼굴을 생각하노라!

나에 대해 말하자면, 포르피라에서 태어난 이래 내 삶은 행운과는 거리가 멀었지만, 황제와 황후가 부모인 채로 태어난 것만큼은 행운이 내게 웃어주었다는 것을 부인할 사람은 없을 것이다. 다만, 그 외의 인생은 골칫거리와 변화로 가득했다. 오르페우스는 노래로 돌과 나무, 그리고 모든 살아있지 않은 자연물을 움직일 수 있었다. 피리 연주자였던 티모테오스*는 알렉산드로스에게 오르티아노스**를 연주하여, 그 마케도니아인이 전투에 주저 없이 칼을 집어 들고 무장할 수 있도록 고취하게 해 주었다. 내 고통에 관한 이야기는 무언가를 움직이지는 못할 것이며 누군가 무장하고 전쟁에 나서게 하지는 못할 것이나, 듣는 이를 눈물 흘리게 하고 살아있거나 살아있지 않은 자연물에서도 동정을 끌어낼 수 있을 것이다. 분명 카이사르를 슬퍼하는 내 마음과 때 이른 그의 죽음은 내 영혼의 가장 깊은 부분까지 닿았으며, 그 상처는 내 깊숙한 본질까지 꿰뚫었다. 이 끝없는 재앙과 비교하면, 이전에 겪었던 어떠한 불운도 대서양이나 아드리아해의 파도에 떨어진 한 방울 빗물이라 할 만하다. 그것들은 그저 나중에 찾아올 고통의 전주에 불과했으며, 이 맹렬한 용광로와는 설명할 수 없는 화염, 이 끔찍한 불길이 찾아올 것을 경고하는 불씨에 불과했다. 아아! 장작이 없어도 타올라 내 마음을 잿더미로 만드는구나! 가장 비밀스러운 곳까지 태워버리고도 사그라지지 않고, 내 심장을 태우고, 불길의 손아귀가 내 골수까지 붙잡고 영혼을 갈라놓았는데도 겉모습은 멀쩡히 남겨두고 있구나! 이제 보니 이런 감정 때문에 본래의 주제에서 벗어나고 말았다. 카이사르를 언급하고 그를 애도하고 있자니 참담할 정도로 슬프다.

    이제 눈물을 닦아내고 슬픔에서 벗어나 내 임무를 계속할 것이다. 극작가가 말했듯이 '한 재앙은 또 다른 재앙을 불러오는 법이니 여자여, 눈물 흘릴 일이 두 번 있을 것이다***.' 그토록 위대한 황제의 생애를 공개하자니 찬란한 미덕과 빛나는 능력이 떠올라 뜨거운 눈물이 흐르고, 온 세계가 나와 함께 흐느낄 일이다. 그를 떠올리고 그 치세에 대해 알리는 것은 내게는 비통한 일이지만, 다른 이들은 자신들이 잃은 것이 무엇인지 떠올릴 수 있을 것이다.

---

*   고대 그리스 마케도니아 왕조 때 알렉산드로스 대왕의 밑에서 활동한 음악가. 티모테오스가 아테네를 향한 군가를 연주해 어린 알렉산드로스를 흥분시켜 무기를 잡게 한 일화가 있다.
** 아테나에게 헌정된 군가다. 1세기 로마 연설가 디온 크리소스토모스의 연설문 I 에서 언급되는 일화
*** 에우리피데스의 『헤카베』 518절

이제 내 아버지의 역사책을 시작해야겠다. 서사가 완벽하게 분명하고 사실에 기반을 둔 지점에서 시작하는 것이 가장 좋을 것이다.

서구 최초의 여성 역사가 안나 콤니니는 동로마 제국 황제 알렉시오스 1세의 장녀로, 남편 니키포로스 브리엔니오스가 사망한 뒤 수도원에 은거하며 대략 1148년경부터 『알렉시아드^{Αλεξιάς}』를 집필하였다. 작가의 말에 설명했듯이 니키포로스는 로마노스 4세 디오예니스 황제부터 시작해 역사책을 써 알렉시오스 1세까지 다루려고 했으나, 1137년 사망하여 마무리하지 못했다. 이에 안나는 완성되지 못하고 남은 시기를 집필했으며, 이를 통해 완성된 『알렉시아드』는 한 황제의 통치 시기를 무려 15권에 걸쳐 서술했다는 점에서 역사상을 풍부하고 세세하게 알 수 있는 귀중한 역사책이다.

안나는 참전했던 사람들의 증언 등에 기반을 뒀다고 썼고, 아버지 생전에도 정치적·사회적 역할을 맡았기에 당대의 관료나 공문서 등에 접근할 수 있었을 것이다. 그러한 점에서 동시대의 다른 역사책에 비해 신빙성이 떨어지지 않으나, 시대적 한계까지 극복한 것은 아니다. 당시 동로마 제국은 서쪽으로는 노르만인, 동쪽에서는 튀르크인과 전쟁을 치르고 있었고, 그 때문인지 안나는 외국인에 대해 상당한 적대감을 드러내고 있었다. '야만인'이라 부르는 것은 물론이고, 이들 인종의 본성에 대해 평가하는가 하면, 십자군 지도자들의 이름을 '내가 왜 기억하려고 애써야겠냐'라고 기술하기도 한다. 마찬가지로 십자군 전쟁에 대한 서술 역시 십자군에서 남긴 기록과는 상충하는 부분이 적지 않다. 예를 들어 안나는, '황제가 베르망두아 백작 위그 1세를 환대하였고 큰 선물을 주었다.'고 썼지만, 기욤 드 티레는 '황제는 그를 도둑이나 살인자처럼 죄수로 가둬두었다.'고 썼고, 『켈트인들의 업적$^{Gesta Francorum}$』에서는 '디라히온의 둑스가 위그를 붙잡았고....'라고 기록했다. 그럼에도 『알렉시아드』는 동로마 제국 상류층이 십자군 전쟁을 어떻게 바라보았는지 알 수 있다는 점에서 상당한 가치가 있는 만큼, 현대 관련 연구서를 참조하며 읽으면 큰 도움이 될 것이다.

안나는 이 책을 고전 그리스어로 문학 작품처럼 집필했으며, 여러 고전과 성경을 풍부하게 인용했다. 이번 한국어 번역은 엘리자베스 도스Elizabeth Dawes가 1928년 영어로 번역한 영어 번역본에 기반하고 있다. 엘리자베스 도스는 최대한 원문에 가깝게 번역하고자 동어반복이나 중복으로 서술되는 구절 등도 그대로 살려 번역했는데, 한국어 번역에서는 독자들의 편의를 위해 그런 부분은 정리하였다. 또한 맥락 없이 이해하기 어려운 부분이나 인용구 등에 대해 역주를 거의 남기지 않고 1929년 조지나 버클러Georgina Buckler 박사가 출판할 책을 참고할 것을 권했는데, 한국어 번역에서는 그런 부분이 있으면 역주를 달아두었다.

일러두기

1. 원서는 안나 콤니니^(Άννα Κομνηνή)(1083~1153)의 『Αλεξιάς』이고, 한국어 번역서는 원서와 엘리자베스 도스^(Elizabeth Dawes)(1864~1954)가 1928년에 번역한 영역서를 기반으로 하였다.

2. 번역 작업은 작가의 말, 3~8장, 14~15장을 장인식, 9~12장을 여지현, 1~2장을 유동수, 13장을 김연수가 진행하였다

3. 작가의 말, 5권, 12권, 15권에 수록된 옮긴이(장인식)의 말은 박스 처리하여 본문과 구분지었다.

4. 외국 인명과 지명은 국립국어원의 외래어 표기법을 따르되 원어와 심하게 발음 차이가 날 경우 원어 발음을 따른다.

5. 본문의 외국 인명과 지명은 원어와 병기하지 않는 것을 원칙으로 하나, 본문과 각주에서 필요할 경우 원어와 병기하거나 원어 그대로 표기하였다.

6. 출생지와 위치에 따라 인명과 지명을 표기했으나, 출생지가 불분명한 인물이나 위치가 불분명한 장소는 중세 그리스어로 호칭을 통일했다. 단, 라틴어 같이 관용적으로 굳어진 용어는 관용어를 그대로 쓴다.

7. *표시를 붙인 각주는 한국어 번역가의 주이다.

8. 본문 중간에 '....' 이라고 표기된 구절은 원문이 일부 파손되어 삭제된 구절이다.

목차

작가의 말 2p

1. 제국의 총사령관이 된 소년 12p

2. 콤니노스의 거사 60p

3. 새로운 황제 앞에 놓인 문제들 98p

4. 노르만인의 침공 130p

5. 전쟁의 불길은 커져가고 150p

6. 제국의 승리와 또다른 전운 178p

7. 페체네그와의 전쟁과 위태로운 제국 214p

8. 레부니온 전투와 내부의 적들 246p

9. 밖으로는 튀르크 안으로는 디오예니스 270p

10. 이교도와 이민족, 그리고 십자군 '대격변' 298p

11. 십자군의 진군과 활동 340p

12. 제국의 반역자, 그리고 노르만 공격자 378p

13. 다가오는 암살자, 패배하는 노르만 408p

14. 동방에서의 갈등과 이단의 준동 452p

15. 찾아온 평화와 이단과 죽음 488p

가계도 535p

인물설명 536p

지도 542p

축사 543p

1권
제국의 총사령관이 된 소년

알렉시오스의 어린 시절부터
보타니아티스의 마지막 통치 시기까지

I. From Alexius' Youth to the Last Months of Botaniates' Reign

1

 내 아버지 알렉시오스 황제는 제위에 오르기 전부터 로마 제국을 위해 위대한 헌신을 이어 나갔다. 아버지는 로마노스 디오예니스 황제 시절부터 군사 원정을 시작했다. 그는 동시대 사람들 사이에서 주목받는 인물이었으며, 위험을 마다하지 않는 성격이었다. 그는 14살이 되었을 때부터 디오예니스 황제를 따라 고된 페르시아 원정에 떠나고 싶어 안달이 나 있었다. 그는 야만인들에 대한 적대를 갈망하며 선언하였고, 야만인들과 싸우게 된다면 자신의 검이 그들의 피로 목을 축이게 할 것이라 맹세하였다. 그만큼 그는 소년 시절부터 호전적인 성격이었다. 하지만, 디오예니스 황제는 그가 수행하게 허락해 주지 않았다. 알렉시오스의 맏형, 마누일이 최근에 죽어 그의 어머니가 슬퍼하고 있었기 때문이다. 마누일은 로마를 위해 크게 존경할 만한 업적을 행해 왔던 위대한 사람이었다. 당시 알렉시오스의 어머니는 장남 마누일이 어디에 묻혔는지조차 알지 못했다. 마음이 편치 않을 수밖에 없었다. 그런 상황에서 알렉시오스까지 전쟁에 나선다면, 어머니는 아들에게 무슨 일이 일어날까 두려워할 것이고 다른 아들마저 타향에서 죽을까 걱정할 수밖에 없을 터였다. 그렇기에 황제는 어린 알렉시오스에게 어머니께 돌아가라고 타일렀다. 알렉시오스는 자기 병사들과 헤어져 집으로 돌아가야 했지만, 향후 그가 달성할 업적에 대한 수많은 가능성을 보여주고 있었다. 그는 디오예니스 황제가 축출당한 이후, 새로 즉위한 황제 미하일 두카스의 치세에 루셀의 반란*을 진압하는 과정에서 자신의 기개를 보여주었다.

이 남자는 프랑크 태생으로 로마군에 입대해 성공 가도를 달리고 있었다. 그는 동향 사람들과 외국인들을 모아 큰 규모의 군대를 만들었고, 이내 주변에서 감당하기 어려운 폭군이 되었다. 당시 로마인들의 헤게모니가 도전받던 시절이었고, 행운의 여신은 튀르크족을 향해 다가가고 있던 시절이었다. 로마인들은 발에 쌓인 먼지가 흩어지듯 무너져 내리고 있었고, 바로 그 순간 루셀도 제국을 향한 공세를 시작했다. 루셀이 가진 폭군 기질과는 별개로, 침체되어가던 제국의 정세는 그가 대놓고 폭정을 펼치도록 더욱 부추겼다. 그는 제국령 동부 지역 대부분을 황폐화했다.

용맹함과 전쟁 및 전술에 대한 식견으로 무장한 수많은 사람이 그를 토벌하기 위해 나섰다. 그러나 루셀은 오랜 경험을 가진 그들조차도 당황하게 만드는 인물이었다. 루셀은 몸소 공격을 이끌어 마치 유성과도 같은 공격으로 적들을 무찌르고, 어떤 때에는 튀르크군의 엄호를 받으며, 적들이 저항할 수 없게 했다. 그러한 방식으로 그는 인근의 강한 족장들을 제압하고, 그들의 팔랑크스를 혼란에 빠트리기도 했다. 그 당시 내 아버지 알렉시오스는 형의 지휘 하에서 코메스로 복무했다. 그의 형 이사키오스는 동, 서 군대의 총사령관이었다**.

야만인들이 벼락처럼 달려들며 침략해 오고, 로마의 운명이 경각에 달해 있

---

*   루셀 드 바이욀의 반란. 튀르크인, 후대 룸인들이 우르셀로 부른다.
** 메가스 도메스티코스 디시오스 톤 아나톨리스. 제국 동부 서부의 육군 총사령관을 의미하는 것으로 추측된다.

던 그 시기, 나의 총명한 아버지 알렉시오스는 루셀에 저항할 수 있는 유일한 사람으로 여겨졌다. 그렇기에 미하일 황제는 아버지를 불러들여 절대적인 군사 지휘권을 일임했다. 그는 장군과 사병으로 복무하던 시절의 군사훈련 경험을 최대한 되살리기 위해 노력했다. 하지만 그에게는 충분한 시간이 없었다. 다행스럽게도 그는 부지런했고, 머리도 빠르게 돌아갔기에, 그를 믿고 징집에 응한 로마인들은 그가 옛말처럼 '수염이 갓 자라기 시작했을*'만큼 어렸는데도 군사 경험이 정점에 달했다고 생각했으며, 내 아버지를 아이밀리우스, 스키피오, 또는 카르타고의 한니발**과 같이 여겼다. 그들의 바람대로 이 젊은이는 무엇이 묘수이고 무엇을 먼저 실행해야 하는지 정확히 알고 있었다. 그는 파죽지세로 로마인들을 압박하던 루셀을 금방 사로잡았고, 겨우 며칠 사이에 제국 동부 속주들의 정세를 회복시켰다. 그가 루셀을 사로잡은 방식은, 카이사르가 적은 연대기의 두 번째 책에서 자세히 다룬 바 있지만, 나는 내가 다루는 역사 내용의 한도 안에서만 언급하려 한다.

2

야만인 투투쉬가 동쪽에서 대규모의 군대를 이끌고 로마인들의 땅을 점령하러 내려왔다. 루셀의 군대는 상당한 규모였고 잘 무장되어 있었음에도 알렉시오스에게 밀려 요새를 차례차례 잃기 시작했다. 루셀은 내 아버지 알렉시오스보다 정교한 전술을 구사하는 능력이 부족했기 때문이다. 결국 그는 투투쉬에게 의지하기로 했다.

루셀은 절망적인 상황 아래 투투쉬와 대면 계획을 잡았다. 그는 투투쉬에게 친교와 동맹을 맺을 것을 간곡히 청했다. 하지만 알렉시오스 장군은 이 야만인

---

* 막 수염이 자라는 16~18세의 청소년을 의미하는 로마 속담
** 아이밀리우스는 마케도니아를 정벌한 로마 장군, 스키피오는 카르타고를 정벌한 로마 장군이다. 한니발은 로마를 여러 차례 패퇴시킨 카르타고의 영웅이다.

을 이기기 위해 한발 앞선 전략을 생각해냈다. 알렉시오스는 루셀보다 먼저 투투쉬에게 접선해 온갖 미사여구와 선물, 모든 수단을 동원해 그를 구워삶았다. 이렇듯 알렉시오스는 보통의 사람들보다 훨씬 뛰어난 재주로, 이런 불가능의 순간에서도 가능의 길을 찾아내는 능력이 있었다. 투투쉬를 설득한 가장 주요한 점은 그가 했던 말이라 할 수 있다. 당시 그가 한 말은 이러했다.

"당신의 술탄과 나의 황제는 친구요! 이 루셀이라는 야만인은 우리 모두에게 적의의 손길을 내밀고 있소. 우리 둘 모두의 적이란 말이오. 그는 항상 로마 제국을 공격했고, 제국 여기저기서 노략질을 하고 있으며, 또한 페르시아*와 페르시아가 지키고 있는 영토들을 공격할 것이오. 그는 대단한 간계를 써서 당신의 도움을 얻어 나를 제압하려고 하지만, 적당한 때가 오면 나와의 대결을 멈추고 당신을 공격할 것이오. 그러니 내 말을 새겨들어 주시오. 나중에 루셀이 당신을 만나러 온다면 압도적인 머릿수로 사로잡은 후 나에게 넘기시오."

알렉시오스는 말을 이어갔다.

"만일 그렇게만 해준다면 당신은 세 가지를 얻게 될 것이오. 첫 번째는 그 누구도 가진 적 없는 막대한 부를, 두 번째는 로마 제국 황제의 호의를 얻어 빠르게 영광의 절정에 도달하게 될 것이오. 마지막으로 로마인과 튀르크인 모두에게 무력을 휘둘렀던 대적을 제거한 것에 대해 기뻐할 것이오."

이것이 당시 로마군의 총사령관이었던 나의 아버지가 투투쉬에게 전달했던 서한의 주요 내용이었다. 아버지는 이 서한과 함께 상당량의 돈과 고귀한 가문 출신의 귀족 자제들을 인질로 전달했다. 그러자 투투쉬와 그 야만적인 추종자들은 이내 루셀을 생포해 아마시아에 있던 알렉시오스에게 보냈다.

하지만, 투투쉬에게 줄 돈이 지속해서 모이지 않았다. 알렉시오스가 가진 자

---

* 당시 로마인들은 튀르크인들을 인종적으로 제대로 구분하지 않고 '페르시아', '사라센'이라고 부르기도 했다.

금만으로는 그들에게 줄 돈으로 충분하지 않았다. 황제에게 요청한 자금조차 지원되지 않았다. 단순히 그 비극작가가 말하듯 '천천히 오고 있던 것'이 아니라 정말 '오지 않고' 있던 것이었다*! 투투쉬의 부하들은 돈을 주지 않으면 루셀을 다시 원래 있던 자리에 그대로 데려다 놓겠다고 으름장을 놓았다. 내 아버지는 더 이상 자금줄을 찾지 못하고 있었다. 꼬박 하루를 당혹감 속에서 고민한 끝에, 루셀을 살 돈을 아마시아**의 주민들에게서 빌리기로 마음먹었다. 다음 날이 밝자, 그는 아마시아 주민들, 그중에서 특히 돈 많고 유력한 인물들을 어렵사리 불러 모았다. 그는 모두를 주목하게 한 뒤 입을 열었다.

"여러분은 모두 아르메니아 테마의 도시들을 저 야만인***이 어떻게 망쳐놓았는지 들었을 것입니다. 그가 얼마나 많은 마을을 약탈하고 얼마나 많은 사람에게 참을 수 없는 만행을 가했는지, 얼마나 많은 돈을 우리 백성에게서 갈취했는지 아실 것입니다. 하지만 여러분께서 조금만 힘을 보태주신다면 그의 학정에서 벗어날 수 있습니다. 그러나 그를 사로잡고 있는 투투쉬는 우리가 그의 몸값을 지불하기를 원합니다. 우리는 돈이 한 푼도 없습니다. 우리는 타지에서 야만인과 꽤 오랫동안 격전을 벌이느라 군자금으로 모두 써버렸습니다. 황제께서 그렇게 먼 곳에 계시지 않았더라면, 또는 야만인이 우리가 휴식을 취하도록 해줬더라면, 나는 수도에서 돈을 가져오려고 노력했을 것입니다. 하지만 우리 모두 알고 있듯이 돈을 가져올 수 없었습니다. 이제 여러분께서 그 돈을 기부해 주셔야만 합니다. 얼마를 기부하시든 간에 저는 황제께 아뢰어 여러분께 돈을 꼭 갚도록 하겠습니다."

그가 말을 마치자마자 야유가 쏟아졌고 큰 소란이 일어났다. 아마시아인들이 폭동을 일으킨 것이다. 영리한 선동가들과 사악하고 대담한 이들이 이 소동을 주도했다.

---

* βραδεῖ ποδί; 에우리피데스가 쓴 표현으로, 해당 원문을 보면 정의는 "slow grinding of the mill"처럼 집행된다는 의미에서 쓴 것이다.
** 현재 튀르키예 중북부의 도시
*** 루셀

거대한 혼란이 시작되었다. 한쪽에서는 루셀을 꼭 포로로 잡아야 한다고 주장했고, 또 다른 한쪽은 시끄럽게 고함을 지르며(뒤섞인 군중은 다 이렇다) 루셀을 구해 석방해야 한다고 주장했다. 그제야 알렉시오스는 거대한 폭도 무리 한가운데서 자신이 위기에 처해있음을 깨달았다. 하지만 그는 물러서지 않았고, 용기를 내어 손을 휘저으며 군중을 진정시켰다. 군중의 반발이 계속되었지만, 군중 연설을 통해 조용하게 만들었다.

"놀랍습니다. 아마시아의 시민 여러분. 당신들은 당신들을 상처 입히고, 당신들의 핏값으로 자신의 안전을 추구하며, 당신들을 끊임없이 상처 입히려는 자의 계략에 눈이 멀었습니다! 루셀의 폭정이 당신들에게 도대체 어떤 이득을 주고 있습니까? 당신들은 그가 벌인 살인과 사지 절단 같은 악행들을 이득으로 간주하십니까? 당신들이 겪은 이 모든 재앙의 작곡가인 그는, 야만인들과 거래해 자신의 운명을 부지하려 했습니다! 황제 폐하에게서 여러분과 도시를 야만인들에게서 지키겠다고 맹세하고, 수많은 녹봉을 받았던 바로 그 사람이 말입니다. 그들은 당신들을 전혀 생각해 주지 않습니다. 루셀의 폭정을 지지하기로 했던 이들은 아첨과 번지르르한 말들로 자신들을 지키고, 황제에게 명예와 보상만을 요구했습니다. 만일 반란이 터진다면 그놈들은 또다시 아무 일에도 관여하지 않을 것이고, 황제의 분노는 오로지 여러분들을 향할 것입니다. 하지만 제 충고를 따라 반란을 선동하는 이들을 모두 교수형에 처한 뒤 제 제안을 다시 생각해 보신다면, 누가 여러분께 가장 이익이 되는 말씀을 드리고 있는지 알게 될 것입니다."

3

이 연설을 들은 후 그들은 꼬리와 머리가 자리를 바꾸듯 빠르게 생각을 바꾸고는 집으로 돌아갔다. 그러나 알렉시오스는 그들의 마음이 그처럼 순식간에 바뀔 것으로 생각하지 않았다. 사악한 의도를 품은 이들이 밤을 틈타 루셀을 구출해 놓아줄 수도 있었다. 알렉시오스의 병력은 그런 야습을 막아내기에는 역부족이었다. 그렇기에 그는 팔라메데스가 내놓을 법한 계략을 짰다*. 그는 루셀에게 실명의 형을 내리는 척하기로 했다. 루셀을 땅바닥에 납작 엎드리게 한 후, 사형 집행인은 그에게 쇠를 가져다 대었고, 루셀은 사자처럼 울부짖으며 신음했다. 이는 그가 실명한 것처럼 보이게 하려는 일종의 연기였다. 사형 집행인은 죄수가 날카롭게 비명을 지르게 하라는 명령을 받았고, 그는 땅에 엎드린 죄수를 거친 눈빛으로 노려보았다. 그리고 야만적으로 행동하고 실명시킬 때 취하는 모든 행위를 했으며, 눈의 경우 후벼 파는 척만 하였다. 그렇게 루셀은 실명당했으나, 실명당하지 않았다. 무질서한 군중이 손뼉을 치고, 루셀이 실명의 형을 당했다는 소식이 도시 전체로 퍼졌다. 이 연극 덕에 도시 시민과 외국인을 막론하고 모든 군중이 벌 떼처럼 몰려들어 돈을 냈다. 알렉시오스가 꾸민 계략의 핵심은, 돈을 내기 싫어하고 루셀을 빼내려는 자들이 포기하게 만드는 것이었다. 그가 이들의 계획을 무위로 돌려 실패하게 했으니, 이제 그들은 그가 하자는 대로 할, 같은 편이 되고 황제의 분노를 피해야 하는 상황이 된 것이다. 그렇게 이 존경할 만한 장군은 루셀을 자신의 영향권 안에 두었고, 눈이 멀었다는 상징으로 그의 눈에 붕대를 감은 채 그를 우리 안 사자처럼 감옥에 가두었다. 그런데도 그는 지금까지 성취한 업적에 만족하지 않았다. 그는 충분한 영예를 얻었음에도 나머지 작전에서도 긴장을 늦추지도 않았다. 그는 몇 개의 도시와 요새들을 합병하고, 루셀의 통치 동안 형편없이 붕괴한 지역을 다시금 로마 황제의 보호 하에 두었다. 이 모든 일을 마친 후 장군은 말머리를 돌려 곧장 수도로 향했다. 그는 자기 할아버지의 도시**에 도착한 뒤 자신과 전 군대에 짧은 휴식을 부여했고, 그 후 그는 헤라클레스가 아드메

---

* 팔라메데스는 그리스 신화 속 인물로 오디세우스가 병역기피를 하기 위해 미친 척하던 와중, 팔라메데스가 꾀를 내어 오디세우스의 어린 아들을 오디세우스가 쟁기로 가는 밭에 놓아두었다가, 오디세우스가 아들을 구하기 위해 쟁기를 비키게 함으로써 그를 트로이 전쟁에 참전시켰다. 오디세우스의 아기였던 아들을 밭에 놓고 오디세우스가 아들을 피해 쟁기를 몰자 미친 척한 것이 드러났기 때문이다.

** 현재 튀르키예 북부의 카스타모누. 콤니노스 가문의 영지였다.

토스의 아내 알케스티스를 구할 때 했던 것과 같은 영웅적인 면모를 보였다[*].

전임 황제 이사키오스 콤니노스[**]의 조카이자 알렉시오스 장군의 사촌인 도키아노스는(그 또한 혈통이든 덕목이든 고귀하기 그지없는 사람이었다) 루셀이 실명의 형을 받았다는 이야기를 듣고는 깊은 한숨을 내쉬며 눈물을 터뜨렸고, 알렉시오스 장군의 행동이 잔인하다고 비난했다. 도키아노스는 알렉시오스가 그런 고귀하고 정직한 영웅의 눈을 뽑은 것에 대해 비난을 퍼붓고는, 그를 사사로이 처벌하지 않고 데려왔어야 했다고 목소리를 높였다. 알렉시오스가 대답했다.

"친우여, 조금만 기다리게. 내가 왜 그를 눈멀게 했어야만 하는지 알려줌세."

그리고 그는 곧 도키아노스와 루셀을 작은 방에 데려가, 붕대를 벗긴 후 맹렬히 빛을 내는 루셀의 눈을 보여주었다. 이 광경을 본 도키아노스는 깜짝 놀라며 멍해졌다. 도키아노스는 무엇이 이 기적을 만들어 냈는지 알지 못했다. 그가 본 것이 단지 꿈인지, 마법인지, 아니면 새로운 발명품 같은 것인지 확인하려 루셀의 눈에 계속 손을 댔다. 그제야 그의 사촌 알렉시오스가 그 남자에게 베푼 친절에 뒤섞인 교활함을 깨달았다. 도키아노스는 알렉시오스를 껴안고 마구 키스했고, 그에 대한 경외감은 곧 기쁨으로 바뀌었다. 미하일 황제와 그의 수행원들, 그리고 이 소식을 들은 모든 사람이 도키아노스와 똑같이 생각했다.

4

얼마 뒤 니키포로스 보타니아티스가 정변을 일으켜 황위에 올랐다. 그는 알

---

[*] 아드메토스는 힘든 역경을 이겨내고 아내를 구했으나, 죽을 위기에 처했을 때 아무도 대신 죽어주지 않고 오직 아내만이 죽음을 자청했었다.
[**] 황제 이사키오스 1세 콤니노스(재위 1057~1059). 알렉시오스 1세의 아버지인 요안니스의 형

렉시오스를 또다시 파견했다. 이번에는 서쪽에서 웅거한 니키포로스 브리엔니오스를 토벌하기 위해서였다. 보타니아티스는 스스로 제관을 쓰고 로마 제국의 황제를 참칭했으며, 이에 모든 서방 속주가 그에게 분노한 상태였다. 전임 황제 미하일 두카스가 제구와 제관 대신 대사제들이 입는 장백의와 어깨보를 걸치고 황제의 제구와 망토를 벗은 뒤*, 보타니아티스가 그 제위를 차지하고 미하일의 황후 마리아 공주와 결혼한 지 얼마 되지 않은 때였다(마리아 황후에 대해서는 나중에 더 말하겠다). 그러나 니키포로스 브리엔니오스는 미하일 황제 시기 디라히온**의 둑스***로 임명된 뒤, 보타니아티스가 황제가 되기 전부터 미하일을 향한 반란을 획책하고 제위에 오를 큰 그림을 그리고 있었다. 그 반란의 '이유'와 '목적'은 내가 더 이상 적을 필요가 없다. 그의 반란은 이미 카이사르****의 역사책에 쓰여 있다. 그런데도 니키포로스 브리엔니오스가 어떻게 디라히온을 모든 서방을 지배해 나갈 본거지로 삼았는지, 어떻게 서방 속주들을 점령했는지, 나아가 어떻게 사로잡혔는지는 간단하게라도 이야기해야 할 것이다. 누구든 이 반란을 자세히 알고 싶은 사람이 있다면 카이사르를 찾으라. 브리엔니오스는 매우 영리한 전사이자 가장 뛰어난 혈통을 가지고 있었으며, 큰 키와 아름다운 외모로 눈에 띄었고, 그는 진중하게 판단하고 근력이 뛰어났기에 동료들 사이에서 두드러졌다. 그는 실로 제왕의 자질을 가진 사람이었다. 그의 설득력과 대화 기술은 처음 마주해도 매력을 알 수 있을 정도였다. 결국, 군인과 민간인 모두의 만장일치로, 그는 가장 높은 자리에 올랐으며, 제국 동서방의 영토를 모두 지배할 만한 사람이라고 여겨졌다. 그가 마을에 접근할 때면 모두가 그에게 탄원의 뜻으로 손을 내밀고, 그에게 갈채를 보내며 다음 마을로 마중했다. 이 소식에 보타니아티스는 동요했을 뿐만 아니라 중앙군 내에서도 불화가 일어나기 시작했다. 제국 전체가 절망에 빠

---

* 미하일 7세 두카스는 자진퇴위하고 수도원에 들어갔다.
** 아드리아해에 위치한 항구 도시로, 현재 알바니아의 두러스
*** 군정총독이라는 뜻의 라틴어로 임명직이다. 훗날 '공작 duke'의 어원이 된다.
**** 지은이 안나 콤니니의 남편 소小 니키포로스 브리엔니오스를 뜻한다. 그가 이미 보타니아티스 시대 이전의 역사책을 저술해 놓은 상황이었다.

졌다. 결국, 황제는 최근 선출된 '도메스티코스 톤 스콜론'*'인 내 아버지 알렉시오스 콤니노스를 모든 가용 병력과 함께 파견해 브리엔니오스에 대항하기로 했다. 이들 지역에서 로마 제국의 운명은 경각에 달한 상황이었다. 튀르크족은 엑시노스 해**와 헬레스폰트 해***, 에게해와 시리아 해 사이의 거의 모든 나라, 특히 팜필리아와 킬리키아를 파괴했다. 그리고 이집트 해로 이어진 여러 만을 무주공산으로 만들고, 빠르게 확장하고 점령해 나감에 따라 동방의 로마군은 사방으로 분산되어 버렸다. 서방 속주들에선 수많은 군단이 브리엔니오스의 기치 아래 몰려들었다. 이에 로마군에는 오직 작고 부족한 군대만이 남아있을 뿐이었다. 제국에는 최근 징집한 소수의 '아타나토이****'와 호마에서 온 소수의 병사, 그리고 소수로 줄어든 켈트족 부대*****만이 내 아버지 알렉시오스에게 모였다. 비슷한 시기에 튀르크족에게 동맹군을 요청하기도 했다. 황제와 자문회는 알렉시오스에게 브리엔니오스와 교전할 것을 명령했다. 황제는 군대보다는 알렉시오스라는 지휘관이 전쟁에서 보여주는 총명함과 지혜를 보다 신뢰하고 있던 것이다. 알렉시오스는 적군이 빠르게 진격하고 있다는 소식을 들은 뒤 동맹군을 기다리지 않고, 자신과 군대를 무장시켰다. 그리고 왕궁에서 나와 트라키아를 통과하여 알미로스 강 근처에 방어벽이나 참호 없이 진을 쳤다. 브리엔니오스의 군대가 케독투스 평원에서 야영하고 있다는 사실을 알게 된 그는, 자신의 군대와 적군 사이에 상당한 거리를 두고 진격하기로 결심했다. 적군이 아군을 발견해 아군의 상태와 그 숫자를 알아차리는 것을 막기 위해서였다. 알렉시오스의 군대는 적고 신병인 데 비해, 브리엔니오

---

* 중앙군 총사령관. 황제의 친위대인 스쿨라이 팔라스타니의 도메스티코스이다.
** 흑해
*** 현재 튀르키예의 다르다넬스 해협
**** 불사 부대 아타나토이ἀθάνατοι. 고대 페르시아의 불멸 부대에서 이름을 따온 동로마 제국의 정예 기병 근위대중 하나였다.
***** 켈토이, 혹은 앵글로바랑기라고 불리던 영국 출신 바랑기안 근위대. 정식 명칭은 타그마 톤 바랑곤Τάγμα τῶν Βαράγγων. 당시 동로마인들은 켈트족과 앵글로색슨족을 제대로 구분하지 않았다. 노르만족의 영국 침략 이후 갈곳을 잃은 색슨족의 가신 전사들을 거두어 만든 바랑기안 근위대이다.

스의 군대는 숫자도 많은 데다 숙련된 상황이었다. 그는 과감한 정면 돌파 대신 은밀한 계략으로 승리할 것을 마음먹었다.

5

우리의 이야기가 이제 이 둘, 브리엔니오스와 내 아버지 알렉시오스 콤니노스가 대척점에 선 지점에 이르렀으니(용감한 두 남자는 용기나 경험 모두 서로 조금도 뒤지지 않았다), 약간 할애해 이들을 팔랑크스와 양쪽 전선에 넣고 전투에서의 행운에 대해 살펴보도록 하자. 이들은 모두 분명히 잘생기고 용감했으며, 용맹과 경험을 저울에 달아보면 수평을 이룰 것이다. 그러나 우리는, 어떻게 행운이 저울을 한쪽으로 기울였는지 이해할 필요가 있다. 브리엔니오스는 자신의 군대에 자신감을 느끼고 있었다. 그분만 아니라 그의 군대는 전투 경험이 많고 안정감 있게 그를 보호하고 있었다. 반면 알렉시오스는 자신의 군대에 거의 아무런 기대도 걸고 있지 않았다. 그의 병력은 소수였으며, 그의 군대가 승리할 것이라 기대하는 사람은 거의 없었다. 대신 그의 전쟁 기술과 전략은 충분히 믿을 만한 것이었다.

두 군대는 서로의 위치를 파악했다. 바야흐로 전쟁의 때가 무르익었다. 브리엔니오스는 알렉시오스 콤니노스가 그의 접근을 차단하고, 칼라우라 근처에 진을 쳤다는 소식을 듣고는, 군대를 집결시켜 알렉시오스를 향해 진군했다. 브리엔니오스는 주력부대를 좌우익으로 나누어 분산배치하고 그중 우익을 자기 동생 요안니스에게 맡겼다. 우익의 병력은 약 5,000명이었다. 우익의 병력은 이탈리아 부대, 그중에서도 유명한 마니아키스 반란에 참가했던 병력과 테살리아 기병대, 그리고 특출 난 '헤타레이아' 분견대로 이루어져 있었다. 좌익은 카타칼론 타르하니오티스가 이끌었다. 좌익 부대는 마케도니아와 트라키

---

* 그리스어 발음은 에테리아ἑταιρία. 제국 최고의 정예 근위대였다.

아에서 모인 3,000여 명의 중무장한 병사들로 이루어져 있었다. 브리엔니오스 본인은 중앙에서 마케도니아, 트라키아에서 모인 팔랑크스와 귀족으로 이루어진 선별된 병력을 이끌었다. 테살리아인 부대들은 모두 기병이었고, 그들의 흉갑과 투구는 환하게 빛났다. 말들은 귀를 쫑긋 세우고, 방패들이 서로 부딪쳤다. 그 병사들의 무구에서 나는 빛은 적들을 두려움에 떨게 만들기 충분했다. 브리엔니오스 본인 역시 전쟁의 신 아레스나 신화 속의 거인들처럼 전열 사이를 빙빙 돌며, 보는 모든 이에게 어깨와 머리를 짓누르는 경외감과 두려움을 선사했다. 그들의 주 전열에서 2스타디온* 정도 떨어진 곳엔 스키티아인 동맹군**들이 있었다. 그들은 야만족 특유의 무기를 들고 있었기에 눈에 잘 띄었다. 그들은 전투가 시작되고 나팔 신호가 들리면, 후방을 들이쳐 다트***를 던져 적을 지속해서 괴롭히도록 명령받았다. 스키타이인들이 공격하는 동안 나머지 부대는 최대한 가까이 붙어 적을 필사적으로 강타하는 임무를 받았다.

한편 내 아버지 알렉시오스는 지형을 살핀 뒤 병력의 절반을 움푹한 지형 속에 숨기고, 나머지 절반에게는 브리엔니오스군과 대치하도록 명령했다. 매복조와 본대가 모두 대열을 갖추자, 그는 '날개 달린 말솜씨****'로 그들의 용기를 북돋웠다. 그는 적의 우익이 매복에 걸려들어 후미에 아군이 있다는 사실을 알아차리는 즉시, 모든 힘을 다해 기습 공격할 것을 명령했다. 예비대로 남겨놓은 불멸자*****와 켈트족 근위대****** 두 부대는 그가 직접 이끌기로 했다. 알렉시오스는 카타칼론*******에게 호마에서 모인 부대와 튀르크족 용병대에 대한 지휘권을 주고, 스키타이인에게 주시하며 그들의 기습을 막을 것을 명령했다.

---

* 고대 그리스와 동로마 제국에서 사용했던 거리 단위. 1스타디온은 약 180미터다.
** 동로마인들은 페체네그인 등 스텝 지역의 유목민들을 뭉뚱그려 '스키타이인'으로 불렀다. 이들의 영역이 옛 스키타이족과 겹치는 부분이 있었기 때문이었다.
*** 당시 다트는 짧은 투창과 같은 공격무기였다.
**** 호메로스가 일리아스나 오디세이아에서 자주 쓰는 인용구
***** 아타나토이
****** 켈토이
******* 위에 있는 브리엔니오스군의 카타칼론과는 동명이인이다.

그렇게 알렉시오스의 부대가 자리를 잡았다. 브리엔니오스의 군대가 움푹한 지형에 숨겨진 아군을 발견하지 못하고 진격해 오자, 알렉시오스는 매복대에 신호를 보냈다. 매복대는 포효하고 함성을 외치며 적을 덮쳤다. 습격은 워낙 급작스러웠고, 만나는 적군마다 쳐 죽이자, 적들은 공포에 휩싸여 도망갈 수밖에 없었다. 니키포로스 브리엔니오스의 친동생 요안니스 브리엔니오스는 불굴의 힘과 용기로 고삐를 쥐고 군마를 돌렸다. 그는 자신에게 다가오는 불멸자 아타나토이 전사를 일격에 베어버리고, 붕괴되어가는 팔랑크스 진형을 수습한 뒤 병사들을 규합해 적을 밀어내기 시작했다. 불멸자들은 적의 갑작스러운 반격에 허둥대며 도망치기 시작했고, 많은 사람이 뒤쫓는 적군에게 죽임을 당했다. 그때 내 아버지는 적들 한가운데로 뛰어들어 맹렬히 사투를 벌여 휘저어 놓았다. 맞닥뜨리는 자는 누구든 베고 일격에 쓰러뜨렸다. 그는 병사 중 일부라도 자신을 엄호해 줄 것으로 생각했지만, 그는 혼자서 필사적으로 싸울 수밖에 없었다. 그는 절망적인 상황에서도 홀로 싸웠지만, 결국 아군의 방진이 완전히 궤멸하고 대형을 잃고 패주하기 시작하자, 최후의 결단을 내릴 수밖에 없었다. 그는 용감한 영혼을 가진 이들을 모아(그들은 겨우 여섯 명이었다) 그들에게 칼을 뽑아 들고 브리엔니오스를 향해 무자비하게 돌진해, 필요하다면 목숨을 던져 그를 죽이라고 명령했다. 그러나 사병 테오도토스는 그런 시도는 단순히 무모한 자살행위라며 그를 만류했다. 테오도토스는 어린 시절부터 아버지의 하인이었다. 알렉시오스는 그의 조언을 받아들여, 적군에게서 조금 떨어진 반대 방향의 거리로 물러나 병력을 재규합하기 시작했다. 그러나 알렉시오스의 병력이 난투에서 몰래 빠져나가기도 전에 스키타이인들이 고함을 지르며 카타칼론의 호마 출신 병사들을 공격하기 시작했다. 이들은 너무도 손쉽게 아군을 물리치고 약탈한 다음, 제멋대로 날뛰었다. 그것이 스키타이인들의 천성이었다. 심지어 그들은 적을 완전히 물리치고 승리를 확정하기도 전에 약탈에 빠져 마지막 승리를 놓치기 일쑤였다. 브리엔니오스 진영 후방에 있던 모든 노예와 시종들은 스키타이인들이 자신들을 죽일까 두려워 아군과 적군이 뒤섞인 방진 사이로 밀고 들어왔다. 스키타이인들에게 잡혔다가 도망친 사람까지 이 무리에 섞였기 때문에 전열에 적지 않은 혼란이 일어났다. 그러는 동안, 내 아버지 알렉시오스는 아군 대열에서 이탈해 브리엔니오스의 군대 한가운데 남겨져 있었다. 그 혼란 속에서 알렉시오스는 황실의 마부가 자줏빛 천과 금빛 부조로 장식된 브리엔니오스의 말을 끌고 가는 것을 보았다. 게다가 그 옆엔 관례상 황제와 동행하는 대검을 찬 남자들이 바짝 붙어 달려가고 있었다. 그 모습을 지켜본 아버지는 투구의 테에 달린 면갑을 드리워 얼굴을 가리고, (아까 언급했던) 여섯 명의 병사와 함께 이들을 향해 돌격했다. 그는 마부만 기절시킨 게 아니라 황실의 말까지 빼앗았다. 그는 황실의 말에 올라타 빼앗은 칼을 빼 들고 달아났다. 적군은 그의 탈출을 알아채지 못했다. 안전지대에 도착한 그는 목청이 큰 전령에게 금실로 장식한 말과 황제의 검을 들고 "브리엔니오스가 죽었다!"라고 외치도록 하였다. 그 소리를 듣자 도망치던 도메스티코스 톤 스콜론(내 아버지의 직책)의 전군이 다시 용기를 되찾고 싸움에 나서기 시작했다. 적군은 망연자실하여 가만히 선 채로 예상치 못한 광경을 경악한 표정으로 바라보았다. 당신이 이 광경을 실제로 볼 수 있었다면 정말 괴상했을 것이다! 말머리는 모두 앞을 향해 있음에도 기수들의 얼굴은 모두 뒤를 향한 채로, 그 누구도 앞으로 나아가지 않았고, 고삐를 돌리려 하지도 않았다. 다들 너무 놀라서 무슨 일이 일어났는지 이해할 수도 없었다. 스키타이족들은 그저 빨리 고향에 돌아갈 생각뿐이었고, 적을 더 추격할 생각이 전혀 없었다. 그들은 그저 전리품을 움켜쥔 채, 양군 모두에게서 멀리 떨어져 멍하니 헤매고 있을 뿐이었다. 브리엔니오스가 사로잡혀 무력해졌다는 외침은 일전의 겁쟁이와 도망자들에게 용기를 주었다. 황실의 군마와 장비가 아군의 손에 떨어졌다는 사실이 그 외침을 증명해 주었기에 사람들은 "대검으로 보호받고 있던 브리엔니오스가 포로가 되었다."라고 더욱 크게 외쳤다.

6

 행운의 여신 또한 알렉시오스의 승리에 손을 들었다. 튀르크인 동맹군 부대가 메가스 도메스티코스 알렉시오스가 전열을 재편했다는 소식을 듣게 된 것이다. 그들은 전투가 벌어지는 지역 인근의 고지대에서 내 아버지 알렉시오스와 만나 적들이 어디 있느냐고 물었다. 아버지는 가설된 초소에 올라 손가락으로 적진을 가리켰다. 브리엔니오스 군대의 모습은 다음과 같았다. 아직 적의 전선은 얽히고설킨 채로 재편되지 못하고 있었다. 적들은 이미 자신들이 승리했다고 생각했기 때문에 방심한 채 스스로를 위험으로 몰아넣고 있었다. 게다가, 첫 교전 때 알렉시오스가 패배했었고, 내 아버지가 이끌던 켈트인 부대가 브리엔니오스 편으로 넘어가 버렸기 때문에 적들은 더욱 느슨해졌다. 켈트인은 그들의 오랜 서약 관습에 따라, 말에서 내려 브리엔니오스에게 오른손을 내밀었다. 적군들은 무슨 일이 일어나고 있는지 궁금한 터라 사방에서 달려왔다. 곧 켈트인들이 총사령관 알렉시오스를 버리고 그들과 손잡았다는 소문이 군대 전체에 나팔을 불듯이 울려 퍼졌다. 아버지의 지휘관들과 금방 도착한 튀르크인 동맹군은 이 혼란상을 정확히 파악했다. 이 상황을 역이용하기 위해 그들은 병력을 세 부대로 나눈 뒤, 두 부대는 고지대 인근에 매복해 있으라고 명령했고, 세 번째 부대는 적을 상대로 진격하라는 명령을 내렸다. 이 모든 계획은 알렉시오스가 계획했다.

 튀르크인들은 한데 뭉쳐 공격하지 않았다. 그들은 방진을 짜지 않은 채, 서로 약간의 거리를 둔 채로 작은 부대로 나뉘어 공격을 시작했다. 명령이 떨어지자, 이 작은 부대들은 적에게 돌격해 다트를 소나기처럼 흩뿌렸다. 튀르크인들 뒤에서 이 작전을 계획한 내 아버지 알렉시오스는, 재집결시킨 아군과 함께 돌격을 감행했다. 알렉시오스와 함께 돌격하던 '불멸자' 중 한 명이 말에 박차를 가하고 아군을 앞질러 브리엔니오스를 향해 전속력으로 돌진했고, 창으로 브리엔니오스의 가슴에 강력한 일격을 가했다. 그러나 브리엔니오스는 재빨리 칼집에서 칼을 뽑아 들었고, 창이 가슴에 박히기 전에 창을 두 동강 낸 뒤 상대의 쇄골을 찔렀다. 온 힘을 짜내 팔을 휘둘러 불멸자의 팔과 흉갑을 통째로 베어버렸다.

튀르크인 부대는 연이어 다트를 소나기처럼 퍼부어 그 그림자가 군대를 아예 덮어버릴 지경이었다. 브리엔니오스의 부하들은 갑작스러운 공격에 당황했지만, 금세 정신을 추스르고, 전열을 가다듬은 후 충격을 견뎌내며 서로에게 용감하게 싸우자며 격려했다. 한편 튀르크인 동맹군과 알렉시오스는 짧은 시간 동안 적에 맞서며 위치를 사수한 뒤, 적을 매복지로 유인하기 위해 약간의 거리를 두고 질서정연하게 퇴각할 생각이었다. 적들이 처음 매복지에 접근하자, 그들은 방향을 돌려 적에게 정면으로 맞서 싸웠다. 같은 순간 매복한 아군도 주어진 신호에 따라 여러 방향에서 말벌 떼처럼 그들을 덮쳤다. 아군은 요란한 함성으로 브리엔니오스군의 귀를 끔찍한 소음으로 채웠을 뿐만 아니라 끊임없는 화살 세례로 적들의 시야를 완전히 가려버렸다. 이내 브리엔니오스의 군대는 저항할 의지를 잃었다(그쯤 가면 모든 병력과 군마가 심하게 부상했기 때문이다). 그들은 군기를 물리고 달아나며 꽁무니를 적에게 내주었다. 그러나 브리엔니오스군은 긴 전투로 매우 지쳐있었음에도 용기와 기개가 꺾일 줄 몰랐다. 그들은 순식간에 말을 이리저리 몰아 추격자들을 베어냈고, 신중하고 교묘하게 퇴각하는 병력을 재정비했다. 한쪽에서 동생이, 다른 쪽에서는 아들이 곁에서 그를 지켰다. 그들의 영웅적인 저항은 마치 적들에게는 기적처럼 보일 지경이었다.

브리엔니오스의 말이 너무 지쳐서 더 이상 오도 가도 못하게 되자(사실 그의 말은 계속해서 달린 터라 거의 탈진해 죽은 거나 마찬가지인 상황이었다), 그는 말을 멈춘 채 마치 운동선수처럼 멈춰서 싸울 준비를 했다. 브리엔니오스는 그를 추격하던 고귀한 혈통의 튀르크인 두 명에게 결투를 신청했다. 그 중 한 명이 브리엔니오스를 창으로 찔렀지만, 그 일격은 충분치 못했고, 그 튀르크 전사는 브리엔니오스가 오른손에 온 힘을 쏟아 더 강한 반격을 내지르자 고꾸라졌다. 브리엔니오스가 칼로 그자의 손을 잘라내 창과 손 모두 땅에 나뒹굴었다. 두 번째 남자는 말에서 뛰어올라 마치 표범처럼 브리엔니오스의 말 옆구리를 내질렀다. 그는 브리엔니오스의 말에 꽉 달라붙어 등에 오르려고 했다. 브리엔니오스는 짐승처럼 몸을 비틀며 칼로 튀르크인을 찌르려 했지만 허사였다. 그의 등 뒤에 붙은 튀르크인이 이리저리 움직이며 일격을 피했기 때문이었다. 결국 그의 오른손에 힘이 빠지고, 운동선수 같던 근력도 힘이 빠지며 주춤해지자, 그는 항복할 수밖에 없었다. 병사들이 곧바로 그를 끌고 갔다. 승리의 쾌감은 브리엔니오스가 붙잡힌 곳과 멀지 않은 곳에서 튀르크 동맹군과 아군을 바쁘게 지휘하며 싸움을 지켜보고 있던 알렉시오스 콤니노스의 것이 되었다. 브리엔니오스가 붙잡혔다는 소식은 이미 전령들에 의해 전해진 상황이었다. 알렉시오스 앞에 끌려온 브리엔니오스는 싸울 때도, 붙잡혀 있을 때도 여전히 공포의 대상이었다. 브리엔니오스의 신병을 인수한 알렉시오스 콤니노스는, 그의 눈을 실명시키지 않은 채, 그를 전쟁 승리의 전리품으로 보타니아티스 황제에게 진상했다. 알렉시오스는 천성적으로 적에게 극단적인 행동을 취하는 사람이 아니었다. 그는 브리엔니오스의 입장에서 포로로 잡힌 것 자체가 충분한 처벌이라고 생각하고 있었기에, 그들이 잡혀 온 이후에도 온화하고 친밀한 태도로 후하게 대접했다. 알렉시오스는 이런 관용을 브리엔니오스에게도 보여주었다. 그를 사로잡은 뒤 상당한 거리를 같이 이동해, 그들이 …라고 불리는 곳에 도착했을 때, 그는 브리엔니오스의 허탈함을 덜어주고 희망을 되찾아 줄 심산으로 이렇게 말했다.

"우리 잠시 말에서 내려서 좀 쉬는 게 어떻겠소?"

그러나 브리엔니오스는 목숨을 잃을까 두려워 미치광이처럼 굴었으며, 휴식이 전혀 필요하지 않은 것처럼 굴었다. 인간이 생에 대한 희망을 잃는다면 얼마나 나락으로 떨어질 수 있겠는가? 그럼에도 잠시 후 브리엔니오스는 장군의 말에 따랐다. 결국 노예, 특히 전쟁포로라면 주인의 명령을 따를 수밖에 없는 법이었다. 두 장군은 말에서 내렸다. 알렉시오스는 녹색 풀밭을 소파 삼아 드러누웠다. 브리엔니오스는 조금 더 떨어진 키 큰 떡갈나무 뿌리에 머리를 기댔다. 알렉시오스는 이내 잠이 들었지만, 달콤한 시에서 말했던 '부드러운 잠'은 브리엔니오스에겐 찾아오지 않았다.

그때 브리엔니오스의 눈엔 나뭇가지에 걸려 있는 검이 보였다. 그는 아무도 매달린 검을 보지 못한 것을 눈치채고, 그간의 좌절감을 떨쳐버리고 알렉시오스를 죽여 버리겠다는 대담한 생각을 했다. 만일 신성한 힘이 그의 격렬한 감정을 달래고, 알렉시오스를 선한 마음으로 바라보게끔 유도하지 않았다면, 그의 생각은 빠르게 행동으로 옮겨졌을지도 모를 일이다. 나는 아버지가 이 일화를 말씀하시는 것을 자주 들었다. 이 이야기는 주님께서 더 큰 위업을 위해 콤니노스를 얼마나 소중히 지키시어, 그를 통해 로마인들을 다시 부흥하게 하려 하셨는지를 보여주는 일화이다. 그 이후로 브리엔니오스에게 일어난 불미스러운 일들에 대해서는 내 아버지의 책임이 없다고 단언한다. 그 일들에 대한 비난은 황제의 특정 신하들이 받아야 한다. 어찌 되었든, 그렇게 브리엔니오스 일가의 반란은 막을 내렸다.

7

하지만 나의 아버지, 메가스 도메스티코스 알렉시오스에게 평온한 휴식이라는 운명은 주어지지 않았다. 싸움 끝에, 또 다른 투쟁이 찾아왔다. 그가 복귀하는 길에, 보타니아티스 황제의 충복이자 야만인 출신인 보릴로스가 콘스탄티노폴리스에서 나와 내 아버지를 맞이했다. 그는 브리엔니오스를 압송해 그가 감당해야만 하는 일을 겪도록 끌고 갔다[*]. 보릴로스는 내 아버지에게 바실

---

[*] 대大 니키포로스 브리엔니오스는 반란의 대가로 실명의 형에 처해졌다.

라키오스의 반란을 진압하라는 황제의 전언을 전달했다. 일전에 브리엔니오스가 그랬던 것처럼, 바실라키오스는 스스로 황제를 참칭하고 제국의 서부를 불안에 떨게 했다. 자, 이제 바실라키오스라는 남자를 한번 살펴보자. 이 남자는 용기와 용맹, 대담함, 그리고 튼튼한 체격으로 눈에 띄는 사람 중 한 명이었다. 이에 더해 오만한 성격의 소유자이기도 했다. 그는 아주 높은 지위를 모두 차지하고 명예로운 자리 중 어떤 것들은 음모를 꾸며 노리고 또 어떤 것들은 직접 요구하기도 했다. 브리엔니오스의 반란이 진압된 이후, 말하자면 그의 후계자로서 행세하며 거만한 자세로 폭정을 저질렀다. 일리리아 속주의 주도, 에피담노스(일리리아의 대도시)*에서 시작한 그의 반란은 테살리아의 심장부까지 밀고 들어왔다. 그는 진격하면서 마주치는 모든 도시를 복속시키며 스스로를 황제로 세우는 투표를 진행했다. 브리엔니오스의 잔당들은 바실라키오스의 기치 아래 모여 그를 맹목적으로 따라다녔다. 이 남자가 시골뜨기들과 군인들이 좋아할 만한 훌륭한 체격과 완력, 위엄 있는 외모를 가지고 있었기 때문이었다. 이 시골뜨기들은 바실라키오스의 영혼을 꿰뚫어 볼 만한 지혜도, 덕목을 알아차릴 예리한 눈도 가지고 있지 않았다. 그렇기에 그들은 바실라키오스가 가진 튼튼한 육체만 바라봤다. 대담하고 힘 있는 모습과 큰 키, 빠른 발놀림에 감탄하며 이런 외향만으로 그가 황제의 자줏빛 제의와 제관에 어울리는 이라고 믿었다.

그렇게 그 시골뜨기와 패잔병들에게 그는 남자답고 무적의 영혼을 가졌을 뿐만 아니라, 마음과 외모 모두 왕의 자질을 갖춘 사람이라고 여겨진 것이다. 그는 천둥 같은 목소리를 가지고 있어서 한번 소리를 내지르면 전군이 공포에 떨었다. 그의 고함은 가장 용감한 사람들의 의지도 꺾을 정도였다. 그의 유창한 화술은 병사들을 전투에서 독려할 때도, 혹은 전투 중에 적들을 견제할 때도 유효했다.

---

* 디라히온의 옛 이름이다.

바실라키오스는 이런 타고난 이점을 모두 가진 채, 무적으로 보이는 군대를 지휘하며 정복을 시작했다. 그는 금방 테살리아인들의 도시를 점령했다. 내 아버지 알렉시오스 콤니노스는 200개의 팔을 가진 고대 거인, '티폰' 같은 강철의 적수에 맞서 전략적 지식과 용기를 총동원해야 했다. 알렉시오스는 마지막 전투의 피로를 털어내고 검과 손에 묻은 핏줄기를 채 씻어내기도 전에 투지를 불태웠다. 이 기다란 엄니를 지닌 멧돼지, 바실라키오스를 향해 사자처럼 행진했다. 알렉시오스의 군대는 곧 미시아 인근 산 인근의 바르다리우스* 강(이것이 그 지역 사람들이 부르는 이름이었다)에 도달했다. 바르다리우스 강은 여러 굴곡을 통과해 베리아**와 테살로니키***를 동서로 가르며 로마 제국의 남해로 흘러 들어가는 강이었다.

모든 큰 강은 흐를 때 생긴 퇴적물에 의해 강둑이 높아지기 시작하면 더 낮은 여울 쪽으로 강줄기가 바뀐다. 첫 강둑 인근은 물 없이 마르도록 버려둔 채 새 강줄기를 거센 흐름으로 채운다. 바르다리우스 강의 두 강둑 사이 중 한쪽에는 오래된 협곡이 서 있었고, 다른 쪽에는 새로운 강줄기가 흐르고 있었다. 영리한 전략가 알렉시오스는 이 지형을 확인한 뒤, 두 강둑이 3스타디온 이상 떨어져 있지 않았다는 사실을 깨닫고 이곳에서 숙영을 시작했다. 이곳에 진을 치면 흐르는 새 강줄기와 옛 협곡을 천연 참호로 이용할 수 있기 때문이었다. 병사들은 낮 동안 휴식을 취하고 잠을 청했고, 말에게 충분한 먹이를 주라는 명령을 받았다. 그리고 해가 지면 일어나 경계를 통해 적의 기습을 대비하라고 명령받았다. 내 생각엔, 아버지가 이런 안배를 한 것은 그날 저녁에 적이 공격해 오리라는 위험을 예견했기 때문이다. 오랜 전쟁 경험에서 추측했거나 아니면 그렇게 추측할 다른 근거가 있었다. 그는 갑자기 병력과 무기, 군마 등 전투에 필요한 모든 것을 챙긴 채 진지를 떠났다. 이 계획은 갑자기 그의 머리

---
*　현재의 바르다르 강
**　베리아로 불리기도 하며, 그리스 북부의 도시
*** 현재 그리스 마케도니아주에 위치한 도시로, 동로마 제국 당시 제2의 도시였다.

에 떠오른 것이지만, 전투에 소홀히 대처하려는 것은 아니었다. 그는 진채 곳곳에 불을 켜둔 채 식량과 다른 장비들은 그의 몸종이자 전직 수도사였던 '작은 요안니스'에게 맡겼다. 알렉시오스와 그의 군대는 무장한 채 진채와 상당한 거리를 두고 상황을 지켜보았다. 바실라키오스가 아군의 진채와 그 불빛을 보고 내 아버지와 군대가 무방비하다고 착각한 채 기습해 올 때, 바실라키오스를 역으로 기습하려는 치밀한 전략이었다.

8

이미 내가 암시했듯이, 내 아버지의 전략은 적중했다. 얼마 지나지 않아 바실라키오스가 기병과 보병(도합 10,000명이었다)을 이끌고 텅 빈 진채를 기습하기 위해 진격해 왔기 때문이다. 그는 사방에 불이 켜진 진채를 발견하고, 그 한가운데 장군의 군막에서 빛이 반짝이는 모습을 보자 머리카락이 곤두설 만한 함성을 지르며 그곳을 향해 돌진했다. 그러나 그는 그곳에서 아무것도 찾을 수 없었다. 병사도, 장교도 보이지 않았고, 진채에는 하찮은 종군 하인 몇 명만이 있었을 뿐이었다. 그는 더 큰 소리로 외쳤다.

"이 말더듬이 새끼는 어디 숨은 거야?"

그는 분노하며 메가스 도메스티코스를 조롱했다. 바실라키오스가 내 아버지를 '말더듬이 새끼'라고 욕한 데는 사소한 이유가 있었다. 내 아버지 알렉시오스는 유창한 웅변가였고, 자신의 주장을 관철하는 데 그보다 더 나은 웅변가는 존재하지 않을 정도였지만, 'R' 발음할 때면 혀가 살짝 꼬이곤 했다. 그렇기에 다른 글자의 발음이 정확하긴 했어도 R 발음이 나올 때면 말을 살짝 더듬거렸다. 어쨌든 바실라키오스는 그런 모욕을 퍼부으면서 수색을 계속했다. 그는 알렉시오스가 어디 숨어있나 확인하기 위해 상자, 의자, 가구, 심지어 내 아버지의 침대까지 뒤졌다. 결국 아무것도 찾을 수 없자 그는 앞서 말한 '작은 요안니스'를 노려보았다. 내 할머니이자 알렉시오스의 어머니*는 아들이 원정을 나설 때 항상 좋은 태생의 수도승과 군막을 함께 쓰도록 해서 곁에 붙여놓으려고 했는데, 친절한 아들은 어머니의 바람에 따랐으며, 어릴 때뿐만 아니라 청년이 되어서도 그랬다. 아니, 사실 결혼하기 전까지도 그랬다. 바실라키오스는 진지 전체를 뒤지며 옛 철학자 아리스토파네스가 말했듯이 '어둠 속에서 더듬는 행위'를 멈추지 않았다. 그는 수색하는 동안 계속해서 작은 요안니스에게 메가스 도메스티코스의 위치를 캐물었다. 요안니스는 그제야 알렉시오스가 전군과 함께 진채를 빠져나갔다고 말해주었다. 바실라키오스는 함정에 빠졌음을 깨닫고, 절망에 빠져 탄식했다. 그는 소리치기 시작했다.

"동지들이여, 전우들이여, 우리는 속았다! 적은 밖에 있다!"

그가 이렇게 소리를 지르고 진지를 빠져나가려던 순간, 내 아버지 알렉시오스 콤니노스는 이미 소수의 심복과 함께 앞장서 달려 나오는 중이었다. 알렉시오스는 한 남자가 중보병들을 전투 대형으로 이끌고 있다는 사실을 알아차렸다. 그 와중 바실라키오스의 병사 대부분은 진지를 약탈하느라 정신이 팔려 있었다. 이 전략은 내 아버지가 흔히 쓰는 오랜 전략이었다. 바실라키오스가 병사들을 전투 대형으로 재편성하기도 전에 메가스 도메스티코스가 먼저 튀어나와 그들을 위협했다. 앞서 말했듯이 알렉시오스는 누군가가 팔랑크스를 전투 대형으로 이끄는 것을 보았고, 그의 큰 키와 번쩍이는 갑옷을 보고(그의 갑옷은 별빛에 비쳐 반짝거렸다) 그가 바실라키오스라고 생각했다. 알렉시오스는 검을 빼 든 채 그자에게 돌격해 그의 머리와 팔을 내리쳤다. 그자는 땅바닥에 나뒹굴고 중보병들은 동요했지만, 사실 그자는 바실라키오스가 아니었다. 바실라키오스에 뒤처지지 않을 용기와 체격을 가진 다른 인물이었다. 적진의 한가운데에서 알렉시오스는 그들을 무겁게 내리쳤다. 그는 화살을 쏘고 창을 내지르며 전쟁 구호를 내뱉었고, 어둠 속에 갇힌 적들을 혼란스럽게 만

---

* 안나 달라시니(1025/30~1100/02)

들었다. 그는 지형, 시간, 그 외 모든 것을 승리를 위한 수단으로 사용했다. 동요하지 않는 마음과 흔들림 없는 판단력으로 자신의 모든 것을 이용해 혼란스러운 격전 속에서도 적과 아군을 확실히 구분했다. 그러던 와중, 내 아버지의 충실한 하인, 카파도키아 출신의 굴리스가 전투 중 맹렬한 분노를 내뱉고 있는 바실라키오스를 발견하고 그의 투구를 내리쳤다. 그러나 그는 파리스와 싸우던 메넬라오스와 같은 운명을 겪었다. 바실라키오스를 향해 내려친 그의 검은, 일리아스에서 나오듯 '서너 조각으로 부서져' 그의 손에서 떨어졌고, 칼자루만이 굴리스의 손에 남았다. 그 장면을 본 장군은 굴리스를 향해 검도 꽉 쥐지 못하는 겁쟁이라고 비웃었지만, 굴리스가 검 자루를 꼭 쥔 채 그와 대치하자, 바실라키오스는 조롱을 멈췄다. 또 다른 사람, 성姓은 토르니키오스였던 마케도니아인 페트로스가 적진 사이에 뛰어들어 여러 명을 베고 죽이고 있던 것이다. 적들의 팔랑크스는 무슨 일이 벌어지고 있는지 전혀 알지 못하는 상황에서도 적의 수장을 따랐다. 어둠 속에서 싸움이 벌어지면서 양군 모두 전황을 파악할 수 없었기 때문이다. 알렉시오스 콤니노스는 여전히 굳건하게 버티고 있는 적의 팔랑크스를 공격해 수많은 적을 쓰러뜨렸을 것이다. 이후 그는 곧바로 부하들과 함께 돌아와 아직도 대형을 유지하고 있는 바실라키오스의 전열을 무너트리라고 지시한 뒤, 후방의 아군에겐 뒤처지지 말고 자신을 추월해 빠르게 전진하라는 명령을 보냈다. 이때 메가스 도메스티코스 휘하의, 짧게 말하자면 아레스의 영혼을 가진 용맹한 군인이었던 켈트인 하나가 알렉시오스 콤니노스 장군이 피 묻은 칼을 들고 적 진영 한가운데를 헤치고 나오는 것을 보곤 그를 적군으로 착각했다. 이 켈트인은 세 번이나 그에게 달려들어 창으로 콤니노스 장군의 흉갑을 치고 말에서 낙마시키려고 애를 썼다. 장군은 그 병사의 이름을 소리치며 당장 멈추지 않으면 목을 베어버리겠다고 위협했다. 그제야 켈트인 병사는 야습의 혼란 때문에 피아식별하지 못했다며 선처를 호소했다. 놀랍게도 장군은 그 병사의 목숨을 살려주었다!

9

그날 밤 메가스 도메스티코스와 몇몇 병사의 상황은 이러했다. 새벽이 대지를 향해 미소 짓고, 태양이 지평선 너머로 엿보이기 시작했다. 바실라키오스의 장교들은, 전투를 포기한 채 전리품에만 눈이 팔린 병사들을 어떻게든 재규합하기 위해 필사적으로 노력했다. 메가스 도메스티코스 또한 자신의 전열을 재정비한 후 바실라키오스를 향해 곧장 진군했다. 도메스티코스의 군대 일부는 멀리서 바실라키오스의 군대에서 떨어져 나온 약탈자들을 발견하곤, 말을 타고 돌격하여 그들을 물리치고 대부분을 포로로 잡아 왔다. 바실라키오스의 동생 마누일은 진채 인근 언덕에 올라 큰 소리로 군대를 격려하고 있었다.

"오늘은 바실라키오스에게 승리의 날이다!"

그 외침을 듣고 (우리가 이미 언급했던) 니키포로스 브리엔니오스의 친구이자 쿠르티키오스라는 성姓을 가진 바실레이오스가 콤니노스의 전열에서 뛰쳐나와 언덕을 향해 돌격했다. 마누일 바실라키오스는 검을 뽑아 들고, 달려드는 쿠르티키오스를 향해 전속력으로 언덕에서 내려왔다. 그러나 쿠르티키오스는 칼을 빼앗는 대신 마누일 말의 안장 천에 매달린 막대기를 낚아채더니 그걸로 마누일의 머리를 가격하고, 뒤로 묶은 채 끌고 와서는 내 아버지 앞에서 포로로 잡은 전리품을 자랑했다. 그동안 바실라키오스의 잔당들은 콤니노스가 병력을 이끌고 진군하는 것을 본 뒤 잠시 저항하는 듯하더니, 이내 줄행랑 치기 시작했다. 알렉시오스 콤니노스는 도망치는 바실라키오스를 추격했다. 바실라키오스의 잔당들이 테살로니키에 도착했을 때, 테살로니키인들은 바실라키오스를 받아들인 뒤 장군 앞에서 성문을 봉쇄했다. 알렉시오스는 그런 상황에서도 긴장을 풀지 않았다. 흉갑을 벗지도 투구를 제쳐놓지도, 어깨에서 방패를 풀지도 칼을 내려놓지도 않았다. 그는 그저 성城 앞에 진을 치고 테살로니키를 포위하겠다고 위협한 뒤 성곽 인근을 약탈했다. 바실라키오스의 신병을 확보하려던 그는 성실한 것으로 유명한 자신의 수도사 몸종 '작은 요안니스'를 보내 평화협정을 제안했다. 그는 바실라키오스가 항복하고 도시를 포기한다면 어떤 학대도 가하지 않을 것을 약속한다고 전했다. 바실라키오스는 융통성이 없는 사람이었지만, 테살로니키인들은 그렇지 않았다. 테살로니키인들은 도시가 함락되고 파괴되는 것이 두려워 콤니노스에게 문을 열었다. 바실라키오스는 테살로니키의 군중이 콤니노스의 입성을 허용하는 것을 보고는 도시의 아크로폴리스로 가서 이리저리 날뛰었다. 이 극단적인 상황에서도 바실라키오스는 투지를 버리지 않았다. 비록 메가스 도메스티코스가 그에게 어떤 위해도 가하지 않겠다고 약속했지만, 바실라키오스는 이런 상황 속에서도 남자다운 모습을 잃지 않았다. 그는 용맹함을 여전히 유지한 채 싸웠지만, 결국 아크로폴리스에 모인 주민들과 경비병들이 그를 거기서 끌어내리고 무력으로 구속해 메가스 도메스티코스에게 넘겨주었다. 알렉시오스는 바실라키오스를 생포했다는 소식을 즉시 황제에게 전한 뒤, 테살로니키에서 조금 더 머무르며 남은 일들을 정리하고 콘스탄티노폴리스로 개선했다. 그의 군대가 필리피와 암피폴리스 사이를 지날 때, 황제의 전령들이 찾아와 바실라키오스에 대해 적힌 지령서를 건네주었다. 그들은 바실라키오스를 클렘피나라는 인근의 마을로 데려가 그 마을의 샘 근처에서 눈을 뽑아버렸다. 그래서 그 샘은 오늘날까지 '바실라키오스의 샘'이라고 불린다. 이것이 알렉시오스가 황제가 되기 전에 성취한 세 가지 과업 중 하나이다. 그는 과연 제2의 헤라클레스라고 불릴만한 인물이다. 이 글을 읽는 당신도 바실라키오스를 에리만토스의 멧돼지[*]라고 부르고, 가장 고귀한 나의 아버지 알렉시오스를 오늘날의 헤라클레스라고 부르는 나의 말에 반대하지 않으리라 믿는다. 이 세 업적은 알렉시오스가 제위에 오르기 전에 만들어 낸 성공 이야기들이며, 황제는 이 값진 업적을 이룬 보상으로 콘스탄티노폴리스의 시민들 앞에서 그에게 '세바스토스[**]'라는 칭호를 내리겠다고 선언하였다.

---

[*] 그리스 신화의 헤라클레스가 4번째 과업으로 잡아들인 멧돼지
[**] 라틴어로 '존엄한 자'를 뜻하는 아우구스투스를 그리스어로 번역한 말로, 알렉시오스 1세는 혈연이나 결혼으로 맺어진 황족들에게 이 호칭을 부여하였다.

10

　대부분 사람은 일교차나 무분별한 식단, 체액의 상태 등을 발열의 원인으로 돌리는 등, 모든 병세가 외부적 요인 탓에 악화한다고 치부하곤 한다. 그러나 때때로 병의 원인은 우리의 몸에 내재할 때도 있다. 이런 신체적 질병들과 비슷하게, 나는 그 당시 수많은 재앙의 원인이 일정 부분 로마인들의 나약함에서 비롯되었다고 생각한다. 여기서 로마인이란 앞에서 언급한 다양한 사람들, 루셀 일가와 바실라키오스 일가, 수많은 제위 참칭자를 의미한다. 하지만 운명이 로마 제국의 제위에 열망을 가진 국외의 많은 이를 계속해서 자극한 것이 그 이유이기도 하다. 운명은 이 불나방들에게 낫지 않는 고통과 치유될 수 없는 불치병 같은 제국을 떠맡겼다. 횡포한 성격으로 유명한 허풍쟁이 로베르가 바로 후자에 속했다. 노르망디가 그를 탄생시켰지만, 그를 진정 양육하고 길러낸 것은 순수한 사악함이었다. 로마 제국은 이 이질적이고 야만적인 인종과 국혼을 제안하면서 그들이 우리에게 쳐들어올 침략전쟁의 구실을 제공하고 말았다. 이 선택은 우리 가족을 두카스 가문과 이어지게 만든 전임 황제 미하일 두카스의 실책이었다. 내가 이 혈육들을 비판한다 해도 나를 너무 모질게 보지 않았으면 좋겠다. (사실은 나도 외가 쪽으로 절반은 두카스 가문이기 때문이다). 나는 만물 앞에서 진실만을 쓰기로 결심했고, 최소한 미하일 두카스에 관해 사람들이 입을 모아 하는 비판을 전한 것뿐이다. 미하일 두카스 황제는 아들 콘스탄티노스 두카스를 이 야만인 로베르의 딸과 약혼시켰고, 모든 적대행위는 거기서부터 시작되었다. 콘스탄티노스 황자에 관해서는 적절한 시기에 다시 이야기하도록 하겠다. 그때 그의 정략결혼과 이 야만적인 동맹, 그의 아름다운 외모와 키, 신체적, 정신적 특징 등에 대한 이야기까지 말이다. 하지만 지금은 미하일 황제의 조급함으로 노르망디 출신의 야만인 군대가 제국에 대항하게 된 이야기와 그 야만인 군세의 패배, 이 노르만인 참칭자 로베르의 죽음에 관한 이야기를 끝마친 뒤 나, 안나 콤니니 본인의 불행에 대해 조금만 슬퍼해 보고자 한다. 먼저, 이야기를 조금 거슬러 올라가 로베르 기스

카르에 관해 이야기하고, 그의 혈통과 경력, 그리고 정세의 변화가 어떻게 그에게 엄청난 힘을 주게 되었는지를 알아볼 것이다. 좀 더 경건하게 표현하자면, 그는 오직 주님께서 그의 사악한 욕망과 음모를 관대하게 봐주셨기에 세력을 키울 수 있었다.

  이 로베르라는 자는 폭압적인 성격을 가진 하찮은 혈통의 노르만인이었다. 행동이 용감하기는 했으나 품성은 교활했으며, 빼앗고 싶은 것이 있으면 아주 완고한 거물들의 물건이라도 약삭빠르게 공격해 훔쳐 갔다. 그는 자신의 욕망을 실현하는 데 어떤 방해도 허용하지 않는 작자였다. 그의 키는 누구보다도 컸고, 얼굴은 붉었으며 머리카락은 황갈색이었다. 어깨는 넓고 눈은 불꽃을 내뿜는 듯했다. 체격 자체는 자연이 요구한 체격 그대로였으며, 군살 없이 우아한 편이었다. 이 남자가 머리부터 발끝까지 균형 잡힌 체격을 가졌다는 이야기는 많은 사람의 입에서 회자했다. 호메로스는 아킬레우스가 소리칠 때 군중이 고함을 내지르는 것처럼 우렁찼다고 묘사했지만, 이 로베르의 울음소리는 수천 명을 도망치게 할 수준이었다. 그는 체격과 성격분만 아니라 운수까지 따라주는 사람으로 천성적으로 불굴의 존재였고, 세상 누구에게도 굽히고 들어가지 않는 사람이었다. 혈통은 다소 불분명했지만, 그는 강한 본성을 가지고 있었다.

11

  그는 그런 남자였다. 누군가의 통제를 견디지 못하는 사내였기 때문에 기병 다섯 명과 보병 30명만을 겨우 거느린 채 노르망디를 뛰쳐나왔다. 그는 고향을 떠난 뒤 산적 우두머리가 되어 롬바르디아의 산등성이, 동굴, 언덕을 배회하며 여행자들의 말, 무기, 재산을 약탈했다. 이 자의 삶은 유혈사태와 살인으로 점철된 채 시작되었다. 그가 롬바르디아 지방에 웅거하는 동안 롬바르디아와 인근 영토 대부분을 통치하던 겔리엘모스 마스카벨레스의 눈에 띄었고, 그의 땅에서 풍부한 돈을 받는 대신, 겔리엘모스에게 튼튼한 군대를 지원하는 강력한 영주로 성장했다. 로베르는 스스로 신체적, 정신적으로 뛰어남을 증명했다. 겔리엘모스는 놀라울 정도로 선견지명이 부족한 사람이었던지라 그를 충복으로 두었고, 딸 중 한 명을 그와 약혼시켰다. 결혼 이후 겔리엘모스는 로베르의 힘과 풍부한 전쟁 경험에 감탄했지만, 모든 것이 그의 뜻대로 돌아가는 것은 아니었다. 겔리엘모스는 심지어 로베르에게 혼수로 도시 하나를 선물하면서 친절을 베풀었음에도, 로베르는 더 많은 것을 원하며 반란을 계획했다. 그는 계속 겔리엘모스와 친하게 지내는 척하면서도 뒤에서는 기병은 세 배로, 보병대를 두 배로 늘리며 군사력을 확장했다. 그 후, 로베르의 우호적인 가면은 벗겨지고, 조금씩 그의 사악한 기질이 드러났다. 로베르는 매일 싸움의 구실을 만들거나 얻어내고, 분쟁을 일으킨 뒤 교묘하게 전투나 전쟁은 벌이지 않는 식의 공작을 벌였다. 앞서 말한 겔리엘모스 마스카벨레스가 부(富)와 권세에서 그를 훨씬 능가했기 때문에, 로베르는 그와 공개적으로 싸우려는 생각은 모두 포기한 채 사악한 음모를 꾸몄다. 그는 겔리엘모스에게 우정을 환기하고 회개하는 척하면서, 비밀리에 겔리엘모스의 모든 영토와 재산을 빼앗기 위한 끔찍한 계획을 준비했다. 먼저 로베르는 겔리엘모스에게 평화 회담을 제안하고, 사신을 보내 그와 직접 만나고 싶다는 의사를 전달했다. 겔리엘모스는 딸을 매우 아꼈기 때문에 로베르의 제안을 기꺼이 받아들였고, 로베르는 회담을 위해 만날 장소를 고지한 채 휴전을 주선했다. 회담 장소는 같은 높이로 솟아오른 언덕 두 개가 있는 평원이었다. 그 사이의 땅은 늪지대였고, 온갖 종류의 나무와 덤불이 빽빽하게 자라있었다. 교활한 로베르는 이 지대에 용맹한 병사 네 명을 무장시켜 매복시키고, 겔리엘모스를 보자마자 한 시도 지체하지 말고 그를 잡으라고 명령했다. 이런 사전 준비가 끝난 뒤, 모략자 로베르는 겔리엘모스와의 회담을 장소로 정해놓은 언덕의 그 옆 언덕에 15명의 기병과 56명의 보병을 데리고 올라가 주둔시켰다. 그중 핵심 병사를 선별하고 그들에게 음모의 전체 내용을 설명했다. 그는 또한 자신이 갑옷을 입고 투구를 쓰며 방패와 검을 찰 수 있도록 준비해 놓으라는 명령을 내렸다. 매복한 네 명에게도 그가 겔리엘모스와 맞붙는다면 바로 달려와 자신을 도우라는 명령을 내려놓은 상태였다. 약속된 날, 겔리엘모스는 로베르와 조약을 맺기 위해 약속된 언덕에 올랐다. 그는 뒤에서 로베르가 말을 타고 다가오는 것을 맞이한 후, 그를 진심으로 껴안고 반겼다. 둘은 언덕 정상에서 조금 떨어진 경사면에 멈춰 이야기를 나누었다. 교활한 로베르는 일부러 이야기 하나하나를 차례대로 던져가며 시간을 끌다가, 겔리엘모스에게 말했다.

"말 위에서 말하면 힘들지 않습니까? 그냥 말에서 내려, 앉아서 이야기하시지요?"

마스카벨레스는 어리석게도 모든 간계와 그를 함정으로 이끄는 위협을 느끼지 못했다. 그는 로베르가 말에서 내리는 것을 보고는 따라 내렸다. 그는 바닥에 팔꿈치를 기댄 편한 자세로 토론을 이어갔다. 로베르는 그 앞에서 마스카벨레스에게 충성을 맹세한 뒤, 그는 충실한 후원자이자 자신의 영주라며 칭송했다. 자신의 영주와 로베르가 말에서 내려 다시 토론을 시작하는 모습을 본 마스카벨레스의 부하들은, 말에서 따라 내려 고삐를 주변 나뭇가지들에 묶고 말과 나무가 드리운 그늘에 누워 쉬었다. 심지어 일부는 그냥 집으로 돌아가기까지 했다. 당시는 태양이 뜨겁게 내리쬐는 여름이라 더위가 너무 심해 버틸 수 없는 데다, 다들 먹거나 마실 게 없어 지쳐있었기 때문이었다. 그러나 이 교활한 여우, 로베르는 모든 것을 계획해 놓은 상태였다. 갑자기 그는 친절한 표정을 싹 지운 채 마스카벨레스에게 달려들어 공격했다. 둘은 서로를 움켜쥔 채 밀고 당기다 언덕 아래로 함께 굴러떨어졌다. 언덕 아래 수풀에서 대기하고 있던 네 명의 병사들은 곧바로 겔리엘모스에게 달려들어 그를 묶고는, 언덕을 뛰어올라 반대편 언덕에 있는 로베르의 기병들과 합류하기 위해 뛰었다. 잠복해 있던 기병들은 이미 비탈길을 달려서 그들을 향해 오고 있었고, 그 뒤로는 겔리엘모스의 부하들이 맹렬히 추격해 오고 있었다. 로베르는 재빠르게 말 위로 올라 투구를 쓰고, 창을 맹렬히 휘두르며 방패 뒤에 몸을 숨겼다. 그는 그 자리에서 겔리엘모스의 부하 한 명을 찔러 죽였다. 그는 장인의 기병대 돌진을 한 차례 저지한 뒤 겔리엘모스의 지원군이 오는지 안 오는지 확인했다(로베르의 기병대가 언덕 위에서 아래로 내지르며 돌격하는 동안, 지원군들은 그 모습을 보고 등을 돌려 도망쳤다). 로베르는 겔리엘모스의 기병대를 저지한 뒤, 장인어른 겔리엘모스를 그가 약혼 예물로 받았던 도시의 성채, 바로 그곳에 가두었다. 결국 한때 도시의 주인이었던 이는 '죄수'가 되어 '감옥'이라는 이름의 도시에 갇혔다. 로베르의 잔인함은 아무리 과장해도 지나치지 않았다. 그는 겔리엘모스의 이빨을 모조리 뽑아버렸고, 엄청난 양의 재산을 요구하면서 겔리엘모스의 재산이 어디에 보관되어 있는지 심문했다. 그는 마침내 모든 재산을 갈취한 다음 그의 눈마저 뽑아버렸다.

12

마스카벨레스의 모든 재산을 차지한 그는 매일 힘을 키워나갔다. 그는 도시에 도시를, 돈 위에 돈을 쌓아 올리며 폭군이 되어 갔다. 그는 짧은 시간에 공국 수준의 명성을 얻었고, 롬바르디아 전역의 공작으로 임명되었다. 그 순간부터 모든 이들이 그를 질투했다. 그러나 로베르는 대단히 영리했기 때문에, 백성들 앞에서는 교활한 성격을 숨겼다. 그는 적들에게 아첨하고, 백성에게는 선물을 쥐여주며 폭동을 진정시켰다. 그는 매우 독창적인 방식으로 귀족들의 질투를 억눌렀고, 약삭빠른 수단과 때때로는 폭력을 이용해 롬바르디아 전역, 나아가 이웃 국가들을 차례차례 합병했다. 그러나 로베르는 더 큰 권력을 원했다. 그는 로마 제국을 향한 욕망을 품었다. 앞서 얘기했듯, 로베르는 미하일 황제와의 관계를 구실로 내세웠고, 로마와의 전쟁을 부채질했다. 어떤 연유에서인지 미하일 황제가 아들 콘스탄티노스를 이 폭군의 딸(엘레니라는 이름을 가지고 있었다)과 약혼시켰기 때문이다. 이 어린 시절의 이야기를 다시 꺼내자니, 가

숨이 떨리고 생각이 혼란스러워진다. 그렇지만 그에 대한 내 이야기는 잠시 미뤄두고, 적절한 때까지 보류할 생각이다. 하지만 한 가지는 꼭 말하고 싶다. 이 글에 어울리지 않는 주제이지만, 콘스탄티노스는 정말 살아있는 조각상 같은 남자였다. 말 그대로 신께서 만든 걸작과 같은 소년이었다. 그는 그저 바라보기만 해도 그리스 전설에 나오는 황금시대*의 후손이라고 말할 수밖에 없는 사람, 정말 말로는 차마 다 설명할 수 없는 아름다운 소년이었다. 오랜 세월이 흐른 지금도, 나는 그 소년을 떠올릴 때마다 슬픔에 잠긴다. 하지만 눈물은 '더 적합한 장소'를 위해 아껴보려 한다. 내 고통에 대한 단상이 역사적 서술과 섞여 이 글을 혼란스럽게 하고 싶지 않기 때문이다. 다시 시작하자면, 이 콘스탄티노스라는 청년(내가 위에서, 다른 곳에서 언급한 소년), 내가 아직 햇빛을 보기 전에 태어난 맑고 때 묻지 않은 이 소년은, 로베르의 딸 엘레니의 약혼자가 되었다. 다만 두 사람 모두 어렸기 때문에 결혼은 바로 이행되진 않았다. 이후 미하일 두카스가 폐위되고 니키포로스 보타니아티스 황제가 즉위한 뒤, 이 약혼은 바로 무효가 되었다. 이 부분을 생각하면서 내 글이 어수선해졌다. 이제 다시 방황하던 지점으로 돌아가 서술을 끝마치고자 한다! 가장 미천한 자리에서 눈에 띄게 성장해 큰 권력을 거머쥔 로베르는, 로마인들의 황제가 되기를 간절히 원했고, 결혼 파기는 로마인들을 향한 악의와 전쟁을 위한 그럴듯한 구실이 되었다. 이 사건에 대해서는 두 가지 이야기가 전해진다. 하나는 '라익토르'라는 이름의 수도승이 미하일 황제를 사칭해 로베르에게 찾아가 미하일의 아들 콘스탄티노스와 그의 딸 엘레니의 결혼 파기에 대한 괴로운 이야기들을 쏟아놓았다는 것이다. 그러나 미하일은 디오예니스 황제 이후 짧은 시간 제위를 차지한 다음, 보타니아티스의 반란군에게 왕좌를 빼앗긴 뒤 수도원 생활에 적응하는 중이었다. 그에 대해 덧붙이자면, 그는 이후 사제의 하얀 성의^{聖衣}와 주교관을 받아들여 대주교의 자리까지 올랐다. 그의 친삼촌인 카이사르 요안니스 두카스는 황제가 경솔함을 이미 알고 있었고, 미하일에게 최악의 상황이

---

* 그리스 신화의 신 제우스의 아버지 크로노스가 지배하던 시대로, 아무런 힘을 들이지 않고도 농작물을 수확하며 즐겁게 지내던 태초의 시대였다.

올 것을 두려워하며 수도승이 되라고 조언했다. 앞서 말한 수도승 라익토르가 사칭한 자가 바로 이 미하일이었다. 이 수도승은 역대 가장 대담한 '활동가'이니 내가 이에 맞게 그를 '렉티스ρέκτης'라 불러도 될 것이다*. 그는 자신이 혼담을 나눴던 그 미하일이라는 핑계로 로베르에게 접근했고, 자신의 과오가 어떤 비극을 빚어내었는지, 왜 황위에서 쫓겨났는지, 어떻게 지금의 이 비참한 모습으로 전락했는지에 대한 이야기들을 읊으며 이 야만인에게 도움을 청했다. 그는 로베르의 아름다운 딸이자 자신의 며느리인 엘레니가 참혹한 상태에 처해 있으며 공개적으로 파혼 당했다고 말했다. 아들 콘스탄티노스와 아내인 마리아 황후가 보타니아티스 편에 서도록 강요당했다는 것이다.

이 거짓말은 야만인의 마음에 불을 붙였고, 그는 이 일을 명분으로 로마인들과 전쟁을 벌일 마음을 먹고 무장하기 시작했다. 이 이야기가 내 귀에 들어왔을 때, 나는 사실 가장 비천한 태생의 사람이 고귀하고 명예로운 혈통을 사칭한 것에 별로 놀라지 않았다. 그러나 훨씬 믿을 만한 다른 이야기가 내 마음 속에 울려 퍼졌다. 그것은 사실 어떤 수도사도 미하일을 사칭하지 않았고, 그 누구도 그를 사칭해 로베르를 로마인들과의 전쟁으로 이끌지 않았으며, 그저 이 다재다능한 야만인이 모든 이야기를 지어냈다는 것이다. 이 가설은 이렇게 전개된다. 로마인들과의 전쟁을 준비하던 대악당 로베르는 휘하의 대귀족들과 아내 가이타**의 반대에 봉착했다. 전쟁의 명분이 없으며, 기독교인들을 상대로 치러질 것이라는 이유 때문이었다. 실제로 그는 전쟁에 나서려 할 때마다 여러 번 저지당해 애가 타는 상황이었다. 그렇기에 그는 전쟁을 위한 그럴듯한 구실을 마련해야만 했다. 그는 크로토네***에 사람을 보내 음모를 꾸미기 시작했다. 그는 수하들에게 이탈리아로 건너가 로마의 수호성인들과 수석 사도들의 성지에서 예배를 드리려는 수도사를 찾아서, 생긴 것만 보아도 평민 출

---

* 그리스어 렉티스ρέκτης는 레조ρέζω에서 나온 말로 '행동하는 자'라는 뜻이다. 수도승 '라익토르'와 어감이 비슷해 안나가 냉소나 비꼼의 의미로 사용했다.
** 시켈가이타
*** 이탈리아 남부 칼라브리아의 도시

신인 게 뻔한 정도만 아니라면 친구로 만들어 환대한 뒤 자신에게 데려오라고 지시했다. 그의 수하들은 그곳에서 라익토르를 발견했고, 살레르노에서 기다리고 있는 로베르에게 '제국에서 추방당한 당신의 친인척 미하일이 당신의 도움을 청하기 위해 여기 도착했습니다.'라는 편지를 보냈다. 이 편지마저도 로베르가 명령한 그대로였다. 그는 편지를 받자마자 아내에게 직접 읽어주었고, 그 후 모든 휘하 백작이 모인 자리에서 편지를 보여주며, 이제 정말 전쟁을 위한 정당한 명분이 손에 들어왔기 때문에 그를 제지할 수 있는 사람은 없다고 선언했다. 이제 모두가 로베르의 욕망에 사로잡혔고, 로베르는 그 남자를 데려와 그와 함께하기 시작했다. 그러자 그는 희곡 전체를 북돋웠고 적절한 무대장치로 희곡을 연출했다. 로베르는 그 수도사를 미하일 황제인 척 소개하며 그가 제위를 빼앗기고, 아내와 아들, 그의 모든 재산을 찬탈자 보타니아티스에게 강탈당했으며, 율법과 정의가 무너진 이 상황에서 그는 왕홀*과 제관 대신 수도사의 옷을 입을 수밖에 없었다고 말했다. 그는 "이제, 황제 폐하께서 우리에게 간청하기 위해 찾아오셨다."라고 말했다. 로베르는 사람들을 향해 장황한 연설을 마치고 사돈으로서 미하일의 황위를 되찾아 주어야 한다고 외쳤다. 그는 매일 그 수도사가 진짜 미하일 황제라도 된 마냥 경의를 표하며 식탁에서 가장 높고 고귀한 자리를 양보하며 과도하게 존경을 표했다. 로베르는 기발한 방법으로 대중의 눈과 귀를 사로잡는데 능했다. 한번은 그의 딸 엘레니의 슬픈 운명에 대한 동정심을 유발했지만, 다른 한편으로는 사위에 대한 배려로 미하일이 몰락한 사악한 날들에 대해 말하는 것을 꺼리는 듯이 행동했다. 또 어느 때는 로마 제국의 국고에서 금고를 털어 백성들에게 금 더미를 선사하겠다고 교묘히 약속함으로써, 그를 둘러싼 무지한 대중들을 선동하고 휘저어 놓으며 전쟁을 일으킬 준비를 마쳤다. 그리하여 그는 모두를 쥐락펴락하며 롬바르디아 안팎의 부자와 가난한 사람 모두를 똑같이 쥐어짜, 롬바르디아 전체를

---

* 군주가 들고 있는 지휘봉으로, 권력을 상징한다.

이끌고는 아말피의 모도시인 살레르노를 점령했다*. 그는 여기에 다른 딸들을 위한 영지를 마련한 뒤 본격적인 전쟁을 준비했다. 그는 두 딸과 함께 있었는데, 불운한 셋째 딸은 그녀가 약혼한 날부터 안타깝게도 콘스탄티노폴리스에 갇혀 있었다. 아직 미숙한 그녀의 어린 약혼자는 마치 괴물 때문에 겁먹은 아이처럼 이 약혼 자체를 꺼리고 있었다. 나머지 두 딸 중 하나는 바르시논 백작의 아들 레몽**과 결혼을 약속했고, 또 한 명은 저명한 에우불루스 백작***과 결혼했다. 로베르는 이 결혼동맹에서 다른 때와 마찬가지로 자신의 이익에만 눈독을 들이는 데 몰두했다. 그는 모든 방면에서 그의 혈족, 그의 통치, 그의 혈통적 권리 같은 다른 사람들은 감히 생각조차 하지 않는 무수한 방법으로 자신의 세력을 축적하고 응집시키려 했다.

13

그러던 와중 이 남자의 명성과 행운이 더더욱 드높아질 만한 사건이 발생했다. 많은 서방의 통치자가 그를 공격하기를 포기한 것이다. 이 사실은 이 야만인이 성공적으로 발전하는 데 매우 중요하게 작용했다. 운명은 마치 모든 일이 그만을 위해, 그를 옥좌에 앉히고, 그에게 모든 성취를 허락하는 것처럼 흘러갔다. 당시 로마 교황과 독일 왕**** 하인리히가 의견충돌을 벌이고 있었다. 이에 따라 로마 교황은 로베르를 동맹으로 끌어들이길 원했다. 이미 로베르는 인근에서 매우 유명해졌고, 패권이 강했기 때문이다(교황은 아주 고귀한 성직자로 다양한 국적으로 이루어진 군대를 가지고 있었다). 독일 왕과 교황의 논쟁은 다음과 같았다. 교황은 하인리히가 성직을 무상으로 지급하지 않고 매매했다고 비난하고, 때때로는 가치 없는 성직자들에게 대주교직을 맡긴다고 비

---
* 그 당시 살레르노는 동로마의 이탈리아 속주였다.
** 바르셀로나 백작이었던 라몬 베렝게르 2세
*** 루시 백작이었던 에블레 2세
**** 신성로마제국 황제

판하기 시작했다. 교황은 독일 왕 하인리히에 대해 비슷한 성격의 혐의를 추가로 제기했다. 반대로 독일 왕 하인리히는, 교황이 자신의 동의 없이 사도좌를 장악했다며 교황을 찬탈한 혐의로 기소했다. 거기에 더해 교황을 향해 무례하게도 스스로 교황직을 사임해야 한다고 주장했으며, 제 손으로 올라간 자리에서 사임하지 않을 시 교황직에서 추방되어야 한다면서 무모한 협박을 계속했다. 이 협박이 교황의 귀에 들어갔을 때, 그는 하인리히의 사절들에게 분노를 터트렸다. 교황은 독일 사절들을 비인간적으로 고문한 뒤 가위로 머리를 자르고 수염을 면도칼로 밀어버린 뒤, 야만인들의 오만함조차 초월할 만큼 너무나도 부적절한 처벌을 가한 뒤 그들을 쫓아냈다. 나의 여성스럽고 공주다운 기품으로는, 그 사절들에게 가해진 분노의 처벌을 차마 입에 담을 수 없다. 그런 행동은 비단 교회의 최고지도자로서 뿐만이 아닌 기독교인의 이름을 가진 사람으로서 절대로 해서는 안 될 행동이었다. 나는 이 야만인의 생각, 더 나아가 행위 자체를 묘사하는 것이 혐오스럽다고 생각한다. 만일 내가 그 외설스러운 짓을 명시적으로 이 글에 묘사 한다면, 그것은 내 펜과 저작을 오염시키는 행위가 될 것이다. 이 정도 표현이라면 야만적인 오만함의 과시와 시간이 흐를수록 파렴치한 사람들의 악의가 무르익는다는 증거로서 충분하리라고 생각한다. 교황이 한 그 일에 대해 아무리 사소한 말이라도 폭로하거나 이 글과 연관 짓고 싶지 않다. 그런 행위가 고위 성직자에게서 자행되다니! 오 정의여! 이게 정녕 최고위직 성직자의 행동이라니! 아니, 라틴인들이 주장하고 믿는 것처럼 그가 전 세계의 수장이라면, 이 파렴치한 행동 또한 그들의 자랑거리이리라. 로마 황제의 제위와 원로원, 제국의 전체 행정부가 도시 로마에서 '도시들의 여왕' 콘스탄티노폴리스로 옮겨졌을 때, 최고 성직자의 지위 또한 마땅히 콘스탄티노폴리스로 옮겨졌다. 우리 로마의 황제들은 처음부터 콘스탄티노폴리스의 주교직에 최고의 권한을 부여했고, 칼케돈 공의회는 콘스탄티노폴리스의 주교를 최고위직으로 둔 채 개최되었다[*]. 알려진 모든 세계, 모든 교구가 콘스

---

[*] 451년 칼케돈 공의회는 총대주교가 로마 교황과 '동일한 특권'을 누린다고 했으므로 안나의 이 표현은 과장되어 있다.

탄티노폴리스 총대주교의 관할 하에 있는 것이다. 하여튼 독일 왕의 사절들에게 행해진 모욕이 그들을 보낸 하인리히 왕을 겨냥한 것이라는 사실은 의심의 여지가 없다. 교황은 그들을 단순히 매질했을 뿐만 아니라 완전히 새로운 형태의 분노 표출 방식을 처음으로 행했기 때문이다. 내 생각에 아마도 교황은 이 행동을 통해 왕의 권력은 경멸스러운 것이고, 사절들에게 이토록 끔찍하게 분노를 쏟아내어 반신인 자신이 반푼이*인 왕을 상대하고 있는 모양새라고 암시하려고 한 것 같다. 결과적으로 교황이 사절들에게 범한 무례는 매우 큰 전쟁을 유발했다. 독일 왕을 감당할 수 없게 되는 상황을 막기 위해서, 교황은 로베르에게 평화 협정을 제안했지만, 사실 교황은 그전까지 로베르와도 그렇게 좋은 관계는 아니었다. 교황은 로베르 공작이 살레르노를 점령했다는 소식을 들은 뒤 로마에서 출발해 베네벤토까지 왔고, 사절들을 보내 사전 소통을 마친 뒤 양자 간의 개인적인 회담을 했다. 교황은 교황령의 군대를 이끌고 베네벤토를 출발했고, 로베르 또한 살레르노에서 군대를 이끌고 나와 화답했다. 편안한 거리에서 양군이 맞닥뜨렸을 때, 둘은 각자의 진영에서 홀로 나와 서약과 선서를 하고 진영으로 돌아갔다. 이 서약에서 교황이 로베르에게 왕의 자리를 인정하고 필요할 경우 로마인들과의 전쟁에서 도움을 줄 것을 맹세했고, 로베르는 교황이 요구할 때마다 전쟁에서 교황을 돕겠다고 맹세했다. 그러나 사실 이 둘의 맹세는 전혀 가치가 없었다. 교황은 독일 왕에 대해 맹렬히 분노한 채 독일과의 전쟁을 서두르는 반면, 로베르 공작은 로마 제국과의 전쟁에 정신이 팔려 이를 갈며 분노한 멧돼지처럼 돌진할 준비를 하고 있었기 때문이다. 이 맹세는 말뿐이었다. 어차피 야만인들은 전날 맹세하면 다음 날은 어기기 마련이었다. 회의가 끝난 후 로베르는 말고삐를 돌려 살레르노로 돌아갔다. 그리고 교황(사절들에 대한 비인간적인 능욕을 생각할 때면 '가증스럽다' 밖에 생각할 수 없는 그놈의 교황)은 영적인 은혜와 복음의 평화라는 이름으로 모든 힘을 쏟아내며 내전을 시작했다. 그렇다! 이런 놈이 바로 평화를 부르짖는 사

---

* ἡμίονος; 노새를 부르는 다른 말로, 중세 시대 노새는 어리석은 동물의 대명사였다. 이미이노스 ἡμίονος를 직역하면 'half-ass'로, 반신인 'half-god'의 라임을 노리고 한 말이었다.

람이자, 평화를 말하는 이*의 제자 행세를 하는 것이다! 교황은 즉시 색슨족들과 그들의 백작인 루돌프, 벨프**를 불러들여 온갖 감언이설로 구워삶았고, 서방 세계 전체의 왕이 되게 해 주겠다고 약속해 그들을 자신의 편으로 끌어들였다. 교황이 롬바르디아 공작의 머리에 끈을 묶어주며 왕으로 선포하고, 이 두 색슨에게 왕관을 씌워준 덕분에 성ᐩ 파울로스의 '아무에게나 성급하게 손을 대지 말라***'는 가르침은 유명무실하게 되어버렸다. 독일 왕 하인리히와 교황 양쪽이 군대를 소집하고 전열을 갖추자, 양군에서 뿔피리가 울리고 전열은 부딪혔다. 두 세력은 길고 거대한 전투에 휘말렸다. 양군은 각자의 용맹함을 발휘했다. 이미 창과 화살의 상처로 단련된 이들은 전장에서 인내력을 보여주었고, 얼마 안 가서 평야 전체가 죽어가는 사람들의 피로 메워지고 또 메워졌다. 양군의 병사들은 피의 바다를 향해 행진하듯이 계속 싸웠다. 군인들은 시체에 얽혀 넘어지고, 피의 강물에 익사했다. 그 전투에서 30,000명 이상이 쓰러져 피의 줄기가 줄줄이 쏟아졌으니, 그 장소가 얼마나 피로 더럽혀졌을까! 루돌프가 전투를 지휘하는 동안은 양측이 비등했지만, 그가 치명적인 상처를 입고 숨을 거두자, 교황군의 전열은 무너졌다. 많은 병사가 적에게서 등을 돌려 도망쳤고, 많은 사람이 도망치는 와중 죽거나 다쳤다****.

하인리히는 루돌프가 쓰러져 적에 포획됐다는 사실을 안 뒤, 용기를 얻어 그들의 뒤를 맹렬히 쫓았다. 그는 곧 추격을 멈추고 군대를 잠시 쉬게 했다. 얼마 후 군대에 다시 무장을 지시했고, 로마를 포위하기 위해 서둘렀다. 이에 교황은 로베르에게 자신과 한 맹약을 지키라고 사신을 보냈다. 동시에 하인리히 또한 고대의 도시 로마를 점령하기 위해 동맹을 맺자고 로베르에게 연락했다. 그러나 로베르는 이런 요구를 해오는 둘 다 멍청하다고 생각하면서, 왕에게는

---

* 시편 120편 7절에 나오는 표현. 다윗 왕을 의미한다.
** 슈바벤의 루돌프, 바바리아의 벨프 공작으로 추측된다.
*** 디모데오서 5장 22절
**** 실제로는 루돌프의 군대는 하인리히의 군대에 맞서 승리했지만, 루돌프가 팔이 잘리고 배를 찔리는 중상을 입은 뒤 얼마 안가 죽은 바람에 반란 자체는 실패하게 된 것이 와전되었다.

구두로 답변하고 교황에게는 편지를 써서 보냈다. 교황에게 그가 보낸 편지의 내용은 다음과 같았다.

"교회의 최고 수장이시자 주님이 내리신 주군께 로베르 공작이 보냅니다. 저는 교황 성하의 적들이 다가오고 있다는 소식을 들었지만, 그런 소문을 별로 중요하게 여기고 있지 않습니다. 감히 교황 성하에게 손찌검할 자가 있으리라 생각하지 않기 때문입니다. 어떤 사람이 모든 이의 위대한 아버지를 감히 공격하겠습니까? 저는 현존하는 가장 강력한 국가와의 심각한 전쟁을 위해 국력을 집중하고 무장을 준비하고 있습니다. 바로 모든 땅과 바다에 전리품을 잔뜩 채워놓은 로마인들을 향한 전쟁입니다. 그렇지만 저는 제 영혼 깊은 곳에서 충성심을 간직하고 있으며, 당신이 요구할 때 그것을 증명할 자신이 있습니다."

그는 그렇게 도움을 요청한 사람들과 편지를 보낸 이들을 향해 그럴듯한 변명만을 얼버무린 채 모든 사절을 돌아가게 했다.

14

하지만 우리는 그가 군대를 이끌고 아블로나스*에 도착하기 전 롬바르디아에서 했던 일들에도 주목해야 한다. 로베르는 항상 폭압적이고 날카로운 심성을 가진 이였고, 이제 헤롯 왕**의 광기를 모방하며 살아가는 자였다. 그의 행운을 따라 초창기부터 여러 전쟁을 경험한 고참병들만으로는 만족하지 못한 그는, 나이를 가리지 않고 수많은 사람을 징집하고 무장시켰다. 수많은 미성년자와 노인들이 롬바르디아부터 아풀리아*** 전역까지 끌려와 로베르의 군대에 복무할 것을 강요받았다. 꿈에서도 무기를 본 적 없었던 아이들과 소년, 불

---

* 현재 알바니아의 블로러. 이탈리아어로 발로나라고 부르기도 한다.
** 헤로데 대왕(73 BC~AD 4). 신약성경에 나오는 가나안 왕국의 왕으로 베들레헴의 남자 아기들을 모조리 죽이는 등 포악한 성정으로 유명했다.
*** 현재 이탈리아 동남부에 있는 풀리아주

쌍한 노인들이 흉갑과 방패를 찬 채 서투르게 활시위를 당겨야만 했다. 행군 명령이 떨어지면 이들은 얼굴을 처박고 픽픽 쓰러졌다. 당연하게도 이러한 무차별 징집령은 롬바르디아 전역에서 끝없는 소요를 야기했다. 남자들은 한탄하고, 친족의 불행에 울부짖는 여자들의 목소리가 방방곡곡에 울려 퍼졌다. 어떤 이는 늙은 남편이 끌려가는 것을 지켜보며 애도하고, 또 다른 이는 어린 아들이 징집당하는 것을 보며 울었다. 농부나 상인인 오빠나 남동생들이 생업을 접고 군대로 향해야만 하는 모습을 보며 흐느끼기도 했다. 앞에서도 말했지만, 나는 로베르의 이 대★징집령이 헤롯 왕의 광기와 같다고, 아니 어쩌면 더 나쁘다고 생각한다. 헤롯의 광기는 아이들 ... 만을 향해 분노를 토했지만, 로베르는 아이들뿐 아니라 노인들까지도 죽을 자리로 밀어 넣었기 때문이다. 하지만 의외로 로베르는 이 경험 없는 신병들을 매일 훈련해 꽤 규율 잡힌 군대로 만들어 내는 데 성공했다.

    그는 이드루스*에 도착하기 전 살레르노에서 군대의 훈련을 마쳤다. 그는 롬바르디아에서 앞서 말한 사절들에게 적절한 대답을 전달하는 동안, 이 잘 훈련된 군대를 이드루스를 향해 보냈다. 그는 교황에게 몇 마디 서신을 더 보냈지만, 아들 로제르(그는 형제 보리틸라스와 함께 아풀리아의 지배자로 임명되었다)에게는 교황이 아무리 그를 소환해도 교황청이 독일 왕 하인리히에 맞서는 데 병력을 지원하지 말라고 지시했다. 하지만 그의 작은 아들 보에몽은 아블로나스(혹은 아울론) 주변 지역에 진출할 목적으로 강력한 군대와 함께 우리 영토 인근으로 보내졌다. 보에몽은 대담함, 체력, 용감함, 억누를 수 없는 성질머리 등 모든 면에서 자신의 아버지를 닮아있었다. 그는 자신의 아버지 로베르와 똑같은 특징을 가진, 아버지의 분신 같은 자였다. 그는 도착하자마자 카니나, 예리코, 아블로나스를 향해 전광석화처럼 전진해, 도시들이 저항할 틈도 주지 않고 장악했다. 보에몽과 그의 군대는 향하는 곳마다 주변 일대를 파괴하고 불을 질렀다. 그는 화마가 닥치기 전에 먼저 덮쳐오는 매캐한 연기, 진

---

*   현재 이탈리아의 오트란토

짜 전쟁이 다가오기 전에 울려 퍼지는 공격의 전주곡과 같은 사람이었다. 이 부자는 마치 애벌레와 메뚜기 떼 같은 작자들로 불려야 마땅하다. 로베르의 손아귀에서 탈출한 모든 것을 그의 아들 보에몽이 삼켰기 때문이다. 하지만 우리는 이쯤에서 아블로나스 시에 얽힌 로베르의 운명보다는 그가 대륙 반대편에서 무엇을 했는지 먼저 살펴보도록 하자.

15

살레르노를 떠난 로베르는 이드루스에 도착했고, 그곳에서 며칠간 아내 시켈가이타를 기다렸다(그녀는 남편의 군사 원정에 동행했고, 갑옷으로 완전히 무장한 채 무시무시한 자태를 뽐냈다). 시켈가이타가 도착하자마자 그녀를 포옹한 로베르는 군대와 함께 출발하여 이피기아*에서 가장 좋은 항구인 브린디시를 점령했다. 그는 브린디시의 성채를 장악한 뒤, 거기에 머물며 그의 전 병력과 수송선, 전함들이 모이기를 손꼽아 기다렸다. 그는 이 항구에서 반대편 해협을 건너려 했다. 같은 시각, 그는, 미하일 두카스에게서 왕홀을 빼앗은 로마의 지배자 보타니아티스의 답신을 간절히 기다리고 있었다. 살레르노에 있던 시기, 로베르는 그의 보좌관 중 하나인 라울을 보타니아티스 황제에게 사절로 보냈다. 그는 이 사절과 함께 보타니아티스에게 항의하고 임박한 전쟁의 이유를 그럴듯하게 황제에게로 돌렸다. 그 항의의 내용은 보타니아티스가 그의 딸과 콘스탄티노스 황자(앞서 설명했듯 로베르의 딸과 약혼한 그 황자)의 약혼을 파기시켰으며, 콘스탄티노스의 정당한 황위를 빼앗는 부정을 저질렀기 때문에 당신과 전쟁할 준비가 되어있다는 이야기였다. 여기에 더해 그는 로마제국 서부 속주의 사령관 메가스 도메스티코스(나의 아버지 알렉시오스)에게 우정을 약속하는 선물과 편지를 부쳤다. 답신을 기다리는 동안 로베르는 브린디시에서 침묵을 지켰다. 그러나 그의 군대가 모두 브린디시에 모이고, 배들이

---

* 현재 이탈리아의 아풀리아주

진수되기도 전에 라울은 비잔티온에서 돌아왔다. 제국은 로베르의 비난에 아무런 대답도 하지 않았고, 이 행동은 야만인의 타오르는 분노를 다시 부채질했다. 라울이 로마인들과의 전쟁을 만류하려 하자 로베르는 더더욱 격분했다. 라울은 첫 번째로 로마에 방문한 뒤, 로베르가 데리고 다니는 수도승이 단지 폐위 황제 미하일을 사칭했을 뿐이며 그에 대한 모든 이야기가 허구일 뿐이라는 사실을 깨달았다며 로베르를 말렸다. 콘스탄티노폴리스에 방문했을 때 폐위된 미하일 황제가 회색 옷을 입은 채 수도자의 삶을 사는 것을 직접 보았기 때문이었다. 라울은 두 번째 여정을 끝내고 돌아오는 길에 접한 소식을 알려주었다. 내 아버지가 왕홀을 잡은 뒤 보타니아티스를 폐위시켰고(이 부분은 나중에 더 자세히 설명할 필요가 있을 것 같다), 못 황실의 군계일학인 콘스탄티노스 두카스는 두카스 가문의 아들로서 다시 새 정부에서 정당한 몫의 대우를 받고 있다는 것이었다. 라울은 돌아오는 여정에서 이 정변의 소식을 듣고 로베르가 전쟁을 포기하도록 설득하기 위해 이 말들을 전했다. 그가 말을 시작했다.

"무슨 명분으로, 이제 무슨 명분으로 새 황제 알렉시오스와 전쟁할 수 있겠습니까? 당신의 딸이 쥐었을 황후의 자리를 빼앗아 당신이 잘못된 길을 걷게 한 장본인은 신임 황제가 아닌 보타니아티스였습니다. 그와 수하들이 우리에게 저지른 잘못 때문에 정의에 어긋난 적 없는 다른 이들과 전쟁을 하실 셈입니까? 전쟁에 정당한 근거가 없다면 결국 배와 무기, 사람들, 당신의 군사력은 전부 무용지물이 될 것입니다."

그 말은 로베르를 더욱 화나게 했고, 결국 라울에게 주먹을 날리기 직전 상황까지 몰고 갔다. 반면에 이 가짜 두카스이자, 사이비 미하일 황제(일전에 우리가 '라익토르'라고 불렀던 자)는 자신이 참칭 황제라는 것이 너무도 명확하게 폭로된 상황에 분노하며, 화를 억누르지 못하고 안절부절못했다. 폭군 로베르가 분노할 이유는 또 하나 있었다. 라울의 형제 로제르(로베르의 아들 로제르와는 동명이인)는 이번 회담에서 로마인들에게 귀순했고, 그들에게 로마인들에 대항한 노르만족의 전쟁 준비에 대한 상세한 정보를 제공했기 때문이었다. 이에 로베르는 즉시 화형대에 불을 지피고 라울을 죽여버리겠다고 협박했다. 라울은 협박을 듣자마자 재빨리 도망쳐 가장 가까이 있는 보에몽에게 의탁했다. 라익토르는 라울의 형제 로제르에게 가장 가증스러운 위협을 가했다. 그는 큰 소리로 울부짖고 오른손으로 허벅지를 두드리며 로베르에게 이렇게 말했다.

"간청합니다! 만일 제가 제관을 되찾아 황위에 복귀한다면, 로제르를 저에게 넘겨주십시오! 만일 제가 그놈을 가장 비참한 수단으로 죽여 단죄하지 못하고, 그놈을 도시 한복판에서 십자가형에 처하지 못한다면, 주님! 저에게 그 벌을 돌리소서! 더 큰 벌로 돌리소서!"

나는 솔직히 말해 이 글을 쓰면서 이들의 어리석음과 미련, 자기 자랑을 보고 웃을 수밖에 없었다. 로베르는 이런 참칭자를 황제이자 사돈으로 내세우며 이 전쟁의 표면적 이유로 삼았다. 그는 방문하는 모든 도시에서 이 참칭자를 공개했고, 그가 설득할 수 있는 모든 반란에 그를 동원했으며, 만일 전쟁이 승리로 끝난다면 이 참칭자 수도사의 골통을 깨부수고 그를 쫓아낼 목적으로 데리고 다녔다. 우리 모두 알다시피, 사냥이 끝나면 미끼는 개들에게 던져지는 법이다. 우습게도, 참칭자 라익토르는 이런 사람 옆에서 언젠가 큰 권력을 얻게 될 것이라는 헛된 희망을 키웠다. 그런 일들이 예기치 않게 종종 일어나기 때문이기도 했다. 그는 로베르의 힘으로 전쟁에 승리해도 로마인들과 로마군이 절대 야만인 로베르를 황위에 앉히지 않을 것이라고 믿은 채, 확고하게 자신이 왕홀을 쥐고 싶어 했다. 그는 로베르를 자신의 음모를 완성할 도구로 사용하려고 마음먹었다. 이 모든 사실을 떠올리며 등불 앞에서 펜을 잡고 있는 내 입가에 미소가 떠올랐다.

16

　로베르는 그의 군대와 함선을 브린디시에 집결시켰다. 함선의 숫자는 150척 정도였고 병력은 전체 전열을 다 합쳤을 때 30,000명에 달했다. 각 배는 200명의 병사와 그들의 말, 갑옷을 적재할 수 있었다. 병사들은 중무장하고 있었는데, 그들이 상륙하면 마주하게 될 적들이 중장기병들일 것이라고 예상했기 때문이었다. 로베르는 에피담노스, 요즘 표현으로 말하자면 디라히온을 건너려고 했다. 그는 이드루스와 니코폴리스를 건너 나우팍투스와 그 인접 지역, 그 주변의 모든 요새를 장악할 속셈도 있었다. 하지만 두 도시 사이의 바다가 브린디시와 디라히온 사이의 해협보다 훨씬 넓었기 때문에 그는 전자보다 후자를 선호했다. 더 빠르게 통과할 수 있을뿐더러 적들에게 들키지 않고 조용히 통과할 수 있었기 때문이었다. 폭풍이 다가오는 계절이 시작되고 해가 남반구로 돌아 염소자리에 가까워지면서, 낮은 점점 짧아졌다. 따라서 그는 함대가 새벽에 이드루스를 출발해 밤새워 항해한 뒤 거친 풍랑을 만나는 것을 막기 위해, 모든 돛을 올리고 브린디시에서 디라히온으로 이동하는 길을 택하기로 했다. 이 지역은 아드리아해가 좁아지는 지역으로 항로의 길이가 짧았기 때문이다. 그는 결국 그의 아들 로제르를 두고 떠나지 않았다. 그는 처음에 아들 로제르를 아풀리아 백작으로 임명하면서 남겨두고 갈 생각이었으나 설명할 수 없는 이유로 마음을 바꾸어 함께 출정했다. 그가 디라히온으로 건너가는 동안 그의 분견대는 매우 튼튼하게 요새화된 마을인 코르푸를 포함해 로마인들의 다른 요새들을 속속들이 손에 넣었다. 롬바르디아와 아풀리아에서 인질을 얻고, 자기 영지에서 세금과 기부금을 전부 긁은 로베르는 디라히온에 상륙할 희망을 품었다. 당시 일리리쿰의 둑스는 보타니아티스 황제가 임명한 요르요스 모노마호토스였다. 그는 이 직책을 한번 거절했고 쉽게 설득되지 않았지만, 보타니아티스 황제의 야만인 가신 두 명이 그에게 원한을 품자 결국 직무를 수행하기로 했다(두 가신은 스키타이족 혈통의 보릴로스와 게르마노스였다). 두 명은 그에 대한 추문을 꾸며대고 그를 황제 앞에 고발했다. 그들은 아무 이야기나 머리에 떠오르는 대로 엮어서 그에 대한 황제의 분노를 폭발시켰다. 그들은 마리아 황후에게 찾아가 실제로 이렇게 말했다.

"저는 모노마흐토스가 로마 제국의 적이라고 의심하고 있습니다."

알란족 출신이자 모노마흐토스의 헌신적인 친구였던 요안니스는 스키타이인들이 모노마흐토스를 비난하고 원망한다는 사실을 알고 그에게 향했다. 요안니스는 모노마흐토스에게 황제의 말과 스키타이인들의 말들을 반복한 뒤 안위를 챙기라고 조언했다. 신중한 성격이었던 모노마흐토스는 황제에게 접근해 능숙한 아첨으로 그를 달래고 디라히온의 둑스 직책을 열심히 수행하겠다며 제안을 받아들였다. 그는 에피담노스로 출발하기 전[前] 황제에게 서면으로 영지에 대한 명령을 받았다(스키타이인 보릴로스와 게르마노스는 이 문제를 신속하게 처리하기 위해 최선을 다했다). 그는 바로 다음 날 아침, 황도를 떠나 에피담노스와 일리리쿰 지방을 향해 여정을 떠났다. 그러나 그는 피게라는 지역 인근에서 내 아버지 알렉시오스를 만났다. 여기에는 성모 마리아를 기리는 교회가 있었다. 그 교회는 수도의 교회들 사이에서도 유명했다. 이 교회에서 그들은 서로를 만났고 모노마흐토스는 즉시 메가스 도메스티코스에게 격정적으로 일장 연설을 시작했다. 그는 스키타이인 보릴로스, 게르마노스의 공모와 시기 질투 때문에 수도에서 망명하는 중이라고 말했다. 그는 탐욕스러운 두 사람이 그를 향한 악의의 쳇바퀴를 굴리며 천지개벽할 일들을 저질렀고, 겉으로는 선의로 행동하는 척하며 그를 친구들과 사랑하는 도시에서 떼어놓았다고 하소연했다. 모노마흐토스는 알렉시오스에게 이 비통한 이야기들을 모두 전했다. 황제에게 전달된 거짓 정보와 그 가신들 때문에 겪어야만 했던 모든 고통에 대해 소상히 말했다. 서방의 도메스티코스 알렉시오스는 그를 진심으로 위로하려했다. 그야말로 곤경에 빠진 영혼을 다독이는데 참으로 적합한 인물이었다. 알렉시오스는 신께서 이 모욕에 확실히 복수해 주시리라 말한 뒤, 서로 간의 우정을 절대 잊지 말자고 약속하고 모노마흐토스와 헤어졌다. 그렇게 한 명은 디라히온으로, 한 명은 제국의 수도를 향해 떠났다. 모노마흐토스가 디라히온에 도착했을 무렵, 그는 두 가지 소식을 들었다. 첫 번째는 폭군 로베르가 군사행동을 준비한다는 소문이었고, 두 번째는 알렉시오스가 반정을 일으켰다는 소식이었다. 그는 신중하게 행동해야만 했다. 겉으로 볼 때 그는 두 사람 모두에게 적대감을 보였지만, 사실 마음속으로는 공개적 전쟁보다 더 신중한 계획을 준비했다. 메가스 도메스티코스는 모노마흐토스에게 최근의 사건들을 설명하는 편지를 보냈다. 편지에는 그가 실명의 형을 받을 위협에 처했었으며, 이 위협과 폭압적인 행동에 맞서 적들에게 해야만 하는 조치를 취했다는 내용이 담겨있었다. 그는 모노마흐토스에게 친구인 자신을 위해서 반란에 동참하고 가능한 많은 자금을 모아 보내달라고 요청하고 있었다. 그는 이렇게 적었다.

"우리는 당장 자금이 필요합니다. 돈이 없다면 할 일을 할 수 없습니다."

그러나 모노마흐토스는 자금을 지원하지 않았다. 그는 그 대신 사절들을 친절하게 대한 뒤, 그가 여전히 알렉시오스와의 오래된 우정을 기억하고 있으며 앞으로도 유지할 것을 약속하겠다는 내용의 편지를 그들에게 전했다. 또한 알렉시오스가 요청한 자금에 대하여 모노마흐토스가 원하는 만큼 돈을 보내고 싶은 심정이라는 취지의 답신을 보냈다. 그는 답신에 이렇게 적었다.

"하지만 정의의 눈초리는 아직 나를 구속하고 있습니다. 보타니아티스 황제는 나를 이 영지에 임명했고, 나 또한 그에게 충성을 맹세했습니다. 그러므로 나는 갈 수 없습니다. 내가 당신의 요청에 응한다면, 나는 당신의 관점으로 본다 해도 충성스러운 신하가 아니게 될 것이기 때문입니다. 하지만 신의 섭리가 당신에게 황위를 부여한다면, 저는 처음부터 당신의 친구였으므로 그 이후로도 당신의 가장 충실한 신하가 될 것입니다."

모노마흐토스는 아버지(내 아버지 알렉시오스를 말하는 것이다)에게 이런 핑계를 대고 아버지와 보타니아티스 둘을 동시에 설득하려고 했다. 그러나 이

후 그는 야만인 로베르에게 더 간결한 메시지를 보낸 후 공개적인 반란을 일으켰다. 나는 이 점에서 그를 엄중히 비난할 수밖에 없다. 하지만 이러한 혼란스러운 정국 속에서 이런 불확실한 태도를 취하는 것은 어쩌면 당연한 수순일지도 모른다. 그리고 그런 태도를 취하는 이들은 항상 공공의 이익을 해친다. 이런 자들은 항상 자신의 이익만을 생각하지만, 대개 그것마저 실패하기 마련이다.

보라. 내 준마는 역사의 높은 길을 벗어났지만, 말을 부리기 힘들더라도 다시 한번 나는 지금껏 걸었던 여로를 향해 말을 몰아야 한다. 다시 로베르에게 돌아가자면, 우리의 땅으로 건너오고 싶어 안달이 난 그는 디라히온을 함락시키길 고대하고 있었다. 이제 모노마흐토스의 메시지까지 받은 그는 자제력을 잃고 모든 열정을 발휘해 해양 원정을 강행했고, 병사들을 재촉했다. 그는 연설로 병사들을 자극하며 용기를 북돋우려 했다. 로베르 쪽의 상황을 정리한 모노마흐토스는 이제 다른 곳에 자신을 위한 두 번째 피난처를 건설하기 시작했다. 그는 보딘과 미하일로라는 달마티아의 엑사르호스*들을 편지로 구워삶았고, 그들의 결단에 맞는 선물을 보내며 영향권 안에 두었다. 이렇게 모노마흐토스는 비밀리에 빠져나갈 구멍을 잔뜩 열어놓았다. 만일 로베르와 알렉시오스가 자신들을 그의 적이라고 선언하거나 그에게 적대감을 품는다면, 그는 탈영자가 되어 달마티아의 보딘과 마하일로에게 곧장 갈 수 있을 것으로 생각했기 때문이다. 하지만 이 문제들은 다음에 다루기로 하자. 지금은 내 아버지 알렉시오스에게로 눈을 돌려 그가 어떻게, 그리고 왜 통치자가 되었는지 이야기해야 할 때다. 나는 그가 통치자가 되기 전의 모든 삶을 이야기할 의도는 없다. 단지 황제로서 그의 모든 성공과 실패의 이야기를 여러분에게 전할 뿐이다. 만일 그가 긴 여정에서 때때로 실패했다는 사실을 알게 되었다고 한다 해도, 나는 그가 내 아버지라고 해서 아버지를 두둔하지 않을 것이다. 또한 딸로서 아버지를 위해 글을 쓰고 있다는 의혹을 피하고자 아버지의 성공에 대해 얼버무

---

* 로마 시대의 고위 총독 관직

리지도 않을 것이다. 어떤 쪽이든 진실을 왜곡하게 될 것이기 때문이다. 지금까지 언급한 바가 내 목표이고 이미 여러 번 언급했듯, 내가 선택한 주제는 내 아버지인 황제에 대한 이야기이다. 우리는 로베르를 우리 역사의 한 부분에 잠시 남겨두고, 황제의 행동에 대해 더 서술할 것이다. 로베르와의 전쟁과 전투에 대한 내용은 다음 권을 위해 남겨두도록 하겠다.

2권
콤니노스의 거사

콤니노스, 반란을 일으키다

II. The Revolt of the Comneni

1

알렉시오스 황제가 태어난 곳과 그의 조상들에 대해 알고 싶은 독자가 있다면, 내 남편인 카이사르의 글을 권하겠다. 이 글을 통해 독자들은 알렉시오스 황제뿐 아니라 니키포로스 보타니아티스 황제에 대한 정보도 얻을 수 있을 것이다.

내 친할아버지 요안니스 콤니노스는 마누일, 이사키오스, 알렉시오스 세 자식을 두었다. 그중 첫째 마누일 콤니노스는 전임 황제 로마노스 디오예니스가 임명한 아시아* 지역 총사령관이었고, 둘째 이사키오스는 안티오히아 속주의 둑스로 선출되었다. 이 둘은 수많은 전쟁에서 공로를 세우고, 적에 맞서 싸워 여러 훈장과 전리품, 그리고 명예를 얻었다. 그 후 내 아버지 알렉시오스가 미하일 두카스 치세에 총사령관으로 임명되어 루셀의 반란에 대항했다.

이후 니키포로스 황제가 등극했을 때, 알렉시오스는 전쟁터에서 노련하게

---

* 당시 아나톨리아 전역을 일컫는 말이다.

활동하면서 동부에 있는 형 이사키오스 지휘 아래 복무하며, 수없이 많은 전쟁에 참전해 나이에 걸맞지 않게 공적을 세웠다. 특히 루셀의 반란을 진압할 당시 현란한 전략을 세우며, 이사키오스만큼이나 큰 총애를 알렉시오스는 황제에게 받았다. 니키포로스 황제는 진심으로 그들을 사랑했고, 기쁜 마음으로 보살폈으며, 때로는 두 형제를 만찬에 초대해 같은 식탁에 함께 앉기도 했다. 그러나 이런 행동은 다른 사람들, 특히 앞서 언급한 두 슬라브 야만인 보릴로스와 게르마노스의 반발을 불러일으켰다. 황제가 형제에게 호의를 베푸는 모습을 보고, 그들이 형제에게 아무리 악의적인 비난을 퍼부어도 콤니노스 형제에 대한 황제의 호의가 계속되자, 그들은 분노에 사로잡혔다. 알렉시오스가 수염이 거의 자라지 않은 젊은이임에도 불구하고 모두에게 높은 평판을 얻고 있다는 사실을 황제가 알았기에, 알렉시오스를 제국 서부의 사령관으로 임명하고 프로에드로스*의 지위를 수여했다. 그는 제국 서부에서 수많은 반란을 진압하고 전리품과 포로를 황제에게 진상함으로써 황제의 호의를 톡톡히 증명했다. 그러나 이 업적들은 보릴로스와 게르마노스, 두 노예를 더더욱 질투로 불타오르게 했다. 그들은 콤니노스 형제에게 더 큰 악의를 품고 황제에게 비밀리에 험담을 계속했다. 그들은 다른 이들에게 공개된 장소에서 콤니노스 형제를 비난하거나 형제를 비난하라고 사주했다. 그 둘의 소망은 어떻게 해서든 이 콤니노스 형제를 쫓아내는 것뿐이었다. 이런 비참한 상황에서 콤니노스 형제들은 고민 끝에 이네코니티스**에서 근무하는 관료들의 호의를 사야 한다고 판단했다. 그들을 통해 황후의 호의를 더 크게 얻을 수 있을 것으로 생각했기 때문이다. 콤니노스 형제는 충분히 매력적이었고, 그들의 매력은 가장 목석같은 사람도 녹여버릴 수 있었다. 특히 이사키오스는 황후에게 접근하기가 더욱 쉬웠다. 황후는 이사키오스를 자기 사촌으로 인정해 주었기 때문이다. 그는 언어와 행동 모두 신사다웠고 내 아버지 알렉시오스와 가장 닮은 사람이었다. 황후의

---

* '대표'라는 뜻의 그리스어로 원래 환관들에게 수여되는 칭호였으나 이후 원로원 의장 격의 존엄로 칭호로 격상된다.
** 그리스 저택에서 여자가 쓰는 구역을 가리킨다.

호의를 얻으려는 그의 노력은 신속하게 진행되었으며, 이제 이사키오스는 자신이 황후의 사촌과 결혼하는 데 힘써준 그의 형제 알렉시오스가 황후에게 높은 평판을 얻는 데 힘을 써주기로 했다. 오레스테스와 필라데스 두 영웅은 서로를 너무도 사랑해 적들의 공격은 신경 쓰지도 않은 채 서로를 공격하는 이들을 대신 막아주고, 서로를 향해 날아오는 창을 막기 위해 기꺼이 자기 몸을 희생했다는 이야기가 전해진다. 콤니노스 형제야말로 이 옛이야기와 닮았다. 두 형제는 서로의 위험을 예상하고 막아주기 위해 노력했다. 그들은 어떤 포상과 명예를 얻었든 간에, 다른 형제의 행운을 자기 행복으로 여겼고, 서로에 대한 친밀한 애정을 바탕으로 결속했다. 하늘의 도움으로 이사키오스의 목표는 빠르게 이루어졌다. 얼마 지나지 않아 황궁의 관료들은 황후가 알렉시오스를 입양해야 한다는 이사키오스의 제안에 귀를 기울이기 시작했다. 황후는 관료들의 말을 경청했고, 두 형제는 약속된 날에 입궐했다. 황후는 고대 의식에 따라 알렉시오스를 입양했고, 이로써 미래의 제국 서방 군대의 메가스 도메스티코스가 될 알렉시오스는 큰 걱정에서 벗어날 수 있었다. 이후 형제는 자주 황궁에 입궐해 황제와 황후에게 경의를 표하며 함께 시간을 보낼 수 있었다. 그러나 이 행위들은 그들에 대한 사람들의 질투를 더욱 부추겼다. 콤니노스 일가는 종종 다른 사람들의 질투를 느꼈고, 결과적으로 두려움에 떨며 살게 되었다. 그들의 적이 쳐놓은 함정에 빠질지 걱정했고, 자신들을 보호해 줄 확실한 후원자가 없었기 때문에, 단지 하느님의 도움으로 안전을 보장받을 방법을 찾아 헤맬 뿐이었다. 결국 콤니노스 형제는 어머니와 함께 수많은 계획을 세우고 여러 번 검토한 끝에, 누가 보더라도 가장 안전해 보이는 방법을 찾아냈다. 이는 적절한 핑곗거리가 생겼을 때 황후에게 접근해 비밀을 털어놓자는 것이었다. 그들은 비밀을 수면 아래 간직하고 그들 외 그 누구에게도 전체적인 계획을 공개하지 않은 채, 마치 물고기가 겁먹고 도망치지 않도록 조심하는 어부처럼 행동했다. 처음에 콤니노스 가문은 수도에서 도망가려 했지만, 황후에게 의도를 밝히는 것을 두려워했다. 자칫 황후가 이런 형제의 의도를 황제에게 알리면, 콤니노스 형제가 위험에 처할 수도 있다고 생각했기 때문이다. 그래서 이들은 이런 결정을 내린 후, 다른 기회를 살피며 도망치지 않고 다른 대안에 주목하기로 했다.

2

황제는 후계자를 가지기에는 이미 너무 늙었고, 피할 수 없는 일격에 죽음을 맞을 수 있다는 두려움에 떨 수밖에 없었다. 그는 비로소 후계자를 모색하기 시작했다. 당시 궁궐에는 동방 출신의 저명한 혈통인 시나디노스가 있었다. 그는 용모가 수려하고 높은 지성을 가졌으며, 전투에서도 용맹함을 떨쳤다. 그는 청년기에 막 접어들었고, 무엇보다 황제의 친척이기도 했다. 다른 무엇보다 황제는 그를 제국의 후계자로 두기 위해 고민했다. 황제는 시나디노스의 선조들의 이름 아래 제국을 물려주고 싶어 했고, 이러한 생각이 결국 황제의 경솔함을 드러냈다. 만일 그가 황후와 전임 황제가 낳은 아들 콘스탄티노스에게 제국의 권력을 양도했다면, 후계자 문제를 안정적으로 해결하고 정의를 구현할 수 있었을 것이다. 콘스탄티노스야말로 그의 할아버지와 아버지를 통해 제국을 물려받을 수 있는 정통성을 지니고 있었기 때문이다. 또한 그럴 경우 황후에게 더 신뢰받고 호의를 얻을 수 있었을 것이다. 그러나 노인이 된 황제는 자신이 부당할 뿐만이 아니라, 스스로 재앙을 몰고 올 방식으로 일을 처리하고 있다는 사실을 끝내 알지 못했다. 황후는 황제가 시나디노스를 후계자로 임명하려고 한다는 소문을 듣고 자기 아들에게 다가온 위기를 알게 되었지만, 그녀는 낙담만 한 채, 아무에게도 이야기하지 않았다. 이 소문은 콤니노스 가문의 귀에도 곧장 들어갔고, 이 소문을 통해 황후와 만날 기회를 만들 수 있을 것으로 판단했다. 형제의 어머니는 이사키오스와 황후가 만날 구실을 제공했고, 동생 알렉시오스는 형과 함께 황후 앞으로 향했다. 이사키오스는 황후 앞에 서서 이렇게 말했다.

"황후 폐하, 건강이 예전 같아 보이지 않으십니다. 혹시 어떤 고민에 사로잡혀 걱정하고 계신 것은 아닌지요. 제가 보기엔 황후께선 누구에게도 그 비밀을 털어놓을 용기가 없으신 것 같습니다."

황후는 한동안 말을 잇지 못하다가 한숨을 쉬며 대답했다.

"집을 떠나 살아야 하는 사람에게 그런 질문을 하는 것은 옳은 행동이 아니에요. 이미 삶 자체가 충분히 슬픔의 원천이 되어버렸으니까요. 아아… 지금까지 제 삶 앞으로 수없이 많은 슬픔이 줄줄이 찾아왔건만, 생각건대, 조만간 더 많은 슬픔이 내게 몰려오겠지요."

형제는 가만히 서서 더 이상 말을 잇지 못했다. 그들은 눈을 내리깔고 양손을 모은 채 잠시 생각에 잠겨 서 있다가, 평소처럼 황후에게 절을 한 후 깊은 고통 속에서 궁궐을 나서야만 했다. 다음날 그들은 다시 황후를 찾아왔다. 황후는 어제보다는 조금 활기차 보이는 모습으로 그들을 바라보았다. 형제는 황후 앞에 가까이 다가서 말을 전했다.

"황후께서는 우리의 여주인이십니다. 저희는 말씀만 하신다면 황후를 위해 죽을 준비가 되어있는 아주 헌신적인 노예들입니다. 마음속 고충으로 스스로를 불안하게 만들지 마시고 결단을 내리십시오."

이 한마디 맹세로 황후는 모든 의심을 버렸고, 형제들은 황후의 말을 들은 후 그녀의 비밀을 쉽게 알아챘다. 형제는 날카롭고, 예리한 통찰력을 가지고 있었다. 몇 마디 말속에 숨겨진 인간의 깊은 고민과 표현되지 않는 의견을 파악하는 능력을 갖추고 있었다. 곧장 그들은 황후와 조력하겠다고 하였으며, 황후가 도움이 필요할 때 언제든 응하겠다고 약속함으로써 여러 측면에서의 선의를 증명해 보였다. '즐거워하는 자들과 함께 즐거워하고 우는 자들과 함께 울라.' 실로 사도의 말씀 대로였다. 그들은 그 말씀대로 행한 것이다. 형제는

---

* 로마서 12장 15절

황후에게 자신들을 같은 뿌리에서 나온 식구처럼, 동포이자 친우로 여겨 달라 청했다. 그리고 콤니노스 형제를 향한 경쟁자들의 음모를 알게 된다면, 그 즉시 자신들에게 알려달라는 부탁도 빠트리지 않았다. 황후와 본인들 모두가 적들의 함정에 빠지지 않도록 서로를 돕자는 뜻이었다. 호의의 대가로 형제는 황후에게 지원을 약속했다. 하느님의 도움으로, 황후는 언제든 콤니노스 형제의 지원을 받을 것이며, 그들과 함께하는 한 황후의 아들 콘스탄티노스가 제국에서 축출되는 것을 막아내기 위해 끝까지 싸우겠다고 다짐했다. 그들의 적은 시시각각 조여 오고 있었기 때문에, 형제는 약속을 맹세하고 굳게 지키겠노라고 다짐했다. 그제야 형제들은 안심하고 황제와 '정신을 차린 채 쾌활한 표정으로' 대화할 수 있었다. 특히 알렉시오스는 은밀한 의도와 치밀한 계획을 숨기는 데 탁월한 인물이었다. 이제 다른 이들의 질투심은 거센 불길처럼 퍼져 나가고 있었다. 황후는 형제의 적들이 황제에게 전한 이간질과 중상모략을 그대로 형제에게 전해주었고, 보릴로스와 게르마노스, 두 명의 막강한 야만인이 형제를 추방하려고 한다는 계획을 알아챘다. 형제는 더 이상 그동안의 방식으로 함께 궁궐에 들어가지 않고, 따로따로 격일로 황제를 알현했다. 이는 형제가 동시에 야만인들의 함정에 빠지지 않기 위해서였다. 실로 현명한 팔라메데스와 같은 대안이었다. 이 스키타이인 권신들의 음모에 형제 중 한 명이 붙잡힌다면, 최소한 다른 한 명은 탈출할 수 있다. 이것이 그들만의 대비책이었다. 그러나 상황은 그들이 우려했던 것과 매우 다르게 흘러가기 시작했다. 그들은 권력을 얻기 위한 경쟁에서 이길 가능성이 높은 경쟁자를 예상했지만, 앞으로 내가 서술할 이야기는 그렇지 않았음을 분명히 보여줄 것이다.

3

 이러한 와중에 키지코스*가 튀르크인들에게 점령되었다. 황제는 도시가 함락됐다는 소식을 전해 듣고는 알렉시오스 콤니노스를 파견했다. 그런데 마침 그날 형 이사키오스가 궁궐을 찾았다가 동생 알렉시오스가 황제를 알현한 것을 보게 되었고, 이에 이사키오스는 알렉시오스에게 이유를 물었다.

 "왜 평소 계획처럼 격일마다 입궐하지 않고 오늘 입궐했냐?"

 알렉시오스는 즉시 형에게 이유를 말했다.

 "황제 폐하께서 저를 직접 부르셨습니다. 형님."

 그들은 그렇게 함께 입궐하여 황제를 알현하고 관례에 따라 절을 했다. 그러던 중 마침 점심시간이 되었고, 황제는 그냥 떠나지 말고 식탁 앞에 자기와 함께 앉으라고 명했다. 형제는 황제를 사이에 두고 한 명은 식탁의 오른쪽, 한 명은 왼쪽에 자리해 서로 마주 보고 앉았다. 몇 분 뒤 그들은 주위의 수행원들이 우두커니 선 채 음침한 표정으로 속삭이는 것을 보았다. 형제는 두 노예가 그들을 기습하지 않을지, 어떤 위협이 그들을 덮칠지는 않을지 걱정하며, 서로를 힐끔힐끔 쳐다보며 어쩔 줄 몰라 하였다. 앞서 형제들은 황제를 모시는 주방장에게 상냥히 인사를 건네고, 심지어 악수하는 등 구슬려서 자기편으로 끌어들이고, 우호적인 관계로 만들어 놓은 상태였다. 그 황실 주방장에게 이사키오스 콤니노스의 하인이 찾아와서 말했다.

 "제 주인님께 키지코스의 함락 소식을 전해주십시오! 이 소식과 함께 편지 한 통이 그곳에서 날아왔습니다."

 주방장은 고기를 식탁으로 나르면서 이사키오스에게 그의 하인에게서 들은

---

* 아나톨리아 반도 서부의 지역. 셀주크 튀르크의 본대가 아니라 후술할 반란의 용병대에 함락당했다.

소식을 나지막이 전했다. 이사키오스는 입술을 씰룩이며 알렉시오스에게 메시지를 전했다. 빠르고 예리한 직관력을 가진 알렉시오스는 단숨에 상황을 이해했다. 그들은 곧 현재 상황이 어떤지에 대해 완전히 이해하게 되었다. 그들은 마음을 가다듬고, 만약 누군가가 본인에게 키지코스의 함락에 관해 묻는다면 어떻게 대답할지, 또한 황제가 그들에게 조언을 구한다면 어떤 대책을 제시할지에 대해 마음속으로 정리했다. 형제가 이런 고민을 하던 중, 황제는 그들이 당연히 키지코스의 상황에 대해 모르리라 생각하고는, 키지코스가 함락되었다는 소식을 그들에게 전했다. 형제는 의기소침해진 황제를 다독이며(형제는 이미 함락되고 약탈당한 도시의 소식에 동요하고 있는 황제를 안정시킬 대책을 마련해 뒀다), 다시 도시를 탈환할 수 있다고 황제에게 보고하며 확신과 희망으로 황제를 위로했다. 형제가 말했다.

"한 가지는 확실합니다. 폐하는 안전하실 것이며, 그 도시를 장악한 자들이 우리에게서 빼앗은 것들은 일곱 배로 황제 폐하의 품에 되돌아올 것입니다."

황제는 형제의 말에 진심으로 안도했다. 이후 황제는 연회에서 그들을 물리고 남은 하루를 걱정 없이 보낼 수 있었다. 그 이후 콤니노스 가문은 더욱 자주 궁전을 방문해 더더욱 열심히 황제를 모시는 궁중의 관료들을 포섭했다. 그들은 조금이라도 적게 구실을 주거나 증오를 받을 원인을 주지 않으려 했다. 반대로, 그들이 콤니노스 가문을 좋아하게 만들고, 생각과 말 모두 면에서 그들의 편이 되게 만드는 것이 곧 승리의 길이라고 생각했다. 또한 형제는 마리아 황후를 더 확실히 설득하기 위해, 그들이 마리아를 위해서만 존재하며 숨쉰다고 끊임없이 강조했다. 이사키오스는 황후의 친척과 결혼했다는 핑계로 자유롭게 황후 곁에 드나들었고, 반면 내 아버지 알렉시오스는 마리아 황후와 친족관계였지만, 더 중요한 이유로 자신이 입양되었음을 강조하며 누구의 의심도 불러일으키지 않게 했다. 이를 통해 그를 저주하는 이들의 질투에도 불구하고 황후를 알현할 수 있었다. 하지만 그들은 야만인 노예들의 격렬한 분노, 황제의 심각한 경박함에 대해 잘 알고 있었다. 그렇기에 형제는 황제의 호의를 유지하면서 적들의 사냥감이 되지 않을 방법을 조심스레 고민해야 했다. 경솔한 성격을 가진 사람은 항상 불안정하며, 마치 에우리포스* 해협의 조류처럼 변화무쌍했기 때문이다.

4

    노예들은 그들이 계획했던 대로 일이 진행되지 않고, 형제를 향한 황제의 총애가 날이 갈수록 커짐을 알아차리고, 형제를 파멸시키는 것이 생각보다 쉬운 일이 아님을 깨달았다. 그들은 많은 계략을 준비했다가 취소하기를 반복했고, 마침내 다른 방법을 찾아냈다. 그 방법이란 무엇일까? 그들은 황제 몰래 형제에게 거짓 혐의를 씌우고, 그들을 잡아다가 눈을 후벼 파겠다는 계획을 세웠다. 콤니노스 가문은 이 계략을 전해 들었고, 노예들의 위협이 매우 가깝게 다가왔다는 사실을 깨달았다. 콤니노스 가문은 수많은 격론 끝에, 결국 가문의 안전을 지킬 유일한 방법은 반란뿐이라는 결론을 내렸다. 그들은 극단적인 상황에서 결국, 불가피한 결정을 내린 것이다. 달아오른 인두에 두 눈이 지져진 채, 빛을 영원히 잃게 되는 것을 기다리는 게 도대체 무슨 의미가 있었겠는가? 그들은 이 결정을 마음속 깊이 새겨야만 했다. 얼마 지나지 않아 알렉시오스(당시 제국 서부의 메가스 도메스티코스였다)는 키지코스를 약탈한 아가렌인**을 정벌하기 위해 일부 병력을 도시로 소집하라는 명령을 받았다. 이 기회를 이용해, 알렉시오스는 자신에게 호의적인 부대의 장교와 사병들에게 편지를 보내 소집 명령을 보냈다. 그들은 서둘러 대도시를 향했다. 그 사이 두 노예 중 하나인 보릴로스의 사주를 받은 누군가가 황제에게 메가스 도메스티코스가 전군을 이끌고 도시에 주둔하는 것이 황제가 직접 내린 명령이었는지 여쭀다.

---
* 그리스 할키스와 에우보이아 섬 사이의 파도를 말하는 그리스어. 고대부터 불안정한 파도로 유명한 지역이었다.
** 창세기 16장 1절 '하갈의 후손'에서 유래한 말로 근동 지역의 아랍인, 넓게는 무슬림을 일컫는다.

황제는 즉시 알렉시오스를 불러 이 내용이 사실인지 물었다. 알렉시오스는 군대의 일부가 황제 폐하의 지휘권 하에 들어오고 있다고 답하며, 전군이 도시에 결집하고 있는 것에 대한 대답은 그럴듯하게 회피했다.

"지금 보시는 군대는 사방에 흩어져 있으며, 신호를 받은 각각의 부대들이 각기 다른 주둔지에서 올라오는 중입니다. 다만 이들이 로마의 여러 지역에서 이동한 터라, 이걸 본 사람들은 마치 전군이 서로 짜고 집결한 것처럼 보고 놀라 현혹된 말을 한 것뿐입니다."

보릴로스가 거세게 항의했지만, 알렉시오스는 결국 그를 의견을 꺾었다. 알렉시오스는 투표에 의해 무죄 판결을 받았고, 복귀했다. 단순 무식한 게르마노스는 알렉시오스를 효과적으로 추궁하지 못했다. 도메스티코스에 대해 여러 차례 비방했음에도 불구하고, 황제의 마음이 동요하지 않자, 노예들은 기회를 노려 콤니노스 가문을 기습하기 위한 계략을 준비했다. 노예들의 천성은 주인에게 적대적이었지만, 주인을 해할 수 없을 때는 동료 하인들에게 화살을 돌려 그들이 견딜 수 없는 상황으로 몰아간다. 알렉시오스 주변의 노예들이야말로 바로 내가 말한 이런 정신과 성격의 소유자들이었다. 그들이 콤니노스 가문에 대해 분노한 것은 황제에게 충성했기 때문이 아니다. 보릴로스는 심지어 찬탈까지 생각하는 야심가였고, 게르마노스는 항상 보릴로스가 꾸미는 음모의 동조자였기에 이 기습을 함께 준비한 것이었다. 노예들은 계획을 공유한 뒤, 이번 기습이 계획대로 성공할 것이라 기대했고, 지금까지 몰래 속삭여야만 했던 것들을 입 밖으로 내뱉기 시작했다. 그 덕에 한 사내가 그들의 이야기를 엿들을 수 있었다. 그는 알란족 혈통의 '마기스트로스'로 오랫동안 황제와 친분이 있었던 황제의 측근 중 한 명이었다. 마기스트로스는 이 소식을 듣자마자 한밤중에 메가스 도메스티코스에게 전하기 위해 콤니노스 가문의 집으로 달려갔다. 몇몇 사람은 마기스트로스가 콤니노스 가문에 기습 계획을 전한

---

* 11세기 당시 동로마의 명예직 중 하나였다.

것엔 황후도 관련이 있을 것이라고 말하기도 했다. 알렉시오스는 마기스트로스를 어머니와 형에게 데려갔다. 그들은 그 가증스러운 계획을 들은 후, 오랫동안 비밀에 부쳤던 계획을 실행할 필요가 있다고 판단했고, 신의 도움이 그들을 안전한 길로 인도하기를 기원했다. 다음날, 도메스티코스는 군대가 추룰로스*(트라키아 방면의 작은 마을이다)를 장악했다는 소식을 듣자마자 일경**에 파코리아노스를 찾아가 모든 것을 이야기했다. 이 남자는 시인들의 말처럼 '키는 작지만 강력한 전사'***이자 아르메니아 귀족 가문의 후손이었다. 알렉시오스는 그에게 노예들의 분노와 시기, 그리고 그들이 오래전부터 콤니노스 가문을 멸하려는 책략과 시시각각 콤니노스 가문의 사람들을 실명시키려는 시도들에 관해 이야기했다. 그는 말을 이어갔다.

"하지만, 우리는 포로가 된 것처럼 고통을 받을 수 없다. 필요하다면 용감하게 싸우다 죽을 것이며, 이것이야말로 고결한 이들의 특권이다."

파코리아노스는 그의 말을 모두 들은 후, 지체할 시간이 없으며 신속한 조치를 취해야겠다고 결심하고 말했다.

"내일 동이 틀 때 이곳에서 즉시 떠난다면, 나는 당신을 따를 것이고 기꺼이 함께 싸울 것이오. 하지만 만약 거사를 하루라도 미룬다면, 한 치의 망설임도 없이 황제에게 달려가 그대와 그대의 추종자들을 고발하겠소."

알렉시오스가 답했다.

"내 안전에 대해 그토록 신경 쓰는 것을 보니 하느님께서 행한 바일 것이오. 그 조언을 흘려듣지 않을 것이고, 다만 맹세를 통해 우리의 약속을 확고히 합시다."

그들은 만일 하느님께서 알렉시오스를 황제의 자리에 앉히신다면, 파코리

---

* 현재 튀르키예의 촐루
** 밤 6~9시
*** 일리아스 5장 801절

아노스가 원래 알렉시오스가 가지고 있던 도메스티코스의 지위에 오르게 될 것이라고 맹세하며 약속했다.

알렉시오스는 파코리아노스를 남겨두고 서둘러 떠나면서, '전쟁 같은 광기로 가득한 사람'인 우베르토풀로스에게 자신이 왜 수도에서 도망쳐야만 했는지 의도를 말한 뒤 합류하기를 청했다. 우베르토풀로스는 즉시 동의하며 말했다.

"저는 언제나 용맹하고, 당신을 위해 위험을 감당해야 한다면 더욱 그러하리라는 사실을 곧 알게 되실 겁니다."

이들이 알렉시오스에게 헌신한 이유는 그 무엇보다 그가 타인보다 빛나는 용기와 지성을 가지고 있었기 때문이었다. 또한 그가 큰 부자는 아니었지만, 매우 관대하고 늘 베풀려는 사람이기 때문이기도 했다. 알렉시오스는 재물을 노략질하거나, 부자들을 향해 탐욕스레 입을 벌리는 사람이 아니었다. 진정한 관대함은 내 손에 쥐여 주는 돈의 양으로 판단되는 게 아니라, 베푸는 이가 가진 마음의 무게에 달린 것이다. 수입이 적어 베푸는 재산이 적은 이를 '자유민[*]'이라고 부르기도 했다. 반면, 많은 재산을 가지고도 땅속에 묻어놓거나, 재산이 많음에도 가난한 이들에게 베풀지 않는 이는 '제2의 크로이소스'나 '금에 미쳐버린 미다스', '가난하고 인색한 놈' 혹은 '쿠민 씨도 쪼개서 쓸 놈[**]'이라고 불러 마땅한 것이었다! 내가 앞서 언급한 이들은 알렉시오스가 모든 미덕을 갖추고 있다는 것을 이미 오래전부터 알고 있었고, 그가 제위에 오르기를 간절히 소망했다. 알렉시오스는 장교들과 맹세를 주고받은 뒤 집으로 돌아와 사람들에게 모든 것을 털어놓았다. 이날은 오순주일(혹은 '치즈 먹는' 일요일)

---

[*] 고대 그리스에서 노예가 아닌 권리 있는 시민
[**] 쿠민은 향신료의 일종이다. 기원후 4세기의 황제 율리아누스가 욕심쟁이를 비유하며 썼던 단어이다.

이었다*. 다음 날 새벽, 이미 아버지는 그의 별동대와 함께 도시를 떠난 뒤였다. 알렉시오스의 냉철한 판단력과 신속한 행동에 지지를 표한 대중은 이 일련의 사건에 대해 그들만의 민중 방언을 활용해 만든 짧은 노래를 그에게 들려주었다. 노래는 이 사건의 전주곡에서 음모에 대한 알렉시오스의 혜안과, 이에 대응하는 그의 행동을 매우 은유적으로 표현했다. 노래의 원가사는 이렇다.

"τὸ σάββατον τῆς τυρινῆς χαρά 'στ' Ἀλέξιε ἐνόησές το καὶ τὴν δευτέραν τὸ πρωὶ ὕπα καλῶς γεράκιν μου"

이 유명한 노래의 의미는 다음과 같다.

"치즈의 이름을 딴 토요일에 보여준 알렉시스**의 기민함을 찬양하라! 일요일과 그다음 찾아온 월요일에 그는 하늘을 나는 매처럼 야만인들의 그물을 피했다네."

5

콤니노스 형제의 어머니 안나 달라시니는, 최근 보타니아티스의 손자를 그녀의 장남 마누일의 딸과 약혼시켰다. 달라시니는 이 약혼을 통해 그의 가정교사가 콤니노스 가문의 반정 계획을 황제에게 누설하지 못하도록 미리 막은 것이다. 그녀는 주님의 교회에 헌신을 바치겠다며 저녁에 온 가족을 교회로 오게 했다. 달라시니는 성소를 자주 방문하기 때문에 아무도 그 행동을 의심하지 않았으며, 그렇게 계획은 실행됐다. 자연스럽게 모두 교회에 모였고, 그들은 마구간에서 말을 꺼낸 뒤 여자들에게 어울릴 만한 안장 천을 조심스럽게 펼쳐 놓았다.

보타니아티스의 손자와 가정교사는 지정된 별실에서 따로 살고 있었고, 그

---

* 부활절 50일 전, 즉 사순절 시기 전 마지막 일요일로 사순 시기에는 단식과 금육 규정이 있어서 이날 치즈를 먹는 전통이 있었다.

** 알렉시오스의 애칭

시간에 잠들어 있었다. 일경* 즈음 콤니노스 가문은 무장을 마치고 말을 탄 채, 콘스탄티노폴리스를 떠날 준비를 마쳤다. 그들은 집 문을 잠근 뒤 어머니 달라시니에게 열쇠를 맡겼다. 그들은 조카딸과 약혼자 보타니아티스가 있던 별실의 문 또한 소리 나지 않게 조심히 닫았다. 콤니노스 형제는 문이 삐걱거리는 소리에 보타니아티스의 손자가 잠에서 깰까 봐 두 문짝을 살짝 닫았다. 그렇게 밤이 깊어져 갔다.

첫 번째 수탉이 울기 전, 그들은 성문을 열고 그들의 어머니, 자매, 아내, 아이들을 데리고 콘스탄티누스 광장으로 걸어 들어갔다. 그곳에 도착하자마자 콤니노스 형제들은 가문의 여성들과 작별을 고하고 서둘러 블라헤르네 궁전으로 떠났고, 여자들은 신성한 '지혜의 성당'**으로 향했다. 그때쯤 보타니아티스 손자의 가정교사는 잠에서 깨어났고, 무슨 일이 일어났는지 단번에 알아차리고는 횃불을 든 채 서둘러 그들을 쫓았다. 가정교사는 그들이 마흔 순교자의 교회 경내에 채 도착하기도 전에 그들을 따라잡았다. 가정교사를 본 달라시니가 말했다.

"누군가 우리를 황제에게 고발했다고 들었다. 그러니 우리는 교회에 머물며, 최대한 교회의 도움을 받아보려고 한다. 날이 밝으면 우리는 교회에서 나와 궁궐로 갈 것이다. 어서 가서 문지기들에게 우리가 온다고 알리고 문을 열라고 전하거라."

가정교사는 그들이 지시한 것을 실행하기 위해 곧장 떠났다. 여자들은 니콜라오스 주교***의 경내에 도착하였다(그곳은 오늘날에도 '성소'라는 이름으로 불린다). 이곳에는 큰 성당들이 서 있고, 범죄를 저질러 체포당하는 사람들을 보호하기 위해 오래전 조성된 공간이었다. 유죄 판결을 받은 이들이라도 피신할 수 있도록, 조상들이 의도적으로 마련한 공간이었다. 고대 황제와 카이사

---

* 오후 6~9시
** 하기아 소피아 성당
*** 3~4세기 동로마 제국에서 활동한 주교

르들은 그들의 신민을 배려하기 위해 이 공간을 둔 것이다. 그러나 교회의 문지기는 여인들에게 즉시 문을 열지 않았다.

"누구시오. 어디서 왔소?"

여인들의 수행원 중 하나가 대답했다.

"이들은 동쪽에서 왔습니다. 이들은 수중에 있는 돈을 다 써서, 집으로 안전하게 돌아갈 수 있도록 기도하기 위해 서둘러 이곳을 찾았다고 합니다."

그러자 문지기는 즉시 문을 열고 그들을 들여보내 주었다. 다음 날 원로원 회의에서 콤니노스 형제의 행동을 알게 된 황제는 예상대로 분노하며 도메스티코스를 크게 비난했다. 황제는 콤니노스 가문의 여자들을 궁궐로 압송하기 위해 스트라보로마노스와 에피미아노스라는 두 사람을 전령으로 보냈다. 두 전령이 이내 교회로 찾아왔고, 달라시니가 그들에게 말했다.

"황제께 이렇게 전하시오. 내 아들들은 황제 폐하를 충실히 섬겼고 몸과 마음을 바쳐 왔으며, 제국을 위해 누구보다도 먼저 모든 것을 내던질 준비가 되어 있었다고 말이오. 하지만 폐하의 친절과 관심을 시기한 자들로 인해 끔찍한 위험에 처했소. 그리고 대적자들이 그들의 눈을 멀게 하려는 것을 알게 되었고, 이토록 부당한 모함을 참을 수 없었기에 반역자가 아니라 충신으로서 도시를 떠났을 뿐이오. 첫째, 이 눈앞에 닥친 위험을 피하고, 둘째, 폐하께 이 음모를 알리고 도움을 구하기 위해 말이오."

그러나 전령들은 달라시니에게 함께 궁궐로 갈 것을 다그쳤고 결국 그녀는 분개하며 말했다.

"먼저 교회에 들어가 그분에 대한 헌신을 보일 수 있도록 해주시오. 입구까지 왔는데, 무죄하신 동정녀, 그리스도의 어머니께 하느님의 뜻과 황제 폐하의 영혼을 위해 기도드리지 않는다면 우스운 일이니 그렇소."

이에 전령들은 그녀의 요구를 존중해 들어갈 것을 허락했다. 그녀는 마치 노

쇠했거나 슬픔에 지친 것처럼 천천히 걸었고, 피곤함에 찌든 척 성당 입구에 다다르자 두 번 궤배한 다음, 땅에 엎어져 문을 단단히 부여잡고 울부짖었다.

"내 손을 잘라내지 않고서는 날 이 성역에서 끌어낼 수는 없을 것이다. 폐하께서 내 안전을 보장하노라고 십자가에 걸고 맹세하기 전까지는!"

스트라보로마노스가 가슴에 걸고 있던 십자가를 벗어 그녀에게 건넸으나, 그녀는 이렇게 답했다.

"나는 당신의 약속 따위를 청하는 것이 아니다. 말했듯이 폐하께서 직접 안전을 보장해 달라는 것을 요구하는 것이다. 그리고 그 자그마한 십자가를 받지도 않을 것이다. 십자가는 충분히 큰 것이어야만 받을 것이다."

그녀가 이런 요구를 한 것은 목격자들이 맹세를 똑똑히 볼 수 있도록 하기 위한 것으로, 작은 십자가는 자칫 증인이 되어줄 주변의 사람들이 제대로 보지 못할 수도 있었기 때문이었다.

"내가 구하는 평결과 자비는 이런 것이다. 썩 가서 내 말을 전해라!"

그리고 다음으로 그녀의 며느리, 이사키오스의 아내(성당이 아침 성가 때문에 문을 열었을 때 슬쩍 숨어들어왔다)가 얼굴을 가린 베일을 걷고 그들에게 말했다.

"그래, 가고자 한다면 갈 수도 있겠지. 그러나 우리는 설령 목숨을 잃는 한이 있더라도 확언 없이 이 성당을 떠나지 않을 것이다."

전령들은 이 여자들의 주장이 처음보다 대담해지고 있다는 것을 깨닫고, 곧 소요가 일어날지도 모른다는 두려움에 그 자리를 떠났다. 그들은 궁궐로 돌아가 황제에게 있었던 이야기를 모두 전했다. 황제는 천성적으로 배려 넘치는 성격에다가 달라시니의 당당한 태도에 감동했다. 그는 달라시니가 부탁한 십자가를 그녀에게 보냈고, 여인에게 완전한 면책 특권을 주었다. 그들이 교회에서 나오자, 황제는 달라시니와 그 딸, 며느리들을 시데라 근처에 있는 페트리온 수도원에 감금하라고 명령했다. 또한 황제는 그녀의 가문과 혼인으로 이어져 있는 요안니스 부제의 며느리이자, (프로토베스티아리아*의 자리에 있는) 그녀의 인척들 아내를 블라헤르네의 성모 마리아 성소에서 데려와 페트리온 수도원에 집어넣었다. 다만 그들의 포도주와 곡물 저장고, 모든 개인 재산을 온전하게 보존해 주라는 명령을 내렸다. 매일 아침 두 여인은 경비병들에게 가서 그들의 아들의 소식을 물었고, 군인들 또한 그들에게 알고 있는 정보를 모두 들려주었다. 프로토베스티아리아는 후하게 베풀 줄 아는 여인으로, 이 경비병들을 회유하기 위해 항상 그들이 원하는 만큼 먹을 것을 줄 수 있었다. 페트리온 수도원에 갇혀 있던 여인들은 자신들의 모든 재산을 있는 그대로 소유할 수 있도록 허락받았기 때문이다. 그때부터 경비대는 그들에게 더 많은 소식을 제공했고, 결과적으로 여인들은 콤니노스 가문이 밖에서 벌이고 있는 모든 일을 숨김없이 들을 수 있었다.

6

일단 콤니노스 가문의 여인들에 관한 이야기는 여기까지 하고, 이제는 반란군의 이야기를 해보려고 한다. 그들은 블라헤르네의 원형 성벽 문 앞에 도착해 자물쇠를 부수고 황실의 마구간에 침투했다. 그들은 가장 상태가 좋아 보이는 말들을 고른 뒤 나머지 말들의 뒷다리 허벅지를 칼로 그어버리고, 코스미디온이라고 불리는 도시 근처의 수도원으로 향했다. 이야기를 조금 더 정확히 하기 위해 덧붙이자면, 그들은 내가 앞서 언급한 '프로토베스티아리아'가 황제에게 붙잡히기 전에 그녀를 만날 수 있었다. 콤니노스 형제들은 준비를 마친 뒤 그녀들의 곁을 떠났다. 이후 그들은 요르요스 팔레올로고스를 설득하여 그들의 편이 되도록 강요했다. 물론 그들은 그전까지 요르요스에게 그들의 계획을 밝

---

* 황후의 재무관

힌 적이 없었다. 요르요스의 아버지가 보타니아티스 황제의 충신이었기에 그에게 반란 계획을 밝힌다면 심각한 위협을 초래했을지도 모를 일이었다. 팔레올로고스는 처음에는 전혀 생각을 바꾸려 하지 않았다. 그는 콤니노스 형제의 설명에도 불구하고, 그들이 황제에 대한 믿음을 저버리고 배반자가 되어버렸다며 비난했다. 그러나 콤니노스 형제는 팔레올로고스의 장모인 '프로토베스티아리아'가 가혹한 처벌을 받을 수도 있다고 경고했고, 이에 콤니노스 가문과 함께할 것을 단호히 주장하자 그는 굴복할 수밖에 없었다. 팔레올로고스에게 다음으로 중요한 일은 자신이 지켜야 할 여인들의 안전이었다. 그의 아내 안나와 장모 마리아는 가장 전통 있는 불가리아 귀족 중 하나에 속하는 혈통이었다. 그의 장모 마리아는 이목구비부터 팔다리까지 아름다움과 우아함으로 가득 찬 매력적인 여성이었고, 당대 가장 아름다운 여자라고 여겨지기까지 했다. 요르요스와 알렉시오스는 여인들을 늘 걱정하며 그녀들을 탈출시켜야 한다고 생각했지만, 여인들을 숨길 장소에 대해서는 생각이 달랐다. 알렉시오스 일행은 요새로 피신시켜야 한다고 생각했지만, 요르요스는 블라헤르네에 있는 성모의 성역에 그녀들을 맡기자고 제안했다. 결국 요르요스의 의견이 받아들여졌고, 그들은 여인들을 '말씀을 포용하시는 성모'의 보호 아래 둔 채 떠났다. 그들은 다시 출발 지점으로 돌아가는 길에 향후 이동 진로에 대해 논의했다. 팔레올로고스는 그들에게 말했다.

"당신 둘은 여기서 떠나시오. 나는 내 재산을 챙겨서 따라가겠소."

공교롭게도 그는 옮길 수 있는 모든 재산을 그곳에 보관하고 있던 것이다. 그의 말에 콤니노스 가문은 더 이상 지체하지 않고 그 자리를 떠났다. 팔레올로고스는 재산을 가축 위에 실은 후 말에 올라 바로 그들을 뒤따라갔다. 그들은 운 좋게도 아무 일 없이 도메스티코스 휘하의 병사들이 점령한 추룰로스(트라키아의 마을)에 합류할 수 있었다. 이후 그들은 자신들이 할 일을 모로문토스 지방의 영지에서 살고 있던 카이사르 요안니스 두카스*에게 전하는 것이 옳다고 생각했고, 반정 소식을 알리기 위해 전령을 띄웠다. 전령은 새벽녘에 추룰로스에 도착했고, 카이사르의 농장 앞에서 그를 알현하기 위해 문밖에서 기다렸다. 카이사르의 손자 요안니스는 아직 소년이라고 부르기도 어려울 정도로 어렸고, 항상 카이사르와 함께 있었다. 아이는 전령의 소식을 들은 즉시 집으로 뛰어 들어가, 아직 잠들어 있는 할아버지를 깨워 반란에 대해 전했다. 그러나 아이의 말을 들은 카이사르는 깜짝 놀라며 아이의 따귀를 크게 때리고는, 헛소리 말라며 야단친 뒤 아이를 내보냈다. 하지만 잠시 후 아이는 같은 내용을 할아버지께 전하면서 콤니노스 가문이 보낸 편지를 할아버지에게 전했다. 그 편지에는 알렉시오스의 거사를 암시하는 은유적인 문장이 담겨있었다.

"저희는 지금 맛있는 식사를 준비하고 있습니다. 양념도 부족하지 않습니다. 하지만 저희의 연회에 참여하고 싶으시다면 최대한 빨리 저희를 찾아오셔야 할 겁니다."

편지를 읽은 카이사르는 자리에서 일어나 오른쪽 팔꿈치에 몸을 실은 채로 전령에게 들어오라고 명령했다. 전령이 콤니노스 가문의 이야기를 모두 전하자, 카이사르는 손으로 눈을 가리며 외쳤다.

"오 슬프도다!"

그는 중요한 문제를 고민하는 남자들이 으레 그러하듯, 한동안 수염을 움켜쥐고 있다가, 결국 그들의 요청에 응하기로 결심했다. 그는 자신의 궁내관들을 소집했고, 말에 올라타 콤니노스 가문에 합류하기 위해 떠났다. 콤니노스 형제를 만나러 가는 도중, 카이사르는 금으로 가득 찬 꾸러미를 들고 수도로 향하던 비잔티오스라는 남자를 만났다. 카이사르는 호메로스의 말을 인용하며 그에게 물었다.

"당신은 누구이고 어디서 오는 길이오?"

---

* 카이사르의 칭호를 받고 형제 콘스탄티누스 10세와 공동통치를 한 부제

그는 자신이 세금 징수인이며, 국세를 거둬 수도로 돌아가는 길이라고 답했다. 이에 카이사르는 그에게 함께 밤을 지낸 뒤 새벽에 함께 수도로 떠나자고 제안했다. 하지만 세금 징수인은 화를 내며 거절했다. 카이사르는 더더욱 강하게 주장했고, 끝내 세금 징수인을 설득할 수 있었다. 그는 현란한 말솜씨와 함께 전략적인 사고를 하는 사람으로, 제2의 아에스키네스나 데모스테네스[*]와 같은 언변을 지닌 사람이었다. 그는 세금 징수인과 함께 여관에 들어가 함께 식사하고, 편히 쉴 수 있도록 친절히 돌봤다. 해가 동쪽 지평선에 막 떠오르자, 비잔티오스는 말 위에 옷을 펼쳐두고 콘스탄티노폴리스로 향하기 위해 서둘러 발걸음을 재촉하려 했다. 카이사르는 그 모습을 보고 말했다.

"멈추시오. 우리와 함께 떠납시다."

그러나 세금 징수인은 카이사르가 그와 함께 어디로 떠나려 하는지도, 왜 카이사르가 갑작스럽게 자신을 호의적으로 대하는지도 더더욱 몰랐기 때문에 불안하고 의심스러울 수밖에 없었다. 함께 가려고 하지 않는 세금 징수인을 잡아당기기 시작했고, 그가 계속 버티자, 갑자기 태도를 바꾸어 거칠게 명령조로 위협하기 시작했다. 끝내 세금 징수인이 말을 듣지 않자, 카이사르는 그의 모든 재산을 자신의 말 위에 올리라고 협박한 뒤, 그를 남겨둔 채 다시 여정을 떠나려고 했다. 그제야 세금 징수인은 카이사르를 따라가기로 결심했다. 어차피 빈손으로 돌아가 궁정의 재무관들에게 보고한다면 감옥에 갈 것이 뻔한 데다, 콤니노스 가문의 반란 때문에 혼란스러워 상황에서 집으로 돌아가고 싶지도 않았기 때문이었다. 결국 그는 자신의 의지와는 반대로 카이사르를 따를 수밖에 없었다.

이후 이런 일도 있었다. 카이사르 일행은 에브로스 강을 건너는 중이던 튀르크인들과 우연히 마주쳤다. 카이사르는 즉시 튀르크인들에게 다가가 "어디서 왔고 어디로 가고 있냐?"고 물은 뒤, 만일 콤니노스의 반란에 함께한다면 많

---

[*] 모두 고대 그리스 아테네의 뛰어난 웅변가이다.

은 돈과 보상을 얻을 수 있을 것이라며, 그들을 회유했다. 이에 튀르크인들은 카이사르를 따르기로 했다. 이에 카이사르는 튀르크인들의 지도자들에게 맹세를 요구했고, 튀르크인들은 콤니노스 가문의 편에서 싸우겠다고 굳게 맹세했다. 그렇게 카이사르는 튀르크인들을 데리고 콤니노스 가문의 진영으로 계속 향했다. 콤니노스 형제는 멀리서 다가오는 카이사르 일행을 보았고, 이내 '전리품'들을 알아차리곤 매우 기뻐했다. 특히 내 아버지 알렉시오스는 기쁨을 주체할 수 없을 지경이었다. 알렉시오스는 카이사르에게 달려가 그를 와락 껴안고는 키스했다. 자, 그럼, 그다음 단계는 무엇이었겠는가? 카이사르는 콤니노스 형제에게 바로 수도로 향할 것을 권고했다. 콤니노스 형제가 지나가는 곳마다 시골 마을의 모든 남자가 알렉시오스에게 몰려들었고, 그를 황제라고 칭하며 자진 입대를 청했다. 유일하게 오레스티아스시의 주민들만은 알렉시오스에게 적대감을 드러냈는데, 왜냐하면 그들은 일전에 알렉시오스가 브리엔니오스를 사로잡은 것에 대한 원한을 오랫동안 가지고 있었기 때문이었다. 그들은 끝끝내 보타니아티스 황제를 지지할 것을 천명했다. 그들은 아티라스*에 도착해 하루를 쉰 후 계속 전진해서 쉬자(트라키아**에 있는 마을)에 도착했고, 그곳에 견고한 진지를 구축했다.

7

전* 세계가 흥분으로 들떠있었다. 곧 일어날 일에 대한 간절한 기대감이 있었다. 구름처럼 모인 이들은 새 황제로 선포될 남자를 볼 수 있길 갈망했다. 대부분은 알렉시오스가 그 명예를 얻으리라 믿었다. 그러나 형 이사키오스의 무리도 놓고만 있지는 않았다. 그들 또한 가능한 많은 이에게 이사키오스를 지지해 달라고 간청하고 있었다. 두 형제 중 누가 황제로 등극할 것인지에 대한

---

* 프로폰티스 지역에 위치한 도시
** 콘스탄티노폴리스 수도권이다.

문제는 경쟁 관계에 봉착했다. 군중의 절반은 연배가 높은 이가 황제가 되길 원했고, 나머지 절반은 어린 동생이 황실의 존엄을 차지하길 원했기 때문이다. 당시 이 무리에는 알렉시오스의 친척들도 있었고, 그중에는 카이사르 요안니스 두카스가 있었다. 그는 좋은 조언가이자 행동이 민첩한 사람이었다(나 또한 그를 잠깐 한 번 본 적이 있었다). 그리고 그의 손자인 미하일과 요안니스, 그들의 누이의 남편인 요르요스 팔레올로고스가 있었다. 이들은 알렉시오스를 황제로 등극시키기 위해 서로 협력하였고, 수단과 방법을 가리지 않고 사람들을 설득하는 데 열을 올렸다. 이에 많은 사람이 그들에게 설득되었고, 이사키오스의 지지자들은 점차 수가 줄어들었다. 카이사르 요안니스가 어디에 있든, 그가 보여주는 원칙과 위엄, 풍채, 군주와 같은 외모는 그 누구도 그를 거스를 수 없도록 만들었다. 두카스 가문이 하지 못하는 것이 무엇이 있고, 두카스 가문이 말하지 못하는 게 무엇이 있겠는가? 알렉시오스가 황제의 자리에 오른다면 두카스 가문이 장교와 병사들에게 약속하지 못할 것이 무엇이 있겠는가? 예를 들어보자면, 그들은 이렇게 말할 수 있을 것이다.

"알렉시오스는 너희가 각자 세운 공적에 따라 대단한 선물과 명예를 내릴 것이다. 아무 경험 없는 무지한 장군처럼 아무렇게나 하진 않을 것이다. 또한 알렉시오스는 오랫동안 군사령관이었으며 서방의 메가스 도메스티코스이지 않았느냐. 그는 너희와 오랜 친분이 있고, 어깨를 맞대고 고귀하게 싸웠다. 매복에 당했을 때든 백병전을 벌이든 때든, 너희의 안전과 생명을 위해 자기 팔다리나 몸뚱이, 심지어 목숨도 아끼지 않고 너희 곁에서 용맹하게 싸웠다. 함께 산을 넘고 평원을 가로질렀고, 전쟁의 어려움과 고단함을 알고 너희 개개인과 군대에 대해서도 잘 안다. 그는 전쟁의 신 아레스의 가호를 받는 자요, 또한 용맹한 전사는 무엇보다도 아끼느니라."

두카스 가문은 이런 식으로 그를 칭송했지만, 알렉시오스는 이사키오스가 자신보다 더 많은 명예와 가치를 가진 사람이라고 생각했다. 알렉시오스가 형을 높이 평가한 이유는 형제애에서 나오는 끈끈한 정도 있지만, 실제 이유는 다른 것이다. 당시 모인 군대는 알렉시오스의 편에서 그를 지지하고 옹호하면서도 이사키오스에게는 조금도 호의적이지 않았다. 알렉시오스는 군대에서 미래의 권력과 힘이 창출되고, 자신의 바람이 실현될 것으로 생각했고, 전략적인 차원에서만 그의 형을 지지하는 시늉을 했다. 당시 그는 형을 지지하는 태도를 보여도 자신에게 불리한 상황이 생기지 않으리라 확신했다. 무력과 군대의 힘만으로도 충분히 세속적인 명예의 정점에 오를 수 있다고 생각했고, 그는 말로만 형에게 아첨하고 권력을 양보하는 척할 속셈이었다. 시간이 흐르면서, 전군은 흥분한 상태로 알렉시오스 장군의 텐트 근처에 모였고, 자신이 지지하는 이가 황위 계승 경쟁에서 승리하기를 간절히 바라고 있었다. 그 모습을 지켜보던 이사키오스는 어느 날 벌떡 일어나 자주색 장화를 동생의 발에 신기려 했다. 알렉시오스는 몇 번이나 이를 거절했지만, 이사키오스는 이렇게 소리쳤다.

"주님께서는 너를 통해 우리 가문의 위업을 재건하고 싶어 하시니 거절하지 말거라."

이사키오스는, 과거 형제가 궁전에서 집으로 돌아오는 길에 카르피아노 근처에서 갑자기 나타난 남자가 예언을 전했던 사실을 알렉시오스에게 상기시켰다. 당시 형제가 갑자기 남자를 마주했을 때, 그들은 그자가 필멸자보다 훨씬 높은 존재였고, 그자가 누구든 간에 미래를 명확히 예지하는 존재였음을 깨달았다. 그는 희끗희끗한 머리에 수염이 덥수룩한 사제의 모습을 하고 있었는데, 별안간 뛰쳐나와 말을 타고 있던 알렉시오스의 다리를 붙잡고 그의 귀를 당기고는 다윗의 시편을 읊기 시작했었다고 한다.

"진리와 온유와 공의를 위하여 군주의 위엄을 세우시고 병거에 오르리니*, 그는, 알렉시오스 황제로 불리리라!"

이 예언 같은 말을 남기고 존재는 사라졌다고 한다. 알렉시오스는 주변을 살

---

* 시편 45장 4절

샅이 뒤지며 그자를 찾으려 했고, 그를 붙잡아 그가 누구인지, 어디서 왔는지 물으려 했으나 찾을 수 없었다. 이사키오스는 다시 집으로 향하는 길에 그 존재가 무엇을 말했는지 알려달라고 알렉시오스에게 졸랐지만, 동생은 말하려 하지 않았다. 이사키오스가 반복해서 강하게 추궁하자, 결국 알렉시오스는 못 이기는 척 자신이 들은 말을 그대로 전달했다. 이사키오스는 그 이야기를 처음 들었을 땐 단지 사기꾼이나 기만자의 말 정도로 취급했지만, 이후 묵상할 때마다 눈앞에 나타났던 남자를 떠올리면서, 그 남자를 천둥의 아들이자 신학자이신 사도 요한으로 생각하곤 했다. 그렇기에 이사키오스는 그 노인의 예언이 실제로 행해지는 것을 보고는 더욱 격렬하게 알렉시오스의 제위를 주장했다. 결국 그는 힘으로 동생의 발에 자주색 장화를 신겼는데, 알렉시오스를 향한 모든 군인의 열렬한 갈망을 두 눈으로 똑똑히 보았기 때문이었다. 가문은 알렉시오스가 환호받도록 유도했다. 두카스 가문은 여러 이유로 알렉시오스를 편애할 수밖에 없었는데, 그들의 친척이자 나의 어머니인 이리니가 그와 법적으로 혼인 관계에 있었기 때문이기도 했다. 두카스 가문의 혈육들은 같은 마음으로 그를 지지했다. 나머지 군대들도 천국에서도 들릴 만큼 커다란 환호성을 질렀다. 그때 놀라운 현상이 일어났다. 그의 제위에 반대 의견을 가지고 있었고, 그들의 생각대로 되지 않을 바엔 차라리 죽음을 택하겠다던 자들마저도 순식간에 한마음 한뜻으로 알렉시오스를 지지하기 시작한 것이다. 잠시나마 그의 제위를 반대하며 격론을 펼쳤던 이들이라고 생각할 수 없을 정도였다.

8

알렉시오스의 군영에서 이런 일대의 사건이 벌어지는 동안, 또 다른 소문이 인근에 퍼지기 시작했다. 멜리시노스가 이미 상당한 군대를 규합하여 다말리스 곶에 도착하였고, 자신을 자줏빛으로 치장한 채 칭제했다는 내용이었다. 한동안 콤니노스 가문은 이 소식을 믿지 않았다. 멜리시노스는 콤니노스 가문의 소식을 알게 된 즉시, 콤니노스 가문에 사절단을 보내 자신의 편지를 전달했다. 내용은 다음과 같았다.

"주님께선 저와 제 군대를 다말리스 곳까지 안전하게 이끌어 주셨습니다. 저는 여러분들의 통찰력과 하느님의 자비로 말미암아, 황제의 노예들이 꾸민 잔인한 음모와 그들이 품은 악의에서 벗어나 여러분의 안전을 위해 지킨 과정에 대해 들었습니다. 저는 하느님의 은총 아래 여러분과 혈연으로 묶여 있습니다. 그리고 여러분에 대한 변함없는 애정을 품고 있으며, 그 혈연관계를 포기하고 싶지 않습니다. (주님, 만인의 심판자시여, 제 말의 증인이 되어주소서!) 우리 함께 대사를 논하고, 서로에 대한 확고하고 안정적인 지위를 보장합시다. 강풍에도 흔들리지 않고, 국사를 함께 논하여 제국을 단단한 기반 위에 세웁시다. 그렇게 하려면, 여러분이 하느님의 도움으로 수도를 장악한 다음 여러분은 서방을 차지하고 저는 아시아를 넘겨받으면 될 것입니다. 저 또한 제관을 쓰고 자줏빛 옷을 걸치고, 황제로 선출된 여러분 중 한 명과 함께 공동으로 제위에 올랐다고 선포하고 함께 연호되어야 할 것입니다. 이를 통해 서로 다른 나라와 정부를 다스리더라도 우리의 마음은 하나가 될 것이고, 이 관계를 계속 유지하는 한 제국은 완벽한 평화 속에 유지될 것입니다."

멜리시노스의 사절단은 그날 바로 답변을 받지는 못했다. 다음날 콤니노스 형제는 사절단을 불러 멜리시노스의 제안이 실현 불가능한 이유에 대해 자세하게 설명했다. 이후 그들은 사절단들을 챙겼던 망가니스라 불리는 요르요스를 통해 멜리시노스의 제안에 관한 결정을 곧 알려주겠다고 약조했다. 이러한 여러 사건이 생기는 와중에도, 콤니노스 형제는 콘스탄티노폴리스를 향한 포위망을 계속 좁혀나갔다. 그들은 가능한 한 자주 성벽을 향한 소규모 공격을 이어갔다. 다음날 그들은 멜리시노스의 사절단을 불러 그들의 결정 내용을 전했다. 내용의 요지는 멜리시노스에게 '카이사르'의 칭호를 수여하고 모든 경의를 선사하며, 그에게 이 칭호에 속하는 모든 특권과 함께 테살리아* 속주에

---

* 그리스 북부 일대를 가리키는 말이다.

서 가장 큰 마을을 그에게 넘긴다는 것이었다. (이 마을에는 위대한 순교자 디미트리오스*의 이름을 딴 웅장한 교회가 있는데, 그곳에 안장된 성자의 숭고한 관에서 흘러내리는 '몰약'은, 믿는 이들에게 치유의 기적을 선사한다고 알려져 있었다). 사절단은 콤니노스 가문이 제안한 조건에 불쾌함을 감추지 못했지만, 그들의 제안이 받아들여지지 않은 점, 콘스탄티노폴리스를 포위하고 있는 반군의 철저한 준비 태세, 그의 휘하에 있는 대군을 미루어 볼 때, 시간이 지나 그들이 도시를 점령하는 데 성공한다면 콤니노스 가문이 지금 제안한 것조차 허락하지 않을 것이라는 우려 역시 지울 수 없었다. 이에 사절단은 콤니노스 가문의 제안서를 금인 칙서로서, 자주색 글씨로 서명해 맹세하라고 요청했다. 새로운 황제 알렉시오스는 이에 동의했고, 새로운 비서 요르요스 망가니스를 소환해 이 금인 칙서를 작성하도록 명령했다. 그러나 요르요스 망가니스는 금인 칙서 작성을 미루고 또 미루었다. 그는 낮의 업무 때문에 너무 피곤해 밤에 금인 칙서를 작성하기가 어려웠다느니, 밤에 써놓았던 칙서에 불똥이 튀어 타버렸다는 둥 여러 변명을 늘어놓으며 작성을 사흘이나 지연시켰다. 그는 '망가니스^{Μαγγάνη}**'라는 이름답게, 이런저런 속임수와 변명을 이어가며 칙서 작성을 최대한 미뤘다. 한편 콤니노스 군대는 아레테라는 지역을 빠르게 점령했다. 이곳은 콘스탄티노폴리스 근교에 위치해 주변의 평야가 내려다보이는 지역이었다. 이곳은 아래에서 보면 마치 언덕처럼 보였는데, 한쪽은 바다와 맞닿아 있고, 한쪽은 비잔티온 쪽으로 치우쳐 있었다. 그러나 이 언덕의 북쪽과 서쪽은 바람에 그대로 노출되어 있었고, 맑고 깨끗한 물이 항상 흐르는 곳이었지만 덤불과 나무가 전혀 없기 때문에 마치 나무꾼들이 모두 밀어버린 민둥산처럼 보일 수도 있을 것이다. 이러한 쾌적한 환경과 기후 덕분에 로마노스 디오예니스 황제는 이곳에 후임 황제들을 위한 휴양지를 만들어 놓았다. 이런 이유로 콤니노스 군대는 공성병기나 투석을 위한 무기들을 사용하지 않고, 경무

---

* 4세기 초 그리스 테살로니키의 그리스도인 순교자
** Μαγγάνη; '속이는 자'라는 뜻의 중세 그리스어

장 보병대, 원거리사격대, 창병대와 완전히 무장한 병사들로만 벽을 공성했다.

9

보타니아티스 황제는 콤니노스 가문이 다양한 민족으로 구성된 대군을 끌고 성문에 접근하고 있다는 사실과, 멜리시노스 니키포로스가 그들에 못지않은 병력을 이끌고 다말리스 곶에 이르러 제위를 주장하고 있다는 보고를 받고 어찌할 바를 몰랐다. 그는 두 무리의 적과 동시에 싸울 수 없는 상황이었다. 그는 과거 매우 용감한 전사였지만, 세월은 늙은 그의 정신을 쇠약하게 만들었고, 지나친 두려움에 사로잡히게 했다. 그는 콘스탄티노폴리스의 벽 안에서만 숨을 돌릴 수 있었고, 이미 퇴위할 마음을 굳히기 시작했다. 도성의 시민들은 그런 황제의 모습을 보고 자연스레 불안에 빠지기 시작했다. 어느 쪽이든 쉽게 도시를 점령할 것이란 공포가 시민들 사이에서 퍼져나갔다. 반면, 콤니노스 가문은 그 도시를 점령하기 어려울 것으로 판단하고 있었다. (콤니노스 가문의 군대는 로마인 토박이뿐 아니라 다양한 민족으로 구성되어 있었고, 어디를 가든 다양하게 어울리며, 성미 또한 잘 섞이곤 했다). 도시를 정면으로 공격해 함락시키기 어려운 데다, 자기 병사들이 불안정한 성미를 가졌다고 판단한 신임 황제 알렉시오스는 아첨과 약속으로 성벽의 수비대 일부를 굴복시키고, 말 그대로 그들의 호의를 훔치듯 얻어내 도시를 점령할 새로운 계획을 세웠다. 밤새워 궁리한 그는 이른 아침에 카이사르의 천막을 찾아 그의 계획을 말하고, 콘스탄티노폴리스의 방어와 (여러 부대에서 차출된) 경비병 배치를 조사하고 도시를 점령할 수 있는지 가능성을 판단하기 위해 성벽 주위를 함께 둘러봐 줄 것을 청했다. 그러나 카이사르는 이 요청에 못마땅함을 느꼈다. 그는 최근 수도원의 복식을 착용하기 시작했고, 만일 성벽 주위를 그 복장으로 다가간다면 벽 위의 병사들에게 조롱거리가 될 것으로 생각했기 때문이었다. 우려는 사실이 되었다. 그는 억지로 알렉시오스를 따라나섰고, 도시의 사람들은 벽 위에서 그를 '신부님'이라고 비웃으며 모욕적인 말을 퍼부었다. 그는 눈살을 찌푸렸고 내심 화가 났지만, 그 모든 비웃음을 무시하며 손에 쥐고 있는 진짜 목적에만 집중했다. 진정 굳은 심지를 가진 사람만이 타인의 방해에도 불구하고, 그들 앞에 있는 진짜 문제에 집중할 수 있는 법이었다. 그 덕에 그는 여러 첨탑에 어떤 부대의 군인들이 배치되어 있는지를 알아낼 수 있었다. 그는 한 측면에 '불멸자'(이 부대야말로 로마군에서 가장 엄선한 병력이었다) 부대가 경계를 서고 있다는 것을 알아냈고, 또 한 측면은 머나먼 툴레(바랑기안은 도끼를 쥔 야만인 부대를 말한다) 땅에서 온 바랑기안들이 지키고 있다는 것도 파악했다*. 또 한쪽에는 네미치인**(이들 또한 야만 부족 중 하나로 로마 제국에 복속된 지 오래된 종족이다)들이 주둔하고 있었는데, 카이사르는 알렉시오스에게 바랑기안이나 불멸자 부대를 매수하기는 어려울 것이라고 조언했다. 불멸자 부대는 로마 토착민들로 이루어졌기에 황제에 대한 애정이 상당했고, 배신하느니 차라리 죽음을 택할 이들이었기 때문이었다. 바랑기안 근위대 또한 마찬가지였다. 그들은 어깨에 도끼를 맨 채 황제를 가족처럼 보호하고 충성했다. 황실에 대한 그들의 서약은 대를 이어 전해졌고, 아주 사소한 한마디라도 배신은 용납하지 않을 자들이었다. 그러나 알렉시오스가 네미치인들의 부대에 접근해 그들을 회유할 수 있다면, 그들이 지키는 망루를 통해 도시로 들어갈 수 있을지도 모를 터였다.

알렉시오스는 카이사르의 말을 마치 신탁처럼 여겼고, 즉시 행동에 나섰다. 그는 부하 한 명을 보내 성벽 아래서 조심스럽게 네미치인 부대의 대장을 불렀다. 네미치인 부대의 대장은 성벽 위에서 아래를 내려다보며 많은 대화를 나누더니, 이내 곧 도시를 배신하는 데 동의했다. 부하는 네미치인의 답변을 가지고 군막으로 돌아왔고, 알렉시오스와 그의 동료들은 예상치 못한 소식에 기

---
* 툴레는 그리스 탐험가들이 '바다가 얼어붙는 북쪽' 땅에 붙인 이름으로 현재의 노르웨이, 스웨덴, 아이슬란드 같은 북유럽을 의미한다.
** 네미치는 동유럽권에서 게르만족을 의미한다.

뻐하며, 즉시 말을 탈 준비를 했다.

10

한편 멜리시노스의 사절단은 약속된 금인 칙서를 끈질기게 요구했다. 망가니스는 사절단의 요구에 칙서를 작성했지만, 황실 서명과 금인에 필요한 제구들을 모두 잃어버렸다고 해명했다. 펜까지, 모든 것을 말이다! 그는 위선자이면서 동시에 미래를 잘 예측하는 영리한 자였기 때문에 과거에서 유리한 것을 취사선택하고, 자신의 현재를 정확히 진단하며, 그가 진행하는 문제를 자신의 취향대로 원하는 만큼 능숙하게 다룰 수 있는 자였다. 이런 망가니스는 멜리시노스의 마음을 애태우기 위해 계속해서 금인 칙서의 발행을 늦췄다. 만일 멜리시노스에게 카이사르의 직위를 하사하는 칙서가 성질 급한 그에게 수여된다면, 언젠가는 멜리시노스가 그 명예로운 직위를 경시하며 콤니노스 가문에게 알린 것처럼 무슨 수를 써서라도 제국을 손아귀에 거머쥐기 위해 무모한 공격을 감행할 수 있다고 생각했기 때문이었다. 이에 망가니스는 멜리시노스를 카이사르로 임명하는 금인 칙서 작성을 연기하기 위해 술책을 펼쳤다. 조금씩 상황이 정리되고 콘스탄티노폴리스로 향할 시간이 다가오는 가운데, 멜리시노스의 사절단은 점차 콤니노스 가문에 대해 의심하게 되고, 금인 칙서를 더욱 집요하게 요구하기 시작했다. 그러나 콤니노스 가문은 그들에게 답했다.

"이제 우리는 사실상 도시를 손에 쥐고 있소. 이제 주님의 도움으로 그 도시를 손에 넣으려 하니, 당신들은 떠나서 이 소식을 당신들의 군주이자 주군에게 전하시오."

그리고 그들은 이렇게 덧붙였다.

"모든 거사가 우리의 희망대로 진척된다면, 멜리시노스가 응당 우리에게 와야 할 터요. 그리된다면 우리와 모두가 동의할 수 있는 방식으로 문제를 쉽게 정리할 수 있소."

이것이 그들이 사절들에게 내린 최후통첩이었다. 이후 그들은 네미치인 부대의 지도자인 길프라투스*에게 요르요스 팔레올로고스를 보내어 길프라투스의 의도를 파악하게 하였다. 만일 길프라투스가 콤니노스 형제의 입성을 맞이할 준비가 되었다는 것을 확인한다면, 사전에 약속한 대로 신호를 준 후 길프라투스가 빠르게 탑에 올라 그들에게 성문을 열어줄 것을 명했다. 팔레올로고스는 이 지시를 기꺼이 맡았다. 그는 무공과 도시 약탈을 갈망하는 사람이었기 때문이다. 그야말로 호메로스가 전쟁의 신 아레스를 묘사할 때 썼던 '도시를 덮치는 자'라는 표현에 누구보다도 어울리는 사람이었다. 콤니노스 가문은 차분하게 준비를 마치고, 중무장한 병력을 모두 동원한 다음 천천히 군대를 이끌고 도시로 접근했다. 저녁이 되자 요르요스 팔레올로고스는 성벽에 접근해 길프라투스와 신호를 주고받은 뒤 동료들과 함께 탑으로 올라갔다. 그동안 알렉시오스와 그의 부하들은 성벽에 아주 가까이 붙어 목책을 푼 채로 편안히 야영했다. 한편, 경무장 병력은 야음을 타 빠르게 행군했다. 콤니노스 가문은 엄선한 기병과 정예병들을 대동하고 부대 중앙에 있었다. 날이 밝자 모든 군대가 성벽 밖에 포진하였고, 마치 모든 시민을 공포에 질리게라도 하려는 듯 단단히 무장했다. 그러나 팔레올로고스가 탑 위에서 신호를 보내고 성문을 열자, 그들은 창, 활, 방패 정도만 든 채 질서 없이 성안으로 뛰어 들어갔다.

그날은 성^聖 금요일(우리가 상징적인 유월절 제사를 지내고 함께 식사를 하는 날)이자 네 번째 인딕티오**인 6589년 4월***이었다. 외국인과 로마 토착민으로 구성되고, 로마와 인근 국가의 군대가 함께 섞인 전군은, 이 도시가 오랜 시간 동안 타향의 땅과 바다에서 나는 온갖 종류의 부^富로 가득 차 있다는 사실을 너무나도 잘 알았다. 그들은 카리시우스 문을 통해 빠르게 도시로 뛰어 들어가 곳곳의 거리와 교차로, 이면도로를 따라 사방으로 빠르게 흩어졌

---

* 독일어 길베르트의 라틴식 표현이다.
** 고대 로마 제국에서 토지세 계산에 쓰였던 주기로, 이후에는 15년 단위로 연도를 기록하는 용도로 쓰였다.
*** 서력기원으로 1081년 4월 1일

다. 그들은 집, 교회 심지어 가장 깊숙한 성소도 빼놓지 않고 약탈하며 수많은 전리품을 긁어모았고, 적의 손에 죽기 전까지는 절대 멈추지 않았다. 그들은 매우 무모하고 가장 뻔뻔하게 행동했다. 로마 토박이인 아군마저도 이러한 행동을 자제하기는커녕 자신의 본분을 잊어버린 채, 야만인 수준의 똑같은 짓을 저질렀다.

11

위와 같은 소식을 접한 니키포로스 보타니아티스 황제는 도시의 서쪽은 포위되었고, 동쪽으로는 다말리스 곶의 니키포로스 멜리시노스가 웅거하고 있어 형세가 매우 어려워졌다는 사실을 깨닫게 되었다. 그는 어찌할 바를 모른 채 오히려 멜리시노스에게 양위할 것을 결정했다. 도시가 이미 콤니노스 형제의 군대에 포위되었을 때, 황제는 가장 믿을만한 수행원 중 한 명에게 아주 용맹한 근위대원 한 명을 붙여주며, 함대를 통해 멜리시노스를 궁전으로 데려오라고 명령했다. 그러나 이 명령이 수행되기도 전에 도시는 함락 당했다. 팔레올로고스는 부하 한 명을 데리고 바닷가로 내려가 떠나려는 배를 보고선, 즉시 배에 뛰어올라 노꾼들에게 함대가 정박한 곳으로 향하라고 명령했다. 그는 반대편 해안가에서 보타니아티스의 명을 받고 멜리시노스를 데려오기 위해 출발한 사람이 함대를 준비시키고 경비병과 함께 전함에 올라타 있는 것을 발견했다. 팔레올로고스는 그 근위대원이 옛 지인임을 알아차리고는 배를 쫓아, "어디서 왔소? 지금은 어디로 출발하고 있는 것이오?" 같이 아무렇지도 않은 듯한 질문을 던지며 자신을 배에 태워달라고 부탁했다. 그러나 근위대원은 그가 검과 방패를 찬 것을 보고 두려워하며 대답했다.

"당신이 완전무장 하지 않았더라면 기꺼이 태웠을 것이오!"

이에 팔레올로고스는 자신을 태워준다면, 투구, 방패, 단검을 땅에 내려두고 타겠다고 답했다. 근위대원은 팔레올로고스가 무기를 내려놓는 것을 보고는 배에 타도록 허락한 뒤, 그를 과장되게 끌어안았다. 그러나 정력적인 팔레올로고스는 잠시도 지체하지 않고 뱃머리로 달려가 뱃사공들에게 물었다.

"자네들은 뭘 하는 겐가? 어디로 가는 겐가? 왜 끔찍한 불행으로 향하는 짓을 스스로 하고 있나? 도시는 이미 함락되었다네. 한때 '메가스 도메스티코스'로 불리던 분께서 황제로 선포되셨고, 그분의 군대와 그들이 외치는 함성이 여기까지 들리지 않나. 이제 황궁에는 다른 이들을 위한 자리가 없네. 보타니아티스는 훌륭한 사람이었지만, 그분이 콤니노스보다 더 훌륭하다고 할 순 없지. 보타니아티스의 군대 또한 크지만, 우리 군대는 그보다 몇 배는 더 크다네. 그러니 기다리고 있는 아내와 아이들을 배신할 게 아니라 도시를 돌아봐야 한다네. 보게. 온 군대가 이미 도시에 진입했고 군기가 도시 안에 올랐네. 환호와 함께 옛 도메스티코스가 황제로서 황궁에 입성하고 황실의 휘장을 달고 있네. 자네들도 배를 돌려 그와 함께하시게. 그가 승리했음을 함께 확인하시게!"

선원들은 곧바로 설득되어 그의 말에 따랐다. 근위대원이 분노하자, 전사 요르요스 팔레올로고스는 그를 쇠사슬로 묶어 갑판에 올린 후 바다에 던져버리겠다고 협박했다. 팔레올로고스는 선원들의 반응에 환호했고 노잡이들도 이에 동참했지만, 근위대원은 끝까지 화를 내며 함께 하기를 거부했다. 그들은 갑판에 묶인 근위대원을 던져버린 후 배를 돌렸다. 다시 육지로 돌아온 요르요스 팔레올로고스는 검과 방패를 다시 들고 함대 정박지로 돌아왔다. 곧 그곳의 모든 선원이 새로운 황제의 이름을 연호하며 거사에 동참했다. 함대를 장악하고 멜리시노스를 데려오라는 보타니아티스의 명을 받은 사람을 우연히 만나 곧장 체포하고, 선원들에게 밧줄을 풀라고 명령했다. 이후 팔레올로고스는 함대와 함께 아크로폴리스에 도달하였고, 즉위식에 울려 퍼질 새로운 함성을 이끌었다. 그리고 그는 노잡이들에게 조용히 대기하다 동쪽으로 건너가려는 사람들의 이동을 막으라고 명령했다*. 얼마 지나지 않아 그는 배 한 척

---

* 당시 제국 동부 일대를 멜리시노스가 통제하고 있었기 때문이다.

이 황궁으로 들어가는 것을 보았고, 자신의 배에 있는 노꾼들을 재촉해 그 배를 추월했다. 배에는 팔레올로고스의 아버지가 있었다. 그는 아버지를 알아보곤 경례하며 인사드렸지만, 아버지의 눈빛은 차가웠다. 그리스 신화에서 이타카의 오디세우스가 텔레마코스를 보았을 때처럼 '사랑의 눈빛'을 보내지도 않았다. 오디세우스의 앞에는 구혼자들, 연회, 힘의 경쟁과 활과 화살이 있었고, 신중한 페넬로페는 승리자를 위한 상으로 그 자리를 지켰다. 그 순간 텔레마코스는 적이 아닌 아버지를 돕는 충실한 아들이었다. 그러나 이 순간 팔레올로고스의 앞에는 싸움과 전쟁이 있었으며, 아들과 아버지는 심적으로 대립할 수밖에 없었다. 부자는 말하지 않아도, 행동하지 않아도, 그저 바라보는 것만으로도 서로의 감정을 잘 알고 있었다. 아버지는 아들을 향해 한 마디를 남겼다.

"미련한 것, 무슨 짓을 하려 여기 온 게냐."

그러자 아들이 답했다.

"아버지께서 질문하시니, 아무 말도!"

이에 아버지가 말했다.

"조금만 기다려라. 황제 폐하께서 내 조언을 따르신다면, 바로 답을 들려주마."

앞서 니키포로스 팔레올로고스는 황궁으로 가서 보타니아티스 황제를 알현했다. 니키포로스는 콤니노스의 군대가 약탈하느라 사방에 흩어져 있으므로 쉽게 격퇴할 수 있으리라 판단했고, 툴레의 섬들에서 징집한 충성스러운 바랑기안 근위대를 내어준다면 콤니노스를 도시 밖으로 몰아낼 수 있다고 간언했다. 그러나 보타니아티스는 목적의식을 잃고 절망한 채, 내전을 원하지 않는 척했다.

"니키포로스, 내 충실한 부하여. 아직 내 명령을 들을 의지가 있다면 수도에 있는 콤니노스와 평화 협정을 맺어주길 바라네."

니키포로스는 마지못해 떠날 수밖에 없었다.

12

콤니노스는 도시에 입성하며 이미 자신감을 얻었고, 시케오티스라고 불리는 대★순교자 게오르기오스의 광장 앞에 멈춘 후, 관습대로 어머니를 뵈러 갈 것인지 아니면 곧장 황궁으로 향할 것인지 논의했다. 카이사르는 이 사실을 알고 몸종을 보내어 그들의 늦장을 심하게 꾸짖었다. 이에 그들은 서둘러 이베리아 출신 가문의 저택으로 향했다. 이미 그 저택을 장악하고 있던 니키포로스 팔레올로고스가 그들에게 말했다.

"황제께서 너희에게 전언을 보내셨다. '나는 이미 노인이며, 외로운 사람일세. 나는 형제도, 아들도 혈육도 없으니, 자네가 원한다면…. (이쯤에서 니키포로스는 신임 황제 알렉시오스에게 일장 연설을 늘어놓았다). 나에게 입양되지 않겠는가. 그렇게만 해준다면 나는 자네가 자네의 군대에 약속한 재화를 가져가는 것을 막지 않겠네. 자네의 황권을 어떤 식으로든 침해하지 않을 것이네. 그저 황제라는 이름과 대중의 갈채, 자줏빛 장화와 궁궐에서의 조용한 삶만을 유지해 준다면 말일세. 그렇게만 해준다면 제국의 모든 행정권은 전적으로 자네의 것이 될 걸세.'"

이 전언을 확인한 콤니노스는 짧은 몇 마디 말로 동의를 표했다. 상황을 전해 들은 카이사르는 머리끝까지 화가 난 채, 곧바로 궁궐을 향해 달렸다. 밖으로 나가려던 콤니노스 가문 사람들은 안뜰 오른쪽에서 걸어오는 카이사르를 마주했다. 카이사르는 콤니노스를 심하게 비판하는 사이, 왼쪽에서는 니키포로스 팔레올로고스가 다가왔다. 카이사르는 니키포로스를 향해 말했다.

"여기서 무엇을 하는가. 대관절 무슨 목적으로 여기 있는 겐가. 내 친척이여?"

그러자 니키포로스가 답했다.

"아무래도 여기서 아무것도 이루지 못할 것 같지만, 어찌 되었든 나는 오늘 아침 황제 폐하의 전언을 그대로 전달하게 되었습니다. 황제 폐하께서 알렉시오스를 그의 아들로 대하시겠다고 결심하셨기 때문입니다. 단지 황제 폐하께서는 작위를 유지하고 자주색 장화와 자주색 옷, 그리고 말년의 평온한 궁전 생활만 약속해 준다면 알렉시오스에게 원하는 대로 제국의 권력과 행정을 맡기시겠다고 제안하셨습니다."

그러자 카이사르가 매서운 눈초리로 노려보며 말했다.

"자네는 물러나게. 그러한 제안은 수도가 함락되기 전에 했어야지. 지금은 전혀 적절하지 않은 전언이라고 황제에게 전하게. 그리고 이렇게 덧붙이게. '너는 이미 늙었으니, 황위에서 물러나 후의 안위나 걱정해라.'라고."

이것이 카이사르의 대답이었다. 그러는 동안 보릴로스는 콤니노스의 군대가 도시 전역에 걸쳐 얇게 퍼진 채 약탈과 전리품 수집에 전념한다는 사실을 알고, 분산된 적을 각개 격파할 계획을 세우고 공격을 결심했다. (당시 그 지휘관은 혈연이나 혼인 관계로 엮인 친족들과 일부 외국인 군대만을 대동한 채 따로 떨어져 있던 상태였다). 그는 곧 어깨에 도끼를 지고 휘두르는 이들*과 호마**에서 밀려드는 이들을 모아 콘스탄티누스 광장에서 소위 '이정표'까지 행진하며 대열을 규합했다. 그들은 전투를 대비한 채 그곳에 조용히 밀집한 채로 있었다.

그 당시 총대주교는 진정 성스럽고 청빈한 이였으며, 사막과 산에서 살던 늙은 은자들이 행했던 모든 금욕 수행을 한 자였다. 그는 예언이라는 천부적 재능을 가지고 있었으며, 그의 입에서 나온 다양한 예언들은 정확히 적중했다. 그는 말 그대로 후손들에게 모범이 되는 인물이었다. 총대주교는 보타니아티스에게 닥친 모든 상황을 완벽히 이해하고 있었고, 이제는 신성한 영감, 혹은 카이사르의 조언대로 (카이사르와 총대주교는 오랜 친구였기에 총대주교에

---

* 바랑기안 근위대를 뜻하는 속어
** 콘스탄티노폴리스 내의 지명

게 몰래 귓속말을 전할 수 있었다. 카이사르는 그의 고결한 미덕을 흠모했기 때문이다) 그의 퇴위를 종용했다. 총대주교가 말했다.

"내전을 벌이지 마십시오. 주님의 뜻을 거스르지도 마십시오. 이 위대한 성읍이 그리스도인의 피로 더럽혀지도록 허락하지 마십시오. 주님께 순종하여 속세를 떠나십시오."

황제는 총대주교의 조언을 따를 수밖에 없었다. 그는 군대가 자신에게 무례하게 굴까 두려워, 옷을 휘감고 머리를 늘어트린 채 위대한 주님의 교회로 내려갔다. 그는 너무 불안한 나머지 아직 자신이 황제의 예복을 입고 있다는 사실조차 알지 못했다. 밖에 있던 보릴로스는 진주를 팔에 붙여 고정한 황제의 화려한 외투를 붙잡아 벗겨내고, 웃으며 조롱했다.

"이 아름다운 옷은 이제 내게 더 잘 어울리겠구나!"

그제야 황제는 신성한 지혜의 대성당에 들어갈 수 있었고, 그곳에 머물렀다*.

---

*　니키포로스 3세 보타니아티스는 1081년 4월 4일에 폐위되었다.

3권

새로운 황제 앞에 놓인 문제들

알렉시오스의 즉위와 두카스와 콤니노스 집안 간 분쟁

III. The Accession of Alexius and Interfamily Power Struggles

1

콤니노스 형제는 궁전을 손에 넣자마자 세크레타의 로고테테스*가 되는 조카의 남편인 미하일을 황제에게 파견했다. 당시 수도의 에파르코스**인 라디노스가 동행했으며, 그들은 황제를 작은 돛단배에 태우고 유명한 페리블레프토스 수도원으로 갔다. 둘은 황제에게 수도사가 되겠다고 맹세하라고 권유했으나, 황제는 결정을 다음 날로 미루었다. 여전한 혼란과 무질서 속에서 혁명을 뒤집으려는 두 노예와, 호마에서 온 군대가 시도할지도 모른다는 두려움에, 그들은 삭발식을 받아들이라고 강하게 압박했다. 그는 굴복했고 '천사들의 옷'을 입었다. 이것이 운명의 여신이 작용하는 방식이다. 어떤 이에게 웃어주고 싶을 때는 높이 띄워주고 왕관을 머리에 씌워주며 발에는 자줏빛 신발을 신겨준다. 반대의 경우에는 얼굴을 찌푸리고는 왕관과 자줏빛 신발 대신 검은

---

* 모든 회계 부서의 총책임자
** 콘스탄티노폴리스 지사

누더기를 입혀버린다. 보타니아티스 황제에게 일어난 일이 바로 이러했다. 어느 지인 한 명이 이 변화를 견딜 수 있느냐고 묻자, 그가 남긴 말은 이러했다.

"고기를 못 먹는 것이 유일하게 신경 쓰이는 것이지. 그 이외의 일은 상관없네."

그동안 마리아 황후는 전前 황제 미하일 두카스와의 사이에서 낳은 아들 콘스탄티노스와 함께 궁전에 머물렀다. 그러나 시인이 말했듯, '금발의 메넬라오스'를 걱정하고 있었다. 혈연관계라는 것만으로도 충분한 이유가 될 것이나, 시기심에 찬 이들은 다른 이유를 들먹였는데, 콤니노스 형제 중 한 명은 매제로 또 한 명은 양아들로 만든 것 아니냐는 것이었다. 황후의 행동을 결정한 것은 사람들이 비난하는 그런 이유가 아니며, 콤니노스 형제의 문제도 아니었다. 다만 외국에서 왔기 때문에 친구나 친척도 없고, 고향 사람도 없었기 때문이었다. 그러니 먼저 아들의 안전을 보장받지 못하면 사악한 일이 닥칠까 두려워, 궁전에서 서둘러 나가려 하지 않은 것이다. 왕조가 바뀌면 이런 일이 보통 일어났으니 말이다. 다른 것은 차치하더라도 소년은 일곱 살도 되지 않은 사랑스러운 어린아이였다. (사안의 성질을 고려해 내 친인척을 찬미한다고 탓할 사람은 없으리라 믿는다). 소년이 말하는 것만 들어도 아주 즐거웠을 뿐 아니라, 당시 친구들이 말한 대로 타고난 활력과 유연함으로 경기에서 적수가 없었다. 금발에 피부는 우유처럼 하얗고, 뺨은 막 꽃봉오리에서 나온 눈부신 장미처럼 붉은빛이 적절하게 감돌았다. 눈동자 색은 옅지 않고 매와 같았으며, 눈썹 아래에서 마치 금반지의 보석처럼 빛났다. 이 세상의 것이 아닌 듯한 아름다움으로 본 사람을 사로잡았으며, 그를 본 사람은 누구나 에로스를 그려놓은 것처럼 느꼈다. 황후가 궁전에 머무른 이유는 바로 이런 것 때문이었다. 나는 이야기를 윤색하거나 중상모략을 꾸며내는 일은 천성적으로 싫어하지만, 시기와 악의로 가득 찬 사람들은 흔히 그러한 짓을 저지른다는 사실을 알고 있다. 나는 비난을 그대로 믿지 않는다. 이 사안에서 내가 진실을 믿을 다른

---

* 그리스 신화에 나오는 스파르타의 왕. 대단한 미남으로 기록된다.

이유도 있다. 내가 여덟 살이 되기도 전 황후께서 돌봐 주셨는데, 그녀는 나를 아주 아끼셔서 내게 모든 비밀을 털어놓으셨다. 또 여러 다른 사람이 이 사건에 대해 하는 말을 들었는데, 황후에 대한 태도나 선의 또는 악의에 따라 해석한 것이라 내용이 가지각색이어서 사람들이 같은 의견을 가지고 있지 않다는 것을 알 수 있었다. 나아가 황후가 직접 이 일에 대해 설명하고, 보타니아티스가 퇴위했을 때 아들 때문에 얼마나 두려웠는지 말하는 것을 듣기도 했다. 그러므로 나 자신 및 진실을 알고 싶어 하는 모든 사람은 황후가 당시 궁전에 머물렀던 이유는 단지 아들을 걱정했기 때문이라고 생각했다. 마리아 황후에 대해서는 여기까지이다. 내 아버지 알렉시오스의 경우, 이제 권력을 장악하고 궁전에 살고 있으나, 당시 열다섯 살이었던 아내와 그녀의 자매, 어머니와 할아버지인 카이사르와 함께 '아래쪽' 궁전이라 불리는 장소에 머물렀다. 반면 그의 형제와 어머니, 가까운 남자 친척들은 '위쪽' 궁전으로 옮겨갔는데, 그곳은 부콜레온이라 불리었다. 이 이름의 유래는 이러하다. 그 궁전에서 멀지 않은 곳에는, 오래전에 자연석과 대리석으로 항구가 만들어졌으며, 그곳에는 사자가 황소를 사냥하는 조각상이 있었다는데, 사자가 뿔을 움켜잡고 머리를 들어 올려 황소의 목구멍에 이빨을 박아 넣는 모습이었다. 이 조각상 때문에 이곳 전체, 그리고 건물과 항구가 '부콜레온 Βουκολέων'이라는 이름이 붙은 것이다.

2

그리고 이제 내가 앞서 언급한 대로, 많은 이는 황후가 궁전에 머무르고 있는 것에 의구심을 품었고, 지금 왕홀을 쥐고 있는 자와 결혼할 것이라고 수군거리기 시작했다. 두카스 가문은 그런 일은 생각조차 하지 않았지만(소문에 휘둘리지 않으므로) 콤니노스 형제의 어머니가 자신들에게 품은 명백한 증오심을 오래전부터 알고 있었기 때문에 그녀를 계속 두려워하고 의심했다. 나

---

* 그리스어로 부크βοῦς는 '황소', 레온λέων은 '사자'라는 뜻이다.

조차도 그들이 그렇게 말하는 걸 계속 들어온 바 있다*. 그러므로 요르요스 팔레올로고스가 함대를 이끌고 도착하여 환호성을 지르자, 콤니노스 쪽에서 나와 있던 자들은 혹시 그들이 알렉시오스의 이름과 함께 이리니를 연호할까 두려워하여 성벽에서 조용히 하도록 경고했다. 그러자 요르요스가 격분하여 소리쳤다.

"내가 이 힘겨운 싸움을 벌인 건 너희 때문이 아니라 너희가 말했던 이리니를 위한 것이었다."

그리고 그는 즉시 선원들에게 알렉시오스와 이리니의 이름을 함께 연호하도록 명령했다. 두카스 가문은 이 사건으로 인해 극심한 공포에 빠졌으며, 악의적인 자들은 마리아 황후를 헐뜯어댔다. 그동안 알렉시오스 황제는 이런 일은 꿈에도 몰랐다(도대체 어떻게 알 수 있겠는가?). 그는 로마 제국을 손에 넣었고, 변함없는 활력으로 모든 사안에서 전권을 행사하며 권력의 핵심으로 여겨졌다. 그는 해가 뜰 때쯤 궁전의 소유권을 획득하고, 전장의 먼지를 털거나 휴식을 취하기도 전에 이미 군사적 사안에 몰두해 있었다. 모든 일에서 마치 아버지처럼 따른 형 이사키오스와 협력했으며, 어머니에게도 마찬가지로 대했다. 이 둘은 그가 제국을 끌어나갈 수 있도록 도왔으나, 그 혼자만의 지혜와 활기만으로도 여러 왕국을 다스릴 수 있었을 것이다. 알렉시오스는 가장 시급한 문제에 먼저 관심을 기울였다. 낮과 밤을 막론하고 곳곳에 흩어져 있는 비잔티온 병사들에 대해 고심했다. 이들은 패배할까 봐 짐승처럼 미쳐 있었으며, 그들이 폭동을 일으키지 않게 무질서를 통제하고, 시민들에게 미래의 평화를 약속할 방안을 모색했다. 다양한 군대 출신이 섞여 있었기 때문에, 그는 병사들의 무모함을 더욱 염려했고, 혹시 자신에 대한 반란을 계획하고 있을지도 의심했다. 한편 카이사르 요안니스 두카스는 마리아 황후를 제거하기 위해 안달이 나 있었으며, 그녀를 최대한 빨리 궁전에서 쫓아내 사람들의 불신을 풀

---

* 안나 달라시니는 남편 요안니스 콤니노스가 아닌 콘스탄티노스 10세 두카스에게 제위가 돌아간 이래 두카스 가문을 싫어했다고 한다.

려고 애썼다. 그는 처음에는 여러 방법으로 코스마스 총대주교를 끌어들이려 시도했다. 자신들의 편에 서고, 마리아가 무슨 주장을 하든 철저히 무시해달라고 요구한 것이다. 다음으로 그는 영리하게도 황후에게 자신과 아들의 안전을 보장하는 문서를 황제에게 요구하게 한 다음 궁전에서 떠나라 제안했다. 이는 파트로클로스*에 견줄 만한 계략이었으니, 그는 이미 미하일 두카스 황제가 퇴위하고 니키포로스 보타니아티스가 그 자리를 대신할 때, 황후는 외국에서 태어났고 황제를 난처하게 할 외척도 없으니, 결혼을 권유하여 그녀를 제압한 바 있었다. 또한 황후의 고귀한 혈통과 매혹적인 외모에 대해서도 자세히 언급했다. 그녀는 사이프러스 나무처럼 키가 컸으며 피부는 눈처럼 하얗고 얼굴은 달걀처럼 매끄럽고, 피부는 활짝 핀 꽃이나 장미를 연상시켰다. 그 빛나는 눈은 산 자가 설명하기 어려울 정도로 아름다웠으며, 주황색 눈썹은 연한 파란빛 눈 위에서 아치를 이루고 있었다. 화가의 손은 계절마다 피는 다양한 꽃의 색을 수없이 그려냈지만, 황후의 아름다움이나 빛나는 우아함, 그리고 몸가짐에서 발산하는 매력과 달콤함은 모든 묘사와 그림을 뛰어넘었다. 아펠레스나 페이디아스와 같은 조각가들도 그 정도로 아름다운 조각을 만들어 내지는 못했다. 고르곤의 머리는 돌아보는 자를 돌로 만든다고 하나, 황후를 마주치거나 우연히 만난 자는 마치 감성과 이성을 모두 빼앗긴 것처럼 입을 쩍 벌리고 말없이 그 자리에 붙박여 있을 것이다. 팔다리와 몸은 어떤 살아있는 인간의 것보다 훌륭한 조화를 이루어 전체와 부분, 다시 부분과 전체 간에 완벽한 조화를 만들어 냈고, 아름다움을 사랑하는 모든 이에게 큰 기쁨을 주었다. 한 마디로 그녀는 이 땅에 내려온 사랑의 화신이었다.

위에 언급한 논거를 이용해 카이사르는 황제를 어르고 달랬으나, 많은 이는 그에게 에브도키아와 결혼하라고 권했다**. 몇몇 사람은 에브도키아도 두 번

---

* 일리아스에 등장하는 아킬레우스의 친구
** 에브도키아 마크렘볼리티사는 황제 콘스탄티노스 10세의 아내로, 카이사르 요안니스가 1071년 수도원으로 추방해 버렸다.

째 황후가 되고 싶어 보타니아티스가 제위를 노리고 다말리스에 도착했을 때 편지를 보내 구애했다고 한다. 다른 이들은 그녀 본인을 위한 것이 아니라 포르피로옌니티인 딸 조이를 위한 것이었다고 전한다. 만약 시종 중 하나인 환관 레오 키도니아티스가 설득력 있는 충고를 하지 않았다면 밀어붙였을지도 모른다. 나는 천성적으로 중상모략을 싫어하기에 그가 무어라 말했는지 자세히 쓰지 않겠지만, 이런 일을 기록하는 사람들은 이를 자세히 기록해 두었을 것이다. 그러나 보타니아티스에게 접근한 카이사르 요안니스는 앞서 설명했듯 온갖 기술을 동원해 마리아 공주와 결혼하라고 설득에 성공했으며, 그 이후로 그녀가 있는 곳에서 상당한 발언권을 누려왔다. 일을 정리하는 데는 며칠이 걸렸고, 콤니노스 형제는 그녀가 황후일 때 자신들에게 얼마나 친절히 대했는지 알기도 하였고, 서로를 묶어주는 두 인연을 고려하여 그녀를 궁전에서 쫓아내려 하지 않았다. 결과적으로 여러 소문이 사방에서 흘러나와 꼬리에 꼬리를 물었다. 이 사건에 대한 해석은 사람마다 달랐다. 그녀를 동정하는 이도 있었고 증오하는 이도 있었으나, 양쪽 다 사안을 공정하게 파악하기보다는 편견에 치우쳐 있었다. 그동안 알렉시오스는 아내 없이 코스마스 총대주교에게서 대관을 받았다. 성스러움으로 가득 찬 이 성직자는 콘스탄티노스의 아들인 미하일 두카스 황제의 치세 4년 차 열세 번째 인딕티오 8월 2일에 사망했던 총대주교 성 요안니스 시필리노스의 후임자였다. 황후가 왕관을 받지 못했다는 사실에 두카스 집안은 더욱 겁을 먹었고, 이리니 황후도 대관을 받아야 한다고 주장했다. 한편 대성당 근처에 살면서 거짓된 덕망을 얻은 어느 수도사인 에브스트라티오스 가리다스가 있었다. 그는 이전에 콤니노스 형제의 어머니를 자주 방문하며 아들이 제위에 오를 거라고 예언한 적이 있었다. 그녀는 수도사들이 언제 오든 아주 환영했으며, 이런 아첨에 더욱 기뻐하다가, 매일매일 그를 점점 총애하다가 결국엔 수도의 총대주교직에 앉히겠다고 계획했다. 현 총대주교의 단순하고 비실용적인 성격을 핑곗거리 삼아, 그녀는 몇몇 친구를 꼬드겨 마치 그의 안위를 걱정하는 것처럼 가장하여 사임하라고 충고했다. 그러나 성직자는 이 계획에 속지 않았다. 그가 자기 이름에 걸고 맹세하며 말했다.

"코스마스의 이름에 걸고 이리니가 내 손에서 왕관을 받지 않는 한 총대주교직을 사임하지 않겠소."

사람들은 곧 이를 '안주인'께 전했는데, 어머니에게 충실했던 황제의 뜻에 따라 이제 통상적으로 그렇게 불리고 있었다. 알렉시오스가 공식적으로 황제로 선포된 지 일주일 후에, 아내 이리니도 코스마스 총대주교에게서 대관을 받았다.

3

알렉시오스와 이리니, 황제 부부의 모습은 놀라울 정도로 아름다웠으며 정말이지 타의 추종을 불허했다. 어떤 화가도 그와 같은 아름다움을 표현할 수 없었고, 어떤 조각가도 생명력 없는 돌로 그런 조화를 만들어 내지는 못했을 것이다. 심지어 그 유명한 폴리클레이토스의 규범[*]도 이 살아있는 조각상들을 먼저 본 자에게는 미술의 기본 원칙마저도 지키지 못한 것처럼 보였을 것이다. 알렉시오스는 특별히 키가 크지는 않았으나 어깨가 떡 벌어지고 몸의 균형이 잘 잡혀 있었다. 지나가는 사람이 경탄할 정도는 아니었으나, 옥좌에 앉으면 눈에서 나오는 날카로운 빛은 벼락처럼 보였으며, 압도적일 정도의 광채가 얼굴뿐 아니라 온몸에서 뿜어져 나왔다. 검게 휘어진 눈썹과 그 밑의 눈에서는 무시무시하면서도 부드러운 시선이 쏟아져 나왔고, 빛나는 얼굴과 우아하게 구부러진 턱은 불그스름한 빛이 감돌아 경외심과 용기를 함께 불러일으켰다. 넓은 어깨와 근육질의 팔, 탄탄한 가슴은 영웅처럼 보였기에 사람들은 감탄하고 즐거워했다. 몸 전체에서 뿜어져 나오는 아름다움과 우아함은, 다가

---

* 고대 그리스의 조각가로 이상적인 인체 비례에 관한 책을 써서 이상적으로 아름다운 몸의 표본을 만들었다.

갈 수 없는 권위와 위엄이 느껴졌다. 그리고 대화에서 입을 열면 한마디만 듣고도 입술에 감도는 불같은 열변을 느낄 수 있었다. 그의 능수능란한 언변은 듣는 이들을 사로잡을 수 있었던 바, 창처럼 예리하게 자기주장을 밝힐 준비가 되어 있어 토론에서든 행동에서든 따라잡을 자가 없었다.

한편 이리니는 황후이자 내 어머니로서 당시에 아직 열다섯도 되지 않은 소녀였다. 그녀는 카이사르의 장남인 안드로니코스의 딸로 유명한 가문에서 태어났으며, 안드로니코스와 콘스탄티노스 두카스의 집안 출신이었다. 그녀는 마치 어리고 항상 푸르른 나무와 같은 모습이었는데, 팔다리와 몸이 완벽한 균형을 만들어 내며 서로 조화를 이루고 있었다. 너무나 매력적이어서 그녀의 모습을 본 이도 목소리를 듣는 이도 매료되지 않을 수 없었다. 얼굴은 부드러운 달빛으로 빛났으며, 아시리아 여자처럼 완벽한 원형은 아니었지만, 스키타이인처럼 너무 길쭉하지도 않았으며, 약간 타원형이었다. 뺨의 혈색은 정말로 장밋빛처럼 화사해 멀리 서 있는 사람에게도 보일 정도였다. 눈은 파랗게 빛나며, 화려하면서도 엄숙한 매력과 아름다움은 보는 사람들을 잡아끌었고, 동시에 위압감으로 그녀를 똑바로 바라보거나 감히 눈을 돌릴 수 없게 만들었다. 과거 시인과 작가들이 찬양하는 아테나가 실존했는지 알지 못하지만, 신화는 과장되어 이야기된다는 말을 들어본 적은 있다. 그러나 만약 그 시대에 누군가 이 황후가 인간으로 현현한 아테나라거나, 하늘에서 천국의 영광과 범접 못 할 위엄을 두르고 내려온 이라 말하더라도 그리 부적절하지는 않았을 것이다. 더욱 놀라운 것은 다른 대부분 여자와 달리 오만한 자들을 부끄럽게 만들면서도, 단 한 번 쳐다보는 것만으로도 두려움에 질린 자들에게 용기를 불어넣었다는 것이다. 그녀는 대부분 상황에서 침묵을 지켰으며, 그럴 때는 살아있는 미의 조각이요, 숨을 쉬는 우아한 기둥과 같았다. 그녀는 보통 팔을 손목까지 드러낸 채 적절한 손짓과 함께 말했고, 손과 손가락은 장인이 상아로 만들었다고 생각할 정도였다. 눈동자는 깊은 바다의 짙은 파란색으로 빛나는 잔잔한 바다를 닮았으며, 눈동자를 둘러싼 흰자는 찬란하게 빛나며 설명할 수 없는 빛과 절묘한 아름다움을 안겨주었다. 이리니와 알렉시오스의 생김새가 바로 이러하였다. 내 백부 이사키오스 역시도 모습은 동생과 닮았는데, 안색이 좀 더 창백하고 동생의 턱수염은 턱을 둘러싼 데 반해 덜 빽빽하다는 것 정도만 달랐다. 두 형제는 일이 아주 많지 않을 때면 사냥에 푹 빠져 있었으나, 사냥보다도 전쟁에서 즐거움을 찾았다. 전장에서 심지어 이사키오스가 지휘관이더라도 누구도 그를 앞지를 수 없었다. 그는 적진을 보는 순간 다른 어떤 것도 신경 쓰지 않고 벼락처럼 달려들어 적군을 혼란에 빠뜨렸다. 그는 아시아에서 아가렌인에 맞서 싸우다가 한 번 이상 포로로 잡힌 적이 있다. 전투에서 억누를 수 없는 이러한 그의 격렬함은 유일하게 흠잡을 만한 점이다.

4

니키포로스 멜리시노스에게 카이사르의 영광을 수여하겠다는 약속은 지켜야만 했으나, 형인 이사키오스는 더 높은 작위를 받는 것이 당연했다. 황제와 카이사르 사이에 다른 작위가 없었기 때문에, 알렉시오스 황제는 세바스토스와 아프토크라토르를 합쳐 새로운 작위를 만들었다. 형에게 황제 다음으로 높은 세바스토크라토르라고 하는 작위를 내려, 카이사르가 세 번째로 박수를 받도록 한 것이다. 또한 공개 행사에서 세바스토크라토르와 카이사르는 왕관을 쓰되, 그 왕관은 황제의 제관보다 못한 것으로 하라고 정했다. 제관은 진주와 보석으로 화려하게 장식되어 있었으며, 반구 모양으로 머리에 딱 맞았고 관자놀이 양쪽에는 진주와 보석으로 된 장식이 뺨까지 내려와 있었다. 이 제관은 황제가 입는 예복의 유일무이한 장식이었다. 그러나 세바스토크라토르와 카이사르의 소관은 진주나 보석은 거의 없으며 반구 모양도 아니었다.

동시에, 황제의 누이와 결혼한 타로니티스는 프로토세바스토스와 프로토베스티아리오스*의 작위를 받았으며, 얼마 지나지 않아 카이사르의 옆에 앉을 권리와 함께 판히페르세바스토스로 선포되었다. 알렉시오스의 형인 아드리아노스 역시도 가장 고귀한 프로토세바스토스의 작위를 받았으며, 함대의 메가스 드룬가리오스**였던 막냇동생 니키포로스는 이제 세바스토스의 지위를 누렸다. 그리고 이 모든 명예 작위를 만든 것은 바로 내 아버지였다. 몇몇은 내가 위에 든 예시처럼 몇 개를 합쳐 만든 것이었고, 판히페르세바스토스나 세바스토크라토스와 같은 것은 합쳐서 만들었지만, 세바스토스의 영예는 새로운 의미를 부여한 것이었다. 옛날에는 세바스토스라는 명칭은 오로지 황제에게만 주어지는 특수한 작위였으나, 처음으로 이를 좀 더 넓게 부여한 것이다. 만약 누구든 통치의 기술을 과학, 최상의 철학으로 생각한다면 (모든 기술 중에서도 최고의 기술로, 모든 과학 중에서도 최고의 과학으로) 새로운 작위와 기능을 만든 것을 두고 내 아버지를 유능한 과학자이자 예술가라 찬양할 수 있을 것이다. 차이점도 있었다. 논리 전문가들은 명료함을 위해 이 명칭들을 만들어 냈지만, 행정 전문가 알렉시오스는 제국의 이익 자체를 위해 이 모든 변화를 만들었고, 책임을 부여하고 작위를 수여하는 데 여러 혁신을 이뤄냈다.

코스마스의 얘기로 돌아가면, 그는 대신학자 사도 요한을 기리는 예식을 요한의 이름을 따 헵도몬***에 지어진 성당에서 주재하고 며칠 뒤에, 그는 5년 9개월 동안 지켜왔던 높은 지위에서 물러나 칼리아스의 수도원으로 은퇴했다. 그의 뒤를 이어 앞서 언급했던 환관 에브스트라티오스 가리다스가 총대주교의 자리를 이었다.

한편, 아버지 미하일 두카스가 폐위된 뒤 포르피로옌니토스이자 마리아 황후의 아들인 콘스탄티노스는 자발적으로 자줏빛 신발을 벗고 평범한 검은 신발을 신었으나, 새로운 황제 니키포로스 보타니아티스는 이 젊은이를 불쌍히

---
* 황제의 재무관
** 해군의 총사령관
*** 콘스탄티노폴리스 바로 바깥 지역

여겼고, 아름다움과 고귀한 혈통 때문에 그를 좋아하기도 하여 자줏빛이 약간 드러나는 신발은 신을 수 있도록 허락했다. 그리고 알렉시오스 콤니노스가 황제로 선포된 후 콘스탄티노스의 어머니 마리아 황후는 카이사르의 제안에 따라 황제에게 자줏빛 글씨로 쓰이고 황금 인장을 찍어 깨뜨릴 수 없는 문서로 된 서약을 요구하여, 아들과 함께 안심하고 살 수 있을 뿐 아니라, 아들이 알렉시오스와 함께 통치하고 자줏빛 신발과 왕관을 쓸 권리를 누리며 공동 황제가 된다는 내용을 포함해 달라고 하였다. 이 요구는 거부되지 않았고, 그녀는 요구한 모든 내용을 담은 칙서를 받았다. 다음으로 콘스탄티노스는 원래 신던 실크 신발 대신 붉은 것을 받았으며, 이후로 선물이나 칙서를 내릴 때 서명이 알렉시오스 다음으로 들어갔으며 행렬에서 제관을 쓰고 그의 뒤에 섰다. 어떤 사람들은 황후가 반란 이전에 콤니노스 형제와 합의하여 이러한 특권이 자기 아들에게 주어져야 했다고 주장하기도 했다. 이것이 사실이든 아니든, 그녀는 지위에 걸맞은 호위를 거느리고 궁전에서 떠났고, 전前 황제 콘스탄티노스 모노마호스*가 성聖 게오르기오스 수도원(지금도 '망가나'라고 불리는) 근처에 지은 집으로 들어갔다. 세바스토크라토르 이사키오스가 그녀와 동행했다.

5

콤니노스 형제가 마리아 황후와 맺은 약속이 위와 같았다. 황제는 어릴 때부터 좋은 가르침을 받았고 어머니의 조언을 항상 귀담아들었으며 하느님을 깊이 공경했기 때문에, 자신이 함락시키는 도중 도시가 약탈당하고 모든 주민이 고통을 겪었다는 사실에 깊은 슬픔과 부끄러움을 느꼈다. 탄탄대로도 때로는 어떤 장애도 겪어본 적 없는 사람이 정신 나간 짓을 하도록 만든다. 그러나 조심스럽고 이성적인 성격의 소유자라면 자기 잘못에 곧바로 하느님에 대한 두려움으로 가득 차 후회와 불안에 잠길 것이다. 특히나 대단히 중대한 일에 가

---

* 황제 콘스탄티노스 9세(재위 1042~1055)

담해 존경받는 위치에 오른 사람이라면, 그토록 무지하고 무례하고 오만하게 행동하여 신의 분노가 내리쳐 옥좌와 가진 모든 것을 앗아가지는 않을까 하는 공포에 짓눌릴 것이니 말이다. 옛날 사울 왕의 운명이 바로 이러하였는 바, 하느님께서는 주제넘은 오만함에 그의 왕국을 둘로 쪼개놓았다[*]. 알렉시오스는 이러한 생각에 혼란스럽고 머리가 아팠고, 콘스탄티노폴리스 전역을 강력한 파도처럼 뒤덮었던 폭도들이 저지른 모든 범죄에 대하여 하느님께서 그를 속죄양[**]으로 삼으실까 두려웠다. 직접 이 끔찍한 악행을 저지른 것처럼 부끄러워하고 마음속 깊이 고통스러워했다. 그는 제국과 권력, 자줏빛 예복과 보석으로 장식된 제관, 진주가 수놓인 황금 옷도 도시들의 여왕을 엄습했던 이 형언할 수 없는 재앙에 비견할 수 없다고 보았다. 어떤 작가가 아무리 노력하더라도 당시에 도시를 엄습한 악행을 제대로 설명할 수 없을 것이다. 교회와 성지, 모든 공공 및 사유 재산이 구분 없이 약탈당했으며, 사방에서 들려오는 비명과 울부짖음으로 모든 시민의 귀가 멀 지경이었다. 구경꾼이 있었더라면 지진이 일어나는 듯하다고 말할 수 있었을 것이다. 이러한 생각에 알렉시오스는 후회와 고통을 느꼈으며 참을 수 없는 슬픔에 잠겼다. 그는 모든 악한 행동에 대해 아주 빠르게 올바른 판단을 내릴 줄 알았기 때문이다. 비록 도시에서 벌어진 이 범죄가 다른 이들의 손과 영혼에 의해 범해졌다는 걸 알고 있었지만, 양심은 자신이 재앙의 구실과 시작점을 만들어 주었다고 아주 생생하게 말해 주고 있었다. (물론 반란의 진짜 원인은 내가 앞서 언급했던 두 노예였지만 말이다). 그러나 그는 모든 책임을 짊어졌고, 상처를 서둘러 치유하고 싶어 했다. 치유와 정화가 있고 난 후에야 제국을 다스리는 일로 돌아가고, 군대와 전쟁 계획을 제대로 지시하고 실행할 수 있을 터였다. 그리하여 어머니를 찾아가 자기 후회를 털어놓고 어떻게 해야 양심을 갉아먹는 근심에서 벗어나 안정을 되찾을 수 있을지 물었다. 그녀는 아들을 껴안고 기쁘게 그의 말을 들었다. 한

---

[*] 사무일상 15장
[**] 레위기에서 유래한 표현으로, 남의 죄를 옮겨 받고 제물이 되는 자

기록에 따르면 그녀는 알렉시오스의 동의를 받고 코스마스(아직 사직하기 전이었다)와 성스러운 교회회의와 교회의 지도자 중 몇몇을 불렀다. 황제는 이들 앞에 심판대에 선 자요, 겸허한 사람이자 남의 수하에 든 사람으로*, 죄짓고 초조하게 심판정에서 평결의 순간을 기다리는 자로서 섰다. 그는 어떠한 모욕도, 부끄러움도, 행동도, 변명도 배놓지 않고, 다만 두려움과 믿음을 가지고 모든 것을 말했으며, 진솔하게 자기 고통을 치유해달라 간청했으며 그들의 벌에 자신을 내맡겼다. 사제들은 그분만 아니라 모든 친인척, 반란의 모든 참여자에게 같은 처벌을 내렸다. 단식과 맨바닥에서 잠자기, 하느님의 분노를 잠재우기 위한 적절한 예식을 치르는 것이었다. 이 벌은 받아들여졌고 기꺼이 이루어졌으며 사실, 아내들도 가만히 있지 않고 (남편을 정말로 사랑했기 때문이지 아니면 왜 그랬겠는가?) 자유의지로 참회의 멍에를 짊었다. 궁전은 며칠 만에 흐느낌과 한탄으로 가득 찼고, 비난받을 것도 아니고 약한 마음을 드러내는 것도 아니요, 칭찬받아 마땅한 것이요, 절대 사라지지 않을 선구자의 크나큰 즐거움이었다. 그러나 황제는 신앙심에 걸맞게 40일 밤낮으로 자줏빛 예복 안 맨살 위에 거친 삼베옷을 입었다. 밤에는 자기 죄에 대해 통곡하며(아주 올바른 일이었다), 돌에 머리를 올린 채, 맨바닥에서 잤다. 참회가 끝난 후 그는 깨끗한 손으로 제국을 다스려 나갔다.

6

알렉시오스는 어머니가 통치하기를 진심으로 바랐으나, 어머니가 수도원으로 물러날 생각이 있다는 것을 알았기에 그녀가 궁전을 떠날까 봐 말하지 못했다. 그런데도, 아무리 평범한 일이더라도 그녀의 조언 없이 처리하는 경우가 없었으며 통치의 친구이자 동반자로 삼았다. 그는 은밀하게 어머니가 국가적 사안에 조금씩 관여하도록 했으며, 때로는 어머니의 지혜와 판단력 없이는 제

---

* 누가복음 7장 8절

국이 산산이 조각날 것이라고 공개적으로 말하기도 하였다.

이러한 방식으로 그는 어머니를 지척에 둘 수 있었으나, 그녀 자신의 목표는 이루지 못하게 방해하였으며 혼란스럽게 하였다. 그러나 이제 인생의 마지막 단계에 접어들어 그녀는 수도원에 들어가 여생을 경건한 명상 속에서 보내기를 소망했다. 그것이 그녀의 의도였고, 그 소망이 이루어지게 해달라고 항상 기도하였다. 이런 희망을 마음 깊이 담아두고 있었고 더 높은 곳의 삶을 갈망했지만, 동시에 그녀는 대부분 여자보다도 아들에게 헌신했으며 아들과 함께 제국을 휩쓸고 있는 폭풍우를 견뎌내려고 하였다. 쾌청한 날씨든 폭풍 속에서든 아들이 가능한 한 좋은 경로로 배를 조종할 수 있도록 도와주고 싶어 했다. 특히나 이 젊은이는 이제 막 고물에 자리 잡고 키를 잡았으며, 폭풍도 파도도 엄청난 바람도 겪어본 적 없었기 때문이다. 이 비유로써 나는 제국에 존재하였던 아주 다양하고 골치 아픈 문젯거리들을 나타내려는 것이다. 그리하여 어머니로서의 사랑이 그녀를 옭아매어 황제인 아들과 함께 통치하도록 만들었고, 때로는 홀로 고삐를 잡고 제국이라는 전차를 사고나 실수 없이 이끌게도 하였다. 안나 달라시니는 어떤 면에서 보더라도 뛰어난 지성을 갖추었으며 통치에서도 탁월한 능력을 갖추고 있었기 때문이다. 한편으로는 하느님에 대한 사랑 탓에 다른 방향으로 이끌리기도 했지만 말이다.

같은 인딕티오의 8월에 로베르가 이피로스로 건너오자, 알렉시오스는 수도를 떠나야 했는데, 자신이 아껴왔던 계획을 공개적으로 밝히고 실행에 옮겼다. 바로 제국 정부를 오로지 어머니에게 맡긴다는 것으로 금인칙서*로 공표했다. 역사가의 의무는 뛰어난 자의 행동과 선언만을 대략 늘어놓는 것이 아니라, 전자에 대해서는 세부적인 내용을 밝히고 후자는 상세히 설명하는 것이므로 나는 서기가 윤색한 것만 빼고 이 금인칙서의 세부 사항을 밝힐 것이다. 내용은 다음과 같다.

---

* 황제가 반포하는 문서로, 금으로 서명했기 때문에 금인칙서라는 말이 붙었다.

"위험이 예견되며 무언가 끔찍한 일이 가까이 왔을 때, 이해심 넘치고 헌신적인 어머니보다 강한 수호자는 없으니, 결정한다면 의지할 만한 것이요, 기도한다면 힘이 되며 뚫을 수 없는 방벽이 된다. 실로 나, 그대들의 황제를 선량하신 어머니가 이러하였으며 아주 어릴 때부터 내게 모든 것을 알려주셨고 보살폈으며 지탱해 주셨다. 내 어머니도 원로원의 일원이지만, 아들에 대한 걱정이 최우선이었으며 아들에 대한 믿음도 온전히 남았다. 우리의 영혼은 본래 하나였으나 둘로 나뉘어 다른 육체로 들어간 것이요, 그리스도의 은혜로 그 결속이 오늘까지 이어져 왔다. '내 것'이니 '네 것'이니 하는 차가운 말이 우리 사이에 오간 적도 없었으며, 더욱 중요한 것은 그 모든 시간 동안 그녀의 기도가 하느님께 닿아 나를 제위에 올려주었다는 것이다. 내가 황제의 홀을 손에 쥐고 난 이래, 어머니는 이제 내 일과 나와 모든 사람을 이롭게 하는 일에 함께하지 못한다는 것을 견디지 못해 왔다. 그리고 이제 나는 하느님의 도움으로 로마의 적과 싸울 준비를 하고 있으며 충분한 선견지명으로 군대를 모집하고 철저히 무장시켜 두었으나, 재정과 정치를 효율적으로 이끌어가는 일도 무엇보다도 중요하게 여긴다. 운 좋게도, 제대로 통치할 수 있는 난공불락의 성채를 찾았노라. 내 존경받는 어머니, 여자 중 가장 영광스러운 이에게 모든 통치를 맡긴다. 그리고 분명히 나는 너희의 주군으로서 바로 이 금인칙서에 다음과 같이 선포하노라. 세속의 일에 대한 방대한 경험을 고려하여, (이를 극히 무가치하다고 여기기는 하시지만) 내 어머니가 문서로써 선언하는 것은 무엇이든 간에, 로고테테스에 관한 것이든, 부하 장교들에 관한 것이든, 비망록, 요구사항, 부채 탕감 관련 판결 등등 어떤 것을 다루는 사람에 관한 것이든 황제인 내가 썼거나 쓰라고 지시한 것과 같은 영구적인 효력을 가질 것이다. 어떤 결정이나 명령을 내리든 간에, 구두든 서면이든, 이성적이든 비이성적이든, 어머니의 인장이 찍혀 있다면 인장에 그려진 것이 변용이든 승천이든* 나에게서 나온 것과 같이 여겨져야 한다. 그리고 '명에 따라,'라고 쓰는 현재 로고테테스**와 관하여, 고등 재판소나 하급 재판소 판사의 임명과 계승에 관하여, 그리고 칭호와 고관과 땅을 기부하는 일에 관하여, 내 고귀하신 어머니는 적절해 보이

---

* 인장에 성경에 나오는 모습을 그려 넣기도 했는데 그리스도의 변용과 승천을 말한다. 마태복음 17장, 28장 참고

** 로고테테스의 문서는 보통 이와 같이 시작하였으며 황제는 날짜만 적어넣었다.

는 일이라면 무엇이든 할 수 있는 권력을 가질 것이다. 더 나아가 만약 누구든 재판관으로 임명되거나 재산을 물려받거나, 어떤 등급의 명예든 받게 된다면 영원토록 누릴 것이다. 또한 봉급이나 추가적인 선물, 세금 감면, 경비의 절약과 삭감에 관하여서도 이의 없이 처리할 것이다. 정리하나니, 내 어머니가 서면이든 구두로든 명령하는 모든 것은 유효하며 그 명령과 지시는 내 것처럼 여겨져야 하고 어떤 것도 효력이 없어서는 안 된다. 미래에도 영원한 법의 효력을 가질 것이다. 지금이든 미래에든 내 어머니는 누구에 의해서라도 조사를 받거나 심문을 받지 않는다. 휘하의 위원과 고관 역시도 그 행동이 이성적이든 우스꽝스럽든 같은 규정을 적용받을 것이다. 이 금인칙서 하에서 행한 행동에 대하여 나중에 조치해달라고 요구하는 일은 절대로 불가능할 것이다."

7

독자들은 황제가 어머니에게 내린 영예에 놀랐을지도 모르겠다. 제국의 모든 것을 넘겨주며, 내 아버지 본인은 통치에서 손을 떼고, 말하자면 마치 어머니가 제국이라는 전차를 몰고, 그는 단지 직함만 공유한 채 나란히 달리는 것처럼 되었으니 말이다. 소년기가 지나고, 그 정도 나이를 먹은 성년 남자라면 특히나 권력의 유혹에 취약한 법인데도 말이다. 야만인들에 맞선 전쟁과 그와 관련된 모든 역경과 고난은 떠맡았으나 모든 통치에 관한 일, 민간 고관의 임명에 관한 일, 제국의 수입 및 지출 관리에 관한 일은 어머니에게 넘겼다. 이 지점에서 독자들은 제국 정부를 이네코니티스에 넘겨주었다고 비난하겠지만, 이 여성의 고귀한 마음과 뛰어난 미덕, 지성과 활력을 이해하였다면 비난은 곧 찬미로 바뀔 것이다. 내 할머니는 나라를 이끄는 방법을 탁월하게 이해했으며, 조직과 정부에 대해 천재적인 지식을 가지고 있어 로마 제국뿐 아니라 태양 아래 모든 나라를 이끌 능력이 있었다. 방대한 경험이 있었고 많은 것이 어떻게 시작되고 어떤 결과를 낳으며, 어떤 것에 좋은 영향을 미치는지 파괴하는지 등 많은 것의 본질을 알고 있었으며, 바르게 해결책을 찾아내 빈틈없이 실행에 옮겼다. 지적인 능력에 걸맞게 웅변 능력도 뛰어났는데, 아주 설득력 있는 연설자로서 말이 너무 많지도, 질질 끌지도 않았다. 무슨 말을 할지 영감이 마르는 일도 없었으며, 기분 좋게 말을 걸어 기분 좋게 말을 마쳤다. 제국의 권력을 손에 쥐었을 때 그녀는 이미 지긋한 나이였고, 사고력이 전성기에 있을 때, 판단력이 성숙했을 때, 사안에 대한 지식이 방대할 때였으니 하나같이 좋은 정부와 통치를 위해 필요한 자질들 아닌가. 이 나이대의 사람들은 자연스럽게 말할 때도 젊은이들보다 더 많은 지혜를 가질 뿐 아니라, 비극작가가 말했듯* 행동에도 능숙하다. 옛날 안나 달라시니는 어린 축에 속할 때도 '젊은이의 어깨 위에 노인의 머리가 놓여있다'는 평을 들었다. 누구든 그녀의 눈을 들여다본 사람이라면, 그녀의 얼굴에서 미덕과 가치를 보았을 것이다. 그러나 내가 말했듯 내 아버지는 왕홀을 차지하고 전쟁의 시련과 역경은 스스로 맡았으나, 어머니는 안주인으로 만들고 노예처럼 그녀가 명하는 것은 무엇이든 따랐다. 황제는 어머니를 대단히 사랑했으며 그 조언에 충실했고 오른팔은 그녀의 소원을 들어주기 위한 하인으로, 청력은 그녀의 말을 듣기 위한 장치로 삼았으며 그녀가 동의하는 것은 동의하고 반대하는 것은 반대했다. 정리하자면 상황은 이렇다. 알렉시오스는 이론적으로는 황제였으나 실제 권력을 가진 것은 어머니였다. 그녀는 법을 만들었고 모든 것을 다스리고 감독했다. 구두든 서면이든 모든 명령을 인장 또는 말로 승인하였기에 그가 황제가 아니라, 권력의 도구였다고 말할지도 모르겠다. 그가 어머니가 조정하고 결정한 모든 것에 만족한 이유는 단지 순종적인 아들이어서가 아니라, 마음속으로 그녀를 통치학의 대가라고 여겼기 때문이다. 그는 어머니가 모든 점에서 완벽하며 동시대의 모든 사람보다 지식과 사안을 더 잘 이해한다고 생각했다.

---

* 아이스킬로스(525/524 BC~456/455 BC). 고대 그리스의 작가로 오레스테이아 3부작을 썼다.

8

알렉시오스의 치세는 이렇게 시작하였다. 이 시기의 그를 '황제'라 부르는 것은 별로 정확하지 않을 것인 바, 어머니가 제국을 통치하도록 넘겼기 때문이다. 누군가는 이쯤에서 이 탁월한 여성의 출생지에 대한 파네기리코스[*]를 써 아드리아니 달라시니와 카론까지 거슬러가 조상들의 업적의 바다에 뛰어들 수도 있다[**]. 그러나 나는 역사책을 쓰고 있으며 내 임무는 가족과 혈족을 묘사하는 것이 아니라, 성격, 미덕, 역사의 적절한 주제가 될 법한 사건들을 언급하는 것이다. 내 할머니의 이야기로 돌아와, 그녀는 여성 중에서도 뛰어난 이였을 뿐 아니라 남성을 다 포함해도 뛰어났으며, 모든 인류의 영광에 공헌하였다. 궁전에서 여성이 거주하는 공간은 악명 높은 콘스탄티노스 모노마호스가 즉위한 이래 철저하게 타락해 버렸으며, 내 아버지가 황제가 된 시기에는 음란한 추문 때문에 불명예스러운 곳이었다. 그러나 안나는 이를 갈아엎었고, 궁전에는 다시 예의와 질서가 잡혔다. 찬송가를 부를 시간을 정하였으며 아침 식사 시간을 고정했고 고관을 선출하는 임기를 설정했다. 그녀는 모든 이에게 본보기가 되었고, 궁전은 이 여성의 진실로 탁월함과 성자와도 같은 인품 덕에 수도원의 모습을 갖게 되었다. 그녀의 절제력은 마치 태양이 별을 가리듯이 옛 유명한 여성들, 전설 속의 주인공들을 뛰어넘었다. 가난한 이를 향한 연민과 빈곤한 이를 위한 너그러움을 말로 어찌 묘사하랴? 안나의 집은 피난처였으며, 도움이 필요한 모든 친족에게 열려 있었고 이방인에게도 열려 있었다. 또한 무엇보다도 성직자와 수도사를 존중하였으며, 식사할 때 수도사를 초대하지 않는 일이 없었다. 성격이 외모에도 그대로 드러나, 천사를 존경하였으며 악마는 두려워하였다. 자제력 없는 자, 그저 쾌락을 좇는 자에게 그녀는 참을 수 없는 존재였으나, 순결한 이에게는 상냥하고 친절하였다. 적절히 엄숙함과 품위를 보이는 방법을 이해하여 거칠거나 잔혹한 표현을 한 적이 없었

---

[*] 칭송을 목적으로 하는 시
[**] 마주치는 적마다 저승으로 보내버린다고 저승의 뱃사공인 카론으로 불렸다고 한다.

고, 지나치게 유순하거나 자제력을 잃는 일도 없었기 때문이다. 내 생각에 이는 따뜻한 인간성과 고결한 영혼이 적절히 섞여 만들어진, 가히 온화함의 정의라 할 만하다. 그녀는 본질적으로 사려 깊었으며 항상 새로운 계획을 세웠는데, 몇몇이 수군거리듯 공공의 이익을 해하기 위한 것이 아니오, 오히려 이미 온전한 상태에서 무너져 버린 제국에 활력을 불어넣고 텅텅 빈 국고를 최대한 채우기 위한 목적이었다. 더군다나 공적인 일로 대단히 바쁘기는 했으나 절대로 종교적인 삶에 요구되는 의무를 게을리하지 않았으며, 밤 대부분을 찬송가를 부르거나 밤을 새우며 지칠 때까지 기도했다. 그럼에도 새벽에는, 심지어 닭이 막 두 번째 울 때가 되면 그녀는 나랏일로 돌아와 비서인 그리고리오스 예네시오스의 보좌를 받으며 고관을 임명하고 청원인의 요구를 들어줄지 결정을 내렸다. 만약 웅변가가 이러한 주제로 파네기리코스를 쓰고자 한다면, 미덕 때문에 알려진 옛적의 유명한 이들은 남자이든 여자이든 그림자에 묻어두고, 의심할 여지 없이 행동과 생각과 다른 이들에 비교해서 우월하다고 하는 등 그녀를 찬양하며 하늘 높이 띄울 것이다. (찬사를 올리는 사람들의 방식이 바로 이러하다). 그러나 이러한 방종은 역사가에게는 허락되지 않는다. 그런 연유로 이 태후에 대해 말하면서 중요한 주제를 다소 지나치게 대략 다루기는 했으나, 그녀의 미덕과 장엄한 위엄, 빠른 판단과 고결한 정신을 아는 이라면 탓하지 않을 것이다.

그녀가 제국을 다스릴 때, 앞서 말했듯 하루 종일 세속의 일에 집중한 것이 아니라 성^聖 테클라께 바쳐진 성당의 예식에 참여하기도 하였다. 이제 그녀의 시숙인 이사키오스 콤니노스가 어떻게 이 성당을 짓게 되었는지 이유를 설명할 것이다. 다키아인*들이 로마인과 맺은 옛 계약을 더 이상 따르기 거부하고 의도적으로 파기하였을 때, (옛날에는 미시아인이라 불렸던) 사르마티아인**들은 이에 가만히 있지 않았다. 과거 이들은 제국에서 구분 지은 이스트로스

---

* 헝가리인
** 페체네그인

강*에서 살고 있었으나, 이제는 강을 건너 우리의 땅으로 넘어온 것이다. 그 이유는 다키아인의 근처에 살며 사르마티아인을 계속 약탈해 온 무시무시하게 흉포한 고트인 때문이었다. 그리하여 사르마티아인들은 이스트로스 강이 얼어붙었을 때를 기회로 삼아 온 부족이 무사히 우리 영토로 건너온 것이다. 이들은 그 지역의 도시와 지역의 질서를 무너뜨리며 나아갔다. 이 소식에 이사키오스 황제는 세르디카**로 갈 것을 결정했고, 이미 동부 야만인들의 야망을 꺾은 적이 있었기에 이 임무는 별다른 어려움 없이 진행되었다. 로마의 영토에서 이자들을 쫓아내고자 전군을 규합해 북쪽으로 향했다. 적들은 전투태세를 갖춘 로마군과 선두에 선 이사키오스를 보고 곧바로 후퇴했다. 그러나 이사키오스는 가장 강력하고 용맹한 병사들에게 막강한 공격을 명령했다. 그와 부하들이 다가오자, 사르마티아인들은 공포로 가득 찼다. 이 '번개를 휘두르는 자'의 모습과 팔랑크스의 불굴의 방패 대열을 보고 겁에 질려 달아났다. 그리하여 이들은 잠시 후퇴하여 사흘 뒤에 전투를 벌이자고 제안했으나, 바로 그날 진영을 버리고 도망쳤다. 이사키오스는 진영에 도착해 막사를 부수고 전리품을 챙겨 개선하였으나, 로비초스 산*** 발치에 다다랐을 때 무자비하고 때 아닌 눈보라가 그를 뒤덮었다. 그날은 9월 24일, 성™ 테클라 축일****로 정해진 날이었다. 강물이 범람하여 강둑을 집어삼켰고 황제의 막사와 병사들이 선 평지는 마치 바다처럼 보일 지경이었다. 얼마 지나지 않아 모든 짐이 격류에 휩쓸려 사라졌으며, 사람과 동물 모두 추위에 감각을 잃어갔다. 하늘에서는 천둥이 울렸고, 벼락이 어찌나 자주 치는지 온 땅이 불에 휩싸일까 봐 두려움에 떨었다. 황제는 어찌할 줄을 몰랐다. 이미 휘몰아친 강물로 많은 부하를 잃은 상태였고, 이내 폭풍이 잠시 가라앉자, 몇몇 병사를 이끌고 막사를 나서 오크 나무 밑으로 피했다. 그러나 나무에서 나는 듯한 큰 소음과 함께 우르릉거리

---

* 다뉴브강 하류
** 현재 불가리아의 수도 소피아
*** 불가리아 로베치시의 산
**** 테클라는 1세기 순교자 중 하나로 사도 바울의 추종자였다고 한다.

알렉시아드

는 소리가 들려왔고, 바람이 점점 거세졌다. 나무가 부러질 것 같아 나무 밑에서 피해 비켜서 있었다. 그 순간, 마치 기다렸다는 듯이 나무가 뿌리째 뽑혀 땅에 쓰러졌다. 이사키오스는 신이 자신을 돌봐주었다고 생각하며 경탄했다. 이후 동쪽에서 반란이 일어났다는 소식에 그는 황급히 궁전으로 돌아갔다. 그는 이 피란에 감사하는 뜻으로 성^聖 테클라에게 바치는 아주 아름다운 성당을 막대한 돈을 들여 지었고, 다양한 예술품으로 화려하게 장식하도록 했다. 이는 그리스도인에게 걸맞은 감사의 표시였고, 그가 죽을 때까지 그곳에서 미사에 참여하였다. 이것이 바로 성^聖 테클라 대성당의 기원이며, 내가 이미 말했듯 알렉시오스 황제의 어머니 역시 정기적으로 그곳에 나가 기도하였다. 나는 그녀를 잠깐 알았지만 존경하였고, 편견 없이 진실을 말하는 모든 이라면 내 말이 의미 없는 자랑이 아니라는 것을 알 것이다. 내가 역사책 대신 파네기리코스를 썼다면, 그녀에 대한 다른 이야기로 더 길게 쓸 수도 있었겠지만, 그렇지 않기에 이제 다시 주제로 돌아가도록 하자.

9

알렉시오스는 제국이 숨이 넘어가기 직전의 상태라는 것을 알고 있었다. 동쪽에서는 튀르크인이 국경 지대를 무참히 약탈하고 있었고, 서쪽 역시 상황이 아주 안 좋았는데, 로베르가 자신에게 도망쳐 왔다는 가짜 미하일을 즉위시키기 위해 수단과 방법을 가리지 않고 있었다. 내 생각에 이는 구실에 불과하고, 로베르를 자극하고 쉼 없이 움직이게 한 것은 권력에 대한 열망이라 본다. 그는 미하일을 파트로클로스식 핑계로 써서 속에 숨어있던 야망의 불씨를 거대한 불길로 바꾸어 놓은 것이다. 그는 로마 제국과 싸우기 위해 어마어마한 무장을 했다. 드로몬과 비레메, 트리에레스, 세르모네와 기타 많은 수송선이 해안에 정박하였고,* 본토에서는 다가올 전투를 위해 대군이 집결하고 있었다.

---

* 드로몬은 노 젓는 자리가 1단인 군함, 비레메는 2단 군함, 트리에레스는 3단 군함

이런 상황에 젊고 용감한 황제는 절박해졌고 어느 쪽에 먼저 집중해야 할지 알 수 없었고, 두 적 모두 한시라도 빨리 처리해야 할 상황이었기 때문이다. 그는 고심에 빠졌다. 로마 제국에는 제대로 된 군대가 없었다. (수도에는 호마에서 온 300명도 안 되는 병사가 전부였고, 그마저도 전투 경험이 없어 전쟁에 나서기 어려웠다). 그곳에는 어깨에 칼을 차고 다니는 야만인 용병 약간*이 전부였다. 제국 국고에는 비축된 돈이 없어 외국 군대를 고용할 수도 없었다. 이전 황제들이 군사와 전쟁에 대해 몰랐기 때문에 로마의 영광이 서서히 무너져 내려온 것이다. 나는 옛날에 군인이었던 사람들과 몇몇 노인에게서 제국이 이 정도로 비참해진 상황은 없었다는 이야기를 들은 적이 있다. 황제의 상황은 절망적이었으며, 수많은 걱정거리로 마음이 복잡했다. 그러나 황제는 용맹했고 겁먹지 않았으며, 전장에서 쌓은 경험이 많았다. 그는 제국을 이 깊은 심연에서 빼내 안전한 정박지로 인도해 다시 세우겠노라고, 자신에 맞서는 적을 파도가 바위에 부딪쳐 흩어지듯이 무너뜨리겠노라고 하느님께 맹세했다. 먼저 그는 요새와 도시를 맡아 용맹하게 튀르크에 맞서고 있던 동방의 모든 총독**을 불러 모아 중대 발표를 했다. 헤라클레아 폰티카와 파플라고니아의 총독인 다바티노스, 카파도키아와 호마의 총독인 부르치스, 그리고 다른 총독들에게도 통보했다. 그는 이들에게 무슨 일이 일어났는지, 신의 인도에 따라 목전까지 왔던 위험에서 기적적으로 벗어나 어떻게 황제의 자리에 오르게 되었는지 설명하였다. 나아가 각자의 지방을 지킬 수 있는 정도의 병사만 남겨두고, 나머지는 전부 콘스탄티노폴리스로 이끌고 오되 튼튼한 남자를 최대한 많이 징집해 같이 오라고 명하였다. 또한 그는, 로베르를 막으려면 가능한 모든 방법을 써야 한다고 생각했고, 로베르에게 모여드는 족장과 백작들을 흩트려 놓기로 계획했다. 마침 그때 알렉시오스가 황제가 되기 전에 도움과 돈을 청하기 위해 모노마흐토스에게 보냈던 전령이 돌아왔다. 그러나 전령이 가지고 온 것은 보

---

* 바랑기안 근위대
** τοποτηρητής; 임시 총독을 뜻하나, 한 부서의 장을 보좌하는 부관의 의미도 갖고 있다.

타니아티스가 (이미 앞에서 언급한) 여전히 황제의 자리에 있다면 도와줄 수 없다는 이유를 길게 설명하는 편지뿐이었다. 편지를 읽은 알렉시오스는, 보타니아티스가 폐위되었다는 소식을 들으면 모노마호토스가 로베르에 가담할 것이라는 생각에 걱정했고, 동서인 요르요스 팔레올로고스를 (일리리아의 도시인) 디라히온으로 보내 모노마호토스를 피 흘리는 일 없이 자리에서 몰아내고 (강제로 쫓아내기에는 군대가 모자랐기에) 로베르가 꾸미는 모든 책략을 막아내라고 명령하였다. 그는 또한 방벽을 새로 짓게 했는데, 일부를 제외하곤 나무판자의 못을 빼, 라틴인들이 사다리로 넘어오려는 순간 무너지게 하라는 것이었다. 또한 그는 해안가 도시의 행정관과 섬사람들에게 전갈을 보내, 용기를 잃지도 말고 경계를 게을리하지도 말고, 주의 깊고 냉철하게 도시를 방어하고 로베르를 경계하라고 전했다. 기습으로 해안가의 마을과 섬도 모조리 함락되어 로마 제국의 큰 문제가 될 수도 있었기 때문이다.

10

일리리아와 관련하여 황제가 조치한 바는 이와 같았다. 적군의 진격으로 앞과 로베르의 지척에 있는 전방 지역은 비로소 굳건한 요새가 된 듯했으며, 그는 후방에 있는 지역도 신경 쓰고 있었다. 롬바르디아 공작 헤르만, 로마 교황, 카푸아의 대주교 에르베, 그리고 군주들과 켈트인들의 땅에 있는 모든 지휘관에게 전갈을 보내, 후한 선물을 하면서 아낌없는 금품과 큰 명예를 약속하여 로베르와 맞서 싸우도록 부추긴 것이다. 이들 중 일부는 이미 로베르와의 동맹을 저버린 상태였으며, 돈을 더 주면 그러겠다고 약속한 자도 있었다. 그러나 알렉시오스는 독일 왕[*]이 그들 중 가장 강하며 로베르에 맞서 뭐든 할 수 있다는 것을 알았기에, 여러 차례 전령을 보내 달콤한 말과 온갖 약속으로 꼬드겼다. 마침내 독일 왕이 설득되어 자기 뜻에 응할 것이란 확신이 서자, 호에로스

---
[*] 신성로마제국 황제 하인리히 4세(재위 1084~1105)

파흐테스를 보내 다음과 같은 전갈을 전했다.

"가장 고귀하고 신실한 그리스도인 형제께, 짐은 그대의 강대한 왕국이 번성하고 더욱 융성하기를 간절히 기도할 따름이오. 짐과 마찬가지로 하느님을 섬기고 신실한 군주임을 보았으니, 더 나은 득이 되는 미래를 기원하지 않을 이유가 무엇이겠소? 그대가 내린 결정, 우리 제국에 보여준 태도, 그리고 이 사악한 자에게 맞서 전쟁의 짐을 나누어 지고 이 죄 많은 도적, 하느님과 모든 그리스도인의 적에게 사악한 계획에 맞는 대가를 치르게 하겠다는 약속은 그대의 영혼이 진실로 올바른 곳에 있음을 보여주며, 신앙심을 확고하게 증명하고 있소. 짐의 일은 잘 돌아가고 있으나, 로베르의 행동으로 인해 아주 약간의 혼란과 무질서에 빠졌소. 그러나 만약 우리가 하느님과 그분의 올바르신 심판에 대해 조금이라도 믿는다면, 이 가장 부정한 자가 몰락할 때까지 더 이상 지체할 수 없소이다. 주님께서 그분의 유산에 악의 회초리가 그토록 떨어지는 것을 절대로 보고만 계시지 않을 것이기 때문이오. 약정했던 선물, 즉 144,000개의 금편과 자줏빛 비단 옷감 100필은 카테파노의 지위에 있는 프로토프로에드로스* 콘스탄티노스를 통해 도착할 것이오. 이는 그대의 가장 고귀하고 믿음직스러운 부르하르트 백작과 맺은 약정에 따른 것이오. 앞서 언급한 돈은 동전으로 되어 있는 바, 은의 양은 옛 품질 그대로이며 로마노스의 모습이 찍혀 있소**. 그대가 서약하면, 나머지 금편 216,000개와 고위직 20명분의 봉급 역시 그대가 롬바르디아로 왔을 때 그대의 아주 충실한 시종 아벨라드를 통해 전달받을 것이오. 서약에 관해서는 이전에 상세히 설명한 바 있으나, 프로토프로에드로스이자 카테파노인 콘스탄티노스가 더욱 명료하게 설명할 것이오. 짐의 명에 따라 주요 요구 사항과 그대가 서약해야 할 것이 무엇인지 그에게 일러두었소. 짐과 그대의 사절이 협정을 맺을 때보다 중요한 사항들이 논의되기는 했으되, 사절들이 권한을 위임받지 못했다고 하여 서약을 미룰 수밖에 없었소. 그러니 부디 서약을 해주시오. 충실한 아벨라드가 짐에게 약속했고, 짐이 부칙에서 강조한 대로 말이오. 그대의 가장 충실하고 고귀한 부르하르트 백작이 지체한 것은 짐의 잘못이오. 그에게 짐이 가장 아끼는 조카이자

---

* 궁정의 고위 직책이며 카테파노는 둑스를 보좌하는 지위
** 국고가 바닥나 이 시기에 발행되는 동전은 은이 대단히 적게 포함되어 있었다.

사랑하는 형 세바스토크라토르의 아들을 보여주어, 돌아갔을 때 그대에게 어린 나이에 맞지 않는 지성에 대해 이야기해줄 수 있도록 하려 했기 때문이오. 짐은 외양과 육신의 우아함은 그렇게 신경 쓰지 않소. 물론 짐의 조카는 그 면에서도 대단히 축복받았지만, 그대의 사절은 수도에서 아이를 보고 대화를 나눴으니 말해줄 수 있을 거요. 그리고 하느님께서 짐에게 아들을 내려주시지는 않으셨으나 이 사랑스러운 조카는 아들과도 같으며, 하느님께서 허락하신다면 우리가 혈연관계를 맺어 동맹이 되지 못할 이유는 없소. 그대와 짐은 그리스도인으로서 벗이며, 친인척 같은 긴밀한 관계가 되어 서로를 돕는다면 적들을 겁에 질리게 할 것이고, 하느님의 도움을 통해 무적일 것이오. 선의의 징표로, 짐은 진주가 달린 목에 거는 황금 십자가와 여러 성인의 유해가 들어있고 금으로 무늬를 내었으며 작은 표가 붙어 구별할 수 있는 성물함, 줄마노 잔과 수정 고블렛잔, 금 사슬이 달린 아스트로펠레키스*, 길로앗의 향유**를 보내겠소. 하느님께서 긴 수명을 내리시고 강역을 넓히시며 모든 적을 발밑의 부끄러움에 두시기를, 왕국이 평화를 누리며 모든 신민에게 평온한 빛이 내리기를, 높으신 곳에서 강대한 힘으로 적을 부수고 모든 공격에서 지키시길. 그대는 하느님의 참된 이름을 섬기고 그분의 적에 맞서 싸워왔으니."

11

그는 제국의 서쪽에는 이러한 조치를 한 다음, 눈앞에 닥친 위험에 대처하기 위해 계속 수도에 머물렀고, 제국의 코 앞에 도착한 적을 물리칠 방법을 빠르게 모색했다. 내 역사책에서 이 시기에 어떻게 불경한 튀르크인들이 프로폰티스*** 일대에 살게 되었는지 설명한 바 있다. 동방 전체를 호령하는 쉴레이만은 니케아**** 인근에 진을 치고 있었다. (이것을 그자의 '궁전'이라 부를 수 있을 것이다). 비티니아와 티니아 인근 지역은 쉴레이만이 보낸 약탈자에 의해

---

* 일종의 장신구
** 아라비아 발삼나무에서 분비되는 수지로 향수나 약으로 쓰였다.
*** 마르마라 해의 옛 이름
**** 소아시아 북부에 있는 동로마 제국의 도시. 현재 튀르키예의 이즈니크

파괴되고 있었으며, 말과 발로 (지금은 다말리스라고 불리는) 보스포로스까지 습격하기도 했다. 심지어 수많은 전리품을 거머쥐고 바다를 건너오려는 시도도 했다. 비잔티온 사람들은 이들이 해안가의 작은 마을과 성소에서 겁먹지도 방해받지도 않고 살아가는 모습을 지켜볼 수밖에 없었고, 아무도 이들을 몰아내지 않았기에 공포에 떨며 우왕좌왕할 따름이었다. 황제는 이에 여러 계획을 세워 수많은 고심 끝에, 최선으로 보이는 계획을 골라 실행에 옮겼다. 로마인과 호마에서 온 신병들로 십인대+人隊를 꾸려 작은 배에 태워 보냈다. 일부는 활과 방패로만 무장한 경보병이었고, 무기를 다뤄본 경험이 있는 나머지는 투구와 방패, 창으로 단단히 무장했다. 그는 부대에, 깊은 밤 프로폰티스 해안을 따라 은밀히 항해하여 이교도의 수가 자신들보다 적은 지점이 보인다면 배에서 내려 습격한 다음 잽싸게 배로 돌아오라고 명령하였다. 자기 병사들이 별다른 전쟁 경험이 없었기에 노잡이들에게는 노를 소리 없이 저으라고 하였으며, 절벽의 틈에서 기습당할 수도 있으니 주의하라고 경고하였다. 이 전략을 며칠 동안 실행하고 나니 야만인들도 조금씩 해안가에서 후퇴하였는데, 이에 황제는 병사들에게 적이 점령한 마을과 건물을 함락시키고 밤을 그곳에서 보내라고 명령하였다. 침략 등의 이유로 적이 보통 출몰하는 동틀 무렵이 되면, 기습을 통해 아주 작은 규모라도 좋으니, 승리를 거두라고 지시했다. 다만, 더 큰 공을 세우겠다고 위험을 무릅쓰다가 적에게 승리를 내주지 말고 요새로 물러나라고도 지시했다. 이런 전략에 따라 야만인들은 얼마 지나지 않아 더 멀리까지 후퇴하였다. 나아가 황제는 보병들에게 더 이상 밤에 은밀히 다니지 말고 말잔등에 올라타 창을 휘두르며 돌격하고, 대낮에 당당히 공격하라고 하였다. 십인대는 오십인대가 되었고, 밤중에 겁에 질린 채 몰래 다니는 대신, 아침과 낮을 가리지 않고 공격했고, 용맹하게 눈부실 정도로 성공적인 전투를 치렀다. 마침내 운명의 여신이 이교도들을 저버렸으며, 잠시 희미해졌던 로마 제국은 다시 빛났다. 콤니노스는 이들을 보스포로스와 해안가에서 몰아냈을 뿐 아니라, 비티니아와 티니아, 니코메디아* 지역까지 추적하여, 술탄이 휴전을 애걸하도록 만들었다. 동시에 알렉시오스는 로베르가 거대한 규모의 습격을 준비하고 있으며, 결집한 적군이 롬바르디아 해안으로 바삐 진격하고 있다는 정보를 정확하게 파악하고 있었기 때문에 기쁘게 협상 제안을 승낙했다. 결국, 격언이 알려주듯 영웅 헤라클레스도 동시에 두 적을 상대할 수는 없는 법인데, 오래전부터 점점 쇠락해 가고 숨이 넘어가기 직전의 부패한 제국을 넘겨받은 젊은 황제가 군대도 권력도 없이 어떻게 할 수 있겠는가. 제국의 모든 부富는, 어떤 성과도 내지 못한 채 탕진한 지 오래였다. 이러한 이유로 튀르크인들을 다말리스와 그 해안가에서 쫓아내고, 선물로 매수한 뒤에 평화 협정을 맺기로 계획한 것이다. 황제는 드라콘이라 불리는 강을 국경으로 삼아, 어떠한 일이 있더라도 강을 건너 비티니아 지역을 공격하지 않겠다는 약속을 받아냈다.

12

이렇게 동방은 잠잠해졌다. 디라히온에서 팔레올로고스가 도착해 급보를 보내왔는데, 모노마호토스가 보딘과 미하일라스에게로 망명해 버렸다는 것이다. 알렉시오스가 보낸 전갈을 보지도 않고, 반란 전에 자금을 달라고 청한 전령을 빈손으로 돌려보낸 것이 두려웠기 때문이다. 사실 황제는 앞선 이유로 그를 해임하는 것 이상의 처벌을 할 생각은 없었다. 상황에 대한 보고를 받은 후 황제는 금인칙서를 내려 완전한 안전을 보장하였고, 모노마호토스는 곧바로 궁전으로 돌아왔다.

로베르는 그사이 이드루스에 도착하여 그곳과 롬바르디아 전역의 통치권을 아들 로제르에게 넘겨준 뒤 브린디시 항구로 향했다. 팔레올로고스가 디라히온에 도착했다는 소식을 듣자, 그는 즉각 큰 함선에 나무 탑을 짓게 하고 털가

---

* 현재 튀르키예의 이즈미트

죽으로 덮어두었다. 또한 서둘러 공성에 필요한 모든 것을 싣고, 드로몬에는 말과 완전무장한 기병대를 태웠다. 사방에서 긁어모은 보급품이 신속하게 준비되자, 로베르는 서둘러 바다를 건너려 했다. 그가 세운 계획은 도착하자마자 육로와 해상 양면에서 헬레폴리스*를 이용해 디라히온을 포위하는 것으로, 먼저 그곳에 사는 사람들에게 공포를 심어주고, 이어서 철저히 고립시켜 한 번의 공격만으로 도시를 함락시키려는 것이었다. 디라히온 근처 해안가 주민과 섬사람들은 이 말만 듣고도 공포에 떨었다. 로베르는 모든 것이 완벽하게 준비되자 닻줄을 풀었고, 드로몬과 트리에레스, 모노레메가 해군의 관례에 맞는 전투 진형을 갖추고 항해를 시작했다. 순풍을 만나 아블로나스에 쉽게 도착하였고 해안가를 따라 부트린토로 이동했다. 그곳에서 그는 먼저 건너왔던 보에몽의 군대와 합류하여, 별 어려움 없이 아블로나스를 함락시켰다. 이어서 전군을 둘로 나누어, 한쪽은 로베르의 지휘하에 디라히온으로 항해하고 다른 쪽은 보에몽이 맡아 육로로 진격하기로 했다. 케르키라**를 지나 디라히온으로 경로를 잡아가던 중, 글로사라고 불리는 곳 근처에서 급작스럽게 엄청난 폭풍이 몰아쳤다. 엄청난 눈이 내렸으며, 산에서 불어오는 맹렬한 바람이 바다를 거칠게 휘저었고, 파도가 일어 으르렁거리며 노잡이의 노를 부러뜨렸다. 바람은 돛을 산산조각 냈으며 돛대 끝은 부러져 갑판에 쓰러졌으며, 배는 선원과 모두를 태운 채로 바다에 집어삼켜졌다. 그런데 이 일이 있던 것은 여름으로, 태양은 이미 북회귀선***을 지나 사자자리 쪽으로 가고 있던, 이른바 시리우스가 떠오르는 계절이었다****. 당연히 그들은 혼란에 빠졌으며 맞서 싸울 수 없는 적에 어쩔 줄 몰라 겁에 질렸다. 공포에 찬 비명이 울려 퍼졌으며, 사람들은 통곡하고 떨며 하느님께 도움을 청하였고, 다시 땅을 볼 수 있게 해달라고 기도했다. 하지만 폭풍은 가라앉지 않았고, 마치 하느님께서 로베르에게 무모하

---

*   이동식 공성탑
** 코르푸섬. 부트린토 서쪽에 있다.
*** 태양이 천정을 통과하는 위선. 북위 23도 27분의 위도를 연결하였다.
**** 한여름을 말한다.

고 오만하며 주제넘기 짝이 없는 짓에 분노를 쏟아내시는 것 같았다. 또한 하느님께서는 이를 통해 애초에 성공할 수 없는 일이란 사실을 보여주시는 것만 같았다. 배 중 일부는 침몰하며 선원들은 함께 수장되었고, 어떤 배들은 바위에 부딪혀 박살 났다. 탑을 덮어놓은 가죽은 비에 젖어 늘어나 못이 빠져나갔고, 얼마 지나지 않아 그 무게로 나무 탑이 무너져 배를 가라앉혔다. 로베르가 타고 있던 배는 절반 정도 박살 나기는 했으나 살아남았고, 수송선 몇 척도 기적적으로 선원을 잃지는 않았다. 바다가 많은 사람을 집어삼켰지만, 살아남은 선원들은 모래사장에서 꽤 많은 돈주머니와 잡동사니를 긁어모을 수 있었다. 살아남은 자들은 적절한 의식을 치러 죽은 자를 묻어주었으나, 그토록 많은 이를 빠르게 매장하는 것은 쉬운 일이 아니었기에 끔찍한 악취로 고통받았다. 모든 보급품이 사라져 버린 탓에 들판과 평야에 있는 곡물과 과일이 아니었다면 생존자들도 굶어 죽었을 것이다.

일반적인 판단 능력을 갖춘 사람들이라면 이 모든 일의 의미를 알겠지만, 어떤 상황에도 로베르는 눈 하나 깜짝하지 않았고, 겁이 없었다. 오로지 자신이 택한 적수에 맞서 전쟁을 일으키는 데 일생의 매우 긴 기간을 할애해 왔기 때문이란 것이 나의 생각이다. 이러한 재앙을 겪어도 로베르는 자신이 세운 목표를 포기하지 않았다. (하느님의 전능한 힘으로 재난을 피한) 일부 부대를 이끌고, 일주일 동안 글라비니차에서 머무르며 본인과 살아남은 선원들이 회복할 수 있는 시간을 가졌다. 나아가 브린디시에 남겨두었던 병사들과 다른 지역에서 해로를 통해 오기로 되어있던 부대를 합류시켰다. 그분만 아니라 자신이 출발하기 직전에 육로로 떠났던 중장기병과 보병대, 경보병대도 기다리고 있었다. 육로와 해로의 병력이 모두 모이자 그는 일리리아 평원을 점령하였다. 나에게 이러한 정보를 건네준 라틴인은 그와 같이 있던 자로, 본인 주장에 따르면 바리의 주교가 로베르에게 보낸 사절이었으며 이 평원에서 모든 원정 내내 로베르와 함께했다고 한다. 이어서 한때 에피담노스라고 불렸던 도시의 무너진 성벽 안에 오두막이 설치되었고, 병사들은 대대 단위로 모여 잠을 청했다.

이곳은 에페이로스의 왕이었던 피로스가 한때 살았던 곳이었다. 그는 타란트와 동맹을 맺고 아풀리아에서 로마에 맹렬히 맞서는 전쟁을 벌인 바 있다. 그 결과로 대학살이 벌어져 모든 사람이 예외 없이 처형장의 이슬이 되었고, 도시는 완전히 버려졌다. 그러나 이후에, 그리스인들이 말하고 마을에 새겨진 비문이 전하듯 암피온과 제토스가 이곳을 현재 상태로 복원하였으며 이름을 디라히온으로 바꾸었다*. 이 장소에 대한 설명은 충분히 했으니, 이로써 내 세 번째 책을 마치고, 로베르가 벌인 일에 대한 이야기를 이어가겠다.

---

* 이러한 학살에 대한 역사적 증거는 없다. 암피온과 제토스는 그리스 신화에 나오는 제우스의 쌍둥이 아들로, 테베를 건국했다고 알려져 있다.

4권

노르만인의 침공

노르만인과의 전쟁 (1081~2)

IV. War with the Normans (1081~2)

1

　그리하여 로베르가 본토를 점령하였으니, 넷째 인딕티오의 6월 17일이었다. 셀 수 없이 많은 기병대와 보병대가 사방에서 집결해 있었으며 그 전쟁 장비와 진형이 무시무시한 위용을 떨치고 있었다. 바다에는 함대가 정박해 있었고 온갖 종류의 배 위에 해전에 능한 병사들이 타고 있었다. 디라히온 주민들은 땅과 바다 모두 포위되었으며, 상상을 뛰어넘는 많은 병력을 보고 공포에 휩싸였다. 그럼에도 요르요스 팔레올로고스는 용감한 남자였으며, 지도자로서 역량을 키워왔고 동방의 전장에서 수천 번 싸워 이긴 경험이 있었다. 그런 경험을 바탕으로 도시를 요새로 바꾸어 놓은 것이다. 그는 황제의 지시에 따라 방어벽을 세우고, 성벽에는 수많은 투석기를 배치하였으며, 병사들에게 사기를 불어넣고 성벽을 따라 사방에 보초를 세웠다. 본인도 밤낮이고 찾아가 보초병들에게 각별히 경계하라고 지시하였다. 동시에 황제에게 로베르가 공격해 왔으며 디라히온을 공성할 준비를 하고 있다는 전갈을 보냈다.

헬레폴리스가 도시 밖에 있었고, 성벽보다 크고 사방을 가죽으로 덮어 보호한 거대한 나무 탑이 지어져 있었으며, 그 위에는 투석기가 있었다. 성(城)은 완전히 포위되었다. 사방에서 동맹군이 로베르에게 모여들고 있었고, 인근 마을은 기습과 동시에 약탈당했으며, 매일 막사가 점점 늘어났다. 이 모든 일로 디라히온 사람들은 공포에 빠졌는 바, 로베르 공작의 진짜 목적을 알게 되었기 때문이다. 평소에 말했던 것처럼 도시와 땅을 약탈하려고 아풀리아로 돌아가기 전에 일리리아 평원을 점령한 것이 아니라, 그들의 진짜 목표는 로마 제국의 황제였다는 것을 알았다. 디라히온을 신속하게 차지하려는 시도는 출발점인 셈이었다. 이에 팔레올로고스는 성벽의 병사들에게 이처럼 질문을 던지라고 명령했다.

"로베르는 무슨 이유로 이 나라에 들어왔느냐?"

로베르가 답했다.

"제국에서 추방된 내 인척, 미하일을 원래의 고귀한 자리에 복위시키기 위해서다. 그에게 가해진 모욕을 벌하고 복수하기 위함이다."

이에 수비 측에서 답했다.

"우리가 미하일을 봐서 알아볼 수 있다면, 즉각 그 앞에 복종하고 도시를 넘겨주마."

이를 듣고 로베르는 곧장 '미하일'에게 위엄 있는 예복을 입혀 도시의 주민들에게 내보이라고 명령했다. 그리하여 악대를 포함한 성대한 행렬을 호위 삼아 그를 사람들에게 보여주었다. 그러나 사람들은 보자마자 성벽에서 온갖 욕설을 비처럼 퍼부으며, 누구인지 전혀 모르겠다고 부정했다. 로베르는 아무것도 얻지 못했으나 이미 끝난 일이었다. 이 대화가 오가는 동안 몇몇 사람이 포위당한 성(城)에서 예고 없이 잽싸게 공격하여 라틴인들과 교전을 벌였고, 약간의 피해를 준 뒤 돌아가기도 했다.

로베르와 동행하고 있는 이 수도사에 대해 매우 많은 추측이 있었다. 어떤 사람들은 그가 미하일 두카스 황제의 잔 드리는 자라고 주장했고, 또 어떤 사람들은 그가 실제로 야만인과 결혼해 인척 관계를 맺은 미하일 황제 본인이 맞으며 이 끔찍한 전쟁을 손수 벌였다고 확신했다. 또 다른 이들은 모든 일이 로베르가 꾸며낸 것이며, 수도사가 자신의 의지로 온 것도 아니리라고 믿었다. 이 역사책에서 말해왔듯이, 로베르는 찢어지게 가난하고 출신도 불분명했지만, 활력 있는 육신과 탁월한 정신을 바탕으로 롬바르디아의 모든 마을과 지역, 심지어는 아풀리아까지 정복하며 왕국을 일군 자였다. 곧 그의 야망은 더욱 자라난 바, 탐욕스러운 자들이 보통 보여주는 모습과 같았으니, 일리리아에 흩어져 있는 도시들을 공격해 성공한다면 더 멀리까지 진격하겠다고 마음먹었다. 사람이 한 번 권력을 잡고 나면 돈에 대한 사랑이 바로 괴저*와 같이 나타나게 되며, 괴저란 놈은 한 번 몸에 자리 잡으면 온몸을 좀먹고 더럽히기 전까지는 쉬지 않는 법이다.

2

　황제는 팔레올로고스의 전갈을 통해 이 모든 일을 보고받고 있었는 바, 즉 로베르가 6월에 바다를 건너왔으며(이미 앞에서 언급했었다) 무시무시한 폭풍 속에서 배가 박살 나 하느님의 분노에 내던져지기는 했으되, 전혀 겁먹지 않고 군대를 끌고 와 단번에 아블로나스를 함락시켰다는 것이다. 또한, 사방에서 군대가 모여들어 마치 눈보라의 눈송이 개수만큼이나 많고, 경박한 자들은 참칭자 미하일이 진짜 황제라고 믿고는 로베르에 가담하고 있다는 것이다. 알렉시오스는 자신 앞에 놓인 어려움을 보고 겁먹었으며, 아군의 수는 로베르에 극히 못 미친다는 것을 깨닫고, 동방에서 튀르크인을 부를 수밖에 없다고 판단하여 술탄에게 은밀히 밝혔다. 또한 그는 약속과 선물로 베네치아인들의

---

*　혈액이 뭉치거나 세균 탓에 신체 부위가 썩는 현상

도움도 받아낸 바, 로마인들은 옛적에 '베네티'라는 이름을 그들의 경마에서 따온 것으로 알려져 있다*. 베네치아인들은 모든 함대를 이끌고 서둘러 디라히온으로 와, 첫째로 도시를 보호하고, 둘째로 로베르의 해군과 전면전을 벌이기로 하고 그 대가로 여러 선물을 받았으며, 또 다른 것들도 받기로 했다. 그들은 요구를 이행하여 하느님의 가호로 승리할 수도 있고, (아마 늘 이러할 것이다) 불가항력으로 패배할 수도 있지만 약속한 모든 것은 승리했을 시와 동일하게 주기로 하였다. 그리고 그들이 원하는 모든 바는, 로마 제국에 해가 되지 않는 선에서 들어주기로 하고 금인칙서를 내주기로 하였다. 이에 베네치아인들은 사절을 통해 원하는 바를 말해왔으며, 확약을 받았다. 그리하여 온갖 종류의 배와 함께 해군을 준비시키고, 질서정연하게 디라히온을 향해 나아갔다. 그들은 무사히 먼 바다를 지났고, 팔리아에 있는 오래전 지어진 동정녀께 바쳐진 성당에 도착했는데, 디라히온 외곽 로베르의 진에서 약 18스타디온 정도 떨어진 곳이었다**. 그러나 디라히온 멀리 야만인의 함대가 온갖 군사 장비를 갖추고 있는 것을 본 그들은, 전투에 나설 용기를 잃었다. 로베르는 아군 함대가 도착했다는 것을 듣고, 아들 보에몽을 함대와 함께 그쪽으로 보내 미하일 황제와 로베르를 연호하라고 명령하였다. 하지만 이 명령은 다음 날 수행할 수밖에 없었다. 밤이 깊어져 해안가 접근이 어려워졌고, 바람도 불지 않았다. 그래서 이 자들은 큰 함선을 밧줄로 묶고 돛대 정상에 나무 탑을 설치, '바다 항구'를 구축했다. 그리고 줄로 작은 배들을 함선에 연결하여 앞부분까지 올렸다. 작은 배에는 무장병들이 탔고 두꺼운 나무토막을 1큐빗*** 정도의 길이로 잘라 쇠못으로 박아놓은 뒤, 켈트인의 함대를 기다렸다. 보에몽이 도착해 연호해야 한다는 명령을 수행하려고 할 때는 이미 해가 뜨고 있었다. 그때 베네치아인들이 자신의 콧수염을 비웃어 대자, 조롱을 참지 못한 보에몽은 베네치아의 함선 중

---

* 동로마의 전차 경주에는 전통적으로 네 개의 팀이 있었고 그 후원자들은 정치적 파벌을 꾸렸는데, 그중 하나가 청색당인 베네티이다.
** 약 3.2km
*** 약 18인치. 고대 이집트, 바빌로니아에서 사용되었다.

가장 큰 것을 노려 공격했고, 곧 나머지 함대도 뒤따라 공격했다. 치열한 교전이 벌어졌으며 보에몽은 매우 맹렬하게 싸웠으나, 베네치아인들은 앞서 말한 돛대의 나무 탑 하나를 쓰러뜨렸고, 보에몽이 있던 배에 구멍을 뚫어버렸다. 함선에 물이 차올라 가라앉을 위기였기에, 일부는 실제로 물에 뛰어들었고 다른 병사들이 베네치아인들과 계속 싸우다가 죽는 동안 그들도 익사했다. 보에몽도 목숨을 잃을 위기였으나 다른 배에 옮겨타 살아남았다. 그렇게 베네치아인들은 용기가 충만해졌고 더욱 힘을 내 적을 완전히 물리치고, 로베르의 진영까지 추적했다. 육지에 다다르자, 이들은 곧바로 뛰어내려 로베르와 또다시 전투를 벌였다. 이에 팔레올로고스는 서둘러 디라히온의 성벽에서 나와 베네치아인 편에서 싸웠다. 로베르의 참호 바로 앞에서 치열한 전투를 벌인 끝에, 많은 켈트인이 후퇴하거나 칼에 베여 죽었다. 베네치아인들은 전리품을 두둑이 챙겨 함선으로 돌아갔고, 팔레올로고스는 성벽으로 돌아갔다. 며칠간 휴식을 취한 베네치아인들은 황제에게 사절을 보내 무슨 일이 있었는지 보고했다. 당연히 황제는 열렬히 환대하였으며 베네치아의 도제와 그 밑의 고관들을 위한 거금을 선물로 주며 돌려보냈다.

3

  로베르는 자신의 호전적인 성격으로 인해 멈출 수 없다고 느끼며, 계속해서 용감하게 싸워야 한다고 생각했다. 겨울이라 함선을 출항시킬 수 없었을뿐더러, 로마와 베네치아의 함대가 해협을 끊임없이 순찰하며 롬바르디아에서 오는 증원군의 통과를 막고 있었다. 또한, 필요한 보급품도 제때 도착하지 않는 어려운 상황이었다. 겨울 폭풍이 사그라들고 봄이 오자, 베네치아인들이 먼저 움직여 닻을 내리고 공격에 나섰으며, 마브리스가 로마 함대를 이끌고 그 뒤를 따랐다. 격렬한 전투 끝에 로베르의 군대는 후퇴했고, 그는 모든 함대를 뭍에 정박시키기로 결심했다. 섬이나 해안가 마을에 살거나, 그 외 로베르에게 공물을 바치던 사람들은 이런 그의 불운에 용기를 얻었고, 해전에서 패했다는 소식이 들려오자 억지로 내던 많은 공물을 내려고 하지 않았다. 로베르는 이제 전쟁을 보다 신중히 계획하여야 했고, 육지와 바다 양쪽에서 다시 싸울 계획을 세웠다. 그러나 그 계획을 실행에 옮길 수는 없었는데, 당시 강풍이 불고 있어 배가 부서질까 봐 두려웠기 때문이다. 그는 두 달 동안 예리코 항구 인근에서 침착하게 기다렸고, 다시 전투를 치를 수 있도록 만반의 준비를 했다. 로마와 베네치아 함대는 최대한 좁은 해역을 방어하며 바다가 잠잠해져 배가 잠깐이라도 뜰 수 있는 날씨가 되면, 이탈리아에서 함선이 오지 못하게 방해했다. 글리키스 강*을 따라 진을 친 로베르의 군대는 본토에서 보급받기 대단히 어려웠는데, 보급품을 징발하거나 가져오려고 참호를 떠난 자들은 디라히온의 군사들에게 사로잡혀 있었다. 군대는 굶주리기 시작했으며 혹독한 기후 속에서 지독한 병까지 돌았다. 이에 석 달 만에 총 10,000명에 달하는 사람들이 목숨을 잃었다. 이 병은 로베르의 기병대 또한 놔두지 않았으며, 많은 이의 목숨을 앗아갔다. 기병대 중 약 500명의 기사들과 뛰어난 병사들이 질병과 기근으로 죽었고, 말단 계급 기수들은 수도 없이 목숨을 잃었다. 앞서 말했듯이 로베르의 함대는 글리키스 강에 정박해 있었는데, 겨울과 봄이 지나고 뜨거운 여름이 찾아와 강은 거의 말라버렸으며, 평상시에 흐르는 양에 비해 아주 적은 양의 물이 흘렀다. 이에 어떻게 해야 배를 다시 바다로 끌고 나갈 수 있을지 알 수가 없었다. 그러나 뛰어난 지성과 다재다능함을 갖춘 로베르는, 강의 양쪽을 따라 말뚝을 세우고 고리버들을 이용해 서로 단단히 연결하고, 나무의 밑동을 베어내어 가로로 놓고 모래를 부려 물이 모일 수 있게 말뚝 수로를 만들었다. 물이 점차 모여 웅덩이를 형성하며 강바닥을 가득 채웠고, 그 물이 깊어져서 땅에 박혀 있던 배도 물 위로 떠 올랐다. 물의 흐름이 원활해진 후, 함선들은 어렵지 않게 바다로 나아갔다.

---

* 그리스의 티아미스 강

4

　로베르의 행동을 듣자마자 황제는, 파코리아노스에게 편지를 보내 로베르가 계속해서 전진하여 아블로나스를 점령했음을 알렸다. 또한, 육지와 바다에서의 어려움과 처음부터 겪은 패배에도 불구하고 그가 멈추지 않고 나아간다고 전하였다. 그리하여 그는 파코리아노스에게 지체 없이 병사들을 모아 신속히 오라고 명령했다. 황제 본인은 넷째 인딕티오의 여덟째 달에 콘스탄티노폴리스에서 출발했다. 이사키오스는 수도에 남아 공적인 업무를 맡기로 했다. 적들이 으레 하듯 선동을 시도한다면 그것을 저지하고, 궁전 경비와 슬퍼하는 여성들을 위로하는 역할도 맡기로 했다. 내가 알기로, 어머니는 위로가 필요 없었던 것 같다. 그녀는 매우 강인했으며 항상 명랑했기 때문이다. 파코리아노스는 편지를 읽고, 오랜 군대 경력을 지닌 용맹한 남자인 니콜라오스 브라나스를 부관으로 임명하고 모든 중장보병을 이끌었으며, 귀족들은 황제와 합류하기 위해 오레스티아스에서 서둘러 출발했다. 귀족들은 자기 병사들을 전투태세를 갖추어 모조리 데려왔으며, 파코리아노스는 전군을 준비시키고 아주 용감한 자들을 대대의 지휘관으로 임명하였다. 또한 단단한 지면을 따라 진형을 유지한 채로 전진하도록 명령하였다. 그래서 모두가 전체의 배치와 자신의 위치를 정확히 알게 되어, 전투 중 혼란이나 잘못된 위치 차지와 같은 실수가 발생하지 않도록 했다. 콘스탄티노스 오푸스는 엑스쿠비토레스*를 이끌었고, 안티오호스는 마케도니아인을, 알렉산드로스 카바실라스는 테살리아인을, 당시에 메가스 프리미케리오스**였던 타티키오스는 아흐리다 지역에서 온 튀르크인을 이끌었다. 타티키오스는 대단히 용맹하였으며 겁 없는 전사로, 자유민 집안이 아니었다. 그의 아버지는 내 할아버지 요안니스 콤니노스가 원정 중 포로로 잡은 사라센인***이었다. 마니교도 중 약 2,800명의 리더는 잔타스와 쿨

---

*　콘스탄티노폴리스에 배치되는 근위대
**　고위 관직으로 행사를 총괄했다.
***　11~12세기 중세 시대에는 이슬람교도를 부르는 호칭으로 추정된다.

레온이었는데, 모두 이단을 신봉했다. 이들은 매우 호전적이었으며, 언제든지 적과 맞서 싸울 준비가 되어 있었다. 그리고 그들은 강인하면서도 무례하였다. 근위대와 (일반적으로 '베스티아리타이'라고 불린) 켈트인 병사들은 파노코미티스와 콘스탄티노스 우베르토풀로스가 (출신 때문에 그렇게 불렸다) 맡았다. 부대 배치가 완료되자, 알렉시오스는 전군을 이끌고 로베르를 향해 진격했다. 가는 길에 디라히온에서 온 사람을 만나게 되었고, 그에게서 로베르가 모든 공성 기계를 성벽 가까이로 옮겼다는 소식을 들었다. 요르요스 팔레올로고스는 밤낮으로 반격하며 로베르의 계략을 방해하였으나, 결국 지쳐 문을 활짝 열고 적과 정면으로 싸우기 시작했다. 그는 곳곳에 심한 부상을 입었는데, 관자놀이 근처를 화살이 관통하는 심한 부상을 입은 상태였다. 화살을 힘으로 뽑으려 했으나 실패하자, 그는 전문가를 불러 깃털이 달린 화살 끝을 잘라냈고 나머지는 상처에 그대로 내버려두었다. 그런 뒤 머리를 감싼 채 몸이 감당할 수 있는 만큼 적군 한가운데로 다시 뛰어들어 저물녘까지 쉬지 않고 싸웠다. 황제는 그 소식을 듣고 시급한 상황을 인지하여, 팔레올로고스에게 더 빠르게 움직이라고 지시했다. 테살로니키에 도착한 후, 로베르의 행동에 대한 자세한 정보를 알게 되었다. 로베르는 병사들의 사기를 진작시키며 디라히온 평원에서 많은 나무를 모아 공성 준비를 했고, 화살이 성벽까지 닿을 수 있을 만큼의 거리에 진영을 구축했다. 그 외의 부대들은 산, 골짜기, 그리고 비탈길 등 여러 곳에 배치되어 있었다. 동시에 많은 이가 팔레올로고스의 철저한 준비 상황에 대한 소식을 전해왔다. 이에 로베르의 거대한 나무 탑에 불을 지르기로 계획하고, 성벽 위에 투석기와 나프타*, 마른 나무토막을 준비해 둔 채로 적이 공격하기를 기다린다는 것이었다. 로베르가 다음 날 공격할 것이라 예상한 팔레올로고스는, 마을 안에 나무 탑을 건설하고, 이를 적의 공성탑 진로에 위치시켰다. 올라간 탑의 맨 위에서는 들보를 사용한 실험을 하였다. 로베르의 탑이 성벽에 다가올 때, 이 들보를 문 앞에 떨어트려서 문을 막는 것이 그의

---

*   이 시기에는 기름이나 송진 등을 모두 나프타라 불렀다.

전략이었다. 이 들보가 원활하게 작동하며 문 앞에 떨어져 문을 막을 수 있는지 테스트했다. 문제없이 작동하는 것을 확인하고 만족한 팔레올로고스는 자신감을 가지고 적의 공격을 기다렸다. 다음 날 로베르는 전투 준비를 하라고 명령했으며, 보병과 기병 약 500명이 탑에 올라탔다. 탑이 성벽에 가까이 붙자, 병사들은 꼭대기에서 문을 열어 성벽으로 건너갈 수 있는 교두보를 만들려고 했다. 그러자 안쪽에서 팔레올로고스는 건장한 사람들과 준비해 두었던 기계 장치를 이용해 거대한 나무를 앞으로 떨어뜨렸고, 나무가 문이 열리지 못하게 막아버려 탑을 쓸모없게 만들었다. 탑 꼭대기에 있던 켈트인들은 화살 세례를 받았으며, 견디다 못해 숨었다. 이에 그는 탑에 불을 붙이라고 명령했고, 그 말이 채 끝나기도 전에 탑은 불길에 휩싸였다. 꼭대기에 있던 사람들은 몸을 던졌고, 아래에 있던 사람들은 들어온 문을 열어 도망쳤다. 팔레올로고스는 도망치는 자들을 보고 정문을 통해 완전무장한 전사들을 내보냈고, 도끼를 든 자들은 탑을 끊어버렸다. 이 역시도 성공적이었던 바, 탑의 윗부분은 타오르고 있었으며 아래쪽은 석공의 장비로 부서져, 완전히 파괴되었기 때문이다.

5

그리고 이후 정보원이 알리기를, 로베르는 이전 것과 똑같이 생긴 두 번째 대형 나무 탑을 짓는데 몰두해 있으며, 디라히온에 사용하기 위해 공성추*를 준비하고 있다는 것이었다. 도움이 필요하다는 것을 인지한 황제는 서둘러 움직였다. 하르자네스 강** 근처에 군영을 갖춘 뒤, 그는 즉시 전령을 보내 로베르에게 왜 이곳에 있으며, 목적이 뭔지 물었다. 다음으로는 디라히온에서 4스타디온 떨어진, 가장 위대한 주교 니콜라오스에게 헌정된 성당으로 가서 팔랑크스를 전투에 투입하기 전에 가장 적절한 지점을 고르고자 지형지물을 둘러

---

* 성벽을 뚫기 위해 만든 뾰족한 기구
** 알바니아의 세만 강

보았다. 이날은 10월 15일이었다. 달마티아에서 바다로 뻗어 나와 곶에서 끝나는, 거의 반도처럼 보이는 길고 좁게 뻗은 땅이 있었는데, 내가 말한 성당은 여기에 있었다. 디라히온을 바라보는 쪽은 아주 완만하게 평원으로 이어졌고 왼쪽에는 바다가, 오른쪽에는 높게 뻗은 산이 있었다. 그 위치에서 그는 군대 전체를 데리고 와 말뚝을 설치한 뒤 요르요스 팔레올로고스를 불렀다. 그러나 오랜 전투 경험으로 이런 전략을 잘 알고 있던 팔레올로고스는 그것이 바람직하지 않다고 판단하고 나타나지 않았다. 그리고 이에 대해 황제에게 설명하였다. 그러나 황제가 다시 그를 급히 소환하자 이렇게 답했다.

"도시가 포위당하고 있는 와중에 떠나는 것은 파멸적일 수 있다고 생각합니다. 저는 황제 폐하께서 끼고 계신 손가락의 반지를 직접 보기 전까지는 나오지 않겠습니다."

황제는 반지를 보냈고, 반지를 확인한 팔레올로고스는 전함을 이끌고 황제에게 합류했다. 황제는 로베르에 대해 시시콜콜한 것까지 물어보았고 팔레올로고스가 이에 분명하게 답하고 나자, 이어서 로베르와 전투를 벌이는 위험을 감수해야 할지 물었다. 팔레올로고스는 이 제안에 반대하였고, 오랜 복무로 군대 경험을 쌓은 다른 이들도 강하게 반대했다. 이들은 꾸준한 인내로 로베르의 병사들과 소규모로 충돌하면서 보급품을 얻기 위해 밖으로 나올 수 없게 하자는 계획을 세웠다. 또한 보딘, 달마티아인들, 그리고 주변 지역에도 이와 같은 지시를 내려 로베르를 효과적으로 저지할 수 있을 것으로 판단했다. 그러나 대다수 젊은 장교들은 전투를 선호하였으며, 그중에서도 가장 강경했던 자들은 콘스탄티노스 포르피로옌니토스, 니키포로스 시나디노스, 바랑기안의 수장인 나비티스, 전前 황제 로마노스 디오예니스의 두 아들이었다. 그때 마침 로베르에게 보냈던 사절이 돌아와, 로베르가 황제에게 구두로 보낸 답을 전달했다.

"내가 평원을 점령한 것은 절대 폐하 때문이 아니고, 단지 내 인척에게 가해진 불의를 복수하기 위함이오. 만약 평화 조약을 원한다면 나 역시도 기쁘게 환영하겠지만, 내 사절들이 전하는 조건을 이행한다고 약속해야 할 것이오."

그러나 그의 요구는 들어주기 불가능했으며, 로마 제국에 위해가 될 수도 있었다. 황제가 자신의 청을 들어주면, 롬바르디아까지 손에 넣은 뒤, 언제든지 군사적인 조력을 하겠다고 했지만 말이다. 로베르의 진정한 의도는 명확했다. 평화를 원한다는 척하면서, 달성하기 어려운 조건을 요구하여 전쟁을 계속 이어갈 명분을 만들려고 했다. 그리고 그렇게 전쟁이 발발하면 그 책임을 로마 황제에게 돌릴 계획이었다. 그런 불가능한 요구로 아무것도 이루지 못하자, 로베르는 백작들을 모아 이렇게 전했다.

"너희 모두 니키포로스 보타니아티스 황제가 내 인척에게 가한 불의에 대해 알고 있을 것이며, 함께 제국에서 추방된 내 딸 엘레니가 입은 불명예도 알 것이다. 참을 수 없는 일이기에 우리는 보타니아티스에게 복수하고자 진격했다. 그러나 그는 제위에서 쫓겨났고, 나이에 비해 능숙한 전략을 지닌 용맹한 전사인 젊은 황제를 상대해야 하며, 이런 자는 쉽게 상대하기 어려운 법이다. 사령관이 여럿 있으면 의견도 여럿이 되어 혼란이 생긴다. 따라서 우리 중 단 한 명이 나머지 모두를 지휘하게 하되, 독단적으로 판단하는 것이 아니라 모두와 상의하도록 하자. 모든 사람이 자유롭게 의견을 표출하되, 선출된 사령관이 결정한 바에 복종할 준비를 하자는 것이다. 그리고 나부터, 뽑히는 이가 누구이든 따를 준비가 되어 있다."

모두 이 제안에 동의하였으며 로베르의 연설에 경의를 표했고, 만장일치로 그를 뽑았다. 그러나 그가 무관심해 보이고 영예를 거부하자, 그들의 목소리는 더욱 높아졌다. 결국 그는 마치 어쩔 수 없이 따르는 것처럼 행동했지만, 실제로는 이미 오랜 시간 동안 지도자가 되길 원하고 이를 계획해 왔다. 점진적으로 자신의 주장을 나열하고, 민첩하게 변명을 구성하여, 진의를 모르는 사람들에게는 어쩔 수 없이 추진된 것처럼 보이게 만들었다. 다음으로 그가 그들에게 말했다.

"내 말을 들으라, 백작들과 모든 병사여. 우리는 고향을 떠나 낯선 땅에 왔으며, 곧 아주 용맹한 황제에 맞서 싸우게 될 것이다. 통치권을 차지하고 얼마 되지는 않았으나,

이전의 황제들 밑에서 여러 전쟁을 치러 이겼고 가장 강력한 반란자들을 창끝의 포로로 끌고 갔다. 그러니 우리가 전쟁에 착수한다면 몸과 마음을 다 바쳐야 할 것이다. 만약 하느님께서 승리를 허락하신다면, 돈에 쪼들리는 일 따위는 없을 것이다. 그러니 모든 짐과 장비를 불태우고 배에 구멍을 내 가라앉혀라. 여기서 태어나 죽을 각오가 된 것처럼 싸우자."

이에 모두가 찬동했다.

6

이것이, 알겠는가. 로베르가 계획하고 의도한 바였다. 황제의 계획은 좀 달랐는데, 더욱 미묘하고, 더욱 영리한 것이었다. 두 지휘관은 군대의 전략과 행동을 구상할 때, 막사에서 군인들에게 휴식을 주며 효율적으로 운용했다. 황제는 밤에 로베르의 군영을 양쪽에서 기습하려는 계획을 세웠다. 동맹군은 소금 습지를 거쳐 적의 뒤편에서 공격하기로 결정했다. 이 방식은 더 긴 경로를 택하게 되지만, 적이 그들의 공격을 예측하기 힘들어 황제도 반대하지 않았다. 황제 자신은 다른 병력이 자리를 잡은 후, 정면에서 공격을 시작하려 했다. 그러나 로베르는 막사를 비워두고 떠났고, 밤중에 다리를 건너 (다섯째 인딕티오의 10월 18일이었다) 전군을 옛날 성 ^{聖} 테오도로스에게 바쳐진 대성당에 집결시켰다. 밤중, 노르만인들은 하느님의 분노를 달래기 위해 신성하고 신비주의적인 의식을 진행했다. 아침이 되자, 전군은 전투 준비를 마치고 그는 중앙에 위치했다. 바다와 가까운 부분의 병력은 능력 있는 백작이자 용감한 아미케타스에게, 그리고 다른 부분의 병력은 '사니스코스'라는 별명을 가진 그의 아들 보에몽에게 맡겼다. 황제는 위기의 순간에 좋은 방법을 빠르게 짜낼 줄 알았기에, 이 소식을 듣고 상황에 맞게 계획을 바꾸어 바닷가의 경사길을 따라 전선을 만들었다. 병력이 나뉘어 있었으나 이미 로베르의 군영을 공격하러 간

야만인들을 불러들이지는 않았다. 어깨에 양면 도끼를 짊어지고 다니는 자들만 불러들이고, 말을 버리고 지휘관인 나비티스와 함께 행군하여 정규군의 맨 앞으로 가라고 하였다. 이 부족은 모두 방패를 가지고 있었으며, 그 외 병사들은 팔랑크스 대형을 갖추었다. 황제 본인은 중군에 자리 잡았으며, 왼쪽과 오른쪽에는 각각 카이사르 니키포로스와 메가스 도메스티코스 파코리아노스가 자리 잡고 있었다. 앞에 선 야만인들과의 사이에는 숙련된 궁수들이 매우 빽빽하게 있었으며, 이들을 로베르에 맞서 선두로 내보낼 계획이었기 때문에, 황제는 나비티스에게 궁수들이 예고 없이 켈트인들을 공격한 다음 후퇴할 테니, 그의 병사들을 양쪽으로 신속하게 비키게 해 통로를 내준 다음, 다시 모여 밀집대형으로 진격하라고 명령하였다. 이러한 방식으로 전군을 재배치한 뒤, 해안가를 따라 프랑크군을 공격하기 위해 최전선에서 움직이기 시작했다. 후방 공격을 맡은 야만인들은 소금 습지를 지난 다음, 황제의 명에 따라 문을 열고 나온 디라히온의 수비대와 함께 켈트인들의 막사를 공격했다. 양면에서 지휘관이 진격해오자, 로베르는 기병대에게 로마군을 기습하고 가능하면 일부를 쫓아내라고 명령했다. 그러나 이런 사소한 것도 황제는 놓치지 않았는 바, 계속 맞설 상당수의 경보병을 보낸 것이다. 양쪽이 서로 충돌했으나, 로베르는 소수의 기병대를 이끌고 양쪽 군의 거리가 좁아질 때를 기다렸다. 그리고 아미케타스의 팔랑크스에 속한 보병과 기병 일부가 나비티스의 전선을 공격했다. 아군은 용감하게 대응했고, 적은 후퇴했다. (전부 자원병이었던 것은 아니었기 때문이다). 바다로 뛰어들어 목까지 차오르는 물을 헤엄쳐 로마와 베네치아의 함선까지 헤엄쳤다. 그들은 목숨을 구걸했지만 받아들여지지 않았다. 그때, 소문에 의하면 로베르의 아내 가이타가 직접 (그의 옆에 있었으며, 아테나가 아니라면 재림한 팔라스*와 같았다) 도망가는 병사들을 경멸하는 눈길로 노려보며, 그녀의 모국어로 쩌렁쩌렁하게 호메로스처럼 말한 것으로 전해진다.

"어디까지 도망치려느냐? 거기 서라. 그리고 남자답게 굴어라!"

---

* 팔라스는 아테나의 다른 이름이다.

그럼에도 계속 도망가는 것을 본 그녀는, 긴 창을 뽑아 들어 전속력으로 말을 달려 쫓아갔으며, 이를 본 이들은 정신을 차려 전장으로 돌아갔다고 한다. 한편 도끼를 든 야만인들과 지도자 나비티스는 미숙하고 성미가 급해 로마군으로부터 상당히 떨어져 나온 상태에서 자신들 못지않게 용맹한 켈트인들과 싸우고 있었는 바, 정말이지 이 야만인들은 켈트인 못지않게 전투에 미쳐 있고, 뒤떨어지지도 않았다. 그러나 그들도 지쳤고, 숨을 헐떡였다. 로베르는 이를 알아차리고 그자들이 급격히 돌격해 와 아군에서 멀리 떨어져 있으며, 무기가 무겁다는 점을 간파해 보병 몇몇에게 기습을 명령했다. 야만인들은 지친 상태였고, 켈트인에게 학살당했다. 몇몇만이 살아남아 '천사들의 수장'인 미카엘의 성당으로 피신했고, 성당에 사람들이 꽉 들어차자, 나머지는 지붕으로 기어 올라갔다. 그들은 이렇게 하면 살아남을 수 있을 거로 생각했을 것이나, 라틴인들은 성당에 불을 질렀고 모든 것이 불탔다. 그동안 나머지 로마군은 용감하게 전투를 벌였다. 그러나 로베르는 날개 달린 기수처럼 굉장한 속도와 기민성으로, 부하들과 함께 로마군의 팔랑크스를 공격하며 그들의 행렬을 무너뜨렸다. 이에 따라 로마군 몇몇은 전투 중 생명을 잃었고, 다른 이들은 도망쳐 목숨을 구했다. 그런데도 알렉시오스 황제는 견고한 성처럼 굴하지 않았다. 이미 그의 동료 중 여러 명, 특히 고귀한 출신과 능력 있는 지휘관들이 전투에서 생명을 잃었음에도 불구하고 말이다. 예를 들어 콘스탄티노스, 전前 황제 콘스탄티노스 두카스*의 아들이 이곳에서 죽었는 바, 아버지가 서민일 때 태어난 것이 아니라 자줏빛 방에서 태어나 제관을 쓴 아버지의 축복을 받았던 이였다. 또한 니키포로스 시나디노스도 이곳에서 죽었다. 이날까지 모든 전장을 헤쳐 온 용맹하고 아주 훤칠하게 생긴 남자였다. 앞서 언급했던 콘스탄티노스는 그에게 자기 동생과 결혼할 것을 자주 권하고는 했었다. 팔레올로고스의 아버지인 니키포로스와 다른 저명한 사람들도 쓰러진 바, 자카리아스는 가슴팍에 치명적인 부상을 입고 목숨을 잃었다. 아스피에티스와 다른 수많은 장수도

---

* 황제 콘스탄티노스 10세 두카스(재위 1059~1067)

목숨을 잃었다. 황제가 계속 버텼기에 전투는 끝나지 않았고, 라틴인 중 셋, 하나는 앞서 말한 아미케타스, 하나는 자신을 알리파스의 아들이라고 한 페트로스, 또 하나는 이 둘보다 절대 뒤떨어지지 않은 자로, 이 세 명은 손에 긴 창을 잡고, 황제를 겨냥하여 있는 힘을 다해 던졌다. 말이 급작스레 움직였기에 아미케타스의 창은 빗맞았다. 두 번째 남자의 창은 황제가 검으로 받아넘겼고, 그 창은 그자의 쇄골을 향하며 팔을 몸통에서 잘라내 버렸다. 세 번째 창은 그의 얼굴을 겨냥하였으나, 알렉시오스는 그를 똑바로 지켜보고 있었고, 찰나의 순간에 무엇을 해야 할지 알고 있었다. 그는 창이 날아오는 것을 보고 말의 꼬리 쪽으로 몸을 젖혔다. 창끝은 얼굴의 피부를 살짝 스쳐 갔으며, 투구의 고리에 부딪히고 턱 밑 끈을 끊어버린 다음 땅에 꽂혔다. 켈트인은 황제가 말에서 쓰러졌다고 생각해 지나쳤으나, 그는 빠르게 몸을 일으켰고, 무기 하나 잃어버린 것 없이 차분히 자세를 잡았다. 그는 여전히 오른손에 검을 움켜쥐고 있었고, 얼굴은 자기 피로 얼룩져 있었으며 투구는 벗겨졌고, 불그스름하게 빛나는 머리카락이 눈 위로 헝클어져 얼굴을 가리고 있었다. 말은 혼란스러워져 무작정 뛰어댔고, 그의 머리카락이 얼굴에 이리저리 달라붙었다. 그럼에도 그는 결심을 굳게 하고 적과의 전투를 지속했다. 곧 튀르크인들이 후퇴하는 모습이 보였고, 보딘 역시 싸울 의지 없이 물러나고 있었다. 이 동맹군은 갑옷을 착용하고 전투 준비를 갖추며, 필요할 때 황제의 보호를 약속하며 주변에서 기다렸다. 그러나 그의 행동에서는 황제의 상황이 유리해질 경우에 켈트인들을 지원할 의도가 있었던 것 같았다. 반대 상황에서는 조용히 자리를 떠나려는 모습이었다. 이것이 의도였다는 것을 상황이 증명해 주었는 바, 켈트인들이 완전한 승리를 거머쥐었다는 것을 인지하자마자 그는 단 한 번의 공격도 없이 고향으로 향하는 길로 가버린 것이다. 자신을 도울 이를 단 하나도 찾지 못하여, 황제는 적에게서 등을 돌려 후퇴했다. 그리하여 라틴인들이 로마군을 무찔렀다.

7

로베르는 황제의 막사와 모든 로마의 장비가 있던 성^聖 니콜라오스의 성당에 도착하였고, 힘센 사람들을 보내 황제를 쫓으라고 명했으며, 자신은 그 자리에 머물며 적이 사로잡혀 오는 오만한 공상을 하고 있었다. 병사들은 황제를 아주 치밀하게 추적하여 지역민들이 '카키 플레브라'라고 부르는 곳까지 따라갔는데, 아래로는 하르자네스 강이 흐르고 한편으로는 가파른 절벽이 나 있는 곳이었다. 추적자들은 이곳까지 황제를 따라잡았다. 몇몇은 왼편에서 창을 던져댔고(총 아홉이었다), 그는 균형을 잃고 몸을 오른쪽으로 기울일 수밖에 없었고, 오른손에 쥔 검을 땅에 박아 몸을 지탱하지 않았더라면 말에서 떨어졌을 터였다. 왼쪽 신발에 있는 박차의 톱니바퀴가 안장 끄트머리에 걸려 (이포스트로마라고도 부른다) 낙마하지는 않았다. 그는 왼손으로는 말갈기를 붙잡고 버텼다. 황제는 신성한 개입 덕에 구원받았는 바, 예기치 않게도 적들 스스로의 손으로 도움을 준 것이었다. 오른쪽에서 나타난 켈트인들도 마찬가지로 창을 치켜들어 겨냥해 던졌는데, 이 창이 그를 떠받쳐 균형을 잡을 수 있도록 해준 것이다. 참으로 기묘한 광경이었다. 왼쪽에 있는 자들은 넘어뜨리려고 사투를 벌이는데, 오른쪽에 있는 자들은 마치 다른 편인 것처럼 창을 오른편에 꽂아서, 창이 창에 맞서며 꼿꼿이 서 있을 수 있게 된 것이다. 안장 위에서 균형을 확고히 잡으며, 허벅지로 말과 안장을 꽉 잡았을 때 말은 그 능력을 확연히 드러냈다. (알렉시오스는 이 말과 자줏빛으로 염색한 안장을 브리엔니오스에게서 얻었는데, 니키포로스 보타니아티스의 치세 때 그를 사로잡았을 때였다). 이 말은 사납고, 다리가 유연하면서도 아주 힘이 세고 전투적이었으니, 간단히 말하자면 신성한 섭리에 인도받은 듯이 공기를 뚫고 달려 절벽 꼭대기에 서서는 새처럼, 또는 신화에서의 페가수스의 날개처럼 가볍게 뛰었다.

브리엔니오스는 이 말을 스고리치스(어두운 밤색 말)라고 부르곤 했다. 야만인들의 창이 손을 떠나 허공을 갈랐으며, 어떤 것은 황제의 옷을 꿰뚫기도

했고, 말이 뛰어오르는 순간 날아온 것도 있었다. 알렉시오스는 질질 끌리는 창들을 잘라냈다. 심지어 지금 이 순간, 이런 절박한 위기에서도, 그의 마음은 흔들리지 않았고 판단력도 흐려지지 않았으며, 최적의 방법을 찾아내 적의 모든 예상을 비껴갔다. 켈트인들은 입을 벌린 채 방금 목격한 것을 멍하니 쳐다보았으니, 분명 대단한 광경이라 생각했을 것이다. 그러나 알렉시오스가 다른 길로 달려 나가는 것을 보고 나서야 추적을 시작했다. 추적자들과 어느 정도 거리를 벌리자 그는 몸을 돌려 한 놈을 마주하고, 창을 던져 가슴팍을 꿰뚫어 땅에 나뒹굴게 만들었다. 그 후 황제는 다시 말을 달렸고, 로마군을 쫓고 있던 상당수의 켈트인과 마주쳤다. 그를 멀리서 발견한 이들은 잠시 정지하였다. 이는 말을 휴식시키기 위함이었으나, 그를 포획하여 로베르에게 전리품으로 바치고 싶어 했기 때문이기도 했다. 황제는 앞뒤로 추격자가 있음을 알아차리고 위기를 느꼈다. 그러나 그는 마음을 다잡았고, 반짝이는 갑옷을 입은 로베르와 같이 보이는 남자를 발견하였다. 말의 방향을 바꿔 그를 향해 돌진하자, 그 남자도 창을 치켜들었고, 두 사람은 서로 대치하며 결투를 벌였다. 황제가 먼저 공격해 적을 찔렀고, 무기는 가슴을 관통하고 등을 뚫고 나왔다. 야만인은 곧바로 땅에 쓰러졌고, 상처는 치명적이었기에 영혼이 몸을 떠났다. 다음으로 황제는 무리 한가운데로 돌격해 달려 나가, 야만인 한 명을 도륙하여 길을 열었다. 켈트인들은 자신들의 장수가 상처 입고 땅에 쓰러진 것을 보고, 주위로 모여들어 그를 지켰다. 뒤쪽에서 쫓아오던 다른 이들은 말에서 내려, 죽은 이가 누구인지를 알아보고는 가슴을 두드리며 통곡했다. 그러나 이 자는 로베르가 아닌, 저명한 귀족이자 로베르의 오른팔이었다. 이들의 정신이 팔렸을 때 황제는 계속 도망쳤다.

8

그리고 이 책을 쓰는 동안, 역사의 본질과 쉴 새 없이 일어나는 사건들 때문에, 내가 묘사하고 있던 것이 내 아버지의 행동임을 망각하고야 말았다. 내 역사책이 의심받는 일이 없도록, 아버지가 한 일을 강조하거나 감정을 담지 않고, 특별히 다루지 않을 것이다. 아버지에 대한 이 사랑에 묶여 있지 않았다면 얼마나 좋았겠는가. 그러면 풍부한 자료를 늘어놓고 모든 제약에서 풀려난 내 혀가 얼마나 고귀한 행위를 즐거워하는지 설명할 수 있었을 텐데 말이다. 그러나 내 열정은 아버지를 향한 애정에 가려지고야 말았으니, 사람들이 내가 친척에 대해 열의를 다해 말하며 신화를 쓰고 있다고 의심하는 일이 있어서는 안 되니 말이다! 물론, 이미 여러 번에 걸쳐 아버지가 거둔 성공에 대해 기록하고 있지만, 그 앞에 닥쳐왔던 수많은 역경에 대해 적고 설명하자면 내 여생을 눈물 흘리며 보내야 할 것이고, 통곡과 흐느낌 없이는 이 주제를 끝마칠 수 없게 될 것이다. 그러나 역사책의 이러한 부분에 우아한 수사들이 반드시 들어가야 하는 것은 아니기에, 아버지의 불운을 기록할 때는 감정을 느낄 수 없는 완고한 조각이나 돌인 것처럼 가볍게 넘어가겠다. 내가 만약 아버지를 사랑한다는 평판을 원했다면, 그가 겪은 재앙을 맹세에 넣어 오디세이아에 나오는 젊은이처럼 했을 것이다. (내가 "아니오. 제우스에 맹세하건대, 아겔라오스, 그리고 내 아버지의 고통에 맹세하건대."라고 말한 젊은이에게 못 미치지 않기 때문이다). 그러나 내 아버지의 고통은 나 홀로 경탄하고 비탄할 테니 독자들은 이제 서사로 돌아가자. 이후 켈트인들은 서둘러 로베르에게 돌아갔다. 빈손으로 돌아온 병사의 경험을 듣고 나서, 그는 크게 질책하며 한 명을 골라 처벌할 것이라고 위협하였다. 그는 그 병사를 겁쟁이로 칭하고 전장의 바보라고 비난했다. 그는 병사에게 왜 말을 탄 채 바위에서 뛰어내려 황제를 죽이든지, 사로잡아 산 채로 데려오지 못 했냐고 물었다. 이에 병사는, 로베르에게 끔찍한 고문을 받을 수도 있다고 생각하였다. 로베르는 한편으로는 용맹하고 의협심이 넘치나, 다른 한 편으로는 지독한 자였기 때문이다. 언제나 콧구멍에 분노가 깃들어 있었고, 심장에는 화와 분노가 흘러넘쳤으며, 적을 만나면 '창을 들고 돌격해 뚫어버리거나, 운명의 실이 끊어져 목숨을 잃거나' 둘 중 하나라고 항상 소리치고는 했다. 그러나 로베르의 비난을 받던 병사는 그 바위가 얼마나 가파르고 날카로운지에 대해 설명했다. 또한 절벽도 매우 경사가 심하여, 걸어가든 말을 타든 간에 올라가는 것은 거의 불가능하다고 주장했다. 전투 상황에서라면 더욱 그렇고, 심지어 평화로운 때라도 그 경사를 오르는 것은 거의 불가능하다고 강조했다. 그가 말을 이었다.

"만약에 못 믿으시겠다면 가서 시도해 보십시오. 아니면 가장 뛰어난 기병을 보내 주십시오. 그 사람도 불가능하다고 할 겁니다. 누구든지 만약에 정말로, 날개가 있든 없든 그 바위를 올라갈 수 있다면, 어떤 끔찍한 처벌도 달게 받고, 겁쟁이라는 말도 기꺼이 감수하겠습니다."

놀라고 경탄하여 이렇게 말하는 것으로, 야만인은 로베르의 분노를 가라앉혔으며 그의 화는 대신 경탄으로 바뀌었다.

황제는 근처의 지나갈 수 없는 수준의 험난한 산길을 달렸고, 두 번의 낮과 밤의 여정 끝에 오흐리드에 도착하였다. 이동 중 하르자네스 강을 건너 바바고라 골짜기에서 잠시 휴식을 취했다. 그런데도 황제의 마음은 패배나 다른 전장의 위기에 꺾이지 않았고, 이마의 상처로 인한 고통에도 굴하지 않았다. 다만 속으로는 전장에서 쓰러진 이들, 특히나 아주 용맹하게 싸웠던 영웅들 때문에 슬픔에 잠겨 있기는 했다. 그러나 다른 무엇보다도, 그의 마음은 디라히온에 대한 걱정으로 가득 차 있었다. 그는 마을이 총독의 보호를 잃었음을 고통스럽게 느꼈다. 팔레올로고스는 전투 패배로 인해 그곳에 다시 들어갈 수 없게 되었기 때문이다. 이에 그는 베네치아의 지도자들에게 성채의 보호를 부탁하여 주민들이 안전하게 생활할 수 있도록 했다. 그리고 도시의 다른 부분은 알바니아 출신의 코미스코르테스에게 맡겼으며, 그에게 조언하는 글을 아낌없이 보냈다.

5권

전쟁의 불길은 커져가고

노르만인과의 전쟁(1082~1083)과 알렉시오스의 이단과의 첫 전투

V. War with the Normans (1082~83) and Alexius' First Battle with Heretics

1

　로베르는 그동안의 불안을 완전히 털어버리고 전리품과 황제의 막사를 점령하여 그 영광에 젖었다. 그 후, 디라히온을 다시 공격할 평원에 자리 잡았다. 그는 잠시 후에 성벽을 다시 공격할 것인지, 아니면 공성을 다음 봄까지 미룰지, 혹은 글라비니차와 요아니나*를 점령하고 겨울을 보낼지 고민했다. 그러나 디라히온의 주민들은 (대부분은 아말피와 베네치아에서 온 속민이었다) 황제의 불운과 끔찍한 학살, 수많은 용맹한 이의 죽음, 함대의 이탈, 그리고 봄에 다시 공성을 해올 것이라는 로베르의 계획에 대한 소문을 듣고, 위기를 피하고 안전을 확보하기 위해 각자의 생각을 모으기 시작했다. 이들은 한자리에 모여 다양한 의견을 나누었고, 여러 선택지를 검토한 끝에 가장 합리적인 결정을 내렸다. 그 결정은 로베르의 요구에 따라 도시를 넘겨주는 것이었다.

　아말피에서 온 속민 중 하나가 이 방책을 택하자고 지속해서 선동하였으며,

---

*　그리스 북서부 에페이로스주의 도시

사람들은 그의 주장에 설득당해, 문을 열어 로베르가 들어올 수 있도록 하였다. 도시를 점령한 후, 그는 병사들을 민족별로 나누었고, 부상을 입은 이나 상처를 받은 이들을 철저히 점검하였다. 그는 또한 다가오는 겨울 동안 두 번째 용병 부대를 준비하고 외국인 병력을 모집할 계획이었다. 그리고 봄이 되면 전체 군대를 이끌고 황제에게 다시 진격할 생각이었다. 그러나 이런 계획은 로베르만 세우는 것이 아니었다. 그는 쟁취한 전리품과 함께 승리를 기뻐하고 있었으나, 황제는 패배의 상처로 인해 움츠러들었으며 많은 용맹한 전사를 잃었음에도, 자신의 능력을 과소평가하지 않았다. 그의 두뇌는 여전히 날카로웠고, 다가오는 봄에 이 패배를 어떻게 극복할지를 고심하고 있었다. 두 사람 모두 멀리 내다볼 줄 알았으며, 꼭 필요한 것이 무엇인지 알았고, 모든 전략에 능했다. 둘 다 공성 전술과 매복 방법, 개활지*에서의 전투에 능했으며, 결투 시에는 대담하고 용맹했다. 태양 아래 모든 지휘관 중 서로 호적수였고, 지성과 용기를 갖추고 있었다. 그러나 알렉시오스 황제가 로베르보다 약간은 우위에 있었는데, 상대는 이미 전성기를 누리며 단 한 번이라도 함성을 내지르면 땅이 울리고 모든 군대가 벌벌 떨게 만들 수 있었지만, 그는 나이가 어린데도 불구하고 로베르보다 뒤떨어지지 않았기 때문이다.

그러나 이러한 세부적인 것들은 다른 이야기를 위해 넘어갈 수 있는 것들이고, 예찬자들이 빼놓지 않고 언급할 것들이다. 알렉시오스 황제는 오흐리드에서 잠시 휴식을 취하고, 체력을 보충한 이후에 디아볼리스**로 갔다. 이곳에서 그는 패전에서 살아남은 사람들을 최대한 규합하고, 전국에 남아있는 병사들을 소집하여 테살로니키에 모이라고 명령하였다.

로베르와 휘하 대군의 강력함을 경험한 바, 그는 아군 지휘관들의 무지함과 소심함을 질타하였다. 나는 해당 전투에 참가한 다수의 병사가 훈련이나 군

---

* 막힌 곳 없이 탁 트인 땅
** 오흐리드 인근 요새. 현재 알바니아의 데볼현에 있다.

경력이 없었다는 사실을 강조하지는 않을 것이다. 동맹이 필요했지만, 돈 없이 어떻게 동맹을 맺을 수 있는가? 전임자인 니키포로스 보타니아티스가 아무 쓸모없는 일로 제국의 국고를 탕진한 탓에, 보물창고의 문은 심지어 잠겨 있지도 않았고 누구나 지나갈 수 있게끔 아무 경계도 없이 열려 있었다. 물 쓰듯 죄다 써버렸다. 부끄러운 로마 제국의 민낯이 이러하였으니, 허약하였으며 동시에 가난에 짓눌려 있었다.

이런 상황에서 즉위한 지 얼마 안 된 젊은 황제가 할 수 있는 일이 무엇이겠는가? 완전히 절망감에 휩싸여 모든 것을 포기하게 되어 아무 잘못도 없는 상황에서도 부족한 지도자로 비판받는 상황을 피하거나, 동맹을 구축하며 필요한 자금을 모으려 노력하는 것 중 하나였으리라. 그리고 사방으로 흩어진 패잔병들에게도 돈을 줘야 했다. 돈이 있으면 아직 곁에 있는 자들에게 희망과 버틸 힘이 생기고, 멀리 있는 자들은 돌아오고 싶은 마음이 들며, 프랑크 군대에 맞설 굳건함이 생길 것이니 말이다. 그가 알고 있는 군사학 지식에 부합하지 않거나, 쓸모없는 일은 일절 하지 않고, 두 가지에 초점을 맞추었다. 첫째는 큰 선물을 약속하면 쉽게 넘어올 동맹을 어디서든지 구하는 것이고, 둘째는 어머니와 형에게 어디서든, 어떻게든 돈을 모아 보내달라고 하는 것이었다.

2

이 둘은 돈을 모을 다른 방법은 전혀 찾지 못했기에, 가지고 있는 것 중 금이나 은으로 된 건 뭐든 긁어모아 황제에게 보냈다. 가장 먼저 황후, 내 어머니는 부모님에게서 물려받은 모든 것을 모았다. 이에 따라 다른 이들도 자신을 본보기로 하여 따를 수 있지 않을까 생각한 것으로, 황제가 극도로 어려운 상황에 처한 것을 보고 크게 걱정했기 때문이다. 또한 그들은 자발적으로 돈을 내겠다고 나선 황제의 가족과 아주 친한 사람들에게서 거뒀는데, 최대한 금과 은을 모아 일부는 동맹에, 일부는 황제에게 보냈다. 그러나 이 돈은 당장 필요한 금액에도 미치지 못했는데, 황제 편에서 싸운 병사 중 일부가 보상을 원하는 탄원을 해왔고, 용병들은 계속 높은 보수를 요구했기 때문이다. 황제는 로마 시민들이 선의가 사라졌다고 생각하여 더 많은 돈을 요구한다고 생각했다. 친인척들은 상당히 당혹스러워했으며, 로베르가 다시 전쟁을 준비하고 있다는 것을 듣고, 공개적으로 그리고 비밀리에 여러 계략에 대해 논의했지만, 아무 해결책이 없는 듯했다. 그러다가 그들은 성당 재산의 판매에 대한 고대의 법과 교회법을 살펴보았다. 그 중 전쟁 포로의 몸값을 내기 위해 성물을 내다 파는 것은 합법이라는 조항을 발견했는데, 학살을 피한 그리스도인들이 아시아의 야만인들 하에 있으면서 이단자들과의 교류로 인하여 더럽혀진다는 것이 잘 알려져 있었기 때문이다. 따라서 동맹과 병사들에게 줄 돈을 마련하기 위하여 그들은 별 쓸모없는 성당 재산을 돈으로 바꾸는 것을 고려하였고, 그중에는 오랫동안 버려지고 잊힌, 그래서 그저 사람들이 신성모독과 무례함을 범할 핑곗거리밖에 되지 않는 것도 포함되었다. 이런 결론에 도달하게 되자, 세바스토크라토르 이사키오스는 대성당으로 가서 교회회의를 열고 모든 성직자를 불러 모았다. 교회회의의 구성원들은 총대주교의 자문위원으로서, 그를 본 순간 매우 놀라며 부른 이유가 무엇인지 물었다. 그가 답했다.

"제가 온 것은, 이 끔찍한 위기에 도움이 되고, 군대를 유지할 수 있는 수단이 될 방법에 대해 말하기 위한 것입니다."

이어서 그는 더 이상 사용되지 않는 성물에 관한 교회법을 인용하고 길게 부연 설명을 한 다음 덧붙였다.

"저는 이 일을 강요하고 싶지 않은 분에게 강요할 수밖에 없는 상황에 처했습니다."

그리고 강한 주장을 여러 차례 더하는 것으로 다수를 설득한 것처럼 보였으나, 메탁사스가 아주 그럴듯한 반박으로 반대하였고, 심지어 이사키오스를 조롱하기도 하였다. 그런데도 이사키오스의 제안은 통과되었다. 이 결정은 황제들을 향한 아주 심각한 추문이 된 바, (자줏빛 옷을 입고 있지는 않으나 나는 이사키오스를 '황제'라고 부르기를 주저하지 않겠다) 잠깐이 아니라 상당한 기간 이어졌다. 당시 칼케돈 교회의 주교 레오라는 자는, 특별히 지혜롭거나 지적인 사람은 아니었으나, 아주 고결한 삶을 살았다. 하지만 그는 거칠고 무례한 자였다. 칼코프라테이아 성당 문의 금은 장식품들이 뜯겨나가자, 레오는 대중 앞에 서서 제국 재정이나 성물에 대한 교회법은 알랑곳하지 않고 마음대로 떠들었다. 나아가 대단히 무례하게 행동하며 섭정을 더없이 불손하게 대했고, 수도를 방문할 때마다 인내심과 예의는 깡그리 접어둔 채였다. 로베르에 맞서 싸우기 위해 알렉시오스가 도시를 처음으로 떠났을 때, 형인 세바스토크라토르 이사키오스는 항상 사람들의 동의를 받은 후에 돈을 걷었고, 이는 법과 정의에 부합하는 것이었지만, 레오는 늘 무례하게 행동하며 이사키오스의 화를 돋우었다. 여러 번의 패배와 더불어 많은 성공적인 전투 끝에, 황제는 하느님의 가호로 영광스러운 승리를 거두게 되었다. 그런데 스키타이인이라는 새로운 적의 출몰 소식을 듣게 되고, 다시 급히 자금을 조달해야 했다. 황제가 수도에 있음에도 불구하고 레오 주교는 거침없이 황제를 비판했다. 이때에는 성상에 대한 상당한 논쟁이 오갔는데, 레오는 성상은 단순히 공경하는 것을 넘어서 진실로 숭배의 대상이 되어야 한다고 주장하였다*. 한편으로는 그의 주장이 논리적이며 주교의 지위에 어울리게 보였으나, 다른 면에서는 비정통적으로 다가왔다. 그가 이런 다툼을 좋아하거나 황제를 싫어해서인지, 아니면 단순히 지식의 부족 때문인지 확실하게 알 수 없다. 그는 논리학을 배운 적이 없어서, 명확하게 생각을 전달하는 데 어려움이 있었다. 레오는 정부에 여전히 남아있던 악한 자들의 충고에 따라 황제에게 점점 더 완고해졌다. 사람들의 꼬드김으로 오만해진 레오는 심지어 어리석은 중상모략까지 행했다. 이전에 교회회의의 가장 저명한 이들한테 (칼케돈 파벌은 이들을 '꼭두각시'라고 불렀다) 죄

---

* 843년 콘스탄티노폴리스 공의회는 성상을 공경할 대상으로 확정하였다. 이러한 주장은 우상 숭배로 비칠 수 있다.

없는 것으로 인정받은 황제가 직접, 성상에 대한 생각을 바꾸고 적대 행위를 멈추라고 명했음에도 말이다. 심지어 성상을 나중에 더 영광스럽게 복구하며 피해를 보수하기 위해 필요한 것은 뭐든지 하겠다는 약속도 한 바 있었다. 결국 레오는 유죄로 선언되었고 해임되었다.

레오는 말도 하지 않았고, 조용히 있지도 않았다. 그는 비타협적이고 변함 없는 태도로 많은 추종자들을 이끌고 와 또 교회회의를 방해하였다. 결국 몇 년 후 그는 만장일치로 유죄 판결을 받고 추방되었다. 황제의 명령에 따라, 폰토스의 소조폴리스시에서 그를 따뜻하게 맞이하고 필요한 것을 제공하려 했으나, 그는 아무것도 받아들이지 않았다. 아마도 황제에 대한 원한 때문일 것이다.

그에 대한 기록은 이 정도면 충분할 것이다.

3

황제가 전투에서 몸을 피했다는 것이 알려지자, 다수의 자원병이 몰려들었다. 그는 이들에게 말 타는 법, 활 쏘는 법, 완전무장하고 싸우는 법, 영리하게 기습하는 법에 대해 가르쳤다. 미팀니스를 대표로 하여 독일 왕에게 다시 사절을 보냈다. 그는 지체하지 않고 가능한 모든 병력을 동원해 약속대로 롬바르디아를 급히 점령하라고 요청하였다. 그렇게 하면 로베르가 정신이 팔린 사이, 황제는 군대와 외국인 용병을 모두 모아서 일리리아에서 로베르를 몰아낼 수 있을 거로 생각했다. 그는 독일 왕에게 이렇게 해준다면 정말 큰 빚을 지게 될 터이니, 사절들을 통해 전에 약속했던 결혼 동맹도 이행할 것이라고 약속하였다.

그는 이러한 문제를 해결한 후, 메가스 도메스티코스인 파코리아노스를 남겨둔 채 수도로 복귀하였다. 그의 목적은 여러 곳의 외국인 용병을 집결시키고, 여러 상황에 따라 다른 문제들을 처리하기 위함이었다. 한편 마니교도 잔타스와 쿨레온은 총 2,500명의 부하와 함께 멋대로 집으로 돌아가 버렸다. 황제는 여러 번 돌아오라고 요청하였고, 이에 이들은 돌아가겠노라고 약속했지만 차일피일 미루었다. 황제는 계속 선물을 주고 명예를 빛내주겠다고 서신을 보냈으나 이들은 돌아오지 않았다. 황제가 로베르에 맞서 전쟁을 준비하는 사이에, 로베르에게 독일 왕이 롬바르디아에 도착했다는 전령이 도착했다. 그러자 로베르는 딜레마에 빠졌고, 최선의 결정이 무엇인지 숙고했다. 그는 일리리아로 건너올 때 왕국을 로제르에게 통치하도록 넘겨주었으나 아들 보에몽에게는 어떤 영토도 나눠주지 않은 상태였기에, 모든 백작과 정예병을 불러 모으고 아들 보에몽 사니스코스도 소환하여 공개적으로 선언했다.

"너희도 알다시피, 백작들이여. 내가 일리리아로 넘어올 때 사랑하는 맏아들 로제르에게 내 나라를 다스리도록 임명했었다. 내 나라를 지도자 없이 남겨두었다면, 떠나와 이토록 막중한 임무를 수행할 수 없었기에 영예를 장자에게 내린 것이다. 그러나 이제 독일 왕이 적의를 가지고 침입해 왔기에, 내가 살아있는 한 그자의 침략을 있는 힘을 다해 막아내는 것이 책무가 되었다. 남의 것을 공격하는 자라면 마땅히 자신의 것을 소홀히 해서는 안 되니 말이다. 그리하여 나는 너희를 떠나 내 나라를 돌보고, 독일 왕과 전투를 치러야 하는 상황이 되었다. 그렇기에 내 아들에게, 디라히온과 아블로나스와 기타 이곳에 도착하여 칼로 빼앗은 모든 마을과 섬을 수여하노라. 너희에게 명령하나니 그를 나와 같이 대우하고 몸과 마음을 바쳐 그를 위해 싸우라."

그러고는 보에몽에게 돌아서 말했다.

"그리고 사랑하는 아들아. 백작들을 최대한 영예롭게 대우하고 항상 조언을 구하며, 네 독단으로 처리하지 말고 모든 사안에 있어 협력하거라. 무엇보다도, 로마 황제에 맞서는 전쟁을 소홀히 하지 말고 계속 이어가거라. 그는 대패하였고, 수많은 자가 검 앞에 쓰러졌으며 상당수의 군대가 쓸려나갔지만 말이다. 그리고 사실,"

그가 말을 이었다.

"거의 생포될뻔했다가 심하게 부상을 입은 상태로 우리 손에서 간신히 벗어났지만 말이다. 하지만 방심하지 말아라. 여유가 생겼으니 회복하여 이전보다 더 용감하게 맞설 게다. 그자는 평범한 무리 중 하나가 아니라, 어릴 때부터 전쟁과 전투를 겪으며 자랐고, 동방과 서방을 두루 누비며 수많은 반란자를 진압해 황제에게 포로로 끌고 갔던 자다. 네 귀로 충분히 들어보지 않았더냐. 그러니 용기를 잃고 굳센 의지 없이 진격했다가는 내가 공들여 이룬 것을 모조리 잃을 것이고, 네 게으름의 대가를 틀림없이 치를 것이다. 이제 나는 그만 가서 독일 왕을 몰아내고, 아들 로제르가 내가 내려준 통치권을 유지할 수 있도록 해야겠구나."

로베르는 보에몽에게 작별 인사를 하고, 모노레메에 올라타 롬바르디아 반대편 해안에 도착하자마자 예로부터 공작의 지위에 오른 그의 집이었던 살레르노로 갔다. 그는 주변 지역에서 대군을 규합하고 수많은 용병 부대를 불러왔다. 그동안 독일 왕은 황제와의 약속을 위해 롬바르디아를 차지하기 위한 준비를 서두르고 있었다. 로베르는 이 소식을 듣고 교황*과 힘을 합쳐 독일 왕을 저지하기 위해 서둘러 로마로 갔다. 교황은 주저하지 않았으며, 함께 독일 왕에게 맞섰다. 그러나 왕이 롬바르디아를 공격하던 도중, 황제에 관한 놀라운 소식을 듣게 되었다. 황제의 군대는 크게 패배하여 많은 병사가 목숨을 잃었고 나머지는 여기저기 흩어졌으며, 황제 본인 역시 여러 위험을 감수하며 곳곳에 부상을 입었으나, 놀랍게도 그의 대담함과 용기로 탈출에 성공했다는 것이었다. 이에 왕은 불필요한 위험에 노출되지 않는 것을 승리라고 생각하여, 말을 돌려 고향으로 돌아갔다. 그리고 로베르는 왕의 진영에 도착하고서는, 직접 쫓지 않고 군대의 상당수를 떼어내 쫓으라고 명령했다. 본인은 모든 전리품을 긁어모아 교황과 함께 로마로 돌아갔다. 교황의 안전을 확보하고 그 대가로 왕으로 인정받은 후, 그는 끊임없이 치러진 전쟁으로 인한 피로를 풀

---

* 그레고리오 7세(재위 1073~1085). 카노사의 굴욕 사건을 벌이는 등 하인리히 4세와 대립했다.

기 위해 살레르노로 복귀하였다.

4

　얼마 지나지 않아 보에몽이 합류하였다. 누구든 그의 얼굴을 보면, 그가 얼마나 큰 패배를 겪었는지 알 수 있었을 것이다. 우리는 이제 운명이 그에게 어떻게 이런 일격을 날렸는지 살필 것이다. 이 젊은이는 아버지의 조언을 새겼고, 더욱 호전적이었으며 위험을 즐겼기에 황제와의 전쟁을 끈질기게 이어갔다. 자기 병사들과 로마군의 정예병, 로베르가 굴복시킨 지역과 마을들의 총독들과 함께 말이다. 이들은 황제의 상황이 희망이 없다고 판단하여 보에몽에게 충성을 바치기로 한 것이다. 그는 바게네티아*에서 요아니나로 진격했다. 이곳에서 먼저 마을 바깥 포도원에 진을 치고 모든 병사를 요충지에 배치하였으며, 본인은 마을 안쪽에 막사를 차렸다. 성벽을 살펴본 후 성채가 위태로운 상황이라는 것을 알게 되어, 서둘러 최대한 복구했을 뿐 아니라 성벽 다른 쪽에는 보다 효과적인 더 튼튼한 벽을 쌓도록 하였다. 또한 약탈자들을 파견하여 인근의 마을과 지역을 노략질하였다. 이에 황제는 일절 지체하지 않고 모든 군대를 모아, 서둘러 5월에 콘스탄티노폴리스를 떠났다. 요아니나에 도착했을 때, 싸우기 적절한 계절이었다. 자신의 군대가 보에몽에 비해 수적으로 불리하며, 일전의 로베르와의 전투에서 켈트인 기병대의 첫 번째 돌격을 막아내기 불가능할 정도라는 것을 알게 되었기에, 그는 경보병^{Σωτήρης}** 중 정예병을 소규모로 데리고 교전을 벌이는 것이 최선이라고 판단하였다. 이렇게 하면 보에몽이 얼마나 군사적 지식을 가졌는지 파악할 수도 있고, 불완전하게라도 공격을 몇 번 시도하여 전반적인 상황을 확인하고 얻은 지식을 바탕으로 더 자신감 있게 켈트인과 전투에 나설 수 있을 것이라 판단했다. 양군 모두 초조하게 전투를 기

---

* 알바니아 일대에 있었던 로마 간선도로
** Σωτήρης; 방패와 창 등을 들고 다니는 경보병

다리고 있었으나, 황제는 라틴인들이 가할 무적의 첫 번째 돌격을 두려워했기에 새로운 방안을 고안해 냈다. 그는 수레를 만들도록 했는데, 기존의 것보다 작고 가벼웠으며 사방에 장대가 박혀있는 것이었다. 라틴인들이 전속력으로 말을 달려 팔랑크스 대열을 향해 돌격하면, 배치된 중보병들이 수레를 앞으로 밀어 라틴인의 전열을 무너뜨릴 수 있을 것으로 생각했다.

전투의 시간이 다가오고 태양이 지평선을 지나 가장 눈부시게 떴을 때, 황제는 전열의 한가운데에 자리를 잡고 전투를 준비했다. 교전이 시작되자 보에몽은 황제의 책략을 예상이라도 한 것처럼 익숙하게 부대를 둘로 나누고, 전차를 피해 로마군의 양쪽을 공격했다. 투사들의 칼을 맞부딪치며 사방에서 혼전이 벌어졌다. 격렬한 전투 끝에 양쪽 다 상당한 수의 사상자가 발생했으나, 보에몽이 분명 승기를 잡았다. 황제는 굳건한 탑처럼 버티고 서서 앞뒤로 공격하였고, 어떤 때는 진격하는 켈트인에게 말을 타고 달려들어 몇 놈을 타격해 죽이고 날려버렸으며, 어떤 때는 함성을 내질러 도주하는 병사들을 다시 불러 모았다. 그러나 마침내 군사들이 여러 갈래로 찢겨 무너지는 것을 보고 자신도 안전을 도모해야겠다고 판단하였는데, 겁을 먹어서가 아니라 당장 목전의 위험을 피하고 군대를 다시 규합하면 강대한 켈트인들에게 더욱 용맹하게 다시 맞설 수 있다고 보았기 때문이다. 그는 동료 몇몇과 함께 적에게서 도주하면서도, 켈트인을 여럿 쓰러뜨리며 다시 한번 대담한 지휘관임을 증명해 보였다. 부하들을 격려했고, 죽거나 승리하거나 둘 중 하나라고 마음먹은 듯 적에게 달려들기도 했다. 그 결과 직접 켈트인 중 하나를 죽였고, 함께 있던 아레스의 추종자*들도 많은 자에게 부상을 입히며 몰아냈다. 이렇게 그는 가늠할 수 없을 정도로 큰 위험에서 벗어났으며, 늪지대를 지나 다시 한번 오흐리드에 안전하게 도착했다. 거기에 머무르며 꽤 많은 패잔병을 규합한 다음, 이들

---

* 뛰어난 전사라는 뜻이다.

은 모두 메가스 도메스티코스에게 남겨두고 본인은 바르다레스*로 갔다. 다른 귀족과 달리 황족들의 쾌락이나 안락함을 즐기지는 않았다. 그는 거기에서 군대와 용병들을 다시 모으고, 보에몽에 맞서고, 켈트인을 공격하기 위한 새로운 대책을 세웠다. 다음 날 전투가 벌어질 것으로 예상하고 쇠로 된 마름쇠를 준비시켜서, 프랑크 기병대가 거세게 돌격해 올 곳으로 예상되는 평원 중간에 뿌리라 명했다. 말의 발을 꿰뚫어 라틴인들의 첫 번째 돌격을 무위로 돌리려 한 것이다. 그리고 그는 전열의 선두에 설 로마 창병들에게 일정 거리를 유지해 마름쇠에 찔리는 일이 없도록 양옆으로 비키라고 지시하였고, 경보병들은 멀리서 켈트인에게 화살 세례를 퍼붓고, 좌우의 군사들은 일제히 달려들어 공격하라고 하였다. 이것이 내 아버지의 전략이었으나, 보에몽의 예상을 완전히 비껴가지는 못했다. 벌어진 일은 이러했다. 내 아버지가 저녁에 무슨 조치를 해두었든 간에, 켈트인은 아침쯤에는 알게 되었다. 이에 그는 전에 말한 바와 같이 전략을 능숙히 바꾸어, 평소 하듯이 전면 공격으로 교전을 개시하는 것이 아니라 양옆으로 공격을 가했고, 중앙의 병사들은 움직이지 않고 버티게 하였다. 난전이 벌어졌고 로마군은 등을 돌렸으며, 이전의 패배에 이미 너무 겁을 먹어 라틴인의 얼굴을 쳐다볼 용기도 내지 못했다. 로마군 전열은 완전히 혼란에 빠졌고, 황제만이 굳건히 서서 상대에게 부상을 입혔고, 본인이 부상을 입기도 하였다. 그러나 전군이 도망쳤으며 몇몇만이 남은 것을 보고, 더 이상 가망 없는 싸움을 이어가지 않기로 마음먹었다. 모두가 극심한 어려움을 겪고 더 이상 적에 맞설 힘이 남아있지 않은데, 그런 위험에 스스로를 내던지는 것은 바보 같은 일이니, 말이다. 급기야 로마 팔랑크스의 좌우익도 도주하였으나, 황제는 여전히 보에몽의 군대와 전투를 이어 나가며 전투의 부담을 홀로 감당하고 있었다. 그러나 매우 위험한 상황이고 더 이상 싸우는 것이 불가능함을 알았기에, 그는 상대에 맞서 다시 한번 강력하게 맞서, 보에몽의 완전한 승리를 막기 위해서는 안전을 도모해야겠다고 판단하였다. 그의 성격이 바로

---

* 현재 마케도니아 북부의 바르다르 강. 1권에서 언급한 바르다리우스 강과 동일한 강으로 추측된다.

이러하였는데, 공격하든 공격당하든, 도주하든 추격하든 절대 겁먹지 않았고, 절망감에 사로잡히지 않았다. 나아가 하느님에 대한 신앙심이 굳건하였고 모든 일의 중심에 하느님을 두었으며, 감히 하느님의 이름에 걸고 맹세하는 일이 없었다. 그도 녹초가 되어, 등을 돌렸고 보에몽과 몇몇 백작의 추격을 받았다. 그러던 중 굴리스와 (아버지의 시종이었다) 함께 있던 다른 이들에게 물었다.

"우리가 어디까지 도망쳐야겠느냐?"

이 말과 함께 그는 말을 돌리고 칼을 뽑아, 가장 앞에 있던 추격자의 얼굴을 공격했다. 켈트인들은 이를 보고 그가 상당히 무모하다고 판단하였으나, 이런 상황에 몰린 사람은 대단히 막기 어렵다는 것을 알았기에 겁을 먹고 추격을 포기했다. 그리하여 황제는 추격자에게서 벗어나 위험을 피했다. 도망치면서도 그는 전혀 용기를 잃지 않았고, 패잔병 몇몇을 다시 규합하고 어떤 자들에게는 호통도 쳤으나, 대부분은 모른척했다. 위험에서 벗어나 다시 수도로 돌아간 뒤에는, 새로이 군대를 모으고 다시 보에몽에 맞서 싸우려 했다.

5

로베르가 롬바르디아로 떠나고 보에몽은 아버지의 지령에 따라 황제에 맞서 전쟁을 이어갔으며, 지속해서 전투에 열을 올렸다. 알리파스의 아들인 페트로스와 퐁투아즈의 백작을 보내 여러 마을을 공략하게 했는데, 페트로스는 두폴로비*를 차지했고 퐁투아즈의 백작은 스코피아**를 차지하였다. 보에몽 본인은 오흐리드인들의 요청을 받아 잽싸게 갔으나, 아리베스가 성채를 방어하고 있어 아무것도 이루지 못한 채, 오스트로보스로 갔다. 그곳에서도 그는 빈손으로 떠났으며, 소스코스와 세르비아를 지나 베리아로 갔다. 별 성과 없이 여

---

*   현재 북마케도니아 폴로크 골짜기 북쪽과 남쪽을 합쳐 부르는 말이다.
** 현재 북마케도니아의 수도 스코페

러 곳을 공격한 끝에, 보디나를 지나 모글레나*로 갔고, 오래전 파괴되어 있던 요새를 재건했다. '사라센인'이라는 별명이 있는 백작과 수비대가 그곳에 남았으며, 그는 바르다레스 강에 있는 아스프라에 에클레시에라는 곳으로 갔다. 그곳에서 석 달 동안 머무르던 중에 앞서 언급한 세 백작, 퐁투아즈의 백작, 레볼두스, 그리고 겔리엘모스는 황제 쪽으로 넘어가려는 배신의 계획을 세웠다. 이 음모는 드러났고, 퐁투아즈의 백작은 황제에게 도망쳤지만, 나머지 두 사람은 포획되었다. 켈트인들의 전통에 따라 결투 재판이 열렸고, 겔리엘모스는 패배하여 유죄 판결을 받았다. 그 후 보에몽의 명령에 따라 그의 눈이 뽑혔다. 레볼두스는 롬바르디아의 아버지 로베르에게로 보내졌고, 그도 눈이 뽑혔다. 다음으로 보에몽은 아스프라에 에클레시에를 떠나 카스토리아로 갔다. 메가스 도메스티코스는 이를 듣고 모글레나를 공격하여 함락시켰고, 곧바로 '사라센인'을 처형했으며 요새는 완전히 허물어버렸다. 보에몽은 그동안 카스토리아를 떠나 라리사로 가 겨울을 보내려 했다. 수도에 도착한 황제는 앞서 말했듯 곧바로 업무에 착수했다. 그는 절대 쉬는 법이 없었다. 그는 술탄에게 병력과 숙련된 지휘관들을 요청했다. 술탄은 아주 숙련된 지휘관들과 함께 7,000명의 병사들을 보내주었고, 가장 노련한 자는 그중에서 카미리스라는 자였다. 황제가 이런 일을 처리하고 준비하는 동안, 보에몽은 병력 중 중무장한 켈트인들만을 일부 골라내 급파했고 이들은 펠라고니아, 트리칼라와 카스토리아를 수중에 넣었다. 다음으로 보에몽은 전군을 이끌고 트리칼라에 도착하였으며, 따로 파견한 병사들은 단 한 번의 공격으로 츠비스코스를 함락시켰다. 다음으로 그는 모든 병력과 함께 순교자 성^墓 게오르기오스의 축제 날**에 라리사에 도착하였고, 공성을 개시하였다. 도시를 방어하는 자는 황제의 아버지 시종의 아들이던 레오 케팔라스로, 여섯 달에 거쳐 보에몽의 공성무기에 맞서 굳건히 버텼다. 그는 곧바로 황제에게 야만인이 공격한다고 전갈로 알렸으나, 황제는 안절

---

* 현재 마케도니아의 알모피아
** 4월 23일, 이때는 1083년

부절못하면서도 곧바로 진군하지는 않았는데, 사방에서 용병들을 긁어모으느라 출발을 미뤘기 때문이다. 완전히 군대를 정비한 후에야 그는 콘스탄티노폴리스에서 나섰다. 라리사 지역에 가까워지자, 수도원이 많아 켈리온이라는 이름이 붙은 언덕을 넘어가고, 대로를 지나 지역민들이 키사보스라고 부른 언덕*을 지났고, 오른쪽으로 행군하여 에제반으로 갔다. 이곳은 블라흐족의 마을로, 안드로니아 인근에 있다. 그는 이곳에서 플라비차로 가서 진을 치고 참호를 팠는데, 마찬가지로 작은 마을이며 강 근처에 있는 곳이다. 다음으로는 델피나스의 정원을 지나 트리칼라로 갔다. 이곳에 머무를 때 앞서 말한 레오 케팔레스의 전령이 그를 찾아왔다. 전갈은 격식 없이 쓰여 있었으며 다음과 같다.

"아소서. 오 황제 폐하, 바로 지금까지 타오르는 엄청난 열정으로 제가 이 요새가 함락당하지 않게 막았다는 걸 말입니다. 지금 그리스도인이 먹을 만한 음식은 다 떨어졌으며 적법하지 않은 것도 먹을 수밖에 없었습니다. 그러나 이것 또한 동나고 있는 상태입니다. 그러니 도와주시려거든 부디 서둘러 주시고 만약 공격자들을 몰아내실 수 있다면, 하느님께 감사드릴 일입니다. 그러나 불가능하다면, 저는 최소한 소임을 다했습니다. 이제부터는 필요 앞에서 고개를 숙여야 합니다. 대자연과 그 무자비한 요구에 인간이 어떻게 맞설 수 있겠습니까? 우리를 압박하고, 말 그대로 목을 조르고 있는 적에게 요새를 넘겨줄 수밖에 없습니다. 만약 우리의 불운한 최후가 이러하면 저를 꾸짖으시겠지요! 그러나 감히 폐하께 말씀드리겠습니다. 전속력으로 달려와서 이 위험에서 우리를 구해내지 못하신다면, 우리는 전장의 무거운 짐과 굶주림을 더 이상 버틸 수 없으니, 할 수 있는 힘이 있는 데도 도움을 주지 않으신다면 감히 말하건대, 저희가 배신하면, 왜 배신하게 했냐고 탓하는 사람들에게 가장 먼저 비난받을 자는 폐하이십니다."

이에 황제는 어떻게든 적을 몰아내야 한다는 것을 깨달았으며 걱정과 고민으로 답답해했다. 하루 종일 하느님의 도움을 청하면서, 그는 어떻게 기습해야 최선일지 고심했다. 또한 라리사 토박이인 노인을 보내, 그 땅의 지형지물

---

* 그리스 라리사에 있는 산

에 대한 정보를 얻었다. 꼼꼼히 눈을 돌리고 손가락으로 짚어가면서, 노인에게 좁은 골짜기가 갈라져 나가는 곳에 대해 물었으며 그 옆에 빽빽한 잡목 숲이 있는지도 물었다. 이런 것들을 라리사 사람에게 물어본 이유는 기습을 통한 책략으로 라틴인들을 물리치고자 했기 때문이다. 개활지에서 벌인 여러 차례의 교전에서 패배하며 켈트인들이 어떻게 싸우는지 경험을 쌓았기 때문이다. 저물녘이 되자 하루 종일 일한 황제는 잠자리에 들었으며, 환영이 나타났다. 그는 대* 순교자 성* 디미트리오스 성당으로 보이는 곳에 서 있었고, 어떤 목소리가 들려왔다.

"슬퍼하지도 통곡하지도 말라. 내일 너는 승리하리라."

사원에 걸린 성* 디미트리오스가 그려진 성화에서 목소리가 나와 그의 귀에 바로 꽂히는 것 같다는 생각이 들었다. 그는 환영에서의 목소리 덕분에 기쁨에 차 깨어났고, 순교자에게 기도하며 만약 승리한다면, 테살로니키에 가서 몇 스타디온 떨어진 곳에서부터 직접 걸어가서 성당에 예를 표하겠다고 맹세하였다. 다음으로 그는 장군과 지휘관들, 친척들을 불러 각각의 의견을 묻는 식으로 토론하였으며, 구상한 계획을 설명하였다. 모든 병력의 지휘권을 친인척에게 맡기기 위한 것으로, 총사령관으로는 니키포로스 멜리시노스와 이른바 '작은 요안니스'로 불린, 바실리오스 쿠르키티오스가 임명되었다. 쿠르키티오스는 용맹하고 군사 기술에 능하기로 유명했으며 아드리아노폴리스 출신이었다. 이들에게는 지휘권뿐 아니라 모든 제국의 깃발을 맡겼다. 황제는 그들에게 이전의 전투에서 자신이 했던 것과 동일한 구상 아래에서 전선을 그으라고 지시하였으며, 라틴군의 선봉을 소규모 교전으로 맞선 다음에 함성을 내지르며 일제히 돌격하라고 조언하였다. 그러나 거리가 좁혀지고 정면에서 맞붙게 되면 바로 등을 돌려 리코스토미온 방향으로 꽁무니가 빠지도록 달아나라고 하였다. 황제가 이 명령을 내릴 때 갑작스레 모든 말이 울었는데, 다들 대경실색하였다. 하지만 그와 더욱 현명한 이들은 이를 좋은 징조라고 해석하였다.

이러한 지시를 내리고 나서 그는 라리사 동쪽으로 떠났고, 저물녘까지 기다렸다가 정예병 몇몇과 함께 리보타니온의 좁은 길을 따라 레바니코스를 돌아, 이른바 알라게라고 불리는 곳을 통과하여 라리사 서쪽에 도달했다. 지형을 살펴다 움푹 들어간 지형을 발견한 그는, 동행한 자들과 함께 엎드렸다. 황제가 기습을 준비하려 서둘러 리보타니온의 좁은 길에 접어들었을 즈음에, 로마군 지휘관들은 켈트인들의 주의를 끌고 황제가 어디로 가는지 알아내지 못하게 방해하고자 정예병 분대를 내보냈다. 이에 로마군이 평원으로 내려와 켈트인들을 공격했고, 짧은 전투 뒤에 해가 완전히 져서야 멈췄다. 정해진 지점에 도착한 황제는 말에서 내렸고, 손으로 고삐를 쥐었다. 그러다가 우연히 저만더*가 잔뜩 핀 곳을 발견하고 거기에서 고삐를 쥔 채 무릎을 꿇고 얼굴은 땅을 향한 채로 밤을 보냈다.

6

새벽녘에 보에몽은 전투 대열을 갖춘 로마군과 깃발, 은이 박힌 창과 고귀한 자줏빛 안장이 얹힌 말들을 확인했다. 최대한 결집한 군대를 둘로 나눈 다음, 하나는 직접 지휘하고, 하나는 브리엔니오스**에게 지휘권을 맡겼다. 그는 라틴인들 중 가장 뛰어난 이 중 하나로 무관장의 지위에 있었다. 보에몽은 평상시와 같은 전략을 사용해, 황제의 깃발을 보이자 황제가 그곳에 있을 것으로 판단하고, 전열은 회오리바람처럼 돌진하기 시작했다. 잠깐의 저항 끝에 방어자들은 도망쳤고, 그는 앞서 묘사한 것과 같이 미친 것처럼 추적했다. 그동안 황제는 멀리 달아나고 있는 아군을 미친 듯 쫓아가는 보에몽을 보고, 보에몽이 로마군 진영에서 멀리 떨어진 상태라고 판단하였다. 이에 즉시 말에 펄쩍 뛰어 올라타며 동행한 자들에게도 말에 타라고 명령한 다음 보에몽의 진영을 덮쳤

---

* 꿀풀과에 속하는 여러해살이풀
** 브리엔네의 백작을 뜻한다.

다. 들이닥치자마자 그는 상당수의 라틴인을 베었고 노획물을 모조리 챙겼다. 이어서 추적자들과 도주자들을 다시 한번 살폈다. 자기 병사들은 계속해서 도주하는 척 가장하고 있었고 보에몽은 뒤쫓고 있었으며, 그 뒤에는 브리엔니오스가 있는 것을 확인했다. 이에 그는 유명한 궁수인 요르요스 피로스와 다른 용맹한 병사들을 불러 브리엔니오스 뒤로 따라붙으라고 명령하였다. 다만 근거리에서 싸우지 말고, 멀리서 말을 겨냥하여 화살을 퍼부으라고 명령하였다. 이에 이들은 켈트인들을 따라잡아 화살을 말에 날려댔고, 기수들은 큰 난관에 봉착했다. 말 위에 타고 있을 때의 켈트인들은 무적처럼 보였고 공격할 때도 그러하였으나, 말에서 떨어지면 무거운 방패를 들고 있다는 점, 신발 끝이 구부러져 있어 걸어 다니기 어렵다는 점 때문에 상대하기도 쉽고 다른 사람으로 보일 지경이었다. 마치 모든 정신력을 잃기라도 한 것처럼. 내 생각에, 황제도 이를 알았기에 기수가 아닌 말을 무력화시키라고 한 것이다. 말이 쓰러지자, 브리엔니오스와 부하들은 상당한 혼란에 빠졌으며, 우왕좌왕하는 사이 두꺼운 먼지바람이 하늘 높이 일어났으며, 어찌나 두꺼운지 오래전 이집트를 뒤덮었던 어둠*에 비견할 수 있을 정도였다. 짙은 먼지가 눈을 가렸으며 누가 어디서 화살을 쏘는 것인지도 알 수가 없었다. 그리하여 브리엔니오스는 라틴인 셋을 보에몽에게 보내 보고를 하게 했다. 이들은 살라브리아스라는 강**의 작은 섬에서 포도를 먹으며 자만심에 차 떠들어대고 있는 보에몽과 몇몇 사람을 발견했다. 그가 계속 말했던 말장난은 지금도 회자하고 있는데, '리코스토미온Λυκοστόμιον'을 야만인다운 발음으로 말하면서 자신이 알렉시오스를 '늑대의 입 속에' 몰아넣었다고 한 것이다***. 자고로 오만함은 많은 이가 눈앞에 있는 것도, 발밑에 있는 것도 보지 못하게 만드는 법이다. 그러나 브리엔니오스가 보낸 전갈을 듣고 황제가 책략으로 승리를 거머쥐었음을 알게 된 보에몽은 격노

---

* 출애굽기 10장 22절
** 현재 라리사 서쪽의 피니오스 강
*** 지명인 리코스토미온Λυκοστόμιον과 '입 속'이라는 뜻의 리코스토마λυκόστομα를 이용한 그리스어 말장난

하였고, 즉시 중무장한 프랑크 정예병들 몇몇과 함께, 라리사 맞은편 작은 언덕으로 진격했다. 아군 전사들이 그들을 발견하고 공격하자고 강력히 주장하였으나, 알렉시오스는 허용하지 않았다. 그런데도, 여러 부대의 다양한 병사들이 상당수 모여들어 켈트인들을 공격했다. 그들은 즉시 반격하여 돌격했으며 약 500명을 죽였다. 그 후 황제는 보에몽이 지나칠 것으로 예상되는 지점에 미기디노스를 지휘관으로 하여 숙련된 병사들과 튀르크인을 배치하였으나, 보에몽은 그들을 무찔러 버렸고 강까지 추격했다.

7

다음 날 새벽이 밝아오자, 보에몽은 앞서 말한 강을 함께 있던 백작들과 건넜다. 브리엔니오스도 그중에 있었으며, 이들은 강둑을 따라가던 중 라리사 외곽에 있던 습지대를 발견했다. 언덕 둘 사이에 나무가 우거진 평원이 있었으며 '클레이소라^{κλεισούρα}'라고 부르는 좁은 길이 하나 있었다. 이곳을 통과하며 그는 평원에 진영을 꾸렸는데, 평원의 이름은 '도메니코스의 궁전'이었다. 다음 날 새벽 팔랑크스의 지휘관이자 내 삼촌인 미하일 두카스가 전군을 이끌고 그를 포위하였다. 그는 사려 깊고 잘생겼다고 칭송받았으며, 외양은 동시대인들뿐 아니라 지금까지 살아온 모든 사람을 뛰어넘는 정도여서 보는 사람마다 경탄할 정도였다. 그는 매우 잽싸고 미래를 예측하는 능력이 탁월하여 대부분 사람이 따라올 수 없었고, 큰 위험을 미리 감지하여 회피하는 능력도 갖췄다. 황제는 그에게 '클레이소라' 지역으로 즉시 진입하지 말라고 명령하였고, 대부분의 병력을 밖에 두면서 튀르크와 사르마티아 군사 중에서 숙련된 궁수들만을 선별해 화살을 쏘게 하였다. 이들이 라틴 군대를 공격하는 동안, 밖에 남아있던 병력은 전투에 목말라 어떤 부대가 먼저 진입할지 다투었다. 보에몽은 부하들에게 밀집하여 방패로 몸을 보호하며 굳건히 버티라고 명령했다. 프로토스트라토르*는 자기 부하들이 죽어 나가는 것을 보고 직접 들어갔다. 보에몽은 프로토스트라토르 미하일과 그 부하들을 보고 마치, 호메로스의 표현을 빌리자면 '훌륭한 사냥감을 마주친 사자'와도 같이 전군을 이끌고 일제히 돌격했으며, 미하일 무리는 바로 등을 돌려 달아났다. 그때 우자스라는, (인종에서 따온 이름이다) 호메로스의 말마따나 '마른 황소 가죽을 오른쪽 왼쪽으로 휘두를 줄 알았고' 용기와 기량으로 유명했던 자가 입구에서 나와 오른쪽으로 몸을 숙인 다음, 재빠르게 돌아 쫓아오는 라틴인을 베어 땅에 나뒹굴게 했다. 그러나 보에몽은 도주자들을 살라브리아스 강까지 쫓았다. 도망치는 동안 우자스는 보에몽의 깃발을 든 기수를 창으로 꿰뚫었고, 손에서 깃발을 낚아채 잠깐 휘두른 다음 내팽개쳤다. 라틴인들은 깃발이 땅에 떨어진 것을 보고 사기가 꺾였으며 다른 길을 통해 트리칼라까지 도망쳤는데, 그곳에는 이미 리코스토미온으로 도망치고 있던 보에몽의 병사들이 일부 있었다. 그들은 트리칼라에 모여 잠시 쉰 다음 카스토리아로 갔다. 한편 황제는 라리사를 떠나 테살로니키로 갔고 평상시처럼 보에몽의 백작들에게 사절을 보내, 그들의 지도자가 약속했던 보수를 지금 요구하면 후하게 보답하겠다고 꼬드겼다. 만약 보에몽이 지불하지 못한다면, 그를 설득해 아버지 로베르에게 받아내되 직접 마주 보고 설득할 수 있게 바다를 건너가라고 말이다. 알렉시오스는 이렇게 해준다면 큰 영예를 누리게 해주겠으며 크나큰 보상을 하겠노라고 말했다. 그리고 만약 누구든지 제국군으로 복무하고 싶다면 등록시켜 주겠으며 보수는 원하는 만큼 줄 것이고, 집으로 돌아가고 싶다면 헝가리를 통해 안전하게 돌아갈 수 있게 해주겠다고 말했다. 황제의 제안에 백작들은 보에몽에게 지난 4년간의 보수를 강하게 요구하였으나, 보에몽은 지불할 수 없기에 잠시 시간을 끌었다. 그러나 정당한 요구가 계속되자, 그는 무엇을 할지 몰라 브리엔니오스를 카스토리아의 총독으로, 알리파스의 아들 페트로스는 폴로비를 방비하도록 남겨두고 아블로나스로 떠났다. 이 소식을 듣고, 황제는 짐을 싸 도시들

---

* 육군 총사령관. 이름의 유래는 '마굿간 주인'이다.

의 여왕으로 개선하였다.

8

도착해 보니 교회는 큰 혼란에 빠져 있었고, 휴식을 취할 시간조차 없었다. 그렇지만 진정한 교회의 사도로, 이탈로스의 가르침에 따른 교회 내의 동요를 목격하고 이전에 언급된 카스토리아를 점령한 켈트인, 브리엔니오스를 처벌하고 싶은 마음이 강하게 있었지만, 그런데도 그는 자기 신앙을 소홀히 하지 않았다. 당시에 이탈로스의 교리는 대단히 유행하였으며 교회를 격분케 하고 있었다. 그의 이력을 맨 처음부터 언급하는 것이 맞아 보인다. 이탈로스라는 자는 이탈리아 태생으로 오랫동안 이탈리아 근처 섬인 시칠리아에 살았다. 시칠리아인들은 로마의 지배에 맞서 반란을 일으킨 바 있었는데, 반란을 준비하면서 이탈리아인들에게 함께하자고 초대했다. 그때 간 자 중 아들을 함께 데리고 간 이탈로스의 아버지가 있었으며 비록 종군할 나이가 아니기는 했지만, 소년은 이탈리아인들의 관습에 맞춰 아버지를 따라 군사 교육을 받았다. 이탈로스는 유년기를 이렇게 보냈으며 이것이 그의 교육의 첫 번째 토대다. 모노마호스가 재임할 때 그 유명한 요르요스 마니아키스*가 시칠리아를 굴복시키고 다스리자, 아버지와 아들은 간신히 도망쳤으며 여전히 로마 아래에 있던 롬바르디아로 갔다. 이곳에서 (어떻게인지는 모르겠으나) 이탈로스는 콘스탄티노폴리스, 온갖 배움과 가르침이 있는 곳으로 갔다. 포르피로옌니토스 바실리오스**부터 모노마호스 황제가 재임할 때까지, 문학이 많은 이에게 무시되기는 했으나 완전히 사그라든 것은 아니었기 때문이며, 알렉시오스 황제의 치세 때 다시 불붙고 살아났는데, 문학을 사랑하는 자들이 끈기 있게 노력했기 때문이다. 그 이전 대부분 사람은 사치스럽게 살며 향락을 즐겼는데, 유약함 때문에

---

* 동로마의 장군(998~1043)으로 1040년 시라쿠사를 함락시켰다.
** 황제 바실리오스 2세(재위 976~1025).

메추라기 사냥이나 불명예스러운 소일거리로 시간을 때웠고, 문학은 물론이고 모든 학문을 부차적인 것으로 치부했었다. 이탈로스가 만난 사람들의 성격이 대부분 이러하였다. 그는 잔인하고 거친 성품의 학자들과 함께하였으며 (당시에 이런 자들이 수도에도 있던 것이다) 그들한테 문학 교육을 받고 난 후에는 저명한 미하일 프셀로스*와 연락하게 된다. 이 남자는 여러 똑똑한 교수들 밑에서 수학했을 뿐 아니라 타고난 머리와 지능, 나아가 하느님의 도움으로 (어머니의 열렬한 간청으로 이를 얻었는 바, 자주 성당에서 밤을 지새우며 성모의 성화 옆에서 아들을 위해 울고 기도문을 외운 것이다) 모든 지식에 통달하였으며, 그리스와 칼케돈 문학을 빠짐없이 숙지했고 지혜로운 것으로 유명했다. 이에 이탈로스는 그의 문하생이 되었으나, 철학의 지고한 진실을 이해하기에는 교사들을 견디지 못하는 야만스럽고 상스러운 기질 때문에 불가능하였다. 심지어 무언가를 배우기도 전부터 교사의 지도를 건방지고 야비하게 거부하며, 자신이 다른 누구보다도 똑똑하다고 착각하며 처음부터 프셀로스에게 대들었다. 그는 변증법**에 광적으로 열광하여 매일 광장으로 나가 소요를 일으키며 현학적이고 모호한 주장을 쏟아낸, 모호한 명제를 뒷받침하기 위해 모호한 이유를 가져다 붙이고는 했다. 당대의 황제인 미하일 두카스와 그의 형제들은 친분을 쌓았다. 분명히 그들은 그를 프셀로스보다 뒤떨어진다고 생각했지만, 여전히 그를 좋아하면서 문학 경연에 참여시키고는 했다. 두카스 집안은, 황제와 그 형제들 역시 대단히 문학적이었기 때문이다. 이탈로스는 항상 격렬한 분노를 느끼며 프셀로스를 쏘아보았으나, 프셀로스는 독수리처럼 그의 말잔치 위에서 활공했다.

다음으로는 무슨 일이 일어났느냐? 라틴인과 이탈리아인들은 로마인과 전쟁을 벌였고, 롬바르디아 전역뿐 아니라 이탈리아를 통째로 차지하려고 했다.

---

* 철학자이자 관료(1017/18~1078)로, 콘스탄티노스 9세 모노마호스부터 미하일 7세 두카스 때까지 유력 정치가였다.
** 소크라테스가 주장한, 문답을 통해 진리를 확립하는 기술

당시의 황제는 이탈로스를 에피담노스로 보냈는데, 그가 친구이고 정직한 남자이며 이탈리아인들에 대해 이해하고 있다고 믿었기 때문이었다. 그러나 결론적으로, 그는 반역을 꾀하다가 들통났고, 그를 처단하고자 사절이 보내졌다. 이탈로스는 이에 로마로 도망쳤다. 이후 본성에 걸맞게, 그는 뉘우치며 황제에게 탄원하였고 황제는 콘스탄티노폴리스로 돌아오라 명령하며 피게 수도원*과 마흔 성인의 성당을 살 곳으로 내주었다. 프셀로스가 삭발식을 치르고 비잔티온을 떠난 후에**, 이탈로스는 모든 철학의 으뜸가는 교사가 되었으며 철학자 중 가장 높은 지위라는 '히파토스***'의 칭호를 받았고, 아리스토텔레스와 플라톤의 책을 설명하는 강의를 맡았다. 사람들은 그가 대단히 박식하다고 생각했으며 필멸자들 중에서 페리파토스학파****, 특히 그 변증법을 그보다 더 철저히 탐구할 수 있는 자는 없을 것처럼 여겼다. 그러나 다른 문학적인 분야에서는 머리가 그리 좋지 않았는데, 문법은 불완전했고 수사학의 넥타르*****를 맛본 적이 단 한 번도 없었다. 그리하여 언어는 조화롭지도 유창하지도 않았다. 마찬가지 이유로 성격은 대단히 단순하였으며 우아함이라고는 찾아볼 수가 없었다. 그가 쓴 글 또한 눈살을 찌푸리게 했으며 신랄함을 내뿜다시피 했고, 변증법적인 공격 범벅이었다. 논쟁을 벌일 때는 온갖 주장을 늘어놓았는데, 글을 쓸 때보다도 말할 때 더욱 그러하였다. 주장을 어찌나 강경하게 하고 어찌나 반박하기 어렵게 늘어놓는지, 대적하는 사람들은 자연히 입을 꾹 다물 수밖에 없었다. 질문에 어느 쪽으로 답하든 간에 함정을 파놓아 대담자를 난해함의 우물 속에 몰아넣었으니 말이다. 이러한 변증법적인 기술과 쉴 새 없이 이어지는 질문들을 이용하여, 대적자들을 혼란에 빠뜨리고 기세를 꺾으면서 압도하고는 했다. 논쟁을 벌여본 그 누구도 이 미궁에서 벗어날 수는

---

* 6세기에 유스티니아누스 대제가 지은 수도원으로, 신성한 샘 위에 지어져 샘이라는 뜻의 피게가 이름으로 붙었다고 한다.
** 삭발식은 콘스탄티노스 9세 때나, 지은이는 미하일 7세 때 그가 실각한 시기를 가리키고 있다.
*** 집정관을 뜻하나, 12세기 동로마 제국에서는 형식상의 칭호에 불과했다.
**** 아리스토텔레스 학파
***** 그리스 신화의 신들이 마시는 술

없었다. 다른 말로 표현하자면, 그는 전혀 세련되지 못한 폭력적인 본성의 보유자였으며 이 본성은 그가 배움에서 얻은 모든 미덕을 무위로 돌리고 없애버렸다. 논쟁을 벌일 때면 이자는 말뿐 아니라 주먹도 사용하여, 대담자들이 창피해서 얼이 빠지게 만들거나 입은 아무 말도 못할 정도로 비난하는 데에 만족하지 않고, 손을 휘둘러 턱수염과 머리카락을 뜯어내며 모욕을 늘어놓았다. 손과 혀를 가만히 두는 법을 몰랐다. 이것만 보더라도 그가 철학자로 살기에 얼마나 부적합한지 알 수 있지만, 그도 분노가 가라앉으면 눈물을 흘리고 완연히 후회하기도 했다. 그가 어떻게 생겼는지 관심 있는 사람이 있을지 모르겠는데, 그는 머리가 컸으며 이마는 툭 튀어나왔고 얼굴은 인상적이었으며 콧구멍은 넓게 벌어져 있었다. 수염은 둥글게 휘었으며 가슴은 널찍했고 팔다리는 곧게 뻗었고 키는 보통 키보다 약간 컸다. 발음은 어릴 때 우리나라에 와서 그리스어를 꼼꼼히 배웠으나 아직 명료한 발음이 되는 정도는 아닌 라틴인을 생각해 보면 되는데, 음절을 여기저기서 끊고는 했기 때문이다. 수사학자들뿐 아니라 일반 사람들도 어조를 교정할 필요가 있다거나 마지막 글자 발음을 생략하는 경우가 있다고 느꼈으며, 그의 말투가 촌사람 같다고 하였다. 그 결과 주장을 변증법 책들에서 끌어와서 온갖 곳에 집어넣었는데도, 작문에는 오류가 있었으며 문법적 오류는 사방에 널려 있었다.

9

이 사람은 일반 철학의 대가로 여겨졌으며, 이에 젊은이들이 몰려들었다. 그는 플라톤과 프로클로스, 두 철학자 포르피리오스와 이암블리코스의 가르침을 명료하게 정리하였으며*, 특히나 아리스토텔레스의 법칙을 정리하였다. 실용적인 목적으로 활용하기를 원하는 자를 위해 아리스토텔레스의 법칙 체계를 가르쳤는데, 이는 쓸모 있는 도구였으며, 그 자신도 자랑스러워해 많은 시

---

* 모두 신플라톤학파 철학자다.

간을 할애했다. 그러나 제자들에게 미치는 좋은 영향은 중간중간 끼어드는 폭력적인 성격과 전반적인 불안정성에 비하면 한참 뒤떨어졌다. 그리고 보라. 그의 제자 중에는 요안니스 솔로몬과 이아시타스, 세르블리아스가 있었으며, 그 밖에도 학문에 전념하는 이들이 있었다. 이후 이들은 궁전에 종종 드나들었고 나도 직접 마주친 적이 있는데, 어떤 정확하고 체계적인 지식을 가지고 있는 것은 아니었으며, 변증법 학자의 역할에 맞게 혼란스럽게 움직이며 집중적으로 비유법을 이용했으나 말이 되는 것은 하나도 없었다. 이들은 자신들의 이론을 설파했으며 심지어 환생에 관한 내용*까지 은밀히 늘어놓았고, 그에 비견될 정도로 끔찍한 발상도 포함되어 있었다. 궁정을 방문하고 배웠다는 사람 중에서 고귀한 부부가 밤낮을 가리지 않고 성경을 탐구하는 모습을 (내 부모님 말이다) 보지 못한 자가 누가 있으랴? 그리고 이 지점에서 한 가지 이야기를 할 것이다. 웅변의 규칙이 허락하는 대로 말이다. 기억하기로는 황후이신 내 어머니가 아침이 이미 식탁에 차려져 있을 때 손에 책을 한 권 들고 교부들이 선언하신 글, 특히 철학자이자 순교자인 막시모스**의 글을 탐닉하고 있던 적이 있었다. 교리에만 관심이 있었지 철학적인 논쟁에는 별로 관심이 없었기 때문에, 진정한 지혜를 얻고 싶어 하셨기 때문이다. 그리고 나는 자주 놀라움에 사로잡혀 하루는 물어보았다.

"어떻게 하면 그렇게 숭고한 경지까지 스스로 올라설 수 있나요? 저는 몸이 떨려오고 그런 것들은 조금이라도 안 듣고 싶거든요. 이분의 글은 너무 지적이고 추상적이어서 읽다 보면 속담에서 말하는 것처럼, 머리가 헤엄치는 것 같아요."

그녀는 미소 지으며 말했다.

"네가 고민하는 것은 칭찬할 만한 것이란다. 나 역시도 이런 책을 펼 때는 전율을 느

---

* 플라톤은 영혼은 창조되지 않으며 다른 육체로 계속 윤회한다고 생각했다. 543년 유스티니아누스 1세가 오리게네스를 이단으로 규정하고 저작물을 불태운 이후 이런 주장은 보편교회에서 추방당했다.
** 7세기 신학자인 고백자 막시모스(580~662)

끼지만, 눈을 뗄 수가 없구나. 좀 더 인내심을 가지고 다른 책을 파다 보면, 이 책들의 달콤함을 알게 될 게다."

이 말을 기억하고 있자니 마음이 아파오고 또 다른 추억의 바다에 잠겨 든다. 하지만 역사의 규칙이 이를 금지하니 이탈로스의 이야기로 돌아가도록 하자. 내가 이전에 언급했던 제자 중에서는 그가 최고의 인기를 자랑했다. 그런데도 그는 모든 것을 무시했고, 의지가 약한 많은 사람이 불만을 품게 했다. 심지어 여럿은 그를 따라 선동 활동을 벌였다. 만약 시간이 내 기억을 흐리게 만들지 않았다면, 많은 사람의 이름을 나열할 수 있었을 것이다. 이 모든 일은 내 아버지가 제위에 오르기 전에 있었던 일이다. 즉위하고 나자 이곳의 모든 교육이 아주 형편없으며 정규 문학 수업은 아득히 사라진 것을 보고, 그는 지체 없이 재를 모아 그 밑에 혹여 불씨가 있을까 살폈다. 배울 의지가 있는 사람들은 (있긴 있었지만, 극히 적었고 아리스토텔레스 철학의 입구에 서 있는 수준이었다) 계속 격려했지만, 그리스 문학보다는 성경 공부에 힘쓰라고 하였다. 이탈로스가 모든 것을 혼란에 빠뜨리고 있으며 많은 이를 미혹시키는 것을 발견하고, 그는 문학에 능통하고 중차대한 임무를 적절히 처리할 줄 아는 세바스토크라토르 이사키오스에게 그를 조사해 보라고 하였다. 이사키오스는 이탈로스가 들리는 이야기와 똑같다는 사실을 알게 된 후, 광장에서 공개적으로 비난하였고 동생인 황제의 명령에 따라 교회 재판소에 넘겼다. 이탈로스는 스스로의 무지를 감출 수 없는 자였기에 교회에 이질적인 교리들을 토해냈으며, 교회의 중심부에서도 광대처럼 행동하였고 여러 상스럽고 교양 없는 짓을 벌였다. 교회의 수장이던 에브스트라티오스 가리다스는 그가 올바른 마음을 가지도록 하겠다는 희망을 품고서 대성당 경내에 가두라고 명령하였다. 그러나 들리는 바에 따르면 총대주교 본인도 바른길을 따르는 것이 아니라 이탈로스의 이단에 부분적으로 빠져들었다고 한다. 이탈로스가 총대주교를 거의 헌신적인 제자로 만들었다는 것이다. 그 결과는 어떠했는가? 콘스탄티노폴리스의 모든 사람이 성당으로 우르르 몰려들어 이탈로스를 잡으려 했다. 만약 그가 성당 지붕으로 올라가 발견한 구멍 안에 숨지 않았더라면, 사람들은 성당 꼭대기에서 그를 회랑으로 내던져 버렸을 것이다. 그러나 그의 사악한 교리는 궁전의 많은 사람의 이야깃거리였고, 적지 않은 수의 귀족이 이 유해한 교조로 더럽혀져 황제는 근심이 가득했다. 이탈로스가 가르치던 이단의 교리는 열한 개의 장으로 요약되어 황제에게 보고되었다. 황제는 이탈로스에게 맨얼굴을 드러내고 대성당의 강대에서 이 장들을 낭독하면서 부정하라고 명령하였으며, 회중은 이를 듣고 저주를 퍼부었다. 하지만 이런 조치가 취해진 이후에도 이탈로스는 여전히 통제되지 않았고, 또다시 공공연하게 많은 사람에게 똑같은 교리를 가르쳤고, 황제가 꾸짖으면 무례하고 야만스럽게 거부하여 결국 파문되었다. 나중에 두 번째로 보속*한 뒤에는 파문의 형벌이 좀 가벼워지기는 했지만 말이다. 그의 교리는 여전히 많은 비판을 받았지만, 그의 이름은 마치 비밀인 것처럼 간접적으로만 언급되었다. 그리고 교회의 파문 선언도 회중 앞에 공개적으로 발표되지 않았다. 말년에 그는 의견을 바꾸어 자신이 저질렀던 잘못을 뉘우쳤다. 나아가 환생에 대한 믿음을 부인하였고 성인들의 성화에 대한 모욕적인 언사를 철회하였다. 또한 이데아에 대한 가르침을 재구성하여 더욱 정통적으로 보이게 하였는 바, 그가 올곧은 길에서 벗어났던 젊은 시절의 자신을 질타했다는 것은 꽤 분명해 보인다.

---

*   그리스도교에서 죄로 얻은 나쁜 결과를 보상한다는 뜻이다.

이탈로스의 저술에는 이단적인 부분이 있으나 (Schukin, 2008) 총대주교가 그를 보호하였다는 지은이의 서술을 보면 교회가 이 재판을 밀어붙였다고 보기는 어려울 것이다. Clucas(1981)는 황제가 이탈로스를 처벌한 것은 그가 로베르 기스카르의 동향 사람이기 때문이며 교조적 사고와 정치적 목적에서 비롯된 것이라 주장한다. 외국 출신으로 이전에도 반역 행위를 벌였으며, 폐위된 두카스 황제의 후원을 받았고 고위층을 끌어들이며 공공연하게 소요를 벌였기에 정치적 위협이 되어 제거할 필요가 있었다는 것이다(Kraft et al, 2018). 또한 황제는 교회 재산을 전쟁 자금으로 쓰는 불경죄를 저질렀는데, (지은이는 쓸모없는 것이었다 변호하나 그랬다면 자금 충당이 불가능했을 것이다) 이를 무마하기 위해 정통 신앙을 강조한 것이라 생각할 수도 있다(Buckley, 2014). 나아가 시민들이 그를 공격했다는 서술이나 토론에서 폭력을 휘둘렀다는 서술을 보면 대중적으로 인기있거나 매력적인 인물은 아니었으리라 볼 수 있겠다.

참고문헌

Schukin, T. (2008). ICONOCLASTIC FRAGMENT OF THE APOLOGETIC NOTE BY JOHN ITALOS, Scrinium, 4(1), 249-259. doi: https://doi.org/10.1163/18177565-90000187

Clucas, L. (1981). The Trial of John Italos and the Crisis of Intellectual Values in Byzantium in the Eleventh Century. Institut für Byzantinistik, Neugriechische Philologie und Byzantinische Kunstgeschichte der Universität. 266-267.

Kraft, A. & Perczel, I. (2018). John Italos on the eternity of the world: A new critical edition of Quaestio 71 with translation and commentary. Byzantinische Zeitschrift, 111(3), 659-720. https://doi.org/10.1515/bz-2018-0018

Buckley, P. (2014). The Alexiad of Anna Komnene: Artistic Strategy in the Making of a Myth. Cambridge: Cambridge University Press. doi:10.1017/CBO978113958387

6권
제국의 승리와 또다른 전운

서쪽의 노르만 & 로베르 기스카르의 죽음 & 튀르크인들

VI. Norman West & Death of Robert Guiscard & The Turks

1

 앞서 말했듯 브리엔니오스가 카스토리아를 점령하고 있었기에, 황제는 그를 몰아내고 마을을 다시 차지하고 싶어 했다. 그리하여 다시 전군을 불러 모으고 공성에 필수적인 장비와 탁 트인 땅에서의 전투에 필요한 것을 챙겨, 요새로 향하는 길을 따라갔다. 마을의 상황은 이와 같았다. 지명을 따서 이름이 붙여진 호수가 하나 있었고, 곶이 튀어나와 바위투성이 언덕까지 이어져 있었다. 이곳의 좁은 땅에 탑과 성벽이 성채처럼 지어져 있었으며, 이로부터 마을의 이름 '카스토리아Καστοριά'가 나온 것이다*. 황제는 가장 먼저 공성무기로 탑과 성벽을 공격하는 것이 좋겠다고 판단하였다. 그러나 안정적인 거점 없이는 병사들이 성벽에 가까이 붙는 것이 불가능했기에, 먼저 말뚝을 둘러쳐 진영을

---

* 라틴어로 카스트라castra가 '성채'라는 뜻이다. 마을의 특산물이 비버 가죽이어서 그리스어로 '비버'를 일컫는 카스토라스κάστορας에서 마을의 이름 '카스토리아Καστοριά'가 유래했다는 학설도 있다.

설치하고 나무 탑을 지어 철로 된 줄로 묶은 다음, 여기에서 켈트인에 맞선 전투를 개시하였다. 공성무기와 투석기가 마을 바깥에 설치되었으며 싸움은 밤낮으로 이어졌다. 그러나 수비 측은 대단히 완강하게 맞섰으며 성벽이 무너지는 상황에서도 항복하지 않았다. 황제는 이런 식으로는 목적을 이룰 수 없다는 것을 깨닫고 대담하고도 영리한 계획을 세웠다. 굳센 병사들을 배에 태워 양면으로, 즉 육지와 호수에서 동시에 공격을 퍼붓는 것이었다. 함선이 없었기에 대신 수레로 작은 배를 몇 척 가져와서 좁은 둑길을 통해 호수에 띄우도록 했다. 그런데 라틴인들이 언덕 한편을 올라갈 때는 빨리 오르는데, 다른 한쪽으로 내려올 때는 느리다는 것을 알아차렸다. 그리하여 요르요스 팔레올로고스에게 몇몇 전사와 함께 배에 타도록 하고, 언덕 근처까지 노를 젓게 한 후 미리 약속된 신호를 기다렸다가, 신호가 보이면 적의 뒤를 따라 산길로 올라가 편한 경로로 마을로 진입하라고 지시했다. 만약 황제가 육지에서 라틴인들과 전투를 시작하면, 그는 빠르게 움직여야 했다. 라틴인들이 양쪽에서 공격받게 되면, 효과적으로 싸우기 어려워져 어느 쪽이든 한쪽이 무너져 약해질 것이라는 판단이었다. 요르요스 팔레올로고스는 호숫가를 떠나 앞서 말한 언덕 밑에서 무장한 채로 대기하였다. 그는 황제의 신호를 볼 보초를 파견하며 신호를 보는 즉시 알리라고 명령했다. 새벽녘이 되자 황제의 병사들이 함성을 내지르며 육지 쪽에서 라틴인들에게 달려들어 전투를 개시했다. 보초는 신호를 본 뒤, 또 다른 신호로 팔레올로고스에게 전달했고, 곧바로 그와 병사들은 산등성이로 달려가 전투를 벌였다. 그러나 브리엔니오스는 바깥의 공성 부대와 안쪽에서 달려드는 팔레올로고스를 보고도 항복하지 않았으며, 백작들을 불러 더 굳건히 맞서라고 명령했다. 하지만 그들은 매우 무례하게 행동하며 말했다.

"재앙이 어떻게 겹겹이 몰려드는지 똑똑히 보지 않았소. 우리도 앞으로는 우리 몸부터 건사해야 할 판이니, 몇 명은 황제의 편에 서고 몇 명은 고국으로 돌아가기로 했소."

곧장 그들은 말한 바를 실천에 옮겨, 황제에게 두 개의 깃발을 세워달라고 했다. 하나는 성聖 게오르기오스의 성소(해당 성인을 기리고자 만들어진 성당이다) 근처에, 하나는 아블로나스로 가는 길가에 말이다. 그들이 말했다.

"그러면 폐하를 섬기고 싶은 자들은 순교자의 성당으로 이어지는 길에 모일 것이고, 귀국하고 싶은 자들은 아블로나스로 가는 길에 모일 것입니다."

이러한 말과 함께 이들은 즉시 황제에게 항복했다. 그러나 브리엔니오스는 용맹한 자로서, 귀순을 강하게 거부하였다. 대신 로마 제국 국경까지 안전하게 통행할 수 있도록 허락하고 자유롭게 귀국할 수 있도록 한다는 조건으로, 다시는 황제에게 맞서 무기를 들지 않겠노라고 맹세했다. 황제는 즉시 요구를 받아들였고 승리의 영광을 만끽하며 비잔티온으로 향하는 길에 올랐다*.

2

이 지점에서 서사의 흐름을 끊고 황제가 어떻게 파울리키아파를 억눌렀는지를 설명해야겠다. 그는 이 반역자들을 먼저 진압하지 않고서는 수도에 들어간다는 것을 상상도 하지 못했다. 그가 생각하기에 하나의 성공에는 다른 성공이 뒤따라야 했으며, 영광의 수레바퀴를 계속 돌리려면 이 마니교도 무리를 집어넣어야 했다. 파울리키아파의 후예가 서방에서 거둔 승리의 눈부신 영광에 오점이 되어서는 안 되니 말이다. 전쟁을 벌여 파울리키아파 무리를 억누르고 싶어 하지는 않았는데, 전투를 벌이면 양편 다 많은 사람이 사망할 것임을 알았고, 나아가 오래전부터 이런 이들은 대단히 열성적이며 적을 극도로 증오한다는 것도 알았기 때문이다. 이러한 이유로 그는 오로지 우두머리만을 처벌하고 나머지는 군대에 편입시키려고 생각했다. 이 생각은 교묘하게 실행에 옮겨졌다. 그는 이자들이 위험을 즐기며 전쟁에서 막을 수 없을 만큼 용맹하다는 것을 알았기에, 궁지에 몰리는 경우 끔찍하게 분노를 터뜨릴까 염려하였

---

* 카스토리아 함락은 1083년 10월 또는 11월에 이루어졌다.

다. 또한 이들은 지금 근거지에서 조용히 살고 있었고, 약탈이나 다른 파괴 행위도 삼가고 있었다. 이에 그는 비잔티온으로 돌아오는 길에 여러 약속을 담은 편지로 그들에게 만나자고 청했다. 그런데도 마니교도들은 켈트인을 상대로 거둔 승리 소식을 듣고 이 편지가 단순히 유혹하기 위한 과장된 약속은 아닐지 의심했다. 약간 주저하긴 했지만, 결국 그들은 부름에 응했다. 알렉시오스는 모시노폴리스* 인근에서 잠시 멈추었는데, 다른 일로 기다리는 척을 하면서 사실은 그들의 도착을 기다리고 있었다. 마니교도들이 도착하자 그는 개인적으로 만나보고 싶은 것으로 가장하여 각자 이름을 써달라고 했다. 나아가 근엄하게 그들 앞에 앉아 마니교도들의 지도자들에게 먼저 나오되 무질서하게 오지 말고 10명씩 짝지어 오라고 하였으며, 이름이 불리면 거기에 맞춰 문으로 들어가 달라고 했다. 오늘 만나지 못한 나머지 사람들은 내일 만나보겠다는 약속도 했다. 이자들의 말과 무기를 빼앗고 묶어서 배정된 감옥에 집어넣기 위해 이미 사람들이 배치되어 있었으며, 순서대로 10명씩 짝지어 온 사람들은 무슨 일이 일어나는지 몰랐고, 마을에서 겪을 운명에 대해 알지 못한 채 들어갔다. 이런 방식으로 그는 이들을 사로잡았으며, 재산을 몰수해 전투와 위험을 무릅쓴 용맹한 전사들에게 배분하였다. 이 배분을 맡은 관료들은 필리포폴리스**로 가서 여자들을 집에서 내쫓았고, 성채에 감금했다. 얼마 지나지 않아 황제는 감금된 마니교도들을 불쌍히 여겼으며, 그리스도교의 세례를 받고자 하는 이들은 받아들였다. 철저한 조사를 거쳐 이 무시무시한 광기를 만든 우두머리들이 특정되었으며, 이들은 섬으로 추방되어 그곳의 감옥에 갇혔다. 황제는 나머지는 풀어주고 어디든 원하는 대로 가서 살라고 허락해 주었다. 그들은 다른 곳보다도 고향을 가장 선호하였으며, 서둘러 돌아가 할 수 있는 한 상황을 수습하려고 했다.

---

* 현재 그리스 코모티니 인근에 있던 도시
** 불가리아 중남부의 도시로, 현재 이름은 플로브디프

3

　알렉시오스는 그 후 도시들의 여왕으로 돌아왔다. 대로와 샛길에서 수군거리는 이야기가 (교회 재산의 몰수에 관한 것이었다) 그에게도 들려왔으니 마음 아프기 그지없었다. 끔찍한 죄를 범한 것도 아닌데 등 뒤에서 침을 뱉는 자들이 점점 늘어나고 있었다. 절실하게 필요한 상황이었고 나라가 격변할 때 국고가 이미 바닥나서 이런 수단에 의존하였으나, 그는 이조차 빌린 것으로 여겼다. 절대로 도둑질이라고 여기지 않았으며, 헐뜯는 사람들이 주장했듯 폭군의 책략도 아니었다. 닥쳐온 전쟁을 성공적으로 끝마치면 가져갔던 장식품들을 복구할 생각도 하고 있었다. 도시들의 여왕으로 돌아온 그는 비난하기 좋아하는 자들이 자기 행동에 대해 입방아를 찧어대는 꼴을 견딜 수가 없었다. 그래서 그는 블라헤르네 궁전에서 회의를 개최하고, 직접 그 자리에 피고로 출석해 항변하기로 했다. 이 회의에는 모든 원로원 위원, 지휘관들, 성직자들이 참석했고, 그들은 이 큰 회동이 왜 열린 것인지 궁금해했다. 실제로는 황제가 추문에 대응하기 위한 것이었다. 여러 수도원장도 참여하였고, 각 교회의 재산 목록을 기록한 책들이 앞에 놓여 있었다. (이는 보통 '브레비아'라고 불렸다) 옥좌에 앉아있는 황제는 마치 심판관처럼 보였으나, 사실은 조사받기 위해 온 것이었다. 먼저 여러 후원자들이 옛날 수도원에 내렸던 선물들이 낭독되었으며, 다시 가져간 것이나 전임 황제가 챙긴 것이 있는지 조사가 이루어졌다. 그런 것은 딱 하나의 예외를 빼고는 아무것도 없었는데, 조이 여제*의 관에 놓인 금은 장식품들, 그리고 더 이상 성사에 쓰이지 않는 몇몇 작은 물건이었다. 황제는 공개적으로 자신을 재판에 부치라고 하며, 원하는 자는 누구든지 판관이 되라고 하였다. 잠시 말을 멈추고 어조를 바꾸어 그가 이어 나갔다.

　"사방에서 야만인들이 제국을 포위한 상태였으며, 몰아붙이고 있는 이 적들에 맞설 자원이 바닥난 상태였소. 그대들도 내가 얼마나 수많은 위험을 넘겼는지, 야만인의 검

---

*　여제 조이 포르피로옌니티(재위 1042년 4월 21일~6월 11일)

에 베일 위기를 몇 번이나 간신히 벗어났는지 알고 있을 거요. 그리고 양면으로 우리를 공격해 온 적의 수는 아군보다 몇 배는 더 많았고, 그대들도 페르시아의 침략이나 스키타이인의 약탈을 처음 들어보지는 않았을 것이고, 롬바르디아의 예리한 창날을 잊지 않았을 거요. 그러나 무기와 돈은 다 없어졌고, 제국이라는 원이 점점 더 줄어들어 더 작아질 수도 없는 지경에 와 버렸소. 어떻게 해야 군대를 양성하고 완벽하게 훈련하며, 사방에서 모아 하나로 뭉칠 수 있는지 그대들도 알 거요. 모든 일에 충분한 돈이 필요하다는 것을 다들 알 것이고, 내가 가져간 것은 훌륭한 페리클레스의 전례*를 따라 유용하게 쓰였으며, 우리의 영예를 지키기 위함이었던 것도 알 거요. 여러분 중 비판자가 있고, 우리가 한 일이 교회법에 어긋나는 것처럼 보이더라도 놀랍지는 않소. 그러나 다들 왕이자 예언자인 다윗의 글을 읽었으며, 그가 똑같은 상황에 처하자 병사들과 함께 성체를 먹었다는 것을 알 거요. 성직자를 위한 음식을 평신도가 손대는 것은 법에 어긋나는데도 말이오**. 또 교회법에서는 전쟁 포로의 몸값을 내기 위해서는 성스러운 물건들도 내다 팔 수 있다고 정하고 있는 것도 알게 되었을 것이오. 만약 모든 나라가 포로와 같은 상태가 되고, 도시들, 심지어 콘스탄티노폴리스조차도 함락될 위기에 처했다면 그런 위기의 순간에 더 이상 성물이라 부를 것도 못 되는 물건을 몇 개 우리의 자유를 위해 썼다는 것이, 내 단언하건대, 비방꾼들이 우리를 비난할 정당한 사유가 되지는 못할 거요."

이 말을 한 다음, 그는 어조를 바꾸어 잘못을 인정하고 스스로를 질책하였다. 다음으로 '브레비아'의 관리인들에게 가져간 것이 뭔지 확실히 알 수 있게 다시 한번 낭독하라고 했다. 그러고는 즉시 앞서 말한 여제의 무덤이 있는 안티포네티스 성당 참사회의 재무관들에게 어느 정도의 금을 매년 줘야 적절할지 계산하였으며, 이 글을 쓰고 있는 지금까지도 중단 없이 지불되고 있다. 칼코프라테이아 성당을 위해서는 성모의 성소에서 찬송가를 부르는 합창단의 급료를 지급할 만한 양의 금을 국고에서 할당해 두었다.

---

* 기원전 5세기 장군(495 BC~429 BC)으로 펠로폰네소스 전쟁을 준비하고자 신전의 돈을 가져갔다.
** 사무일상 21장, 마태복음 12장 3~4절 참고

4

그 사이 황제를 겨냥한 모략이 탄로 났는데, 원로원의 지도자들과 군대 주요 지휘관들이 계획한 것이었다. 고변자들이 나와 공모자들과 대질하였고, 이들은 유죄로 판결되었다. 그렇게 음모가 밝혀졌으며 이러한 범죄에 대해 법이 정한 형벌은 무거웠으나, 황제는 그 정도의 형벌을 내리고 싶어 하지는 않았다. 우두머리는 재산을 몰수하고 추방하였으며, 이 모략에 대한 처벌은 그 정도에 그쳤다. 이제 다른 길로 샜던 지점으로 다시 돌아가도록 하자.

니키포로스 보타니아티스가 알렉시오스를 도메스티코스의 지위로 승급시켰을 때, 그는 트라블로스라는 마니교도를 함께 데려가 집안의 시종으로 삼았다. 이후에는 그리스도교식 세례를 받고 황후의 하녀 중 하나와 결혼까지 시켜주었다. 그런데 누이 네 명이 재산을 전부 몰수당하고 다른 여자들과 함께 집에서 쫓겨나 투옥되었다는 것을 듣자, 트라블로스는 분개했고 참을 수 없어 황제의 통치하에서 벗어날 방법을 궁리하기 시작했다. 아내는 남편이 도망갈 준비를 한 것을 보고 마니교도들을 감독하는 지위에 있던 사람에게 알렸다. 트라블로스가 이를 알게 되자 어느 날 저녁, 비밀을 털어놓았던 친구들에게 전부 모이라고 알렸다. 모든 친족이 모여들었으며 벨리아토바라고 하는, 동일한 이름의 언덕 꼭대기에 있는 작은 마을로 이동했다. 그 마을이 버려진 곳임을 알게 되자 이들은 마치 원래 자신들의 것처럼 눌러살기 시작했고, 매일 출정을 나갔고 때로는 심지어 원래 살던 필리포폴리스까지 진출하여 상당한 노획물을 가지고 돌아오곤 했다. 트라블로스는 이에 만족하지 않고 파리스트리온*의 스키타이인과 조약을 맺었으며, 글라비니차, 드리스트라 및 인근 지역의 족장들과 합세했고 나아가 스키타이인 우두머리의 딸과 결혼하였다. 이 모든 것은 스키타이인들의 습격을 통해 수단과 방법을 가리지 않고 황제를 괴롭히기 위한 것이었다. 황제는 그가 무슨 일을 벌이고 있는지 매일 보고

---

* 다뉴브강 남쪽 지역

받았으며 그가 불행을 초래할 것으로 생각해, 전갈을 통해 약속의 내용을 보내 그를 달래려고 최선을 다했으며 심지어는, 금인칙서를 보내 사면과 완전한 자유를 보장하기도 하였다. 그러나 게는 똑바로 걷는 법을 익히지 못하는 법이다. 트라블로스는 예전의 모습에서 달라지지 않았고, 계속해서 스키타이인과 친분을 모색하면서 그들의 영토에서 점점 더 많은 이들을 보내 인근 지역을 폐허로 만들었다.

5

마니교도와 관련된 사안을 그리 중요하지 않은 일로 생각했던 황제는, 결국 이들을 다시 통제 하에 두게 되었다.

하지만 보에몽은 (이제 그의 이야기로 돌아가자) 여전히 아블로나스에 머물고 있었다. 브리엔니오스와 다른 백작 중 일부는 황제를 섬기기로 했으며, 일부는 사방팔방으로 흩어졌다는 소식을 듣고 그는 모국으로 떠나기로 했으며 롬바르디아로 건너갔다. 앞서 말했듯 그는 살레르노에 있던 아버지를 찾았으며, 온갖 비난을 늘어놓으며 아버지가 황제에게 분노를 갖도록 자극했다. 로베르는 아들의 얼굴만 보고도 재앙에 가까운 소식을 알 수 있었고, 아들에게 품었던 크나큰 희망이 '잘못된 방향으로 쓰러진 동전처럼' 사그라진 것을 깨달았다. 그는 번개에 맞은 것처럼, 얼마간 멍하니 서 있었다. 모든 것에 대해 물어보고 예상한 것과 정반대로 일이 흘러갔음을 알게 되자, 그는 완전히 낙담했다. 그러나 이런 위기에서도 본인의 용맹함이나 대담함에 걸맞지 않은 부정적인 생각이 떠오르거나 체념한 것은 아니었다. 오히려 이전보다도 더 투지를 불태우며 전쟁 계획에 사로잡혔다. 이자는 자신의 설계와 구상을 굳게 유지했으며 한 번 세운 계획을 순순히 포기하는 법이 없었으니, 간단히 말해 기죽지 않았고 딱 한 번 시도하는 것만으로도 모든 것을 이룰 수 있으리라고 생각하였다. 곧 그는 마음을 가라앉히고 깊은 실망감에서 벗어났으며 사방으로 전령을 보내 황제에 맞서 싸우고자 다시 한번 일리리아로 건너갈 것임을 알리고, 모든 친구를 불러 모았다. 얼마 지나지 않아 가까운 마을과 먼 도시를 가리지 않고 곳곳에서 기병과 보병들이 모여들었는데, 모두 훌륭하게 무장하고 있었으며 행동에 나서고 싶어 안달 나 있었다. 호메로스라면 이 무리를 '윙윙거리는 벌 떼처럼 몰려들었다'고 묘사했을 것이다. 로베르는 아들의 패배에 보복하려 철저히 준비한 다음 다른 아들인 로제르와 기를 불렀다. 알렉시오스 황제는 아버지와 아들 사이를 떼어놓고자, 비밀리에 결혼을 제안하며 대단한 관직과 엄청난 양의 돈을 약속한 바 있었다. 기는 솔깃해했고 제안을 받아들였으며, 아직까지는 혼자만 아는 비밀로 간직하고 있는 상태였다. 두 아들들에게 로베르는 모든 기병대를 맡기며 서둘러 아블로나스를 함락시키라 명령하였다. 이들은 바다를 건너 이를 단숨에 해치웠다. 아블로나스에는 소규모의 병사만을 수비대로 남겨두고, 나머지는 행군하여 부트린토에 도착했고, 이곳도 딱 한 번의 공격으로 함락시켰다. 한편 로베르 본인은 모든 함대를 이끌고 부트린토 맞은편의 해안가를 따라 항해하여, 일리리아로 건너갈 심산으로 브린디시에 도착했다. 그러나 이드루스에서 가면 훨씬 덜 걸린다는 것을 알고는 그곳에서 아블로나스로 건너갔다. 다음으로는 모든 함대를 이끌고 아블로나스를 따라 부트린토로 갔으며 아들들의 부대와 합류했다. 예전에 점령했던 케르키라에서 또다시 반란이 일어나자, 아들들은 부트린토에 남겨두고 모든 함대를 대동하여 케르키라로 향했다. 로베르가 이러는 동안 황제는 이 소식을 전달받았고, 다시 로베르에 맞서 전쟁 준비를 했으며 베네치아인들에게 강력한 함대를 준비해달라고 편지를 보냈다. 보상하겠다고 약속하였으며 비용은 몇 번이든 지불해주겠다고 했다. 황제 본인은 비레메와 트리에레스, 기타 모든 쓸 수 있는 함선을 긁어모았으며, 해전에 익숙한 중장보병을 태워 보냈다. 로베르는 함대가 도착한다는 것을 듣고 천성에 걸맞게 싸움을 벌이고 싶어 했으며, 닻을 내려 모든 함대를 카시오피의 항구에 정박시켰다. 파사론에 잠시 정박해 있던 베네치아인들은 이를 듣고 서둘러 움직여 카시오피로 갔다. 격렬한 전투가 벌어졌으며, 근거리에서 맞붙어 싸운 끝에 로베르는 패배했다. 그러나 그는 전쟁을 즐겼으며 싸움을 사랑했기에 패배하고도 포기하지 않았고, 두 번째, 더 큰 전투를 준비했다. 연합 함대의 제독들은 그가 대비하고 있음을 알았으나 승리에 자신감을 얻어 사흘 뒤 공격해 눈부신 승리를 거두었고, 그 후 파사론으로 돌아갔다. 그 후, 이런 경우에 자주 생기는 일이 벌어졌는데, 전과戰果를 과대평가한 것인지 아니면 적을 산산조각 냈다고 생각한 것인지는 모르겠으나, 이들은 임무가 완수된 것처럼 완전히 풀어져서 로베르를 완전히 무시했다. 모든 쾌속선이 로베르가 완전히 패배했다는 소식을 알리기 위해 베네치아로 향했다. 로베르는 항복해온 피에트로 콘타리니라는 어떤 베네치아인에게서 이런 이야기를 들었고, 잠시 동안 깊이 절망했고 모든 활력을 잃었다. 그러나 그는 곧 나아져서 다시 마음을 다잡고, 베네치아인들을 공격했다. 예상치 못한 공격에 베네치아인들은 공황 상태에 빠졌다. 그들은 즉시 큰 함선들은 케르키라 항구 인근에 밧줄로 묶어 '바다 항구'를 만들고 작은 배는 그 안에 몰아넣었으며, 무장하고 로베르가 오기를 기다렸다. 그가 도착하자 전투가 시작되었으며, 사람들이 전보다도 미친 듯 싸웠기에 지난 두 번의 전투보다도 끔찍하고 맹렬했다. 어느 쪽도 물러나지 않고 맞서 싸웠다. 베네치아인들은 이미 모든 보급품을 소모한 상태였기에 함선에는 병사들 외에 아무것도 없는 상태였으며, 따라서 함선은 물 위에 가볍게 떠 있었다. 물살이 둘째 열에는 닿지도 않는데도 물이 떠받치기라도 하는 것처럼 떠다녔다. 적을 공격하려고 병사들이 한쪽으로 우르르 몰려갔고, 배는 바로 기울어 가라앉았으며 약 13,000명이 죽었다. 다른 함선들은 나포되었으며 선원도 함께였다. 대승한 후 로베르는 많은 포로를 잔인하게 대하였다. 포로의 일부는 눈을 파내고 일부는 코를 잘랐으며, 어떤 이들은 손이나 발, 또는 손발을 전부 잘랐다. 나머지는 친인척들에게 전령을 보내 누구든지 몸값을 낼 사람은 겁먹지 말고 오라고 전했다. 동시에 그는 평화 협상을 제안하였으나, 그들의 답변은 이러했다.

"로베르 공작이여, 알아두시오. 아내와 자식들의 목을 베더라도 우리는 알렉시오스 황제와의 동맹을 깨지는 않을 것이며, 지원을 그만두는 일도 용감히 싸우지 않는 일도 없을 것이오."

잠시 시간이 흐른 뒤 베네치아인들은 드로몬과 트리에레스, 다른 작은 쾌속선들을 갖추어 로베르를 더 강하게 압박하였다. 그가 부트린토에 정박해 있는 것을 발견하였고, 교전해 큰 승리를 거두어 많은 이를 죽이고 익사시켰을 뿐 아니라, 그의 적법한 아들인 기와 그의 아내를 거의 생포할 뻔했다. 승전보는 황제에게 아주 상세히 전해졌으며, 황제는 크나큰 선물과 영예로 보답하였다. 베네치아의 도제는 프로토세바스토스의 지위와 그에 걸맞은 봉급을, 총대주교는 히페르티모스의 지위와 걸맞은 봉급을 받았다. 나아가 제국의 국고에서 베네치아의 교회에 매년 상당한 양의 금을 지급하라고 선언하였고, 사도이자 전도사인 성 마르코의 이름을 딴 성당*에는 콘스탄티노폴리스에 상점을 연 모든 아말피인들더러 공물을 바치도록 하였다. 또한 베네치아인들에게 옛 히브리인 정박지부터 비글라라고 불리는 곳 사이에 있는 모든 정박지의 항구를 수여하였으며, 수도와 디라히온의 마을, 그 외 베네치아인들이 요구하는 곳이라면 어디든지 상당한 규모의 땅을 하사하였다. 그중에서도 가장 큰 보상은 로마의 지배 하에 있는 어떠한 지역에서도 상인들에게 세금을 물리지 않는다는 것으로, 원하는 대로 교역을 할 수 있으며 관세로든 재무관이 부과하는 어떤 명목의 세금으로든 단 1오볼로스**도 낼 필요가 없게 된 것이었다. 이들은 로마의 지배에서 완전히 벗어나게 된 것이다.

6

이제 다른 길로 빠진 지점으로 돌아와 서사의 주된 줄기를 따라가야겠다. 로

---

* 베네치아의 산마르코 대성당
** 옛 그리스 은화

베르의 경우 이런 패배를 겪고도 쉬지 않았다. 그는 이미 아들 한 명을 배에 태워 케팔로니아*로 보내 마을을 차지하라고 명령했다. 그 외의 모든 함대는 전부 보닛차**에 정박했으며, 로베르 자신은 노 젓는 단이 하나 있는 갤리선을 타고 케팔로니아로 갔다. 그러나 아들과 합류하기 전, 아테르 인근을 (케팔로니아 근처의 섬이다) 떠다니고 있을 때 독한 열병에 걸렸다. 병으로 인한 열을 견딜 수 없어 그는 찬물을 청했다. 부하들이 사방으로 흩어져 물을 찾자 어느 마을 사람이 그들에게 말했다.

"저쪽에 이타카섬이 보일 겁니다. 옛날에 저곳에는 예루살렘이라고 불리는 큰 마을이 있었는데, 지금은 폐허가 되어버린 지 오래이지요. 저 마을에 가면 항상 마실 수 있는, 아주 차가운 물이 나오는 우물이 있습니다."

로베르는 이를 듣고 아테르와 예루살렘 마을을 연결 짓고는 크나큰 공포에 사로잡혔으며, 죽음이 가까이 왔음을 알았다. 오래전 어떤 예언자들이 군주들에게 늘상 하는 것처럼 예언한 적이 있었다.

"아테르까지 당신은 모든 나라를 발밑에 둘 것이지만, 그곳에서 예루살렘까지 가는 와중에 숨을 거둘 것입니다."

열병이 그를 집어삼켰는지 아니면 늑막염 때문인지 나로서는 알 길은 없다. 그는 6일 동안 버티고 죽었다. 그가 죽기 직전 아내 가이타가 도착하였으며 아들은 옆에서 흐느끼고 있었다. 이 비극적인 소식은 로베르가 생전에 이미 공국의 후계자로 낙점했던 아들에게도 보내졌다. 아들은 소식을 듣고 처음에는 가슴이 찢어질 것만 같았으나, 이성이 돌아오고 자제력을 되찾자, 모든 이들을 불러 모았다. 먼저 아버지의 죽음에 한없이 눈물 흘리며 무슨 일이 일어났는지 공표한 뒤 그는 모두에게 충성 맹세를 하도록 했다. 그러고는 함께 아풀리아로 건너갔으나, 항해 도중 여름이었는데도 여러 차례 폭풍에 휘말려 배

---

* 그리스 서쪽 섬
** 그리스 서북부의 마을

일부는 부서졌고 일부는 모래사장까지 쓸려가 난파됐다. 시신을 싣고 있던 배도 반쯤 박살 났지만, 선원들은 간신히 관을 지켜냈으며 베누시아*로 안전하게 가져왔다. 로베르는 오래전 삼위일체를 기리며 지어진 수도원**에, 형제들의 옆에 묻혔다. 공작으로서 25년간 재임했고 사망했을 때의 나이는 일흔이었다. 황제는 로베르가 급사했다는 소식을 듣고, 어깨에서 크나큰 짐을 내려놓은 듯 크게 안도하였다. 또한 신속히 디라히온을 차지하고 있는 노르만인들에게 초점을 맞추었다. 그는 서신 등으로 불화의 씨앗을 뿌리려고 했는데, 도시를 되찾으려면 이것이 가장 쉬운 방법이라 생각했기 때문이다. 또한 마침 수도에 있던 베네치아인들에게 에피담노스에 있는 베네치아인, 아말피인 그리고 다른 외지인들에게 편지를 보내 자기 뜻에 따르고 디라히온을 넘겨주도록 조언하라고 설득했다. 또한 약속과 뇌물을 이용하여 뜻에 따르도록 끈질기게 밀어붙였다. 라틴인들은 돈을 사랑했으며 단 1오볼로스에 가장 소중한 사람도 기꺼이 팔아넘길 족속이니 설득되었다. 그들은 대단한 보상을 기대하여 음모를 꾸몄고, 먼저 로베르에게 항복하자고 말한 사람과 그 지지자들을 죽였다. 그러고는 황제에게 가서 도시를 넘겼으며, 대신 모든 죄에서 완전히 사면되었다.

7

점성술에 대한 지식을 상당히 뽐내고 다녔던 세스라는 어느 수학자***는 로베르의 운명을 예언했는데, 그가 일리리아로 넘어왔을 즈음에 이 예언을 종이에 써 봉인하고 황제의 친구들에게 맡기면서, 때가 되기 전까지는 열어보지 말라고 하였다. 로베르가 죽고 난 후, 그들은 점성술사의 명에 따라 이를 열어보았고 예언은 이러했다.

---

* 이탈리아 남부 도시인 베노사
** 베노사의 삼위일체 수도원
*** 관료이자 연구자였던 시메온 세스

"서쪽의 강대한 적은 대단한 혼란을 일으킨 뒤에 급작스럽게 쓰러지리라."

모든 이가 이 사람의 지식에 감탄하였으니, 진실로 이 분야의 정점에 도달해 있던 것을 안 것이다. 잠시 내 역사책의 주된 주제에서 벗어나서, 점성술을 이용하는 예언에 대한 사실을 적어보겠다. 점술은 상대적으로 오래된 발견은 아니며, 고대에는 알려지지 않았다. 이런 방식의 점술은 가장 위대한 천문학자인 에우독소스가 살던 시대*에는 존재하지 않았고, 플라톤도 전혀 몰랐으며, 점성가인 마네토**도 이 주제를 정확하게 이해한 것은 아니었다. 지금 점성술사들은 자기들이 예언하려는 사람이 태어났던 시간의 천궁도***를 관찰하고 방위를 고정해 별의 배열을 자세히 기록하면서, 그 밖에 이 체계를 만들어낸 사람들이 후대에 물려준, 이런 헛소리에 심취한 사람들이나 이해하는 것이라면 뭐든지 행하고 있다. 나 역시도 한때 이런 학문을 취미 삼아 해본 적이 있는데, 천궁도를 익히려는 것이 아니라 (어림도 없지!) 이 헛된 학문에 대해 더 정확하게 알고 그 탐구자들에 대해 판단하기 위한 것이었다. 나는 자랑하려고 언급하는 것도 아니며, 단지 내 아버지가 철학자들과 철학 자체에 영광을 베푼 덕에 많은 학문이 크게 발전했지만, 이 점성술에 대해서는 적대심을 내보였다는 것을 알려주기 위한 것이다. 내 생각에 점성술은, 순진한 사람들이 하느님에 대한 믿음을 저버리고 별의 영향에 대해 아무 생각 없이 믿게 만드는 경향이 있기 때문이었다. 이 때문에 황제가 점성술의 가르침을 상대로 전쟁을 벌인 것이다. 그럼에도 점성술사 족속들이 당시에 없었다고 생각해서는 안 된다. 내가 앞서 말한 세스가 유명세를 떨쳤고 유명한 이집트인도 하나 있었는데, 알렉산드리아에서 온 사람으로 점성술의 신비에 인생의 대부분을 헌신한 자였다. 그는 상당한 사람들에게 조언을 해주었고 많은 경우에 대단히 정확한 예측을 했는데, 심지어 아스트롤라보스****를 쓴 것도 아니고 주사위를 던져 예언

---

* 기원전 4세기 고대 그리스의 천문학자(390 BC~340 BC)
** 기원전 3세기 이집트의 역사가이자 사제
*** 출생 시간의 태양, 달, 행성의 위치를 이용해 미래를 예언하는 데 쓰는 도표
**** 별의 위치를 측정하는 도구

했다. 이게 뭐든 간에 마법적인 힘이 있는 것은 아니고, 단지 알렉산드리아인들이 연습하는 수리적인 기술일 뿐이다. 황제는 젊은이들이 이자에게 몰려들고 있으며 무슨 예언자라도 되는 것처럼 여긴다는 것을 알고, 친히 두 차례 그에게 질문을 던졌는데 두 번 다 올바른 답변이 돌아왔다. 그러나 황제는 이로부터 많은 이가 해를 입거나 헛되이 점성술을 좇을 수도 있다고 생각해서, 수도에서 그를 추방하여 라이데스토스*에서 살도록 했으나, 필요한 것은 국고에서 지불하는 등 잘 대접했다. 그분 아니라 유명한 변증가인 엘레브테리오스라는 자도 있었는데, 마찬가지로 이집트에서 태어났으며 이 기술을 익혀 누구와도 견줄 수 없을 정도로 완벽하게 쓸 줄 알았다. 아테네 출신으로 나중에 콘스탄티노폴리스로 온 카타난케스라는 자는 모든 이전의 사람을 뛰어넘겠다는 야망을 가지고 있었다. 어떤 이들은 그에게 황제가 언제쯤 세상을 떠날 것 같느냐고 물었다. 그는 계산에 따라 날짜를 예측했으나 들어맞지 않았다. 그런데 그날 궁전에 있던 사자가 나흘간 열병을 앓은 끝에 죽었다. 이에 무지한 자들은 카타난케스의 예언이 이루어졌다고 여겼다. 상당한 시간이 흐른 후에 그는 다시 한번 황제의 사망일을 예견하였으나, 또 틀렸다. 그러나 황제의 어머니인 안나 황태후가 바로 그날 죽었다. 카타난케스가 계속 자신에 대해 빗나간 예측을 했으나 황제는 그를 추방하지는 않았는데, 그가 자책하고 있기도 하였으며 혹여 자신이 역정을 내며 추방한 것처럼 보일 수도 있기 때문이었다. 그러나 이제는 앞서 떠난 역사의 지점으로 돌아와야겠다. 아니면 별을 올려다보는 사람처럼 보일 수도 있고 점성술사라는 이름 탓에 내 역사책의 주된 서사가 흐려질 테니 말이다.

　로베르는 소문대로 그리고 많은 이가 말했듯, 대단히 탁월한 지도자였으며 영리했고 잘 생겼으며 대화할 때는 정중했고 임기응변에도 능했다. 목소리는 크고 알아듣기 쉬웠고 키도 아주 컸으며, 머리는 항상 짧게 잘랐고 콧수염은 길었으며 항상 자기 민족의 옛 전통을 유지하느라 분주했다. 최후까지 철저하

---
*　현재 튀르키예의 테키르다시. 콘스탄티노폴리스에서 서쪽으로 약 130km 떨어져 있다.

게 단정했으며 자신의 외양이 왕위에 어울린다는 것에 대단히 자부심을 가졌고 모든 부하에게 정중했으며, 특히나 자신에게 충직한 이들에게는 더욱 그러했다. 한편으로 그는 구두쇠였으며 재물을 사랑했고 대단히 일을 벌이기 좋아하며 탐욕스러웠으며, 무엇보다도 야망이 넘쳤다. 이런 욕망의 노예였기에 모든 사람한테 비난받은 것이다. 어떤 이들은 황제가 분별력을 잃고 섣부르게 로베르와 전쟁을 벌였다며 중상모략한다. 로베르를 너무 이르게 공격하지만 않았더라면, 어차피 소위 알바니아인들이나 보딘이 보낸 달마티아인들이 사방에서 포위하고 있으니 쉽게 물리칠 수 있었다는 것이다. 이런 비난은 공격당할 수 있는 사정거리 밖에서, 실제로 싸우고 있는 사람들을 향해 입으로 독화살을 날려대는 험담꾼들에게서 나왔다. 사실 로베르의 용기나 전장에서의 탁월한 기술 그리고 굳건한 마음가짐에 대해서는 누구나 알고 있다는 것이다. 그는 쉽게 물리칠 수 있는 자가 절대 아니며 대단히 공을 들여야만 쓰러뜨릴 수 있었고, 한 번 패배해도 금방 회복하여 다시 도전하곤 했다.

8

앞서 썼듯이, 황제는 일곱째 인딕티오의 12월 첫째 날에 브리엔니오스 백작의 군대 중에서 그에게 항복한 라틴인들을 데리고 수도로 개선하였다. 황후는 진통을 겪고 있었다. 오래전 황후의 출산을 위해 마련된 방에 있었는데, 우리의 조상들은 포르피라라고 불렀으며 여기에서 포르피로옌니타라는 이름이 유래하여 전* 세계로 퍼졌다. 토요일 새벽 여자아이가 태어났으며, 사람들은 아이의 어디를 봐도 아버지를 빼닮았다고 말했다. 그 아이가 바로 나다. 그리고 어느 날 황후이신 내 어머니가 말하는 것을 들은 적이 있는데, 황제가 궁전에 도달하기 사흘 전부터 (로베르와의 전쟁과 다른 여러 차례의 전투 및 업무를 마치고 돌아오는 중이었다) 아픔을 느끼기 시작했고, 배에 십자가를 그으며 말했다.

"잠깐만 기다리렴. 얘야, 네 아버지가 돌아올 때까지만!"

이 말에 그녀의 어머니인 프로토베스티아리아가 크게 질책하고 화를 내며 말했다.

"한 달 뒤에 돌아오면 어쩌려고 그러니? 그렇게 오래 참는다는 게 말이 되니?"

황후의 어머니는 이리 말했으나, 황후의 명령은 효과가 있었으니 이는 내가 커서 부모님에게 아낌없이 보인 애정을 자궁에 있을 때부터 가졌다는 증거다. 시간이 지나 사리 분별을 할 수 있는 나이가 된 나는 어머니에게 대단히 헌신했으며 아버지에게도 마찬가지로 대했다. 내 과거를 아는 이들뿐 아니라 수많은 이가 증언해 줄 수 있는 부분이다. 나아가 증언하라면 내가 그분들을 사랑하여 겪은 수많은 역경과 고통, 위험에 대해서도 증언할 것인 바, 내 명예도, 재물도, 심지어 내 생명도 아까워한 적이 없다. 그들에 대한 뜨거운 사랑으로 인해 나는 여러 번 목숨을 걸기까지 하였다. 그러나 이 이야기는 이제 그만두도록 하자. 내가 태어난 뒤에 일어난 일로 돌아오자. 황제의 아이 탄생을 기념하여 준비된 모든 예식이 호화롭게 진행되었다. 이에 모든 사람은 기쁨에 환호하며, 원로원과 군대의 수장들에게는 적절한 선물과 영예가 수여되었다. 모든 이가 그 어느 때보다 행복해하며 찬사를 보냈고, 특히나 황후의 친인척들은 기쁨을 감추지 못했다. 정해진 기간이 지난 뒤 내 부모님은 왕관과 다이아뎀*을 내려주었다. 내가 여러 번 언급한 전前 황제 미하일 두카스의 아들 콘스탄티노스는 여전히 공동 황제였으며, 자줏빛 잉크로 선물을 내리도록 서명하며 왕관을 썼고, 모든 행사에 황제와 함께했으며 황제 바로 다음으로 환호받았다. 그리고 나 역시도 행사에 참석하게 되자 사람들은 "콘스탄티노스와 안나"라고 외치며 환호하고는 하였다. 이는 상당히 오래도록 이어졌다고, 친척들과 부모님에게서 들었다. 어쩌면 이것이 내게 나중에 닥칠 일에 대한 징조였을 수도 있겠다. 행운이든 불운이든 간에 말이다. 둘째 딸이 태어나 마찬가

---

* 머리띠 모양의 왕관

지로 부모님을 쏙 빼닮고, 커가면서 두드러지는 미덕과 지혜를 보여주었다. 이제 그들은 아들을 가지기를 바랐는데 기도는 이루어졌다. 열일곱째 인딕티오에 아들이 태어난 것이다. 부모님은 소망이 이루어진 것에 깊이 기뻐했다. 모든 시민도 기쁨을 함께했고, 궁전 안은 축하의 목소리로 넘쳤다. 어디에서도 슬픔이나 근심의 흔적을 찾아볼 수 없었다. 고귀한 이들은 진심으로 축하의 뜻을 전하였고, 다른 이들도 그 기쁨을 함께 나누는 척이라도 했다. 대개 사람들은 통치자에게 부정적인 생각을 가지기 때문에, 가식과 아첨으로 호의를 얻으려는 법이니 말이다. 어쨌든 이날만큼은 다들 즐거워했다고 볼 수 있었으리라. 아이는 거무스름한 안색에 넓은 이마와 군살 없는 뺨, 납작하지도 뾰족하지도 않고 그 중간쯤인 코와 새까만 눈을 가졌다. 누구든지 아이의 얼굴을 보고 영리함과 지능의 징조를 알아볼 수 있었을 것이다. 내 부모님은 자연히 이 아이를 황제로 만들고 로마인의 제국을 유산으로 물려주고 싶어 했기에, 대성당에서 세례받고 대관하는 것이 마땅하다고 생각했다. 우리, 포르피로옌니티들이 출생 당시에 겪은 일은 이러하였다. 그 이후에 벌어진 일들은 자연스럽게 순서대로 적어나가도록 하자.

9

앞서 적었듯이, 알렉시오스 황제는 튀르크인을 비티니아 해안과 보스포로스, 북부 지방에서 몰아내고 쉴레이만과 조약을 맺은 적이 있었다. 다음으로 그는 일리리아로 가, 많은 고난을 뚫고 로베르와 그의 아들 보에몽을 물리쳐 서방을 최악의 재앙에서 구해냈다. 이곳에서 돌아오는 길에 아불 카심 휘하의 튀르크인들이 동방을 약탈하고 있었을 뿐 아니라, 프로폰티스와 해안가의 마을까지 뚫고 나왔음을 알게 되었다. 이 지점에서 쉴레이만 에미르가 어쩌다 아불 카심을 총독으로 남겨두고 니케아를 떠나게 되었는지 설명해야겠다. 페르시아의 술탄이 푸자노스를 아시아로 보냈으나 어떻게 술탄의 동생인 투투쉬에게 패배하고 죽었는지, 어쩌다 푸자노스를 격퇴한 이후에 투투쉬 본인도 푸자노스의 사촌들에게 목이 졸려 죽었는지도 말이다. 필라레토스라는 용맹함과 총명함으로 유명한 아르메니아인이 있었는데, 전帝 황제 로마노스 디오예니스가 도메스티코스의 지위로 올려주었으나, 이후 황제는 몰락했고 시력까지 빼앗겼다는 말을 듣게 되었다. 그는 황제를 대단히 좋아했기에 이를 견딜 수 없었고, 반란을 일으켜 스스로 안티오히아 지방의 주인이 되었다*. 그러나 튀르크인들이 매일 쳐들어와 인근 지역을 황폐화하자 평화를 유지할 수 없었고, 결국 필라레토스는 튀르크와 함께하기로 하고 그들의 전통에 따라 할례를 받기로 하였다. 그러나 그의 아들은 거세게 반대하며 이 정신 나간 행위를 막으려 했으나, 아들의 충고는 받아들여지지 않았다. 아버지가 거절한 탓에 슬퍼하던 아들은 8일간의 여정 끝에 니케아에 도착했고 쉴레이만 에미르와의 접견을 허락받아, (막 술탄의 자리에 오른 직후였다) 쉴레이만에게 안티오히아를 차지하고 아버지에 맞서 전쟁을 벌이라고 부추겼다. 이에 솔깃한 쉴레이만은 안티오히아로 출발하면서, 아불 카심을 니케아의 총독으로 남겨두며 또한 모든 장군을 지휘할 총사령관으로 임명하였다. 그리하여 필라레토스의 아들과 함께 열두 밤을 달려 (낮에는 쉬었다) 아무도 예견하지 못한 시점에 도착하였고, 안티오히아를 단 한 번의 강습으로 차지했다. 한편 차라티키스는 제국의 국고에 막대한 양의 금과 돈이 보관된 것을 알게 되었고, 몰래 시노피**를 약탈하러 갔다. 대* 술탄***의 동생인 투투쉬는 예루살렘과 메소포타미아 전역인 알레포에서부터 바그다드까지를 다스렸는데, 안티오히아를 차지하고 싶어 했다. 쉴레이만 에미르가 반역을 꾀하고 있으며 안티오히아를 손에 넣은 것을 알게 되자, 그는 전군을 이끌고 알레포와 안티오히아 사이에 진을 쳤다. 쉴레이만이 그를 확인하자마자 곧바로 엄청난 전투가 벌어졌으며 근접전이 벌어지자, 쉴레이만의 병력은 등을 돌려 무질서하게 도망쳤다. 그는 용기

---

* 황제를 참칭하였으나, 이후 보타니아티스와 협상하여 안티오히아 둑스가 되었다.
** 튀르키예 북부, 흑해 연안의 도시
*** 셀주크 술탄국의 말리크샤(재위 1072~1092)

를 불어넣으려고 안간힘을 썼으나 성공하지 못했고, 자신의 생명이 위험에 처한 사실을 깨닫고, 전장에서 물러났다. 안전한 장소에 도착하자마자, 그는 방패를 땅에 내려놓고 위에 앉았다. 하지만 동족의 눈을 피할 수 없었고, 사트라프* 몇몇이 따라와 친척인 투투쉬가 보냈다고 전했다. 그는 위험을 감지하고 함께 가기를 거부했으나, 사트라프들은 강경했고 혼자 힘으로 막아낼 수 없었다. 이에 쉴레이만은 칼집에서 검을 꺼내 배에 깊숙이 찔러넣었다. 그렇게 야비한 인물은 야비한 방식으로 목숨을 잃었다. 에미르의 잔존 병력은 투투쉬에게 흡수되었다. 이 일을 들은 술탄은 투투쉬가 너무 강대해지고 있다고 우려하였고, 황제에게 시아오스를 보내 로마 공주와 결혼하고 싶다고 제안하였다. 이 제안을 들어준다면, 튀르크인들을 해안가의 마을에서 몰아내고 요새를 돌려줄 것이며, 전력을 다해 도와주겠다고도 약속했다. 황제는 전령을 접견하고 술탄의 편지를 읽었으나, 결혼 요청에는 주저했다. 시아오스가 꽤 영리하다는 것을 깨달은 황제는, 시아오스의 태생과 혈통에 대해 물었다. 그는 어머니는 이베리아인**이나 아버지는 튀르크인이라고 답했으며, 황제는 그에게 그리스도교식 세례를 받아들이도록 진심으로 설득하였다. 이에 시아오스는 동의했으며 세례를 받은 다음 돌아가고 싶지 않다고 청원했다. 그에게는 술탄에게서 받은 편지가 있었는데, 황제가 결혼을 주선할 생각이 있다면 이 편지를 보여주고 해안가 마을의 모든 사트라프를 쫓아내라는 내용이었다. 황제는 시아오스에게 이 편지를 이용하되 그들을 모두 쫓아낸 다음에는 수도로 돌아오라고 제안하였다. 시아오스는 먼저 신속하게 시노피로 갔으며, 차라티키스에게 술탄의 서간을 보여주는 것으로 마을에서 쫓아내고 황제의 돈은 단 1오볼로스도 챙겨가지 못하게 했다. 이후 일어난 일은 이러했다. 차라티키스는 시노피에서 나오면서, 우리의 무죄하신 동정녀 그리스도의 어머니께 헌정된 성당을 때려 부쉈다. 그 순간, 신의 응보로 인해 그는 악마나 복수자에게 끌려가며 입에서

---

* 특정 지방을 다스리는 페르시아의 총독을 가리키는 명칭
** 조지아의 코카서스 이베리아를 가리킨다.

거품을 내며 땅에 쓰러지게 되었다. 그는 악마에 씌인 채로 마을을 떠나야 했다. 시아오스는 다음으로 황제가 보낸, 새로이 임명된 총독인 콘스탄티노스 달라시노스에게 시노피의 관할권을 넘겨주었다. 같은 방식으로 시아오스는 다른 도시들도 찾아가 사트라프들에게 술탄의 칙서를 보여주고 모두 쫓아냈으며, 황제의 총독에게 마을을 돌려주었다. 이 일이 끝나자 시아오스는 황제에게 돌아와 세례를 받았고 크나큰 선물과 함께 안키알로스의 둑스로 임명되었다.

10

쉴레이만 에미르의 자살이 아시아 전역에 알려지자, 각 사트라프는 맡고 있던 마을이나 요새를 차지하고 자기 것으로 삼았다. 쉴레이만은 안티오히아로 출발하며 아불 카심에게 니케아를 맡겼으며, 해안가와 카파도키아, 나아가 아시아 전역을 여러 사트라프에게 나눠주며 자신이 돌아올 때까지 맡은 곳을 지키도록 한 바 있었다. 이제 아불 카심은 술탄의 궁전이 있던 니케아의 대* 사트라프로서 마을을 차지하고, 카파도키아는 형인 풀카세스에게 넘겨주었으며, 곧 술탄의 위엄을 누릴 것을 기대하며 느긋하게 지냈다. 사실 이는 거의 확실시되고 있었다. 이자는 능력이 있었고 대담했으며 가진 것에 만족하지 않았기에, 약탈대를 꾸려 비티니아 전역에서 프로폰티스까지 폐허로 만들었다. 황제는 예전에 세운 계획을 실행에 옮겼는데, 약탈자들은 해산시키고 아불 카심에게는 평화 조약을 맺자고 압박한다는 것이었다. 그러나 아불 카심이 계속해서 음모를 꾸며 조약을 미루려 한다는 것을 알게 되자, 평원에 그를 상대할 강력한 군대를 내보낼 수밖에 없다고 판단하였다. 그리하여 황제는 타티키오스를 (여러 번 앞서 언급한 바 있다) 상당한 수의 병력과 함께 니케아로 보내며, 성벽 밖에서 적을 만나면 누구든지 주의하라고 경고하였다. 타티키오스는 니케아로 출발했고 도시 외곽으로 나왔을 때 튀르크인은 보이지 않았지만, 전투 대형을 갖추고 행군하고 있었다. 갑작스럽게 200명의 튀르크인이 튀어나와 그들을 덮쳤고, 켈트인들은 (수적으로 밀리지 않았다) 이에 긴 창을 들고 단번에 돌격하여 상당수에게 부상을 입혔고 요새로 돌아가 휴식을 취했다. 다음 날 타티키오스는 병사들과 똑같은 대형으로 저물녘까지 서 있었으나, 어떤 튀르크인도 성문 밖으로 나오지 않자 바실레이아로 이동하였고, 니케아에서 12스타디온 떨어진 곳에 진을 쳤다. 밤중에 한 마을 사람이 와서는, 프로슈흐가 새로이 등극한 술탄 바르키야루크의 명령으로 50,000명의 병사를 이끌고 접근하고 있다고 전했다*. 다른 이들도 이 내용을 확인해 주자, 타티키오스는 병사들이 대군에 맞서 싸우기에는 부족하다고 판단하고 계획을 취소하였으며, 중과부적으로 싸우다가 모두 죽느니 병력을 온전히 보존하는 것이 낫다고 보았다. 이에 그는 수도로 향했으며, 니코메디아를 거쳐 되돌아왔다. 아불 카심은 감시탑에서 그가 콘스탄티노폴리스로 떠나는 것을 알아차렸고, 앞서 쫓아가 적절한 지점에서 진을 치고 공격하려 했다. 그는 프라이네토스**에서 따라잡았고, 기습을 통해 치열한 싸움을 벌였다. 타티키오스는 재빠르게 병사들을 규합하고 켈트인들에게 돌격하라는 명령을 내렸다. 손에 긴 창을 든 이들은 전속력으로 달려 나가 야만인들을 불꽃처럼 몰아쳤고 팔랑크스를 산산조각 냈으며 완전히 와해시켰다. 그 후 타티키오스는 비티니아를 거쳐 수도로 돌아왔다. 그러나 아불 카심은 가만히 있지 않았다. 로마 제국을 얻고야 말겠다는 소망에 사로잡혀 있었거나, 이것이 불가능하다면 모든 해안가의 땅과 섬을 통치하겠다고 생각하고 있었던 것이다. 키오스***(비티니아 해안가의 마을)를 점령하던 중, 그는 해적질을 위한 함선을 제작하기로 결정했다. 배가 거의 완성되자 그는 모든 게 순조롭게 진행되고 있다고 생각했다. 그러나 황제도 그의 계획을 눈치챘다. 황제는 비레메나, 트리에레스 등의 함선들을 급히 동원하고, 마누일 부투미티스를 지휘자로 임명하고 서둘러 아불 카심이 만들고 있는 배를

---

* 바르키야루크가 셀주크 제국 술탄으로 즉위한 것은 1092년 이후고, 10장은 1086년 시점으로 말리크샤 술탄 시기다.
** 현재 튀르키예의 이즈미트 연안의 카라뮈르셀
*** 프로폰티스 해협의 도시

불태워 버리라고 명령하였다. 또한 타티키오스에게는 상당한 수의 군대를 맡기며 육로로 공격하라고 했다. 둘은 도시를 떠났고, 아불 카심도 얼마 지나지 않아 부투미티스가 빠른 속도로 항해해 오고, 또 다른 이는 육로로 진격해 온다는 것을 알게 되었다. 그가 자신이 진을 친 곳의 지형을 살펴보니 땅이 울퉁불퉁하고 좁아 궁수들이 로마 기병대에 맞서기에는 적합하지 않다고 판단했다. 그리하여 진영을 보다 적합한 할리카이 내지는 키파리시온이라 불리는 곳으로 옮겼다. 한편 부투미티스는 해로를 통해 도착하여, 아불 카심의 배에 누구보다도 빠르게 불을 질렀다. 다음 날 타티키오스는 육로로 도착하여 병력을 유리한 위치에 배치하고, 보름 동안 밤낮을 가리지 않고 쉼없이 아불 카심을 공격해 추격전과 근접전 모두 우세해졌다. 그러나 아불 카심이 굴복하지 않고 계속 굳건히 저항하자, 초조해진 라틴인들은 타티키오스에게 지형상 이점을 포기하더라도 튀르크인들과 직접 재량껏 전투를 벌이게 해달라고 요청했다. 자신의 판단과 정반대이기는 하고 아불 카심의 지원군이 매일 도착하는 것을 알고는 있었으나, 결국 그는 라틴인들의 청을 들어주었다. 그는 해가 뜰 때쯤 대형을 갖추어 전투를 벌였다. 많은 튀르크인이 죽었고 대부분은 포로로 잡혔으며, 상당수가 자기 장비를 챙길 생각도 못 하고 달아났다. 그리고 아불 카심 본인은 허겁지겁 니케아로 향하는 길에 올라 간신히 도망쳤다. 타티키오스의 병사들은 막대한 전리품을 챙겨 진영으로 돌아갔다. 이 소식에 사람의 마음을 얻어내고 돌도 부드럽게 바꾸는 법에 능통한 황제는 아불 카심에게 전갈을 보내, 헛되이 계략을 세우거나 쓸데없이 싸움을 할 생각은 그만두고, 자신과 조약을 맺으면 상당한 짐을 덜 수 있을 것이며 후한 선물과 명예도 받게 될 것이라 전했다. 아불 카심은 프로슈흐가 여러 사트라프들이 차지한 마을을 공격하고 있으며 곧 니케아를 함락시키러 올 것이라는 말을 듣고, 황제의 의도를 어느 정도 짐작하고는 있었으나 고사에서 말하듯 궁여지책으로 평화 제안을 받아들였다. 조약이 체결되자 벌써 다른 이익을 얻을 계획을 세우고 있던 황제는, 다른 방법은 없다고 판단하고 아불 카심을 수도로 초대해 상당한 재물을 안겨주고 융숭하게 대접하려고 하였다. 아불 카심은 황제의 제안을 받아들였으며, 수도에 도착해 아주 좋은 대우를 받았다. 여전히 니코메디아(비티니아의 큰 도시)를 니케아의 튀르크 통치자가 차지하고 있었으니 황제는 그를 쫓아내고 싶어 했고, 평화 협상을 진행하는 동안 바다 근처에 작은 성채를 추가로 하나 짓는 게 좋겠다고 생각했다. 그리하여 요새를 짓는 데 필요한 모든 자재와 기술자들을 준비시키고, 함대의 드룬가리오스*인 에브스타티오스에게 이 비밀 계획을 전하고 건설을 지시했다. 지나가는 튀르크인은 누구든지 아주 친절히 대하면서 요청이 있으면 들어주고 동시에 요새를 짓는다는 사실을 아불 카심이 알고 있다고 말하되, 실제로 보고가 들어가는 일이 없도록 비티니아 해안의 모든 함선을 몰아내라고 명령했다. 황제는 매일 아불 카심에게 선물을 안겨주고, 목욕탕으로 초대하거나 경주나 사냥에 부르고, 대로를 따라 세워진 기념비들을 구경하자고도 하였다. 나아가 전차 모는 사람들에게 옛날 콘스탄티누스 대제**가 세운 극장에서 승마 경주를 열라고 지시하였으며, 그에게 언제든지 가서 시험대에 오른 말들을 구경하라고 권했다. 이 모든 것은 아불 카심이 수도에서 시간을 허비하는 동안 요새를 짓기 위한 목적이었다. 요새가 완성되고 뜻한 바를 이루자, 그는 더 많은 선물을 안겨주고 세바스토스의 지위를 하사하였고, 다시 한번 조약을 확인한 다음 더할 나위 없이 정중하게 바다를 통해 돌려보냈다. 요새가 지어졌다는 사실을 알게 되자 아불 카심은 상당한 충격을 받았으나, 아무것도 모르는 척했고 침묵을 지켰다. 이와 비슷한 이야기로 알키비아데스의 것이 있다. 라케데모니아인들이 페르시아에 의해 파괴된 아테네를 재건하는 것을 거부하자, 그 역시도 비슷한 방식으로 속여넘긴 적이 있었다. 아테네인들에게 자신이 스파르타에 사절로 가는 동안 도시를 지으라고 하고, 가서는 시간을 끌어 건축가들에게 시간을 벌어준 결과 라케데모니아인들은 아테네가 완전히 재건된 후에야 알아차리게 되었다. 파이아니아

---

* 테마의 해군 지휘관
** 황제 콘스탄티누스 1세(재위 306~337)

인도 연설 중 한 번 알키비아데스의 이 영리한 속임수를 언급하기도 한다*. 내 아버지의 계획도 비슷하였으나, 알키비아데스보다 더 슬기로웠다. 야만인을 경주와 다른 유흥에 빠지게 하고, 요새가 완성될 때까지 출발을 차일피일 미루게 한 뒤 수도에서 떠나도록 두었으니 말이다.

11

그 사이 밤중에 찾아왔던 마을 사람이 타티키오스에게 전했듯, 예상대로 프로슈흐는 엄청난 군대를 이끌고 와 니케아를 포위하였으며, 석 달 동안 공성을 이어갔다. 도시의 주민들과 아불 카심 본인은 대단히 절망적인 상황에 처해 있으며, 더 이상 막아낼 힘이 없음을 깨달았다. 그들은 황제에게 전령을 보내 도와 달라 애걸하고, 프로슈흐에게 항복하느니 황제의 노예가 되는 것이 낫다고 판단했다. 황제는 즉시 최정예 병사들을 보냈으며, 깃발과 은으로 만든 왕홀을 가져가도록 했다. 이때 아불 카심을 직접 도와주려고 군대를 보낸 것이 아니라, 이자를 무너뜨리는 방향으로 끌어가려는 속내가 있었다. 로마 제국의 두 적이 서로 싸우고 있으니 약한 쪽을 돕는 것이 필요하지만, 힘을 키워주려는 것이 아니라 공격해 온 쪽을 물리친 다음, 공격받은 쪽에서 지금은 제국의 영향권 밖에 있는 영토를 빼앗으려 한 것이다. 조금씩 먹어 치워서 남은 쪽도 쓰러뜨리면, 튀르크인들의 검이 점점 날카로워짐에 따라 줄어들었던 로마 제국의 경계를 넓힐 수 있을 터였다. 한때는 로마 제국의 국경이 서방과 동방의 두 기둥 사이에 위치했던 적이 있었다. 서방의 기둥은 '헤라클레스의 기둥'이라 불리며**, 인도 근처에 있던 동방의 것은 '디오니소스의 기둥'이라 한다. 로마 제국이 옛날에 얼마나 강대했는지는 가늠하기조차 힘들다. 이집트와 메

---

* 이 이야기는 알키비아데스가 아니라 테미스토클레스의 것이다. 둘 다 고대 아테네의 장군이다.
** 지브롤터 해협에 있는 바위

로에*, 모든 혈거인의 나라**와, 타는 듯이 더운 지역에 인접한 나라들, 그리고 다른 방향으로는 그 유명한 툴레***, 북쪽 땅에 살며 머리 위에 북극성이 떠 있는 모든 민족까지 말이다. 후대에는 로마의 권역은 동쪽으로는 보스포로스이고, 서쪽으로는 아드리아노폴리스가 되었다. 그러나 알렉시오스 황제는 두 주먹을 불끈 쥐고 양면으로 쳐들어오는 야만인들과 맞서 싸우고, 비잔티온을 중심으로 영토를 넓혀, 서쪽으로는 아드리아해를, 동쪽으로는 유프라테스와 티그리스를 국경으로 삼았다. 그리고 계속 이어진 전쟁과 반복되는 위협, 장애물이 방해하지만 않았더라면 제국의 옛 영광을 되찾았을 것이다. 항상 위험을 감수하고 역경을 이겨냈으니. 내가 앞서 말했듯, 당시 황제가 생각한 바는, 니케아의 폭군 아불 카심에게 군대를 보내되 위험에서 구해내려는 것이 아니고, 그 자신이 승리를 거두기 위함이었다. 그러나 행운의 여신이 그에게 미소 지어주지 않았다. 당시 벌어진 일은 다음과 같았다. 파견된 병력은 성聖 게오르기오스라는 작은 마을에 도착하였으며, 튀르크인들은 지체 없이 성문을 열었다. 병사들은 동쪽 문 위에 있는 흉벽으로 올라갔으며, 깃발과 왕홀을 들고 계속 함성을 질러댔다. 밖의 공성 부대는 겁에 질렸고 황제가 직접 왔다고 생각해 밤중에 꽁무니를 뺐다. 그러나 로마군은 수도로 복귀했다. 튀르크 제국의 중심부에서 올 또 다른 페르시아 군과 싸우기에는 머릿수에서 너무 밀렸기 때문이다.

12

한편 술탄은 시아오스가 돌아오길 기다리고 있었다. 시아오스가 질질 끌자, 그는 무슨 일이 있었는지 알아보았다. 어떤 속임수를 써서 차라티키스를 시노피에서 쫓아냈는지, 어떻게 세례를 받고 황제한테 안키알로스의 둑스로 임명

---

*　수단 북부, 고대 쿠시 왕국의 도시
**　헤로도토스는 '혈거인'이 지금의 리비아 지역에 산다고 기술했다.
***　아이슬란드 또는 그린란드

받아 서방으로 떠났는지 등을 말이다. 그는 분개했고 고뇌했다. 그는 푸자노스를 두 번째로 보내며, 이번에는 아불 카심을 무조건 공격하도록 하고, 황제에게 결혼 동맹에 관해 묻는 편지를 같이 보냈다. 전갈은 이러했다*.

"오 황제여, 그대의 역경에 대해 들었소. 즉위한 직후부터 수많은 어려움을 맞닥뜨렸으며, 최근에는 라틴인과의 분쟁을 끝냈더니 스키타이인이 전쟁을 준비하고 있다는 것을 말이오. 에미르 아불 카심도 쉴레이만이 그대와 맺은 조약을 깨고, 아시아 지역의 다말리스까지 약탈하고 있다고도 들었소. 아불 카심을 이 지역에서 몰아내고 아시아와 안티오히아를 그대의 통치 아래에 두고 싶다면, 내 맏아들의 아내로 그대의 딸을 보내 주시오. 그리하면 그대의 앞을 가로막는 것은 아무것도 없을 것이오. 그대를 위해 동방뿐 아니라 일리리아를 넘어 서방까지도 병력을 보내줄 것이며, 그 누구도 앞을 막아서지 못할 테니 말이오."

페르시아 술탄의 전갈은 위와 같았다. 그 후 푸자노스는 니케아에 도착해 여러 차례 공격하였으나, 아불 카심은 황제에게 애걸하여 받은 도움을 토대로 굳건히 버텼다. 그는 다른 마을과 요새를 차지하기로 마음을 바꾸고, 니케아를 떠나 람페 (로파디온 근처의 강이다) 인근에 진영을 꾸렸다. 그가 떠나자 아불 카심은 노새 열다섯 마리에 금을 최대한 실어 페르시아의 술탄을 향해 출발했는데, 해임하지 말아 달라는 의미를 담은 선물이라고 하였다. 술탄은 스파하 근처에 진을 치고 있었으며, 자신을 보려고 들지도 않았기에 중재할 사람을 고용해야 했다. 술탄이 답했다.

"나는 에미르 푸자노스에게 그곳의 모든 지방을 하사하였으며 다시 앗아갈 의향이 없다. 아불 카심은 돈을 챙겨서 푸자노스에게 주라고 하라. 무슨 말을 하고 싶든, 푸자노스에게 말해라. 푸자노스의 결정이 곧 내 결정이다."

그는 상당한 시간을 보내며 여러 고난을 겪었으나, 아무것도 이루지 못한 채

---

* 1092년 또는 1093년

출발했는데, 틀림없이 푸자노스를 만나려는 의도였을 것이다. 그러나 그는 푸자노스가 자신을 체포하려 보낸 200명의 사트라프와 맞닥뜨리고 만다. 니케아를 떠났다는 이야기가 흘러 나간 것이다. 이들은 그를 붙잡아 활줄로 만든 올가미를 걸어 목 졸라 죽였다. 내 생각에 이 행동은 푸자노스가 꾸민 것이 아니라, 부하들에게 어떤 방식으로든 아불 카심을 처리하라고 명령한 술탄의 짓이다. 아불 카심의 이야기는 이러했다. 황제는 술탄의 전갈을 읽었으되 거기 적힌 제안은 일고의 가치도 없다고 생각했다. 어떻게 가능하겠는가? 황제의 어린 딸을 서신이 요구한 대로 야만인의 맏아들에게 약혼시켰다면, 보나 마나 불행한 일이지 않겠는가. 페르시아로 가서 최악의 가난보다도 크나큰 고통을 가져다줄 왕국의 안주인이 되었을 테니 말이다. 그러나 주님께서 이를 금하셨고, 황제 역시도 이런 일이 일어나게 놔둘 생각은 없었으며, 아직 그에게는 행운이 남아있었다. 편지를 처음 보고 그는 야만인의 제안에 웃음을 터뜨렸다.

"어떤 악마가 이걸 마음속에 집어넣었나 보군."

황제가 이 결혼에 대해 생각한 바는 그러하였다. 그러나 술탄의 마음에 헛된 희망을 집어넣어 목매게 하는 것이 필요하다고 생각하여, 쿠르티키오스와 다른 셋을 사절로 보내 평화 구상을 환영하며 술탄의 제안에 동의한다는 서신을 전한 것이다. 동시에 그는 협상을 지연시킬 다른 제안을 전했다. 그러나 비잔티온에서 보낸 사절들이 호라산에 도착하기도 전에 그들은 술탄이 살해당했다는 소식을 듣게 되었고, 다시 돌아왔다. 술탄의 동생인 투투쉬는, 쉴레이만 에미르와 아라비아에서 군대를 이끌고 공격해 온 자신의 인척을 죽이고 대단히 오만해진 상태였다. 술탄이 황제와 평화 협상을 벌인다는 소식을 들은 후, 그를 암살할 계획을 세운 것이다.

그리하여 투투쉬는 하샤신이라 불리는, 살인을 숨 쉬듯 하는 자들을 페르시아에서 열두 명 불렀고, 술탄에게 보내는 사절로 위장시켜 살해 지시를 내렸다. 그가 말했다.

"가서, 먼저 술탄에게 전해야 할 어떤 비밀스러운 일이 있다고 해라. 들어와도 된다는 허가를 받으면, 귀에 속삭일 것처럼 가까이 붙은 다음에 잽싸게 찔러 죽여라."

이 사절들은, 즉 암살자들은 마치 저녁 식사나 축제에 가는 것처럼 매우 기뻐하며 술탄을 죽이러 떠났다. 도착했을 당시 술탄은 이미 술에 취했고, 술탄의 호위무사들도 술에 곯아떨어져 있었다. 일이 너무 술술 풀렸고, 그들은 겨드랑이 밑에서 칼을 뽑아 들어 야비한 자를 곧장 토막 냈다. 이 하샤신들은 피 보는 것을 즐겼으며, 이들에게 쾌락이란 그저 칼을 사람의 내장에 찔러 넣는 것이었으니 말이다. 만에 하나, 바로 그 순간 다른 자들이 자신들을 공격해 다진 고기처럼 만들어버린다 한들, 그렇게 죽는 것도 명예롭다고 생각했을 것인데, 암살을 마치 가업인 양 아이들에게 물려주는 작자들이었기 때문이다. 이 범죄를 실행에 옮긴 자들은 모두 제 목숨도 잃었기에 투투쉬에게 돌아온 자는 하나도 없었다*. 푸자노스는 이를 듣고 모든 병력을 이끌고 호라산으로 돌아왔다. 술탄의 동생 투투쉬가 그를 맞았다. 곧바로 접전이 벌어졌으며, 양쪽 군대 모두 용맹하게 싸웠고 승리를 양보하려 들지 않았다. 이내 푸자노스가 치명상을 입고 쓰러졌고, 적에게 승기를 안겨주었다. 그의 부하들은 사방으로 흩어져 달아났고, 자기 목숨이라도 건지려 했다. 승자가 된 투투쉬는 호라산에 진입했고, 이미 술탄이 된 것처럼 느꼈으나 곧장 위험이 그를 엄습했다. 살해당한 술탄 타파라스**의 아들인 바르키야루크가 전장에서 그를 마주했고 마치 호메로스가 말했듯, '훌륭한 사냥감을 마주친 사자처럼' 즐거워하며 젖먹던 힘까지 짜내 그를 공격했고, 투투쉬의 병력을 완전히 분쇄한 것이다. 노바투스***처럼 오만했던 투투쉬도 목숨을 잃었다. 앞서 말했듯이 아불 카심이 술탄을 만나기 위해 돈을 가지고 호라산으로 떠나 있는 동안, 형인 풀카세스

---

* 말리크샤나 그 측근들을 암살하려는 시도가 있었던 것은 맞지만, 말리크샤는 독살당한 것으로 추정된다.
** 말리크샤의 다른 이름
*** Ναυάτος; 3세기 인물. 교황좌를 노렸으나 251년 고르넬리오 교황이 선출되자 자신이 교황이라 선포하였고, 그에 따라 파문되었다. 오만함이 하늘을 찌르기로 유명했다.

는 니케아를 급습하여 점령하였다. 이 소식에 황제는, 도시를 비우고 자신에게 넘겨주기만 하면 큰 보상을 하겠노라고 제안했다. 풀카세스는 당연히 솔깃하면서도 주저했는데, 아불 카심을 주시하고 있었기 때문이다. 그는 황제에게 전령을 보내며 일을 지연시키고 있었는데, 형제가 돌아오기를 기다리고 있었다. 그 사이에 다음과 같은 일이 일어났다. 하샤신에게 살해당하기 전, 호라산의 술탄은 위대한 쉴레이만의 두 아들을 데리고 있었는데, 술탄이 죽은 뒤 그들은 호라산에서 도망쳐 잽싸게 니케아로 돌아왔다. 니케아의 주민들은 그들을 열렬히 환영하며 기쁘게 맞이하였다. 풀카세스는 그들이 생득한 권리에 따라 기꺼이 니케아를 양도하였으며, 둘 중 연장자인 킬리지 아르슬란이 술탄으로 뽑혔다. 그는 니케아에 있던 병사들의 아내와 아이들을 불러 모아 집을 짓고 살도록 했으며, 이 도시를 누구나 술탄의 거처라고 부를 법한 곳으로 만들었다. 킬리지 아르슬란은 니케아에서 이처럼 조치한 뒤, 풀카세스에게 통치권을 포기하도록 하고 니케아의 대* 사트라프로 마호메트를 임명한 뒤 본인은 멜리티니를 공격하러 떠났다.

13

술탄들의 이야기는 이와 같았다. 대* 사트라프 엘카네스는 자신의 병력을 이끌고 아폴로니아스와 키지코스를 (둘 다 해안가에 있다) 점령하였고, 바다를 따라 온 지방을 폐허로 만들었다. 이 소식에 황제는 수중에 있던 상당수의 배를 모아 (아직 함대가 준비되지 않았기 때문에) 공성 장비와 용맹한 병사들을 싣고 에브포르비노스 알렉산드로스라는, 용맹함으로 유명세를 떨친 귀족을 사령관으로 임명해 보냈다. 아폴로니아스에 도착하여 그는 곧장 공성을 개시하였고, 밤에도 쉬지 않고 낮과 밤이 여섯 번 지나도록 공략한 끝에, 지금은 통상 '엑소폴로스'라고 불리는 외성을 점령하였다. 그러나 엘카네스는 성채에서 버티면서 외부 지원군이 도착하기만을 기다렸다. 알렉산드로스 역시 다수의 야만인 군대가 엘카네스를 돕기 위해 진군하고 있다는 것을 알게 되었고, 아군이 수적으로 열세라는 것을 깨달은 후, 정복이 불가능하다면 병력을 최대한 온전히 보존하는 것이 현명하다고 판단하였다. 안심할 수 없는 상황이었고 안전한 길이 없어, 그는 병사들에게 바다를 통해 후퇴하도록 명했다. 병사들은 배에 올라탔고 강을 따라 바다로 항해하려고 했다. 그러나 엘카네스는 알렉산드로스의 의도를 파악하고 호수에서 나가는 출구와 강 위의 다리를 먼저 점령하였다. 이 다리 위에는 성 헬레나를 기리며 콘스탄티누스 대제가 세운 성소가 있었기에, 다리의 이름도 성소에서 따와 지어졌으며 지금도 그러하다. 그는 호수로 들어서는 입구와 다리 위에 정예병들을 배치하고, 함대가 지나가는지 감시하도록 하였다. 이에 작은 함선에 타고 있던 아군이 하구를 지나가려 할 때 곧바로 엘카네스의 덫에 걸려들었으며, 급작스러운 위험에 허둥지둥하여 배를 세우고 육지로 내려왔다. 튀르크인들이 따라잡았고 치열한 전투가 벌어졌다. 상당수의 지휘관이 사로잡혔고, 많은 자가 강으로 뛰어들어 소용돌이 속으로 빨려 들어갔다. 황제는 이 패배에 분노가 폭발해 오푸스에게 대군을 맡겨 튀르크와 싸우도록 육로로 보냈다. 오푸스는 키지코스에 도착한 후 쉽게 그곳을 점령했다. 다음으로 그는 공성전에 능숙한 300명의 병사를 뽑아 포이마니논으로 보냈다. 이 도시 역시 단번에 함락되었으며, 병사들은 주민 몇을 그 자리에서 죽이고 나머지는 포로로 오푸스에게 보냈으며, 그는 다시 이들을 황제에게 보냈다. 그러고는 키지코스를 떠나 아폴로니아스로 가 맹렬히 공성을 개시했다. 엘카네스는 더 이상 맞설 병력이 없어 항복하였으며, 자신과 모든 친인척은 황제에게 귀순하여 셀 수 없이 많은 특권을 누렸고, 무엇보다도 세례를 받는 영광을 누렸다. 몇몇은 오푸스를 따르기를 거부했는데, 예를 들어 스칼리아리오스와 이후에 히페르페리람프로스의 영예를 누리게 되는 ... 가 있었는데, (저명한 사트라프 몇몇이 이런 칭호를 받았다) 황제가 엘카네스에게 자애로움을 보여주고 후하게 선물을 주겠다고 말하자 그들 역시 합류하였으며, 자신의 소망을 이루었다. 황제는 진실로 신실한 사람이었으며, 말과 행동 모두 완벽한 덕망을 갖춘 성직자의 것과 같았다. 교리를 가르치는 데에도 능숙하였으며, 교부들의 믿음과 말씀으로 스키타이인 유목민뿐 아니라 페르시아 전역과 리비아와 이집트에 살며 모하메드의 의식을 따르는 야만인들도 그리스도교로 개종시키고 싶어 하였다.

14

튀르크인에 대한 이야기는 이 정도로 마치자. 이제 나는 전보다도 끔찍하고 강력했던 로마 제국을 노린 두 번째 공격에 대해 쓰려고 한다. 이야기는 처음부터 시작할 것인데, 이 침략자들이 바다의 물결처럼 연이어 왔기에 그러하다.

끊임없이 사르마티아인들에게 습격당하던 어느 스키타이 부족이 고향을 떠나 다뉴브강까지 내려온 적이 있었다. 강가에 이미 살고 있던 사람들과 반드시 협상을 벌여야 했고, 합의에 따라 족장들은 회의를 열었다. 타토스 또는 칼리스라 불리는 자와 세스트라보스, 사트자스가 있었다. (지도자들의 이름을 언급해 두어야겠다. 비록 이렇게 하면 내 역사책의 문체가 더럽혀지기는 하지만) 사트자스는 드리스트라 일대를 지배했으며, 다른 이들은 비치나 인근 마을들을 다스렸다. 족장들과 조약을 맺은 스키타이인들은 겁 없이 다뉴브강을 건넜으며, 근처 지역을 약탈하고 작은 마을 몇 개를 점령했다. 얼마간 휴식을 취한 뒤에 땅을 경작하여 잡곡과 밀을 길렀다. 그러나 앞서 내 역사책에서 길게 말했듯 악명 높은 마니교도 트라블로스가 있었는데, 벨리아토바 언덕의 마을에서 추종자와 같은 이교도를 거느리고 살던 자로, 이 스키타이인들에 대해 들은 뒤 오래도록 마음속으로만 생각해왔던 계략을 실행에 옮기려 했다. 거친 길과 통로를 지나 스키타이인들에게 도움을 청하여 불러들이고, 로마의 영토를 황폐하게 만들기 시작한 것이다. 이 마니교도들은 천성적으로 전쟁에 목말라 있었고, 개처럼 사람의 피에 굶주려 있었던 까닭이다.

알렉시오스는 이를 듣고 서방의 도메스티코스인 파코리아노스에게 군대를 이끌고 진격하라고 명령했다. 그는 훈련과 조직과 지휘에 대단히 유능했기 때문이다. 또한 대단히 용맹한 지휘관인 브라나스가 동행했다. 파코리아노스는 스키타이인들이 좁은 산길을 지나 벨리아토바에서 멀지 않은 곳에 진영을 꾸렸음을 알아냈고, 어마어마하게 많은 적수를 보고 전투는 어림도 없다고 생각했다. 질 게 뻔한 전투를 치르고 전멸하느니, 병력을 보존하는 것이 낫다고 판단한 것이다. 그러나 브라나스는 모험심 넘치고 대담한 성격이었기에 이 계획에 찬동하지 않았다. 도메스티코스는 교전을 주저한다는 겁쟁이라는 비방을 피하고자 브라나스의 무모함을 따랐다. 모두가 명령에 따라 무장했고 전투 대형을 갖추었으며 스키타이인들을 향해 진격했고, 파코리아노스 본인도 한가운데에 자리 잡았다. 로마군은 수적으로 대단히 열세였으며, 눈앞에 펼쳐진 적들을 보고 공포에 질렸다. 그럼에도 이들은 공격했다. 많은 이가 죽었으며, 브라나스 본인도 치명상을 입었다. 도메스티코스는 필사적으로 싸웠고 적을 맹렬히 몰아붙였으나 오크나무에 부딪쳤고, 그 자리에서 죽었다. 남은 병사들은 사방으로 흩어져 도망쳤다˚. 황제는 이 비보를 듣고 모든 쓰러진 이를 애도했다. 그러나 무엇보다도 도메스티코스의 죽음에 애통해했고, 즉위하기 전부터 그를 대단히 총애했기에 눈물을 쏟았다. 하지만 그는 정신을 차리고 즉시 타티키오스를 불러 상당한 돈을 주며 아드리아노폴리스로 보내며, 병사들에게 1년 치 봉급을 주고 싸울 수 있는 새로운 병력을 방방곳곳에서 충원하라고 명령하였다. 우베르토풀로스에게는 키지코스에 적정 수의 수비대만 남겨두고, 켈트인들을 데리고 지체 없이 타티키오스와 합류하라고 지시했다. 타티키오스는 라틴인들과 우베르토풀로스를 보고 용기를 얻었으며, 이미 충분한 수의 군대를 갖추었기에 즉시 스키타이인을 향해 진격했다. 필리포폴리스 근처에서 그는 블리스노스를 따라 흐르는 강 가장자리에 진영을 꾸렸다. 그러나 약탈을 마치고 전리품과 포로를 데리고 돌아오는 스키타이인이 보이자, 아직 짐

˚   1086년에 있던 전투

을 다 가져오지 않았는데도 일개 사단에게 공격을 명령하고, 자신도 무장한 채 대열을 따라갔다. 약탈대가 전리품과 포로들을 데리고 에브로스 강가에 있던 본대와 합류하려는 것을 보고, 그는 병력을 둘로 나누어 일제히 함성을 지르며 공격하도록 하였다. 양쪽에서 우레와 같은 함성과 함께 공격이 이어졌다. 전투는 치열했고 다수의 스키타이인이 죽었으나, 많은 자가 목숨을 건져 도망쳤다. 타티키오스는 모든 전리품을 챙겨 필리포폴리스로 개선했다. 이곳의 본부에서 그는 군대를 규합하고 다음으로 야만인들을 공격할 최선의 방향이나 방법을 고심했다. 적들이 수도 없이 많다는 것을 알았기에 그는 사방으로 정찰병을 보냈고, 스키타이인들이 어떻게 움직이는지 계속 정보를 얻고 있었다. 돌아온 정찰병들은 엄청나게 많은 야만인이 벨리아토바 근처에 있으며, 그 지역을 약탈하고 있다고 전했다. 타티키오스는 스키타이인들이 곧 오리라 예상했으나 그만한 수에 맞설 충분한 병력이 없어, 무엇을 해야 할지 갈피를 잡지 못했고, 심히 실의에 빠졌다. 그럼에도 그는 검을 빼 들고 병사들에게 용기를 심어주며 전투에 나섰다. 얼마 지나지 않아 정찰병 하나가 달려와, 야만인들이 접근하고 있으며 이미 아주 가까이 왔다고 보고하였다. 타티키오스는 빠르게 무장하고 전군 전투태세를 갖추도록 한 뒤, 곧장 에브로스를 건넜다. 그러고는 군단을 대대 단위로 나누어 전투 계획을 알려준 뒤 대기시켰으며, 본인은 맨 한가운데에 자리를 잡았다. 야만인들은 전투를 준비했고, 적을 도발하며 싸우고 싶어 하는 척했다. 그러나 실제로는, 양쪽 모두 겁을 먹었으며 교전을 피하기를 바랐다. 로마군은 스키타이인들의 압도적인 숫자에 기가 눌려 있었고, 반대편에서는 중장갑을 한 우리 병사들의 깃발이나 별빛처럼 반짝거리고 빛나는 복장과 광채를 보고 놀라 있었다. 그러나 그들 중에서도 대담한 라틴인들은 전투에 목말라, 선봉에 서고 싶어 하며 이를 갈고 검도 갈아댔다. 하지만 타티키오스는 평정심을 가지고 판단할 수 있을 만큼 영리했기에, 예상치 못한 일이 벌어질 수 있다는 것을 예측하고 이들을 막아 세웠다. 양쪽 군대는 가만히 있었고 상대방이 먼저 움직이길 기다렸으며, 어느 쪽이든 단 한 명의 병사도 감히 중간으로 뛰쳐나올 용기를 내지 못했다. 해가 저물자, 양쪽의 장군들은 진영으로 돌아갔다. 이틀 동안 이런 상황이 이어졌는데, 장군들은 전투 준비를 갖추고 진형을 갖추었으나 먼저 교전을 벌이는 자는 아무도 없었고, 사흘째 되는 날 새벽에 스키타이인들이 후퇴했다. 타티키오스는 이를 알게 되자 곧장 뒤를 쫓았으나, 흔히들 쓰는 표현을 빌리면 '걸어서 리디아산 전차를 뒤쫓는 꼴'이었다. 스키타이인들은 그를 앞질러 곧장 시데라를 지났고, (골짜기 이름이다) 그는 스키타이인들을 따라잡지 못했기에 전군을 이끌고 아드리아노폴리스로 다시 돌아왔다. 켈트인들은 떠나보내고 병사들은 집으로 돌려보낸 뒤, 자신은 약간의 병사들만을 데리고 수도로 돌아와야 했다.

7권

페체네그와의 전쟁과 위태로운 제국

스키타이인과의 전쟁 (1087~90)

VII. War with the Scyths (1087~90)

1

봄이 다가오자, 스키타이인 군대의 최고 지휘관인 첼구가 약 80,000명의 군대를 이끌고 다뉴브강을 건넜다. 혼성군으로 사르마티아인, 스키타이인, 그리고 솔로몬이라는 자*가 이끈 상당한 수의 다키아인으로 되어 있었다. 그는 카리오폴리스** 인근 마을을 약탈하고, 카리오폴리스로 쳐들어가 많은 전리품을 챙긴 뒤 스코티노스라는 곳에 눌러앉았다. 이 소식에 니콜라오스 마브로카타칼론과 벰페치오티스(출신지에서 따온 이름이다)는 팜필리온으로 휘하 병력을 이끌고 왔다. 하지만 인근 마을 사람들이 극심한 공포에 질려 도시나 요새로 서둘러 가는 것을 목격하고는, 전군을 이끌고 팜필리온을 떠나 쿨레의 작은 마을로 갔다. 그들 뒤로 스키타이인들이 도착했으며, 로마군이 '나가떨어진' 것을 보고는 (병사들이 쓰던 표현이다) 곧바로 뒤를 쫓았다. 첼구가 병력

---

* 헝가리의 왕 솔로몬. 1081년 폐위된 뒤 페체네그와 연합해 동로마 제국과 전쟁을 치렀다.
** 현재 튀르키예의 하이라볼루

을 이끌고 마브로카타칼론과 싸울 채비를 했을 때는 이미 새벽이었다. 한편 마브로카타칼론은 정예병을 몇몇 이끌고 평원을 내려다볼 수 있는 산길에 올라 야만인 군대를 감시하고 있었다. 싸움을 벌이고 싶어 안달 나 있었지만, 스키타이인들의 숫자를 보고 그는 단념했다. 로마군이 수적으로 불리하다는 것이 명백했기 때문이다. 그는 진영으로 돌아왔고 모든 장교 및 요안나치스와 스키타이인과 전투를 벌여야 할지 물었다. 그들은 내심 스스로 싸우고 싶었기에 모두 찬동했으며, 마브로카타칼론은 병력을 셋으로 나누어 공격 신호를 내리고 야만인들과 싸웠다. 전투에서 많은 스키타이인이 부상을 입었고, 적지 않은 수가 죽었다. 첼구 역시도 그중 하나로 대담히 싸우며 로마군의 사방에 혼란을 일으켰지만, 치명상을 입었다. 그 밖에도 많은 적이 스코티노스와 쿨레 사이로 흐르는 격류에 뛰어들어 도망치다가 서로 발에 걸려 넘어지고, 익사했다. 황제의 장교들은 스키타이인들을 상대로 이처럼 빛나는 승리를 거두고, 수도로 돌아왔다. 황제는 이에 마땅한 선물과 명예를 하사했으며, 그 후 그들은 새롭게 임명된 서방의 도메스티코스이자 황제의 동생인 아드리아노스 콤니노스와 함께 떠났다.

2

이렇게 스키타이인들은 마케도니아와 필리포폴리스 인근 지역에서 쫓겨났으나, 다시 돌아와 다뉴브강 옆에 진을 쳤고 우리의 영토를 마치 자기들 것처럼 약탈하고 다녔다. 이를 들은 황제는 로마의 국경 안에 이자들이 정착한다는 생각 자체를 참을 수 없어 했고, 동시에 이들이 다시 경계를 넘어 전보다 더한 악행을 저지르지 않을까 염려했다. 그리하여 그는 채비를 갖추고 군대를 정비하여 아드리아노폴리스로 진군했고, 거기서 디아볼리스와 골로에 사이의 평원에 있는 라데아로 이동했다. 이곳에서 그는 요르요스 에브포르비노스를 지휘관으로 임명해 해로를 통해 드리스트라로 보냈고, 40일 동안 이 지역에 머무르며 곳곳의 군대를 소집했다. 대군이 모이자, 황제는 좁은 길을 지나 스키타이인들과 전쟁을 벌여야 할지 고심했다. 그가 말했다.

"마땅히, 이들을 내버려두는 일 따위는 없어야 하기 때문이다."

이 야만인들에 대한 그의 말에는 정의가 담겨 있었다. 스키타이인들의 급습은 하루이틀 일이 아니었으며 사계절 중 어느 한 계절 동안만 이루어지는 것도 아니었는데, 이를테면 여름에 시작하여 가을에 끝나지도, 심지어 늦가을이나 겨울이 되어도 끝나지 않았다. 이 사악한 행위는 1년 내내 이루어졌을 뿐 아니라 오래전부터 제국의 골칫거리였다. 비록 내가 이런 침략 행각을 극히 일부만 적어두었지만 말이다. 그럴듯한 거래로도 이들을 갈라놓을 수 없었다. 황제가 여러 방법으로 계속 회유하려 시도하였으나, 따로 몰래 항복해 온 자는 아무도 없었을 정도로 당시 이들의 충성심은 굳건했다. 한편 니키포로스 브리엔니오스와 스키타이인들에게 포로로 잡혀 있다가 황제 덕에 40,000개의 금편을 지불해 풀려난 그리고리오스 마브로카타칼론은 다뉴브강을 건너 스키타이인과의 전쟁을 지지하지 않았다. 그러나 요르요스 팔레올로고스, 니콜라오스 마브로카타칼론과 다른 젊고 기력 넘치는 이들은 황제에게 강력히 압박해 히무스의 통로*를 통해 전쟁하자고 주장했다. 니키포로스와 레오 역시 같은 의견을 가졌는데, 디오예니스 황제의 즉위 후에 자줏빛 방에서 두 아들로 태어나 포르피로옌니토스의 영예를 입은 자들이었다. 이 자줏빛 방은 궁전의 한 건물로서 바닥은 완벽한 사각형이고 천장은 피라미드 꼴이다. 이곳은 돌로 된 황소와 사자가 서 있는 항구와 바다를 내려다보고 있었다. 바닥은 대리석으로 만들었고 벽은 평범한 재료도 아니고 쉽게 조달할 수 있거나 단순히 좀 더 비싼 재료도 아닌, 옛 황제들이 로마에서 실어 온 대리석으로 만든 것이었다. 그리고 이 대리석은 한 마디로, 흰 모래를 뿌려놓은 것 같은 지점을 제외하고는 전부 다 자줏빛이었다. 내 생각에 바로 이 때문에, 우리 조상들이 이 방을

---

*   발칸 산맥

'포르피라'라고 부른 것이다.

어쨌든 돌아와서, 히무스 산맥을 통과하자고 알리며 거대한 나팔소리가 울렸다. 브리엔니오스는 필사적으로 황제를 말렸으나, 황제를 설득하는 데 실패하자 엄중하게 말했다.

"히무스를 통과하신다면, 황제 폐하, 어느 말이 가장 빠른지 꼭 확인해 두십시오."

누군가 그게 무슨 뜻이냐고 묻자, 그는 이렇게 답했다.

"다들 도망쳐야 할 때를 대비해서 말이다."

브리엔니오스는 반역으로 눈이 뽑힌 상태였지만 여전히 가장 뛰어난 전략가로 알려져 있었고, 병력을 배치하는 방법에 있어서는 대단히 능숙하고 영리했다. 브리엔니오스가 보타니아티스 황제에 맞서 반란 내지는 봉기를 시도하다가 어떻게 시력을 잃게 되었는지, 당시 서방과 동방의 메가스 도메스티코스였던 알렉시오스 콤니노스에 의해 어떻게 사로잡혔으며 보릴로스에게 넘겨지기 전까지만 해도 눈이 멀쩡한 채였는지 등에 대해 알고 싶은 독자가 있다면, 탁월한 카이사르 니키포로스의 기록을 권하겠다. 이 니키포로스는 알렉시오스 황제가 된 이후에 그의 사위가 되었으며, 브리엔니오스의 손자*였다. 그러나 바로 이 지점에서 내 영혼이 몸부림치고 슬픔으로 가득 차니, 그의 학식은 대단하였으며 이를 글로 훌륭히 증명해 냈었다. 체력과 민첩함, 육체적인 매력, 나아가 영혼과 육체의 모든 좋은 자질이 그를 빛냈다. 대자연이 숨결을 불어 넣고, 하느님께서 동년배 중에서도 탁월하고 특별한 인격을 빚어내신 것이다. 호메로스가 아카이아인 중에서 아킬레우스를 칭송하였듯이, 나의 카이사르가 태양 아래 모든 사람보다도 밝게 빛났다고 말할 수 있을 것이다. 그는 대단한 전사였으며 문학을 무시하지도 않았고, 책을 두루 섭렵하며 온갖

---

* 손자인지 아들인지는 불분명한데, 예를 들어 동시대의 역사가인 요안니스 조나라스는 아들이라고 기록했다.

학문을 배웠으며, 지금 시대와 이전 시대의 모든 지혜를 섭렵했다. 그는 역사에 흠뻑 빠졌고, 내 어머니 이리니 황후의 제안에 따라 주목할 만한 읽어봐야 할 작품을 하나 썼는데, 내 아버지가 통치권을 쥐기 전에 했던 일에 대한 서사를 정리한 것이다. 이 역사책에서 그는 할아버지에 관한 정확한 사실을 기록해 두었다. 또한 자기 할아버지의 수많은 역경과 장인의 빛나는 성취를 서술하였고, 혈통으로 이어진 할아버지와 결혼으로 이어진 장인 중 그 누구에 관해서도 거짓으로 쓴 것이 없었다. 이 역사책의 앞 장에서 이미 그의 책을 언급해 둔 바 있다.

스키타이인들은 요르요스 에브프로비노스가 함대와 엄청난 수의 군사를 이끌고 이스트로스 강을 따라 올라온다는 것을 알게 되었다. 이 강은 서쪽의 산들에서 흘러내리며, 여러 폭포를 지나면 다섯 개의 하구를 거쳐 폰토스 엑시노스에 도달한다. 넓고 거센 물결이 방대한 평원을 관통하고 있으며, 제일 크고 무거운 함선이라도 그 물에 떠서 항해할 수 있을 정도였다. 이 강은 이름이 여럿인데, 상류와 수원은 다뉴브라 불렸으며 하류와 하구 쪽은 이스트로스라 불렸다.

다시 돌아와서, 스키타이인들은 요르요스 에브프로비노스가 강을 거슬러 올라오는 모습을 보았고, 황제도 상당한 수의 군사를 이끌고 육로로 진군한다는 것을 알게 되었다. 이에 양면 모두와 싸우는 것은 불가능하다고 생각했고, 이 닥쳐오는 위협에서 도망칠 길을 찾았다. 그리하여 그들은 평화 협상을 위해 150명의 스키타이인을 사절로 보냈으며, 동시에 짐짓 위협하기도 했다. 그들은 황제가 자신들의 요구를 들어주면 언제든지 30,000명의 기병을 이끌고 돕겠다고 했다. 황제는 스키타이인들의 사기를 곧장 꿰뚫어 보았고, 이 사절은 눈앞에 닥친 위협을 회피하려는 수작에 불과하며, 언제든 기회가 오면 이들이 숨겨둔 악의의 불꽃을 피워 거대한 화재를 일으키리라는 것을 알고 있었다. 이에 그는 제안을 받아들이지 않았다. 이런 논의가 이어지고 있을 때, 황제의 비서 중 하나인 니콜라오스라는 자가 황제의 귀에 속삭였다.

"폐하, 오늘 잠시 뒤에 일식이 일어날 것 같습니다."

황제가 미심쩍은 태도를 보이자, 그는 거짓말이 아니라고 맹세했다. 그러자 황제는 평상시처럼 재빠르게 머리를 굴려 스키타이인에게 돌아서서 말했다.

"하느님께서 내 심판관이시니, 만약 몇 시간 내로 하늘에서 어떤 신호가 나타난다면 내가 의심할 수밖에 없는 타당한 이유가 있다는 것을 알 것이다. 그 말은 네 우두머리들이 이 평화 조약에 진실하게 임하지 않는다는 것이니 이 제안을 거부할 수밖에 없을 것이다. 그러나 만약 어떤 신호도 나타나지 않는다면 내 의심이 틀렸다는 것이 분명해지리라."

두 시간도 채 지나기 전에, 태양빛이 꺼졌으며 둥근 태양의 모습은 달에 덮여 어둠에 잠겼다. 그 광경에 스키타이인들은 공포에 질렸고, 황제는 레오 니케리티스(환관으로 어릴 때부터 병사들 사이에서 자랐으며 상당한 존경을 받았다)에게 그들을 넘기며, 충분한 병사들을 붙여 도시들의 여왕으로 이송하라고 명령했다. 레오는 아주 기꺼이 콘스탄티노폴리스로 가는 길에 올랐다. 그러나 자유를 되찾으려고 안달 나 있던 야만인들은, 니케아 근처에 도달했을 때 방심하고 있던 보초들을 죽였고 우회로를 통해 자신들을 보낸 사람들에게 돌아갔다. 니케리티스와 다른 셋은 간신히 도망쳤으며 골로에에서 황제의 대열에 합류했다.

3

레오의 말을 들은 황제는, 사절들이 모든 스키타이인 군대를 자극하여 전면전을 일으킬까 봐 염려했다. 아트레우스의 아들 아가멤논과 달리 그는 전투에 나서기 위해 꿈을 꿀 필요는 없었는데, 이미 싸움에 목말라 있었기 때문이다

*. 그리하여 그는 군단을 이끌고 시데라 골짜기를 지나, 비치나라는 인근 산맥에서 흘러오는 강 근처에 진을 쳤다. 식량을 구하기 위해 진영을 떠난 많은 로마군 중 일부는, 너무 멀리까지 갔다가 학살당하거나 포로로 사로잡혔다. 새벽이 되자 황제는 빠르게 플리스코바로 이동했고, 시메온 또는 주민들이 '스키타이인의 회합장'이라 부르는 산등성이에 올라갔다. 이곳에서도 진영에서 멀리까지 나갔던 병사들에게 비슷한 일이 닥쳤다. 다음 날 그는 근처에 흐르는 강을 따라 진군하여 드리스트라에서 약 24스타디온 떨어진 곳에 짐을 풀고 말뚝을 둘러쳤다. 이곳에서 스키타이인은 황제의 막사까지 집중적으로 공격을 가했으며, 경보병들을 다수 죽였을 뿐 아니라 대단히 용맹하게 싸운 마니교도들을 여럿 사로잡기도 하였다. 이에 군대에 엄청난 혼란과 소란이 벌어졌으며, 말 몇 마리가 공포에 질려 이리저리 날뛰는 바람에 황제의 막사까지 쓰러졌고, 황제가 실패하길 바라는 자들에게 이는 고무적인 현상으로 보였다.

그러나 황제는 십인대를 이끌고 야만인을 막사에서 멀리 몰아냈고, 말에 올라타 소란을 잠재우고 질서를 되찾은 다음, 전군을 질서정연하게 이끌어 드리스트라로 갔다. 이곳은 다뉴브강 인근에서 가장 널리 알려진 마을로, 황제는 헬레폴리스를 이용하여 공성하려 했다. 즉시 그는 사방에서 마을을 공격했고, 한쪽 벽을 무너뜨린 뒤 전군을 이끌고 입성했다. 그러나 이 마을에 있던 성채 두 개는 여전히 타토스라는 자의 친족들이 차지하고 있었다. 타토스 본인은 쿠만인들을 설득하여 스키타이인들을 돕게 하기 위해 떠난 상태였다. 친구들에게 작별 인사를 할 때 이 타토스는 말한 바 있었다.

"분명히 황제가 와서 이 마을을 포위할 것이오. 그러니 이 평원에 도착하는 것이 보이면, 가장 먼저 평원을 내려다보는 언덕을 차지하시오. 그곳이 가장 유리한 고지이니 말뚝을 박고 진을 치시오. 그러면 황제도 후방에서 공격당할까 봐 마음대로 공성하지는 못할 거요."

---

* 일리아스에서 제우스는 아가멤논에게 트로이를 공격하면 승리할 것이라 알리는 꿈을 꾸게 한다.

그러나 황제는 치밀한 계획을 세웠고, 고단하고 시간이 많이 드는 공성은 포기했고, 마을을 떠나 이스트로스 강에서 멀지 않은 시냇가에 진영을 친 다음 스키타이인들을 공격하는 것을 고려하고 있었다. 팔레올로고스와 요르요스 마브로카타칼론은 파치나크[*]와의 전쟁을 말렸고, 군대를 이끌고 '페리스트라바'라는 큰 마을을 점령하자고 제안했다[**]. 그들이 말했다.

"이는, 만약 스키타이인들이 우리가 완전무장하고 행군하는 것을 보면, 감히 공격할 엄두도 못 낼 것이기 때문입니다. 그들의 기병이 전차도 없이 전투를 벌인다면 보나 마나 패배할 것이니, 대[*] 페리스트라바를 영구히 요새화된 거점으로써 손에 넣을 수 있을 겁니다."

이 대단한 마을은 이스트로스 강 인근에 있으며, 항상 이런 야만인식 이름이 붙어있던 것은 아니고 그리스어 이름도 가지고 있었는데, 대도시를 뜻하는 메갈로폴리스라고 불렸다. 그러나 불가리아인들의 왕인 모크로스와 그의 후손들 이후에, 시드기야가 유다 왕조의 마지막 인물이었듯이[***] 불가르 왕조의 마지막을 장식한 사무일[****]이 서방을 침략하면서 이 마을은 이름을 하나 더 얻었다. 대도시라는 의미의 그리스어에 슬라브어 단어를 더하여, '대[*] 페리스트라바'라는 이름이 통용되었다. 마브로카타칼론을 지지하는 사람이 말했다.

"이 마을을 은신처로 삼으면, 스키타이인을 매일매일 추격해 공격할 수 있을 것이고, 그자들을 쉼 없이 벌하면서 감히 막사를 떠나 식량이나 다른 필수품을 찾으려는 생각도 못하게 만들 수 있을 겁니다."

의견이 오고갈 때 전장에서의 어려움을 겪어보지 않은 디오예니스의 두 어린 아들, 니키포로스와 레오가 말에서 내려 굴레를 놓고 말을 찰싹 쳐 잡곡이

---

[*] 페체네그를 부르는 다른 명칭
[**] 불가리아 제1제국의 수도였던 프레슬라프
[***] 남유다 왕국의 마지막 왕으로, 엄밀히는 다윗 왕조라 써야 맞다. 예레미아 39장
[****] 불가리아 1제국의 차르(재위 997~1014)

자란 평원으로 달려 보내며 덧붙였다.

"두려워 마십시오. 폐하, 저희가 검으로 토막 내겠습니다."

모험심이 넘치고 선봉에 기꺼이 설 준비가 되어있던 황제는 싸움에 반대하는 이들의 의견은 받아들이지 않았고, 요르요스 쿠초미티스에게 황제의 막사와 모든 짐을 맡기며 그를 베트리논으로 보냈다. 다음으로 그날 저녁 등을 켜거나 불을 붙이는 행위를 일절 금하고, 동이 틀 때까지 말을 준비시키고 경계하라고 하였다. 그는 새벽에 막사를 떠나 부대를 나누어 전투태세를 갖춘 뒤 다시 한번 점검했다. 황제는 한가운데에 자리를 잡고 친인척들과 함께 섰는데, 라틴인들을 이끌고 있던 형제인 아드리아노스가 있었고, 다른 용맹한 장군들도 있었다. 좌익은 황제의 누나와 결혼한 카이사르 니키포로스 멜리시노스가 이끌었고, 우익의 지휘관은 카스타모니티스와 타티키오스였으며, 동맹군은 사르마티아인인 우자스와 카라차스가 이끌었다. 다음으로 황제는 자신을 호위할 여섯 명을 뽑아 자신을 따라오고, 그 외 누구에게도 관심을 두지 말라고 명했는데, 이 여섯은 로마노스 디오예니스의 두 아들과, 대단히 길고 방대한 군 경력을 가진 니콜라오스 마브로카타칼론, 요안나치스, 바랑기안의 수장인 나비티스, 그리고 집안의 가신인 굴리스였다. 그러나 스키타이인들 역시 전투 준비를 갖췄는데, 이들도 전장에서의 전투 기술과 부대를 이끄는 법을 타고났기 때문이다. 이들은 복병을 배치하고, 지휘관을 밀집 대형으로 배치한 뒤 겉을 덮어놓은 마차를 성벽처럼 쌓은 다음 일제히 돌격했다. 황제는 이 대대에 맞서 군대를 조정하고, 중장보병에게 스키타이인이 충분히 가까이 오기 전까지 앞으로 나서거나 방패벽을 무너뜨리지 말라고 명령했다. 두 군대 간의 거리가 말 한 마리가 들어갈 정도의 거리가 되자, 모든 병사는 적을 향해 진격했다. 로마군이 아직 준비를 갖추고 있을 때 스키타이인들이 마차와 아내들, 아이들을 데리고 나타났다. 전투는 아침부터 저녁까지 치열하게 이어졌고 양쪽 다 엄청난 사상자가 나왔다. 디오예니스의 아들인 레오는 무모하게 달리다가 전차에 지나치게 가까이 접근했고, 치명상을 입고 쓰러졌다. 라틴인들을 이끌던 황제의 동생인 아드리아노스는 스키타이인들의 습격을 막아낼 수 없다는 것을 깨닫고, 전속력으로 말을 몰아 마차에 달려들었다. 엄청난 교전 끝에 그와 돌아온 동료는 일곱 명에 불과했으며, 나머지는 모두 죽거나 스키타이인들에게 사로잡혔다. 전투는 팽팽했으며 양쪽 모두 대단히 용감하게 싸웠는데, 그 때 스키타이인 족장들이 36,000명의 병사들과 함께 멀리서 접근하는 것이 보였다. 로마군은 그만한 군대에 더 이상 맞설 수 없었기에 적에게서 등을 돌렸다. 그러나 황제는 아군 앞으로 나서서 검을 쥐고 섰다. 다른 손으로는 신성한 말씀의 어머니의 팔리온*을 깃발처럼 움켜쥐었다. 그의 옆에는 20명의 용맹한 기병이 있었다. 디오예니스의 아들인 니키포로스와 프로토스트라토르 미하일 두카스, 황후의 형제와 집안 시종 등이 있었다. 그때 스키타이인 보병 셋이 덤벼들어, 둘은 양쪽에서 그의 고삐를 붙잡았고 하나는 오른쪽 다리를 잡았다. 즉시 황제는 한 놈의 손을 잘라버리고 하나는 쩌렁쩌렁하게 소리를 질러 물러나게 했으며, 다리를 붙잡고 있는 자의 투구를 내리쳤다. 그러나 이 일격은 온 힘을 다하지 않아서인지 충격을 주기에는 너무 약했다. 검으로 힘껏 공격한 것이 빗나가서 자기 다리를 내리치게 된다거나, 자신이 타고 있는 말을 공격해서 적에게 당하게 될까 봐 저어했다. 그는 재빠르게 두 번째 공격을 신중하게 가했으며, 늘 그랬듯이 이성이 그의 말과 행동을 이끌었으며, 분노에 휩쓸리는 일도 열정에 미혹되는 일도 없었다. 스키타이인의 투구는 첫 번째 공격으로 벗겨졌기에 이번에는 검은 맨머리를 쳤고, 스키타이인은 아무 소리도 내지 못하고 땅에 쓰러졌다. 모두가 정신없이 도망치며 전선이 붕괴한 지 오래였으며, 병력이 무질서하게 도주하는 것을 보고 프로토스트라토르가 말했다.

"폐하, 도대체 뭘 위해 여기서 계속 버티려고 하시는 겁니까? 뭘 위해 목숨을 아끼지 않으시고, 안전한 곳으로 갈 생각은 하지 않으시는 겁니까?"

---

* 성모의 팔리온은 레오 황제가 458년 갈릴리에서 가져와 블라헤르네 궁전의 성소에 안치했다고 한다.

이에 황제는 천하게 도주해서 안전을 도모하느니 용감히 싸우다 죽는 것이 낫다고 답했다. 프로토스트라토르는 항변했다.

"만약 폐하가 평범한 사람이셨다면 그 말씀은 칭송받아 마땅하지만, 여기서 목숨을 잃으시면 온 나라에 재앙이 될 텐데 어째서 더 나은 길을 택하지 않으십니까? 여기서 살아가시면 분발하여 승리할 수 있을 것입니다."

스키타이인들이 계속 밀어붙이자, 황제는 위험이 목전에 닥쳤음을 깨닫고 모든 희망을 놓고 말했다.

"그래, 이제 하느님의 인도로 안전한 곳을 찾아야 할 때가 되었다. 그러나 다른 자와 똑같은 길로 가지는 않으리라. 아군을 쫓으러 갔던 스키타이인들이 돌아오다가 우리를 마주칠 수도 있으니. 오히려,"

그가 선두에 서 있는 스키타이인들을 가리키며 말을 이었다.

"우리는 이날 죽기 위해 태어난 것처럼 달려들어야 한다. 하느님의 도움이 있어 저들의 후방까지 뚫고 나갈 수 있다면 다른 길을 찾을 수 있으리라."

이 말을 마치고 다른 이들을 격려한 후, 그는 가장 먼저 부지깽이처럼 스키타이인들을 내리쳐 선두에서 자신을 상대하던 자를 먼저 베었고, 낙마해 땅에 나동그라지게 했다. 이렇게 스키타이인들의 밀집 대형은 갈라졌고, 황제와 동료들은 후방까지 도착하였다. 프로토스트라토르는 말이 미끄러지며 불운하게도 땅에 쓰러지고 말았으나, 그의 수행원 중 하나가 말을 바로 내주었다. 황제를 따라잡은 다음에는 그는 황제와 최대한 가까이 붙어 있으려고 했는데, 그만큼 충성심이 깊었기 때문이다. 한쪽은 달아나고 한쪽은 쫓아가는 혼란 속에서, 또 다른 스키타이인 무리가 황제를 따라잡았다. 그는 곧장 돌아서서 공격해 온 자를 쓰러뜨렸고, 당시 목격자들에 따르면 같은 운명을 맞은 자는 하나가 아니다. 뒤쪽에서 기어 올라온 또 다른 스키타이인이 니키포로스 디오예니스를 치려고 할 때, 황제가 이를 보고 외쳤다.

"등 뒤를 조심해라. 니키포로스!"

그가 잽싸게 몸을 돌려 스키타이인의 얼굴을 베었는데, 나는 황제가 그렇게 잽싸고 능숙하게 실력을 발휘하는 모습을 보지 못했다는 말을 여러 번 들었다. 또한 이렇게 말하기도 했다.

"만약 내가 그날 깃발을 들고 있지만 않았더라면, 내 머리카락 수보다도 많은 스키타이인을 죽일 수 있었을 거다."

과장이 아니다. 그만큼 겸허한 태도를 견지한 이가 누가 있었던가? 그러나 때로는 대화 중에 또는 행사의 성격상 가족과 친지들에게 자신이 한 일에 대해 이야기해야 하는 경우가 있었다. 비록 우리가 상당히 졸랐기 때문이기는 하지만. 황제가 공공연하게 자신의 기량에 대해 과시하는 것을 들어본 자는 단 한 명도 없었다. 바람이 거세게 불었고, 파치나크는 황제를 공격해 더 이상 깃발을 쥐고 있을 수가 없었다. 그때 양손에 긴 창을 들고 있던 한 스키타이인이 그의 엉덩이를 찔렀다. 상처가 크게 나 피가 나온 것은 아니었으나, 황제는 이후로도 수년 동안 그 부위에 극심한 고통을 느꼈다. 이러한 고난에 압도되어 그는 깃발을 버렸고, 아무도 찾지 못하도록 저만더 덤불에 숨겼다. 그러고는 밤 내내 말을 달려 무사히 골로에에 도착했고, 이에 마을 사람들은 이렇게 말하곤 했다.

"드리스트라에서 골로에까지 가는 건 부상을 입지 않은 사람이라도 이루기 힘든 상당한 업적이지요. 콤니노스."

낮이 돼서는 포로들의 몸값을 지불하기 위해 베로에에 머물렀다.

4

패배한 병력이 도망치던 중 팔레올로고스는 낙마했고, 말을 잃어버렸다. 그는 아무 도움 없이 서서 자신이 처한 위험한 상황에 대해 깨닫고 혹시나 말이 보이지 않을까 둘러보았는데, 갑작스레 앞에서 언급했던 칼케돈의 주교 레오가 보였다. 그는 수도사의 의상을 입고 있었으며, 자기 말을 내주었다. 팔레올로고스는 올라타 계속해서 도망쳤는데, 이 성직자의 모습은 어디에서도 찾아볼 수가 없었다. 그는 진실로 솔직하고 개방적이었으며, 고위 성직자에 걸맞은 성품을 지녔으나 다소 단순했고, 지식보다는 열정을 내보이는 경우가 간간이 있었으며, 성스러운 교회법에 대해 정확하게 알지 못했다. 이러한 이유로 앞서 말했듯이 악재가 그에게 닥쳤으며, 주교직을 빼앗기고 만 것이다. 그러나 팔레올로고스는 탁월한 선량함 때문에 항상 그를 지지하고는 했다. 이런 열렬한 믿음 때문에 팔레올로고스가 이 성스러운 환영을 겪은 것인지, 아니면 섭리의 신비로운 계획이 이 성직자를 통해 나타난 것인지 나로서는 알 수 없다. 파치나크들이 쫓아와 팔레올로고스는 나무가 빽빽이 자란 습지로 뛰어들었고, 150명의 로마군 병사와 마주쳤다. 스키타이인들에 의해 포위당한 상태였고, 맞서 싸우기에는 적의 수가 너무 많아 절망적인 상황이었고, 이들은 팔레올로고스의 용맹함과 굴하지 않는 정신에 의지하며 그의 결정을 기다렸다. 그는 앞뒤 가리지 않고 스키타이인에게 덤벼들어 몸을 아끼지 말라고 조언하였는데, 내 생각에 병사들이 기꺼이 나섰을 리가 없다. 그가 말했다.

"그러나 먼저, 맹세를 통해 이 계획을 확인하여, 우리 모두 하나로 뭉치고 소임을 다 하지 못하는 자가 없도록 해야 한다. 다른 이들의 안전도 자신의 것처럼 살피도록 하자."

그렇게 팔레올로고스는 적에게 맹렬히 달려들어 처음으로 마주친 자를 베었고, 땅에 쓰러지게 했다. 그러나 나머지는 반쯤 주저하였고, 몇몇은 죽었으며, 어떤 자들은 둥지라도 되는 것처럼 습지에 숨어 목숨을 건졌다. 팔레올로고스는 언덕 꼭대기까지 도달하는 데 성공했으나 다시금 파치나크의 추격을 받았고, 말은 부상을 입고 쓰러졌다. 그러나 본인은 인근 산으로 도망치는 데 성공했다. 그는 안전한 곳으로 이어지는 길을 찾았는데, 처해 있는 상황 때문에 쉽지 않았으며, 약 11일 정도 헤매다 어느 병사의 과부와 마주쳤는데 그녀는 며칠 동안 쉴 곳을 내주었다. 그리고 전투에서 도망쳐 목숨을 건진 그녀의 아들들이 길을 알려주었다. 팔레올로고스의 여정은 이러하였다.

한편 스키타이인 족장들은 붙잡은 포로들을 처형하고 싶어 했으나, 대부분 사람은 이를 절대 허락하지 않았으며, 몸값을 받고 팔아치우려고 했다. 황제는 멜리시노스의 편지를 받아 이를 알게 되었는데, 비록 자신도 포로였으나, 스키타이인들에게 이 방식을 취하도록 설득하느라 상당한 공을 들였다는 것이었다. 그때까지 베로에에 있던 황제는 즉시 수도에서 충분한 액수의 돈을 가져와 포로들을 되찾았다.

5

그때 타토스는 미리 설득해 놓은 쿠만인들을 데리고 이스트로스로 돌아왔다. 그들은 막대한 전리품과 포로를 보고 스키타이인 족장에게 말했다.

"우리는 당신들과 함께 위험을 부담하고 승리를 즐기고자 집을 떠나 멀리 여행하여 도우러 왔소. 최선을 다했으니, 빈손으로 돌려보내는 것은 온당하지 않은 법이오. 우리가 원해서 전투에 너무 늦게 도착한 것이 아니며, 우리가 비난받아야 할 이유는 전혀 없소이다. 서둘러 전쟁에 나선 황제 때문이 아니오? 그러니 이 모든 전리품의 절반을 나눠주시오. 그렇지 않으면 당신들은 동맹이 아닌 적을 맞닥뜨리게 될 것이오."

스키타이인들은 거부했다. 쿠만인들은 순순히 받아들이지 않았고 폭력적인 다툼을 벌였으며, 스키타이인들은 완패하고 간신히 우졸림네라는 마을*로

---

* 그리스 싱기틱 만灣 북쪽에 위치한 마을

도망쳤고, 그곳에서 얼마간 머물렀으나, 쿠만인들에게 둘러싸여 감히 호수를 건널 엄두도 내지 못했다. 현재 우졸림네라고 불리는 이 호수는 지리학자들이 언급한 그 어떤 호수보다도 지름과 직경이 넓으며 누구도 크기를 재지 못했다. 이곳은 '100개의 언덕' 너머로 뻗어 있으며 대단히 거대하고 아름다운 강들이 흘러든다. 그 남쪽 절반만으로도 수많은 상선들을 띄울 수 있으니, 이 호수가 얼마나 깊은지 분명하다. 우졸림네라고 불리는 이유는 사악하거나 나쁜 악취를 내뿜기 때문이 아니다*. 훈족 병사들이 한때 그곳을 방문하였는데, 스스로를 제 나라말로는 '우지'라고 불렀다. 이 말이 호수에 붙어 ύ가 더해진 채로 우졸림네^{Οὐζολίμνην}가 되었던 것이다.

고대의 역사가들이 훈족 군대가 이곳에 왔다고 언급한 적은 없으나, 알렉시오스 황제가 재임할 때 전국적인 이주가 있었으며, 이에 이런 이름이 생겨났다. 이 호수에 대한 의문은 어느 정도 설명만 하고 넘어가도록 하자. 이에 대해 책에 쓰는 것은 내가 처음인데, 이유는 황제가 여러 차례 멀리까지 원정을 다니며 여러 장소에 많은 이름이 붙었다는 것을 설명하기 위함이다. 어떤 것들은 그로부터 따온 것이었고, 다른 것들은 모여들었던 적들에게서 따온 것이었다. 마케도니아의 왕인 알렉산드로스의 치세에도 똑같은 일이 여러 번 일어났다. 이집트와 인도의 알렉산드리아가 그 왕의 이름을 따온 것이며, 리시마키아가 그의 병사 중 하나인 리시마코스의 이름을 따온 것이라고 알려져 있다. 그러니 만약 알렉시오스 황제도 알렉산드로스의 열정을 모방하여, 모인 부족이나 부른 사람의 이름을 따서 장소에 새로운 이름을 짓거나, 자신이 택한 대로 이름을 붙여 공훈으로 남겼더라도 이상하지 않다. 우졸림네에 대한 기록은 이 정도면 역사책으로서의 취지에 부응할 것이다. 쿠만인들은 보급품이 떨어지자, 재보급을 위해 고향으로 돌아갔고, 다시 한번 스키타이인들을 향해 진격했다.

---

* 그리스어로 우즈^{Οὐζο}λ는 '냄새', 림네^{ίμνην}는 '호수'라는 뜻

6

 그 사이 황제는 병력을 지휘부가 있는 베로에로 집결시키고, 되찾은 포로와 모든 중장보병을 무장시켰다. 한편 예루살렘에서 돌아오는 길에 있던 플랑드르의 공작은 황제를 찾아뵈었고, 라틴인들이 으레 하는 식으로 예를 표하며, 모국으로 돌아가면 동맹군으로 500기의 기병을 보내주겠다고 약속하였다. 이에 황제는 그를 영예롭게 대했고, 돌아가도록 했다. 황제는 모여든 병력과 함께 베로에를 떠나 아드리아노폴리스로 갔다. 스키타이인들은 골로에와 디아볼리스 사이의 좁은 골짜기를 지나 마르셀라라고 불리는 곳 근처에 진영을 차렸다. 한편 황제는 쿠만인들이 오고 있다는 소식을 보고받았고, 비록 돌아갈 예정이라고는 하더라도 그들의 움직임에 황제는 신경 쓸 수밖에 없었다. 그는 시네시오스를 불러 스키타이인에 관한 금인칙서를 주며 스키타이인을 찾아가라고 보냈다. 만약 적이 협상에 응하여 인질을 내준다면 스키타이인이 더 이상 국경을 침범하지 못하게 막고, 이미 점령한 지역은 그대로 두며, 이 조항들을 받아들인다면 보급품을 넉넉히 내주라고 명령했다. 알렉시오스는 쿠만인들이 다시 이스트로스 강을 건너 더 진격하려고 하면 스키타이인을 이용해 막으려고 한 것이다. 그러나 만약 설득되지 않는다면, 돌아오라고 시네시오스에게 명하였다. 이에 시네시오스는 스키타이인들에게 가서 적절히 연설을 하여 황제와 조약을 맺도록 설득해냈다. 그는 조금 더 머물며 이들의 비위를 맞추고, 혹여나 위반사항이 발생하지는 않는지 살폈다. 쿠만인들은 스키타이인과 전쟁을 벌일 준비를 완벽하게 갖추어 돌아왔으나 스키타이인을 찾지도 못했고, 이들이 이미 국경을 지나 마르셀라를 차지하고 황제와 협상을 벌였다는 것을 알고서는 국경을 넘어 스키타이인을 공격하게 허락해달라고 요청했다. 황제는 이미 스키타이인과 조약을 맺었기에 거부하면서 말했다.

 "지금은 원군은 필요 없소. 선물을 넉넉히 챙기고 집으로 돌아가시오!"

 그는 사절들을 정중하게 대했으며, 넉넉한 선물을 주고 평화롭게 집으로 돌려보냈다. 이에 용기를 얻은 스키타이인들은 곧바로 조약을 깨고, 이전처럼 다시 잔혹하게 변하여 인근 지역과 도시들을 폐허로 만들었다. 진실로 이 야만인들은 변덕스러우며, 조약을 준수하는 일 따위는 이들의 본성에 없었기 때문이다. 이에 시네시오스는 황제에게 돌아가 스키타이인의 배은망덕함과 조약이 깨졌다는 사실을 알렸다. 필리포폴리스가 점령당했다는 소식은 우려스러웠는데, 대군에 맞서 전면전을 벌일 병력이 없었기 때문이다. 그러나 황제는 역경에서 벗어날 방법을 찾는 데 능숙하고 어떤 위기에도 절망하지 않았기에, 소규모 교전과 기습으로 이들의 수를 줄일 계획을 세웠다. 이에 이들이 아침에 통과할 것으로 추정되는 장소나 마을이 있다면 전날 저녁에 미리 예측하였으며, 저녁에 어떤 장소를 점령할 것으로 여겨진다면 아침 일찍부터 먼저 점령하였다. 그리고 가능한 한 소규모 접전과 기습으로 지치게 만들었으며 요새를 점령하지 못하도록 막았다. 양쪽 모두, 즉 스키타이인과 황제는 킵셀라에 도착했다. 용병대가 예정대로 도착하지 않은 상태였으며, 황제는 이 스키타이인들의 기동력이 도시들의 여왕을 향해 빠르게 다가오고 있다는 사실을 알고서 무력감을 느꼈다. 아군의 수는 훨씬 적었으며 전투를 벌이는 것은 말도 안 되는 일이었다. 속담에서 말하듯 '덜 나쁜 것이 좋은 것'이기에, 그는 다시 한번 평화 협상을 벌였다. 협상을 벌일 사절을 보내자, 스키타이인들은 두 번째로 황제의 희망에 동의하였다. 조약이 맺어지기 전에, 네안치스라는 이름의 자가 로마인에게로 도망쳐왔다. 그리고 미기디노스는 인근 지역에서 상당한 병사들을 모으고 있었다. 이후에 ... 이라는 곳에서 벌어진 전투에서 이 남자의 아들은 파치나크에 맞서 맹렬히 돌격하다가 덫에 걸렸고, 스키타이 여자가 철로 된 갈고리에 걸어 마차로 끌고 갔다. 알렉시오스는 참수당한 아들의 머리를 돌려받고자 한 아버지의 요청에 따라 값을 지불하였다. 이 횡액을 이겨낼 수 없었던 아버지는 사흘 밤낮 동안 돌덩어리로 가슴을 두드리다가 죽었다. 스키타이인과의 평화는 길게 가지 않았다. 개가 스스로의 토사물로 돌아가는 것과 같이*,

---

* 베드로후서 2장 22절

이들은 킵셀라에서 철수하여 타브로코모스를 점령하였으며, 이 곳에서 겨울을 나며 인근 마을을 약탈했다.

7

봄이 돌아오자* 스키타이인들은 그곳을 떠나 카리오폴리스로 갔다. 불가로피곤에 주둔하던 황제는 머뭇거리지 않고 상당한 수의 군대를 따로 떼어냈다. 모두 정예병이었으며 그 중에는 매우 어린 병사들로 꾸려진 '아르콘토풀레' 부대도 있었는데, 턱수염도 거의 자라지 않은 이들이었으나 사기가 하늘을 찔렀다. 알렉시오스는 후방의 마차에 타고 있는 스키타이인들부터 치라고 명령했다.

이 아르콘토풀레 부대는 알렉시오스가 만든 것이다. 로마 제국이 이전 황제들의 무모함으로 더 이상 군대를 꾸릴 수 없게 되었기에, 그는 전장에서 쓰러진 전사들의 아들을 모아 무장시킨 뒤 전쟁에 대비해 훈련시키고 '아르콘토풀레Αρχοντοπούλου'라 이름을 붙였는데, '아르콘ἀρχόντων***'들의 아들들이기 때문이다. 이름을 통해 이들은 부모의 고귀함과 용맹함을 떠올리고, 그리하여 불타는 투혼을 지니고, 대담함과 힘이 필요한 순간이 오면 아주 용감해질 수 있었다. 이러한 아르콘토풀레 부대는 약 2,000명 정도 되었다. 옛 라케데모니아인들의 신성대와 거의 똑같다고 할 수 있다***. 지휘관의 명령에 따라 아르콘토풀레는 진군하여 공격했다. 그러나 언덕 밑의 덤불에 매복하고 있던 몇몇 스키타이인이 이 진격을 목격하였으며, 이들이 마차를 덮치자 매복 중이던 스키타이인들이 뛰쳐나와 무지막지하게 몰아쳤다. 근접전에서 아르콘토풀레 300명이 필사적으로 싸우다가 죽었다. 얼마 동안 황제는 깊이 애도하였고, 쓰라린 눈물을

---

* 1090년
** ἀρχόντων; 귀족, 고관
*** 신성대는 스파르타가 아니라 테베에 있던 부대로, 스무 살 즈음에 신병으로 배치되었다고 한다.

흘리며 쓰러진 사람들 하나하나의 이름을 불렀다. 승리를 거둔 파치나크는 카리오폴리스를 지나 아프로스*로 방향을 돌리며, 가는 길마다 모든 것을 파괴하였다. 황제는 이전에 세운 계획에 따라 먼저 아프로스를 차지하였다. 내가 앞서 여러 번 언급하였듯 전면전을 벌이기에는 병력이 충분하지 않았던 탓이다. 알렉시오스는 새벽이 되면 스키타이인들이 식량을 구하러 진영을 떠날 것을 알고 있었다. 이 역사책에서 자주 언급된 바 있는 타티키오스를 불러, 아주 용맹한 젊은이들과 호위병 중 정예병, 모든 라틴인을 모아 밤 동안 스키타이인들이 원정을 나서는지 감시하면서, 이 약탈 부대가 진영에서 충분히 떨어졌다고 판단되면 전속력으로 돌격하라고 명령하였다. 타티키오스는 이 명령을 수행했고 약 400명을 죽였으며, 그보다 많은 수의 포로를 잡았다. 그리고 무슨 일이 일어났던가? 플랑드르의 공작이 보낸 약 500기의 정예 기병이 도착했으며 황제에게 선물로 엄선한 150마리의 말을 바쳤다. 그 중 직접 쓰지 않을 말들은 팔기도 하였다. 황제는 대단히 고마워하며 환영했고, 진심 어린 감사를 표했다. 또한 그는 동방에서 전갈을 받았는데, 니케아의 총독인 아불 카심이 (보통 페르시아인들은 총독을 '사트라프'라고, 페르시아인들을 모방한 튀르크인들은 '에미르'라고 불렀다) 니코메디아를 향해 원정에 나섰다는 소식이었다. 그리하여 그는 그 지역을 보호하기 위해 이 기병들을 보냈다**.

8

한편 차카는 황제의 서방에서의 수많은 역경과 파치나크와의 긴 전쟁에 대해 듣고, 기회가 왔다고 생각해 함대를 꾸릴 준비를 했다. 그는 이런 일에 숙련된 어느 스미르나*** 사람과 만나게 되자, 해적선을 만들어달라고 맡겼다. 스

---

* 현재 튀르키예의 케르메얀

** 지은이는 6권에서 아불 카심의 죽음에 대해 설명했다. 1092년의 사건을 앞서 설명한 것이다.

*** 현재 튀르키예의 이즈미르

미르나에 상당수의 함선이 준비되고 거기에 40척의 갑판이 있는 배가 추가로 준비되자, 그는 숙련된 선원들을 태우고 클리조메나이스로 항해하여 즉각 마을을 함락시켰다. 다음으로는 포카이아로 항해해 마찬가지로 한 번의 공격으로 함락시켰다. 이곳에서 그는 미틸리니*의 총독인 쿠라토르** 알로포스에게 전갈을 보내, 마을을 버리고 떠나지 않으면 대단히 무시무시한 보복을 하겠다고 위협하였다. 차카는 또한 그가 잘 지내기를 바라며, 이 때문에 떠나지 않으면 닥쳐올 끔찍한 미래를 경고해 주는 것이라고도 말했다. 알로포스는 차카의 위협에 몹시 겁을 먹어, 밤 중에 함선에 올라 수도로 향했다. 알로포스가 도주했다는 사실을 듣고 차카는 망설이지 않고 미틸리니로 곧장 항해하였고, 아무 어려움 없이 점령하였다. 황제는 이 소식을 전달받고 함대를 다수 급파하여 같은 섬의 북쪽 곶에 있는 메팀나를 요새화하고, 차카에게 넘어가지 않게 막도록 하였다. 그러나 차카는 메팀나는 논외라고 생각하고, 곧바로 히오스 섬으로 항해하여 한 번의 공격으로 이곳도 차지하였다. 이를 듣고 황제는 상당한 수의 병사들을 태운 적정 수의 함선을 니키타스 카스타모니티스에게 맡겨 보냈다. 니키타스는 차카와 전투를 벌였으나 패배하였으며, 배도 몇 척 빼앗겼다. 황제는 카스타모니티스가 패배했다는 소식을 듣고 두 번째 함대를 보내며, 그 둑스로 대단한 전사이자 자신과 모계로 인척 관계인 콘스탄티노스 달라시노스를 임명하였다.

곧바로 그는 히오스 섬의 해안에 도착하여 성채를 공략하였으며, 차카가 스미르나에서 도착하기 전에 마을을 차지하기 위해 강력하게 밀어붙였다. 그는 다수의 공성 기계와 투석기로 성벽을 두들겼으며 두 성탑 사이의 벽을 무너뜨렸다. 이에 안쪽의 튀르크인들은 더 이상 로마군과 싸우는 것은 불가능하다는 것을 깨닫고는, 로마에서 쓰는 말로 기도하며 전능하신 분께 불쌍히 여겨 달라 청했다. 그러나 달라시노스와 오푸스의 병사들은 지휘관들의 제지에도 불

---

*   그리스 에게해에 있는 레스보스 섬으로 들어가는 관문
** 황실 재산 재무관

구하고 통제할 수 없었으며 그들은 도시로 뛰어 들어갔고, 마을에서 차카가 보관해 두었던 모든 전리품과 돈을 차지하였다. 이에 사람들이 말했다.

"튀르크인들이 하는 말을 들었지 않소. 이미 황제에게 복종하겠다고 부르짖고 있으니, 아군에게 항복했다는 것을 알았을 것이고, 그러니 쳐들어가서 무자비하게 죽여 버리는 것은 옳지 않은 일이오."

낮이 거의 지나고 밤이 되자 튀르크인들은 파괴된 성벽이 있던 곳에 다시 벽을 지었으며, 그 바깥에는 담요와 짐승 가죽과 기타 의복을 있는 대로 걸어서 날아오는 발사체의 충격을 아주 조금이라도 줄여보려고 했다.

차카는 함대를 준비하고 8,000명의 튀르크인을 징집하여 히오스 섬으로 보냈으며, 해안을 따라 함대가 같이 이동했다. 이를 듣고 달라시노스는 장군들과 지휘관인 오푸스에게 충분한 수의 병사들을 데리고 바다로 나가, 적 함대를 마주친다면 교전하라고 명령하였다. 차카는 곧 섬을 떠나 곧장 히오스로 향했으며, 자정쯤 되어 오푸스와 마주쳤다. 차카는 아주 긴 사슬로 모든 함선을 한데 연결하여 어떤 배도 도망치거나 앞으로 치고 나가 전열을 망가뜨리는 일이 없도록 해두었다. 오푸스는 이런 함대의 배열을 보고 공포에 질려 감히 접근할 생각도 하지 못했으며, 키를 돌려 히오스로 향했다. 그러나 차카는 영리하게 뒤를 쫓았으며 쉬지 않고 노를 저었다. 양쪽 다 히오스에 가까워졌으나, 오푸스는 먼저 달라시노스가 이전에 점령해 놓은 항구에 닻을 내리는 데 성공했고, 차카는 이 항구를 지나 성채의 성벽과 가까운 곳에 배를 정박했다. 이날은 목요일이었다. 다음 날 그는 모든 부하에게 해안에 내리게 했으며, 수를 세고 명단을 만들었다. 그 사이 달라시노스는 항구 근처의 작은 마을을 찾아내어 이곳에 주둔하기로 했고, 옛 주둔지는 파괴하고 널찍이 도랑을 판 뒤 모든 병력을 옮겼다. 다음 날 양쪽 군대 모두는 도열하여 전투를 준비했다. 그러나 로마군은 움직이지 않았는데, 달라시노스가 대열을 망가뜨리지 말라고 명령했기 때문이었다. 한편 차카는 상당수의 경보병을 내보내고, 소수의 기병도 지원하라고 보냈다. 이에 라틴인들은 긴 창을 잡고 맞서 돌격했다. 그러나 야만인들은 라틴인들이 아닌 말에 화살을 겨눴으며, 창을 던져서 맞추기도 하였다. 사상자는 엄청났으며 기병대는 진영이 있는 곳까지 쫓겨났고, 겁을 집어먹고 미친 듯이 배로 달아났다. 로마군은 이 무질서한 후퇴에 겁에 질려 작은 마을의 성벽 근처까지 물러났다. 그리하여 야만인들에게 해안가로 통하는 길이 열렸으며, 아군의 배를 빼앗길 수도 있는 상태가 되었다. 이를 보고 선원들은 줄을 풀어 재빠르게 해안가에서 조금 떨어진 곳으로 벗어나고, 다시 닻을 내린 뒤 무슨 일이 일어나는지 초조하게 기다렸다. 달라시노스는 해안가를 따라 섬의 서쪽으로 가라고 명령하였으며, 볼리소스에 도착하면 자신이 도착할 때까지 기다리라고 명령하였다. 여기서 볼리소스란 섬의 곶에 있는 작은 마을을 말한다. 그러나 몇몇 스키타이인이 차카에게 접근하였고, 달라시노스의 계획을 알렸다. 그리하여 그는 먼저 50명의 정찰병을 내보내 달라시노스의 함대가 항해를 시작하면 곧바로 알리라고 지시하였고, 이어서 평화 협상을 벌이고 싶은 척하며 전갈을 보냈다. 그러나 내 생각에는, 실제로는 달라시노스의 용감함과 투혼에 승리가 물 건너갔다는 것을 알았기 때문이다. 그는 차카에게 동틀녘 자신의 진영 끝에 오면 서로 만족할 만한 협상을 진행해 보겠노라고 약속했다. 야만인은 동의했고, 아침이 되어 두 지휘관이 만났다. 차카가 말문을 열었으며, 상대방을 이름으로 부르며 말했다.

"내가 누구인지 알려주겠다. 나는 옛날 젊었을 때 아시아를 정복했으며, 쉼 없이 싸웠으나 미숙하여 그 유명한 알렉산드로스 카발리카스*에게 속아 넘어갔다. 그가 나를 포로로 잡아 니키포로스 보타니아티스 황제에게 넘겼으며, 황제는 곧바로 내게 '프로토노빌리시모스'의 지위와 엄청난 선물을 주었고, 대신 나는 봉신이 되기로 했지. 그러나 알렉시오스 콤니노스가 통치권을 쥔 이래 내 모든 특권이 무효로 돌아갔으니, 내가 적대적인 태도를 취했던 이유를 설명하기 위해서 지금 여기까지 온 것이다. 황제에게 이렇

---

* 어떤 기록에도 등장하지 않는 인물로, Lambros(2009)는 알렉산드로스 카바실라스의 오타라고 본다.

게 전하고, 내 적의를 잠재우고 싶다면 빼앗긴 모든 정당한 소유물을 되돌려주라고 하라. 그리고 그대가 결혼으로 동맹을 맺을 의향이 있다면 문서로 양쪽 다 동의할 수 있는 혼약을 맺는 게 어떻겠나. 로마인과 우리의 풍습대로 말이다. 내가 말한 모든 조건이 충족되면 내가 차지하고 로마의 통치 하에서 빼앗은 모든 섬을 그대를 통해 되돌려 줄 것이고, 조약이 맺어지면 모국으로 돌아갈 것이니라."

달라시노스는 튀르크인들을 오래 상대해 보아 그 교활한 본성에 대해 잘 알았기에, 차카의 제안이 뭔가를 숨기고 있다고 생각하며 답을 미루었다. 그러면서도 일반적인 의견을 말하며, 그를 안심시키려 했다.

"그대의 말에 따라 섬을 돌려받지는 않을 것이고, 폐하나 나에게 한 요구사항을 폐하와 논의하지 않고 들어줄 수도 없소. 그러나 메가스 둑스*이자 폐하의 처남인 요안니스 두카스가 모든 함대와 대군을 이끌고 곧 도착할 것이니, 그에게 그대의 조건을 알려주시오. 그가 중재자 역할을 맡는다면 조약을 맺을 수 있을 거요."

이 요안니스 둑스는 황제가 대군을 맡겨 에피담노스로 파견했었는데, 부분적으로는 디라히온을 방어하려는 목적이었고, 부분적으로는 달마티아인들과 전쟁을 벌이려는 목적이었다. 지도자인 보딘은 훌륭한 전사로서 대단히 난폭하여 자신의 나라에 가만히 있지 않았고, 달마티아 가까이에 있는 마을들을 매일 공격하여 차지하고 있던 것이다. 요안니스 둑스는 디라히온에서 11년을 보냈으며, 부칸의 손에 있던 많은 요새를 탈환하고 많은 달마티아인 포로를 황제에게 보냈으며, 마침내 보딘과 치열히 싸워 그를 포로로 잡았다. 황제는 요안니스가 대단히 용맹하며 전쟁에 능숙하고, 자신의 명령을 아주 사소한 것이라도 무시하는 일이 없음을 알고 있었기 때문에, 차카에 맞서기 위해서는 이런 사람이 필요했기에 그를 디라히온에서 불러들였다. 그러고는 메가스 둑스의 지위를 내리고 상당수의 해군과 육군을 맡겨 차카와 맞서 싸우라고 보낸 것이다. 그가 몇 번의 전투를 벌였고, 승자가 되기까지 몇 차례의 위험을 겪었는지

---

*　해군 총사령관

는 이 역사책에, 나중에 적어나갈 것이다. 달라시노스는 그를 기다리고 있었기에, 차카에게 둑스가 도착할 때까지 모든 것을 미루고 싶다는 뜻을 밝혔다. 차카는 호메로스를 따라 답했다.

"이미 밤이 되었으니, 밤의 목소리에 복종하는 것이 현명한 법*."

그러고는 새벽녘에 상당량의 보급품을 보내주겠다고 약속했다. 그러나 이 모든 것은 속임수이자 기만이었으니, 달라시노스의 판단은 틀리지 않았다. 아침이 다가오자 차카는 비밀리에 히오스 섬 해안으로 갔으며 많은 병력을 모아 돌아오려고 했다. 그러나 달라시노스는 차카의 계략에 맞설 수 있을 만큼 영리했다. 그는 병력을 동원한 뒤 함선에 태워 볼리소스로 갔다. 배를 고치고 공성기계를 더 준비하며, 병사들은 쉬도록 했다. 또한 추가로 병사를 모집도 한 뒤, 그는 출발했던 지점으로 돌아왔다. 차카가 여전히 스미르나에 있는 동안, 그는 야만인들과 치열히 전투를 벌여 성벽을 무너뜨리고 마을을 굴복시켰다. 바다가 잠잠해지자, 그는 모든 함대를 이끌고 곧장 미틸리니로 향했다.

9

그렇게 차카와의 전쟁을 매듭지은 후, 황제는 스키타이인들이 루시온을 노리고 또다시 이동하여 폴리보토스에 진을 쳤다는 소식을 듣게 되었다. 그리하여 그는 콘스탄티노폴리스를 떠나 루시온을 점령했다. 동행한 자 중 투항해온 네안치스가 있었는데, 비밀스레 끔찍한 계략을 꾸미고 있었다. 그리고 전쟁을 즐겼으며, 황제에게 깊이 충성했던 칸초스와 카트라니스도 있었다. 멀리 스키타이인의 대군을 보고 그는 전투에 나섰다. 많은 로마군이 전사했고 어떤 이들은 생포되어 스키타이인에 의해 처형당했으나, 상당수가 무사히 루시온에 도착했다. 그러나 이는 그저 약탈자들과의 전투에 불과했다. 이른바 마니아키

---

* 일리아스 7권에 나오는 표현. 지금 필요한 것에 맞추어 움직인다는 뜻이다.

스의 라틴인들이* 온다는 소식에 황제는 용기를 얻었으며, 다음 날 스키타이인들과 근접전을 벌이기로 마음먹었다. 양 군대 사이의 거리는 얼마 되지 않았기에, 그는 적을 기습하기 위해 나팔을 불지 않았다. 이에 황실의 매를 책임지는 콘스탄티노스를 불러 저녁에 북을 챙겨 밤새도록 두들기며 진영을 돌아, 병사들에게 새벽이 되면 아무 신호 없이 스키타이인을 기습할 것이니 대비할 것을 전하라 지시하였다. 한편 스키타이인들은 폴리보토스를 떠나 자신들이 점령한 하데스라는 장소로 이동해 진을 쳤다. 저녁부터 준비하고 날이 밝아오자, 황제는 병력을 배치하고 팔랑크스를 꾸려 적을 향해 나아갔다. 그런데 양쪽 군대가 아직 진형을 갖추고 있는 와중에 네안치스가 근처의 언덕을 올라갔다. 말로는 스키타이인 군대를 정찰하여 황제에게 정보를 보고하기 위한 것이라 하였으나, 행동은 정반대였다. 자기네 말로 그는 스키타이인들에게 마차를 일렬로 배치하라고 조언하면서, 황제는 전에도 패배했고 병력도 동맹도 부족하니 도망칠 준비가 되어 있다며 겁먹을 필요가 없다고 하였다. 이 말을 마치고 그는 언덕을 내려와 황제에게 돌아왔다. 그러나 스키타이인들의 언어를 알고 있던 혼혈인이 네안치스가 스키타이인에게 한 말을 알아듣고, 황제에게 전부 보고했다. 네안치스가 이를 듣고 증거를 요구하자, 혼혈인은 대담히 앞으로 나서 증거를 제시하려 했다. 그때 그 자리에서 네안치스는 검을 빼들고 양쪽에 황제와 지휘관들이 있는 가운데에서 그자의 머리를 베었다. 내 추측으로는 네안치스는 반역죄의 혐의를 벗으려 했던 것 같지만, 밀고자를 죽이는 것은 오히려 의심을 더 살 뿐이었다. 왜 조사를 기다리지 않았단 말인가? 자신의 반역에 대한 증거를 없애버리기 위하여 그는 야만인의 영혼에 걸맞은 너무나도 무모한 짓을 벌였는 바, 대담하였으며 동시에 의심스러운 짓이었다. 그럼에도 황제는 이 야만인을 처분하지도, 걸맞은 처벌을 내리지도 않으며 잠시 참았다. 비록 분노와 화로 끓어오르고 있기는 하였으나, 섣부르게 그를 겁먹게 하고 싶지도 않았으며, 군의 사기가 떨어지는 일도 원치 않았기 때문이

---

* 요안니스 스킬리치스에 따르면 마니아키스가 반란에서 패배한 뒤 그가 동원했던 노르만인 일부가 제국에 정착했다고 한다. 그러나 실제로는 주로 그리스인이나 알바니아인이었다고 한다.

다. 그러나 황제는 노기를 숨겨두고 나중을 위해 남겨두었을 뿐이었으니, 이 일과 다른 징조에서 이자가 반역자임을 예상했기 때문이다. 전투의 형세가 미지수였기에 황제는 끓어오르는 분노를 잠시 억눌렀다. 지금 당장 어떻게 행동하는 것이 좋을지 고민이었다. 얼마 지나지 않아 네안치스가 황제에게 다가와 말에서 내려 다른 말을 청했고, 황제는 바로 황실의 안장이 얹혀 있는 좋은 말 중 한 마리를 내주었다. 네안치스는 말에 오른 후, 적이 교전하러 움직이기 시작하자 맞서 돌격하는 척 하더니 동향 사람들에게 붙어 로마군에 관한 상당한 정보를 알려주었다. 이들은 그의 조언에 따랐고, 치열한 접전 끝에 로마군은 완패했다. 모든 전선이 무너지고 병사들은 흩어져 도망쳤으며, 황제는 무모한 위험에서 벗어나기 위해 말머리를 돌려 루시온 인근에 흐르는 개울까지 달렸다. 이곳에서 고삐를 당기고 지휘관 몇몇과 함께 추적자들에 맞서 전투를 이어 나갔고, 말에 올라타 돌격하며 많은 수를 죽였으나 약간 부상을 입기도 하였다. 다른 방향에서 도망쳐온 요르요스 피로스가 강에 도착하자, 황제는 그를 신랄히 꾸짖고 불러들였다. 스키타이인들은 대단히 무모하고, 증원군이 계속 도착하며 끊임없이 수가 늘어나는 것을 인지하고서, 알렉시오스는 요르요스와 다른 이들을 남겨두고 자신이 돌아올 때까지 맞서 싸우라고 명령하였다. 그는 빠르게 고삐를 돌려 강을 건넜고, 루시온으로 들어갔다. 도망갔던 병사들을 찾아내는 대로 규합하고, 싸울 수 있는 나이가 된 모든 마을 사람과 농부들도 수레와 함께 긁어모았다. 그러고는 즉시 나와서 강둑에 자리를 잡으라고 명령했다. 이는 내가 써나가는 것보다도 빠른 속도로 이루어졌으며, 이들을 배치한 후 그는 다시 강을 건너 요르요스에게 돌아갔다. 사일열*에 시달리고 있었고, 이빨이 맞부딪칠 정도로 추운 날씨였다. 스키타이인 군대가 모두 모였으나, 두 배로 늘어난 전선과 황제의 대단한 분투를 목도하고, 그의 모험심과 승리하든 패배하든 지치지 않는 정신을 기억하여 버티지 못할 거라는 생각이 들었고, 이에 멈춰서 위험을 무릅쓰지 않기로 했다. 황제 역시 한편으로는 오한

---

*   말라리아의 일종으로 4일마다 발열, 발작이 일어난다.

으로 머리가 아파서, 다른 한편으로는 흩어진 병사들이 아직 다 돌아오지 않아 나서지 않았다. 가끔 전방을 따라 느리게 달리며 적에게 자신의 용맹함을 보여주기만 하였다. 그리하여 양쪽 군대는 저녁까지 잠잠하였으며, 밤이 되면 서로 일격을 날리는 일 없이 막사로 돌아갔다. 두려웠으며, 싸움을 벌일 정도로 대담하지 않았기 때문이다. 첫 번째 전투에서 여기저기로 도망갔던 사람들이 하나둘 루시온으로 복귀하기 시작했다. 상당수는 전투에서 아주 조그마한 공도 세운 적 없는 자들이었다. 아레스의 추종자이자 전사인 모나스트라스, 우자스와 시네시오스도 아스프론을 통과한 뒤 적과 교전 없이 루시온에 도착하였다.

10

앞서 말했듯 오한으로 아팠던 황제는 며칠 동안 휴식을 취하며 회복하려고 했다. 그러나 그 와중에도 내일 어떤 조치를 취해야 할지 생각하느라 여념이 없었다. 이러는 동안 타트라니스가 들어왔다. 이전에 여러 번 황제에게 투항했다가 동족들에게 돌아갔던 스키타이인인데, 그때마다 황제에게 용서받아 귀순하여 여생을 황제를 위해 헌신하리라 마음먹고 몸과 마음을 바쳐 충성하던 자였다. 그가 말했다.

"폐하, 스키타이인들이 내일이면 마을을 포위할 것이며 우리와 싸우려 할 것입니다. 그렇다면 그들이 오기 전에, 해가 뜰 때쯤 성벽 밖으로 나가 전선을 갖춰야 합니다."

황제는 그에게 감사를 표하고 조언을 받아들여, 해가 뜰 때 이 계획을 실행에 옮겼다. 그 뒤 타트라니스는 스키타이인 족장들을 만나 말했다.

"오만에 취하지 마라. 전에 황제를 패배시키기는 하였으나, 우리가 머릿수가 적다고 너무 들뜨지도 마라. 황제의 힘은 범접할 수 없으며 엄청난 수의 용병들이 언제든지 도착할 것이다. 평화협상을 받아들이지 않으면 새가 너희의 시체들을 뜯어먹게 되리라."

타트라니스가 스키타이인들에게 한 말은 이와 같았다. 한편 황제는 평원에 방목되고 있는 스키타이인들의 말 상당수를 빼앗을 계획을 세우고 있었다. 밤낮으로 이들이 우리 영토를 약탈하고 있었기 때문이다. 그는 모나스트라스와 우자스를 불러 정예 기병을 데리고 적의 후방으로 가서, 새벽녘에 말과 다른 짐승들, 그리고 목동까지 다 잡아오라고 명령했다.

"겁먹을 필요 없다."

그가 덧붙였다.

"아군이 전방에서 공격할 것이니, 쉽게 해낼 수 있을 거다."

실망할 일은 없었으니, 머지않아 그가 한 말은 현실로 이루어졌다. 황제는 스키타이인들이 공격해 올 것을 예견하고 있었기에 잠들거나 졸지 않고, 밤 동안 숙련된 궁수들을 포함한 병사들을 불러 모았다. 그리고 경기 전 운동선수의 교관처럼, 스키타이인들에 대해 말해주고 전투에 임하도록 격려하였고, 내일 벌어질 전투에 대해 유용한 충고를 했다. 예를 들어 활을 어떻게 당겨 화살을 쏘는지, 언제 말 등을 붙잡고 언제 고삐를 풀어야 하는지, 어떤 상황에 말에서 내려야 할지 등에 관한 것들이다. 밤에 이 일을 한 후에, 그는 약간 잠을 청했다. 날이 밝아오자, 모든 스키타이인이 강을 건넜으며 싸우고 싶어 안달한 듯 보였다. 황제의 예견은 벌써 맞아떨어지고 있었다. 그는 미래의 일을 예측하는 데 능했으니, 거의 매일 전투를 치르며 방대한 경험을 쌓아왔기 때문이다. 황제는 곧바로 말에 올라타 나팔수에게 전투를 알리는 나팔을 불라고 하고, 지휘관들을 정렬하고 맨 앞에 섰다. 스키타이인들이 전보다도 대담하게 공격에 나서는 것을 보고서는, 정예 궁수들에게 말에서 내려 쉼 없이 화살을 퍼부으라고 명령하였다. 나머지 병력은 그 뒤를 따랐으며 알렉시오스가 직접 중군을 지휘하였다. 전투는 팽팽했으나, 화살비 때문에, 무너지지 않는 로마군의 전선 때문에, 그리고 손수 치열히 전투에 나서는 황제 때문에, 스키타이인들은 겁에 질려 후퇴했고, 서둘러 강을 건너 마차 뒤에 숨으려 했다. 그러나 로마 군이 전속력으로 쫓아갔으며, 몇몇은 창으로 그들의 등을 꿰뚫었고, 어떤 이들은 화살을 쏘아댔다. 강가에 도착하기 전에 많은 자가 죽었으나, 그보다도 많은 자가 온 힘을 다해 도망치다가 물살에 휘말려 익사했다. 그날 모든 사람 중 가장 열렬히 싸운 사람은 황제의 수행원들이었는데, 모두 일생의 황금기에 있었기 때문이다. 한편 황제는 분명 누구보다도 용맹하였으며, 의문의 여지 없이 승자로서 진영에 복귀했다.

11

사흘간의 휴식 뒤 그는 추룰로스로 돌아갔다. 이곳에서 얼마 동안 심사숙고한 끝에 섣부르게 움직이는 것은 좋지 않다고 생각하여, 동행한 병력이 다 들어갈 수 있는 진영을 마을 동쪽에 치고 참호를 판 뒤, 황제의 막사와 모든 짐을 그 안에 두었다. 스키타이인들 역시도 추룰로스로 진군하였으나, 황제가 이미 차지했다는 소식을 알고 이 마을 근처, 현지인은 '크시로입소스^{Ξηρόγυψον}'*라고 부르는 어느 평원 한가운데로 흐르는 강을 건넌 다음, 강과 마을 사이에 말뚝을 둘렀다. 그리하여 이들은 바깥쪽에서 마을을 포위했으며, 황제는 공성 당하는 것처럼 안쪽에 갇혀 있었다. 밤이 내려앉자 '다른 이들, 신들과 말총갈기 장식을 단 투구를 쓴 전사들은 잠이 들었지만,' 호메로스의 뮤즈가 말했듯 알렉시오스에게는 '달콤한 잠이 아직 찾아오지 않았다.' 밤 내내 그는 깨어 있으면서, 대담한 스키타이인들을 제압할 수 있는 계획을 궁리했다. 추룰로스가 꽤 가파른 언덕에 자리 잡은 철통같은 마을이며, 모든 야만인 군대는 아래쪽 평원에 야영하고 있고, 압도적인 적군에 맞서 회전을 벌이기에는 병력이 모자란다고 판단한 그는, 대단히 영악한 계획을 생각해 냈다. 먼저 거주민들의 수레를 거둬들여 바퀴와 축을 분리해 내, 난간에 밧줄로 묶어 흉벽 바깥에 매달았

---

* Ξηρόγυψον; '마른 석고' 정도의 뜻이다.

다. 이 작업은 지체 없이 이루어져, 채 한 시간도 되지 않아 바퀴와 축이 매달려 성벽에 원이 일렬로 생겨났다. 바퀴들은 서로 맞닿아 있었으며, 여전히 축으로 연결되어 있는 상태였다. 아침이 되자 황제는 일찍 일어나 무장하고, 군대를 준비시키고 병사들을 이끌고 성문을 나서 적을 맞이했다. 아군은 바퀴가 매달려 있는 성벽 쪽에 있었으며, 적군은 맞은편에 있었다. 알렉시오스는 아군 가운데에 서서 병사들에게 알렸다. 전투 개시를 알리는 나팔이 울리면 말에서 내려 천천히 적을 향해 걸어가며 화살과 창으로 스키타이인을 공격하고, 적이 말을 타고 돌격하려고 하면 잽싸게 등을 돌려 두 무리로 나뉘어, 왼쪽과 오른쪽으로 빠져서 적에게 성벽까지 붙을 수 있는 길을 열어주라고 지시했다. 그리고 성벽에 있는 병사들에게는 부대가 나뉘는 것을 보면, 검으로 밧줄을 잘라 바퀴와 축이 위에서 거꾸로 떨어지도록 하라고 명령했다. 모든 것이 황제의 지휘에 따라 이루어졌다. 스키타이인 기병들은 야만스러운 함성을 질러대며 급히 말을 몰아 아군에게 달려들었고, 로마군은 걸어서 천천히 움직였으며 황제만이 말에 타고 있었다. 아군은 알렉시오스의 계획에 따라 조금씩 뒤로 물러나 후퇴하는 척했으며, 불시에 둘로 갈라져 적에게 마을로 들어갈 수 있는 길을 널찍하게 열어주었다. 스키타이인들이 아군 두 부대로 만들어진 입으로 들어가자마자 바퀴들이 굴러오기 시작했다. 모든 바퀴가 성벽에서 최소 1큐빗보다도 멀리 튀어 나갔고, 외륜이 투석기에서 발사된 것처럼 날아가면서 기병대 한가운데를 엄청난 위력으로 휩쓸었다. 그만한 무게가 일제히 떨어지고 내리막길을 굴러가자, 엄청난 추진력을 얻어 야만인들을 무시무시한 힘으로 덮치고 완전히 박살 냈으며, 밭에서 풀 베는 사람처럼 말 다리를 꺾어버렸다. 바퀴가 앞다리를 때렸든 뒷다리를 때렸든, 말들은 일격에 쓰러져 기수를 내팽개쳐 버렸다. 그리하여 엄청난 수의 스키타이인이 서로의 위로 자빠졌으며, 이때 아군은 양쪽에서 돌격했다. 스키타이인들은 사방에서 공격받았다. 일부는 날아든 화살에 맞아 죽었고, 일부는 창에 꿰뚫렸으며, 나머지 중 대다수는 바퀴의 강력한 일격에 강으로 떠밀려 익사했다. 다음 날 알렉시오스는 살아남은 스키타이인들이 다시 전투를 준비하고 있으니, 사기가 충만한 아군에게 다시 전투를 준비하라 명령했다. 그는 갑옷을 입고, 병력을 이끌어 평원으로 내려갔다. 이곳에서 적을 마주 보고 전선을 이루었으며, 전투에 나설 준비를 하고 전선의 한가운데에 자리를 잡았다. 피 튀기는 전투가 벌어졌으나 놀랍게도 로마군이 승리를 거두었고, 도주하는 스키타이인들을 거칠게 추격했다. 황제는 너무 멀리 추격하다가 매복에 당할 것을 우려했다. 그는 도망가던 사람들이 복병들과 규합해 로마군에 큰 타격을 줄 수도 있다고 판단한 것이다. 이에 황제는 말을 타고 병사들에게로 달려가 고삐를 당기고 말을 쉬게 하라고 외쳤다. 이리하여 이날 양군은 물러났으니, 스키타이인들은 패주했고 눈부신 승자는 기쁘게 막사로 돌아갔다. 이 치명적인 패배 끝에 스키타이인들은 진영을 불가로피로스와 소⁀니케아 사이로 옮겼다. 겨울이 이미 다가왔기에, 황제는 본인과 병사들 대다수가 힘겨운 임무를 마치고 휴식을 가질 수 있도록 수도로 돌아가야겠다고 마음먹었다. 그는 부대를 나누어 정예병은 적을 감시하라고 남겨두었다. 이들은 내가 여러 번 언급한 적 있는, 요안니스와 니콜라오스 마브로카타칼론의 지휘를 받았다. 적정 수의 병사들을 파수병으로 마을에 배치하라고 명령하고, 모든 지역에서 보병들과 수레, 그리고 수레를 끌 황소를 동원하라는 지시도 내렸다. 봄이 오면 보다 대규모로 스키타이인과의 전쟁을 이어나갈 의향이 있었기에, 미리 충분히 준비하려 한 것이다. 모든 것을 면밀히 준비해 두고, 그는 비잔티온으로 돌아갔다.

8권
레부니온 전투와 내부의 적들

스키타이인과의 전쟁(1091)

& 레부니온에서의 승리(1091년 4월 29일) & 황제를 향한 계략

VIII. War with the Scyths (1091)
& Victory at Levunium (29 April 1091)
& Plots against the Emperor

1

황제는 스키타이인들이 부대의 일부를 코이로바코이로 보냈으며, 머지않아 도착한다는 소식을 듣게 되었다. 그는 신속히 조치를 취할 줄 아는 이였고, 갑작스러운 위기에도 대응할 수 있었기에, 비록 궁전에서 단 일주일의 휴식도 취하지 못하고 목욕도 하지 못해 전장의 먼지도 털어내지 못한 채였지만, 즉시 주둔군과 징집병을 소집했다. 수는 500명 정도 되었으며, 밤새워 장비를 살핀 뒤 동틀 때쯤 출발할 수 있었다. 동시에 그는 친척과 인척, 군대에 속한 모든 귀족에게 스키타이인과의 전투에 나선다고 알렸고, 전령이 다음과 같은 명령을 전달했다. 이날은 사육제 기간의 금요일 아포크레오 ἀπόκρεω*였다.

"스키타이인들이 코이로바코이로 신속히 이동한다니 나는 떠난다. 하지만 그대들은 오순 주간에 진군해 합류하도록 하시오. 가혹하거나 무신경하다고 여겨지고 싶지는 않으니, 이번 칠순 주간 금요일부터 오순 주간 월요일까지는 짧게나마 휴식을 취하기를."

---

* ἀπόκρεω; 사순절 2주 전, 칠순 주일이 있는 주이다.

황제는 코이로바코이로 곧장 진격하여 마을의 입구를 잠그고 손수 열쇠를 관리했다. 그는 충성스러운 시종들을 흉벽에 배치한 후, 해이해지지 말라고 엄히 경고하였고, 누군가 접근하는지 사방을 감시하여 아무도 성벽 위로 올라오거나 몸을 내밀어 스키타이인과 내통하는 일이 없도록 하라고 지시했다. 동틀 때쯤 스키타이인들이 예상대로 도착하여 성벽 근처의 산등성이에 자리를 잡았다. 그중 약 6,000명이 떨어져 나와 식량을 약탈하러 흩어졌으며, 데카토스까지도 나아갔다. 이곳은 도시들의 여왕에서 불과 10스타디온 정도 떨어진 곳이며, 내 생각에 이 때문에 그런 이름을 갖게 된 듯싶다*. 나머지는 제 위치를 지키고 있었다. 황제는 성벽 난간에 올라 성벽과 언덕을 살피며, 혹시나 지원군이 오는지, 공격에 대비해 누군가 매복하고 있지는 않은지 살폈다. 그러나 이런 낌새는 없었고, 오히려 이경** 즈음 그들이 전투 준비가 되어 있지 않으며, 식량과 휴식에만 온통 정신이 팔렸다는 사실을 알 수 있었다. 그는 머릿수 때문에 근접전에 나서지는 않았지만, 이들이 온 지역을 휩쓸고 도시들의 여왕 성벽까지도 다다를 수도 있다고 생각하니 두려움이 엄습했다. 특히나 이들을 몰아내려 도시에서 떠났다는 것을 생각하면 말이다. 그리하여 그는 병사들을 불러 모아 사기를 확인하기 위해 말했다.

"스키타이인들의 숫자만 보고 겁먹지 말고, 하느님께 의지하며 전투에 나서자. 우리가 모두 한 마음으로 뭉친다면 틀림없이 저들을 완전히 무찌를 수 있으리라."

그러나 모두 완강히 거부하며 들으려 하지 않자, 그는 두려워하는 병사들에게 그들의 경각심을 일깨우려 말했다.

"만약 약탈대가 돌아와서 여기 있는 자들과 합류하면 우리는 엄청난 위험에 처할 것이다. 저들이 이 요새로 돌격해 모두를 죽이거나, 아니면 우리는 무시한 채 수도의 성벽으로 진격해 성문 앞에 진을 치고, 우리가 들어가지도 못하게 막을 수도 있지 않겠느냐.

---

* 데카토스는 열 번째라는 뜻이다.
** 밤 9~11시

그러니 위험을 무릅쓰고 겁쟁이처럼 죽지 않는 것이 유일한 길이다. 이제 나는 나설 테니, 따를 자는 따르라. 내가 앞장서서 적의 한가운데로 돌진할 테니. 따르지 않을 자들, 따르지 못할 자들은 성문 밖으로 얼씬도 마라."

이 말과 함께 그는 무장한 채로 즉시 호수 맞은편에 있는 성문을 박차고 나갔다. 성벽을 빙 돌아 약간 우회한 후 좀 떨어져 있는 언덕에 올라갔는데, 부하들이 적과 정면에서 맞붙지 않을 것임을 알았기 때문이었다. 그가 가장 먼저 창을 휘두르며 스키타이인들의 한가운데로 뛰어들었고, 처음 마주친 자를 쓰러뜨렸다. 함께 있던 병사들도 못지않게 열렬히 싸웠다. 그 결과 수많은 스키타이인을 죽였고, 나머지는 포로로 잡았다. 그리고 늘 그랬듯 지략을 발휘하여, 병사들에게 스키타이인들의 의복을 입게 하고 스키타이인들의 말에 올라타도록 했다. 자신들의 말과 깃발, 베어낸 스키타이인들의 머리는 가장 믿음직스러운 사람 몇 명에게 맡겼고, 이들에게는 요새로 돌아가 대기하라고 명령했다. 이러한 조치를 한 후, 알렉시오스는 스키타이인들의 깃발을 가지고 스키타이인 의복을 입은 병사들과 함께 코이로바코이를 지나 흐르는 강까지 행군했다. 약탈을 마치고 돌아오는 자들이 이곳을 지나갈 것으로 판단했기 때문이었다. 이들을 본 스키타이인들은 아군이라고 생각해 무방비로 맞이했고, 그들은 죽어 나가거나 포로로 잡혔다.

2

저녁이 다가오자 (토요일이었다) 황제는 포로들을 데리고 코이로바코이로 돌아갔고, 다음 날은 휴식을 취했다. 월요일 동이 틀 즈음에는 병력을 나눠 요새를 떠났다. 전면에는 스키타이 깃발을 든 사람들이 배치되었고, 후면에는 포로들이 있었으며 마을 사람들이 하나씩 맡아 감시했다. 잘라낸 머리는 창에 꽂아서 다른 마을 사람들이 높이 들었다. 이들은 이런 행렬로 나아갔다. 황제는 그 행렬과 꽤 거리를 두고 병사들과 함께 로마군 깃발을 내걸고 뒤따랐다. 한편 군에서 명성을 얻으려 열심이었던 팔레올로고스는, 다른 이들보다 먼저 육순 주일 새벽에 비잔티온에서 출발하였다. 스키타이인들이 아주 빠르게 움직인다는 것을 알았기에, 그는 이동하면서도 초조해했다. 그리하여 동행한 부하들 중 몇을 골라 미리 평원, 골짜기와 길을 꼼꼼히 살펴보고, 스키타이인들이 어디라도 있다면 서둘러 돌아와서 자신에게 보고하라고 했다. 이런 식으로 여정이 이어졌다. 정찰대는 디밀리아라는 평원에서 스키타이인 옷을 입은 사람들과 스키타이 깃발을 보고서는, 팔레올로고스에게 달려와 아주 가까이에 스키타이인들이 있다고 보고했다. 그는 즉시 무장을 갖추었다. 첫 번째 보고에 이어 두 번째 보고자도 같은 얘기를 하면서, 스키타이인처럼 보이는 자들의 꽤 뒤쪽에 로마군 병사들과 깃발이 보인다고 하였다. 이 보고자들은 한편으로는 상황을 보고했으나, 다른 한편으로는 틀린 것이기도 했다. 뒤쪽에서 행군하고 있는 군대는 외양으로도 실제로도 로마군임이 틀림없으며, 황제가 지휘하고 있었다. 그러나 앞쪽에 있는 스키타이처럼 보이는 군대도 실제로는 모두 로마군 소속이며, 스키타이인들의 의복을 입었을 뿐이었다. 애초에 이렇게 차려입은 것도 황제의 명령에 따른 것이었으며, 내가 묘사하였듯이 진짜 스키타이인들을 속이기 위함이었다. 나아가 알렉시오스는 스키타이인 변장으로 아군도 속였다. 누구든 이들과 마주친 아군 병사들은 먼저 스키타이인들의 손아귀에 떨어졌다는 생각으로 두려움에 떨 테니 말이다. 이들이 진지하게 사방을 경계하기 전에 뒤쪽에 있는 황제를 확인할 수 있으니, 이는 무해하지만 공포도 약간 섞여 있는 전사의 장난이라 할 만하다. 이런 식으로 황제는 만나는 이들에게 피해를 끼치지 않고서 놀라게 했다. 팔레올로고스와 함께 있던 사람들은 하나같이 이 광경에 공포를 느꼈고, 팔레올로고스 자신은 그들 중 누구보다도 경험이 풍부했고 알렉시오스가 이런 계략에 얼마나 능한지 알았다. 그는 곧장 이것이 그런 계략 중 하나라는 것을 알아챘고, 다시 자신감을 되찾아 다른 이들을 격려했다.

이 와중에 황제의 모든 친인척은 수도에서 떠날 준비를 갖추고 있었다. 이들이 서두른 것은, 전에 정해둔 대로 황제에게 합류하려 했기 때문이었다. 육순 주일이 지나고 오순 주간에 가기로 정했으니 말이다. 그러나 이들은 황제가 개선하여 도시로 돌아올 때까지도 떠나지 않은 상태였다. 창끝에 꽂힌 스키타이인들의 머리와, 칼날은 피했으나 등 뒤로 손이 결박된 채 줄줄이 끌려온 포로들을 보지 못했다면 황제 혼자 그렇게나 빨리 전리품을 획득하고 승리를 거머쥐었다는 것을 믿지도 못했을 것이다. 이번 신속한 원정은 대단한 이야깃거리가 되었다. 그러나 한편으로는 불만을 가지는 자들도 있었다. 나는 당시의 목격자에게서 요르요스 팔레올로고스에 대한 어떤 이야기를 들은 바 있는데, 너무 늦게 가서 참전하지 못했다고 대단히 불평하고 스스로를 질책했다는 것이다. 야만인들을 상대로 이런 예기치 못한 영광을 거둔 황제와 함께하고 싶었다는 것인데, 오래도록 이런 명성을 간절히 누리고 싶어 했기 때문이다. 그러나 황제에 대해서는 신명기의 어느 구절이 현실로 이루어졌다고 말할 수 있을 것이다. 즉 어찌 하나가 천을 쫓으며, 둘이 만을 도망하게 하였겠느냐*? 알렉시오스 황제는 엄청난 수의 야만인들에게 맞서, 거의 모든 전쟁의 선봉에 서서 영광스러운 승리로 이끌었다. 나서서 함께 있던 자는 누구이며, 어떤 사람이었냐고 묻고, 황제의 전략과 다재다능함, 그리고 용기와 더불어 모든 야만인과 그 위세에 맞선 대담함을 견주어 보더라도, 황제 홀로 승리를 이뤄냈다는 사실만을 알게 될 것이다.

3

이렇게 그날 하느님께서는 우리의 지도자에게 경이로운 승리를 허락하셨다. 비잔티온 사람들은 그가 도시에 입성하는 것을 보고 기뻐하였다. 신속함과 굳건함, 그리고 영리하고 빠르게 거머쥔 이 승리에 찬가를 부르고 춤을 추며,

---

* 신명기 32장 30절

구원자요, 은인을 내려주셨다고 하느님을 칭송하였다. 그러나 니키포로스 멜리시노스는 이에 짜증을 내고 못 견뎌하며 (인간의 본성이 이러하다) 말했다.

"이 승리는 우리에게는 알맹이 없는 기쁨에 불과하고, 적들에게는 별 해가 되지 않는 슬픔일 뿐이다."

물론 셀 수 없이 많고, 서방 전역에 퍼져있는 스키타이인들은 여전히 모든 지역을 약탈했으며, 이들이 겪은 모든 재앙도 무분별한 그들의 잔학함을 조금도 억누르지 못했다. 이제는 이들은 서방의 작은 마을들까지도 공략하였고 도시들의 여왕 인근에 있는 마을도 내버려두지 않았는 바, 순교자 중 가장 위대한 테오도로스에게 바쳐진 성당이 있는 바티스 라이아스까지도 나아갔다. 매일 선량한 많은 이가 이곳에 가 성인에게 중보기도*를 드리고는 했으며, 일요일이 되면 신실한 사람들이 모여 성당으로 가서 하루 종일 건물 바깥에서, 대기실에서, 아니면 성당 뒤편에서 머물고는 했다. 그러나 스키타이인들이 지속해서 진격해 오며 순교자의 성당에 가고 싶어 하는 사람들조차도 비잔티온의 문을 열 엄두를 내지 못하는 지경이 되었다. 이는 황제를 괴롭히는 골칫거리였으며, 심지어 바다 역시도 잠잠한 것과는 거리가 멀었다. 차카가 또 다른 함대를 몰고 와 해안가의 마을들을 노략질하는 등 아주 혼란스러운 상황이었다. 황제는 사방에서 문제가 발생하여 골머리를 앓았고 근심했다. 그리고 해안가 지역에서는 차카가 전보다도 규모가 큰 함대를 모아 이전에 함락시켰던 섬을 초토화하고 있으며, 서쪽 지방에 대한 공격도 고려하기 시작하며, 스키타이인들에게 케르소니소스**를 공성하라고 조언하는 사절을 보냈다는 소식이 들려왔다. 황제를 돕기 위해 튀르크인 용병들이 동쪽에서 왔으나, 차카는 이들도 가만히 두지 않았다. 자신에게 붙으라고 꼬드기며 황제와의 계약을 어기라고, 그러면 전리품을 얻자마자 주겠다며 그럴듯하게 약속했다. 황제는 이

---
*   남을 위해 하는 기도
** 현재 크림반도 최대의 항구 도시 세바스토폴

를 듣고 육지와 바다의 상황 모두 위태롭다고 느꼈다. 그뿐 아니라 이례적일 정도로 혹독한 겨울이 모든 길을 가로막았고, 쌓이는 눈 때문에 집 문도 열 수 없을 지경이었다. 그 누구의 기억으로도 이보다 눈이 많이 내린 적은 없을 정도였다. 이런 상황에서도 황제는 전갈을 통해 할 수 있는 일은 하면서, 어디에서든 용병을 긁어모으려고 했다. 태양이 춘분점에 도착하니* 전쟁의 위협을 전하는 구름이 물러났으며 분노한 바다도 잠잠해졌는데, 그는 비록 양면으로 적이 압박하고는 있지만 해안가를 먼저 장악해야겠다고 결정했다. 그러면 해로로 도착하는 적에 쉽게 맞설 수 있고, 육로로 건너오는 적도 편리하게 상대할 수 있을 테니 말이다.

황제는 즉시 카이사르 니키포로스 멜리시노스를 보내며 동원할 수 있는 모든 병력을 데리고 아이노스를 점령하라고 명령했다. 이전에 그는 가능한 한 많은 병사를 징집하되, 숙련병은 제외하라고 편지로 지시한 바 있었다. 이들은 이미 서방의 마을에 두루 배치되어 요충지를 지키고 있기 때문이었다. 병사들의 일부는 불가리아인과 보통 블라흐라고 불린 유목민에게서 징집해야 했으며, 나머지는 기병이든 보병이든 그리고 어느 지방 사람으로든 충원해야 했다. 황제는 플랑드르 공작이 보낸 500기의 프랑크 기병들을 니코메디아에서 불러들였고, 친척들과 함께 비잔티온을 떠나 아이노스에 빠르게 도착했다. 그는 이곳에서 작은 배에 타 노를 저어 마을을 통과하며 강의 전반적인 흐름과 양쪽의 강둑을 살폈고, 어디에 진영을 치는 게 최선일지 판단하고 돌아왔다. 밤중에 그는 장군들을 불러 모아 양쪽의 강과 육지의 지형에 대해 설명하고 말했다.

"내일 그대들이 건너가서 평원을 신중히 살펴보는 것이 좋겠소. 어쩌면 내가 짚어줄 지점이 그대들 생각에도 막사를 짓기에 나쁘지 않다고 보일지도 모르니."

이에 그들은 모두 동의하였으며, 황제는 새벽에 먼저 강을 건넜고, 전군이

---

* 양력 3월 19일~22일

뒤따랐다. 그는 장군들과 함께 다시 한번 강둑과 인근 평원을 살폈고, 마음에 들었던 지점을 알려주었다. 그곳은 히레니라고 불리는 작은 마을과 꽤 가까웠는데, 한쪽은 강이 있고 다른 쪽에는 습지대가 있었다. 장군들도 만장일치로 동의하였기에 빠르게 참호가 만들어졌고, 전군이 그곳에 주둔하였다. 황제는 상당한 수의 경보병을 데리고 아이노스로 되돌아왔는데, 그쪽 지역에서 진군해 올 스키타이인들의 공격을 맞아치기 위해서였다.

4

히레니에 주둔한 병력은 어마어마하게 많은 스키타이 군대가 진격한다는 사실을 알게 되어, 아직 아이노스에 있던 황제에게 알렸다. 그는 즉시 작은 배로 해안가를 따라 항해하여 하구쯤에서 합류했다. 아군의 수가 스키타이인에 비해 믿을 수 없을 정도로 적다는 것을 보고, 그는 깊이 근심하고 두려워했으니, 도와주는 이가 아무도 없었기 때문이다. 그러나 포기하지도 나약함을 드러내지도 않았으며, 오히려 마음속으로 계획을 세우는 데 열중했다. 나흘 뒤 약 40,000명의 쿠만군이 다가오는 것이 보였다. 그는 이들이 스키타이인과 동맹을 맺었다면 끔찍한 전투가 벌어질 것이며, 완전히 무너질 수밖에 없다고 생각하였고, 회유하는 것이 현명하다고 판단하였다. 쿠만인에게 만나자고 연락하는 것으로 그가 주도권을 잡았다. 쿠만군에는 여러 족장이 있었으나, 토고르탁과 마니아크, 그리고 다른 몇몇의 기량이 탁월하여 주목할 만했다. 황제는 쿠만인들이 물밀듯이 몰려드는 모습을 보고 벌써 골치가 아팠는데, 이들의 줏대 없음을 알고 있었기 때문이다. 한순간의 동맹이 적이 되어 심대한 피해를 끼치지는 않을까 걱정이 되기도 했다. 전군을 데리고 강을 다시 건너는 것이 안전하겠다고 생각은 했으나, 그러기 전에 그는 먼저 쿠만인 족장들을 불러 모아 회의를 하기로 했다. 쿠만인 마니아크는 처음에는 거부했으나, 다른 이들보다 늦게라도 도착은 했다. 알렉시오스는 요리사들에게 훌륭한 만찬을 대령하라고 명령했고, 다들 잘 먹고 나자 친절하게 대하며 온갖 선물을 주었다. 그리고 이들의 무책임한 본성을 불신하여, 서약하고 인질을 내달라 요구했다. 이들은 기꺼이 요구사항을 이행하였고, 파치나크와 사흘 동안 싸울 수 있도록 해달라고 했다. 그리고 만약 하느님께서 승리를 허락하신다면, 얻어낸 모든 전리품은 둘로 나누어 한쪽은 황제에게 주겠노라고 약속했다. 그는 스키타이인을 공격해도 된다고 허락하면서, 사흘은 물론이고 열흘 동안이라도 추격해도 된다고 하고, 하느님께서 승리를 허락하신다면 모든 전리품은 다 가져도 된다고 했다. 그러나 스키타이와 쿠만 군대는 얼마간 제자리에 머물렀는데, 그 사이에 쿠만군이 스키타이군과 소규모 접전을 벌이며 뒤쫓고는 했다. 사흘이 지나기 전에 알렉시오스는 안티오호스를 불러 (대부분 사람보다 활력이 넘치는 귀족이었다) 다리를 지으라고 명령했다. 배를 기다란 널빤지와 함께 묶는 방식으로 다리는 아주 빠르게 지어졌으며, 다음으로 그는 처남인 프로토스트라토르 미하일 두카스와 동생 메가스 도메스티코스 아드리아노스를 불러 강 끝에 서서 보병과 기병이 무질서하게 건너가지 않게 하라고 지시했다. 보병들을 기병과 분리해 그들이 짐마차와 짐꾼용 동물과 함께 건너게 한 것이다. 보병이 다 건너자, 그는 아주 신속하게 참호를 파고 보병들에게 그 안에 자리를 잡도록 했다. 다음으로는 기병도 건너라고 명령하면서 몸소 강둑에 서서 지켜보았다. 혹시라도 스키타이군과 쿠만군이 비밀리에 동맹을 맺을 수도 있다는 생각이 들었기 때문이다. 그 사이 황제에게 문서로 전달받은 지시에 따르고 있던 멜리시노스는 사방에서 병력을 규합했다. 그는 인근 지역에서 보병을 충원하고 우마차에 짐과 필수 보급품을 실은 다음, 전속력으로 황제에게 가도록 했다. 병력이 육안으로 보이는 거리 안에 들어오자, 이들을 본 사람 중 상당수는 스키타이인 병력이라고 생각했다. 심지어 어느 정찰병은 손가락으로 황제에게 그들을 가리켜 보이며, 스키타이인이 틀림없다고 주장하기도 했다. 황제는 그 말을 믿고 그렇게나 많은 수에는 맞설 방법이 없다고 생각해 매우 큰 어려움에 직면했고, 그는 로도미로스를 보내 (불가리아 출신 귀족으로 황후인 내 어머니의 모계 친척이다) 새롭게 도착하고 있는 자들을 감시하라고 명령했다. 로도미로스는 재빠르게 황제의 명령을 이행하고 돌아와서는, 멜리시노스가 보낸 사람들이라고 전했다. 이에 황제는 아주 기뻐했고, 그들이 도착하자 함께 강을 건넜고, 새롭게 만든 진을 약간 더 넓히고 이 병사들을 배치하였다. 쿠만인들은 황제가 병력을 이끌고 강을 건너면서 내버려둔 이전의 막사 자리를 차지하고, 그 근처에 자리를 잡았다. 다음 날 황제는 하류의 여울을 점령하기 위해 필로칼로스라고 불리는 강을 따라 이동했다. 그때 상당수의 스키타이인과 마주치자 즉시 공격에 나섰고, 치열한 교전이 벌어졌다. 전투에서 양쪽 다 많은 이들이 전사했으나, 황제는 승리했고 스키타이인은 완전히 퇴각했다. 전투가 이렇게 마무리되고 양쪽 군은 각자 숙영지로 물러났다. 로마군은 그 지역에 밤 동안 머물렀으나 새벽이 되고 해가 뜨자 이동하였고, 레부니온이라는 평원의 상당 부분에 뻗어있는 언덕을 차지했다. 황제는 이 언덕 위로 진격했으나, 모든 군사가 올라가기에는 언덕 공간이 모자라 언덕 발치에 참호를 파고 전군이 다 들어갈 수 있을 만한 크기의 진영을 쳤다. 이때 항복했던 네안치스와 스키타이인 몇몇이 또다시 황제에게 접근했다. 황제는 네안치스에게 전에 보였던 불충과 여러 중대한 죄악을 꾸짖고, 그와 그의 동료들을 체포해 사슬로 묶었다.

5

　황제가 한 일에 대해서는 이 정도면 될 것이다. 스키타이인들은 마브로포타모스라는 개울의 둑에 계속 자리 잡고 있으면서, 비밀리에 쿠만인들을 끌어들이려고 했다. 또한 황제에게는 계속 사절을 보내 평화 협상을 시도했다. 황제는 이들의 불순한 본성에 대해 잘 알았기에 적절히 대응하였는데, 그는 로마에서 용병들이 도착하기 전까지 시간을 끌기를 원했다. 쿠만인들의 경우 파치나크가 두루뭉술한 약속만 늘어놓아 넘어가지는 않았으나, 저녁 무렵 황제에게 다음과 같이 연락했다.

"얼마나 오랫동안 우리가 전투를 미뤄야 한다는 말입니까? 더 이상 기다리지 않을 것이고, 해가 뜨면 늑대든 양이든 뜯어먹을 테니 그렇게 아십시오."

이를 듣고 황제는 쿠만인들의 불같은 성미를 알고 있었기에, 더 이상 미룰 수 없다고 판단하였다. 그는 내일이 전쟁의 중대한 전환점이 될 것이라고 느꼈기에, 전투를 벌이자고 전했다. 그런 다음 곧장 장군들과 오십인대장五十人代將, 다른 장교들을 불러 모아 모든 병력이 해 뜰 때쯤 전투를 치를 수 있도록 준비를 갖추라고 명령했다. 그러나 이 모든 대비에도 불구하고, 그는 셀 수 없이 많은 파치나크와 쿠만인들을 불신했고, 두 군대가 유착하지는 않을지 염려했다.

황제가 이런 생각으로 고민하는 사이, 산에 사는 사람 5,000명이 황제에게 투항해 왔다. 강하고 호전적인 자들이었으며, 황제를 위해 일하겠다고 제안했다. 전투의 순간을 더 이상 미룰 수 없었기에 황제는 하느님의 도움을 청했다. 저물녘 그는 하느님께 도움을 청하며 중보기도를 드렸고, 햇불을 눈부시도록 밝혀 행진했으며, 적절한 찬송가를 불렀다. 그러나 군대가 안일하게 잠들도록 놔둔 것은 아니고, 현명한 이들에게는 함께 하자고 제안했고, 둔한 이들에게는 명령했다. 태양이 지평선 아래로 내려가는 바로 이 순간에, 하늘을 붉게 물들인 것이 태양 하나가 아니라 그토록 많은 사람이 피운 햇불이나 창끝에 묶은 양초였음을 볼 수 있었을 것이다. 군대가 보낸 이 외침은 틀림없이 하늘의 반구까지도 닿았을 것이다. 더 터놓고 말하자면, 하느님께도 전해졌을 것이다. 이 상황에서 하느님의 도움을 청하지 않고서 적을 공격하는 것이 옳지 않다고 생각하는 것을 보면, 누구든 황제가 얼마나 신실한지 알 것이다. 그가 자신감을 가질 수 있던 이유는 사람도, 말도, 공성 기계도 아니었으며, 오로지 높으신 곳에 계신 주님이었다. 기도는 자정까지 계속되었다. 그다음 그는 약간의 수면을 취하고 일어났다. 경보병들에게 평소보다 단단히 무장하도록 했으나, 철갑이 모자랐기에 일부에게는 쇠 색깔의 비단으로 된 헬멧과 흉갑을 지급했다. 태양이 밝아오기 시작했고, 그는 갑옷을 다 입은 병사들에게 공격하라고 명령했다. 그는 레부니온 언덕 아래에서 병사들을 부대별로 나누었다. 황제 본인은 전쟁의 맹렬한 정신을 맡을 수 있는 전방에 우뚝 섰고, 좌익과 우익은 각각 요르요스 팔레올로고스와 콘스탄티노스 달라시노스가 이끌었다. 쿠만인들의 오른쪽에는 모나스트라스가 부하들을 데리고 섰다. 황제가 전선을 꾸리는 것을 보고 이들도 제 식대로 진형을 갖추었다. 그 왼쪽에는 우자스가 있었으며, 서쪽으로는 우베르토풀로스가 켈트인들을 이끌었다. 중보병을 기병 대대로 둘러싸는 식으로, 즉 군대를 요새처럼 만든 다음, 황제는 공격을 알리는 나팔을 불라고 명령했다. 로마군은 셀 수 없이 많은 스키타이인과 그들이 성벽처럼 쓰는 무시무시한 수레들을 보고 겁을 먹었고, 만물의 주님께 자비를 청하며 소리를 지른 후, 말을 전속력으로 달려 스키타이인에게 돌격했다. 맨 앞에 달리는 자는 황제였다. 전선이 초승달 모양이 되자 쿠만인들도 일제히 스키타이인에게 돌격했다. 스키타이인 중 뛰어난 족장은 이런 상황을 미리 보고서 이미 안전한 곳으로 빠져 있었고, 부하 몇을 데리고 같은 말을 할 줄 아는 쿠만인들에게 넘어간 바 있었다. 쿠만인들도 동족을 상대로 맹렬하게 싸우고는 있지만, 로마인보다는 쿠만인이 좀 더 믿을 만하다고 생각한 것이다. 그는 항복하면서 이들이 황제와의 중재자 역할을 해줄 것이라 희망했다. 황제는 다른 스키타이인들도 이 소식을 알면 쿠만인에게 넘어와, 이를 토대로 쿠만인들이 말머리를 돌려 로마인에 맞서게 될지도 모른다고 우려하고, 경계하였다. 그는 위태로운 상황에서 이득이 되는 길이 무엇일지 빠르게 결정할 줄 아는 부류의 사람이다. 이에 머뭇거리지 않고 기수에게 깃발을 들도록 했고, 자신은 쿠만군 진영 근처에 자리를 잡았다. 한편 스키타이인들의 전선은 완전히 허물어져 있었고, 각지에서 병사들이 싸우는 곳마다 그 누구도 본 적 없는 학살이 벌어지고 있었다. 전능하신 하느님께 이미 버림받은 자들처럼 스키타이인들은 죽어 나갔고, 이들을 벤 사람들은 지쳤으며, 폭력적으로 끝없이 검을 휘두르는 것이 힘에 부쳐 동력을 잃어가기 시작했다. 그때 알렉시오스는 적 한가운데로 달려들어, 가로막는 자들을 쓰러뜨리고 고함을 질러 멀리 있는 자들도 겁먹게 하면서 모든 부대의 기를 꺾었다. 정오가 되어 태양이 머리 위에서 햇살을 비추자, 영리한 그는 정찰병을 농부에게 보냈다. 그러면서 농부에게 부탁해 가죽 부대에 물을 채워 짐꾼용 동물에 실어서 가지고 오라고 명령했다. 마을 사람이 이런 일을 하는 것을 본 이웃과 친구들도 자발적으로 똑같이 했으며, 스키타이인의 끔찍한 손아귀에서 자신들을 구해준 병사들에게 물을 가져다주려 기꺼이 나섰다. 어떤 사람은 물병으로, 어떤 사람은 가죽 부대로, 또 어떤 사람은 아무 용기나 집어 들었다. 약간의 물을 마신 전사들은 전투를 이어 나갔다. 엄청난 광경이었다. 만 단위의 남자들을 넘어서서 아내와 아이들까지 포함해 온 민족이 그날 완전히 쓸려나갔다. 이날은 화요일이었으며 4월 29일이었다. 이에 비잔티온 사람들은 짧은 익살스러운 노래를 만들었다.

"딱 하루 차이로 스키타이인들은 5월을 누리지 못했다네."

태양이 서쪽으로 저물었고, 내가 다시 말하건대 아이와 여자들을 포함해서 사실상 모든 스키타이인이 검으로 쓰러졌으며, 포로로 사로잡힌 자도 많았기에 황제는 물러나자고 명령하고 막사로 돌아왔다.

이런 위업은 기적처럼 보였다. 전투를 위해 비잔티온을 떠나면서 스키타이인 포로를 묶어 끌고 오겠다고 밧줄과 끈을 사서 떠난 사람들이, 다 붙잡혀 스키타이인의 포로가 되었다는 사실을 아는 이들에게는 특히나 그러했다. 이 일은 우리가 드리스트라 인근에서 싸웠을 때 벌어진 것으로, 이로써 하느님께서 로마인의 오만함을 깨부수었다. 이후에 내가 지금 서술하는 때에 와서는 그토록 많은 숫자에 맞설 힘이 없어 공포로 가득 차 모든 희망을 포기한 것을 보고, 주님께서는 불가사의하게 승리를 허락하시어 스키타이인들을 묶고 죽이고 사로잡을 수 있게 하셨다. 뿐만 아니라, (이런 일 자체는 더 작은 전투에서도 일어난 적은 있으나) 하루 만에 지상에서 무수한 수의 족속을 지워버릴 수 있도록 하셨다.

6

쿠만군과 로마군이 각자 진으로 돌아가고 나서, 초저녁에 황제가 저녁 식사를 생각하고 있을 때 시네시오스라는 자가 격분한 채 들어와서 말했다.

"이 말도 안 되는 일은 뭡니까? 무슨 의미로 받아들여야 합니까? 병사마다 서른 명도 더 되는 스키타이인 포로들을 데리고 있습니다. 쿠만인들이 지척에 있고 녹초가 된 우리 병사들은 잠들게 뻔합니다. 죄수들이 서로 풀어주고 단검을 빼 들어 아군을 죽이면 어떻게 되겠습니까? 포로 중 대다수는 처형해도 된다고 즉시 명령을 내려주십시오!"

그러나 황제는 그를 근엄하게 바라보며 답했다.

"스키타이인들 역시 인간이다. 우리의 적이기는 하지만 동정을 베풀어라. 도대체 무슨 생각을 하길래 이런 말도 안 되는 소리를 하는지 모르겠구나."

상대방의 주장에 그는 화를 내며 물러가라고 했다. 오히려 스키타이인들의 무장을 해제하고 무기는 한곳에 모아두며, 병사들더러 철저하게 포로들을 지켜야 한다고 군령을 내렸다. 명령을 내리고 그는 남은 밤은 근심 없이 보냈다. 그러나 야간 보초를 서던 중 신성한 개입에 의한 것인지, 아니면 다른 알 수 없는 이유에 의한 것인지 병사들이 포로들을 거의 다 죽여 버렸다. 이른 아침 이를 보고받은 황제는 시네시오스를 수상히 여기며 바로 불러들였다. 그를 질책하고 꾸짖으며 말했다.

"네가 벌인 일이구나."

아무것도 모른다는 항변에도 불구하고, 황제는 그를 체포하여 사슬로 묶으라고 명령하며 말했다.

"이로써 사슬에 묶이는 것이 얼마나 두려운 것인지, 사람을 놓고 이런 식으로 결정해서는 안 된다는 것을 배울 수 있을 것이다."

만약 고위 지휘관들과 황제의 친인척들이 시네시오스를 위해 한목소리로 탄원하지 않았더라면, 황제는 더 엄중하게 처벌했을 것이다.

대부분의 쿠만인은 자신들이 모든 전리품을 챙긴 만큼 황제가 밤중에 기습해 올 수 있다고 걱정했고, 그리하여 밤중에 떠나 다뉴브로 향했다. 시체 악취를 피하고자 황제 또한 새벽부터 행군하여 히레니에서 18스타디온 떨어져 있는 '칼라 덴드라'라는 곳에 도착했다. 행군하던 중 멜리시노스가 합류했다. 그는 모여든 병사들을 황제에게 보내느라 바빠, 전투가 벌어지던 시기에는 합류할 수 없는 상태였다. 이들은 자연스럽게 포옹하고 서로를 축하해주면서, 여정 동안 스키타이인을 패퇴시킨 일에 대해 이야기를 나누었다. 칼라 덴드라에 도착하여 황제는 쿠만인들이 도망쳤다는 소식을 보고받았다. 쿠만인들과 맺은 조약에 따라 이들은 특정한 물품들을 받기로 되어 있었으므로, 그는 정해진 품목을 동물에 실어 보냈다. 또한 쿠만인들을 빨리 찾아내서 전달하고, 필요하면 다뉴브강 반대편으로 건너가기라도 하라고 지시했다. 알렉시오스는 거짓말을 하는 것뿐만 아니라 그와 유사한 행동을 하는 것도 죄악으로 여겼으며, 공개적으로 잘못된 일이라고 길게 비판하고는 했었다. 탈주자들에 대해서는 이 정도면 충분할 것이다. 황제를 따라온 다른 모든 쿠만인은 남은 하루 동안 엄청난 연회를 즐겼으나, 그는 이 병사들에게 그날 바로 정해진 보상을 지급하는 것은 현명하지 않다고 판단하였다. 먼저 마셔댄 포도주의 취기가 가도록 자게 놔둬서 그들의 정신이 명료하게 회복된 이후에 줘야겠다고 생각한 것이다. 다음 날 그는 이들을 불러 모아 약속한 것을 넘어 훨씬 더 많은 양의 보수를 지급하였다. 고향으로 되돌려보내려고 하던 중, 쿠만인들이 도로를 따라 돌아다니면서 마을에 해를 끼칠 수도 있다는 생각이 들어 그들을 인질로 잡아두기로 했다. 이들은 대신 안전하게 이동할 수 있게 해달라고 요구했고, 그는 요안니스를 보내며 (탁월할 정도로 용맹하며 신중한 사람이다) 지고까지 쿠만인들을 무사히 데리고 가라고 지시했다.

그리하여 황제의 전투는 승리로 끝났다. 전적으로 신성한 조력 덕분에, 모든 일을 마무리 짓고 그는 5월 하순에 승전한 영웅으로 비잔티온에 돌아왔다.

이제 스키타이인과의 전쟁에 대한 서사는 마무리 지어야겠다. 비록 할 수 있는 이야기 중에서 아주 조금만 말했고, 손가락 끝을 아드리아해에 담갔다 뺀 수준이기는 하지만 말이다. 그러나 황제의 눈부신 승리와 적들에게 안겨준 여러 패배, 개인적으로 보여준 용기와 그동안 일어난 일들, 어떻게 그 모든 상황에 대응하였고 여러 방법으로 역경을 극복하였는지 이 모든 것을 말하라 하면 데모스테네스가 살아 돌아와도 못할 일이며, 연설자가 한 무더기로 와도 못할 일이고, 아카데미와 스토아가 한데 모여 알렉시오스의 업적을 기리려고 노력하더라도 못할 것이다.

7

황제가 궁전으로 돌아온 불과 며칠 뒤, 아르메니아인 아리에비스와 켈트인 우베르토풀로스가 (둘 다 귀족이며 아레스에게 헌신하는 자였다) 꽤 많은 사람을 끌어들여 황제를 겨냥한 모략을 꾸미다가 적발되었다. 증인들이 나섰으며, 진실이 만천하에 드러났다. 음모를 꾸민 자들은 유죄로 선언되었고, 법에 따르면 사형에 처해야 하지만, 황제가 사면해 주었기에 재산을 몰수당하고 추방되는 것에 그쳤다.

쿠만인들이 침략해 올 것이라는 소문과, 보딘과 그가 이끄는 달마티아인들이 조약을 깨고 영토로 쳐들어올 계획을 꾸민다는 소식이 황제에게 들려왔다. 그는 어느 적에게 먼저 주의를 기울여야 할지 고심하다가, 달마티아인들을 먼저 상대하기로 결심하면서, 이들의 영토와 우리 영토 사이에 있는 골짜기들을 안전하게 보호하여 주도권을 잡으려고 했다. 그리하여 그는 자문회를 불러 모아 구상을 말했고, 다들 동의하자 서방에서의 전쟁을 지휘하기 위해 수도를 떠났다. 얼마 지나지 않아 필리포폴리스에 도착했고, 불가리아의 대주교가 보낸 편지가 도착했다. 세바스토크라토르 이사키오스의 아들이자 디라히온의 둑스인 요안니스에 관한 내용으로, 그가 반란을 획책하고 있는 게 틀림없다는 것이었다. 하루 종일 황제는 무기력해져 어떤 때는 요안니스의 아버지 때문에 조사를 미루고 싶었다가, 또 어떤 때는 이 보고가 진실일까 두려워했다. 요안니스는 아직 어렸고, 이런 나이에는 급격한 충동에 지배당할 수 있다는 것을 알았기에, 반란을 꾀해 아버지와 삼촌에게 크나큰 슬픔을 안겨줄 수 있다는 생각도 들었다. 결국 그는 어떤 식으로든 계획을 무산시킬 방법을 찾아야겠다고 생각했는데, 요안니스를 매우 아꼈기 때문이다. 이에 당시 메가스 에타이리아르호스* 지위에 있던 아르기로스 카라차스라는, 스키타이인이지만 지혜롭고 미덕과 진실함을 중요시하는 자를 불러다가 두 통의 편지를 맡겼다. 하나는 요안니스에게 보내는 것으로 다음과 같은 내용이었다.

"야만인들이 산길을 통해 내려온다는 소식이 들려와 그대의 주군인 짐은 콘스탄티누스의 도시를 떠나, 로마 제국의 국경을 지키기 위해 왔노라. 그러니 그대가 지키는 지역에 대해 지시를 내릴 수 있도록 직접 오도록 하라. 달마티아의 상황에 대해 보고하고, 부칸이 평화 조약을 준수하는지 여부도 이야기하라. 짐이 그에 대해 보고받는 내용이 만족스럽지 못하고, 혹시 그자가 음모를 꾸미는 것은 아닐까 의심스러우니 말이다. 그대가 믿을 만한 정보를 전달하고 나면 짐은 그에게 더욱 잘 대응할 수 있을 것이다. 그 후 짐은 그대를 일리리아로 보낼 것이나, 그 전에 양면으로 적을 공격해 하느님의 인도로 승리를 거머쥘 수 있는 필수 지침을 내려줄 것이다."

요안니스에게 보낸 서신의 요지는 이러하였다. 다른 편지는 디라히온의 마기스트로스에게 보내는 것으로 이런 내용이었다.

"부칸이 다시 한번 우리에게 맞서 반역을 꾸민다는 소식을 듣게 되어, 짐은 우리 국경과 달마티아 사이 산골짜기의 안전을 확보하고, 부칸과 달마티아인들이 뭘 꾸미는지 철

---

* 원래 근위대인 에타이리아의 지휘관을 일컫지만, 이 시기에는 고위 인물에게 내려지던 지위였다.

저히 파악하기 위하여 비잔티온에서 나왔노라. 이러한 이유로 짐은 그대의 둑스, 짐이 총애하는 조카를 부르는 것이 현명하다고 판단하였으며, 대신 편지를 들고 간 이 사절을 둑스로 임명하노라. 그를 환대하고 명령을 내리면 무엇이든 따르라."

카라차스에게 이 서신을 맡기며, 요안니스에게 보내는 편지를 먼저 전달하라고 지시했다. 요안니스가 기꺼이 명령을 따른다면 붙잡지 말고, 돌아올 때까지 그 지역을 관리하라고 했다. 하지만 만약 고집을 부르거나 거부한다면, 디라히온의 지휘관들을 모아 두 번째 편지를 읽어주고 요안니스를 함께 체포하라고 명하였다.

8

콘스탄티노폴리스에 있던 세바스토크라토르는 이를 듣자마자 곧바로 달려 나가, 이틀 밤낮을 달려 필리폴리스에 도착했다. 황제는 잠들어 있었고, 그는 소리 없이 황제의 막사로 들어가 시종들에게 조용히 하라고 손짓한 다음, 동생의 막사에 있던 다른 침대에 누워 잠을 청했다. 황제는 일어났을 때 형을 보고 깜짝 놀랐지만 조용히 있었고, 거기 있던 사람들에게도 그리 하라고 명령했다. 세바스토크라토르는 잠에서 깨어나 황제가 자신을 바라보고 있는 것을 보고, 포옹하고 인사를 나누었다. 황제는 무슨 일로 온 것이고, 도대체 왜 직접 왔냐고 물었다. 이에 세바스토크라토르가 답했다.

"너를 위해서다."

황제가 대꾸했다.

"아무 의미 없는 일로 이 거리를 그렇게 빨리 왔군."

세바스토크라토르는 아무 답도 하지 않았는데, 앞서 자신이 디라히온에 보낸 전령이 무슨 소식을 가지고 올지 짐작하느라 세바스토크라토르의 정신이 팔렸었기 때문이다. 아들에 대한 소문이 들려오자마자, 꽁지가 빠져라 달려 황제를 찾아뵈라는 짧은 편지를 전령에게 들려 보낸 것이다. 또한 자신은 서둘러 필리포폴리스로 가서 요안니스에 대한 고발을 직접 반박할 것이며, 거기서 아들을 기다리겠다는 것도 전령에게 전하도록 했다. 세바스토크라토르는 자리를 나와 자신에게 배정된 막사로 갔다. 이와 거의 동시에 요안니스에게 보냈던 전령이 도착해, 요안니스가 복귀했으며 지금 오는 중이라고 보고했다. 이에 세바스토크라토르는 의심을 지우고 예전의 자신감을 되찾았으나, 맨 처음 아들을 고발한 자에 대한 분노로 가득 찼다. 어지러운 마음으로 황제에게 가자, 황제는 곧장 그가 동요한 이유를 짐작하면서도 어떤 심정인지 물어보았다. 형이 답했다.

"아주 나쁘지. 바로 너 때문에."

그는 마음속에서 분노가 울부짖을 때 통제하는 법을 완벽히 익히지 못했으며, 한마디 말로도 때로는 쉽게 화를 내고는 했었다. 그가 말을 이었다.

"황제 폐하 때문에 화가 났다고 하더라도, 중상모략을 늘어놓는 이런 사람(아드리아노스를 가리키며)에 비하면 못 미치기는 합니다."

이 말에 친절하고, 부드러운 심성의 황제는 대꾸하지 않았는데, 다른 방식으로 형의 끓어오르는 분노를 다스릴 줄 알았기 때문이다.

말하자면, 둘은 카이사르 니키포로스 멜리시노스와 몇몇 친인척과 둘러앉아 비밀리에 요안니스에 대한 소문을 논의하는 중이었다. 그때 세바스토크라토르는 멜리시노스와 형제인 아드리아노스가 자기 아들을 에둘러서 헐뜯는 것을 보자, 다시금 끓어오르는 분노를 주체할 수 없었고, 아드리아노스를 노려보며 턱수염을 뜯어내겠다고 위협하며, 공공연한 거짓말로 황제와의 사이를 헐뜯지 말라고 경고한 것이다.

이러는 동안 요안니스가 도착했고, 곧바로 황제의 막사로 불려 와 자신에 관한 고발 내용을 모두 들었다. 곧장 조사받은 것은 아니며, 자유로이 서서 황제가 하는 말을 듣고 있었다.

"네 아버지, 내 형을 생각하니 너를 고발하는 말은 차마 듣고 있을 수도 없더구나. 그러니 가서 예전처럼 걱정 없이 지내거라."

이 말은 황제의 막사 안에서 나온 것이며, 낯선 사람은 아무도 없었고, 오직 친인척 몇몇만 참석한 채였다. 그리하여 잘못 보고되었거나, 어쩌면 모종의 계획에 의해 생긴 이 모든 일은 끝났다. 다음으로 황제는 형 세바스토크라토르 이사키오스와 아들 요안니스를 불러 긴 대화를 나누고, 세바스토크라토르에게 이렇게 말하며 마무리를 지었다. 그가 요안니스를 가리키며 말했다.

"평화롭게 수도로 돌아가서 어머니께 모든 소식을 전해드리도록 해. 쟤의 경우에는, 디라히온으로 돌려보내서 계속 지역을 꼼꼼히 다스리게 할 테니."

이후 그들은 헤어졌고, 다음 날 한 명은 비잔티온으로 향하는 길에 올랐고, 다른 한 명은 디라히온으로 떠났다.

9

이때까지만 해도 제관은 무사했다. 테오도로스 가브라스가 콘스탄티노폴리스에 살고 있을 때, 황제는 그의 폭력적이고 혈기 왕성한 성격에 대해 듣고 도시에서 그를 쫓아내고 싶어 했다. 이에 트라페준타라는, 튀르크인들에게서 되찾은지 좀 된 마을의 둑스로 임명한 바 있었다. 이자는 칼데아 출신 귀족으로서 탁월한 지능과 용기로 명성을 얻었다. 노력하면 뭐든지 실패하는 법이 거의 없었고, 참여한 모든 전쟁에서 승리했다. 트라페준타를 함락시키고 자신의 사유물인 것처럼 차지하는 등 무적인 것처럼 보였다. 세바스토크라토르 이사키오스 콤니노스는 딸 중 하나를 이자의 아들 그리고리오스에게 시집보내기로 했는데, 두 아이 모두 결혼하기엔 어린 나이여서 약혼하는 데 그쳤다. 가브라스는 그리고리오스를 세바스토크라토르에게 맡기면서, 적법한 나이가 되면 결혼의 축복을 내리겠다는 조건을 내건 뒤 자신의 지역으로 돌아갔다. 얼마 지나지 않아 아내가 세상을 떠나자, 그는 알란 출신의 귀족과 두 번째 결혼했다. 세바스토크라토르의 아내와 가브라스의 아내는 공교롭게도 사촌 관계였는데, 이에 따라 아이들의 약혼이 깨지게 된 것이다. 이러한 혼인은 세속법과 교회법 모두가 금지했기 때문이다. 그러나 황제는 가브라스가 뛰어난 전사이며 그가 엄청난 혼란을 야기할 수 있다는 것을 알았기에, 약혼이 깨졌다고 해서 그리고리오스가 아버지에게 돌아가도록 놔두고 싶지 않았다. 그를 수도에 계속 머무르게 하려는 데에는 두 가지 이유가 있었다. 하나는 일종의 인질로 데리고 있으려는 것이었고, 다른 하나는 가브라스의 환심을 사 그가 어떤 사악한 계획을 꾸미더라도 재고하도록 만들려는 것이었다. 그는 그리고리오스를 내 동생 중 하나와 결혼시킬 생각이었으며, 이러한 연유로 그리고리오스는 바로 출발하지 못했다. 그러나 수도에 다시 도착한 가브라스는 황제의 의도를 모르고 있었고, 비밀리에 아들을 데려갈 계획을 세웠다. 알렉시오스가 수수께끼처럼 내비치기도 하고 일부 밝히기도 했지만, 공표된 것은 전혀 없었던 탓이다. 가브라스는 몰랐던 건지, 아니면 최근에 결혼 서약이 깨져버린 탓에 무관심해진 건지 나로서는 정확한 이유를 모르겠지만, 아들과 함께 돌아가겠다고 요구했고, 황제는 거부했다. 가브라스는 이에 따르는 척하고, 황제가 소년을 위한 계획에 동의하는 것처럼 행동했다. 그가 황제에게 작별 인사를 올리고 비잔티온을 나서려 할 때, 이사키오스한테 대단한 환대를 받았다. 혼인으로 맺어진 관계와 이에 따른 친밀감 때문이었다. 이사키오스가 그를 대접한 곳은 대* 순교자 포카스*를 기리며 지어진 성당이 있는, 프로폰티스 근처 교외의 아름다운 집이었다. 아주 융숭한 연회를 벌인 뒤, 세바스토크라토르가 비

---

* 4세기 시노피에서 순교한 것으로 알려진 성인이다.

잔티온으로 돌아가려 할 때 가브라스는 내일 하루만이라도 아들과 함께 시간을 보내게 해달라고 애걸했고, 이사키오스는 흔쾌히 받아들였다. 하지만 정작 다음 날이 오자, 가브라스는 아들과 헤어져야 할 시간이 오니 가정교사들에게 소스테니온까지 동행하게 해달라고 요청하면서, 그곳에서 하룻밤을 자고 가겠다고 했고, 이들은 동의했다. 그러나 그곳에서 헤어질 시간이 되자 그는 다시 교사들에게 요청했는데, 아들과 파로스까지 동행할 수 있겠느냐는 것이다. 이에 이들은 거부했으나, 아버지로서 사랑하는 아들을 오랫동안 만나지 못했다는 둥의 이야기를 하며 계속 호소했고, 이는 그들의 심금을 울려 다시 동행하게 만들 수 있었다. 파로스에 도착하자 그는 속셈을 드러냈는데, 소년을 상선에 태우고 함께 흑해의 물살을 따라 간 것이다. 이 소식에 황제는 즉각 빠른 배를 내보냈고, 배의 선장들에게 가브라스에게 서신을 전달하고 동의를 받아 아들을 지체 없이 데려오라고 명령했고, 만약 거부하는 경우에는 황제가 그를 적으로 간주하겠다고 전하라고 했다. 이들은 곧장 출발했고, 카람비스라고 부르는 마을 근처 아이기노스라는 마을 너머에서 가브라스를 따라잡았다. 그들은, 소년을 내 동생 중 하나와 결혼시키고 싶다는 황제의 서신을 그에게 건네주고 길게 대화를 나눈 끝에, 가브라스를 설득할 수 있었고, 아들을 돌려보내기로 했다. 그리고리오스가 돌아오자, 황제는 통상적인 법적 용어로 결혼 약정을 비준했고, 그는 황후의 시종인 환관 미하일에게 맡겨졌다. 그는 궁전에 살면서 대단히 좋은 보살핌을 받았고, 훌륭한 예절 교육과 더불어 군사교육도 철저하게 받았다. 그러나 대부분 젊은이가 그렇듯 명령을 따르는 취미는 없었으며, 스스로 생각하기에 마땅한 존중을 받지 못한다고 느끼면 짜증을 내고는 했다. 더 나아가 그는 교사들을 싫어했으며, 아버지에게 도망치려면 어떻게 해야 할지 생각했다. 누렸던 모든 보살핌에 대해 감사하는 것이 당연했음에도 말이다. 단지 도주 계획을 넘어서 그는 실행에 옮기려고 했다. 이에 자신의 비밀 계획을 몇몇에게 드러내게 되었는데, 이들은 요르요스 데카노스, 에브스타티오스 카미치스와 궁정 사람들이 보통 '핀케르나'라고 부르는 잔 드리는 자 미하일이었다. 이들은 모두 뛰어난 전사로 황제의 측근이었고, 이들 중 미하일이 황제에게 모든 일을 알렸다. 그러나 황제는 믿지 않았고 들으려 하지 않았다.

그리고리오스 가브라스가 이들에게 재촉하고 서둘러 도망치자고 하자, 황제에게 충성스러웠던 이들은 이렇게 말했다.

"맹세를 통해 당신의 계획을 보증하지 않는다면 같이 가지 않겠소."

그가 계획을 보증하겠다고 하자, 이들은 불경한 병사들이 내 구원자의 옆구리를 꿰뚫었던 성정*이 어디 있는지를 알려주면서, 이 못에 꿰뚫린 분의 이름에 걸고 맹세할 수 있도록 성정을 훔쳐서 가지고 나오라고 제안했다. 가브라스는 이에 동의했고, 몰래 성정을 가져왔다. 그러자 이전에 황제에게 음모를 알린 적 있던 사람이 달려가서 말했다.

"증거가 있습니다. 가브라스를 보십시오. 성정이 그의 품속에 있습니다."

이에 가브라스는 즉시 황제 앞에 끌려왔으며, 품속에서 못이 나왔다. 심문을 받자, 그는 모든 것을 망설임 없이 인정하였으며, 공범자와 모든 계획을 밝혔다. 황제는 그를 유죄로 판결하였고, 필리포폴리스의 둑스인 요르요스 메소포타미티스에게 보내 성채의 감옥에 가둬 두라고 하였다. 데카노스의 아들 요르요스는 당시 파리스트리온의 둑스였던, 레오 니케리티스에게 보내는 전갈을 가지고 떠났다. 표면상으로는 그 지역의 경비를 지원하라는 것이었지만, 실제로는 니케리티스에게 그를 잡아 가두라는 것이었다. 이에 에브스타티오스 카미치스와 나머지는 추방되고 투옥되었다.

---

* 성정이 부콜레온 궁전에 있었다고 전해지지만, 예수의 옆구리를 꿰뚫은 것은 못이 아니라 창이다.

9권

밖으로는 튀르크
안으로는 디오예니스

튀르크 전쟁 & 달마티아의 막간극(1092~4)
& 니키포로스 디오예니스의 음모(1094)

IX. Turkish War & Dalmatian Interlude (1092~4) & Conspiracy of Nicephorus Diogenes (1094)

1

 이런 식으로 황제는 요안니스와 그리고리오스 가브라스의 문제를 해결하였고, 필리포폴리스에서 출발하여 달마티아와 우리 영토 사이에 있는 계곡을 방문하였다. 그는 현지에서 '지고'라고 불리는 좁은 산등성이 전체를 횡단하였는데, 말을 타지는 않았다. (지면이 울퉁불퉁하고 협곡으로 가득 차 있었으며, 여기저기에 나무가 우거져 거의 지나갈 수 없었기 때문이다). 그는 계속 도보를 통해 모든 것을 직접 보고 조사하였는데, 적군이 쉽게 진입할 수 있는 방비되지 않은 곳을 하나도 남겨두지 않도록 하기 위해서였다. 어떤 곳에는 참호를 팠고 다른 곳에서는 나무로 만든 탑을 세웠다. 또한 공간이 남아도는 곳마다 벽돌이나 돌로 작은 요새를 지으라고 명령하였다. 요새 사이의 거리와 크기를 직접 측정하였고, 어떤 곳에는 매우 큰 나무를 밑 통째로 베어 길을 가로질러 놓아두었다. 이렇게 적이 침입할 만한 길을 완전히 차단한 후 수도로 돌아왔다. 이 모든 계획을 이렇게 표현하니 별것 아닌 것처럼 들릴 수도 있지만,

아직 살아있는 그 당시 황제의 많은 동료는, 여행으로 그가 겪은 피곤하고 고된 일을 증언하고 있다.

얼마 후 차카의 행적에 대한 매우 정확한 정보가 그에게 전달되었는데, 육지와 바다에서의 패배에도 불구하고 그는 이전의 바람을 포기하지 않았으며, 그는 황제가 쓰는 휘장을 치고 자신을 황제라고 칭하며 마치 스미르나가 자신의 궁전인 것처럼 거주했다. 이제 다시 섬을 황폐화하고 비잔티온으로 진격할 함대를 갖추었고, 가능하다면 스스로 황제의 자리까지 올라가려 했다. 이러한 소식이 매일 전해졌지만, 황제는 낙담하거나 겁먹은 모습을 보여서는 안 된다고 생각하여 남은 여름부터 겨울까지 계속 전쟁을 준비하였다. 이듬해 봄, 차카에 맞설 격렬한 원정을 시작하였는데, 가능한 모든 수단을 동원하여 그자의 꿈, 계획, 희망, 사업을 산산조각 내기 위함이었다. 또한 그를 스미르나에서 몰아내고, 그가 이미 점령한 모든 곳을 그자의 손아귀에서 구출하려 한 것이었다. 저물고 봄이 미소 지으면서 다가올 때, 황제는 차카를 공격하기 위해 처남 요안니스 두카스를 에피담노스로 보내며, 함대의 '메가스 둑스'로 임명하였다. 황제는 그에게 정예 육군을 주었고, 차카에 맞서 육로로 진군하라고 명령하였다. 또한 콘스탄티노스 달라시노스에게는 해안을 따라 항해하라고 명령하면서 함대의 지휘권을 위임하였다. 이는 두카스의 군대와 미틸리니에 동시에 도착하도록 하기 위해서였고, 차카에 맞서 함께 육지와 바다에서 전쟁을 시작하였다. 두카스는 미틸리니에 도착하자마자 나무 탑을 세움과 동시에 그 지역을 작전 기지로 사용하여 야만인에 맞선 격렬한 군사 원정을 시작하였다. 차카는 미틸리니의 수비대를 지휘하는 그의 형제 갈라바츠를 떠났으나, 갈라바츠가 그 유명한 전사들과 싸우기에는 병력이 부족하다는 것을 알고 다시 그곳으로 서둘러 돌아가 작전 계획을 세우고, 두카스와 전투를 벌였다. 전투가 절정에 이르렀지만, 밤새 전투가 끝나지 않았다.

그날부터 달이 세 번 도는 동안, 두카스는 매일 미틸리니의 성벽을 공격했고, 해가 뜰 때부터 해가 질 때까지 차카와 눈부신 전투를 벌였다. 그러나 두카스의 끊임없는 노력에도 승기를 잡지 못했다. 황제는 그 소식에 참지 못하고 짜증을 냈다. 어느 날 그는 전선에서 떠나온 병사에게 질문을 한 바, 두카스는 싸우고 싸우기만 했을 뿐 아무것도 얻지 못했다는 사실을 알게 되었다. 그는 그들이 차카와 전투를 시작한 시간을 물었는데, 병사가 이렇게 대답하였다.

"일출 직후입니다."

그러자 황제는 다시 물었다.

"두 군대 중 어느 쪽이 동쪽을 향하고 있는가?"
"아군입니다."

이것이 군인의 답변이었다. 그 말을 듣고 그는 현재 전쟁 상황의 이유를 이해하였는데, 왜냐하면 종종 생각지도 못한 사소한 일에서 실마리를 찾을 수 있기 때문이다. 이에 그는 두카스에게, 새벽에 차카와의 전투를 하지 말며 두 적, 즉 차카와 태양빛을 동시에 맞서지 말아야 하니 태양이 자오선을 지나 서쪽으로 기울었을 때 적을 공격하라는 조언을 담은 편지를 작성하였다. 그는 많은 권고 사항이 담긴 편지를 군인에게 전하며, 단호하게 말하였다.

"해가 졌을 때 적을 공격하면 그대는 즉시 승리자가 될 것이오."

군인은 두카스에게 모든 것을 보고하였고, 두카스는 아주 작은 일에도 황제의 충고를 절대 무시하지 않았다. 다음 날 야만인들이 여느 때처럼 대열을 지었고, 로마군 누구도 대응하지 않았다. 황제의 제안에 따라 로마군은 진영에 조용히 머물고 있었고, 야만인들은 그날 어떤 전투도 치를 수 없다는 생각에 무기를 내려놓고 자신들의 진영에 머물렀다. 그러나 두카스는 상황을 계속 지켜보다, 태양이 자오선에 도달했을 때 본인과 군대 전체를 무장했다. 해가 기울기 시작하자마자 그는 대열을 정비했고, 이내 전쟁 개시를 외치며 엄청난 함성과 함께 야만인들에게 달려들었다. 하지만 차카 역시 무방비 상태가 아니었으며, 신속하게 그의 부하들을 완전히 무장시키고 로마 전선과 맞서 싸우도록 했다. 당시 매우 강한 바람이 불고 있었고, 전투 시기가 매우 가까워졌을 때 먼지구름이 하늘까지 휘몰아쳤다. 이렇게 그들의 얼굴에 태양이 비치고 있었고, 바람이 일으킨 먼지 때문에 시야가 다소 흐렸고, 또한 로마인들이 그 어느 때보다 더 격렬하게 공격을 가했기 때문에 야만인들은 완전히 당황하였고, 도망쳤다. 이 전투 후 차카는 더 이상 포위 공격을 견딜 수 없다고 느꼈으며, 계속 싸우기에는 자신들이 너무 약했기에 평화를 간청했고, 방해받지 않고 스미르나로 항해할 수 있게 해달라는 단 하나의 조건만 제시했다. 두카스는 이를 받아들이며 두 명의 수석 사트라프들을 인질로 잡고 있었고, 차카는 두카스에게 인질을 돌려달라고 요청하였다. 차카는 떠나기 전에, 미틸리니 사람들에게 해를 입히지 않음과 동시에 스미르나로 항해하는 동안 그들 중 누구도 포로로 데려가지 않을 것을 약속했다. 이에 두카스는 그에게 스미르나로의 안전한 항해를 보장할 것이라는 조건을 내걸었으며, 그에게 알렉산드로스 에브포르비노스와 마누일 부투미티스를 돌려보냈는데, 둘 다 전쟁을 좋아하고 용감한 사람들이었다. 서로 약조를 지키겠다고 맹세한 후, 두카스 쪽은 차카가 떠나기 전에 미틸리니 사람들을 해치지 않을 것이기에 안도감을 느꼈고, 다른 하나는 여행 중에 로마 함대한테 공격받지 않을 것이기에 안심하였다. 그러나 아리스토테네스가 말한 것처럼, 게는 똑바로 걷는 법을 배우지 않는다. 차카는 본래 악당의 모습 그대로였는데, 그는 미틸리니 사람들의 아내와 아이들까지도 모조리 잡아가려고 하였다. 차카가 그의 일들을 준비하는 동안, 그때까지 두카스가 명령한 대로 도착하지 않았던 콘스탄티노스 달라시노스, 지금은 '탈라소크라토르"가 곶 근처에 그의 배 닻을 내리고 그간 무슨 일이 있었는지 들은 뒤, 두카스에게 차카와의 전투에 참여할 수 있도록 허락해달라고 하였다. 두카스는 그가 차카와 한 약속을 존중했지만, 그의 요청에는 반대하며 이렇게 말했다.

---

* 동로마의 제독

"당신은 맹세했지만 나는 그 자리에 없었소. 그러니 당신은 당신의 약속을 어기지 않고 지키시오. 그러나 나는 맹세하지도 않았고 참여하지도 않았기 때문에, 그대들 둘이 그대들 사이에 무엇을 주선했는지 전혀 알지 못하오. 나는 이제 차카와의 전투를 위해 몸을 풀 것이오."

차카는 닻을 내린 후 지체하지 않고 곧장 스미르나로 향했고, 달라시노스는 그를 매우 빨리 추격하며 공격했다. 두카스는 닻을 올리면서 차카의 나머지 함대를 점령하며 배를 확보하고, 야만인들과 전투를 치르며 잡힌 모든 전쟁 포로와 그 안에 있는 다른 포로들까지 구출했다. 달라시노스는 차카의 여러 해적선을 나포했고, 노 젓는 사람과 그 안에 있는 모든 사람을 죽였다. 그리고 아마도 차카 역시 타고난 동물적 감각으로 더 가벼운 배에 타지 않았더라면, 체포되었을 것이다. 덕분에 그는 의심받지 않고 안전하게 도망쳤다. 그는 이런 종류의 일이 자신에게 닥칠 수도 있다고 생각한 적이 있었기에, 몇몇 튀르크인에게 특정 곳에서 자신이 스미르나에 안전히 도착할 때까지 지켜보도록 했으며, 만약 적과 마주치면 배를 그들 쪽으로 몰아 자신이 안전하게 피할 수 있도록 하라고 명한 적이 있었다. 그리고 실제 그 상황이 일어났다. 그는 자신의 배를 그곳에 정박하고, 그를 기다리고 있던 튀르크인과 합류하여 스미르나로 향했기 때문에 그의 목표를 달성할 수 있었다. 달라시노스는 승리를 거두고 메가스 둑스와 합류했다. 미틸리니를 확보한 달라시노스도 집으로 돌아가는 것을 보고, 두카스는 차카가 여전히 보유하고 있는 섬을 차카의 손아귀에서 해방하기 위해 로마 함대 대부분을 파견했다. 이는 그가 이미 많은 수를 되찾은 바 있었다. 그런 다음 그는, 바로 그 자리에서 사모스와 다른 몇 개의 섬을 장악한 뒤 수도로 돌아왔다.

2

며칠이 지나지 않아, 황제는 카리키스가 반역을 일으켜 크레타를, 랍소마티스는 키프로스를 점령했다는 소식을 듣게 되었다. 이에 그는 요안니스 두카스에게 대규모의 함대를 붙여 맞서 싸우라고 명했다. 크레타인들은 두카스가 멀지 않은 카르파토스 섬에 도착했다는 소식을 듣고는 카리키스를 공격해 잔인하게 살해했으며, 메가스 둑스에게 크레타를 넘겼다. 두카스는 섬을 관리할 조직을 꾸리고 방어를 위해 적절한 수의 수비병을 남겨둔 뒤 키프로스로 항해해 내려갔다. 그는 배를 해안에 도착시키자마자 단번에 키레네를 함락시켰다. 이를 들은 랍소마티스는 맞서 싸우기 위해 철저히 준비했다. 그는 레브코시아*를 떠나 키레네 뒤쪽의 고지를 점령하고 그곳에 방어벽을 세웠으나 정작 전투는 꺼렸으니, 전쟁에 대해 몰랐고 지휘하는 법을 몰랐기 때문이다. 로마인들이 아직 준비되지 않았을 때 공격하는 게 옳았을 텐데 말이다. 그러나 랍소마티스는 얼마간 전투를 미뤘는데, 아직 준비되지 않아서 군사적인 충돌에 대비하는 목적은 딱히 아니었고, (오히려 준비는 탄탄했고 마음만 먹으면 싸울 수 있는 상태였다) 단순히 절대 교전을 벌이는 위험을 감수하고 싶지 않은 사람처럼 굴었다. 그는 놀러 나온 아이처럼 전쟁에 임하며 나약하게 굴어서, 달콤한 말로 로마인들을 유혹할 수 있기라도 한 것처럼 계속 사절을 보내왔다. 내가 보기에 그가 이렇게 한 것은 전쟁에 대해 무지했기 때문이다. 듣기로는 창과 칼을 잡아본 지도 얼마 되지도 않았고, 심지어 말을 탈 줄도 몰라 어쩌다 말에 올라 달리려 해도 공포와 현기증에 사로잡히고는 했다고 한다. 군사적인 경험은 일절 해본 적도 없었던 것이다. 이 때문이었거나 아니면 갑작스럽게 제국군이 나타나 압도당했기 때문에, 그의 마음은 이렇게 혼란스러운 상태였다. 그가 어쩔 수 없이 교전을 벌여야 했을 때 그 결과는 좋지 못했다. 부투미티스가 그의 병력 중 일부를 꼬드겨 귀순하게 하고, 본인의 군대에 포함해 버린 것이다. 며칠 후 랍소마티스는 병력을 소집하고 전투를 개시해 천천히 언덕 아래로 진군

---

* 니코시아

했다. 군대 간 거리가 좁혀졌을 때, 100명 정도 되는 랍소마티스 병사 중 일부가 떨어져 나와 두카스를 공격하는 척 전속력으로 달려 나가다가, 갑자기 창끝을 뒤로 돌려 랍소마티스를 노렸다. 이를 보고 랍소마티스는 바로 꽁무니를 빼고 고삐를 느슨히 한 채, 네메소스 방향으로 도망쳤다. 그 마을에 도착하면 배를 타고 시리아로 가서 안전히 도피하려는 생각이었다. 그러나 마누일 부투미티스가 빠르게 따라붙었다. 심한 압박을 받고 희망이 꺾이자, 그는 산 반대편에 도착해 오래전 성스러운 십자가 성당이라는 이름으로 지어진 교회에 피난처를 마련했다. 두카스의 명에 따라 그를 추적하고 있던 부투미티스는 그곳에서 그를 붙잡았고, 살려주겠다고 약속하며 메가스 둑스에게 데려갔다. 이후 그들은 모두 레브코시아로 이동했으며, 섬 전체를 되찾은 뒤 최대한 방어에 집중했다. 이 모든 일에 대한 상세한 기록을 황제에게 서신으로 보냈다. 황제는 이들의 노력을 치하하고, 키프로스를 방비하기 위한 조치를 취해야겠다고 결심했다. 이에 그는 칼리파리오스를 재판관이자 징수관으로 임명하였다. 그는 귀족 출신은 아니었으나, 공정한 판단과 강직함에다가 겸손하기까지 해 평판이 아주 좋았다. 섬에는 군사 총독도 필요했기에, 필로칼리스 에브마티오스를 스트라토페다르키스*로 임명하여 보호 임무를 맡겼고, 함선과 기병대를 내려주며 키프로스를 육지와 바다 모든 방면에서 지키라고 했다. 부투미티스는 랍소마티스와 반란에 가담했던 다른 불사 부대원들을 이끌고 두카스에게 돌아갔으며, 수도로 향했다.

3

섬들에서 일어난 사건은 이러했다. 나는 키프로스와 크레타를 말한 것이다.

그러나 차카는 전쟁을 너무 좋아했고 활기가 넘쳐 가만히 있을 수 없었고,

---

* 원래는 보급관 지위지만 이 시기에는 사령관 칭호 중 하나였다.

얼마 지나지 않아 스미르나를 공격하고 점령했다. 그리고 그는 다시 한번 이전 목표를 추구하며 해적선 '드로몬', '비레메', '트리에레스' 및 기타 종류의 쾌속선을 갖추기 시작하였다. 이 사실을 알게 된 황제는 지체하거나 주저하지 않고, 육지와 바다 양면에서 그를 완전히 제압하기로 결심하였다. 그래서 그는 콘스탄티노스 달라시노스를 '탈라소크라토르'로 뽑아, 이번 기회에 차카에 대항하기 위해 전체 함대와 함께 달라시노스를 보냈다. 그는 또한 술탄이 차카에 대해 분노하도록 자극하는 것이 유용할 것으로 생각하였는데, 술탄에 대한 그의 편지는 다음과 같았다.

"가장 영광스러운 술탄 킬리지 아르슬란이여. 술탄 자리는 당신이 물려받은 당신 것임을 잘 알 것이오. 지금 결혼으로 인척이 된 차카는, 다들 보기에는 로마 제국에 맞서 전쟁을 준비하는 것처럼 보이고 황제라 자칭하지만, 이는 뻔한 핑계일 뿐이오. 로마 제국을 자기 것으로 여기기에는 세속의 일에 현명하고 박식하니, 감히 그 왕홀을 잡는다는 것은 불가능하다는 사실을 알 테니 말이오. 그의 모든 골치 아픈 계획은 사실 당신을 노리는 것이오. 그러니 이자를 참고 견디지 않는 것이 당신의 임무요. 왕국을 빼앗기지 않으려면 지체 없이 깨어나시오. 나 또한 주님의 도움으로, 그자를 로마법이 닿는 지역에서 몰아내리라. 당신을 아끼는 마음에 내 간청하나니, 당신의 왕국과 권세를 생각하고 평화로운 방법이든 힘으로든 그를 굴복시키시오."

황제가 이러한 준비를 하는 동안, 차카는 그의 군대와 함께 육로를 통해 아비도스*로 진군했고, 공성 기계와 다양한 투석기로 포위했다. 아직 완전히 준비되지 않았기 때문에 해적선은 가지고 오지 않았다. 모험을 좋아하고 용기가 충만한 달라시노스는, 그의 군대와 함께 아비도스로 이어지는 길을 따라갔다.

술탄 킬리지 아르슬란은 황제가 그에게 보낸 소식을 듣고 즉시 일을 시작하였는데, 전군을 이끌고 차카에게로 향했다. 왜냐하면 모든 야만인은 학살과 전쟁을 벌일 준비를 하고 있기 때문이다. 술탄이 육지와 바다로 가까이 오자,

---

*   현재 튀르키예의 차나칼레

차카는 상당한 무력함을 느꼈다. 만들고 있던 배는 아직 완성되지 않았고, 병력은 로마군과 친인척 술탄 킬리지 아르슬란의 군대 모두에 맞서 싸우기에 충분치 않았기 때문이다. 그는 또한 아비도스의 주민들과 수비대를 두려워했기 때문에 술탄과 이야기하는 것이 현명하다고 판단했는데, 황제가 차카에 맞서 시작한 계책을 알지 못하였다. 그를 본 술탄은 그에게 명랑한 표정을 보이면서 공손하게 영접하고, 규례대로 그 앞에 상을 베풀고 그와 함께 저녁을 먹으며 차카에게 술을 많이 마시도록 자못 강하게 권하였다. 그가 포도주에 만취했을 때, 술탄은 칼을 빼 차카의 옆구리에 꽂았다. 차카는 앉은 자리에서 죽었고, 술탄은 미래를 위해 화친 조약을 맺기 위해 황제에게 사절을 보냈다. 그리고 그는 자신의 목표를 성공적으로 달성했다. 황제는 그의 요청에 동의했고, 화친 조약은 예식에 맞게 체결되었으며, 모든 해안가 지역은 평화를 되찾았다.

4

그러나 황제는 이러한 불안에서 아직 벗어나지 못했고, 그가 또 다른 전쟁에 뛰어들기 전에 차카가 남긴 모든 악영향의 흔적을 지우지 못했다. 비록 그가 항상 직접 참석하지는 않았지만, 준비를 모두 마치고, 어려운 일에는 참여하고 협력하였다.

이제 부칸(달마티아 전체를 통치하고 말과 행동에 적극적이었다)은 자신의 국경 밖으로 진군하며 주변의 마을과 땅을 황폐화시키기 시작하였다. 리페니온까지 함락하고 불을 지르고 태워 버렸는데, 이는 스키타이인의 멸망 이후 태양이 두 번 순환했을 때였다. 이 소식을 접한 황제는 이들의 만행을 묵인할 수 없다고 생각했고, 이에 상당한 군대를 모아 리페니온으로 곧장 향해 세르비아인에 대응하기 위해 진격하였다(이곳은 달마티아와 우리 영토를 분리하는 지고 기슭에 있는 작은 요새였다). 그는 가능하다면 부칸과 조우하여 제대로 된 전투를 벌이길 원했고, 나중에 주님께서 그에게 승리를 허락하신다면 리페니온과 다른 요새를 재건하고 모든 것을 이전 상태로 복원하기를 원했다. 그러나 부칸은 황제가 진격한다는 소식을 듣고 그곳을 떠나 스펜차니온을 점령하였는데, 방금 언급한 지고 위에 위치한 요새로 로마 국경과 달마티아 사이의 국경지대에 있었다. 그러나 황제가 스코피아를 점령하자 부칸은 사절을 보내 평화 협상을 하자고 제의했으며, 모든 악행의 책임을 떠넘기고 로마의 총독들 탓을 했다.

"그들이 국경 안에 가만히 있지 않고 계속 내륙을 약탈해 와 세르비아에 심각한 피해를 줬습니다. 저는 그런 일은 절대로 하지 않을 것이며, 모국으로 돌아가 폐하께 제 친족 중 인질을 보내고, 다시는 선을 넘지 않겠습니다."

이에 황제는 동의하고 폐허가 된 도시를 재건하고 인질을 받아들이기 위해 임명된 사람들을 남겨두었으며, 수도로 돌아가기 위해 짐을 꾸렸다.

하지만 부칸은 인질을 요청받았을 때 차일피일 인질 보내기를 연기하였으며, 1년이 채 지나지 않아 그는 다시 로마 영토를 약탈하기 위해 진군하였다. 그는 황제한테 이전에 했던 조약과 약속을 상기시키는 편지를 여러 통 받았으나, 그럼에도 이행하기를 거부하였다. 결과적으로 황제는 형 세바스토크라토르의 아들 요안니스를 불러 대규모 군대와 함께 부칸에 대적하도록 보냈다. 요안니스는 전쟁을 모르나, 싸움을 열망하는 모든 청년과 같이 리페니온 강을 건너 스펜차니온 바로 맞은편 지고의 산기슭에 방어벽을 세웠다. 요안니스의 움직임은 부칸의 눈을 피하지 못했으며, 부칸은 그때부터 인질들을 넘겨주고 로마인들과 절대적인 평화를 유지하겠다고 약속하였다. 그러나 이것 역시 공허한 약속이었고, 그는 비밀리에 요안니스를 공격할 준비를 하고 있었다. 부칸이 요안니스와 싸우려 진군했을 때, 한 수도사가 달려와 요안니스에게 부칸의 계획을 알려주며 부칸이 이미 가까이에 있다고 알려 주었다. 그러나 요안니스는 그를 거짓말쟁이요, 사기꾼으로 부르며, 화를 내며 그를 내보냈다. 하지만 수도사의 말이 사실이라는 것이 빠르게 증명되었다. 부칸이 밤에 요안니스의 진영으로 돌격해 천막에 있던 그의 병사 상당수를 죽였고, 다른 병사들은 최선을 다해 도망쳤으나, 강이 아래로 소용돌이치면서 이에 휘말려 익사하였다. 한편 차분한 사람들은 요안니스의 천막 주위에 자리를 잡았고, 그 자리에서 힘겹고 용감하게 싸워 요안니스의 천막을 지켰다. 이런 식으로 로마 군대 병사 대부분이 죽었다. 부칸은 자기 부하를 모아 물러나 스펜차니온의 지고에 자리를 잡았다. 요안니스의 부하들은 부칸의 군대에 비해 그 수가 너무 적었기 때문에 교전할 수 없었고, 이 때문에 요안니스에게 강을 다시 건너라고 조언하였다. 그들은 이렇게 하여 약 12스타디온 더 떨어진 리페니온에 도달하였다. 대부분의 병력을 잃었고 더 이상 저항할 수 없었기 때문에, 요안니스는 수도로 향하였다. 이에 부칸은 상대가 사라졌기 때문에 더욱 대담해졌고, 주변 땅과 마을을 황폐화했는데, 스코피아 외곽의 지역을 폐허로 만들고 일부를 불태우기까지 하였다. 이것으로도 모자라 폴로보스까지 함락하고, 브라네아로 진격하여 모든 것을 황폐화하고 그곳에서 엄청나게 약탈한 다음 고국으로 돌아왔다.

5

황제는 너무 나쁜 소식이라 가볍게 생각할 수 없었기에, 즉시 다시 무장하였다. 심지어 오르티아노스를 연주해 알렉산드로스가 무기를 잡게 했던, 피리 연주자 티모테오스조차 필요 없었다. 내가 말했듯이 황제는 스스로 무장하였고, 수도에 있는 모든 군인을 소집하여 달마티아로 곧장 서둘러 갔다. 그는 파괴된 지 얼마 안 된 요새를 재건하기를 원하였고, 예전 상태로 되돌린 후 부칸이 행한 악에 대해 그에게 많은 보상을 요구하려고 했다. 그리하여 그는 수도에서 출발하여 다프누시온(콘스탄티노폴리스에서 약 40스타디온 떨어진 오래된 마을)에 이르렀고, 그리고 아직 도착하지 않은 그의 친족들을 기다리기 위해 멈추었다. 다음날 디오예니스 니키포로스는 분노와 거만함으로 가득 차 왔으나, 그는 여느 때처럼 이른바 여우 가죽이라 불리는 가면을 걸치고 있는 것 같이 쾌활한 표정을 지었고, 황제 폐하께 솔직하게 행동하는 척했다. 그리고 그의 천막은 황제의 침실 천막에서 어느 정도 떨어진 거리에 설치된 것이 아니라, 황제의 침실 천막과 이어지는 경사면과 가까운 곳에 설치되었다. 마누일 필로칼리스가 디오예니스의 계획을 알아차렸는데, 디오예니스의 계획 중 어느 것도 그의 눈길에서 벗어나지 못했고 마치 벼락을 맞은 것처럼 그는 그곳에 서서 오그라들었다. 그는 간신히 지혜를 모아 즉시 황제에게 가서 말하였다.

"이 일이 제 눈을 피하지 못했으며, 저는 밤중에 폐하의 목숨을 노리는 시도가 있지 않을까, 겁에 떨고 있습니다. 무슨 핑계든 대고 다른 곳으로 가게 하겠습니다."

그러나 천성적으로 침착한 황제는, 필로칼리스가 다른 곳으로 가게 하는 것을 허용하지 않았고, 그가 계속 재촉하자 말하였다.

"그렇다면 그 사람이 우리에게 불만을 품게 해서는 안 되오. 그가 우리를 해하려고 음모를 꾸미고 있다면, 하느님과 사람들 앞에서 그의 죄가 증명되어야 하오."

필로칼리스는 괴로워하며 손을 비벼대었고 황제를 무모하다고 불렀다. 몇 시간이 흐르고 황제는 황후 곁에서 평화롭게 잠들어 있었는데, 한밤중에 디오예니스가 일어나 겨드랑이에 칼을 끼고 (황제의 장막의) 문턱에 이르러 섰다. 보통 황제가 잠든 동안 문은 잠겨있지 않았고, 근위대도 밖에서 감시하지 않았다. 그 순간 디오예니스는 어떤 신성한 힘에 붙들려 그의 일을 저지당했다. 그는 하녀가 폐하들의 얼굴에서 모기를 쫓아내기 위해 부채질하는 것을 보았고, 시인이 말했듯이 '갑작스레 사지가 떨려오고 얼굴이 하얗게 질렸다'. 그리고 그는 다른 날로 시해를 중단하였다. 이 남자는 계속 황제의 죽음을 모의하였는데, 황제는 아침에 디오예니스가 그에 대해 음모를 꾸민 것을 전부 알고 있었고, 하녀가 그에게 모든 상황을 이야기한 것이었다. 그리하여 황제는 이튿날 그곳을 그보다 먼저 떠났는데, 항상 아무것도 모르는 척하면서 디오예니스에 관한 일을 정리하고, 그가 자신을 경계하는 동안, 그는 여전히 상대방에게 불평할 합당한 이유를 주지 않았다.

세레스 지방에 왔을 때, 황제와 동행하고 있던 콘스탄티노스 두카스 포르피로옌니토스는 매우 쾌적하고 시원하게 마실 수 있는 샘물이 풍부하며, 황제를 영접할 만한 방이 있는 콘스탄티노스의 사유지로 오시라고 간청했다. (그곳의 이름은 펜테고스티스였다). 황제는 그의 청을 들어주고, 그와 함께 머물렀다. 황제가 떠나기를 원치 않는 포르피로옌니토스는, 행군으로 얻은 피로를 해소하고 몸의 먼지를 깨끗이 씻으라고, 목욕 준비를 마칠 때까지 조금만 더 기다려달라고 간청하였다. 이미 큰 연회도 준비해 놓기도 했다. 이에 황제는 다시 포르피로옌니토스에게 양보하였다. 오래전부터 황제 자리를 열망해 온 디오예니스 니키포로스는 황제가 목욕하고 화장실을 나갔다는 소식을 듣고 그를 암살할 기회를 노리고 있었는데, 그는 단검을 차고 평소처럼 추격전에서 돌아온 듯 집으로 들어갔다. 그러나 그의 의도를 오래전부터 알고 있던 타티키오스는, 그를 질책하면서 밀어냈다.

"어째서 검을 차고 이렇게 예의에 어긋나게 여기에 들어왔소? 지금은 목욕할 시간이지, 행군이나 추격이나 전투할 시간이 아니오."

그래서 디오예니스는 자신의 목적을 이루지 못하고 물러났다. 그러나 그가 이미 들통났다는 것을 알고, (이는 양심이 우리를 심히 핍박하기 때문이다). 자신의 안전을 보장하는 방법으로 도주를 고려했는데, 크리스토폴리스에 있는 알라니아의 마리아 황후의 소유지 페르니코스나 페트리초스로 탈출한 다음, 상황에 따라 신중하게 그의 삶을 재정비하는 것이었다. 그 전에 마리아 공주(상술한 마리아 황후와는 다른 인물)가 그에게 관심을 보였기 때문인데, 아버지는 달랐지만 전前 황제였던 미하일 두카스와 어머니가 같은 이부형제였기 때문이다. 황제는 사흘째에 콘스탄티노스의 집을 떠났는데, 연약하고 경험이 없는 청년 콘스탄티노스를 염려하여 쉬게 그대로 두었다. 그는 이번에 처음 원정에 참여하기 위해 고국을 떠난 사람이었고, 이 외에도 그는 어머니의 유일한 아들이었다. 그리고 젊은이들에 대한 큰 관심을 가진 황제는, 그가 황태후와 함께 편안한 삶을 누릴 수 있도록 허락하였고 동시에 그를 자기 자식처럼 지극히 사랑하였다.

6

내 역사책이 혼란스러워지지 않도록, 처음부터 니키포로스 디오예니스의 이야기를 할 것이다. 그의 아버지 로마노스가 황제의 지위를 갖추게 된 방식과 그가 어떻게 최후를 맞이하게 되었는지에 대해서는 이미 여러 역사가들에 의해 다루어졌으며, 원하는 사람들은 그 책들에서 그에 관한 모든 것을 얻을 수 있다. 어쨌든 로마노스는 그의 아들 레오와 니키포로스가 아직 어렸을 때 죽었는데, 알렉시오스 황제는 자신의 통치 초기부터 그들을 황자 대신 사인私人으로 받아들였다. 미하일이 제위에 오를 때에 비록 자기들의 형제였으나 그들의 자주색 가죽신과 다이아뎀을 빼앗아서 어머니인 에브도키아 황후와 함께 키페루데스 수도원에 가두어 두었기 때문이다. 알렉시오스 황제는 젊은이들이 많은 배려를 받을 가치가 있다고 생각하였는데, 한편으로는 그가 그들의 불행을 불쌍히 여겼기 때문이고, 다른 한편으로는 그들이 다른 사람들보다 육체미가 뛰어나고 힘이 넘치는 것을 알았기 때문이다. 솜털이 볼과 턱에 나타났고, 그들의 털은 황갈색이었다. 키에 어울리는 몸집을 지녔고, 그들은 젊음의 꽃을 내뿜었다. 그리고 편견에 눈이 멀지 않은 모든 사람에게 그들의 외모는 새끼사자와 같았기 때문에, 그들이 얼마나 혈기 왕성하고 용맹한지 알 수 있었다.

게다가 황제는 겉만 보고 판단하지 않았기 때문에 진실을 알았고, 책망할 열정의 먹이가 되지 아니하였으며, 양심의 균형 잡힌 저울에서 진실을 저울질하였는데, 두 사람이 얼마나 추락했는지 기억하고 마치 자기 자식인 양 그들을 품에 안았다. 그가 그들에게 주지 않은 친절한 말이나 행동이 있었을까? 아니면 그들의 미래를 소홀히 한 적이 있을까? 그러나 시기심은 그들에게 화살을 날리고, 그들을 놓아주지 않았다. 또 사람들이 그들을 비방하면 황제는 그들을 더욱더 보호해 주었고, 항상 그들이 자랑스러운 듯 기쁘게 바라보았다. 그리고 지속해서 도움이 될 조언을 했다. 다른 사람들은 아마도 그들을 의심의 대상으로 간주하고, 다른 어떤 방법으로든 그들을 그의 국가에서 쫓아내기 위해 최선을 다했을 것이었다. 그러나 황제는 젊은이들에 관해 들려오는 이야기를 개의치 않았는데, 왜냐하면 그는 그들을 매우 사랑하였기 때문이다. 그래서 황제는 그들의 어머니 에브도키아에게도 선물을 주었고, 황후의 특권을 누릴 수 있게 했다. 그리고 디오예니스에게 그는 실제로 크레타섬을 그의 사유 재산으로 통치하고 소유권을 주었다. 황제는 그렇게 행동하였다. 이때 두 청년 중 한 명인 레오는 성품이 좋고 자유분방한 마음을 가진 사람이었으며, 황제가 그들에게 친절을 베푸는 모습을 보고, 그는 어느 작가가 "스파르타를 네 몫으로 차지했으니, 최대한 활용하거라."(아가멤논과 동생 메넬라오스 사이의 대화)라고 썼던 조언에 따라 자신의 운명에 만족하며 주어진 바에 행복해했다. 반면 디오예니스는 성미가 급하고 성미가 난폭한 사람이었으며, 황제에 대한 음모와 옥좌를 차지하려는 계략을 계속 세우며 자신의 계획을 수면 아래 숨겨두었다. 하지만 그가 실제로 계략을 실행하려고 할 때, 소수의 동료에게 그에 대해 말했고, 많은 사람이 그 계획을 알게 되었다. 그리고 그 소식은 그들을 통해 황제의 귀에 도달하였다. 그러나 황제는 평상시대로 행동하였고 적절할 때 그들을 소환할 생각이었으며, 그가 들은 것을 결코 말하지 아니하였다. 그러나 그들이 알아듣게 이야기하고, 적시에 조언을 해줄 생각이었다. 그리고 음모에 대해 더 많이 알게 될수록 그들이 설득되기를 바라면서, 더 관대하게 대하였다. '에티오피아인이 백인이 되는 게 가능하겠는가.' 그래서 디오예니스는 그대로 남아 그가 접근하는 모든 사람에게 매혹의 향수 같은 전염병을 퍼뜨렸는데, 어떤 사람은 떠나지 않겠다고 맹세하고 약속하면서 그에게 매달렸다. 그는 일반 병사들에게는 별로 문제를 일으키지 않았는데, 왜냐하면 그들 모두는 이미 그에게 호의적이었기 때문이다. 그러나 그의 관심은 전적으로 고위 귀족들에게 있었고, 군대 최고 장교들과 원로원 지도자들에게 정성스럽게 구애하였다. 그는 마치 양날의 검보다 예리하였으나, 황제가 되고 싶다는 영원불멸한 열망만 빼면 전반적으로 불안정했다. 그의 말은 꿀같이 달고 사교적이었으며, 때때로 여우 가죽을 입은 것처럼 겸손하게 옷을 입고, 그런 다음 다시 사자처럼 용기를 보여주었다. 그는 강력했고 거인들과 씨름할 수 있다고 자랑하였는데, 그의 피부는 황갈색이었고 넓은 가슴을 지녔으며, 당시 다른 남자들의 머리가 어깨가 닿을 정도로 키가 컸다. 그가 공을 가지고 놀거나, 말을 타고 활을 쏘고 창을 휘두르는 모습, 그리고 말을 훈련하는 것을 보면, 누구든지 자신이 새로운 경이로움을 보고 있다고 느낄 정도였다. 그 광경을 보면, 입을 딱 벌리고 서서 경이로움에 사로잡혀 있을 뿐이었다. 이런 이유로 그는 사람들의 선망을 끌었다. 한편 상황은 그의 욕망에 따라 매우 빠르게 진행되었는데, 황제의 누이와 결혼한 남자, 즉 '판히페르세바스토스'라는 칭호를 얻었던 미하일 타로니티스까지 설득하려 했다는 것이다.

7

그러나 나는 내 이야기를 끊어진 지점으로 되돌려 놓아야 하고, 적절한 서사의 흐름 속에서 이어 나가야 한다. 자신에 대한 디오예니스의 음모를 발견한 후 황제는 마음속으로 사건을 되짚어 보았다. 그가 통치 초기부터 두 형제를 어떻게 대했는지를 회상하였으며, 그 오랜 세월 동안 그들에게 얼마나 많은 친절과 배려를 베풀었는가에 대한 것이었다. 그리고 이렇게 친절을 베풀어도 디오예니스의 성향이 더 좋게 바뀌지 않았다는 것에 대해 매우 낙담하였다. 황제는 그간 모든 상황을 되짚어 보았는데, 즉 본인에 대한 암살 첫 실패 이후, 디오예니스가 또 암살을 어떻게 기도하였으며 타티키오스가 이를 어떻게 저지하였는지, 어떻게 살인에 쓸 무기를 갈며 무고한 자의 피로 손을 더럽히려 안달 나 있었는지를 말이다. 암살에 관해 거짓말을 하고 잠시 기다린 다음, 다시 살인을 저지르려 밤을 지새우더니, 그는 이제는 공공연하게 목표를 이루려 시도하고 있었다.

    황제는 이렇게 여러 생각을 하며 깊이 근심하였다. 그는 디오예니스를 벌할 마음이 전혀 없었는데, 그를 매우 좋아하고 그를 진심으로 사랑하였기 때문이었으나, 전반적인 상황을 보고 악행이 어디까지 뻗어나갔는지 이해하였으며, 또한 자신의 생명이 절박한 위험에 처해 있음을 깨닫고 가슴이 찢어지는 듯했다. 결국 그는 디오예니스를 체포하는 것이 현명하다고 판단하였다. 디오예니스는 계획한 탈출을 준비하고 있었고, 밤에 크리스토폴리스로 출발하고 싶어 했기에 콘스탄티노스 포르피로옌니토스에게 황제가 그에게 준 빠른 말을 빌려달라고 저녁에 간청하였다. 그러나 콘스탄티노스는 거절하였는데, 황제가 내린 그런 가치 있는 선물을 받은 날 곧바로 다른 사람에게 주는 것은 불가능하다고 말하였다. 아침이 되어 황제가 계획대로 여정을 시작하였을 때 디오예니스는 그의 행렬을 따라갔는데, 만방의 계획을 꺾으시고 만백성의 계교를 부수시는 하느님이* 이 사람도 당황하게 하셨기에 도망가려고 하다가도 몇 시간이고 미루었으니, 하느님의 심판이 이와 같았다. 그래서 그는 황제가 있는 세레스 근처에 진을 쳤고, 자신의 계획이 이미 들통났고 미래를 두려워할 일만 남았다는 생각에만 사로잡혀 있었다. 황제는 위대한 순교자 테오도로스의 추모식이 거행되던 날 저녁에, 그분의 형제인 메가스 도메스티코스 아드리아노스를 소환하였다. 그리고 그는 다른 사람이 이미 알고 있는 디오예니스에 대한 모든 사실을 도메스티코스에게 다시 전달하였는데, 즉 그가 칼을 가지고 어떻게 들어왔는지, 그가 어떻게 문에서 등을 돌렸는지, 그리고 그가 그토록 오랫동안 계획했던 일을 성취하기 위해 얼마나 초조하게 기다리고 있었는지에 관한 것이었다. 그런 다음 황제는, 도메스티코스에게 디오예니스를 자신의

---

*   시편 33편 10절

군막으로 소환하라고 명령하였다. 이때 황제는 부드럽게 구슬리고 뭐든 말하면 약조하겠다고 그를 설득하여, 그가 음모를 모두 자백하게 노력하라고 명했고, 그가 아무것도 숨기지 않고 모든 공모자의 이름을 자백한다면 그의 잘못을 면제하고 용서해 주라고 하셨다. 아드리아노스는 낙담했지만, 명령대로 하였다. 그는 협박하고 약속하고 충고했으나, 디오예니스가 자신의 음모를 조금이라도 밝히도록 유도할 수는 없었다. 결과는 어땠을까? 메가스 도메스티코스는 디오예니스가 어떤 위험에 처해 있는지 알고 있었기 때문에 슬퍼하고 괴로워하였다. 지금 이때가 오기 전 디오예니스는, 그를 막내 이복누이의 남편으로 낙점한 적이 있었다. 이 때문에 도메스티코스는 그를 놓아주지 않고 눈물을 흘리며 애원하였으며, 다그치고 옛날의 추억을 상기시켰으나 전혀 마음을 돌릴 수는 없었다. 황제가 대궁전의 승마 학교에서 폴로 경기를 하고 있던 어느 날, 아르메니아나 튀르크 혈통으로 추정되는 야만인이 옷 속에 칼을 숨긴 채 들어왔다. 그 남자는 황제가 거리가 떨어진 다른 선수들이 있는 곳에서 헐떡이는 말이 숨 쉴 수 있게 하려고 할 때, 황제에게 다가가 무릎을 꿇고 청원하는 척하였다. 황제는 즉시 말을 뒤로 물러나게 하였고, 그의 요청이 무엇인지 물었다. 그러나 살인자는 말로 청원하기보다는 손을 옷 속에 넣고 칼을 잡아 칼집에서 빼려 했다. 그러나 칼은 그의 손을 따르지 않았다. 한두 번 그는 지어낸 청원을 웅얼거리며 칼을 당기다가, 절망에 빠져 땅에 엎드려 자비를 구하였다. 황제가 말머리를 그를 향해 돌리고 무엇 때문에 용서를 갈구하냐고 묻자, 그는 칼집에서 나올 생각을 안 하는 자신의 검을 가리켰다. 그는 가슴을 치며 이렇게 외쳤다.

"지금 저는 당신이 하느님의 참된 종이라는 사실을 알았습니다. 지금 저는 위대하신 하느님이 당신을 보호하시는 것을 내 눈으로 직접 보았기 때문입니다. 여기 당신을 죽이기 위해 준비한 이 검을 집에서 가져와, 이 검으로 당신의 심장을 찌르기 위해 여기 왔습니다. 그러나 한 번, 두 번, 아니 세 번 검을 끌어당겨도 내 팔이 따라주지 않소이다."

이상한 소리를 듣지 못한 것처럼 놀라지도 않고 같은 위치에 머물렀는데, 갑자기 다른 사람들이 도대체 무슨 말이 오갔는지 들으려고, 또는 놀라서 달려왔다. 황제의 매우 충성스러운 동료들이 그 남자를 갈기갈기 찢어버리려고 했는데, 황제가 몸짓과 손동작을 취해 그들을 저지하지 않았다면 그자는 갈기갈기 찢겼을 것이다. 그리고 그 상황의 끝은 무엇이었을까? 그 군인 암살자는 그 자리에서 사면뿐만 아니라 큰 선물을 받았고, 자유를 향유할 수 있었다. 그러나 군주의 많은 친구들은 이 암살자를 수도에서 몰아내야 한다고 끈질기게 요구하였으나 황제는 듣지 않았고, 시편 127편 1절을 인용하면서 말하였다.

"여호와께서 성城을 지키지 아니하시면 파수꾼이 깨어 있어도 소용이 없소이다. 그러므로 우리는 하느님께 기도하고 그분이 우리를 보호하고 수호하시기를 간구해야 하오."

당시 그 남자가 디오예니스와 공모하여 황제의 생명을 노렸다는 소문이 널리 퍼졌다. 황제는 이 이야기를 믿지 않고 더욱 화를 냈고, 디오예니스에게 계속 인내하였다. 칼끝이 말 그대로 자기 목에 거의 닿을 때까지 아무것도 모르는 척하였다. 이 주제는 이 정도면 될 것이다. 메가스 도메스티코스가 디오예니스에게 황제께서 계속 인내하신다는 사실을 상기시켰어도, 디오예니스를 설득할 수는 없었다. 나중에 도메스티코스는 황제에게 돌아와 디오예니스가 완고하다고, 디오예니스에게 많이 간청했는데도 설득되기를 단호히 거부했다고 말했다.

8

그런 다음 황제는, 무자케스에게 다른 무장한 사람들을 데리고 메가스 도메스티코스의 천막에서 디오예니스를 데려오라고 말하였다. 족쇄를 채우거나 다른 부당한 대우를 하지 않고, 디오예니스를 무자케스의 수중으로 데려와 안전하게 거기에 두라는 것이었다. 무자케스는 즉시 이 명령을 실행했고, 디오예니스를 자신의 천막으로 데려갔다. 무자케스는 밤새 간청하고 타일렀으나, 디오예니스는 그 과정에서 무자케스에게 오히려 무례하게 행동했다. 매우 화가 난 무자케스는 황제의 명령을 어길 생각을 할만큼 자극을 받았다. 무자케스는 디오예니스를 고문하는 것이 적절하다고 생각했고, 고문을 시작하자마자 디오예니스는 고통의 첫 손길에 무릎을 꿇었다. 디오예니스가 모든 것을 인정할 것이라고 얘기했고, 무자케스는 즉시 디오예니스를 사슬에서 풀어주었다. 무자케스의 이름으로 서기를 보냈고, 그 서기는 황제가 최근에 직속 서기관으로 고용한 그리고리오스 카마티로스였다. 디오예니스는 모든 것을 자세히 자백했고, 시해 미수에 대해 그럴듯하게 포장하지도 않았다. 무자케스는 이 서면 자백을 챙겼고, 다른 자들이 디오예니스에게 보낸 서한들을 수색해 내 가져갔다. 이 서류를 보면 마리아 황후조차도 디오예니스의 반역 시도를 알고 있었다는 것이 분명했다. 비록 황제를 암살하겠다는 생각은 절대로 하지 않았으며, 디오예니스가 그런 짓을 꿈도 꾸지 않도록 열심히 노력하고 있던 것이기는 했지만 말이다. 이런 내용의 서류들을 무자케스가 황제에게 가져간 것이다. 황제는 그것들을 훑어보고 의심해 왔던 자들의 이름(모두 높은 지위에 있는 사람들)을 여럿 발견했을 때, 어떻게 행동해야 할지 몰랐다. 디오예니스는 일반 사람들에게 영혼을 바쳐 자신을 따르게 했고, 오랫동안 호의를 베풀게 했기 때문이었다. 그러나 그런 와중에도 디오예니스는 군부와 정당의 모든 지도층을 설득하기 위해 노력했다. 이제 황제는 마리아 황후와 이 문제의 연관성을 밝히지 않기로 하였는데, 시종 아무것도 모르는 남자로 보이도록 하였고, 이는 황제로 등극하기 전부터 그녀에 대한 신뢰와 확신이 있었기 때문이었다. 그녀의 아들인 황자 콘스탄티노스 포르피로옌니토스가 디오예니스의 음모를 황제에게 알렸다는 소문이 사방에서 돌았지만, 사실은 그렇지 않았다. 음모의 세부 사항은 디오예니스를 돕고 있던 사람들에게서 점차 새어나갔기 때문이다.

디오예니스가 발각되어 사슬에 묶여 추방된 후, 아직 체포되지 않은 음모의 주역들은 의심의 대상이 된 것을 알고 어떤 행동을 취해야 할지 매우 긴장하고 불안해했다. 황제의 친구들은 그들이 동요한 상태임을 알았으나, 어려운 상황에 처한 것은 자신들이라 생각했다. 황제가 대단히 심한 압박을 받는 데다가 위험이 머리 위를 맴돌고 있고, 믿고 맡길 만한 사람이 극히 소수임을 깨달았기 때문이다. 황제는 모든 것을 처음부터 곱씹었다. 디오예니스가 자신을 노리고 음모를 여러 차례 꾸몄으나 신성한 힘으로 제지당한 일, 그가 실제로 직접 자신을 살해하려 했다는 사실까지 말이다. 황제는 이런 여러 상념에 매우 괴로워했다. 그는 계속 마음을 바꿔 먹었으나, 군부와 정계 전체가 디오예니스의 감언이설에 넘어갔으며 이 많은 수를 감시할 만한 병사들도 없었고, 엄청난 수의 사람들을 불구로 만들고 싶지도 않았기에 결국 주모자인 디오예니스와 카타칼론 케카브메노스를 카이사로폴리스*로 추방했다. 모든 이는 입을 모아 그를 불구로 만들라고 권했으나, 황제는 그를 단지 사슬에 묶어 가두기만 했고 어떤 잔인한 벌도 내리지 않았다. 디오예니스를 특별히 아꼈고 예전의 총애가 아직도 남아 있었다. 그는 또한 동생의 남편 미하일 타로니티스를 추방했으며 ... 의 재산은 몰수했다. 다른 자들은 아예 조사하지도 않고, 사면하여 달래주는 것이 가장 안전하다고 생각했다. 저녁에 추방형을 받은 자들은 어디로 가게 될지 들었고, 디오예니스는 카이사로폴리스로 보내졌다. 그 외에는 단 한 명도 집에서 끌려 나온 자가 없었으며, 그대로 있었다.

9

이토록 불행한 상황 속에서도 황제는, 다음날 대담하게 공개회의를 열고 그가 뜻한 바를 실행에 옮기기로 하였다. 황제에게 진심으로 충성한 친인척, 그리고 조상 때부터 그의 가문을 섬겨온 가신들이 참석했는데, 격렬한 열정에 불타오른 자들은 무슨 일이 일어날지 바로 눈치 채고, 짧은 시간에 최상의 결론을 낼 줄 알았다. 또한 이들은, 사람들이 많이 모인 홀에 있다가 그중 바로

---
* 마케도니아 동부 해안에 있던 도시

몇몇이 황제에게 갑자기 돌진해, 옥좌에 있던 황제를 난도질할까 봐 두려워했다. 마치 옷 속에 종종 칼을 숨기고 다니는 자들이나, 황제가 폴로를 하는 동안 간청하는 척하며 황제에게 달려는 악한처럼 말이다. 이 사태가 불거지지 않도록 막기 위한 유일한 방법은, 디오예니스가 비밀리에 눈이 뽑혔다는 소문을 퍼뜨려, 디오예니스를 중심으로 악의를 품고 있는 사람들의 희망을 없애는 것이다. 그래서 황제가 이러한 생각을 한 번도 한 적이 없음에도, 그들은 이 소식을 비밀리에 모든 사람에게 퍼뜨릴 몇몇 자를 모아 보냈다. 그리고 이러한 소식 전달은 처음에는 별일 아니었으나, 진행할수록 곧 제 역할을 다할 것이었다. 태양이 지평선을 넘어 그의 영광으로 뛰어오를 때, 디오예니스의 배반에 가담하지 않은 황제의 궁중 신하들, 그리고 예로부터 임명된 근위대원들이 황제의 천막에 먼저 도착했는데, 일부는 칼을 차고, 다른 사람들은 창이나 무거운 철 도끼를 어깨에 짊어진 채 초승달 모양으로 자리를 잡았으며, 그분의 옥좌에서 어느 정도 떨어져 그를 둘러싸고 있었다. 그들은 극심한 분노에 휩싸여 있었고, 그들이 칼을 갈지 않았다면 그들은 영혼이라도 갈았을 것이다. 나의 친인척은 옥좌 가까이에 서 있었고, 그들의 오른쪽과 왼쪽에는 무기를 든 자들이 있었다. 황제는 당당한 모습으로 자리에 앉았는데 황제의 복장이 아닌 군복을 입고 있었고, 키가 크지 않았기 때문에 그리 높은 자리에 앉은 것 같진 않았지만, 그의 보좌는 금으로 입혔고 금도 그의 머리 위에 있었다. 그의 눈썹은 함께 일그러졌고, 감정이 뺨을 더 붉게 물들였으며, 불안으로 긴장한 눈은 마음을 가득 찬 생각의 지표였다. 공포에 휩싸인 채 모두 천막으로 몰려들었으며, 겁에 질려 거의 영혼을 허공에 토해내다시피 했다. 어떤 사람들은 화살보다 더 날카로운 양심의 가책을 느꼈고, 어떤 사람들은 헛된 의심을 두려워하였다. 이제는 아무 소리도 내지 아니하였지만, 모두 두려워하여 서 있으면서 천막 문을 지키며 서 있는 사람을 빤히 바라보았다. 이 사람은 말이 지혜롭고 행동에 힘이 있었는데, 그의 이름은 타티키오스였다. 황제는 이 남자를 바라보며 표정으로 밖에 있는 사람들을 들여보내라고 신호를 보냈다. 그러자 그는 즉시 그들을 들여보냈으며, 그들은 두려워하면서 시선을 회피한 채 천천히 걸어 들어왔다. 일렬로 자리를 잡았을 때, 그들은 무슨 일이 일어날지 불안하게 기다렸고, 각자 인생의 마지막 한 바퀴를 달리는 듯한 두려움을 느꼈다.

황제도 마음이 편치 않았고 (그가 모든 것을 하느님께 맡겼다는 사실에 상관없이 나는 인간으로서 생각할 수 있는 바를 말한다) 회의장에서 엇갈리는 이견들이 오가는 것을 보며, 그들이 자신에 대해 예상치 못한 끔찍한 일을 꾀하고 있을지도 모른다는 생각에 두려운 마음이 들었다. 그러나 그는 생기 넘치는 이성으로 스스로를 다잡았으며, 전의를 가다듬고 나서 그들 앞에서 연설을 시작하였다. (그들은 혀가 잘린 것처럼 물고기보다 더한 벙어리로 서 있었다). 그가 말하였다.

"디오예니스는 내 손에 부당한 대우를 받은 적이 없다는 것을 알고 있을 것이오. 그의 아버지 손에서 이 제국의 홀을 빼앗은 것은 내가 아니라 다른 이이기 때문이며, 나는 그에게 상처를 주거나 고통을 주는 어떤 일도 한 적이 없소. 그리고 이 제국이 하느님의 온전한 뜻으로 내 손에 넘어왔을 때, 내가 그와 그의 형제를 똑같이 지켰을 뿐만 아니라 그들을 내 자식처럼 사랑하고 대하였소. 그리고 디오예니스가 나에 대한 음모를 꾸미는 것을 감지할 때마다, 그를 용서하였소. 그가 개과천선하지 않더라도, 나는 그의 악행을 참아주었고, 그가 감정을 터뜨릴 때도 숨겨주었는데, 디오예니스 형제들이 대체로 마음속에 혐오감을 품고 있다는 사실을 알았기 때문이오. 그러나 내가 아무리 선행을 베풀어도 그의 본성인 간사한 성품에 조금도 변화를 주지 못하였고, 그는 내 선행에 대한 보답 대신 날 죽이겠다고 선언하였소."

이 말에 모든 사람은 황제의 자리에 다른 사람이 있는 것을 보고 싶지 않다고 소리쳤다. 하지만 이 중 대다수는 진심이 아니었고, 그들은 아첨을 이용해 닥쳐온 위험에서 벗어나려고 한 것이다. 황제는 기회에 쐐기를 박았고 대다수에게 일체 사면을 부여하였는데, 음모의 주모자들이 이전에 추방 선고를 받았기 때문이다. 이에 전무후무한 크기의 큰 소리가 났는데 거기 있던 자들이 말하기를, 어떤 사람들은 군주를 찬양했는데 그의 관대함과 온유함에 경탄했고, 다른 사람들은 추방된 사람들을 비방하고 그들이 죽어 마땅하다고 선언했는데, 사람의 천성이 이렇다. 오늘은 축복하고 호위하고 떠받들더니 운명이 뒤집힌 것을 보면 뻔뻔스럽게도 정반대로 대하기도 한다. 그러나 황제는 몸짓으로 그들을 잠잠하게 하고 다시 말하였다.

"당신들은 소란을 피우거나 내가 내린 결정을 뒤집으려고 할 필요가 없소이다. 이미 말했듯이 나는 모든 사람을 용서했고, 내가 전에 한 것과 같이 당신들에게 예전과 다를 바 없이 행동할 것이오."

황제가 이 사람들을 사면하는 동안, 앞서 계획의 고안자들은 황제 모르게 사람들을 보냈고, 디오예니스의 눈을 뽑았다. 그들은 또한 케카브메노스 카타칼론이 디오예니스의 공모자였기 때문에 같은 벌을 받아야 한다고 선언하였다. 이날은 대 사도들, 그러니까 베드로와 바울을 기념하는 날이었다*. 이 행위는 그날부터 지금까지 논쟁의 대상이었는데, 황제가 실행자한테 계획을 들었는지, 따른 것인지, 아니면 직접 실행에 옮긴 것인지는 주님만이 아신다. 현재까지 나는 확실히 알 수 없었다.

10

디오예니스가 황제를 괴롭힌 골칫거리가 이와 같았고, 지극히 높으신 분의 무적의 손길이 그를 절박한 위험에서 기적적으로 보호하셨다. 그의 정신은 이러한 사건으로 인해 약해지지 않았으며, 예전에 말했던 대로 곧바로 달마티아로 진군하였다. 부칸은 황제가 리페니온에 도착해 점령하고 있는 것을 보았다는 소식을 들었는데, 밀집 대형을 유지하고 전략적 장비를 단단히 갖춘 로마 전선에 맞서는 것이 불가능하다고 깨달은 그는, 즉시 평화 조건을 요구했으며

---

*   6월 29일

오랫동안 약속했던 인질들을 보내겠다고 제안함과 동시에 다시는 적대 행위를 저지르는 일이 없게 하겠다고 하였다. 이에 황제는 야만인을 기꺼이 받아들였는데, 그는 내전을 싫어했고 피하고 싶었기 때문으로 비록 그들이 달마티아인이었지만 여전히 기독교인이었기 때문이다. 부칸은 용기를 얻었고 곧 몇몇 친척과 주판들*의 우두머리를 데리고 왔으며, 그의 조카들을 황제의 인질로 쉽게 넘겼는데 우로슈와 슈테판 부칸이라는 자가 대표적이었다. 또 다른 이도 그리하여, 그 수가 모두 20명이나 되었다. 다른 어떤 조건으로도 일을 제대로 처리할 수 없고, 일반적으로 피와 철로 해야 할 일을 이렇게 평화롭게 해결한 황제는, 수도로 귀환하였다.

　그러나 황제는 디오예니스에게 끊임없이 관심을 가졌으며, 디오예니스 때문에 깊은 한숨 쉬는 소리가 들렸다. 황제는 그에게 크게 친절을 베풀었고 그를 위로하려고 노력했으며, 그가 빼앗긴 재산 대부분을 돌려주게 하였다. 그러나 디오예니스는 슬픔에 휩싸였고, 도시 생활에서 벗어나 자신의 사유지에서 사는 것을 좋아하면서, 다른 사람들이 고대 작품을 그에게 큰 소리로 읽어주면 그 작품에 몰두하였다. 그는 시력을 잃었기 때문에 다른 사람의 눈을 사용하여 책을 읽었다. 그는 놀라운 능력을 갖춘 사람으로, 눈이 없는데도 눈이 있는 사람조차 따라가기 어려운 것들을 쉽게 이해했다. 그는 모든 학문을 섭렵했으며, 가장 기이한 점은 한 철학자에게 양각한 단단한 물건을 가져와달라고 하는 식으로 유명한 과학인 기하학까지도 공부했다는 것이다. (전례 없는 일이다). 그는 유명한 디디모스처럼 손으로 만져보기만 해도 기하학의 모든 원리와 도형을 이해하였다. 디디모스는 눈이 멀었지만, 지적으로 뛰어났던 덕에 음악과 기하학의 정점에 도달한 인물이었다. 그런데도 디디모스는 이러한 주제를 연구한 후, 우스꽝스럽게도 이단의 길에 빠져버렸는데, 그의 눈이 고통으로 인해 어두워진 것처럼 그의 마음은 헛된 영광으로 인해 눈이 멀었기 때문이다. 디오예니스에 대한 이 말을 듣는 사람은 모두 놀라워하지만, 나는

---

* 　봉건 영주들

그 사람을 보았고 그가 이러한 주제에 관해 말하는 것을 들었기에 그를 보고 경탄을 표했다. 그리고 나 개인적으로 그 주제에 아주 문외한인 것도 아니어서, 나는 그가 정리에 대해 정확한 지식을 가지고 있다는 것을 알았다. 디오예니스는 문학에 깊게 몰두하면서도, 황제를 향한 해묵은 원한을 절대 내려놓지 않았다. 황권에 대한 스멀스멀 피어오르는 기대로 하루하루를 살아갔다. 아니, 그는 몇몇 친구에게 이 비밀스러운 기대에 대해 다시 말했고, 그들 중 한 명이 황제에게 가서 그의 계획을 알렸다. 그래서 그는 디오예니스를 불러 그의 음모의 세부 사항과 그와 함께한 사람들의 이름을 물었는데, 디오예니스는 주저없이 모든 것을 고백했고, 또한 즉시 사면받았다.

10권

이교도와 이민족, 그리고 십자군 '대격변'

이교도와의 2차 전투 & 쿠만 전쟁 & 1차 십자군(1094~97)

X. Second Battle with Heresy & The Cuman War & First Crusade (1094~97)

1

이탈로스의 교리를 이단으로 선고한 후 악명 높은 닐로스가 나타나 악이 휘몰아치듯 교회를 휩쓸자, 많은 영혼이 안절부절못했고 이에 많은 사람이 이탈로스가 창설한 이단의 소용돌이에 빠졌다. 이 사람이 어디에서 태어났는지 모르지만 매우 영리하게 미덕을 구현하는 법을 배웠으며, 한동안 수도를 자주 드나들며 구석에서 신의 기운을 빌려 성서 공부에 몰두했다. 그는 그리스 문화에 익숙지 않았고, 그에게 성서의 깊은 의미를 설명할 교사조차 없었다. 그는 혼자서 성서를 연구했으나 추론하는 방법을 배운 적 없기에, 성서의 의미를 해석하지 못하고 갈팡질팡했다. 그는 비천하지 않은 추종자를 끌어들였고, 스승을 자처하며 몇몇 큰 가문에 자신을 소개했는데 한편은 그의 겉으로 보이는 미덕과 엄격한 도덕성을, 다른 한편은 그에게 숨어있을지 모르는 지식을 활용했다.

예를 들어, 그는 신비의 '위격적 연합'*에 대한 우리 교회의 가르침을 전혀

---

* 예수의 위격에 인성, 신성이 모두 있고 둘은 섞이지도 분리되지도 않는다는 교리

알지 못했고, '연합'이 무슨 뜻인지, '위격'이 무슨 뜻인지 정확하게 이해하지도 못했으며, 두 단어를 떼어놓아도 알아듣지 못하니 합쳐놓은 '위격적 연합'이 무슨 뜻인지는 알 도리가 없었다. 그리스도가 취한 인성이 어떻게 신성하게 되었는지 거룩한 사람들에게서 배우지 못했으니, 진실에서는 먼 망상에 빠져, 육신이 성질을 바꾸어 신성하게 되었다고 이해했다. 황제는 이 모든 것을 알지 못했으나 그자에 관해 듣자, 신속하게 도움을 주기로 작정하고 그자를 불렀다. 황제는 그자의 무례함과 무지에 대해 엄하게 책망하고 몇 가지 점에서 그를 비판한 후, 그에게 신성과 인성의 위격적 연합에 대한 교리를 명확하게 가르치고 변화의 방식을 제시하였으며, 어떻게 위에서부터 은총을 받아 인성이 신성을 가지게 되는지를 분명히 가르쳤다. 그러나 닐로스는 자신이 지닌 잘못된 교리에 집요하게 집착하였고, 인성이 본성을 바꾸어 신성이 되었다는 가르침을 포기하느니 고문, 투옥, 신체 절단 등 어떠한 고난이라도 받아들일 준비가 되어 있었다. 그 당시 수도에는 많은 아르메니아인이 있었고 닐로스는 그들에게 신성을 모독하도록 자극했는데, 그 결과 악명 높은 티크라니스 및 아르사키스는 닐로스와 자주 만나 그의 교리에 자극받아 더 큰 불경을 저질렀다. 다음에 무슨 일이 일어났을까? 황제는 이 불경한 가르침이 많은 사람의 마음에 뿌리를 내리고 있으며 닐로스와 아르메니아인의 가르침이 서로 관련되어 있음을 알아차렸다. 그리고 그들은 인성이 본질을 달리하여 신성을 취하게 되었다고 설교했고, 더 나아가 이 주제에 대한 교부의 글은 경시하고 위격적 연합을 실질적으로 무시했다. 황제는 이 악행이 더 진행되지 못하도록 제어하기로 했고, 교회의 수장들을 모아 이 자들을 처리하기 위한 공개 대회를 열 것을 제안하였다. 이 총회에는 고위 성직자 전체가 참석했고, 그리고 총대주교 니콜라스도 있었다. 닐로스는 아르메니아인과 함께 중앙에 자리 잡았고, 아르메니아인들은 닐로스의 교리를 전했다. 그다음 또렷한 목소리로 교리의 뜻을 설명했고, 더 많은 근거를 대며 그들의 교리를 뒷받침했다. 그 결과는 무엇이었을까? 그들의 부패한 교리에서 사람들의 마음을 해방하기 위해, 총회는 닐로스에게 영원한 파문을 선고하고 교부의 전통에 따라 위계적 연합을 더욱 단호하게 선포하였다. 그 직후, 아니, 거의 같은 시기에, 블라헤르니티스 또한 서품 받은 사제임에도 교회의 가르침에 맞지 않는 부적절한 의견을 가지고 있다는 이유로 처벌을 받았다. 그는 광신도들과 어울렸기 때문에 많은 사람을 사악한 교리에 감염시켜 길을 잃게 했고, 수도의 큰 집들에 파고들고 불경한 교리를 공포하였다. 잦은 거짓말과 더불어 황제의 지시에도 불구하고, 그가 자신의 해로운 교리를 폐기하지 않자, 황제는 그를 교회에 넘겼다. 그를 회개시킬 수 없다는 것을 알아차리자, 그들은 그와 그의 교리를 영원한 파문으로 정죄하였다.

2

이런 식으로 황제는 좋은 안내인처럼 연속적으로 때려대는 물살에서 배를 안전히 인도하듯 세속의 소금물을 씻어내고 교회의 사안을 만족스럽게 처리하였으며, 전쟁과 혼란의 새로운 바다로 나아갔다. 하나가 해결되면 또 다른 일이 생겨나, 다시 말해 골칫거리의 바다를 지나면 또 다른 골칫거리가 나와 속담에서 말하듯 황제는 숨 쉴 여유도 눈을 붙일 여유도 거의 없었다. 이 당시에 황제가 이룬 업적 중 몇 가지에 대해서만 대략 묘사해도, 그저 아드리아해에서 나온 물방울에 그칠 뿐이라 할 수도 있겠는데, 그는 모든 물살과 파도를 견뎌내어 제국이라는 배가 순풍을 타고 안전한 항구에 닻을 내릴 수 있도록 하였다. 그의 모든 위업에 걸맞게 노래 부를 자가 누가 있겠는가? 데모스테네스의 듣기 좋은 목소리나 폴레몬의 열정적인 말투나, 모든 호메로스의 뮤즈들이라 하더라도 가능하겠는가*? 나로서는 플라톤 본인이나 모든 스토아와 아카데미가 합세해도, 황제의 정신에 대해 적절하게 묘사하지 못하리라고 말할 수밖에 없다. 혹독하고 버거운 전쟁이 끝나기도 전에, 파도가 그 무도함을 그치기도 전에, 이전에 묘사했던 것보다 절대 만만치 않은 또 다른 폭풍이 몰아

---

* 모두 고대 그리스의 저명한 연설가이자 시인이었다.

쳤다. 귀족 출신이 아닌 하위 계층 출신으로, 시궁창에서 나온 어느 남자가 자신이 디오예니스의 아들이라고 선언한 것이다. 비록 이 아들은 오래전 황제의 형인 이사키오스 콤니노스가 안티오히아 인근에서 튀르크인들과 싸웠을 때 살해당했지만 말이다. 누구든 그의 죽음에 대해 상세히 알고 싶은 사람이라면 우리의 탁월한 카이사르의 연대기에서 찾을 수 있을 것이다. 많은 이가 이자를 조용히 시키려 했으나, 어떤 수를 써도 막을 수 없었다. 그는 동방에서 왔고 가난하며 염소 가죽을 입었고, 아주 무도하면서 다재다능했으며 도시 곳곳의 집마다 돌아다녔다. 자신에 대한 허풍을 늘어놓으며, 앞서 말했듯 안티오히아에서 화살에 죽은 전(前) 황제 디오예니스의 아들 콘스탄티노스 디오예니스인 척했다. 이 부랑자는 죽은 사람을 소생시켜 그의 이름을 취하고 공공연하게 제위를 노렸으며, 어리석은 자들의 지지를 받았다.

바로 이 골칫거리가 황제를 더 불행하게 하였다. 마치 운명이 이 뒤틀린 자를 가지고 황제의 새로운 비극을 짓는 것처럼. 부유한 자들은 든든히 배를 채우고 꿀 케이크를 디저트로 먹듯이, 로마인들의 운명은 그토록 많은 역경을 질리도록 이겨낸 뒤에도 이 참칭자가 황제를 노리는 연극을 만들어 낸 것이다.

황제는 이 이야기에 조금도 개의치 않았다. 하지만 이 부랑자는 사계절 내내 거리와 샛길에서 말도 안 되는 말을 그치지 않았기 때문에, 그것은 황제의 누이이자 로마노스 디오예니스 황제의 죽은 아들의 아내인 테오도라의 귀에까지 들어갔다. 그녀는 이러한 말도 안 되는 소리를 듣고 견딜 수 없어 속을 부글부글 끓였다. 남편이 전사한 후 그녀는 독신의 삶을 받아들이고 가장 엄격하게 금욕적으로 살았으며, 열과 성을 다하여 하느님에게 헌신했다. 그 헛소리를 나불대는 사람이 두세 번 경고를 받아도 입을 다물지 않자, 황제는 체르손으로 보내서 그를 감옥에 가두라고 명령하였다.

투옥된 참칭자는 밤에 성벽에 올라가 몸을 기울여, 지역 주민들과 교역하고 생필품을 사러 오던 쿠만인들과 한두 번 이야기를 나누었다. 그들과 약속을 주고받은 뒤 어느 날 밤, 밧줄을 타고 내려가 감옥에서 달아났다. 쿠만인들이 그를 데려갔고, 자신들이 사는 곳으로 출발했다. 꽤 오래도록 함께 야영하면서 상당한 영향력을 얻었고, 얼마 지나지 않아 이들은 그를 '황제'라고 불렀다. 사람 피를 들이키고 살점으로 배를 채우고 싶어 안달이 나 있으며, 우리 고장에서 전리품을 챙겨가고 싶어 한 쿠만인들은 이 남자를 '파트로클로스식 핑계'로 이용하였다. 아버지의 황좌에 그를 복위시키겠다는 명분으로, 모든 병력을 이끌고 로마 영토를 침략하기로 한 것이다. 얼마간 이 계획은 막연한 구상에 불과하였으나 황제는 이를 모르지 않았다. 그리하여 그는 최대한 병사들을 무장시키고 이 야만인들과의 전투를 준비했다. 앞서 말했듯 산에 있는 통로로서, 보통 '클레이소라'라고 불리는 곳에 요새가 지어졌다. 시간이 어느 정도 흐르고, 황제는 쿠만인들이 참칭자와 함께 다뉴브강을 끼고 있는 지역을 점령하였다는 소식을 듣고, 군대의 수장들과 친인척들을 불러 모아 선공을 할 필요가 있을지 논의하였다. 이들은 모두 반대하였다. 그는 독단적으로 결정하거나 자신의 판단에만 의존하는 것이 아니라, 모든 일을 하느님께 맡기고 그분께 결단을 구하려 했다. 그리하여 모든 성직자와 병사들이 저녁에 대성당으로 불려 왔으며 총대주교 니콜라오스도 참석하였다. 그는 에브스트라티오스 가리다스가 6592년 일곱째 인딕티오에 사임한 뒤에 총대주교의 자리에 오른 이였다*. 두 개의 판에는 쿠만인들을 공격할지 말지에 관한 질문이 쓰여 있었으며, 하나는 '예', 하나는 '아니오'가 쓰여 있었다. 황제는 총대주교에게 이를 봉인하여 성찬대에 올려두라고 명했다. 이른 새벽에 철야 노래가 끝났을 때, 탁자 위에 종이를 올려놓은 총대주교가 종이 한 장을 가져와 모든 사람이 보는 앞에서 뜯고 큰 소리로 읽기 시작했다. 황제는 하느님의 목소리를 들은 양, 이 연설을 받아들이고 온 마음을 다해 원정에 투신하였고, 사방에서 편지로 군대를 소집하며, 그의 준비가 아주 완벽했을 때, 쿠만인에 대항하는 길을 택하였다. 그가 군대 전체를 모으고 안키알로스를 점령했을 때, 그는 자형 카이사르 니키

---

* 1084년 8월

포로스 멜리시노스, 요르요스 팔레올로고스, 그의 조카 요안니스 타로니티스를 불렀고, 그들을 베로에로 보내 그곳을 감시하고 그 마을과 그 이웃의 안전을 보장하게 하였다. 다음으로 군대를 쪼개 부대별로 사령관을 임명하였는데, 귀족 다바티노스, 요르요스 에브포르비노스, 콘스탄티노스 우베르토풀로스가 이에 속했고, 지고 주위의 산길을 지키기 위해 그들을 파견하였다. 그 후 그는 자리를 떠서 초르타레아(이것은 지고의 산길의 이름이다)에 자리 잡았다. 그리고 지고 전역을 돌아다니며 임무를 맡은 자들이 지난번에 내린 명령을 제대로 수행했는지, 어떤 일을 하다 말았는지, 혹은 아예 안 했는지를 조사했고, 만일 일을 제대로 안 했다면, 길을 통과하기가 쉽지 않다는 사실을 쿠만인들이 알 수 있도록 하라고 명령하였다. 모든 것을 정리한 후 그는 초르타레아에서 돌아왔고, 안키알로스에 가까운 소위 신성한 호수 옆에 말뚝을 고정하였다.

밤에 블라흐인 귀족인 푸딜로스라는 사람이, 쿠만인들이 다뉴브강을 건너고 있다고 보고하자, 황제는 동틀 녘에 친족과 지휘관 중 지도자들을 모아 회의를 소집하고, 어떤 조처를 할지 의논하였다. 그들이 모두 그가 안키알로스에 있어야 한다는 의견이었기 때문에, 그는 즉시 칸타쿠지노스와 타티키오스를 소수의 야만인 원군과 테르마 마을로 보냈고, 엘찬의 아들 스칼리아리오스, 또 몇 사람을 택하여 그 땅을 지키게 하였으며 그리고 그는 안키알로스로 떠났다. 그런 다음 그는 쿠만인이 아드리아노폴리스로 이동하고 있다는 정보를 받았고, 이에 아드리아노폴리스의 모든 지도자를 불러들였는데, 그들 가운데 두드러진 것은 타르하니오티스라는 별명을 가진 카타칼론과 한때 황위를 노렸다가 실명형에 처한 브리엔니오스의 아들 니키포로스였다. 황제는 이 사람들에게 요새 도시를 매우 단단히 지키라고 명령하였고, 쿠만인이 접근하면 주뼛거리며 싸우지 말고, 확실히 목표물을 정한 뒤 멀찍이 떨어져 화살을 쏘라고도 명령했다. 그렇게 공격하는 대부분의 시간 동안 문을 닫으라고 했고, 자신의 명령을 수행하면 많은 특권을 부여하겠다고 약속했다. 브리엔니오스 등의 사람들에게 이렇게 조처하라고 권고한 뒤 그는 기분 좋게 아드리아노폴리스에서 돌아왔다. 다음으로 편지로 명령을 보냈는데, 카타칼론 에브포르비노스 콘스탄티노스에게 모나스트라스(그는 전쟁에서 상당한 경험을 쌓은 야만인 혼혈이다)와 미하일 아네마스, 그리고 그들의 파견대를 데려오라고 명령했고, 그러자마자 쿠만인이 그들을 바싹 따라붙어 예기치 않게 공격했다는 것을 황제가 알게 되었다.

3

그러나 쿠만인들은 블라흐인들이 지나간 길을 보았고, 이 흔적을 이용해 지고를 쉽게 건넜다. 그들이 골로에에 이르자, 그 지역 주민들은 수비대 대장을 사슬로 묶어 쿠만인들에게 넘겼고, 기뻐서 함성을 지르며 영접하였다. 그러나 카타칼론 콘스탄티노스는 황제의 지시를 마음에 새기고 마초를 구하러 나간 쿠만인들을 조우했으며, 그들을 맹렬히 공격하여 그들 중 약 100명을 포로로 끌고 갔다. 황제는 그를 맞이하고, 그 자리에서 '노빌리시모스"라는 칭호를 하사하였다. 디아볼리스 등 이웃 도시 주민들은 쿠만인들이 골로에를 영유하는 것을 보고 항복하고 기꺼이 환영하면서 그들의 도시를 넘겨주고 가짜 디오예니스를 찬사하였다. 그는 서서히 모든 마을을 점령한 뒤 쿠만인 전군과 함께 안키알로스로 진군하였는데, 성벽을 공격하려는 의도였을 것이다. 안키알로스 안에 있던 황제는 어린 시절부터 전쟁 경험이 많았기에, 성벽과 더불어 도시의 위치 덕에 쿠만인이 공격하지 못한다는 사실을 알고 있었는데, 쿠만군이 공격을 하지 못하도록 막는다는 것을 알고 있었다. 이에 군대를 나누고 요새의 성문을 열어젖혀 병력을 바깥에 밀집해서 배치했다. 로마군 한 부대는 무서운 외침과 함께 쿠만 대열의 끝에 몸을 던져 그들을 패주하게 하고, 바다까지 추격하였다. 이를 지켜보던 황제는 그의 군대가 그러한 군대에 대항하기에

---

* 라틴어로 '가장 고귀한'이라는 뜻으로 본래 황족들에게 수여되는 칭호였으나, 알렉시오스 1세는 외국 고관들에게 광범위하게 수여하였다.

는 수적으로 부족했기 때문에, 모든 병사에게 당분간 밀집 대형으로 선 뒤 아무도 대열에서 벗어나지 말라고 명령했다. 쿠만인들도 대열을 만들고 로마군 바로 앞에 섰으나, 공격하지 않았다. 이러한 상황은 사흘 밤낮 동안 이어졌는데 지형 때문에 쿠만인들은 주저했고, 단 한 명의 로마인도 그들에 대항하여 그들의 전선에서 벗어나지 않았다. 이때 안키알로스 요새의 상황은 이러했으니, 오른쪽에는 폰토스 해가 있고 왼쪽 땅은 매우 거칠고 지나갈 수 없었으며, 덩굴이 무성하여 기수들이 앞으로 나아갈 수 없었다. 그 결과는 어떠했을까? 야만인들은 황제가 버티는 모습을 본 후, 절망에 빠져 계획을 포기하고 아드리아노폴리스로 향하는 다른 길을 따라 돌아섰다. 참칭자는 다음과 같이 말함으로써 그들을 속였다.

"즉 브리엔니오스 니키포로스는 내가 아드리아노폴리스로 왔다는 소식을 들으면, 문을 열고 기쁨으로 나를 영접하여 돈을 제공하고 나에게 많은 친절을 베풀 것이오. 피로 맺어진 관계는 아니지만, 친분으로 맺어졌으니 그는 내 아버지를 형제처럼 여겼소. 곧 그 요새는 우리에게 항복할 것이고, 그러면 우리는 수도로 행군을 시작할 수 있소."

그는 또한 브리엔니오스를 '삼촌'이라고 부르며, 사실을 교묘히 왜곡하였다. 로마노스 디오예니스 전前 황제는 브리엔니오스라는 사람이 모든 동시대인보다 판단력이 뛰어나고 언행이 진실한 것을 보고는, 그를 형제로 입양하고 싶어 하였다. 이에 양쪽 모두 동의하였고, 입양이 이루어졌다. 이러한 사실은 사실이며, 이는 모두 사실이며 모두 그렇게 알고 있지만, 참칭자는 너무 뻔뻔하게도 브리엔니오스를 '삼촌'이라고 불렀다.

참칭자의 속임수는 이 정도면 충분하다. 야만인인 쿠만인들은 천성적으로 태평함과 변덕스러움을 가지고 있다. 그래서 그들은 그의 말을 듣고 아드리아노폴리스에 도착하여 도시 외곽에 진을 쳤다. (그런 다음 48일 동안 매일 교전을 치렀는데, 이는 전투에 목마른 젊은이들이 날마다 나가서 야만족과 싸웠기 때문이다).

어느 날 아래에 서 있던 참칭자가 니키포로스 브리엔니오스를 불렀는데, 니키포로스는 벽 너머 앞으로 몸을 굽혔고, 그자의 목소리를 듣고 판단했다. 니키포로스가 말하길, 입양으로 자기 형제가 된 로마노스 디오예니스의 아들은 그자가 아니었고, 그 로마노스의 진짜 아들은 안티오히아에서 살해당했다. 그 말로, 그는 불명예스러운 참칭자를 쫓아냈다. 시간이 갈수록 주민들은 궁핍해지기 시작했고 그는 편지로 황제에게 도움을 요청하였다. 황제는 즉시 콘스탄티노스 에브포르비노스에게 황제가 지휘하는 코메스를 충분히 뽑으라고 명령했고, 그들과 함께 밤에 칼라타데스 쪽에서 아드리아노폴리스로 들어가는 길을 확보했다. 그리고 카타칼론은 쿠만인들의 눈에 띄지 않을 것이라는 큰 희망을 품고 즉시 오레스티아스로 가는 길을 택하였다. 그러나 그의 추측은 틀렸다. 쿠만족은 카타칼론을 보고 훨씬 더 큰 규모의 군대를 이끌고, 말을 타고 달려가 그를 퇴보시킨 뒤 거칠게 추격하였다. 이때 이 남자의 아들 니키포로스(나중에 내 여동생 마리아 포르피로옌니티의 남편이 된다)가 긴 창을 휘두르면서 그를 쫓는 스키타이 사람을 향하여 날카롭게 돌아서서 그의 가슴을 쳤는데, 이에 스키타이 사람은 곧장 쓰러져 죽었다. 그는 창을 휘두르고 방패로 몸을 가리는 법을 알았으며, 그가 말을 타는 것을 본 사람은 그가 로마인이 아니라 노르만인이라고 추측했으리라. 이 젊은이의 말 타는 모습은 경이로웠으니, 이는 자연이 만든 장엄한 작품이었다. 그는 하느님을 경건히 믿었고, 사람들에게 다정하고 자비로웠다. 아직 48일이 지나지 않았는데, (아드리아노폴리스에 대한 절대적인 관할권을 가진) 니키포로스 브리엔니오스의 명령에 따라 성문이 한꺼번에 열렸고, 용감한 병사들은 쿠만인들에 맞서 진군하였다. 분명 많은 로마인은 자신들의 목숨을 전혀 아까워하지 않고 용감하게 싸우다가 쓰러졌고, 계속 격렬히 충돌했지만, 그들이 죽인 사람들이 더 많았다. 이때도 마리아노스 마브로카타칼론이 장창을 잡고 토고타크(쿠만 군대의 총사령관)을 발견하고는 말에 머리를 기댄 채 곧장 토고타크를 향해 말을 몰았는데, 마침 그를 죽일 수 있는 거리에 있었고 근처에 있는 쿠만인들이 그를 구하지 않았다면 거의 죽을 뻔하였다. 이 마리아노스는 젊었고, 최근에야 젊은이 중에서 한 자리를 차지했다. 그럼에도 그는 종종 오레스티아스의 성문에 있다가 말을 타고 나와 쿠만인과 싸웠고, 매번 그는 사람을 다치게 하거나 죽이면서 의기양양하게 돌아왔다. 왜냐하면 그는 진정으로 매우 용감한 전사였기에 조상의 유산으로 용기를 물려받은 것처럼 매우 용감한 조상의 자손으로 태어났다. 임박한 위험에서 벗어난 후 그는 분노에 끓어올라 가짜 디오예니스를 찾았다. 마리아노스는 야만인들과 싸우고 있던 바로 그 강가에서 가짜 디오예니스가 서 있는 것을 발견했는데, 자줏빛 옷을 입고 황실 복장을 한 그와 그의 친구들은 모두 뿔뿔이 흩어졌다. 그는 채찍을 들어 무자비하게 그의 얼굴을 때리고, 참칭자라 불렀다.

4

황제는 쿠만인들의 끈질김과 아드리아노폴리스에서 계속 벌어지는 전투에 대해 듣고 안키알로스를 떠나 그곳으로 직접 가야겠다고 판단하였다. 그리하여 총지휘관과 마을의 수장들을 불러 무슨 조치를 취해야 할지 논의했다. 알라카시오스라는 자가 앞으로 나서서 말했다.

"제 아버지는 원래 이 참칭자의 아버지와 막역한 사이였습니다. 저를 보내주시면 적당한 요새로 들어가서 체포해 오겠습니다."

자연스레 어떻게 이런 일을 할 수 있겠느냐는 질문을 받자, 그는 키루스*의 동시대인인 조피루스의 계책을 모방하겠다고 황제에게 제안했다. 자기 몸을 망가뜨리고 수염과 머리카락을 민 다음, 디오예니스를 찾아가 황제가 이 모든 벌을 내린 것처럼 가장하겠다고 하였다. 그는 이렇게 말만 하고 하지 않은 것

---

* 키루스 2세(재위 550 BC~530 BC); 다만 연대상 이 인물은 실제로는 다리우스 1세(재위 522 BC~486 BC)일 것이다. 조피루스는 기원전 522~500년경에 활동했기 때문이다.

은 아니었고, 약속만 하고 지키지 않은 것도 아니었다. 황제가 계획을 승인하자마자 알라카시오스는 몸의 털을 바싹 밀어버리고 몸을 망가뜨린 다음, 가짜 디오예니스에게 갔다. 다른 것보다도 그는 옛 우정을 상기시키며 말했다.

"알렉시오스 황제가 저를 이토록 가혹하게 대했기에, 폐하와 제 아버지의 옛 우정에 기대어 폐하의 위업을 보좌하고자 이곳에 왔습니다."

이런 아첨하는 말로, 보다 수월히 그를 끌어들일 수 있었다. 그가 한 일을 조금 더 상세히 설명하자면, 그는 알렉시오스 황제에게 허가권과 푸트지라는 요새의 수비대장에게 보내는 서신을 받았는데, 서신에는 이렇게 쓰여 있었다.

"이 편지를 가진 사람이 요구하는 것은 무엇이든지 지시에 따라 즉시 들어줄 것."

황제는 쿠만인들이 아드리아노폴리스에서 그 마을로 갈 것이라고 추측했다. 이러한 조치가 이루어지자 알라카시오스는 우리가 말했듯, 털을 바싹 밀고 참칭자에게 접근하여 말했다.

"폐하 때문에 제가 부당한 대우를 받았습니다. 폐하 때문에 제가 모욕당하고 사슬에 묶였으며, 수많은 시일 동안 감옥에 갇혀 있었습니다. 폐하가 로마 국경을 넘어온 이후 제 아버지와 폐하의 친분으로 인해 황제의 의심을 받았기 때문이지요. 그러나 저는 비밀리에 제 진짜 주인이신 폐하께 도망쳐 왔으며, 진실한 조언을 드리고자 합니다."

디오예니스는 그를 잘 대우하였으며, 목적을 이루기 위해 무엇을 해야 하는지 물었다. 이에 상대가 답했다.

"이 요새와 너른 평원을 보면 오래도록 말을 먹일 수도 있고 폐하와 군대가 모두 쉴 수 있지 않겠습니까? 당분간 더 진격하지 말고, 이곳에서 머무르면서 이 요새를 차지하고, 쿠만인들도 보급품을 가져오고 다시 출격할 준비를 마친 다음에 수도로 나아가시지요. 만약 이 생각이 마음에 드신다면, 이 요새의 수비대장이 저와 옛날에 아주 가까운 사이였으니 전투 없이 항복하도록 주선해 보겠습니다."

이 제안은 디오예니스를 기쁘게 했다. 그에 따라 밤에 알라카시오스는 황제의 편지를 화살에 묶고 요새에 쏘았으며, 수장이 그것을 읽고 그 요새를 넘겨줄 준비를 하였다. 아침에 알라카시오스는 먼저 성문에 접근하여 수장과 이야기하는 척했는데, 미리 그는 디오예니스와 어떤 신호를 주고받을지 정한 뒤, 신호를 보면 요새로 바로 걸어가야 한다고 말했다. 수장과 잠시 대화하는 척한 후, 가짜 디오예니스와 사전에 합의한 신호를 보냈는데 가짜 디오예니스는 그것을 보고 많지 않은 군인 몇 명을 데리고 대담하게 들어갔다. 주민들은 그를 기쁨으로 영접했고, 푸차의 수장은 그를 목욕에 초대했는데, 디오예니스는 알라카시오스가 권하자 받아들였다. 그 후 그들은 디오예니스와 그와 동행한 쿠만인들을 위해 연회를 호화롭게 열었다. 그들은 모두 아주 배불리 먹었고 포도주로 배를 채웠는데, 그들은 포도주 부대 째로 꿀꺽꿀꺽 삼켰으며, 코를 골며 땅에 누워있었다. 그런 다음 알라카시오스 자신과 수장 및 몇 명이 돌아다니면서 말과 그들의 무기를 빼앗았고, 디오예니스는 누워서 코를 골도록 내버려둔 채, 그의 수행원들을 죽이고 참호를 무덤으로 삼아 던져버렸다. 황제의 명령에 따라 쿠만군을 뒤따른 카타칼론은 디오예니스가 요새에 들어가고 쿠만인이 약탈하기 위해 흩어지는 것을 본 후, 그는 떠나서 우리가 방금 언급한 도시 근처에 진을 쳤다. 쿠만인들이 그 지역에 분산됨에 따라 알라카시오스는 함부로 황제에게 디오예니스에 대한 소식을 전하지 못했으나, 그를 끌고 수도로 돌아가기 위해 추룰로스로 직행하였다. 그러나 궁에 머무르고 있던 여주인인 황제의 모친은 이 소식을 듣고 즉시 함대의 '드룬가리오스'인 환관 에브스타티오스 키미니아노스를 파견하여, 디오예니스를 체포하고 그를 수도로 끌고 오라는 명령을 내렸다. 에브스타티오스는 그와 함께 카미리스라는 이름의 튀르크인을 데리고 있었고 디오예니스의 눈을 뽑는 일을 맡겼다.

한편 황제는 여전히 안키알로스에 있었는데, 쿠만인들이 취식하기 위해 인접한 영토 곳곳에 퍼져 있다는 소식을 듣고, 군대를 이동시켜 소 니케아를 차지하였다. 다음으로 쿠만 군대의 사령관 중 한 명인 키치오스가 약탈하기 위해 쿠만인 12,000명을 모았고, 그들과 함께 많은 전리품을 얻고 타브로코모스의 능선을 점령했다는 소식을 들었다. 그리하여 그는 군대와 함께 아래로 진군하여 이 능선 기슭에 위치한 평야를 가로질러 흐르는 강둑에서 멈추었다. 이 장소는 개곽향속의 식물 덤불과 어린나무로 덮여있었다. 거기에 자신의 군대를 주둔시켰고, 그다음 궁술에 능한 튀르크인을 다수 선발한 뒤 쿠만인에게 대응하여 활을 쏘게 했다. 화살을 맞은 쿠만인이 기습해 싸움이 시작되면 튀르크인이 언덕 아래로 그들을 유인하기를 바라고 있었다. 그러나 쿠만인들은 그들을 공격하고 로마 전선까지 끊임없이 그들을 추격했으며, 그다음 그들은 몇 분 동안 말을 세우고 전선을 재정비하며 로마 군대에 돌진할 준비를 하였다.

황제는 한 오만한 쿠만 기병이 본대에서 떨어져 나와, 전열을 따라 달리며 누구든지 와서 싸워 보라는 듯한 태도를 취하는 것을 보았다. 그는 로마군의 좌우익이 나설 때까지 기다리지 않고, 모든 이가 보는 가운데 말을 전속력으로 달려, 야만인을 창으로 찌르고 검을 휘둘러 가슴팍을 베어 말에서 떨어뜨렸다. 그렇게 이날 그는 장군보다는 병사에 가까운 모습을 보여주었다. 이 행위는 병사들에게 큰 자신감을 가지게 하고 고무시켰다. 스키타이인들은 경악을 금치 못했고, 그가 힘의 탑이 된 듯 쿠만인들에게 접근해 그들의 군대를 쪼개버렸다. 이제 그들의 밀집한 대열이 깨졌고, 그들은 사방으로 흩어지고 제지 없이 도망쳤다. 그날 약 7,000명의 쿠만인들이 전투에서 쓰러졌고, 3,000명이 생포되었다. 그러나 황제는 로마군 병사들에게 관례처럼 전리품을 나눠 가지도록 허락하지 않았다. 이것은 모두 인근 지역에서 최근에 약탈당하였던 것이므로, 주민들에게 되돌려주라고 명령한 것이다. 황실의 명령은 새처럼 온 나라에 퍼졌고, 약탈을 당한 모든 사람이 각각 자기들 것이라고 주장하면서 전리품을 가져갔다. 그들은 가슴을 치며 애원하는 손을 하늘로 들고 황제에게 축복을 기원하였는데, 남자와 여자들의 뒤섞인 울음은 거의 달에서도 들을 수 있을 정도였다. (이 이야기는) 이만큼 해 두자. (그리고) 그 후 황제는 기쁜 마음으로 군대를 모아 앞서 언급한 소$_{小}$ 니케아로 돌아갔다. 그곳에서 이틀 동안 머물렀고,

셋째 날에는 그곳을 떠나 아드리아노폴리스에 도착하여 실베스터의 집에서 며칠 동안 머물렀다. 한편 쿠만인들의 총사령관은 황제를 기만할 의도로 군대에서 떨어져 나왔는데, 자진하여 온 것처럼 하면서 평화조약을 맺고 싶어 하는 척했다. 조약으로 시간이 질질 끌리면 쿠만군이 더 진격할 수 있도록 말이다.

사흘 동안 기다린 후 밤이 되자 출발해 집으로 향했다. 쿠만인의 전략에 깨어있었던 황제는, 지고를 통과하는 길을 지키는 임무를 맡은 사람들에게 분명히 알리기 위해 신속하게 전령을 보냈는데, 긴장을 풀지 말고 면밀한 감시를 유지하고 가능하면 쿠만인들을 잡으라는 것이었다. 그러나 쿠만인 전체 군대가 전진하고 있다는 소식을 들었을 때, 즉시 곁에 있는 병사들을 이끌고 아드리아노폴리스에서 18스타디온 떨어진 스쿠타리온이라는 곳에 도달하였으며, 다음날에는 아가토니키에 도착하였다. 그곳에서 그는 쿠만 군대가 여전히 아브릴레보(이곳은 방금 언급한 두 도시에서 그리 멀지 않다) 근처에 있다는 소식을 들었는데, 이에 그 방향으로 가서 그들이 피운 수많은 모닥불을 멀리서 바라보았고, 소환한 니콜라스 마브로카타칼론 그리고 다른 지휘관들과 함께 취할 조치를 검토하였다.

예비 부대 대장들을 소집하는 것이 최선이라고 결정되었고, 우자스(그는 사르마티아인에 속해 있었다), 스키타이인 카라차스, 이교도 혼혈인 모나스트라스가 모든 막사마다 열다섯 개 이상의 횃불을 피워 올려, 쿠만인들이 보면 로마군이 어마어마하게 많다고 느끼게 해, 겁을 먹고 감히 공격하지 못하도록 하라는 지시를 받았다. 지시대로 행하자, 쿠만인들은 크게 두려워했다. 황제는 아침에 준비하여 그가 가진 군대를 이끌고 그들에 대항하여 전진하였고, 전투 후 쿠만인들은 도망쳤다. 이에 황제는 군대를 나누어 경무장한 군대를 전방으로 보냈으며, 자신은 미친 듯이 패주하는 쿠만인들을 빠르게 추격하였다. 그는 시데라 클레이소라 근처에서 그들을 붙잡았고, 많은 사람을 죽였지만 대부분 포로로 잡았는데, 앞서 파견된 군대는 쿠만인에게서 모든 전리품을 회수하고 돌아왔다. 황제는 거센 폭풍으로 시데라 클레이소라 능선에서 밤새도록 지냈고 날이 밝자 골로에에 이르렀다. 그는 이곳에서는 하루를 꼬박 머무르며 용맹하게 싸운 이들을 치하하고 엄청난 상을 내렸다. 모든 일을 마친 후 그들을 모두 집으로 돌려보냈으며, 그는 이틀 밤낮 뒤에 궁전으로 돌아올 수 있었다.

5

그는 많은 역경을 헤치고 잠시 휴식을 취한 후 튀르크인들이 비티니아 내륙을 점령하고 모든 것을 약탈하고 있음을 알게 되었고, 다른 한편으로는 서방의 일들에 주목하고 있었다. 그는 후자보다 전자에 대해 더 고민하였고 (당연히 급한 일에 주의를 기울여야 했기 때문이다) 그의 뛰어난 지성에 걸맞은 계획으로 수로를 이용해 튀르크인들이 침입하지 못하도록 비티니아를 보호하였다. 이 계획은 설명해 둘 만한 가치가 있다. 상가리오스 강*과 첼레 마을까지 직선으로 이어지는 해안선, 그리고 북쪽으로 향하는 다른 지류는 그 안에 넓은 지역을 둘러싸고 있었다. 오래전부터 인근의 골칫거리였던, 이스마일 사람들을 막을 수 있는 사람이 전혀 없었기 때문에 이 지역은 쉽게 황폐해졌다. 그들은 마르얀데니와 상가리오스 너머에서 강을 건너곤 했고, 특히 니코메디아를 압박하였다. 황제는 이 야만인들의 내습과 침략을 저지하고 싶었는데, 무엇보다도 니코메디아를 보호하기 위해서였다. 그는 바아나 호수 아래에서 매우 긴 참호를 발견하였는데, 그것의 끝까지 따라가서 그 위치와 모양을 살펴본 결과, 우연히 파낸 것도 아니고, 자연에 의해 움푹 패인 것도 아닌 어떤 사람의 노련한 작품이었다. 이곳을 자세히 조사한 후에, 그는 이 참호의 창시자가 아나스타시우스 디쿠로스**라는 사실을 누군가에게서 들었다. 의도가 무엇인지 알 수 없었지만, 알렉시오스 황제는 이전 황제가 호수의 물을 이 인공 도

---

* 현재 튀르키예의 사카리아 강
** 황제 아나스타시우스 1세(재위 491~518)

랑으로 전환하기를 원했던 것 같다고 생각했으며, 이에 같은 생각으로 참호를 매우 깊게 파도록 명령하였다. 그러나 그는 물줄기가 교차하는 지점에서 강을 건널 수 있을지도 모른다고 염려하였기에 아주 튼튼한 요새를 세웠는데, 어디를 봐도 난공불락으로 강분만 아니라 높이와 두꺼운 성벽도 한몫하였으며, 그래서 '강철'이라는 이름이 붙었다. 그리고 지금 이 '철탑'은 도시 앞의 도시였고, 요새화한 요새였다! 황제는 아침부터 저녁까지 요새 건설을 감독하였는데, 태양이 이미 하지점을 지났기 때문에 열기가 엄청났는데도 그는 작열하는 열기와 먼지를 참았다. 그는 요새가 매우 튼튼하고 난공불락이 되도록 막대한 비용을 들였고, 돌을 끄는 사람들이 50명이든 100명이든 돈을 아낌없이 줬다. 그리하여 평범한 사람들뿐만 아니라, 내국인과 외국인을 막론하고 모든 군인과 군인의 하인들은, 경기에서 심판처럼 주재하는 황제와 아주 후한 급료를 보고 이 돌을 운반하는 일을 돕게 되었다. 이토록 많은 사람이 모여들게 하는 데에서 그의 수완이 또 한 번 드러났으며, 엄청난 규모의 돌을 훨씬 수월히 끌어올 수 있었다. 황제는 항상 그랬듯이, 생각은 아주 깊었으며 그것들을 실행하는 데 훌륭하였다. 황제의 통치는 내가 설명한 대로 이어지고 있는데 ... 그 인딕티온의 ... 해이다.

    짧은 휴식도 취하기도 전에, 그는 무수히 많은 프랑크 군대가 접근하고 있다는 보고를 들었다. 그는 이들이 접근한다는 말에 염려했는데, 켈트인들의 무지막지한 공격 방식과 불안정하고 변덕스러운 성격, 기이한 천성과 여기에 딸려 오는 모든 특성 때문이었다. 또한 이들이 항상 돈에 목말라 있다는 것도 알았고, 무슨 이유라도 있으면 기꺼이 휴전을 무시할 것도 알았다. 보고받아 온 것이 항상 그러했고, 경험으로도 그러했다. 그러나 그는 낙심하지 않고 만반의 준비를 갖추었고, 기회가 되면 전투에 나설 준비가 되어 있었다. 실제 사실은 소문보다 훨씬 더 크고 끔찍하였다. 서부 전체와 모든 야만인 종족을 위해서 아드리아해의 저편과 헤라클레스의 기둥 사이에 거주하는 이들이 온 가족과 함께 길을 떠나 일제히 이주 중이며, 유럽을 거쳐 아시아로 진군하고 있었다.

이 격변의 이유는 대략 다음과 같다. 어느 켈트인, 이름은 피에르이고 성^{姓}은 쿠쿠인 자*가 성묘에 순례하러 갔다가 아시아를 유린하던 튀르크인과 사라센인의 손아귀에서 많은 고난을 겪은 뒤, 간신히 고국으로 돌아온 일이 있었다. 그러나 그는 자신의 목표를 달성하지 못한 것에 대해 화가 났고, 같은 여행을 다시 하고 싶었다. 그러나 그는 성묘를 위해 다시 혼자 여행해서는 안 된다는 것을 알았고, 더 나쁜 일이 그에게 닥치지 않도록 교묘한 계획을 세웠다. 모든 라틴 국가에 이렇게 설교하고 다녔다.

"하느님의 목소리가 내게 명하기를, 프랑스의 모든 백작이여. 집에서 나와 성묘교회**로 순례를 떠나라. 전력을 다해 아가렌인의 손아귀에서 예루살렘을 구하라고 하셨다."

그리고 그는 정말로 성공했다. 이 조작한 신명으로 모든 사람의 영혼을 고취한 후 무기, 말 및 기타 모든 전쟁 도구를 사용하여 사방에서 차례로 켈트인을 모으기 위해 노력했다. 그리고 그들은 모두 매우 열심이었고 열성적이어서, 모든 큰길이 그들로 가득 찼다. 프랑크 병사들은 비무장한 사람들도 동반했는데, 모래사장의 모래나 하늘의 별보다도 수가 많았고 어깨에 종려나무와 십자가를 짊어졌으며, 여자와 아이들마저도 고국을 떠나왔다. 그리고 그들의 모습은 사방에서 흐르는 많은 강과 같았고, 모든 무리가 우르르 다키아를 통해 우리를 향해 전진하고 있었다. 이 오기에 앞서, 메뚜기 떼가 몰려와 밀은 건드리지 않고 포도덩굴만 덮치는 일이 있었다. 당시 점술가들은 이를 예언으로 여겼으며, 이 엄청난 프랑크 군대가 도착하면 그리스도인에게 위해를 끼치지 않고 술독과 포도주, 디오니소스의 노예인 야만인 이스마일 사람들만을 덮치리라는 의미라고 해석하였다. 이 종족은 디오니소스와 에로스를 섬기고 숭배했으며, 온갖 종류의 성행위를 거리낌 없이 벌였고, 육체도 감정도 억제하지 않는다. 아프로디테의 악행에 굴복하고, 삼중으로 그 노예가 된 것에 불과

---

* 은자 피에르
** 예수가 십자가에 못 박혀 죽은 후 안장된 묘지에 세워진 교회로 예루살렘 북서쪽에 있다.

한 것이다. 이런 이유로 이들은 아스타르테와 아스다롯*을 숭배하고 경배했으며, 이들의 땅에서는 달 모양과 금 호바르 문양이 중요하게 여겨졌다. 이런 상징 중 그리스도교는 옥수수로 여겨졌는데, 술기운이 없고 영양분이 풍부했기 때문이었다. 점술가들이 덩굴과 밀을 해석한 방식이 이러했다. 예언에 대해서는 이 정도로 끝내도록 하자.

야만인들의 접근은 내가 설명한 순서대로 이어졌는데, 지성이 있는 사람들은 이상한 일을 목격하고 있다고 느낄 수 있었다. 이 무리는 동시에 같은 길을 통해 온 것이 아니라 (다른 곳에서 출발한 군중이 어떻게 함께 롬바르디아 해협을 건널 수 있겠는가?) 일부는 먼저, 일부는 다음, 다른 일부는 그 이후였으며, 따라서 차례대로 통과하여 대륙을 진군하였다. 우리가 말했듯이 각 군대 앞에는 셀 수 없이 많은 메뚜기 떼가 왔고, 이것을 한 번 이상 본 모든 사람은 프랑크 군대가 오겠다고 생각했다. 그들 중 첫 번째가 산발적으로 롬바르디아 해협을 건너기 시작했을 때, 황제는 로마 군대의 몇몇 지도자를 소집하였고 일부를 디라히온과 아블로나스로 보냈는데, 건넜던 켈트인들을 정중하게 환영하며, 경로를 따라 있는 모든 지역에 보급품을 넉넉하게 모으라고 지시하였다. 그런 다음 항상 은밀하게 그들을 따라다니며, 약탈하려는 것을 보면 은밀한 곳에서 나와 가볍게 공격으로 견제하라고도 지시했다. 이 장수들은 라틴인들의 언어를 아는 몇몇 사람과 동행했는데, 그들 사이에 일어난 모든 분쟁을 해결하기 위해서였다.

이 주제에 대해 더 명확하게, 순서대로 설명하겠다. 피에르의 신명이 사방에 퍼지고, 가장 먼저 고드프루아가 자기 땅을 팔고 예루살렘으로 향하는 길에 올랐다. 이 사람은 매우 부유했고 그의 용감함, 용기 및 눈에 띄는 혈통을 매우 자랑스럽게 생각했는데, 무릇 모든 켈트인은 서로를 뛰어넘으려고 안달이었으니 말이다. 그리고 사람이 기억할 수 있는 한 이보다 더 많은 남녀가 몰려든 일

---

*   아스다롯은 고대 시리아, 페니키아, 가나안에서 숭배하던 풍요와 다산, 전쟁, 사랑의 여신으로 그리스에서는 '아스타르테'로 불렸다.

은 없었으며, 단순한 사람들이 주님의 묘소에서 예배하고 성지를 방문하려 안달 냈다. 그러나 보다 눈치 빠른 자들, 특히나 보에몽이나 그와 같은 마음가짐을 가진 자들은 비밀리에 또 다른 이유를 가지고 있었는데, 즉 여정에 어떤 방법으로든 수도를 차지하려고 하였으며, 이를 원정 자체의 목표로 삼았다. 그리고 보에몽은 여전히 황제에게 오래전부터 원한을 품고 있었기에 보다 고결한 이들을 여럿 꾀어냈다. 한편 피에르는 자신의 서한을 전한 후, 80,000명의 보병과 100,000명의 기병을 거느리고 누구보다 먼저 롬바르디아 해협을 건넌 후 헝가리를 경유하여 수도에 도착했다. 추측할 수 있듯이, 켈트인들은 항상 매우 성급하고 열성적이지만, 일단 명분을 신봉하게 되면 통제할 수 없다.

6

황제는 피에르가 이전에 튀르크인들한테 겪은 일을 알고 있었기에 다른 백작들이 도착할 때까지 기다리라고 충고하였으나, 피에르는 자기를 따르는 무리를 믿어서 듣지 않았고 도하하였고, 헬레노폴리스라는 작은 도시 근처에 진영을 쳤다. 그 뒤를 이어 10,000명에 달하는 노르만인들이 뒤따랐고, 나머지 군대와 분리되어 니케아 주변의 지역들을 황폐화하며 누구를 만나든 고통을 심어주었다. 몇몇 아이를 토막 내고, 나머지는 나무 꼬챙이에 고정해 불에 구웠으며, 나이 든 사람들에게는 온갖 고문을 가하였다. 니케아 주민들은 이러한 행위에 성문을 열고 진격하여 치열히 싸웠으나, 노르만인들의 용맹함에 성채 안으로 후퇴해야 했다. 그리하여 노르만인들은 전리품을 모두 되찾고 헬레노폴리스로 돌아갔다. 이에 그들과 함께 가지 않은 다른 사람들 사이에 논쟁이 일어났는데, 이런 경우에 늘 그렇듯이 뒤에 남아 있던 사람들의 마음이 시기로 불타올랐다. 그리하여 말다툼 끝에 완고한 노르만인들은 두 번째로 흩어져, 케리고르도스로 행군하여 무력으로 함락시켰다. 술탄은 무슨 일이 있었는지 듣고는 그들에 맞서려고 상당한 군사들과 함께 엘카네스를 파견했다. 그는 케리고르도스를 탈환하고, 노르만인의 일부를 칼로 베어 넘기고 다른 사람들을 포로로 잡았으며, 동시에 쿠쿠 피에르와 함께 남아 있는 사람들을 잡을 계획을 세웠다. 그는 적절한 장소에 매복을 배치하였는데, 막사에서 니케아 방향으로 오는 사람은 누구든지 예기치 않은 함정에 빠져 그들에게 죽임을 당할 것이다. 이 외에도, 그는 켈트인이 돈을 얼마나 사랑하는지 알고 있었기 때문에 활동적인 두 사람을 보냈다. 그리고 쿠쿠 피에르의 막사로 가서, 노르만인이 니케아를 점령했으며 그 안에 있는 모든 전리품을 나누고 있다고 선언하라고 명령했다. 이 소문이 피에르의 추종자들 사이에 퍼지자, 추종자들의 가슴에 몹시 큰 분노가 끓어올랐다. 그들은 '배분', '돈'이라는 말을 듣자마자, 질서가 흐트러진 채 니케아로 향했다. 군사 경험과 훈련은 전투하는 데 필수적이었지만, 그들 모두 그런 것에 신경 쓰지 않았다. 내가 위에서 언급했듯이, 라틴 민족은 항상 돈을 매우 좋아하고, 특히 지역 약탈에 열중할 때 더 돈을 밝혔는데, 그러면 이성과 자제력을 잃었다. 그들은 계급도 소속도 없이 움직이다가, 드라콘 근처에서 튀르크 매복 부대에게 공격받아 비참하게 죽었다. 이스마일 사람의 칼날에 켈트인과 노르만인이 어찌나 많이 죽었는지, 사방에 널려있던 학살당한 사람들의 시신을 쌓아 올리자, 내 말하건대, 언덕도 산등성이도 봉우리도 아니고, 대단히 높고 넓은 산처럼 보일 정도로 뼈 무더기가 많았다. 죽은 야만인과 같은 족속인 사람들은 이후에 틈새를 메꾸려고 죽은 사람의 뼈를 자갈처럼 사용하였으며, 이런 식으로 도시를 무덤으로 만들어 버렸다. 이 요새 도시는 돌과 뼈가 뒤섞인 성벽으로 오늘날까지도 서 있는데, 이런 식으로 그들이 모두 칼에 희생당했을 때, 피에르는 몇몇 다른 사람과 함께 탈출하여 헬레노폴리스로 다시 들어갔다. 그를 잡으려는 튀르크인들은 매복을 다시 시작했다. 황제는 이 모든 것과 끔찍한 대학살에 대한 믿을 만한 정보를 들었을 때, 피에르가 붙잡히지 않을까 매우 걱정하였다. 그래서 그는 콘스탄티노스 카타칼론 에브포르비노스(이 역사책에서 이미 여러 번 언급된 사람)를 불렀고, 그에게 상당한 병력을 태운 전함과 함께 해협을 지나 피에르를 돕도록 했다. 튀르크인들은 그가 상륙하는 것을 보고 바로 달아났다. 콘스탄티노스는 조금도 지체하지 않고, 소수에 불과한 피에르와 그의 추종자들을 태워 안전하게 황제 폐하께 데려왔다. 황제는 그가 처음부터 얼마나 무모했었는지 일깨워주며, 이러한 재앙을 겪은 것은 자신의 조언을 따르지 않았기 때문이라고 말했다. 피에르는 라틴인답게 오만하여 잘못을 인정하지 않고, 자기 말을 따르지 않고 마음대로 행동한 자들에게 책임을 돌렸으며, 도둑이자 강도라 비하하며 이 때문에 구세주께서 그분의 무덤에서 예배하도록 허락하지 않으신 것이라 말했다. 오랫동안 로마 제국을 향해 열망을 품고 스스로 제국을 정복하고자 했던 보에몽과 같은 생각을 가진 다른 라틴 사람들은, 내가 말했듯이 피에르의 설교에서 구실을 찾았는데, 더 무고한 사람들을 속이고 이 대격변을 일으켰으며, 성묘를 되찾기 위해 튀르크에게 대항하여 진군한다는 구실로 자기 재산을 팔고 있었다.

7

프랑스 왕[*]의 형제인 베르망두아 백작 위그는 노바투스처럼 제 신분과 부(富)와 권력에 취해 고국을 떠나면서, 성묘에 갈 때 성대한 환대를 받을 수 있도록 황제에게 황당한 편지를 보냈다.

"알아 두시오. 오 황제여. 나는 왕 중의 왕이고, 하늘 아래 있는 자들 중 가장 큰 자이니, 당신이 도착하자마자 나를 만나 모든 화려함과 내 고귀함에 합당한 방식으로 대접하는 것이 마땅하오."

이 서한이 도착했을 때, 세바스토크라토르 이사키오스의 아들 요안니스는 디라히온의 둑스였고, 함대의 드룬가리오스인 니콜라오스 마브로카타칼론은 디라히온 항구 주변에 간격을 두고 배를 정박시켰는데, 그곳에서 자주 순찰하였으며 해적선이 몰래 항해하는 일이 없도록 정찰하고는 했다. 이 서한을 받

---

[*] 필리프 1세

은 황제는 즉시 이 두 사람에게 편지를 보내, 디라히온 둑스에게는 켈트인이 오는 것을 대비하여 육지와 바다를 감시하고, 켈트인이 도착하면 발 빠른 전령을 보내 즉시 황제에게 알리고 성대한 예식을 열어 환대하라고 하였다. 사령관에게는 방심하지도 쉬지도 말고, 항시 경계하라고 하였다. 위그가 무사히 롬바르디아 해안에 도착했을 때, 그는 그곳에서 디라히온 둑스에게 24명의 사절을 보냈는데, 흉갑과 금 경갑을 입었으며 블뢩의 자작 기욤*과 테살로니키에서 황제에게 버려진 엘리아스와 함께였다. 그들은 둑스에게 다음과 같이 말했다.

"둑스여. 우리의 주인 위그가 곧 도착할 예정이며, 로마에서 성(聖) 베드로의 황금 깃발을 가져오신다는 것을 알아두시오. 또한 그분이 전체 프랑크 군대의 지도자임을 알아두시오. 그러니 전하께 걸맞은 연회와 병력을 준비해 두고, 직접 와서 맞이할 준비를 하시오."

사신들이 둑스에게 이렇게 말하는 동안, 이미 말했듯이 로마를 거쳐 롬바르디아로 여행하고 바리에서 일리리아로 건너가던 위그는, 매우 심한 폭풍우에 휩말려 더 많은 수의 선박, 승조원, 군인 및 모든 것을 잃었고 살아남은 배는 그가 타고 있던 단 한 척으로, 디라히온과 팔로스라는 장소 사이의 해안에 좌초했으며 반파된 상태였다. 그가 이렇게 기적적으로 구원받은 후, 그가 도착하기를 기다리던 두 사람이 그를 발견했고, 그의 이름을 부르며 말했다.

"둑스는 당신이 오기를 애타게 기다리고 있고, 만날 수 있기를 고대하고 계십니다."

그러자 위그는 즉시 말을 달라고 했고, 두 사람 중 한 사람이 말에서 내려 기꺼이 말을 주었다. 그렇게 구출한 뒤 둑스는 그를 만나 환영했고, 여정과 모국에 대해 물어보며 항해 중 마주친 재난에 대해서도 듣게 되었다. 이에 그는 후한 약속을 하며 달래고, 성대한 잔치를 열어주었다. 연회 뒤에는 쉬게 두었으나, 감시를 아예 붙이지 않은 것은 아니었다. 둑스는 잽싸게 황제에게 켈트인

---

* 힘이 센 덕분에 '목수'라는 별칭이 붙었다.

의 여정을 알렸고, 추가 지시를 기다렸다. 소식을 보고받은 황제는, 부투미티스를 에피담노스(보통 디라히온으로 불러왔다)로 급파하여 위그를 수도로 데리고 오되, 곧장 오지 말고 우회하여 필리포폴리스를 통과하라고 지시했다. 그의 뒤에서 따라올 켈트인 군사들이 두려웠던 탓이다. 황제는 그를 대단히 명예롭게 맞이하였으며 모든 면에서 따뜻하게 대했고, 위그는 거액의 돈을 받은 끝에 황제의 사람이 되겠다고 약속하고, 라틴인의 예에 따라 맹세했다.

8

위그에게 일어난 일에 관한 이 이야기는 서문일 뿐이다. 보에몽(이 역사책에서 이미 자주 언급된 사람)은 거의 보름 후에 여러 백작과 셀 수 없을 정도로 많은 군대와 함께 카발리온 해안으로 건너갔다. 이 카발리온이라는 곳은 보위사 근처에 있다. 이 근방에 붙은 지명이 이러하였다. 이 야만적인 이름들을 소개하는 것이 내 역사책의 양식에 얼룩이 되었다는 이유로 나를 비난하는 사람이 없기를. 호메로스조차도 자기 역사책의 정확성을 위해 보이오티아인과 특정 야만인 섬을 언급하는 것을 꺼리지 않았다.

거의 직후에 프레벤차 백작*이 롬바르디아 해협의 해안가로 내려왔다. 그 역시도 건너가고 싶어 했기 때문이다. 그는 6,000스타테르**로 대단히 큰 해적선을 3척 고용했는데, 노잡이만 해도 2,100명이었고 거룻배가 셋 딸려 있었다. 그러나 그는 다른 라틴군이 그랬듯 곧장 아블로나스로 항해하지 않고, 로마 함대를 두려워하여 닻줄을 느슨히 해 방향을 돌려 순풍을 받아 히마라로 곧장 항해했다. 그러나 그는 연기를 피하려다 불 속으로 달려든 꼴이었다. 롬바르디아 해협의 여러 지점을 감시하던 배들도 아니고, 로마 전*前* 함대의 드룬가리오스인 니콜라오스 마브로카타칼론과 마주쳤으니 말이다. 드룬가리오스

---

*　Πρεβέντζας; 프로방스 백작으로 추정하고 있다.
**　고대 유럽 등지에서 쓰던 동전

는 멀리서 이 해적선에 대해 들었기에, 모든 비레메와 트리에레스, 쾌속천 몇 척을 이끌고 아손에 있던 항구를 떠나 맞은편 카발리온에 정박했다. 그리고 일명 '둘째 백작'을 갤리선에 태워 보내 (선원들은 통상 엑스쿠사톤Ἐξκουσσάτου* 이라 불렀다) 적선의 노잡이들이 닻줄을 풀고 바다에 던지면, 횃불을 피워 올리라고 했다. 백작은 명령받은 대로 했다. 신호를 본 드룬가리오스 니콜라오스는 즉시 배 몇 척은 닻을 펴도록 했고, 다른 배들은 노래기처럼 보일 정도로 노를 저어 건너오는 백작에 맞서 나아갔다. 그는 본토에서 3스타디온도 나오기 전에, 서둘러 반대편 에피담노스 해안으로 건너가고 있던 이들과 마주했고, 1,500명의 병사와 귀족들의 말 80기를 데리고 올라탔다. 키잡이가 니콜라오스를 보고 프레벤차의 백작에게 말했다.

"시리아 함대가 우리를 둘러쌌습니다. 칼과 검에 죽어 나갈 위기에 처해 있습니다."

그러자 백작은 즉시 모두 무장하고 용맹하게 싸우라고 명령했다. 이날은 한겨울이었고, 가장 위대한 총대주교인 니콜라오스에게 헌정된 날이었으나**, 죽은 듯이 고요하였으며 보름달이 봄 중보다도 눈부시게 빛났다. 바람이 완전히 잠잠해지자, 해적선은 더 이상 닻을 펴도 이동할 수 없었기에, 물 위에 가만히 떠 있었다.

내 역사책을 여기까지 썼을 즈음, 나는 마리아노스의 위업에 대해 이야기하고 싶다. 그는 즉시 함대의 드룬가리오스인 아버지에게 더 가벼운 배를 달라고 요청하였고, 그런 다음 코메스의 배를 향해 방향을 틀어 뱃머리로 돌진하여 공격하였다.

용사들은 그가 전투에 대비해 강력하게 무장하고 있는 것을 보고 즉시 그 자리로 몰려들었다. 그러나 마리아노스는 라틴인들에게 그들의 언어로 두려워하지 말 것과 동료 기독교인들과 싸우지 말자고 충고하였다. 그러나 라틴인 중

---

* 부사령관의 배를 의미하는 듯하다.
** 1096년 12월 6일

한 명이 석궁으로 투구를 공격하였다. 이 석궁은 그리스인들에게는 잘 알려지지 않은 야만인들의 활인데, 오른손은 줄을 당기고 왼손은 반대 방향으로 활을 잡아당겨서 늘리는 방식이 아니었다. 이 멀리까지 쏠 수 있는 전쟁용 무기의 시위를 늘리려면, 거의 등을 대고 누워서 두 발을 활의 반원에 힘주어댄 뒤, 두 손으로 전력을 다해 반대 방향으로 줄을 당겨야 한다. 활줄의 중앙에는 구멍, 줄에 맞는 잔 모양의 구멍이 있는데 줄에서 활 가운데까지 오는 상당히 긴 화살도 있고, 이 구멍을 통해 많은 종류의 화살이 발사되기도 한다. 이 활과 함께 사용되는 화살은 길이가 매우 짧지만 매우 두껍고, 앞쪽에 매우 무거운 철제 화살촉이 장착되어 있다. 활줄을 놓아 발사하면 엄청난 힘으로 날아가 어디를 맞추든 튕겨 나오지 않으며, 방패도 뚫고 두꺼운 철제 갑옷도 뚫고 관통해 반대편으로 나와 버린다. 이런 종류의 화살을 쏘는 것은 너무나 위협적이며, 막을 방법이 없었다. 그러한 화살은 청동도 뚫는 것으로 알려져 있으며, 매우 큰 도시의 벽에 부딪히면 화살촉이 안쪽으로 튀어나오거나 벽 중앙에 파묻혀 없어진다. 이에 따라 석궁을 괴물 같다고 할 수 있으며, 실로 악마 같은 발명품이다. 그리고 그것에 맞은 가련한 사람은 아무것도 느끼지 못하고 죽는다. 타격이 아무리 강해도 느끼지 못한다.

이야기를 이어가자면, 석궁의 화살이 마리아노스의 투구 윗부분을 쳤다. 하지만 화살은 머리털 하나 건드리지 않고 투구를 뚫었는데, 섭리가 막았기 때문이다. 그런 다음 그 남자는 백작에게 재빨리 또 다른 화살을 발사하고 그의 팔을 공격하였는데, 화살이 방패를 관통하고 비늘 갑옷의 흉갑을 통과하여 옆구리를 스쳤다. 열두 명의 다른 투사들과 함께 중심부에 서 있던 어떤 라틴 사제가, 이것을 보고 마리아노스를 향해 몇 발의 화살을 날렸다. 그때에도 마리아노스는 항복하지 않고 맹렬히 싸웠고, 그의 부하들도 똑같이 하도록 격려하였다. 사제의 동료들은 부상과 피로로 세 번도 넘게 충원되어야 했다. 많은 타격을 입었고 피를 흘리고 있었음에도 두려움이 없었다. 사제들의 규칙은 우리와 함께 있는 라틴인들의 규칙과 동일하지 않기 때문인데, 우리는 교회법과 복음서*의 가르침에 따라 '붙잡지도 말고, 맛보지도 말고, 만지지도 말라! 너희들은 성직에 있으니.'라고 한다**. 반면 라틴 야만인은 성물을 만져대면서 왼팔에 방패를 차고 오른손에 창을 드는가 하면, 성체와 성혈을 나누어주면서 다윗의 시편에서 말한 것처럼 위협적인 모습으로 '피 흘리기를 즐겨하는 자'가 되는 것이다***. 이 야만인 족속들은 성스러운 일보다도 전쟁에 열중했다. 그래서 사제라기보다는 폭력을 휘두르는 사람에 가까운 이자는, 사제복을 입은 채로 노를 잡거나 해전 또는 지상전에 똑같이 관심을 가지고 바다와 육지에서 동시에 싸웠다. 그러나 방금 언급한 바와 같이 우리의 규칙은 ... 아론과 모세와 우리의 첫 대제사장에서 나온 것이다. 전투가 저녁부터 다음 정오까지 격렬하게 이어진 후, 라틴인들은 면책을 요청하고 이를 획득한 후 마지못해 마리아노스에게 항복하였다.

하지만 가장 호전적인 사제는 싸움을 멈추지 않았으며, 휴전이 마무리되는 동안에도 화살통을 비우고 투석기의 돌을 집어 마리아노스에게 던졌다. 마리아노스는 방패로 머리를 보호했으나, 돌이 방패를 쳐서 네 조각으로 부수고, 그의 투구는 산산조각 났다. 마리아노스는 그 충격으로 즉시 의식을 잃고 오랫동안 말을 못 했는데, 영웅 헥토르가 아이아스에게 돌을 맞고 영혼이 거의 빠져나간 것처럼 말이다. 그는 힘들게 일어나 힘을 모아 화살을 쏘아, 그를 공격한 사람에게 세 번 반격했다. 그러나 사제라기보다는 폴레마르코스^{πολέμαρχος}****인 자는 그 당시에도 싸움에 만족하지 않았는데, 가진 모든 돌조차 던져서, 무기가 하나도 없고 돌도 화살도 모두 잃은 상태였다. 이에 그는 어떻게 해야 할지, 어떻게 대적에게서 자신을 보호해야 할지 알지 못하였으며, 그는 급히 분노로 불타올라 야생동물처럼 몸을 구부려 손에 잡히는 것은 뭐든지 쓰려고 했다. 그러던 중 보리떡이 가득 찬 자루를 하나 발견해 그 속의 떡을 돌처럼 내

---

* 예수의 말과 삶을 기록한 마태, 마가, 누가, 요한복음을 가리키는 말
** 골로새서 2장 21절, 문맥에 맞는 의미는 아니다.
*** 시편 139편 19절
**** πολέμαρχος; 고대 그리스의 군사 사령관 계급

던지며, 사제직을 행하고 예식을 행하기라도 하는 듯 행동했다. 그렇게 전쟁을 신성한 축제로 바꿔버렸다. 그리고 보리떡 하나를 집어 들고 마리아노스의 얼굴을 겨누고, 힘껏 그의 뺨을 공격했다. 사제와 배와 선원들에 대해서는 이 정도면 충분할 것이다. 프레벤차의 백작은 자신과 배, 병사들을 마리아노스에게 넘긴 후 즉시 그를 따라갔다. 그리고 그들이 육지에 도착하여 하선할 때, 바로 그 사제는 자주 그리고 반복해서 마리아노스에 관해 물었고 그의 이름을 몰랐기 때문에 옷 색깔로 지칭했다. 사제는 그를 찾아내자, 팔을 껴안고 자랑스럽게 말했다.

"너희가 나를 육지에서 만났더라면, 너희 중 많은 사람이 내 손에 죽었을 것이다."

그러고 나서 그는 130스타테르 상당의 큰 은잔을 주었으며, 이 말과 이 선물을 남기고 마지막 숨을 거두었다.

9

이 무렵 고드프루아 백작도 더 많은 백작과 10,000명의 기병과 70,000명의 보병과 함께 도하하였고, 수도에 도착하여 프로폰티스 근처에 그의 군대를 나누었는데, 군대는 코스미디온 수도원과 가장 가까운 다리부터 성^聖 포카스 교회까지 이어졌다. 그러나 황제가 프로폰티스 해협을 건너라고 재촉했을 때, 그는 계속 핑계를 대며 하루하루 결정을 미루며 시간을 보냈는데, 사실 그는 보에몽과 나머지 백작들이 도착하기를 기다리고 있었기 때문이다. 비록 피에르는 본래 성묘에 예배하기 위해서만 이 위대한 순례를 떠났지만, 나머지 백작들, 특히 황제에게 오랜 원한을 품고 있던 보에몽은, 라리사에서 전투를 벌였을 때 황제가 보에몽에게 눈부시게 승리한 것에 대해 복수할 기회를 노리고 있었다. 다른 백작들은 보에몽의 계획에 동의했고, 수도를 점령하려는 꿈을 이루기 위해 어떤 정책을 취할지 결정했다. (이미 내가 자주 언급한 바 있지만)

표면적으로는 예루살렘으로 순례하는 것처럼 보이지만, 실제 목적은 황제를 몰아내고 수도를 점령하는 것이었다. 그러나 황제는 과거 경험을 토대로 그들의 비열함을 알고 있었는데, 편지로 장교들에게 명령을 내리기를, 지원군을 이끌고 아티라에서 필리아스(흑해의 해변 도시)로 이동해 대대 단위로 주둔하면서 고드프루아가 보에몽이나 후방의 다른 백작들에게 보내는 전령이 있는지, 아니면 반대편에서 고드프루아에게 보내는 전령이 있는지 감시하고, 지나가지 못하게 막으라고 했다. 그런데 그 와중에 다음과 같은 사건이 발생했다. 황제는 고드프루아가 맹세하도록 설득해 달라는 말을 하려고 고드프루아와 함께 다른 백작들도 몇 초대했는데, 라틴인들의 장황한 수다로 인해 시간이 길어지자, 백작들이 황제에 의해 감옥에 갇혔다는 거짓 소문이 다른 사람들에게 퍼졌다. 이에 즉시 수많은 군대가 비잔티온으로 진군했고, 우선 은빛 호수라는 곳 근처의 궁전을 파괴하였다. 그들은 또한 비잔티온의 성벽을 공격했는데, 공성 기계가 없었으나 숫자를 믿고, 가장 위대한 성인 니콜라오스를 기리기 위해 황제 중 한 명이 오래전에 지은 예배당과 가까운 궁전 아래에 있는 문에 불을 지르려고 시도하는 뻔뻔스러움을 보여주었다. 비잔티온의 저속한 군중은 겁에 잔뜩 질렸다. 그들은 전쟁 경험이 없었기에 라틴 군대를 보았을 때 통곡하고 울부짖었으며, 가슴을 치며 무서워 어찌할 바를 알지 못하였다. 그러나 황제의 충성스러운 지지자들은 도시가 함락되었던 그 금요일을 회상하면서, 자신들이 저지른 행동을 보복당하지 않을까 불안해했다. 군사 지식을 가진 모든 사람이 황급히 궁전으로 달려갔다. 그러나 황제는 친히 무장하는 어려운 상황을 보이지 않았는데, 비늘 갑옷 흉갑도 입지 않았고, 방패나 창을 손에 쥐고 있지도, 칼을 차고 있지도 않았다. 그러나 왕좌에 확고히 앉아 밝은 표정으로 격려하며, 친척들과 장군들과 의논하면서 모두에게 자신감을 불어넣어 주었다. 먼저 그는 그 누구도 라틴인들과 싸우러 도시 밖으로 나가서는 안 된다고 주장했는데, 첫째로 이날이 성스러운 날이었기 때문이고, (고난주간 목요일로 구세주께서 우리 모두를 위해 불명예스러운 죽음을 맞이하신 날이다) 둘째로는 그리스도인 간에 피를 보는 일을 삼가고 싶어 했기 때문이다. 이에 라틴인들이 그들의 행동을 중단하도록 설득하기 위해 여러 차례 전령을 보냈다.

"기도드리시오."

황제가 말하였다.

"우리 모두를 위하여 하느님께서 목숨을 잃으시고, 우리의 구원을 위하여 악인들에게나 어울릴 십자가도 못도 창도 거부하시지 않은 것이 바로 오늘이오. 그러나 진정으로 전쟁을 원한다면, 부활절 후에는 우리도 준비를 갖출 것이오."

라틴인들은 복종하지 않았을 뿐만 아니라 군대를 더 가깝게 배치하기까지 했으며, 황제의 옥좌 옆에 서 있던 자 중 한 명의 가슴에 맞았을 정도로 엄청난 양의 화살 소나기를 쏘아댔다. 이에 황제의 양편에 서 있던 대부분 사람은 뒤로 물러났다. 그러나 황제는 움직이지 않고 그대로 앉아 그들을 위로하고 부드럽게 꾸짖었는데, 이런 황제의 태도는 모두를 매우 놀라게 했다. 그러나 그는 라틴인들이 아주 뻔뻔하게 성벽에 접근하고 분별 있는 충고를 듣지 않는 것을 보았을 때, 먼저 사위인 나의 카이사르 니키포로스를 부르도록 사람을 보냈다. 그는 튼튼한 군인들과 숙련된 궁수들을 데려가 성벽 위에 세워 놓으라고 명령하였고, 화살을 무수히 쏘되 조준하지 말고 빗나가게 하여 죽이지는 말고 겁먹게만 하라고 하였다. 위에서 말했듯이 그는 그날의 신성함을 존중했고, 그리스도인 사이의 싸움을 원하지 않았다. 다음으로는 귀족들을 불러 모았는데, 대부분은 활을 가졌으나 일부는 긴 창을 가지고 있었으며, 이들에게는 성^聖 로마노스 문을 열고 적에게 맹렬히 돌격하라고 지시했다. 대형은 이러했다 ... 창기병 옆에 경보병이 둘 붙어 엄호하고, 천천히 나아가되 숙련된 궁수를 먼저 몇 보내 멀리서 켈트인에게 활을 쏘고, 왼쪽과 오른쪽으로 계속 방향을 바꾸라고 했다. 양 군대 간의 거리가 좁혀지면 동행한 궁수들에게 기수가 아닌 말을 노려 화살을 쏘아대도록 지시하면서, 전속력으로 돌격하라고 명했다. 이런 전략은 첫째로는 말에게 부상을 입혀 켈트인들이 로마인에 맞서 말을 타고 돌격하지 못하게 막으려는 것이었고, 두 번째로 더 중요하게는 여긴 것은, 어떤 그리스도인도 죽는 일이 없도록 하기 위함이었다. 귀족들은 기쁘게 황제의 명령을 이행했다. 문이 활짝 열렸고, 이후 이날 돌격한 말을 확인해 보니 적의 것은 많이 죽었으나, 아군의 것은 소수만이 죽었다. 이들은 파멸한 상태로 남겨두겠다.

나의 남편 카이사르는 내가 말했듯이 노련한 궁수들을 데리고 탑 위에 서서 야만인들에게 화살을 쏘았다. 그리고 이들은 모두 잘 조준하고 멀리 쏘았는데, 왜냐하면 이 모든 젊은이는 활을 사용하는 데 있어서 호메로스의 테우크로스*만큼이나 능숙했기 때문이다. 그러나 카이사르의 활은 정말이지 아폴로의 활이라 할만했다. 그 유명한 호메로스의 그리스인들처럼, 활줄을 가슴팍까지 당기고 화살을 시위에 물려 쇠로 된 촉이 활에 오도록 하는 사냥꾼의 기술을 보여주는 것이 아니라**, 재림한 헤라클레스처럼 불후의 활에서 치명적인 화살을 날려, 겨냥한 것을 놓치는 법이 없었다. 다른 싸움과 전투에서도 여러 차례 그는, 조준한 것은 무엇이든지 맞추었으며, 몸의 어느 부위를 겨냥하든 정확하게 명중시켰다. 활을 당기는 힘이 어찌나 대단한지, 화살을 어찌나 빠르게 날리는지, 활쏘기로는 테우크로스와 두 아이아스를 능가할 것처럼 보였다. 하지만 그는 그렇게 능숙했지만, 그날의 신성함을 존중했고 황제의 명령을 마음에 새겼다. 그리하여 라틴군이 방패와 투구로 몸을 지키며 무모하게 성벽에 접근하는 것을 보았을 때, 진정으로 활을 당기고 화살을 줄에 고정했으나, 의도적으로 조준하지 않고 발사하여 때로는 적보다 짧게, 때로는 더 멀리 발사하였다. 비록 그날 그는 라틴인들을 제대로 겨냥하는 척했을 뿐이지만, 어느 무모하고 천박한 라틴인이 위를 겨냥해 화살을 몇 대 쏠 뿐만 아니라 제 나라말로 욕설을 퍼붓는 때에는, 그에게 화살을 날렸다. 화살은 헛되이 손에서 나가

---

* 트로이 전쟁에서 활약한 궁수. 이복형제인 두 아이아스와 함께 그리스의 편에 서서 싸웠으며, 뛰어난 궁수 실력으로 유명하다.
** 일리아스의 구절

는 법이 없었고, 긴 방패와 사슬 갑옷을 뚫고 팔이 옆구리에 붙어버리게 했다. 그러면 그자는, 시인이 말했듯이 아무 말도 못 하고 땅에 곧장 쓰러졌다. 카이사르를 축하하는 우리 병사들의 외침과 전사자들을 애도하는 라틴인들의 외침이 하늘에까지 올라갔다. 우리 기병이 밖에서 용감하게 싸우고 있었고 성벽에 있는 우리 병사들도 마찬가지였기 때문에, 두 군대 사이에 치열한 전투가 이어졌다. 마침내 황제는 자신의 군대를 투입하여 라틴군을 역으로 몰아냈다.

다음날 위그는 고드프루아에게, 장군으로서의 알렉시오스 공격을 두 번 당하고 싶지 않다면, 그 뜻에 따르고 선의를 지킬 것을 맹세하도록 조언하였다. 그러나 고드프루아는 심하게 질책하며 말했다.

"당신은 모국에서 부유한 왕으로서 대군을 거느리고 떠나와서는, 그 높은 자리에서 스스로 노예의 자리까지 떨어졌소. 그래 놓고는 대단한 성공이라도 거둔 것처럼 나한테 똑같이 하라고 충고하는 거요?"

상대방이 대답했다.

"우리는 자국에 남아서 외국의 일에 간섭하지 말았어야 했으나, 우리는 황제의 보호가 절실히 필요한 지경에 이르렀으니, 뜻에 따르지 않으면 일이 잘 풀리지 않을 것이오."

그러나 고드프루아는 전혀 설득되지 않은 채로 위그를 보냈고, 황제는 뒤따르는 백작들이 이미 가까이 왔다는 소식을 들었기 때문에 군대와 함께 몇 명의 장군을 보내 다시 한번 고드프루아에게 해협을 건너라 조언하고, 안되면 억지로라도 그렇게 해 달라고 명령했다. 라틴인들은 그들을 직접 보자마자 1분도 기다리지 않고, 원하는 것이 무엇인지 묻지도 않았으며 즉시 싸우기 시작했다. 치열한 전투가 벌어졌고, 많은 사람이 양쪽에서 쓰러졌다. 큰 위험도 개의치 않고 그를 공격했던 황제의 모든 부하는 부상을 입었다. 제국군이 매우 용감하게 싸우자, 라틴군이 굴복하였다. 결과적으로, 고드프루아는 얼마 지나지 않아 황제의 말에 따르기로 하였다. 그는 요구받은 대로 황제에게 가서 맹세했는데, 즉 점령한 모든 마을과 지역, 그리고 요새 중 예전에 로마 제국에 속했던 곳은 황제가 보낸 총독에게 양도하겠다는 것이었다. 이 맹세를 하고, 많은 돈을 받은 후, 황제의 화로와 식탁에 초대되어 호화로운 잔치를 벌였고, 그 후 해협을 건너 펠레카노스 근처에 진을 쳤다. 이에 황제는 그들에게 식량을 풍족하게 전달하라는 명령을 내렸다.

10

고드프루아 이후에 라울이라고 불리는 백작이 15,000마리의 말과 보병들을 데리고 도착하여 휘하 백작들과 함께 총대주교의 수도원 근처에 있는 프로폰티스에 숙영하고 있었고, 나머지는 소스테니온의 바로 옆 해변에 넷으로 나누어 배치했다. 그는 고드프루아와 마찬가지로 자신을 뒤따르는 다른 사람들이 도착하기를 기다리고 있었기에, 건너기를 미루었다. 그러나 무슨 일이 일어날지 예견한 황제는 그들의 출현을 염려하였고, 가능한 모든 수단을 동원해 라울이 빨리 건너게 했다. 이에 사람을 보내 오푸스(고귀한 정신을 지녔고 군사 경험이 부족하지 않은 사람)를 데려오도록 했는데, 그가 도착하자 병사들을 여럿 붙여주며, 라울에게 가서 해협을 건너라고 강력히 권하라 명령했다. 그러나 라울이 황제의 명령에 따르지 않으리라는 것이 분명해 보이고, 오히려 황제에 대해 뻔뻔스럽고 무례하게 떠들어대자, 전투 대열을 갖추었다. 야만인들에게 겁을 주면 건너가게 할 수 있지 않을까 생각한 것이다.

그러나 라울은 당부 받은 것보다 더 빨리 함께 있던 프랑크 군대에게 진형을 갖추도록 했고, 그리고는 '거대한 시체를 우연히 발견한 사자처럼' 기뻐하며 즉시 오푸스와 치열한 전투를 시작했다. 페가시오스는 프랑크 군대를 수송하기 위해 바다로 이곳에 왔다가, 육지에서 전투가 벌어지고 프랑크 군대가 로마군을 대담하게 공격하는 것을 보고 하선하여, 후방에서 프랑크 군대를 공격했다. 이 전투에서 죽은 많은 사람보다 훨씬 더 많은 사람들이 부상을 입었고, 결과적으로 생존자들은 바다 건너편으로 옮겨가기를 원했다. 황제는 그들이 고드프루아와 합류하여 일어난 일을 이야기하면, 고드프루아가 황제에게 격분할 것이라고 매우 신중하게 생각하여 기꺼이 그들의 요청을 받아들였고, 긴급한 요청에 따라 그들을 배에 싣고 바다를 통해 구세주의 무덤으로 옮겼다. 그는 오기로 되어 있던 백작들에게 사절을 보내 친절히 환영하고 크나큰 기대를 표현했으며, 결과적으로 그들은 도착하자마자 기꺼이 모든 명령을 이행했다. 라울 백작에 대해서는 이것으로 충분하다.

그의 뒤를 이어 이질적인 군중이 무수하게 왔는데, 이들과 함께 지도자, 왕, 공작, 백작, 심지어 주교까지, 거의 모든 켈트인들이 건너왔다. 황제는 그들을 친절하게 맞이하고 합당한 도움을 약속하기 위해 사람들을 보냈다. 그는 미래를 준비하는 데 항상 영리하였는데, 당장 필요한 것이 무엇인지 한눈에 파악하였기 때문이다. 또 이 목적을 위하여 특별히 임명된 사람들에게 명령하여 여정 중에 양식을 공급하게 하였으니, 어떤 이유에서든지 그분과 다투는 일이 없도록 하려는 것이었다. 십자군은 서둘러 수도로 향했다. 그 수를 하늘의 별이나 바다 가장자리를 따라 쏟아지는 모래알의 수에 비유할 수도 있을 것이다. 콘스탄티노폴리스에 접근하기 위해 서둘렀던 이 사람들은, 호메로스가 말한 것처럼 봄날의 나뭇잎과 꽃만큼 많았다. 나는 지도자들의 이름을 자세히 말하고 싶지만 그렇게 할 수가 없다. 이 발음하기도 어려운 이상한 이름들을 말하지도 못하겠고, 수가 너무 많아서 혀가 굳어버린 탓이다. 그리고 동시대인들도 이 광경에 곧 무관심하게 되었는데, 도대체 왜 우리가 그토록 많은 이름을 열거하려고 노력해야겠는가? 마침내 수도에 도착했을 때, 그들은 황제의 명령에 따라 코스미디온 수도원 근처에 군대를 배치했고 그 무리가 히에론까지 이어졌다. 옛 그리스에서 그랬던 것처럼 아홉 전령이 소리를 질러가며 통솔한 것이 아니라, 용맹한 많은 수의 중장보병이 동행하며 황제의 명령에 따르도록 설득했다. 이제 황제는 모두에게 고드프루아가 했던 것과 같은 맹세를 하도록 강하게 요구하고 싶어 했다. 그래서 그들을 따로 초대하고 개인적으로 자신의 소원을 이야기하였는데, 개중 합리적인 자들은 고집불통인 자들을 다루기 위한 중재자로 이용하였다. 그들은 보에몽이 도착하기를 기대하며 황제의 말을 따르지 않았다. 계속 여러 새로운 요구사항을 내놓으며 온갖 방법을 동원해 빠져나가려 했으나, 황제는 대단히 쉽게 핑계거리를 꿰뚫어보고 다방면으로 재촉하여, 고드프루아가 한 맹세를 하도록 만들었다. 또한 서약식에 참석해달라며, 바다 너머 펠레카노스에 있던 고드프루아를 불렀다. 그리하여 그들은 모두 모였고, 그 사이에 고드프루아가 있었다. 모든 백작이 맹세한 후, 어떤 무모한 귀족이 갑자기 황제의 자리에 앉았다. 황제는 라틴인의 오만한 본성을 오래전부터 알고 있었기 때문에, 그 행동을 참았고, 아무 말도 하지 않았다. 그러나 보두앵 백작은 앞으로 나아가 그의 손을 잡고 일으켜, 세게 꾸짖으며 말하였다.

"여기서 그런 짓을 하는 것은 옳지 못하오. 황제께 충성을 약속해 놓은 상황에서는 더더욱 그러하오. 로마 황제가 신하를 옥좌 옆에 앉히는 법이 있소이까. 폐하의 봉신이 되겠다고 맹세한 자는 그 나라의 예절을 따르는 것이 마땅하오."

그는 보두앵에게 아무 대답도 하지 않았으나, 황제를 맹렬히 노려보며 자기 모국어로 얼마간 중얼거리면서 혼잣말하였다.

"용감한 수장들이 그의 주위에 서 있는 동안 혼자 앉아있는 이 촌놈 좀 보시오."

라틴인의 입술이 움직이는 것을 황제는 놓치지 않았고, 통역사를 불러 무슨 말인지 해석하라고 했다. 어떤 발언을 했는지 황제가 들었을 때, 얼마 동안 라틴인에게 아무 말도 하지 않았지만, 그 말을 마음에 담아두었다. 그들이 모두 황제의 곁을 떠나고 있을 때, 그는 그 거만하고 대담한 라틴인을 불러 누구이고 어디서 왔으며, 혈통은 어떻게 되는지 물었다. 그가 대답했다.

"나는 순혈의 프랑크 귀족이오. 내가 아는 것은, 내가 온 나라의 십자로에는 오래된 성소가 있으며, 싸움하고 싶은 자는 준비를 끝마치고 이곳에 간다는 것이오. 하느님께

기도하며 도움을 청한 다음 도전해 오는 자를 기다리는 것인데, 나도 이 십자로에 종종 가서 도전자를 기다렸지만, 감히 나한테 싸움을 걸러 나타난 자는 아무도 없었소."

이에 대해 황제는 이렇게 답변하였다.

"그때 싸움을 벌이지 못했을지라도, 이제 그대의 갈증을 채울 시간이 왔소. 그러나 후방이나 최전선에 자리를 잡지 말고, '이밀로시톤ἡμιλοχιτῶν'의 중심에 있도록 강력히 권고하는데, 튀르크 군대와 오랫동안 전투를 치러왔기에 그들이 어떻게 싸우는지 잘 알고 있기 때문이오."

황제는 이런 조언을 이 사람에게만 한 것이 아니라 다른 모든 사람에게도 여행 중에 일어날 수 있는 사고를 예측하였고, 하느님이 그들에게 승리를 허락하셨을 때도 매복에 빠져 죽임을 당할 수 있으니, 너무 멀리 쫓지 말라고 충고하였다.

11

고드프루아와 라울, 그리고 동행한 다른 사람들에 대한 이야기는 여기까지이다. 한편 보에몽은 다른 백작들과 함께 아프로스에 도착했을 때, 자신은 귀족 태생도 아니고 돈이 없어 병사를 많이 데려오지도 못했지만, 황제의 선의를 이용하고 자신의 계획을 은밀히 숨겨야겠다고 생각했다. 그래서 다른 백작들은 뒤에 남겨둔 채, 단 10명의 켈트인만 데리고 수도로 서둘러 왔다. 황제는 그의 계략에 대해 알았고 음흉하고 배신을 밥 먹듯 하는 성격을 오래전부터 알았기에, 다른 백작들이 도착하기 전에 먼저 이야기를 나누고, 뭐라고 하는지 들은 다음, 다른 사람들보다 먼저 아시아로 건너가라고 설득하려 했다. 혹여나 도착하는 사람들과 합류해서는, 그들의 마음도 타락시키는 일이 일어나지

---

* ἡμιλοχιτῶν; 용례가 거의 없다. 영어로는 junior officers로 번역되기도 한다

않도록 말이다. 그래서 황제는 보에몽이 들어왔을 때, 환히 웃으며 여정은 어 떠했고, 백작들과 어디서 헤어졌는지 물었다. 보에몽은 황제의 질문에 최선을 다해 제 생각을 명확히 설명했다. 이어서 황제는 농담하고, 예전 디라히온에서 저지른 행동과 적개심을 떠올리게 하였다. 보에몽은 대답했다.

"그때는 내가 분명히 그대의 대적자요, 원수였으나, 이제 나는 폐하의 친구로서 내 의지에 따라서 왔소이다."

황제는 그와 많은 이야기를 나누며 은밀히 떠보았으며, 그가 충성 서약을 하기로 동의할 것임을 알아챘다. 이에 물러가도록 하면서 말하였다.

"그대도 여행에 지쳤을 테니 지금은 가서 쉬시오. 내일 마음껏 이야기합시다."

그래서 보에몽은 코스미디온으로 갔는데, 그를 위해 숙소가 준비되어 있었고, 온갖 고기와 음식이 차려진 식탁도 준비되어 있었다. 요리사들은 또한 익히지 않은 동물과 새의 고기를 가져와서 말하였다.

"알다시피, 우리는 평소 방식으로 음식을 준비하였습니다. 입맛에 맞지 않으신다면, 여기 날고기도 있으니 원하시는 대로 요리해드리겠습니다."

그들은 황제의 명령에 따라 이런 식으로 음식을 준비하고, 이렇게 말한 것이다. 그는 사람의 성격을 판단하는 데 놀랍도록 영리했고, 마음을 꿰뚫어 사람의 생각을 찾아내는 데도 뛰어났으며, 보에몽이 품은 의심과 악의를 알고 있었기 때문에 진실을 짐작했다. 결과적으로 보에몽이 그를 의심하지 않도록 동시에 그 날고기를 가져가라고 명령한 것이다. 그의 추측은 틀리지 않았다. 무시무시한 보에몽은 음식을 전혀 맛보지 않았을 뿐만 아니라 손가락 끝으로도 만지려 하지 않았고, 의심을 숨긴 채 친절을 베푸는 척, 음식을 시종들에게 나누어 주었다. 제대로 들여다본다면 죽음의 잔을 따라주는 것임을 알았을 것이다. 그리고 그는 자신의 교활함을 숨기지 않았는데, 하인들을 멸시했기 때문이다. 그러나 생고기는 자신의 요리사에게 평소 프랑크 방식으로 준비하도록 명령했다. 다음날 보에몽은 저녁을 먹은 사람들에게 기분이 어떠냐고 물었다. 그들은 매우 기분이 좋고, 약간의 불편함도 느끼지 않았다고 대답했다. 이에 보에몽은 자신의 숨겨진 생각을 끄집어내어 말했다.

"그와의 전쟁과 그 끔찍한 전투를 회상했을 때, 그가 내 음식에 독을 섞어서 나를 죽이려는 게 아닐까 두려웠다오."

그렇게 보에몽이 말했다. 나는 악한 자가 무슨 말과 행동을 하든 늘 잘못되는 모습을 보았는데, 사람이 중도에서 벗어나면 어떤 극단으로 치우쳐도 선함과는 거리가 멀기 때문이다.

황제는 보에몽을 불러 라틴인의 관례적인 맹세를 하도록 요구했다. 그는 자신의 처지를 알았는데 즉, 저명한 조상의 후손이 아니었고 넉넉한 돈도 없었다. 이런 이유로 군대도 많지 않았고, 매우 제한된 수의 켈트인 가신만이 있었으며, 게다가 천성적으로 거짓 맹세를 할 준비가 되어 있기 때문에 황제의 요구에 기꺼이 따랐다. 그런 다음 황제는 궁전의 방 하나를 정해 모든 종류의 재물을 바닥에 뿌렸고, 그 방을 의복과 인장을 찍은 금과 은, 그리고 그보다 더 가치가 낮은 다른 물건들로 채웠는데, 얼마나 많은지 걸을 수도 없었다. 그리고 그는, 보에몽에게 이것들을 보여줄 사람더러 문을 갑작스럽게 열어젖히라고 말하였다. 보에몽은 그 광경을 보고 놀라서 외쳤다.

"이 모든 보물이 내 것이라면, 이보다 오래전에 많은 나라의 주인이 되었을 터인데!"

그러자 시종은 이렇게 답했다.

"황제 폐하께서 오늘 이 모든 부(富)를 선물로 드립니다."

보에몽은 기뻐했고 선물에 감사하며, 유숙하던 집으로 쉬러 돌아갔다. 그러나 이 보물들을 그에게 가져왔을 때, 앞서 그것들에 감탄했던 그는 마음을 바꾸어 말했다.

"황제께서 나에게 그런 불명예를 안겨 주리라고는 상상도 못했소. 가져가서 보내신 분에게 돌려주시오."

그러나 라틴인의 변덕스러움을 잘 알고 있는 황제는, '나쁜 것은 자기 주인에게 돌아가게 하라'는 유명한 속담을 인용하였고, 보에몽은 이 소식을 듣고 짐꾼들이 선물을 다시 조심스럽게 포장하는 것을 보고 마음을 바꿨다. 1분 전에는 그들을 돌려보내며 짜증을 냈던 그가, 이제는 순식간에 색깔을 바꾸는 문어처럼 짐꾼들에게 유쾌한 표정을 지었다. 이자는 본질적으로 도적이었고, 예측하지 못한 일에 어떻게든 대처할 수 있었다. 도적질과 용기에 있어서는 앞서 온 모든 라틴인보다도 뛰어났으나, 힘과 돈은 뒤떨어졌다. 악행에 있어서는 지나치다고 할 정도로 모든 사람을 능가했으나, 그럼에도 변덕스러움이 라틴인들 특유의 더듬이처럼 그에게서도 나타났다. 즉, 처음에 선물을 거절한 사람이, 나중에는 크게 기뻐하며 선물을 받았다. 땅 없는 자가 되어 자기 나라를 떠나 근심하며, 표면적으로는 성묘에서 예배하기 위해서였으나 실제로는 자신을 위해 왕국을 얻으려는 의도로, 또는 가능하다면 아버지의 조언을 따라 으레 말하듯 수단과 방법을 가리지 않고 로마 제국을 점령하고 싶었기 때문에 많은 돈이 필요했다. 그러나 그의 불쾌하고 뒤틀린 기질을 알고 있는 황제는, 그의 비밀 계획에 도움이 되는 모든 것을 제거하기 위해 최선을 다하였다. 이에 보에몽이 동방의 메가스 도메스티코스 지위를 요구했을 때 들어주지 않았는데, 그는 '크레타인보다도 더 크레타인 같이 되려고' 하고 있었기 때문이다*. 황제는 그가 권력을 잡으면 다른 백작들을 포로로 삼아 자신이 원하는 것은 무엇이든 하도록 그들을 설득할까 염려하였다. 게다가 그는 보에몽 자신의 계획이 이미 발각되었다는 의심을 조금도 갖지 않기를 바랐기 때문에, 다음과 같이 그럴듯한 약속을 말함으로써 그를 즐겁게 하려 하였다.

---

* 거짓말을 잘한다는 뜻이다. 플루타르코스 영웅전에 나오는 표현이다.

"그렇게 할 때는 아직 오지 않았소. 그러나 그대의 활력과 평판, 무엇보다도 충성심을 통해 머지않아 때가 올 것이오."

이 대화를 마치고 그들에게 여러 종류의 선물과 영예를 수여한 후, 다음 날 그는 황제의 자리에 앉아 보에몽과 모든 백작을 소집하였다. 그들에게 여행 중 일어날 수 있는 일들에 대해 이야기하고 유용한 조언을 해주었고, 또한 튀르크의 일반적인 전쟁 방법을 가르쳤다. 또한 군대와 장교들을 배치하는 방식을 말해주고, 튀르크 군대가 도망칠 때 멀리까지 추격하지 말라고 충고하였다. 이런 식으로 황제는, 소량의 돈과 약간의 충고로 그들의 야만적인 행동을 누그러뜨린 후에, 그들에게 좋은 조언과 함께 아시아로 건너갈 것을 제안하였다. 황제는 레몽을 특히 좋아했는데, 그의 뛰어난 지혜와 진정한 신의, 삶의 순수함 때문이었으며, 특히나 그가 무엇보다도 진실을 중요시했기 때문이기도 하였다. 그는 하늘의 별들 사이에 있는 태양처럼 모든 라틴인 사이에서 빛났다. 백작들은 모두 황제에게서 벗어나 프로폰티스를 넘어 다말리움에 도착했다. 황제는 그들이 벌인 소동에서 한숨 돌린 뒤 종종 레몽을 불러 여행 중 라틴인에게 어떤 일이 일어날지 더 자세히 설명했고, 십자군이 이곳에 온 의도가 의심스럽다고 그에게 털어놓았다. 그는 종종 레몽에게 이런 말을 되풀이했고, 말하자면 그에게 영혼의 문을 열어주었고, 모든 것을 분명히 말함으로써, 보에몽의 사악함을 경계하고 보에몽이 자신의 맹세를 어기려고 시도한다면, 그의 계획을 파괴하기 위해 모든 방법을 다 써보라고 조언하였다. 레몽은 황제에게 대답했다.

"보에몽은 조상에게서 거짓말과 역심을 물려받았으니, 서약을 지킨다면 기적일 겁니다. 명을 수행하기 위해 제가 할 수 있는 최선을 다하겠습니다."

그리고 그는 황제와 작별하고 프랑크 전체 군대에 다시 합류하기 위해 떠났다.

십자군과 함께 이교도들에게 대항하여 진군하기를 원했지만, 켈트인들이 무수히 많아 그를 망설이게 하였다. 이에 펠레카노스로 가서 거기에 머무르는 것이 현명하다고 결정하였는데, 니케아와 가까웠고 십자군들이 어떻게 지내는지 알 수 있으며, 튀르크인들이 도시 밖에서 벌이는 원정과 도시 안에서 돌아가는 일에 대해서도 들을 수 있었기 때문이다. 그는 그사이에 어떤 군사적인 성공을 거두지 못한다면 안타까운 일이라고 생각하였고, 서약한 대로 십자군한테 니케아를 넘겨받지 못한다면 직접 점령하는 것을 목표로 삼았다. 그는 이 계획과 준비, 그리고 그 이유를 자신과 절친한 친우였던 부투미티스에게만 밝혔다. 그는 한편으로는 니케아 안의 이교도들에게 많은 혜택과 함께 완전히 면책해 주겠다고 약속하고, 다른 편으로는 십자군이 도시를 점령하면 그들이 끔찍한 고통을 겪고 칼에 맞아 죽을 것이라고 경고하는 방식으로 승리하기 위해 그를 보냈다. 황제는 부투미티스가 매우 충성스러우며, 이러한 성격의 임무를 능숙하게 수행함을 알았기 때문이다. 일어난 일을 맨 처음부터 정리하면 이러했다.

11권

십자군의 진군과 활동

1차 십자군 (1097~1104)

XI. The First Crusade (1097~1104)

1

 그리고 이제 보에몽과 모든 백작은 키보토스*로 건너가야 하는 곳에서 고드프루아와 합류했고, 그곳에서 레몽을 기다렸다. 그러나 군대의 수가 너무 많아서 식량이 부족했고, 한곳에 머물 수 없었다. 비록 황제가 레몽과 함께 도착하면, 같이 니케아로 진군할 계획이었는데도. 결국에 그들은 두 갈래로 갈라졌는데, 하나는 비티니아와 니코메디아를 거쳐 니케아로, 다른 사람은 해상을 건너서 키보토스로 간 후 같은 곳으로 진격하기로 하였다. 이 길을 통해 니케아로 도달한 후, 성탑과 그 사이의 막벽을 부대마다 할당했다. 할당한 곳에 따라 성벽을 공격해, 서로 경쟁을 일으켜 공성을 열성적으로 수행하려고 한 것이다. 레몽에게 할당된 부분은 그가 올 때까지 그대로 두었다. 이와 동시에 황제는, 내가 이미 설명한 니케아에 대한 그의 계획을 토대로 펠레카노스를 점령하였다. 니케아의 이교도들은 이미 룸의 술탄에게 도움을 줄 것을 자주 간

---

* 현재 시리아의 도시 아파메아

청하였다. 그러나 그는 늦어졌고, 새벽부터 해가 질 때까지 여러 날 동안 포위가 계속되었기에, 그들은 자신들의 일이 아주 나쁜 방향으로 흘러가는 것을 알아차렸다. 그들은 논의 후, 십자군에게 점령되는 것보다 황제에게 항복하는 것이 더 낫다고 결정하였다. 그들은, 니케아를 황제에게 바치면 후한 보답을 받을 것이라고 여러 차례 서한으로 약속했던 부투미티스에게 접근하였다. 그는 황제의 선한 의도를 더욱 확고히 말해주며, 도시를 넘기면 보답하겠다는 약속을 문서로 전달하였다. 튀르크인들은 이 거대한 무리에 맞서는데 지쳐 있었고, 죽는 것보다는 자유의지로 황제에게 항복하고 돈과 명예를 누리는 것이 낫다고 판단해 환영하였다. 부투미티스는 사흘 동안 니케아에 없었고, 레몽이 도착하여 자신이 준비해온 공성 기계로 성벽을 공격하기 시작한 후에야 니케아에 도착했다. 그 동안 술탄이 가까이 왔다는 소문이 그들 사이에 퍼졌다. 튀르크인들은 그 소식을 듣고 이내 용기를 되찾았고, 즉시 부투미티스를 추방하였다. 그리고 술탄은 그의 군대 일부를 파견하여 레몽이 진군하는 경로를 감시하고, 십자군을 마주치면 전투를 주저하지 말라고 명령하였다. 레몽의 병사들은 멀리서 그들을 보았고, 전투를 벌였다. 곧 다른 백작들과 보에몽은 이교도들의 공격을 전해 들었고, 각 백작의 군대에서 200명의 병사를 선발하여 레몽의 군사들을 구하기 위해 엄청난 규모의 군대를 파견하였는데, 그들은 튀르크 군대를 우회시키는 데 성공했고 저녁까지 추격하였다. 그러나 술탄은 이 상황에 전혀 낙담하지 않았고, 날이 밝은 뒤 무장한 전군을 이끌고 니케아 외곽의 평원을 점령하였다. 십자군은 술탄이 있다는 것을 알게 되자, 완전무장하고 사자처럼 튀르크 군대에 돌격하였다. 그리고 맹렬하며 가혹한 전투가 시작되었다. 하루 동안 균형추는 양쪽 사이에서 흔들렸으나, 해가 지자 튀르크 군대는 패주했고, 밤이 되자 승부가 났다. 양쪽에서 많은 사람이 쓰러졌고, 더 많은 수가 부상을 입었다. 이 눈부신 승리를 거둔 후 십자군들은 수많은 튀르크인의 머리를 창에 꽂아 군기처럼 들어 올리고 돌아갔는데, 지금까지 일어났던 일을 이교도들이 멀리서 보게 하고, 처음부터 패배할 것이라고 생각하도록 유도하여 격렬한 전투를 막기 위함이었다.

라틴인들이 고안하고 실행에 옮긴 전투 방식이 이러했다. 한편 술탄은 무수히 많은 군세와 전투에서 직접 그들의 무적이 대담하다는 점을 맛보고 난 후, 니케아 내부의 튀르크인들에게 전언을 보냈다.

"가장 낫다고 생각하는 바에 따라 행동하라."

그는 그들이 십자군에게 함락되느니, 차라리 도시를 황제에게 바치는 쪽을 선호한다는 사실을 얼마 전부터 알고 있었기 때문이었다. 레몽은 시작한 작업을 계속하면서 큰 원형 나무 탑을 지었고, 가죽으로 양쪽을 덮고 그 중앙을 고리버들 세공으로 엮어 모든 면을 매우 튼튼하게 만든 다음, 고나타스라는 성탑 옆에 세웠다. 이 탑은 오래전에 유명한 마누일(이전 황제인 이사키오스 콤니노스와 그의 동생인 나의 친할아버지 요안니스의 아버지)이 바실리오스 황제 때 동방의 스트라티고스 압토크라토르*로 임명되었을 때 지었다. 황제는 스클리로스와의 분쟁을 끝내려는 의도였는데, 힘으로 제압하거나 외교적인 수단을 동원하여 평화조약을 맺도록 하려 한 것이다. 그러나 스클리로스는 전쟁을 사랑했고 항상 유혈 사태를 즐겼기 때문에 평화보다는 전쟁을 선택하였는데, 격한 충돌이 매일 일어났고, 스클리로스가 평화를 원하지 않았기 때문이기도 하지만, 그가 공성 기계의 도움으로 니케아를 점령하기 위해 열심히 노력했기 때문이기도 하였다. 그는 이 탑의 하단을 상당 부분 무너뜨리고 성벽을 뚫어 내었으며, 탑은 마치 무릎 꿇은 꼴이 되어버렸고 이로부터 이름이 붙었다. 고나타스라는 이 탑의 역사는 이러하다. 레몽이 내가 언급한 이 탑을 매우 과학적인 방법으로 세웠을 때, (숙련된 기술자들은 이를 '거북'이라고 불렀다) 그는 무장한 병사들뿐만 아니라 철제 장비를 써서 탑을 기초부터 무너뜨릴 줄 아는 사람들을 투입하였다. 한 무리가 성벽에서 수비수들과 싸우는 동안, 아래에 있는 다른 무리가 탑을 무너뜨릴 여유가 생길 것이라는 생각이었다. 이들은 돌

---

* 한 전선의 최고 사령관에게 내리는 칭호였다.

을 파내고 그 자리에 통나무를 끼워두었고, 안쪽까지 파서 빛이 보이자, 통나무에 불을 붙였다. 잿더미가 되며, 고나타스는 제 이름에 걸맞게 더 앞으로 기울어져 버렸다. 벽의 나머지 부분은 공성추와 '거북'으로 둘러쌌는데, 성벽 밖 깊은 해자는 흙으로 순식간에 채워버려 양쪽 평원과 같은 높이로 평평해질 정도였다. 이들은 온 힘을 다해 공성을 진행했다.

2

사안을 정확하게 파악해왔던 황제는, 라틴인들이 비록 무수한 군대를 가지고 있어도 니케아를 점령하는 것은 불가능하다는 것을 깨달았고, 각종 공성기계를 만들도록 했다. 대부분 원래 만들던 방식대로 만든 것이 아니라 그가 직접 고안해낸 것으로, 사람들은 놀라워 마지않았으며, 이것들을 백작들에게 보내주었다. 이미 언급한 바와 같이, 황제는 가까이 있는 병사들과 함께 해협을 건너 메삼펠라 근처 펠레카노스에서 멀지 않은 곳에 머물고 있었다. 이전에 위대한 순교자 요르요스를 기리기 위해 예배당이 세워졌던 곳이다. 황제는 진실로 라틴인들과 함께 무도한 튀르크인에 맞서 진격하고 싶었다. 하지만 이런 생각을 하며 셀 수 없이 많은 프랑크군의 수와 로마군의 수를 비교해보았고, 라틴인들의 변덕스러움을 오랫동안 겪어본 경험상 포기할 수밖에 없었다. 이뿐만 아니라 에우리포스 해협처럼 이리저리 휩쓸리고, 동전 한 닢에 처자식도 팔아넘길 정도로 탐욕적인 이자들의 불안정하고 신의 없는 본성 때문이기도 하였다. 이러한 이유로 황제는 당시 진출을 미루었다. 그러나 황제는, 십자군에 합류할 수는 없지만 그들과 함께 있는 것처럼 많은 도움을 주어야 한다고 생각했다. 그는 니케아 요새의 강한 방어력을 알고 있었기 때문에, 라틴인들이 그것을 차지할 수 없다는 것을 알았고, 술탄이 성[※]에 붙어 있는 호수를 통해 충분한 병력과 생활필수품을 아주 쉽게 도시로 수송하고 있다는 소식을 들었기에 호수를 차지할 계획을 세웠다. 그는 호수에 뜰 수 있는 가벼운 배를 만들었고, 그런 다음 그것들을 마차에 싣고 키오스 수로가 보이는 쪽의 호수로 운반하도록 하였다. 배에는 중보병들과 지휘관 마누일 부투미티스가 탔으며, 필요한 것보다 깃발을 더 많이 들어 수가 몇 배는 더 되어 보이도록 하고, 나팔과 큰 북도 사용했다. 이러한 것들이 황제가 호수에 취한 조치였다. 그리고 그는 육지에서 타티키오스와 치타스라는 남자를 불러, 2,000명의 용감한 경보병들과 함께 니케아로 보냈다. 그들에게 내린 명령은, 하선하자마자 성 게오르기오스 요새를 점령하고, 가져온 화살은 노새에 싣고, 니케아 성벽에서 좀 떨어진 지점에 다다르면 말에서 내려 천천히 진격한 다음, 고나타스 탑 맞은편에 말뚝을 둘러 진을 치고, 십자군과 합류하여 밀집 대형으로 성벽을 공격하라는 것이었다. 이에 타티키오스가 그의 군대와 함께 도착했을 때 그는 황제가 명령한 대로 십자군에게 소식을 전했다. 그들은 모두 완전무장하고 큰 소리를 지르며 성벽을 공격하였다. 그리고 타티키오스의 부하들이 화살 소나기를 퍼붓는 동안 십자군들은 한 곳에서는 성벽에 구멍을 내고, 다른 곳에서는 그칠 새 없이 투석기로 돌을 던졌다. 호숫가에서도 이교도들은 황실의 군기와 나팔소리에 겁을 먹었는데, 동시에 부투미티스가 황제의 약속을 알려주겠다고 부르고 있었다. 그 결과 그들은 너무 고통스러워져 성가퀴 위를 감히 쳐다보지도 못했다. 이쯤 되자 술탄이 올 것이라는 희망을 버렸고, 도시를 황제에게 바치고 부투미티스와 협상하는 것이 가장 현명하다고 생각했다. 그들에게 적당히 말해준 뒤, 그는 황제가 맡긴 금인칙서를 그들에게 보여주었다. 그는 문서를 읽어주었고, 황제가 사면을 약속했을 뿐 아니라, 술탄의 누이와 아내(차카의 딸이라고 전해진다)와 니케아의 모든 야만인에게 후한 돈과 영예를 약속함을 알렸다. 이리하여 이들은, 황제의 약속에 힘을 얻어 부투미티스의 요구를 받아들였다. 그는 즉시 타티키오스에게 다음과 같은 편지를 보냈다.

"먹잇감이 손에 들어왔습니다. 성벽을 공격할 준비를 하십시오. 켈트인들도 준비하라고 하되 성벽을 사방에서 공격하고, 해가 뜰 때쯤 성벽을 둘러싸고 공성을 개시하라고만 해두십시오."

이는 부투미티스가 교전을 통해 도시를 함락시켰다고 믿게 만들려는 것이 었으며, 황제가 면밀히 꾸민 배신을 숨기기 위한 술책이었다. 황제는 부투미티스가 한 일을, 십자군이 아는 것을 원하지 않았기 때문이다. 이튿날 도시 양쪽에서 전투의 함성이 울려 퍼졌다. 육지 쪽에서는 십자군이 힘차게 공격을 시작했고, 성가퀴에 올라탄 부투미티스의 쪽에서는 성벽을 따라 황실의 홀과 군기를 고정했고 뿔피리와 나팔로 황제를 환호하였다. 이렇게 로마 군대 전체가 니케아에 입성하였다. 이에 부투미티스는 십자군의 숫자를 염두에 두었고, 그들의 변덕스러움과 성급함 때문에 성채에 들어와 차지할 수도 있음을 염려하였고, 내부의 튀르크인 사트라프들도 자신이 이끄는 병력보다 수가 많았기에, 마음만 먹는다면 아군을 가두고 학살할 수도 있는 상황이었다. 그렇기에 그는 즉시 성문 열쇠를 챙겼다. 오직 한 곳만 입구와 출구로써 사용하였고 나머지는 외부의 십자군에 대한 두려움 때문에 모두 봉쇄하였다. 열쇠를 챙긴 뒤 그는 제압하기도 쉽고, 반란도 계획하지 못하게 할 겸 사트라프들의 수를 줄여야겠다고 생각했다. 그래서 그는 그들을 불러들여 거금과 높은 작위, 연금을 받고자 한다면 황제에게 가라고 조언하였다. 이렇게 튀르크인을 설득한 뒤 밤이 되자, 그는 성문을 열고 호수 너머에 있는 성 게오르기오스의 이름을 딴 요새 근처에 머물던 로도미로스와 야만인 혼혈인 모나스트라스에게 시간이 날 때마다 사람을 보냈다. 그는 이 두 사람에게 튀르크인을 황제에게 직접 보내도록 명령했다. 잠시라도 구금하지 않고 바로 보내라고 하였는데, 혹여나 튀르크인들이 연이어 도착하는 자들과 결탁하여 음모를 꾸밀 수도 있었기 때문이다. 이제 이 말은 문자 그대로 일종의 예언이자 그 사람의 노련함에서 우러나온 반박할 수 없는 증거였다. 도착한 튀르크인들이 황제에게 재빨리 보내지는 한, 그들(로도미로스와 모나스트라스)은 꽤 안전했고 위협받지 않았는데, 둘이 게을러지자 억류했던 이교도들이 위기를 초래한 것이다. 이들은 이제 수가 많아졌기 때문에, 밤에 그들을 공격하여 죽이거나 붙잡아 술탄에게 끌고 가려 했다. 대다수가 후자에 투표함에 따라 그들은 밤중에 공격했고 계획대로 포로로 붙잡아 떠났다. 보고에 따르면, 그들은 아잘라스 언덕(이곳은 니케아 성벽에서 ... 스타디온 떨어져 있다)에 도착했을 때 말에서 내려 쉬었다고 한다. 이제 튀르크어를 알고 있었던 이교도 혼혈 모나스트라스와 한때 튀르크인들에게 포로로 잡혀 그들 사이에서 한동안 살았던 로도미로스는, 둘 다 튀르크어를 아예 모르지 않았다. 그래서 그들은 그럴듯하게 반복해서 말하기 시작하였다.

"왜 우리에게 죽음을 안기려 하는 거요. 당신들이 그런다고 이득 볼 수 있는 게 전혀 없는데? 당신 친구들은 다 황제에게서 분에 넘치는 선물과 연금도 받았는데, 지금 당신들은 그런 것을 죄다 내다버리고 있소. 간청하건대, 뻔히 보이는 위험 속으로 뛰어들지 마시오. 위험에서 벗어나 부를 자랑하며 고향으로 돌아갈 수도 있고, 영주가 될 수도 있는 충분한 상황 아니오. 그리고 로마군의 매복에 당할 수도 있지 않겠소."

그리고 그들은 주변의 개울과 늪지대를 가리켰다.

"그러면 당신들은 죽임을 당하고 헛되이 목숨을 잃을 것이오. 켈트인과 이교도뿐만 아니라 로마인도 엄청나게 많이 기다리고 있소. 그러므로 당신이 우리의 충고를 따른다면 말머리를 돌려 함께 황제 폐하께로 가십시다. 하느님의 이름에 걸고 맹세하건대, 황제께서는 당신들에게 셀 수 없을 만큼 많은 선물을 내릴 것이고, 언제든 원하는 때에 자유민처럼 떠날 수 있게 하실 것이오."

튀르크인들은 그들의 제안에 동의했고, 서약을 주고받은 후 그들은 황제가 있는 곳으로 서둘러 향했다. 펠레카노스에 도착했을 때 황제가 그들을 보고는, 마음속으로는 로도미로스와 모나스트라스에게 깊게 노했지만, 쾌활한 얼굴로 모두를 맞이했다. 그러나 잠시 쉬도록 내보냈다. 다음날 황제를 계속 섬기겠다고 한 모든 튀르크인은 무수한 보상을 받았다. 집으로 돌아가겠다고 요청한 사람들도 적지 않은 선물과 함께 자유롭게 돌아갔다. 나중에 그는 로도미로스와 모나스트라스의 경솔한 행동에 대해 심하게 질책하였다. 그러나 그들이 부끄러워하여 감히 그의 얼굴을 바라보지 못하는 것을 알고, 어조를 바꾸고 다시 그들을 위로했다. 로도미로스와 모나스트라스에 대해서는 이 정도면 충분할 것이다.

부투미티스는 황제에 의해 니케아의 둑스로 임명되었고, 십자군은 부투미티스에게 도시에 들어가 교회를 방문하고 예배할 수 있도록 허가를 요청하였다. 그러나 그는 그들의 성격을 알고 있었기 때문에, 내가 전에 말했듯이 그들 모두가 한데 들어오는 것을 허용하지 않고 문을 열고 한 번에 10명의 십자군만 들어오도록 허용하였다.

3

황제는 여전히 펠레카노스에 있었고, 아직 그에게 충성을 맹세하지 않은 백작들에게도 맹세를 받길 원했기 때문이다. 황제는 부투미티스에게 서한을 보내 모든 백작에게 안티오히아로 가기 전에 황제를 뵙고 가면 또 많은 선물을 받을 수 있을 것이라 알리라고 명령했다. 보에몽은 '돈'과 '선물'이라는 말을 듣자마자 부투미티스의 충고에 동의하고, 다른 모든 사람에게 자신과 함께 황제에게 가자고 재촉했다. 어찌나 탐욕스러운지 돈이라면 사족을 못 쓴 것이다. 그들이 펠레카노스에 도착했을 때, 황제는 그들을 장엄한 의식으로 영접하고 사려 깊게 대했다. 후에 그들을 불러 일렀다.

"그대들 모두가 짐에게 한 맹세를 기억하고 있고, 그것을 어기는 사람이 되지 않으려면, 그대들이 아는 아직 짐에게 충성을 맹세하지 않은 사람들에게 같은 맹세를 하라고 충고하도록 하시오."

그러자 백작들은 아직 충성을 맹세하지 않은 사람을 즉시 보냈고, 그들은 모두 함께 모여 온전한 맹세를 이루었다. 그러나 보에몽의 조카이자 제멋대로인 성격을 가진 청년 탕크레드는, 자신이 보에몽에게만 충성할 의무가 있으며 죽을 때까지 그것을 지킬 것이라고 주장하였다. 옆에 서 있던 그의 친구들과 심지어 황제의 친족들도 계속해서 그를 압박했으나, 그는 마치 황제가 앉아 있는 앞에 있는 천막을 흘끗 바라보며 아랑곳하지 않고 말했다. (천막은 이전에 보아왔던 어떤 것보다 컸다).

"이 막사를 돈으로 가득 채워주고 다른 백작들에게 내려준 액수의 합계만큼 준다면 맹세하겠습니다."

황제에 대한 존경심 때문에 팔레올로고스는 탕크레드의 오만한 말을 견딜 수 없었고 그를 멸시하며 쫓아냈다. 그러자 매우 성급한 탕크레드가 그에게 달려들었고, 그것을 지켜보던 황제는 옥좌에서 일어나 그들 사이에 섰다. 보에몽도 제지하였다.

"황제의 친척에게 그렇게 무례하게 행동하는 것은 적절하지 않다."

그러자 탕크레드는 팔레올로고스에게 술에 취한 사람처럼 행동한 것을 부끄러워하였고, 또한 보에몽과 다른 사람들의 조언을 어느 정도 받아들여 맹세하였다. 그들이 모두 황제에게서 작별을 고하자, 그는 그들에게 당시 메가스 프리미케리오스였던 타티키오스와 그 휘하의 병력에 켈트인들과 합류하라고 했다. 이들은 켈트인들을 항상 돕고 보호하며, 하느님께서 허락하셔서 켈트인들이 마을을 하나라도 차지한다면 넘겨받으라는 지시를 받았다. 그래서 십자군은 다음 날 다시 한번 해협을 건너 모두 안티오히아로 이어지는 길에 올랐다. 황제는 모든 사람이 반드시 백작들과 함께 떠나지 않을 것이라고 예상했고, 부투미티스에게 군대가 떠날 때 남아 있던 모든 십자군을 니케아 수비대에 고용하도록 지시하였다.

그리고 타티키오스는 그의 군대와 모든 백작, 그들의 지휘 아래에 있는 무수히 많은 십자군을 이끌고 이틀 만에 레브케*에 당도했다. 선봉대는 보에몽이

---

*   니케아 인근 마을

지휘하겠다고 나섰고, 일렬로 늘어선 나머지가 느린 속도로 그를 따라갔다. 그가 꽤 빨리 진군하자 도릴레온 평원의 튀르크 군대는 보에몽의 군대를 보고 십자군의 모든 군대가 왔다고 생각했고, 규모를 얕잡아 보면서 즉시 전투를 시작하였다. 감히 제국의 옥좌에 앉았던 그 건방진 라틴인은 황제의 충고를 잊고 보에몽 군대 최전방에서 싸웠는데, 어리석게도 다른 사람들보다 앞서 나갔다. 그 결과, 약 40명의 부하가 전사했고 그 자신도 중상을 입었으며, 적에게 등을 돌리고 군대 중앙으로 돌아갔다. 그렇게 그는 행동으로 황제의 충고가 지혜로웠음을 보여준 셈이다. 보에몽은 튀르크 군대가 매우 용감하게 싸우는 것을 보고, 십자군 본진을 그곳으로 보냈다. 그들은 전속력으로 진군하였고 그 후 치열하고 무시무시한 전투가 벌어졌다. 그리고 로마군과 십자군이 승리를 거두었다. 군대를 편성하여 진군하는 동안 혼자서 80,000명의 무장 병력을 지휘했던 술탄 타니스만과 아산이 에브라이코 근처에서 그들과 조우하였다. 엄청난 수의 군대가 있었기 때문에 치열한 전투가 계속되었고, 어느 쪽도 다른 쪽에게 양보하지 않았다. 우익을 지휘했던 보에몽은 튀르크인들이 얼마나 용감하게 상대와 싸우고 있는지 보았고, 그는 나머지 군대에서 물러나서 시인이 말했듯이 '자신이 지닌 힘을 기뻐하는 사자처럼' 술탄 킬리지 아르슬란의 위로 곤두박질쳤다. 이에 튀르크인들은 너무나 겁을 먹어 퇴각했다. 황제의 충고를 기억하면서 그들은 멀리 추격하지 않으면서도 튀르크의 전열에 이르렀고, 거기서 잠시 휴식을 취한 후 아우구스토폴리스 근처에서 다시 추월하며 공격하여 패주를 시켰다. 그 후 이교도의 군세는 무너졌다. 생존자들은 아내와 아이들을 남겨둔 채 여기저기로 흩어졌고 다시 라틴인들을 맞닥뜨리지 않게 안전하게 도망치려고 했다.

4

다음에는 무슨 일이 있었을까? 로마 군대와 함께 라틴인들은 소위 지름길*이라 불리는 곳을 따라 안티오히아에 도착했다. 양쪽 지역은 서로 신경 쓰지 않고 성벽 가까이에 선을 긋고 짐을 내려놓은 채, 달이 세 번 공전하는 동안** 이 도시를 포위했다. 튀르크인들은 벼랑 끝에 서 있다는 것을 알고 불안해하며, 호라산의 술탄에게 전갈을 보내 안티오히아 사람들을 구원하고 외부에서 포위하고 있는 라틴인들을 몰아내기 위한 충분한 병력을 보내달라고 간청했다.

이때 우연히도, 보에몽에게 할당된 쪽 성벽 탑에 배치된 어느 아르메니아인이 있었다. 그가 종종 위에서 몸을 굽힐 때 보에몽은 달콤한 말을 늘어놓고 많은 약속으로 유혹했었는데, 그에게 도시를 배반하도록 설득하였다. 아르메니아 사람이 말했다.

"바깥에서 당신이 원할 때 신호를 보내면 즉시 이 탑을 당신에게 넘겨주겠소. 당신과 부하들 모두 사다리를 충분히 갖추도록 하시오. 당신뿐만 아니라 모든 병력이 무장하면, 튀르크인들은 당신들과 마주치고 함성을 듣자마자 겁에 질려 도망갈 것이오."

그리고 이 협정을 보에몽은 비밀로 유지했다. 이 문제를 숙고하고 있을 때 전령이 와서 말하길, 그들에게 대항하기 위해 호라산에서 보낸 아가렌인의 엄청난 무리가 쿠르파간***이라는 남자의 지휘를 받으며 가까이에 왔다고 말했다. 보에몽이 이 말을 들었을 때, 예전에 황제에게 맹세했을지라도 안티오히아를 타티키오스에게 양도하기를 원치 않았고, 오히려 자기가 차지하고 싶었기 때문에 타티키오스가 어쩔 수 없이 도시에서 떠나게 할 사악한 계획을 꾸

---

* 옥세오스 드로모스Ὀξέος δρόμος
** 태음월인데, 태음월은 29일 12시간 44분, 흔히 4주 정도이며 세 번 돌았으면 12주(석 달) 정도 지났다고 보면 될 것 같다.
*** 모술의 아타베그 카르부가

몄다. 그래서 그에게 가서 말하였다.

"당신의 안전을 염려해서 비밀을 하나 털어놓겠소. 소문이 들려와서 백작들이 많이 불안해하고 있소. 황제께서 호라산의 술탄을 설득해서, 이 병사들을 보내 우리와 싸우게 했다는 것이오. 백작들은 이걸 굳게 믿고 당신의 목숨을 노리고 있소. 나는 당신을 위협하는 위험을 알렸으니 내 의무를 다했소이다. 남은 일은 당신이 처리해야 할 것이니, 당신과 당신 휘하 병력의 안전을 도모하시오."

그러자 극심한 기근에 대해 염려하고 (소의 머리가 3스타테르에 팔리고 있었다) 안티오히아를 점령하는 것은 택도 없다고 생각했기 때문에, 타티키오스는 안티오히아를 떠나 소디 항구에 있는 로마 함대에 승선하여 키프로스로 향했다. 아르메니아인의 약속을 여전히 비밀로 유지한 채, 자신이 안티오히아를 차지할 수 있다는 큰 희망에 부풀었던 보에몽은 타티키오스가 떠난 후 백작들에게 이렇게 말하였다.

"우리가 이 공성에 얼마나 심혈을 기울였는지 다들 알 것이오. 하지만 아직 아무것도 이루지 못했고, 더 나은 방안이 나오지 않으면 굶어 죽을 지경이오."

백작들이 어떻게 위기를 타개할 수 있냐고 묻자, 그는 이렇게 대답했다.

"하느님은 지도자들에게 항상 검으로만 승리를 주지 않으시며, 그런 일이 항상 싸움으로 성취되는 것도 아니라오. 하지만 노력으로는 못 할 것을 말로 이루는 경우도 있는 법이고, 가장 위대한 영광은 따뜻하게 달래는 말로 이뤄내기 마련이오. 이곳에서 시간을 허비하지 말고, 쿠르파간이 도착하기 전에 이성적이면서도 용감한 일을 해서 안전을 도모합시다. 각자 맡은 구역을 경비하는 야만인들을 계속 공격해서 무찌릅시다. 다들 동의한다면, 가장 먼저 성공하는 사람이 황제가 보낸 사람이 도착해 양도받을 때까지 이 도시를 다스립시다. 물론, 이렇게 하더라도 해내지 못할 수도 있겠지만 말이오."

교묘하고 야심 찬 보에몽이 이 모든 일을 한 것은, 라틴인과 공동의 이익을 위해서가 아니라 자신의 영달을 위해서였으며, 또한 이런 계획과 말과 속임수는 실패하지 않았음이 내 역사책에서 자연히 드러날 것이다. 모든 백작이 그의 제안에 동의하고 일을 시작했다. 그리고 새벽에 보에몽은 즉시 탑으로 향했고 합의에 따라 아르메니아인은 그에게 문을 열었는데, 그는 즉시 추종자들과 함께 더욱 빨리 달려갔고, 흉탑에서 미적거리지 않고 성안의 사람들과 맞닥뜨리자, 나팔수들에게 전투를 알리는 나팔을 불라고 명령했다.

그러자 참으로 이상한 광경이 보였다. 공포에 질린 튀르크인들은 지체 없이 반대쪽 문을 통해 도망쳤고, 그들 중 뒤에 남아 있던 유일한 사람은 쿨라^{κουλᾶ*}를 방어하는 용감한 사람들이었는데 외부의 십자군은 보에몽의 뒤를 이어 사다리를 타고 즉시 안티오히아를 점령하였다. 약간의 병력과 함께 탕크레드는 도망자를 쫓았으며, 많은 사람이 죽고 다쳤다. 쿠르파간이 안티오히아의 구호를 위해 셀 수 없이 많은 병사와 함께 도착했을 때는 이미 함락된 상태였고, 그는 울타리를 치고 참호를 만들고 그 안에 보급품을 넣은 뒤 도시를 봉쇄하기로 하였다. 그러나 이 작업을 시작하기도 전에 십자군이 달려와 그를 공격했다. 치열한 전투가 벌어졌으며, 튀르크인들이 승리를 거뒀다. 이제 라틴인들은 도시에 갇혔다. 한쪽에서는 쿨라의 수비대에(이교도들이 여전히 차지하고 있었기 때문에), 다른 쪽은 외부에 진을 치고 있는 튀르크인에게 압박받았다. 안티오히아의 주권을 쟁취하기를 원했던 교활한 보에몽은, 다시 한번 백작들에게 충고하는 척하며 이렇게 말했다.

"성채(城砦) 안팎의 적과 동시에 싸우려고 하지 말고, 적의 수에 맞춰서 우리 군도 둘로 쪼개서 전쟁을 이어갑시다. 그리고 다들 동의한다면 내가 성채 수비병과 싸우는 일을 맡겠소. 그러면 여러분은 바깥의 적에 맞서 싸우면 될 것이오."

그들은 모두 보에몽의 제안에 동의했다. 그는 즉시 성채와 마주 보는 횡벽을 짓도록 해 성채와 바깥 지역을 차단했으며, 혹시나 장기전이 되는 경우를 대

---

* κουλᾶ; 아랍어 قلعة qala에서 유래한 말. 방어용 성채를 뜻한다.

비해 굉장히 강력한 방어선을 마련하였다. 다음으로는 직접 벽을 방어하면서 안쪽의 수비병들과 계속 용맹하게 싸웠다. 그리고 다른 백작들은 각자의 구역 중심으로 도시를 지속해서 지키고 성벽의 난간과 흉벽을 감시했는데, 이는 첫째, 야만족이 밤에 사다리를 타고 올라와 도시를 점령하는 것을 막기 위해서였고, 둘째는 안에 있는 사람이 벽으로 올라가서 야만인들과 반역에 대한 이야기를 하고 도시를 배신하는 것을 방지하기 위해서였다.

5

그것이 그때까지 안티오히아의 상황이었다. 황제는 십자군을 몹시 도우러 가고 싶었으나, 해안가의 마을과 지역들이 파괴되고 황폐해져 쉽사리 떠나지 못하고 있었다. 차카는 스미르나를 마치 자신의 것처럼 영유했고, 탄그리페르미스라는 사람은 해안에 있는 에페소스 마을을 영유했는데, 이 해안에는 오래전에 사도이자 신학자 요안니스의 교회가 세워져 있다. 마찬가지로 다른 사트라프들은 다른 마을을 장악하고 기독교인 주민들을 노예로 취급했으며, 주변을 황폐화했다. 더욱이 그들은 키오스, 로도스, 그리고 다른 섬들도 점령했고, 그 안에서 해적선을 만들었다. 이에 황제는 해상의 문제와 차카에 먼저 주의를 기울이는 것이 더 현명하다고 생각하였다. 그리고 본토에 강력한 수비대와 함께, 튀르크의 출현을 억제하고 격퇴할 수 있을 만큼 충분히 큰 함대를 남겨두고, 남은 군대와 함께 안티오히아로 가서 이교도와 싸우려는 계획이었다. 이에 그는, 처남인 요안니스 두카스를 불러 여러 나라에서 모집한 군대와 해안가의 도시를 포위할 수 있을 만큼 큰 함대를 넘겨주었다. 그는 또한 최근에 다른 사람들과 함께 니케아에서 포로로 잡혔던 차카의 딸을 그에게 맡기며, 니케아가 함락당했다고 온 사방에 알리고 믿지 않는다면 차카의 딸을 튀르크인 사트라프와 야만인들에게 보여주라고 명령했다. 우리가 방금 언급한 사람들이 그녀를 보고 니케아가 함락당했다고 확신하면, 절망에 빠져 싸움 없이 도시를 넘겨주지 않을까 싶었다. 필요한 모든 것을 요안니스에게 충분히 제공한 후 황제는 그를 출정시켰다.

　이제 나는 그가 차카에 맞서 얼마나 많은 승리를 세웠는지, 그리고 어떻게 차카를 스미르나에서 몰아냈는지 설명하겠다. 내 외삼촌인 이 둑스는 황제를 만난 후 아비도스로 건너갔다. 그곳에서 그는 카스팍스라는 사람을 불러 함대와 해군 원정의 전체 지휘권을 맡겼다. 요안니스는 카스팍스가 잘 싸워 스미르나를 점령하는 데 성공하면, 그를 스미르나와 그 경계에 있는 모든 도시의 총독으로 임명하겠다고 약속했다. 이렇게 그를 함대의 지휘자로 바다에 보냈고, 본인은 군대를 지휘하면서 육지에 남아있었다. 곧 스미르나의 주민들은 바다로는 카스팍스가 육지로는 두카스가 접근하는 것을 보게 되었고, 두카스는 성벽 가까운 거리에 군영을 치고, 카스팍스는 항구에 정박했다. 그들은 이미 니케아의 함락 소식을 들었기 때문에 두카스 군대에 저항하고 싶은 생각은 조금도 없었으며, 오히려 평화에 대해 의논하고자 하였다. 그들 모두가 아무런 해를 입지 않고 각자의 집으로 떠나도록 허락하겠다는 것을 요안니스 두카스가 기꺼이 맹세한다는 조건으로, 그들은 피를 흘리지도 않고 타격을 입지 않은 채 스미르나를 넘겨주겠다고 약속했다. 두카스는 차카의 제안에 동의하고 편지에 모든 것을 이행하겠다고 약속하였다. 평화롭게 그들을 몰아낸 후, 그는 (약속대로) 스미르나에 대한 절대적인 권한을 카스팍스에 부여했다. 다음 사건은 우연히 발생했다. 요안니스 두카스가 카스팍스를 떠났을 때 한 스미르나 사람이 그에게 다가와 사라센인이 자신에게서 500스타테르를 훔쳤다고 고발하였다. 카스팍스는 재판을 위해 그들을 데려오라고 명령했지만, 끌려가던 시리아인은 자신이 처형당할 것으로 생각했고, 이에 자포자기해 칼을 뽑아 카스팍스의 창자에 꽂았고, 돌아서서 카스팍스의 형제의 허벅지도 다치게 하였다. 이리하여 끔찍한 소동이 벌어졌다. 그 사라센인은 탈출했고, 함대의 모든 사람과 승조원은 도시로 돌진하여 무자비하게 모두를 죽였다. 한순간에 10,000명이 죽는 참담한 광경이었다. 요안니스 두카스는 카스팍스의 죽음에 몹시 슬퍼했고, 요새 전체를 직접 관리하게 되었다. 이렇게 관리 자격을 맡은 그는, 요새를 돌아다니며 성벽을 조사하고 아는 사람들에게서 주민들의 의견을 확인한 뒤 용감한 사람이 필요하다고 느꼈고, 가장 뛰어나다고 생각하는 얄레아스를 스미르나 둑스로 임명했다. 이 남자는 전쟁의 신을 신봉하였다. 두카스는 해군 전체가 스미르나를 보호하도록 했고, 본인은 병력을 이끌고 사트라프 탄그리페르미스와 마라키스가 점령하고 있는 마을로 진군했다. 이 이교도들은 그가 자기들을 향해 다가오고 있는 것을 보고, 무기를 들고 성 밖의 평원에 전투대형으로 군대를 배치했다. 그리고 둑스는 지체 없이 군대를 능숙하게 배치하여 그들을 공격했다. 그 후 시작된 전투는 하루 종일 지속되었는데, 양측은 잘 싸웠고 교전이 팽팽히 이어진 끝에 튀르크인들이 등을 돌려 퇴각했다. 이 전투에서 많은 사람들이 죽임을 당했고, 일반 군인들뿐만 아니라 사트라프 등 더 많은 인원이 포로로 잡혔는데, 2,000명에 이르렀다. 이 사실을 알게 된 황제는 그들을 여러 섬에 나누어 보내라고 명령하였다. 탈출한 튀르크인들은 메안드로스 강을 건너 폴리보토스로 갔고, 두카스가 끝장났다고 생각해 얕잡아보았다. 그러나 그렇지 않았다. 페체아스를 에페소스 둑스로 남겨둔 후에, 두카스는 자신이 전군을 이끌고 황제의 명령에 따라 적들을 뒤쫓았는데, 난동을 부리지 않고 적을 향해 진군하는 노련한 장군에 걸맞은 방식이었다. 이제 튀르크인들은 이미 말했듯이, 메안드로스 강과 강둑을 따라 있는 마을들을 경유하여 폴리보토스로 도주하였다. 그러나 둑스는 그들이 간 길이 아닌 더 짧은 길로 가서 사르데스와 필라델피아*를 기습해 함락시키고, 미하일 케카브메노스에게 맡겼다. 두카스가 라오디키아**에 도착하자, 모든 주민이 나와서 맞이했다. 이들은 자발적으로 합류했기에 그는 이들을 친절하게 대하고 총독을 임명하지 않았으며, 집에 평온히 머물라고 허락했다. 거기서 두카스는 코마를 통과하여 람페에 도착했고, 이 마을에서 그는 카미치스 에브스타티오스를 총독으로 남

---

* 킬리키아의 마을로 현재 튀르키예의 외렌 인근이다.
** 고대 시리아 지역에 있던 항구 도시

겨 두었다. 폴리보토스에 도달하자마자 두카스는 거대한 튀르크인 무리와 마주쳤는데, 이들이 짐을 풀고 있을 때 덮쳤다. 잠깐의 전투 후 그들을 완전히 패배시켰으며, 그 수에 걸맞은 많은 양의 전리품을 차지했다.

6

두카스가 튀르크인들과 싸우고 있는 동안 황제는 안티오히아에 있는 켈트인을 도울 준비를 하였는데, 많은 이교도를 죽이고 지금까지 그들이 차지했던 여러 마을을 파괴한 후 모든 군대와 함께 필로밀리온*에 도착하였다. 여기서 그는 안티오히아에서 온 겔리엘모스 그란테마니**, 프랑스 백작 에티엔, 알리파스의 아들 페트로스를 발견하였다. 이들은 안티오히아 성벽에서 밧줄을 타고 내려와 타르소스를 통과해 온 것으로, 황제에게 십자군이 처한 끔찍한 곤경에 대해 보고했고 완전히 패망할 지경이라고 말했다. 이 이야기를 들은 황제가 이 일에 개입하는 것을 모두가 막으려고 했지만, 황제는 더 빨리 돕기 위해 가려고 했다. 그리고 엄청난 수의 이교도들이 그를 추격하려 한다는 소문이 도처에 퍼졌다. 호라산의 술탄은 황제가 십자군을 도우러 떠난다는 소식을 듣고, 호라산과 그 밖의 여러 지방에서 무수한 사람을 모아 철저히 무장시켜 이스마일이라 하는 그의 아들 수하에 두었다. 황제가 안티오히아에 도착하기 전에 빨리 따라잡으라는 지시와 함께 이들을 보낸 것이다. 그리하여 십자군과 치열히 싸우고 있는 튀르크인과 지휘관인 쿠르파간을 몰아내고, 켈트인들을 구원하러 떠나온 황제의 원정은 켈트인들의 보고와 이스마일이 진격한다는 소식에 멈춰 섰다. 그는 무슨 일이 일어날지 계산해 본 것으로, 즉 아가렌인이 밖에서 공성하고 있는 무질서한 상황에서 켈트인들이 갓 차지한 도시를 구원한다는 것은 불가능한 일이라고 판단한 것이다. 더군다나 켈트인들은 살

---

* 현재 튀르키예의 아크히사르
** 칼라브리아의 남작 기욤 드 그랑메스닐

수 있다는 희망을 완전히 버리고, 성벽을 비우고 도망쳐 목숨을 건질 궁리를 하고 있기도 했다. 자고로 켈트인들의 나라는 제멋대로이고 독립적이며 군율도 없으나, 전쟁과 싸움의 부름이 오면 심장에 분노가 차오르고 억누르는 법이 없다. 이는 병사들뿐 아니라 지도자들에게도 해당하는 것으로, 이들도 무지막지한 힘으로 적장들의 한가운데로 뛰어들고는 했다. 특히나 적이 조금이라도 물러나면 말이다. 그러나 전략을 갖춘 적이 종종 매복하는 등 계획적으로 추격하는 경우가 있었는데, 그러면 그 모든 용기는 증발해 버리고는 했다. 간단히 말해 대열이 맨 처음 공격할 때는 막을 수 없지만, 그 후에는 갑옷의 무게와 쉽게 성내는 비이성적인 성격 때문에 상대하기 대단히 쉬웠다. 이러한 이유가 있기도 하고, 황제의 병력이 이 정도 인원을 상대하기에는 부족해서 켈트인들의 결정을 바꿀 수 없었고, 조언을 통해 이점을 살려줄 수도 없었다. 황제는 더 이상 나아가지 않는 것이 낫겠다고 판단하였으며, 안티오히아를 지원하느라 서두르다가 콘스탄티노폴리스도 파괴될 수도 있다고 보았기 때문이다. 그는 또한 무수한 튀르크 부족들이 그를 따라잡을 경우 필로밀리온 지역의 주민들이 이교도의 칼에 희생될 것을 두려워하였다. 그래서 그는 전국에 아가렌인의 접근을 알리기로 하였다. 즉시 공문을 발표해서 남자들과 여자들은 튀르크인들이 도착하기 전에 집을 떠나라고 명령했는데, 그래야 각자의 생명과 들고 다닐 정도의 소지품이라도 보호할 수 있기 때문이었다. 그들 모두는 남자뿐 아니라 여자도 황제와 동행하기로 결정했다 ... 이것이 황제가 피난민들에게 한 조치였다. 다음으로 그분은 군대의 일부를 분리하여 여러 부분으로 나누어 아가렌인에 대항하도록 파견하였는데, 전진하는 튀르크 군대를 만나면 교전하여 맹렬히 싸워서 황제에 대한 공격을 지연시키라는 명령도 함께 내렸다. 황제는 모든 이교도 포로와 합류한 기독교인과 함께 수도로 귀환하였다. 대* 사트라프 이스마일은 황제가 콘스탄티노폴리스로 떠났다는 소식을 들은 후, 많은 살육을 했고, 여러 작은 마을을 폐허로 만들었으며, 많은 전리품과 포로를 모았다. 그리고 이제는 황제가 수도로 돌아가고 있어 할 수 있는 게 아무

것도 없었기 때문에, 이스마일은 사냥감을 잡을 수 없다는 사실에 절망했다. 결과적으로 그는 다른 목표를 세워 저명한 테오도로스 가브라스가 얼마 전에 점령했던 파이페르트*를 포위하기로 결심했고, 마을을 지나 흐르는 강에 이르렀을 때 그의 모든 군대를 그곳에 진을 쳤다. 이 사실을 알게 된 가브라스는 밤에 그를 공격할 생각을 했다. 그러나 가브라스가 행한 일의 결과와 그의 태생 및 성격은 내 역사책에서 적절한 순간을 위해 아껴둘 것이며, 지금 다루는 주제에 충실할 것이다.

이제 라틴인들은 기근과 봉쇄로 지독한 압박을 받고 있었고, 이미 설명한 바와 같이 그들의 주교인 헬레노폴리스에서 패배한 자인 피에르 주교에게 가서 조언을 구했다. 그가 그들에게 말했다.

"예루살렘에 이르기까지 그대들이 스스로 순수함을 지키리라 약속하였다니, 내 생각에는 그대들이 이 약속을 어긴 것 같으므로 하느님이 이제 그대들을 예전처럼 돕지 아니하시는 것이오. 그러므로 그대들은 이제 하느님께로 돌아가 굵은 베옷과 재 속에서 자신의 죄를 통곡하고 많은 눈물과 철야 기도로 참회하도록 하시오. 나 역시도 그대들을 위해 하느님께 기도드리겠소."

그들은 주교의 지시에 따랐다. 그리고 며칠 후 신성한 목소리에 영감을 받은 주교는, 주요 백작들을 모아 제단의 오른쪽을 파라고 촉구했는데 그러면 거기서 신성한 못을 발견할 것이라고 하였다**. 그들은 시키는 대로 했지만, 못을 찾지 못했고, 모두 낙심한 채 돌아와서 실패했다고 말하였다. 그래서 그는 더욱 간절히 기도하고 더 주의 깊게 찾아보라고 명령하였다. 그들은 다시 명령을 따랐고 마침내 못을 찾아내자 기쁨과 두려움에 휩싸여 페트로스에게 달려가 건넸다. 그리고 그들은 그 성스럽고 축복받은 창을 레몽에게 맡겼는데, 그가 전투를 수행하는 사람 중 가장 고귀했기 때문이었다. 다음날 그들은 비밀

---

* 현재 튀르키예의 바이부르트

** 십자군 측 기록에는 성창으로 되어 있으며, 피에르 역시도 동명이인인 피에르 바르텔레미로 되어 있다.

의 문을 통해 튀르크 군대를 공격했다. 이 상황에서 플랑드르라는 남자는 다른 사람들에게 단 한 가지 요청, 즉 세 명의 친구와 함께 먼저 튀르크군에 대항할 수 있도록 허락해 달라고 간청했다. 이 요청은 허락받았고 양쪽의 병력들이 대대 단위로 대열하여 교전을 준비하고 있을 때, 그는 말에서 내려 땅에 엎드리고 세 차례 기도드리며 하느님께 도움을 청했다. 그러고는 그들은 일제히 이렇게 외쳤다.

"주님께서 우리와 함께하신다!"

그리고 전속력으로 말을 달렸다. 플랑드르는 곧장 언덕에 서 있던 쿠르파간에게 돌진했다. 그들은 조우한 튀르크족을 창으로 재빨리 쳐서 땅에 내동댕이쳤다. 튀르크인들은 너무 두려워했고, 즉, 전투가 시작되기도 전에 그들은 도망치기 시작했는데, 분명히 하느님이 기독교인들을 돕고 계셨기 때문이다. 도망가던 대부분 튀르크인은 정신이 혼미해져서 강의 소용돌이에 휘말려 익사했으며, 뒤에 이어서 오는 사람들은 익사자의 시체를 다리로 사용했다. 상당한 거리를 두고 도망자들을 추격한 후 그들은 튀르크 진영으로 돌아갔고, 그곳에서 그들은 이교도의 짐과 가지고 있던 전리품을 발견했는데, 전부 챙겨가려고 했지만, 그 양이 너무 많아 30일 만에야 안티오히아로 옮길 수 있었다. 그들은 전쟁의 피로를 이겨내고 잠시 휴식을 취하기 위해 그 자리에 머물렀다. 동시에 그들은 안티오히아를 생각하고 지킬 사람을 찾았는데, 도시가 함락되기 전부터 그 자리를 탐했던 보에몽이 되었다. 그래서 그들은 안티오히아에 대한 모든 권한을 그에게 양보하고 예루살렘으로 가는 길을 떠났다. 도중에 그들은 여러 해상 요새를 점령했으나, 예루살렘에 서둘러 가고 있었기 때문에 매우 튼튼하고 공성이 오래 이어질 것 같은 곳들은 지금은 지나쳐야 했다. 그들은 그 성벽을 둘러싸고 여러 차례 공격을 가하였고 도시를 포위했으며, 음력 한 달 안에 점령하고 많은 사라센인과 유대인 주민들을 죽였다. 모든 사람을 복종시켰고 아무도 대적하는 사람이 없었을 때, 그들은 만장일치로 고드프루아에게 최고의 권위를 부여하고 그를 '왕'이라고 불렀다*.

7

　십자군의 원정에 대한 소식이 바빌론**의 군주인 아메림니스에게 전해졌는데, 그들이 예루살렘을 함락하고 안티오히아와 그 근방 여러 성읍을 점령하였다는 말을 듣고, 그는 수많은 아르메니아인, 아랍인, 사라센인, 아가렌인을 모아 켈트인과 맞서도록 야파로 파견하였다. 고드프루아는 이에 따라 그들을 조우할 준비를 한 후 십자군에게 이것을 알리고 야파로 진군하여 그들이 오기를 기다렸는데, 그곳에 있다가 그들은 위대한 순교자 게오르기오스가 순교한 라멜***로 갔고, 진격하는 아메림니스의 군대를 만나 즉시 전투에 참여하였다. 그리고 십자군은 얼마 지나지 않아 이겼다. 그러나 다음 날 적의 선봉대가 그들을 뒤에서 붙잡았을 때, 라틴인들은 패배했으며 목숨을 걸고 라멜로 달려갔다. 보두앵 백작은 먼저 퇴각했기 때문에 전투에 참여하지 않았는데, 겁쟁이여서가 아니라 안전을 위한 조치부터 취한 다음, 준비해 바빌로니아인들과 싸우려는 것이었다. 바빌로니아인들은 그들을 따라 라멜 마을을 포위하고 짧은 공성 후 점령했다. 가뜩이나 많은 라틴인이 그곳에서 쓰러진 판이었는데, 그보다 더 많은 수의 사람이 포로로 바빌론으로 보내졌다. 그 후 바빌로니아 군대 전체가 돌아서서 서둘러 야파를 포위했다. 야만인들이 행한 일은 이러했다.

　한편 위에서 언급하였던 보두앵은 십자군이 점령했던 모든 작은 마을을 찾아가 상당한 수의 보병과 기병을 모아 괜찮은 군대를 조직했고, 그들과 함께 바빌로니아 군대들에 대응하여 진군해서는 완전히 무찔렀다. 황제는 라멜에서 라틴인들이 대패했고 백작들이 포로로 끌려갔다는 말을 듣고 슬퍼하였는

---

*　정확히 말하면 '성묘의 수호자' 칭호를 사용하였다.
**　이집트
***　현재 이스라엘의 라믈라

데, 그들의 찬란히 빛나는 힘과 옛 영웅에서부터 내려온 고귀한 혈통을 알았기 때문이었다. 이들이 타국에서 포로가 되었다고 생각하니 도저히 견딜 수 없었다. 그래서 그는 바르달레스라는 사람을 불러 그들의 몸값을 위해 많은 돈을 주고, 아메림니스가 붙잡은 백작들에 대한 편지와 함께 그를 바빌론으로 보냈다. 황제의 서한을 읽은 아메림니스는 몸값 없이 고드프루아를 제외한 모든 백작을 기꺼이 풀어주었다. 고드프루아는 이미 자기 형제 보두앵에 의해 몸값을 치르고 석방되었기 때문이다. 백작들이 수도에 도착했을 때 황제는 영예롭게 영접했고, 많은 돈을 주고 충분히 휴식을 취하게 한 후 감사의 마음을 담아 집으로 돌려보냈다. 그러나 고드프루아는 다시 예루살렘의 왕으로 선출된 후 형제 보두앵을 에데사*로 보냈다**. 한편 황제는 레몽에게 라오디키아를 안드로니코스 진칠로키스에게 넘겨주라고 명령했으며, 마라케오스와 발라네오스의 요새는 당시 키프로스 둑스였던 에브마티오스의 병사들에게 넘기고 전투를 통해 다른 요새를 점령하려면 최선을 다해야 한다고 하였다. 레몽은 황제가 편지에서 명령한 대로 했다. 위에서 언급한 사람들에게 요새를 넘겨준 후 안타라도스로 가서 싸우지 않고 그곳의 주인이 되었다. 이 소식이 디마스크의 아타파카스에게 직접 전해지자, 그는 많은 병력을 모아 진군하였다. 레몽은 그러한 숫자에 맞설 충분한 힘이 없었기 때문에 용감하기보다는 영리한 계획을 세웠다. 그가 주민들에게 담대히 말하였다.

"이 요새는 매우 크므로 나는 어느 구석에 몸을 숨길 것이오. 그리고 아타파카스가 도착하면 진실을 말하지 말고 내가 겁에 질려 도망쳤다고 하시오."

그래서 아타파카스가 도착하여 레몽에 대해 물어본 후에 그가 도망쳤다는 이야기를 믿었고, 원정에 지쳐서 성벽 가까이에 진을 쳤다. 주민들이 아주 굽신거렸기에, 튀르크인들은 안전함을 느꼈고 방심해 말을 평야에 풀어 두었다.

---

* 현재 그리스 북부에 있는 도시
** 고드프루아의 형제 보두앵은 초대 에데사 백작이었다. 나중에 예루살렘 왕이 된다.

태양이 수직으로 비추는 어느 날 정오, 단단히 무장한 레몽과 그의 부하들이 (약 4,100명이었다) 갑자기 성문을 열고 그들의 진영 한가운데로 돌진했다. 용감하게 싸우는 데 익숙한 튀르크인들은 목숨을 아끼지 않고 그에게 맞서며 전투에 임했으나, 나머지는 도주해 자신의 안전을 지키려 하기도 했다. 평야가 넓고, 늪 언덕이나 계곡으로 갈라져 있지 않았기 때문에 라틴인들은 그들 모두를 압도할 수 있었다. 그리하여 모두 칼의 희생양이 되었고 소수만이 포로로 잡혔다. 이 책략으로 튀르크를 물리치고 그는 트리폴리로 진군했다. 그는 도착하자마자 트리폴리 맞은편 산꼭대기(레바논 일부)를 점령하고 진을 쳤는데, 이 언덕의 경사면을 따라 트리폴리로 흘러내리는 물길의 방향을 돌려버리려고 한 것이다. 그런 다음 그는 자신이 성취한 일에 대해 황제에게 보고서를 작성하고, 호라산에서 더 많은 군대가 도착하여 그를 압도하기 전에 잘 요새화된 요새를 지을 수 있게 해달라고 간청하였다. 황제는 키프로스 둑스에게 그러한 요새 건설을 맡겼고, 레몽이 정한 지점에 요새를 건설하기 위한 모든 필수품과 석공들과 함께 함대를 신속히 파견하라고 명령하였다. 이는 레몽이 트리폴리 외곽에 진을 치고 도시를 점령하는데, 온 신경을 집중하고 있는 동안 진행되었다. 한편 보에몽은 진칠로키스가 라오디키아에 입성했다는 소식을 들었을 때, 오랫동안 황제에 대해 품어온 적대감을 공공연하게 드러냈고, 라오디키아를 포위하기 위해 상당한 군대와 함께 조카 탕크레드를 보냈다. 이에 대한 소문은 곧 레몽의 귀에도 들어갔고, 그는 조금도 지체하지 않고 라오디키아로 달려가 탕크레드와 협상을 시작했고, 여러 주장을 펼쳐 그에게 도시 포위를 중단하도록 설득했다. 그러나 오랜 대화 끝에도 설득할 수 없었고, 단지 귀먹은 사람에게 노래를 부르는 것 같다는 것을 알았을 때, 그는 다시 트리폴리로 돌아갔다. 그리고 탕크레드는 잠시도 공성을 쉬지 않았다. 결국 진칠로키스는 탕크레드의 결단력에 대해 알게 되었고, 그와 부하들은 해협까지 밀려났다. 그는 이곳에서 (또는 키프로스에서) 지원을 요청했으나 너무 느렸고, 공성과 기근으로 대단히 힘겨운 상황이었기에 라오디키아를 넘겨주기로 하였다.

8

　이 사건이 진행되는 동안 고드프루아는 죽었고, 그의 자리를 대신할 다른 왕을 선출해야 했기 때문에 예루살렘의 라틴인들은 레몽을 예루살렘의 왕으로 삼으려고 즉시 트리폴리로 사람을 보냈다. 그러나 그는 예루살렘으로 떠나는 것을 계속 미루었다. 결과적으로 예루살렘의 라틴인들은 그가 대도시*로 가서 머물고 있다는 소식을 들었고, 당시 에데사에 있던 보두앵을 불러 그를 예루살렘의 왕으로 임명했다**. 황제는 레몽을 크게 기뻐하며 맞이했고 보두앵이 예루살렘의 통치권을 수락했다는 소식을 들은 뒤 그를 곁에 두었다.

　이때 플랑드르***라고 불리는 두 형제를 지도자로 하는 노르만 군대가 도착했다. 황제는 그들에게 이전에 갔던 군대와 같은 길을 따라 진군하고, 해안을 통해 예루살렘에 도달하여 나머지 라틴 군대에 합류하라고 반복해서 조언하였다. 그러나 그는 그들이 십자군에 합류하기를 원하지 않고, 더 동쪽의 다른 경로로 이동하여 호라산으로 곧장 진군하기를 원했기 때문에 자기 말을 듣지 않을 것임을 알았다****. 황제는 이 계획이 매우 비효율적이라는 것을 알고 있었고, 그렇게 많은 군대가 무력화되는 것을 원하지 않았기 때문에(병력이 기병 50,000과 보병 100,000이었다). 그들이 말을 듣지 않는다는 것을 알았을 때 차선책을 시도하였다. 그는 레몽과 치타스를 불러와 노르만 군대와 동행하여, 최대한 이익이 되는 조언을 하고 이 정신 나간 원정을 최대한 막아보라고 했다. 그들은 키보토스 해협을 건너 아르메니아로 급히 진군했고 앙카라에 도달하자 공격했고, 다음으로 할리스를 건너 작은 마을에 도착했다. 이곳에는 로마인들이 거주하고 있었고 시민들은 아무것도 두려워하지 않았으며, 사제들은 예복을 입고 복음과 십자가를 지고 동료 그리스도인들을 만나러 나갔

---

*　　콘스탄티노폴리스
**　 예루살렘의 두 번째 통치자 보두앵 1세(재위 1100~1118)
***　롬바르디아 비안트라테에서 온 알베르 비안드라테 백작과 기 비안드라테
**** 보에몽이 8월에 다니슈멘드에게 사로잡혔기에 구출하려는 의도였다.

다. 그러나 노르만인들은 비인간적이고 무자비한 방식으로 사제들뿐만 아니라 나머지 기독교인들도 학살했으며, 그런 다음 아마시아 방향으로 아주 경솔하게 진군을 계속했다. 그러나 오랫동안 전쟁에 익숙해진 튀르크인들은 모든 마을과 식량을 장악하고 불태웠고, 노르만 군대를 따라잡았을 때 즉시 공격했다. 월요일이 되자 튀르크인이 더 우세해졌다. 라틴인들은 자신들의 현재 위치에 진영을 세우고 짐을 내려놓았으며, 다음날 두 군대는 다시 전투에서 조우했다. 튀르크인들은 라틴인들을 둘러싸고 원을 그리며 진을 쳤고, 라틴인들이 식량을 구하러 나가거나 짐을 나르는 짐승이나 말을 물가로 이끄는 것조차 허용하지 않았다. 켈트인들은 파멸이 눈앞에 다가왔음을 알았으나, 목숨을 아끼지 않고 다음 날* 강력하게 무장하고 적과 교전했다. 튀르크인들은 그들이 공격 범위 안으로 들어오자, 창이나 화살로 싸우지 않고, 검을 뽑아 들어 근접전을 벌였다. 얼마 지나지 않아 노르만인들은 후퇴했으며 진영으로 돌아가 조언을 구했다. 그러나 훌륭한 황제가 현명하게 조언했을 때 그들은 듣지 않으려 했었고, 막상 그들이 황제에게 조언을 구하려 했을 때 황제는 가까이 있지 않았기에 그들은 레몽과 치타스에게 조언을 구했고, 동시에 황제의 통치를 받고 있어 재정비할 수 있는 곳이 근처에 있는지 물었다. 그들은 실제로 보급품, 군막, 모든 보병을 그대로 내버려두고 아르메니아콘 테마**와 파우라이 해안으로 말을 타고 최대한 빨리 달렸다. 그러자 튀르크인들은 군막을 급습해 모든 것을 가져갔고, 노르만 보병을 추격하여 따라잡았고 사로잡은 소수를 제외하고는 완전히 전멸시켰다. 포로들은 구경거리로 삼아 호라산으로 끌고 갔다. 튀르크인이 노르만인을 상대로 거둔 승리였다. 살아남은 소수의 기사와 함께 레몽과 치타스는 수도에 도착했다. 황제는 그들을 영접하고 많은 돈을 주었고, 휴식을 취한 후에 어디로 가고 싶은지 물었다. 그들은 예루살렘을 선택했다. 그는 그들에게 더 많은 선물을 아끼지 않고 모든 것을 그들의 재량에 맡기

---

*   수요일
** 아마시아는 아르메니아콘 테마 내에 위치하고 있는 도시였다.

고 바다로 보냈다. 그러나 레몽은 수도를 떠나서 자신의 군대로 돌아가고 싶어 했고, 정복하기 갈망했던 트리폴리로 돌아갔다. 그 후 그는 치명적인 질병에 걸려 죽음을 앞두게 되었고, 조카 겔리엘모스*를 불러 정복한 모든 도시를 유산으로 물려주며 그를 모든 군대의 지도자이자 주인으로 지명했다. 그가 죽었다는 소식이 황제에게 전해지자, 황제는 즉시 키프로스의 둑스에게 글을 써 니키타스 칼린치스에게 상당한 돈을 들려 겔리엘모스에게 보내도록 명했다. 그를 구워삶아, 죽은 삼촌 레몽이 끝까지 충성을 지킨 것처럼 무한한 충성을 맹세하도록 설득하라고 한 것이다.**

9

곧 황제는 탕크레드가 라오디키아를 점령했다는 사실을 알게 되었고, 따라서 보에몽에게 다음과 같은 편지를 보냈다.

"그대뿐 아니라 모든 백작이 로마 제국에 했던 맹세와 서약을 기억할 것이오. 지금 그대는 안티오히아를 계속 차지하여 가장 먼저 맹세를 어겼고, 이제는 요새를 더 많이 점령하고 심지어는 라오디키아까지도 갔소. 그러니 안티오히아와 다른 모든 도시에서 물러나 정의롭고 올바른 일을 하고, 전쟁과 분란을 유발하지 마시오."

보에몽은 황제의 편지를 읽고 으레 그랬듯이 거짓말로 답할 수는 없었는데, 사실이 빤히 드러나 있었기 때문이다. 그리하여 뻔뻔하게 맞장구치면서 자신이 저지른 모든 그릇된 일의 책임을 황제에게 돌리면서 다음과 같이 썼다.

"이 모든 일의 원인은 내가 아니라 바로 그대요. 대군을 이끌고 우리를 따라올 것이라고 약속해 놓고서는, 행동으로 약속을 지키려는 생각은 하지도 않았잖소. 안티오히아에

---

* 세르다뉴 백작 기욤
** 레몽은 알모디스 드 라 마르슈의 아들이고, 알모디스는 겔리엘모스(기욤)의 외할머니이다. 레몽과 겔리엘모스(기욤)의 어머니 산차는 이복남매이니, 레몽은 겔리엘모스(기욤)의 외삼촌이다.

도착해서 우리는 석 달 동안 역경을 헤치고 지금까지 경험해 본 어떤 것보다도 강했던 적과 기근에 맞서 싸웠으며, 우리 중 대부분은 법이 금지한 음식까지도 손에 댔어야 했소. 오래도록 견디며 이런 위험에 처해 있을 때 그대가 우리를 도우라고 보낸 타티키오스, 폐하의 가장 충실한 시종이라는 자는 도망갔고 우리를 내버려두었소. 그럼에도 우리는 안티오히아를 함락시켰으며 호라산에서 지원을 온 병력도 완전히 무찔렀소이다. 우리의 땀과 노력으로 얻어낸 것을 순순히 내놓으라는 것이 어떻게 정의롭다는 것이오?"

사신들이 그에게서 돌아왔을 때 황제는 그의 편지를 읽음으로써 그가 전혀 나아진 점이 없다는 사실을 깨달았고, 이에 로마 제국의 경계를 보호하고 가능한 한 그의 성급한 전진을 저지해야 한다고 결정하였다. 따라서 그는 부투미티스를 다수의 군대와 군대 명부에서 뽑은 자들을 딸려 킬리키아로 보냈는데, 모두 호전적인 아레스의 신봉자들이었다. 그중에는 바르다스와 아르히오이노호스^{άρχιοινοχόος}* 미하일도 있었는데, 둘 다 꽃 피는 청춘이었으며 이제 막 수염이 난 사람이었다. 황제는 이 두 사람이 어릴 때부터 군사 기술을 철저히 훈련했는데, 이제 그들을 부투미티스에게 주었다. 그들은 다른 1,000명의 귀족 중 누구보다도 더 충성스러웠으며, 켈트인과 로마인들이 함께 갔는데 부투미티스의 모든 명령에 복종하면서, 동시에 황제에게 매시간 무슨 일이 벌어지는지 비밀 편지로 알리게 되어 있었다. 황제는 킬리키아 전^全 지역을 지배하에 두어 안티오히아를 보다 수월히 공략하고 싶어 했다. 부투미티스는 그의 모든 군대와 함께 시작하여 안탈리아시에 도달했다. 그곳에서 그는 바르다스와 아르히오이노호스 미하일이 자신의 지시에 불응한다는 것을 알아차렸다. 전군이 반란을 일으켜 모든 수고가 헛되고 아무것도 성취하지 못한 채 킬리키아에서 돌아가야 하는 것을 막기 위해, 그는 즉시 황제에게 이 사람들에 대해 상세히 편지로 쓰고 그들을 해임해 달라고 요청했다. 황제는 이런 일이 벌어지기 시작하면 생길 수 있는 해악에 대해 잘 알았기에, 즉시 이들을 갈라놓고 자신

---

* ἀρχιοινοχόος; 수석 잔 드리는 자. 핀케르니스 관직의 이칭들로, 황제도 독살당할 위험이 있는 만큼 이 자리에 임명된다면 매우 신임받는다는 의미였다.

이 의심하는 이자들에게 다른 일을 맡겼다. 지체 없이 키프로스로 가서, 당시 그곳의 둑스였던 콘스탄티노스 에브포르비노스에게 합류해 그의 명령을 따르라고 한 것이다. 편지를 받고 그들은 기쁘게 키프로스에 정박했다. 그러나 얼마 지나지 않아 전에 그랬듯 키프로스 둑스에게도 오만하게 대하기 시작했고, 둑스 역시 그들을 불신하기 시작했다. 황제가 자신들을 총애한다는 사실을 알고 있던 젊은이들은 편지를 써 에브포르비노스를 헐뜯고 콘스탄티노폴리스로 돌아가게 해달라고 청했다. 황제는 이 두 명 외에도 의심스러웠던 부유한 자들을 키프로스로 추방한 적이 있었기에, 편지를 꼼꼼히 읽어보고 이들이 나쁜 마음을 품고 합세하여 반란을 일으킬 수도 있을 것이라 염려하였다. 이에 곧장 칸타쿠지노스를 보내 이 젊은이들을 데려오라고 명했다. 즉시 칸타쿠지노스는 키레네로 가서 그들을 불렀고, 데려왔다. 이 두 명, 바르다스와 아르히오이노호스에게 일어난 일은 이와 같았다.

한편 부투미티스는 모나스트라스와 그와 함께 남아있는 정예 장교와 함께 킬리키아에 도착하여, 아르메니아인이 이미 탕크레드와 휴전을 체결했음을 발견했다. 그래서 그는 그들을 지나쳐 마라슈와 모든 이웃 마을과 요새를 점령했다. 그런 다음 그는 야만인 혼혈 모나스트라스(이 역사책에서 자주 언급됨)를 전全 지역을 보호할 만한 군대와 함께 총독으로 남겨두고 수도로 귀환하였다.

10

십자군들은 시리아의 도시들을 점령하기 위해 예루살렘을 떠났을 때, 그들은 피사의 대주교 다임베르트에게 목표를 달성하는 데 도움을 준다면 크게 보상하겠다고 약속했다. 그는 제안에 응했고 해안가에 살던 두 동료에게도 함께 하자고 꼬드겼다. 그런 다음 비레메와 트리에레스와 드로몬, 기타 쾌속선 등

총 900척 이끌고 항해해 와서 맞이했다. 그는 여러 배를 분리하여 코르푸, 레브카스, 케팔로니아 및 자킨토스를 약탈하도록 보냈다. 이 말을 들은 황제는 로마가 지배하는 모든 나라에 선박을 공급하도록 명령하였다. 수도에서는 상당한 숫자의 배를 만들고 있었으며, 때로는 황제가 모노레메에 올라타 조선공들에게 이것저것 친히 조언하기도 하였다. 피사인들이 해전에 능함을 알았고, 그들과 싸우기를 두려워했기 때문이었다. 각 배의 뱃머리에는 사자나 다른 육지동물의 머리를 청동이나 철로 만들어두도록 했으며, 입은 벌어진 상태로 하고 표면을 얇게 금으로 씌워 보기만 해도 겁에 질릴 만한 모습으로 만들도록 했다. 그리고 적에게 날릴 불*은 관을 통해 짐승들의 입으로 쏘아대도록 하여, 마치 사자나 다른 비슷한 괴물들이 불을 토하는 것처럼 보이게 했다. 그는 다음으로 안티오히아에서 막 돌아온 타티키오스를 불러, 이 배들을 맡기고 그를 사령관으로 임명했다. 그러나 전全 함대의 지휘는 란둘프에게 맡기고 메가스 둑스의 명예를 내렸는데, 해전에 가장 경험 많은 자가 그였기 때문이다. 이들은 4월 하순에 수도를 떠나 로마 함대를 이끌고 사모스로 갔다. 여기에 정박해 배를 육지로 끌어올리고, 타르를 칠해 더 단단하고 튼튼하게 만들었다. 그러나 그들은 피사 함대가 지나갔다는 소식을 듣고 서둘러 닻을 올리고 뒤를 쫓아 코스**로 갔는데, 저녁에 그 섬에 도착했으나 피사인들은 이미 아침에 도착했던 터였다. 이에 그들은 동쪽의 대륙에 있는 크니도스로 항해하였다. 그들이 도착했을 때 먹이는 놓쳤지만, 남겨진 피사인 몇 명을 발견하여 피사 함대가 어디로 갔는지 물었는데, 그들은 "로도스로"라고 대답하였다. 그래서 그들은 즉시 줄을 풀고, 곧 파타라와 로도스 사이에서 그들을 따라잡았다. 피사인들의 눈에 이들이 들어오자마자, 함대를 전투 대형으로 배치하고 싸움에 대비해 마음을 단단히 먹고 칼의 날을 세웠다. 로마 함대가 가까워졌을 때 페리히티스라는 이름의, 노련한 항해사인 한 펠로폰네소스 백작은, 피사인들을 보자

---

* 그리스의 불을 말한다. 동로마 제국에서 사용하던 액체 화학 병기였다.
** 에게해 남동부에 있는 섬

마자 모노레메의 노를 아주 빠르게 저으라고 했다. 그리하여 불같이 한가운데로 뛰어들었다가 로마 함대로 복귀했다. 그러나 로마 함대는 피사인들과 바다에서 전면전을 벌인 것은 아니었고, 대신 기습적이고 산발적인 공격을 퍼부었다. 란둘프 자신은 피사 함선에 가까이 붙어 불을 쏘아댔으나 조준이 형편없어 불을 낭비하기만 했을 뿐 아무 성과도 내지 못했다. 다음으로 엘리몬 백작이라는 이가 아주 용맹하게 어느 함선의 선미를 공격했으나, 키가 얽혀버리면서 빠져나가기 어려워졌다. 배에 설치된 장비를 잊어버린 채 적을 향해 불을 쏟아내지 않았더라면, 생포되었을지도 모를 일이었다. 그는 잽싸게 배를 돌려 불을 쏘아 제일 큰 야만인 함선 세 척을 더 맞췄다. 그와 동시에 돌풍이 불어 바다를 뒤흔들었고, 파도가 배를 일제히 때려대 거의 가라앉을 뻔했다. 파도가 울부짖으며 돛대 끝이 갈라지며 찢어져 버린 것이다. 야만인들은 이제 완전히 급박해졌는데, 첫째로는 불길이 덮쳐오고 있었기 때문이고, (이들은 이런 종류의 장비나 불에는 익숙지 못했는데, 자연적으로 불길은 위로 타오르지만, 이것은 쏜 사람이 마음먹은 대로 옆이든 아래든 날아가 좌현이나 우현을 맞출 수 있던 것이다) 둘째로는 폭풍에 매우 놀랐기 때문이었다. 결국 이들은 도망쳤다. 야만인들이 벌인 일은 이 정도이다. 로마 함대는 현지인들이 세틀로스라고 부르는 작은 섬으로 달려갔는데, 동이 트자, 그곳을 떠나 로도스 항구에 들어갔다. 그곳에 도착해 배에서 내리고 그들이 잡은 모든 포로를 끌어 내렸는데, 그중에는 보에몽의 조카가 있었고 로마군은 그들을 노예로 팔거나 죽이겠다고 말하면서 겁주려고 했다. 하지만 포로들이 이러한 위협에 전혀 동요하지 않고 노예가 되어도 신경도 쓰지 않을 것임을 알아챈 후, 그 자리에서 모두 죽였다. 피사 함대의 생존자들은 눈에 들어오는 섬은 모조리 약탈했고 특히 키프로스*까지도 갔는데, 필로칼리스 에브마티오스가 우연히 거기에 있었고 그들에 맞서 나아갔다. 이에 선원들은 두려움에 사로잡혀 약탈품을 구하러 배에서 나간 사람들은 생각조차 하지 못했고, 상당수의 사람을 섬에 남겨두고

---

* 지중해에 위치한 섬

급히 밧줄을 풀고 라오디키아로 항해해 보에몽에게 이르렀다. 전리품을 모으기 위해 섬에 남아 있던 선원들이 돌아와서 자기 함대가 사라진 것을 보고는, 그들은 절망에 빠져 바다에 몸을 던졌고 익사했다.

란둘프 자신을 포함한 로마 함대의 사령관들은 키프로스에서 만나 평화 협상을 하기로 했다. 모두가 이에 동의함에 따라, 부투미티스는 보에몽에게로 갔다. 보에몽은 그를 보름 동안 구금했고, 기근이 라오디키아에 닥쳐왔음에도 보에몽은 여전해서 평화에 관한 말은 배운 적도 없었기에 부투미티스를 불러서는 이리 말했다.

"네놈이 여기 온 것은 평화도 친교 때문도 아니고, 내 배에 불을 지르기 위해서겠지. 이제 꺼져라. 아무 해도 없이 풀려나는 걸 다행으로 여겨라."

부투미티스는 배를 몰아 떠났으며, 키프로스 항구에서 다른 이들과 합류했다. 부투미티스의 보고를 받고 이들은 보에몽의 사악한 기질을 보다 깊이 이해할 수 있었으며, 보에몽과 황제 사이에는 어떠한 평화도 있을 수 없음을 깨닫고, 키프로스를 떠나 모든 돛을 펴고 수도로 향하는 물길을 탔다. 그러나 쉬키Σύκη* 앞바다에서 엄청난 폭풍이 휘몰아치고 바다가 성을 내자, 함선은 해안가로 쓸려갔고 반파되었다. 타티키오스가 이끈 것 하나를 빼고는 전부 다. 피사 함대와의 해전에서 벌어졌던 일은 이러하였다. 보에몽은 천성적으로 아주 기민해서 이런 생각을 했다. 황제가 코리코스Κούρικον를 함락시키려 진격하고, 로마 함대는 항구에 계속 두면 황제가 키프로스를 보호하면서 동시에 롬바르디아에 있는 보에몽 자신의 동맹군이 동쪽 해안을 따라 합류하지 못하게 막아버릴 수도 있다는 것이다. 이런 점을 고려하여 보에몽은 마을을 다시 짓고 항구를 점령하기로 했다. 옛날 코리코스에는 아주 굳건한 요새가 있었으나, 시간이 지나면서 폐허가 되어버렸기 때문이다.

---

*   Σύκη; 킬리키아 서부의 마을

황제는 이미 보에몽의 계획을 예상하고 염두에 두었고, 환관 에브스타티오스(그는 카니클레이오스*에서 함대의 메가스 드룬가리오스로 승진한 환관)를 보내며 전속력으로 배를 몰아 코리코스를 점령하라고 명령을 내린 것이다. 나아가 코리코스와 그곳에서 6스타디온 떨어진 셀레우키아의 요새를 수리한 후 각각에 적절히 수비대를 남겨두었다. 또한 체구는 작지만, 길고 다양한 군사 경험을 가진 스트라티고스 스트라보스를 둑스로 임명하였다. 또한 항구에 대규모의 함대를 끌고 가 닻을 내려 롬바르디아에서 보에몽을 도우러 오는 자들이 있는지 주의 깊게 살피고, 키프로스를 지키는 것을 돕도록 명령하였다. 이리하여 내가 말한 드룬가리오스는 진군했고, 보에몽의 의도를 예측하여 마을을 재건하고 옛 상태로 되돌려 놓았다. 그는 또한 셀레우키아를 재건하고 사방에 참호를 파서 더 확실하게 만들고, 둑스 스트라티고스 아래 머을마다 많은 수의 군대를 남겼다. 마지막으로 그는 황제의 지시에 따라 항구로 내려가 상당한 함대를 남겨두고, 수도로 돌아와 황제한테 큰 칭찬과 후한 보상을 받았다.

11

코리코스에서 벌어진 일은 이러했다. 1년 후** 알렉시오스 황제는 제노바 함대도 프랑크와 동맹을 맺을 준비를 하고 있다는 소식을 들었고, 그들이 로마 제국에 큰 해를 끼칠 가능성이 있음을 예견하였다. 그리하여 육로로는 칸타쿠지노스를 상당한 병력과 함께 보냈고, 해로로는 란둘프를 급히 준비한 함대와 함께 보내며, 최대한 빨리 최남단의 해안으로 가서 거기를 통과해야 하는 제노바인들과 싸우라고 명했다. 이 둘이 지시받은 대로 떠난 뒤에, 무시무시하고 버틸 수 없을 정도로 센 폭풍이 덮쳐 많은 배가 처참히 망가졌다. 이들은 마른 땅으로 배를 끌어 올려 역청을 발라 꼼꼼히 방수 처리를 했다. 이때 칸타쿠지

---

* 황실 서명에 사용되는 자주색 잉크를 보관하는 사람
** 1104년

노스는 제노바 함대가 남쪽에 가까이 왔다는 보고를 받게 되었고, 이에 란둘프에게 배 18척을 끌고 (나머지는 땅으로 끌어다 놓았기에 바다에 떠 있는 것은 이게 다였다) 말레아 곶으로* 가라고 제안했다. 여기서 황제의 충고에 따라 기다리다가, 위험을 감수할 여력이 있다면 제노바 함대가 지나갈 때 단번에 공격하고, 여의찮다면 코로니에 정박하여 함대와 선원의 안전을 도모하라는 것이다. 그는 항해를 떠났고 큰 제노바 함대를 보았지만, 싸울 생각을 포기하고 서둘러 코로니로 향했다. 그러나 칸타쿠지노스는 마땅한 도리에 따라 전체 로마 함대와 함께 있던 모든 사람들을 소집했으며, 가능한 한 빨리 제노바 함선을 쫓아 항해했다. 제노바 함선을 따라잡지는 못했으나, 열과 성을 다해 보에몽과의 전쟁을 이어 나가고 싶었기에 라오디키아로 갔다. 이곳에서 항구를 곧바로 점령하는 것으로 임무를 개시하여, 밤낮을 가리지 않고 공성을 이어 나갔다.

그러나 그는 전혀 성공을 거두지 못했는데, 끝없이 공격해도 계속 반격당했고, 십자군을 회유하지도, 싸워 이기지도 못한 것이다. 결국 사흘 뒤 그는 해안가와 라오디키아의 성벽 사이에 모르타르 없이 돌벽을 둥글게 쌓았고, 이 벽을 요새 삼아 안에다가 같은 재료로 벽을 하나 더 지었다. 여기를 거점으로 삼아 공성을 더 거세게 이어 나가려고 한 것이다. 그는 또한 항구 양쪽에 탑을 둘 짓고, 그 사이에 쇠사슬을 달아 펼쳐두었다. 이렇게 해서 십자군을 도우러 바다로 올 배를 차단해 버린 것이다. 그러면서 그는 해안가의 요새를 다수 차지했는데, 아르기로카스트론**, 마르하핀, 가발라와 트리폴리 경계에 있는 것들도 있었다. 이곳은 본디 사라센인들에게 공물을 냈으나, 상당한 땀과 수고를 들인 끝에 황제는 이곳을 로마 제국의 품으로 되찾아올 수 있었다. 이제 황제는 라오디키아를 육상에서도 공성해야겠다고 마음먹었다. 보에몽의 의지와 계략에 대해 길게도 경험해 왔으며 사람의 성격을 빨리 파악하는데 능해, 반역을 꾸미고 배신을 서슴지 않는 그자의 천성을 정확히 알고 있었기에 그는 모나스

---

* 펠로폰네소스 반도의 곶으로, 고대 그리스 호메로스 때부터 거센 풍랑과 폭풍으로 악명이 높았다.
** 알바니아의 남부 도시 지로카스터르

트라스를 불렀다. 필요한 병력을 내주고 육로로 보내어, 칸타쿠지노스가 바다에서 공격하는 사이 육지에서도 똑같이 하라고 했다. 모나스트라스가 도착하기 전에 칸타쿠지노스는 항구와 마을은 점령했지만, 요즘 사람들이 다들 쿨라라고 부르는 성채는 켈트인 보병 500명과 기병 100명이 여전히 차지하고 있었다. 마을이 공격받고 있다는 소식과 라오디키아의 성채를 방어하는 백작에게 식량이 부족하다는 보고를 듣고서, 보에몽은 모든 병력을 조카 탕크레드 및 기욤의 것과 합치고, 노새에 온갖 보급품을 실은 뒤 라오디키아로 가 쿨라에 신속히 전달하였다. 다음으로 칸타쿠지노스와 말할 기회가 생기자 물었다.

"이런 벽을 세워서 도대체 뭘 노리려고 하는 건가?"

"당신들 모두 황제께 충성하고 도시를 차지하면 넘기겠다고 서약해 동의한 것을 분명 알 것이오. 그래 놓고는 서약을 뒤집어 이 마을을 차지하면 넘겨주겠다는 평화 조약도 무시하고 계속 손에 넣어 넘겨받으러 온 내 여정도 의미 없게 만들어 버렸잖소."

그러자 보에몽이 물었다.

"우리에게서 이 마을들을 어떻게 가져가려는 것이냐. 돈으로 아니면 검이냐?"
"돈은 용맹한 우리 병사들에게 열심히 싸우라고 줬소."

보에몽은 분노하여 말했다.

"돈 없이는 이 조그마한 요새조차도 빼앗을 수 없을 거다."

이다음으로 그는 휘하의 병사들에게 곧장 마을 입구까지 말을 달리라고 명령했다. 칸타쿠지노스의 병사들은 벽에서 버티다가, 켈트인들이 가까이 오자 화살을 눈보라처럼 쏘아대어 약간 후퇴하게 했으며, 이에 보에몽은 즉각 전군을 불러들인 뒤 성채로 들어갔다. 그는 이곳을 맡고 있던 백작과 그 휘하의 켈트인들을 믿지 못하여 교체하고, 원래 있던 자는 보내버렸다. 동시에 성벽 근처의 포도밭을 갈아엎었는데, 라틴인 기병들이 걸리적거리지 않도록 하려는 목적이었다. 이런 조치 후 그는 떠났으며, 안티오히아로 돌아갔다. 칸타쿠지노스는 여러 방면에서 계속 공성을 게을리하지 않고, 셀 수 없이 많은 장치와 공성 기계로 성채의 라틴인들과 맞섰다. 육로로 기병대를 끌고 도착한 모나스트라스도 롱기니아스, 타르소스, 아다나, 마미스트라까지 사실상 킬리키아 전역을 점령하였다.

12

황제의 위협에 불안해하던 보에몽은 자신을 보호할 수단이 더 이상 없었기에, (육지에 군대가 없고 바다에 함대가 없었으므로 양쪽에서 위협받았다) 그는 극도로 추잡하면서도 대단히 기발한 계획을 고안했다. 우선 그는 후작의 아들*인 조카 탕크레드에게 안티오히아시를 물려주고, 자신은 죽었다는 소문을 퍼뜨려 세상 사람 모두가 그 말을 굳게 믿게 만든 것이다. 이 소문은 새가 날아다니는 것보다도 빨리 퍼졌으며, 보에몽은 시체가 되었다는 이야기가 돌아다녔다! 소문이 충분히 퍼진 것을 보고 그는 나무 관 하나를 준비해, 비레메에 그 관을 실었다. 거기에는 살아있는 시체로 자신도 들어가, 안티오히아의 항구인 소디에서 출발하여 로마로 갔다. 그렇게 보에몽은 주검으로 바다를 건넜다. 관이며, 동행인들의 태도 때문에 모든 이들은 그가 죽었다고 판단하였다. 배가 정박할 때마다 야만인들이 머리를 잡아 뜯고 여봐란듯이 통곡했기 때문이다. 실제로는 관 안에 반듯이 누워 있었고, 안 보이는 구멍을 통해 숨을 쉬고 있었다. 육지 근처에서는 이런 일이 일어났다. 그러나 배가 바다에 나와 있을 때는 음식을 주고 대접도 하였다. 계속 이런 애도와 속임수가 되풀이되었다. 시체가 썩어 악취가 나는 것처럼 보이게 하기 위해, 이자들은 수탉의 목을 조르거나 벤 다음과 같이 두었다. 닭이 죽은 지 4~5일이 지나자, 코가 있는 사람은 누

---

* 탕크레드의 아버지는 오도 후작으로 전해지는데, 노르만인은 후작이라는 지위가 없었으므로 시칠리아나 이탈리아 출신으로 추정된다.

구도 견딜 수 없을 정도로 냄새가 지독했다. 이 냄새는 겉으로 보는 사람들에게는 보에몽의 몸에서 나는 것처럼 보였으며, 악당 보에몽은 이런 가공할 악행을 무엇보다도 즐겼다. 내가 생각하기에는 콧구멍을 그 정도로 공격당하며 어떻게 버텼으며, 또한 죽은 동물과 어떻게 같이 있었는지 놀랍기는 하다. 이 일을 통해 내가 이 야만인 나라에 대해 익힌 게 있다면, 이자들은 한번 시작하면 어떤 경우에도 물러나지 않으며, 어려운 임무라도 자청해 착수했다면 무슨 역경이 닥쳐와도 포기하는 법이 없다는 것이다. 이자의 경우 죽음을 가장했을 뿐이었으나, 주검과 같이 살아가기를 주저하지 않은 것이다. 이 야만인의 계략은 우리 시대의 세계에서 특출한 것이었으며, 로마 제국을 몰락시키기 위한 것이었다. 이전에 그 어떤 야만인도, 그리스인도 적에 맞서 이런 계획을 꾸민 바가 없었으며, 내 생각하건대 앞으로도 없을 것이다. 코르푸에 도착한 후, 보에몽은 마치 무슨 산봉우리에 도착한 것처럼, 그리고 그 섬이 무슨 피난처라도 되고 이제 위험에서 벗어난 것처럼 죽음에서 부활했다. 그는 관은 거기 두고 햇살을 즐겼으며, 신선한 공기를 마시며 마을을 돌아다녔다. 이국적이고 야만적인 옷을 입은 그를 본 주민들은 그에게 어디서 태어났고 돈은 얼마나 있는지, 누구이고 어디서 와서 어디로 가는지 물었다. 그러나 그는 그들을 모두 멸시하고 시의 둑스를 불렀다. 둑스는 우연히 아르메니악 테마 출신 알렉시오스라는 자였다. 보에몽은 거만하고 오만한 태도로 그를 바라보았고, 야만인의 언어로 오만하게 말하며 황제인 알렉시오스에게 다음 메시지를 전하라고 명령했다.

"이 서한을 나는 그대에게 보내오. 나, 로베르의 아들 보에몽은 지난 몇 년 동안 그대와 그대의 제국에 내가 얼마나 끈기 있고 용맹한지 가르쳐주었소. 분기점에 이르러 기회가 찾아올 때 그간 내가 받은 박해를 복수할 것임을 하느님께서도 아시오. 내가 로마 제국을 두루 다니며 안티오히아를 점령하고 내 검으로 온 시리아를 휘하에 두었는데, 당신과 당신의 군대는 나를 한없이 쓰라리게 대했으니, 내 희망을 하나하나 짓밟고 셀 수 없는 불운과 야만인과의 전쟁에 빠뜨렸지 않았소. 그러나 이제 내가 당신에게 말하는데 비록 내가 죽었지만, 나는 다시 살아나 당신의 손을 빠져나갔소. 나는 죽은 사람의 모습으로 모든 눈과 손과 마음을 피했고, 이제 살아서 움직이고 공기를 호흡하며, 이 코르푸 마을에서 폐하에게는 참으로 입맛이 쓰고 마음에 차지 않을 소식을 보내고 있소. 나는 내 조카 탕크레드에게 안티오히아시를 맡기고 그대의 장군들에게 비견될 만한 적수들을 딸려두었소. 그러나 당신과 당신의 부하들에게 죽은 것으로 알려졌던 나는, 당신을 대적하는 간악한 생각으로 가득 차서 나와 내 사람을 위하여 살아나 고국으로 가고 있소. 당신이 지배하고 있는 로마 제국을 산산이 부수기 위해, 나는 살아 있을 때 죽었고, 죽었을 때 살아났소. 내가 건너편 대륙에 도착하여 롬바르디아 사람들과 모든 라틴인, 독일인, 켈트인을 보면 우리 백성들과 가장 호전적인 사람들은, 나는 비잔티온에 내 창을 꽂을 때까지 수도 없이 죽여 당신의 마을과 나라를 피로 물들일 것이오."

그 야만인은 이렇게 오만함에 사로잡혀 있었다.

12권

제국의 반역자,
그리고 노르만 공격자

국내의 갈등 & 2차 노르만 침공 (1105~7)

XII. Domestic Conflicts & Second Norman Invasion (1105~7)

1

　이제 보에몽이 처음 건너왔을 때 벌어진 일들, 로마 제국의 홀을 제 손으로 차지하고자 황제에 맞서 꾸민 계략들, 그리고 교묘히 후퇴해 아주 성공적으로 시체가 되어 떠나 코르푸까지 도착한 상황까지, 그 모든 것을 충분히 묘사하였다. 이제 내 역사책에서는 보에몽이 이다음에 벌인 일을 설명하도록 하자. 이 악취 나는 시체는 코르푸에 도착한 뒤, 앞서 말했듯 그 섬의 둑스를 통해 황제에게 위협적인 전갈을 보내고 롬바르디아로 가서 본격적으로 일을 벌였다. 그는 다시금 일리리아를 차지하고 싶었기에 지난번보다도 많은 동맹을 모으려 마음먹었다. 그리하여 프랑스의 왕과 결혼 동맹을 맺자고 협상을 벌여 그의 딸 중 하나인 콩스탕스와 결혼했으며, 또 다른 딸 세실은 안티오히아로 배를 타고 가서 조카 탕크레드와 결혼하도록 했다. 다음으로 보에몽은 모든 구역과 마을과 지역에서 셀 수 없이 많은 병력을 모았으며, 백작들과 그들이 거느린 병력을 규합한 뒤 서둘러 일리리아로 건너왔다.

황제는 알렉시오스를 통해 전갈받았는데 여러 국가, 피사, 제노바, 베네치아에 편지를 보내 경고하여, 보에몽의 거짓된 말에 미혹되어 그와 합류하는 것을 사전에 방지하였다. 실제로 보에몽은 모든 도시와 나라를 방문하여 황제에 대해 신랄하게 비난했고, 그를 이교도이자 기독교인의 적이라고 불렀다. 한편 셀 수 없이 많은 켈트인 무리가 서쪽에서 아시아로 건너와 안티오히아, 티레와 그 인근 모든 지역을 휩쓸고 있던 와중에 바빌로니아인이라는 자*가 300명의 백작을 붙잡아 감옥에 가두고, 옛날에도 그랬듯 잔혹하게 대한 적이 있었다. 황제는 그들이 사로잡혔으며 고통받고 있다는 소식을 상세히 듣고 마음에 상처를 입었고, 그들을 구출하기 위해 전적으로 몰두하였다. 그래서 그는 니키타스 파노코미티스를 불러 돈을 주며 바빌로니아로 보냈다. 포로가 된 백작들을 위해 간청하는 편지를 파노코미티스더러 전하도록 했고, 그들을 사슬에서 풀어준다면 많은 혜택을 주겠다고 술탄에게 약속하였다. 바빌로니아인은 파노코미티스를 대면한 후, 그에게서 황제가 보낸 편지를 받아 읽고, 즉시 포로들을 결박에서 풀어 감옥에서 내보냈다. 그러나 그들에게 절대적인 자유를 부여하지 않고 파노코미티스에게 넘겨 황제에게 보내도록 하였고, 보낸 돈은 한 푼도 받지 않았다. 그렇게 많은 사람의 몸값으로는 애초에 충분하지 않다고 생각한 것인지, 뇌물을 받는다는 인상을 피하려고 한 것인지, 그리고 대가를 받고 팔려고 한 것이 아니라 황제에게 순전한 호의를 베푼 것인지, 아니면 그가 미래에 더 많은 보상을 노린 것인지는 주님만이 말하실 수 있다. 황제는 이 사람들이 도착한 것을 보고 이교도의 결정에 기뻐하고 놀랐으며, 닥친 모든 일에 대해 자세히 물었고 그들이 오랫동안 감옥에 어떻게 갇혀 있었는지 알게 되었는데, 여러 달 동안 태양을 한 번도 본 적 없고 사슬에서 풀려난 적도 없었으며, 게다가 빵과 물 외에는 어떤 종류의 음식도 먹지 못한 채 지냈다고 한다. 황제는 그들의 고통을 불쌍히 여겨 비통한 눈물을 흘리며 즉시 많은 친절을 베풀었는데, 돈을 지급하고 모든 종류의 의복을 주고 목욕을 시켜

---

* 파티마 칼리프 또는 그 휘하 고관

주었으며, 그들이 그간의 학대에서 회복되도록 모든 방법으로 노력하였다. 백작들은 황제의 친절한 대우에 기뻐했는데, 황제의 옛 원수이자 대적자들로서 약속과 서약을 깨뜨린 이자들도 그의 관용에 감사를 표했다. 며칠 후에 그는 그들을 불러 말했다.

"앞으로 우리와 함께 이 도시에 원하는 만큼 머물 수 있도록 허락하겠소. 그러나 그대들 중에 집을 그리워하여 그리로 돌아가고자 하면 우리와 작별한 후 아무런 방해도 받지 않고 집으로 돌아갈 수 있고, 여행에 필요한 돈과 기타 모든 것이 잘 제공될 것이오. 나는 단지 당신들이 자유인으로서 자신의 판단에 따라가거나 머물거나 좋아하는 것을 하도록 허락해 주고 싶을 뿐이오."

내가 말했듯이 이미 한동안 그들은 황제한테 융숭한 대접을 받았고 떠나기를 꺼렸다. 그러나 앞서 언급한 바와 같이 보에몽이 롬바르디아에 도착했을 때, 그는 이전보다 더 많은 군대를 모으느라 바쁘게 모든 도시를 돌아다니고 있었다. 또한 그는 황제를 비난하며, 이교도들을 돕는 이교도라고 큰 소리로 선포하였다. 이 말을 들은 황제는 온 힘을 다해 앞서 언급한 백작들에게 호화로운 선물을 주고 집으로 돌려보냈다. 그렇게 한 이유는 첫째로 그들이 이미 집으로 돌아가고 싶어 했기 때문이고, 둘째로는 보에몽이 그에 대해 떠들어대는 이야기를 이들이 반박할 것이란 기대가 있어서였다. 그러고는 그는 서둘러 테살리아시로 갔는데, 한편으로는 신병들을 훈련하고 다른 한편으로는 뒤틀린 야망을 품은 보에몽이 제국으로 건너오지 못하게 막으려는 이유에서였다. 떠난 백작들은 보에몽에 저항하는 가장 신뢰할 수 있는 수단이 되었는데, 그들은 일상적인 상황에서도 진실을 말하지 않는 보에몽을 사기꾼이라고 불렀고, 종종 면전에서 그를 반박하고 모든 도시와 마을에서 비난했기에 그 자체로 신뢰할 수 있는 증인이었다.

2

보에몽이 건너온다는 이야기가 사방에 퍼졌고, 황제도 켈트인 무리에 수적으로 밀리지 않으려면 여전히 더 많은 병력이 필요하다는 사실을 인지하였다. 이에 꾸물거리지도 망설이지도 않고 코엘레 시리아*에 있던 장교들을 불렀다. 칸타쿠지노스와 모나스트라스 말이다. 전자는 라오디키아를 방어하고 있었고, 후자는 타르소스에 있었다. 그가 이 사람들을 불렀을 때, 보호받지 못한 도시와 지방을 내버려두지 않았다. 다른 군대와 함께 페체아스를 라오디키아로, 모나스트라스가 지배하는 모든 도시, 지방과 타르소스에 아스피에티스**를 보냈다. 이 남자는 아르메니아 가문의 귀족 후손으로, 당시 보고에 따르면 용맹한 것으로 유명했으나, 그때 발생한 위기 탓에 적어도 전략적 능력 관련해서는 그런 평가를 뒤집어 버리게 되었다. 안티오히아의 지배자인 탕크레드는 앞서 말했듯 시리아에 있었는데, 얼마 뒤 자신이 킬리키아로 가서 그곳을 황제의 손에서 빼앗을 것이며, 자기가 튀르크인들에게서 무력으로 찾아온 곳이기에 원래 자기 것이라는 소문을 계속 온 사방에 떠들고 다녔다. 그는 이런 소문을 퍼뜨렸을 뿐 아니라 서신으로 매일매일 아스피에티스를 매우 끔찍하게 위협하기도 했다. 위협에만 그친 것이 아니라 실제로 몇 가지 일을 벌이기까지 했는데, 위협했던 내용을 그대로 실행에 옮겼고 더한 일도 벌였다. 사방에서 아르메니아인과 켈트인 병력을 긁어모아 매일 훈련해 대형을 익히고, 전투에 나설 수 있게 준비가 된 것이다. 때로는 약탈하러 원정에 나서기도 했으니, 불이 나기 전에 피어오르는 연기에 빗댈 수 있겠다. 그는 또한 공성 기계를 비롯해 공성에 필요한 모든 것을 갖추었다. 그가 한 일은 이 정도면 될 것이다. 그러나 아르메니아인 아스피에티스는 이런 무시무시한 위험에도 어떤 위태로움도 두려움도 해로움도 없는 것처럼 태평했고, 밤마다 술독에 빠져 있었다. 그럼에

---

* 시리아 남부를 가리키는 말로, 그리스어로 '움푹 파인 시리아'라는 뜻이다.
** 램프론의 오신이라고도 하나 오신은 1097년 아다나 일부를 점령했다가 탕크레드가 공격하자 후퇴한 기록이 있는데 여기 언급된 아스피에티스는 '당시의 기록에 따르면 용맹하다고 유명'했다니 정황상 다른 사람일 것이다.

도 아주 용맹한 '아레스의 전사'라니 신기할 노릇이다. 그러나 킬리키아로 배치되어 주군의 통제에서 벗어나 전권을 쥐자, 그는 온갖 유흥에 빠져 있었다. 그리하여 포위가 시작되는 순간이 되자 점점 더 유약해지고 방탕하게 살아가던 그 아르메니아인은, 굳건한 전사 탕크레드 앞에서 버틸 배짱이 없었다. 탕크레드가 천둥처럼 위협해도 아스피에티스는 귀가 막혀 듣지 못했으니, 적이 와서 번개를 휘두르고 킬리키아를 쑥대밭으로 만들어도 그는 차마 눈을 떠 번뜩이는 빛을 바라보지조차 못했다.

  탕크레드는 기습적으로 안티오히아에서 그의 거대한 군대를 이끌었고, 두 개의 사단으로 편성하여 육로의 절반을 모프소스* 마을로 보냈으며, 나머지 절반은 트리에레스에 태워 바다를 통해 사론 강 하구로 들어갔다. 이 강은 타브로스 산맥에서 흘러내려, 하나는 폐허이고, 하나는 새로 건설된 모프소스의 두 도시 사이를 흘러 시리아 바다로 흘러 들어간다**. 탕크레드의 배는 이 바다에서 출항했고, 이 강어귀에 들어가 두 도시를 연결하는 다리까지 올라갔다. 이런 식으로 도시는 양쪽에서 포위되고 공격을 받았다. 탕크레드의 부하들은 한쪽 바다에서 도시와 쉽게 싸울 수 있었고, 그동안 다른 군대는 땅에서 싸우며 애먹일 수 있었다. 그러나 사방을 에워싼 어마어마한 수의 병사들이 내는 소리가 벌 떼가 윙윙대는 소리처럼 울렸는데도, 아스피에티스는 아무 이상한 일도 벌어지지 않는 것처럼 용맹함에 전혀 걸맞지 않게, 거의 아무 조치도 취하지 않았다. 이에 제국군은 그를 진심으로 혐오하게 되었다. 탕크레드의 손에 함락된 킬리키아의 도시들이 어떤 운명을 맞이했던가? 그는 다른 것들은 제쳐 놓더라도 동년배 중 가장 강하고 군사적인 경험이 많았으며, 공성 기술도 환히 꿰고 있었다. 이제 여기까지 읽은 누구라도 왜 황제가 아스피에티스의 군사적 미숙함을 알아채지 못했는지 궁금할 수도 있겠다. 내 아버지를 변호하자면, 황제는 그의 고귀한 혈통에 감탄하였다. 영광스러운 조상들과 명성을 떨

---

*   모프소에스티아 또는 마미스트라의 다른 이름이다.
** 사론 강이 아니라 피라모스 강/제이한 강이 옳다.

치던 이름 때문에 아스피에티스가 임명된 것이다. 아르사키스의 후손* 중 가장 뛰어난 자로서 왕족의 피가 흘렀으니 말이다. 이런 이유에서 내 아버지가 그를 동방의 스트라토페다르키스로 임명하여 가장 명예로운 자리에 앉히게 된 것이다. 특히 이는 자신의 용맹함을 증명했기 때문인데, 한번은 내 아버지인 황제가 로베르와의 전투에 참가했을 때 우리가 이미 말했듯이, 전투가 한창일 때 매우 키가 큰 프랑크 군인이 창을 겨누고 말에 박차를 가한 다음 벼락처럼 아스피에티스를 덮친 적이 있었다. 칼을 움켜쥔 그는 켈트인의 맹렬한 공격을 받았는데, 창이 폐와 등뼈를 뚫고 나갔기 때문에 극심한 부상을 입었다. 그러나 아스피에티스는 타격에 동요하지도 않고, 말에서 떨어지지도 않았으며, 그 자리에서 몸을 굳건히 지탱하고 야만인의 투구를 쳐서 투구와 머리를 반으로 갈랐다. 그리고 둘 다 말에서 떨어졌는데 프랑크 군인은 죽었고, 아스피에티스는 여전히 숨을 쉬고 있었다. 수행원들은 피가 다 빠져나가고 있는 그를 데려가 잘 간호하여 주고, 황제에게 데려가 창과 상처를 보여주며, 프랑크 군인의 죽음을 보고하였다. 황제는 어떤 이유로든 이 용감하고 대담한 행동을 염두에 두고 있었고, 그의 혈통과 명성까지 함께 고려해서 그를 탕크레드에 대항하도록 하기 위해 유능한 장군으로서 킬리키아로 보냈고, 내가 방금 쓴 것처럼 스트라토페다르키스로 임명한 것이다.

3

이 사람들에 대해서는 이것으로 충분하다. 황제는 서방에 참전하고 있는 여러 장군에게 지체 없이 스틀라니차로 진군하라고 지시하는 다른 편지를 보냈다. 다음에는 무슨 일이 일어났을까? 프로마후스**를 불러들인 뒤, 가축처럼 살아가기를 선호한 황제들처럼 편히 쉬며 목욕이나 즐겼겠는가? 아니, 이것

---

* 아르사키스는 기원전 3세기 파르티아 제국을 세웠으며 그 후손이 5세기까지 아르메니아 왕국을 다스렸다. 아르메니아 귀족들은 상당수가 아르사키스의 후손이라고 자처했다.
** 팔랑크스의 맨 앞줄에서 싸우는 전사

은 확실히 아니었고, 더 이상 궁전에 가만히 있어야 할 이유는 없었다. 위에서 언급한 대로 비잔티온을 떠나 서쪽 도시들을 거쳐 9월의 14번째 인딕티오에 테살로니키에 도착하였는데, 그가 정권을 잡은 지 20년째였다. 그리고 황후도 함께 가자고 강하게 요구했다. 그녀는 성격상 공개석상에 나서야 하는 일은 그리 좋아하지 않았고, 집에 있으면서 의무를 다했다. 예를 들어 성인들의 책을 읽고 마음을 갈고닦았다. 구빈도 했는데 그들의 행동과 성품을 보고 판단한 결과, 그들 중 진정으로 하느님을 섬길 것 같은 사람들을 특별히 도왔고, 기도도 드렸으며 찬송가도 지치지 않고 연이어 불렀다. 언제든 불가피하게 황후로서 공개석상에 나설 때면, 매우 수줍어하며 뺨을 붉게 물들이고는 했다.

비슷하게, 철학자 테아노*도 팔뚝을 드러냈을 때 누가 장난스레 "팔뚝이 정말 아름답군요!"라고 하자, "네, 하지만 다들 보라고 드러낸 건 아니지요."라고 답한 적이 있다. 황후인 내 어머니는 위엄의 표상이자 거룩함이 깃든 전당으로서, 팔뚝도 눈도 공공연하게 드러내길 좋아하지 않았으며, 낯선 사람에게는 목소리도 들려주지 않으려고 했다. 이런 겸허함^{αἰδώς}**이 얼마나 귀감이 되는가! 그래도 말하자면 어떤 신도 필연에 맞서 싸울 수는 없는 법이니, 그녀는 황제의 잦은 원정에 동행할 수밖에 없었다. 타고난 겸손함은 그녀를 궁전에 머물게 했을 것이지만, 황제에 대한 그녀의 헌신과 열렬한 사랑은 여러 가지 이유로 의지에 반하여 그녀가 나가도록 하였다. 그 중 첫 번째는 황제의 발을 공격했던 질병이, 세심한 간호가 필요했다는 것이다. 통풍 때문에 황제는 찌르는 듯한 고통을 느꼈으며, 다른 누구도 아닌 오직 황후의 손길만이 도움이 됐는데, 황후는 황제의 고통을 세심히 이해하고 있어서 꼼꼼히 주물러 어느 정도 통증을 줄일 수 있었기 때문이다. 이제 내가 말하는 내용에 대해 그 누구도 아첨한다고 비난하지는 못할 것이니, 나는 가정에서의 미덕을 경외하노라. 내가 황제에 대해 거짓말을 늘어놓는다고도 의심하지 말라. 나는 오로지 진실만을

---

* 기원전 6세기 수학자로 피타고라스의 아내였다는 기록이 있다.
** αἰδώς; 어원상 종교적 뉘앙스를 가지고 있다.

말하고 있다. 황제는 진실로 자신의 안위보다 도시들의 안녕을 중시하였다. 어떤 것도 그리스도인들을 향한 사랑에서 그를 멀어지게 할 수 없었다. 고통과 쾌락도 전쟁의 비참함도, 어떤 크거나 작은 것도, 여름의 타오르는 열기도, 겨울의 살을 에는 듯한 한기도, 야만인의 공격도 말이다*. 그는 이런 것들에 일절 동요하지 않았고, 병으로 괴롭더라도 도움을 청하는 목소리가 있으면 일어섰다. 황후가 황제와 동행하려고 했던 두 번째 이유이자 보다 중요한 이유는, 사방에서 모략이 펼쳐지고 있어 지속적인 보호를, 말 그대로 수많은 눈이 지켜보는 데서 오는 보호가 필요했기 때문이다. 밤에도 음모가 꾸며졌고 대낮에도 그러했으며, 저녁에도 새로운 악행이 벌어졌고 아침이 최악이었으니, 하느님께서 증인이시다. 그러니 그토록 수많은 악에 맞서고 있던 황제를 1,000개의 눈이 지켜보고 있지 않겠는가? 어떤 자들은 화살을 겨눴고, 어떤 자들은 몰래 칼을 갈았으며, 다른 자들은 행동으로 나설 기회가 부족하면 거짓으로 점철된 혀를 놀리고 악의를 담은 말을 해댔다. 이때 황후, 자연이 맺은 조언자보다 황제의 곁에서 돕는 것이 마땅한 자가 누가 있겠는가? 황제를 더 잘 돌보고 음모자를 더 잘 찾아낼 자가 누가 있겠는가? 그녀는 황제에게 도움이 될 만한 것을 빠르게 찾아낼 수 있었으며, 적의 계략을 포착하는 데는 더욱 빨랐다. 이런 이유에서 내 어머니는 통치자이신 내 아버지를 참으로 위하였으며, 밤에는 잠들지 않는 눈이었고 낮에는 가장 탁월한 수호자였으며, 식탁에 있는 위험에는 좋은 해결책이었고 독이 든 음식에는 해독약이었다. 이러한 연유로 그녀는 천성적인 수줍음을 밀어두고 사람들의 눈을 용기 있게 바라보았다. 그리고 심지어 이런 상황에서도 원래 지니고 있던 겸손을 잊지 않았고, 차분한 모습과 침묵과 절제로 다른 이들은 거의 다가오지 못하게 하였다. 황후가 군대와 동행한다는 사실을 보여주는 유일한 것은 노새 두 마리가 짊어진 황가의 가림막으로 덮은 가마뿐이었으며, 그녀의 고귀한 몸은 보이지 않았다. 사람들이 알았던 것은 황제의 병에 아주 탁월한 조치가 취해졌으며, 황후가 지치지 않고 그

---

* 로마서 8장 35절을 비틀어 쓰고 있다.

를 지켰고, 잠들지 않는 불침번 노릇까지 하는 등 소홀함 없이 살폈다는 것이었다. 황제에게 충성스러웠던 우리는 최선을 다해 각자 능력에 맞게, 안주인이자 어머니를 돕고 신경 썼으며 한순간도 게을리하지 않았다. 내가 이렇게 쓰는 것은 특히나 헐뜯고 욕하기 좋아하는 자들 때문이다. 이들은 무고한 자들에게도 죄를 씌우며 (호메로스의 뮤즈도 인간의 천성이 이러함을 알았다) 고귀한 업적을 깎아내리고, 흠 없는 자들에게서 흠을 찾아낸다. 그러니 당시 원정에 (황제가 보에몽에 맞서 진격한) 그녀가 어쩔 수 없이, 또 한편으로는 자발적으로 동행하겠다고 나선 것이다. 황후가 야만인 군대를 공격하러 나서는 일에 꼭 참여할 필요는 없는데도 말이다. 어떻게 가능하겠는가? 토미리스나 마사게타이족 스파레트라는 가능했겠으나, 나의 이리니는 아닐 것이다*. 그녀의 용기는 다른 방향으로 뻗었으며, 완전히 무장했으나 아테나의 창이나 하데스의 투구로 무장한 것은 아니었다. 둥근 방패와 검을 들고 그녀가 맞선 것은 삶의 불운과 역경이었으니, 그녀도 알았듯 통치자의 삶은 항상 위험에 노출되어 있었으니 말이다. 일에 임하고 수난에 굳게 맞서는 등 진정으로 충실한 모습은 솔로몬도 칭찬할 만했다.

그리하여 어머니는 그런 종류의 전쟁에 대비하였지만, 다른 면들에서는 이름만큼이나 평화로웠다**.

전쟁의 순간이 임박하면서 황제는 모든 것을 준비하느라 바빴고, 여러 요새를 방비하고 필요하면 보강했다. 한마디로 보에몽의 도착에 대비하여 모든 것을 잘 확인하기 위해 최선을 다했다. 그리고 한편으로는 스스로를 위해, 우리가 제시한 이유로 황후를 데려갔고 다른 한편으로는 당장에 위험이 없었고 전쟁의 때가 아직 오지 않았기 때문이다. 황후는 그녀가 가진 모든 금과 돈, 다른 품질의 소중한 소유물들을 가지고 도시를 떠났다. 그리고 여정 내내 거

---

* 토미리스는 키루스 대제를 죽인 마사게타이족 여왕이고, 스파레트라는 남편이 사로잡히자 군대를 이끌고 키루스 대제를 격퇴했다는 여왕이다.
** '이리니Εἰρήνη'라는 이름은 그리스어로 평화라는 뜻이다.

지들, 염소 가죽을 덮었거나 벌거벗은 자들에게 도움의 손길을 내밀었고, 청을 올린 그 누구도 빈손으로 보내지 않았다. 전용 천막에 이르러도 바로 들어가서 쉬지 않고, 입구를 열어 가난한 사람들이 자유롭게 들어올 수 있도록 했다. 이런 사람들에게 그녀는 아주 가까이하기 쉬웠고, 보거나 듣는 것도 기꺼이 허락했다. 그리고 가난한 사람들에게 돈을 주었을 뿐만 아니라 귀한 충고도 하였다. 게으른 삶을 사는 건장한 체격의 사람을 보게 되면 일자리를 찾도록 촉구하였는데, 게으름을 피우며 집마다 다니며 구걸하는 것보다 그렇게 하여 필수품을 얻도록 하였다. 어떤 상황이 벌어져도 황후는 이런 선행에서 멀어지지 않았다. 다윗은 음료에 눈물을 섞은 것으로 알려져 있지만*, 황후는 매일 그녀의 음식과 음료에 동정심을 섞었다. 사랑하는 딸의 증언이 거짓과 어머니를 향한 아첨으로 의심받지 않는다면, 황후에 대해 많은 것을 말할 수 있었을 것이다. 그러한 의혹을 가지고 있는 사람들을 위해, 내 말을 사실로 뒷받침해 나가도록 하겠다.

4

서방의 사람들은 황제가 테살로니키에 도착하였다는 소식을 듣고, 마치 무거운 물체가 중력에 의해 중앙으로 끌려가는 것처럼 모두 황제의 주위에 모였다. 이번에는 사실 메뚜기가 이전처럼 프랑크 군대의 출현을 앞지르지 않았으나, 대신 큰 혜성이 하늘에 나타났는데, 이는 이전에 본 것 중 가장 큰 혜성이었고, 어떤 이들은 대들보에, 또 어떤 이들은 투창에 빗대고는 했다. 기이한 전조였으며, 이상한 일이 머지않아 벌어질 것이라고 하늘에서 보낸 것으로 받아들여졌다**. 그리고 이 혜성은 밤낮으로 40일 동안 밝게 빛났으며, 서쪽에서 솟아올라 동쪽으로 건너가는 것 같았다. 이를 본 모든 사람은 모두 말문이 막혀서

---

* 시편 102편 9절
** 1106년 2월 대혜성은 전全 세계에서 목격되었다.

이 운석이 무슨 징조냐고 물었다. 황제는 그러한 문제에 많은 관심을 기울이지 않았는데, 그것들은 어떤 자연적인 원인에서 생겨났다고 생각하였기 때문이다. 하지만 이러한 일을 잘 이해하는 사람들에게 물어보기는 했다. 최근 비잔티온 에파르코스의 영예로운 지위를 받은 바실리오스(이 사람은 황제에게 대단히 충성했다)를 불러 나타난 혜성에 대해 상의하였다. 바실리오스는 대답을 다음 날까지 미루겠다고 한 뒤 자기 숙소로 돌아갔으며*, 해가 질 무렵 혜성을 바라보았다. 이렇게 고민하고 계산에 지쳐 있는 동안 그는 깜빡 잠들었고, 잠결에 사제복을 입은 성인을 보았다. 너무 기뻐서 그는 '꿈이 아니라 현실'이라고 생각했으며, 성자를 알아보자 두려워진 바실리오스는 성인에게 혜성이 뜻하는 바를 알려달라고 소심하게 간청하였다. 성인은 혜성이 프랑크 군대가 움직이는 것을 예언했다고 대답하였으며, 그 방향은 지구의 같은 지역에서 저들이 패퇴함을 뜻한다고 답했다. 혜성이 나타난 이야기는 이러하다. 황제는 이미 언급한 대로 테살로니키에 도착했고, 그곳에 있으면서 신병들에게 활을 당겨 과녁을 맞히는 법과 방패로 막는 법을 가르치며 보에몽의 도하를 준비하였고, 필요할 때 빨리 올 수 있도록 외국에 병력 확보를 위한 편지를 썼다. 그는 또한 일리아도 면밀히 신경 쓰며 디라히온의 도시를 강화하였는데, 세바스토크라토르 이사키오스의 둘째 아들 알렉시오스를 그 지사로 임명하였다. 동시에 그는 키클라데스와 아시아와 심지어 유럽의 모든 해안가 도시에 함대를 준비하라고 명령하였는데, 보에몽이 아직 서둘러 건너가지 않았기 때문에 몇몇이 함대를 만드는 것에 반대하였다. 이에 그는 그들의 말을 듣지 않고, 장군이라면 모름지기 기민한 방어자로서 곧 벌어질 일뿐만 아니라 먼 미래의 일도 봐야 하며, 특히 적이 온다는 것을 안다면 어떤 경우에도 지출을 줄이거나 무방비하게 있어서는 안 된다고 말했다. 이 문제를 아주 영리하게 해결한 후 그는 테살로니키를 떠나 스트로비차를 거쳐 슬로피모스로 갔다. 이전에 보내졌던 세바스토크라토르의 아들 요안니스가 달마티아인에게 패배했다는 소식을

---

* 복음사가 요한John the Evangelist(요한복음서의 지은이)을 기리기 위해 오래전에 지은 예배당이었다.

듣고, 그는 그를 구하기 위해 많은 군대를 보냈다. 한편 매우 교활한 부칸은 즉시 황제와 평화 협상을 시작하고 황제가 요구한 인질을 보냈다. 황제는 그 지역에서 1년 2개월을 머물렀고 보에몽이 아직 롬바르디아에 머물고 있다는 소식을 들었는데, 이미 겨울이 오고 있었기 때문에 모든 병사를 집으로 돌려보내고 테살로니키로 돌아갔다. 황제가 테살로니키로 여행하는 동안 요안니스 포르피로옌니토스 황자의 쌍둥이 아들딸이 발라비스타*에서 태어났다. 황제는 테살로니키에서 초창기 그리스인 순교자 디미트리오스의 기념식에 참석한 후 수도로 귀환하였다.

여기서 다음과 같은 사건이 발생했다. 콘스탄티누스 광장 한가운데에는 동쪽을 바라보는 청동상이 있었는데, 눈에 띄는 자주색 기둥 위에 서서 오른손에 홀을 들고 있었고, 왼손에는 청동으로 만든 구가 있었다. 아폴로의 조각상이라고 불렸지만, 내가 생각하기에는 콘스탄티노폴리스 주민들이 안텔리오스라고 불렀던 것 같다. 그러나 그 도시의 아버지이자 주인이신 군주 중 위대한 콘스탄티누스 대제는 이 조각상을 자신의 이름으로 바꾸고 콘스탄티누스 대제의 동상이라고 불렀다. 그러나 조각상에 원래 붙여진 이름은 이어졌고 모두가 그것을 아넬리오스^{ἀνήλιος} 또는 안텔리오스^{ἀντήλιος}라고 불렀다**.

갑자기 매우 거센 남서풍이 일더니 이 신상神像을 받침대에서 날려 땅에 내동댕이쳤는데, 태양이 황소자리를 지날 때였다. 대부분은 이를 나쁜 징조로 해석했으며, 특히 황제를 싫어하던 자들이 그러했다. 이자들은 이 사고가 황제의 죽음을 예고하는 것이라 속삭였다. 그러나 그는 이렇게 말했다.

"내가 아는 삶과 죽음의 신은 오로지 한 분이다. 우상이 쓰러진다고 누가 죽는다는 말은 절대로 믿을 수가 없구나. 나와서 말해보라. 페이디아스나 어느 석공이 돌을 가지고 작업해서 조각상을 만들면 생명을 빚어내고 죽은 것을 살릴 수 있다는 말이냐? 그럴 수

---

*   현재 그리스의 시디로카스트로
** ἀνήλιος; ἀντήλιος; '동쪽을 바라보는', '태양을 등진' 정도의 뜻이다.

있다면 모든 것의 창조주께 남는 것은 무엇이냐? 그분께서는 '나는 죽이기도 하고 살리기도 한다.'고 하였다*. 어느 동상이 서고 쓰러진들 그에 빗댈 수 있으랴."

실제로 그는 만물을 위대한 하느님의 섭리에 돌렸다.

5

이제 또 다른 골칫거리가 한데 뒤섞여 황제를 곤경에 빠트렸다. 보통 사람들이 아니라, 용기와 찬란한 혈통을 매우 자랑스럽게 여기는 사람들이 살인을 속삭이고, 황제의 생명을 노리고 음모를 꾸몄다. 그리고 내 역사책은 이 지점에 멈추고, 도대체 황제가 얼마나 수많은 위험에 휘말려 있었는지 이야기해야겠다. 그를 노린 선동이 없는 지역이 없었기 때문이다. 국내에서는 불평이 만연했고 국외에서는 반항이 끊이지 않았다. 그리고 한 번은 황제가 아직 국내의 어려움을 극복하지 못했을 때, 외부의 모든 세상은 마치 운명**이 국외에서 야만인을 만드는 것처럼 불타올랐고, 국내에 있는 참칭자들은 스스로 자라난 거인처럼 동시에 솟아올랐다. 황제 폐하가 매우 평화롭고 인자한 방식으로 정부를 이끌고 경영하며 모든 사람을 한없이 친절하게 대했는데도 그러했다. 몇몇 사람에게는 명예로운 자리를 내렸고, 두둑한 선물을 내리기도 했다. 야만인들이 어디서 왔든 전쟁이 일어날 구실을 주지도 않았고, 전쟁을 일으킬 수밖에 없도록 압박하지도 않았다. 다만 소동을 일으키면 제지했을 뿐이었다. 모든 일이 평화로운 때에 이웃을 자극해 전쟁을 일으킨다면 나쁜 장군 아니겠는가. 평화야말로 모든 전쟁의 끝이며, 매번 평화 대신 전쟁을 골라 좋은 결말을 얻지 못하는 것은 분별없는 장군이나 어리석게 나라를 망치는 지도자, 그리고 국가를 망치려 드는 사람들의 특징이라 하겠다.

---

*   마카베오기 제4서 18장 18절
**   운명의 신 포르투나를 의미한다.

이에 알렉시오스 황제는 정반대로 행동하였는데, 유난히도 평화를 갈망하였고 평화로운 시기에는 평화를 유지하기 위해 최선을 다했다. 평화가 깨진 시기에는 평화를 어떻게 되찾을지 생각하며 밤새 깨어있고는 했다. 천성적으로 그는 평화로웠으나, 부득이한 사정에서는 매우 호전적이었다. 그리고 나는 단언컨대, 황제의 위엄이 오랫동안 로마 궁정에서 사라진 후 다시금 이를 되찾아 지닌 자는 오로지 알렉시오스 그밖에 없었으니, 마치 위엄이 처음으로 로마의 군주에게서 손님 대접을 받는 모양새였다. 하지만 이 장의 시작 부분에서 말했듯이, 나는 밀려드는 전쟁에 놀라지 않을 수 없으니, 국내외 모든 존재가 격동하는 것처럼 보였기 때문이다. 그러나 알렉시오스 황제는 적들의 비밀과 숨겨진 계획을 미리 알아차렸고, 다양한 대책을 통해 그들의 위험한 계획을 막았다. 국내에서는 참칭자들과 국외에서는 야만인들과 싸울 때, 그는 예리한 본능으로 음모를 예견했고 그들의 시도를 막아냈다. 이 모든 것에서 나는 운명 ... 왕국은 사방에서 위험이 쌓였기 때문에 정치 체제는 혼란에 빠졌고, 모든 이국의 민족이 로마 제국에 대항하여 분노하고 있었다. 마치 사람이 너무나 불행하여 밖으로는 적에게 공격받고, 안으로는 혹독한 고통에 괴로워하다가 하느님의 섭리가 되살려 다시 버티고 맞설 힘을 얻은 꼴이었다.

우리가 자주 언급한 야만인 보에몽은 엄청난 군대를 모아 로마 제위를 노리고 공격을 준비하고 있었고, 작가의 말에서 말했듯이 한편으로는 참칭자들이 황제에게 대항하여 일어났다. 음모의 창시자는 아네마스라는 성을 가진 모두 4명이었는데, 이름은 미하일, 레오, ... 그리고 ... 그들은 혈연으로도, 성격으로도 형제였다. 모두가 황제를 죽이고 홀을 차지하는 것에 동의했기 때문이다. 다른 귀족들은 그들과 연합했는데 즉, 저명한 혈통의 안티오호스와 엑사지노스라고 불리는 두 사람, 즉 역사상 가장 용감한 전사인 두카스와 얄레아스, 그 외에도 니키타스 카스타모니티스와 코르티시오스 및 요르요스 바실리아키오스가 있었다. 이들은 모두 주요 지휘관이었고, 원로원에는 요안니스 솔로몬이 있었다. 솔로몬이 넘치도록 많은 재물을 지니고 혈통이 빛난다는 것을 알고,

아네마스 4인조의 지도자인 미하일은 솔로몬이 황제로 등극해야 한다고 거짓 약속을 했다. 원로원의 우두머리였던 솔로몬은 키가 제일 작았으며, 원로원 의원들이나 공모자들이 보기에도 경박하기로도 제일이었다. 자기가 아리스토텔레스와 플라톤의 가르침을 완벽하게 이해하고 있다고 생각했으나, 실제로는 철학적 지식을 잘 기억하지도 못했으니 제 경박함에 눈이 먼 탓이다. 그는 아네마스 형제들이 떠밀어주기라도 하는 것처럼 온 힘을 다해 황위를 향한 여정을 이어 나갔다. 그러나 이들은 완전히 사기꾼들이었으니, 미하일과 형제들은 그를 황위에 옹립할 생각이 추호도 없었으며, 단지 자기들의 목적을 위해 그의 부富와 영향력을 이용할 뿐이었다. 계속 그가 가진 돈을 물 쓰듯 쓰면서 바람을 불어넣고 띄워주는 식으로 써먹은 것이다. 이들은 만약 그가 성공하고 행운이 미소 지어주면 그를 쳐내고 바다에 떠다니게 두고, 홀을 직접 차지한 다음 미미한 영예만 안겨줄 생각이었다. 요안니스가 참석한 자리에서 계획에 대해 말할 때는 황제를 살인하기는커녕 칼을 쓴다는 이야기도 뻥긋하지 않았고, 전투나 전쟁에 대한 이야기도 하지 않아 이자가 경계하는 일이 없도록 했다. 오래전부터 전쟁에 대한 이야기만 나오면 벌벌 떠는 것을 알았기 때문이다. 어찌 됐든 그들은 솔로몬을 마치 이 무리의 우두머리인 것처럼 받아들였다. 이에 가담한 사람에는 스클리로스와 콘스탄티노폴리스의 에파르코스, 임기를 막 끝마친 제로스도 포함되어 있었다. 자, 위에서 말했듯이, 솔로몬은 가벼운 성격이었고 엑사지노스와 얄레아스, 아네마스가 꾀한 것에 대해 아무것도 이해하지 못했기 때문에 자신이 이미 로마 제국을 손아귀에 쥐고 있다고 생각했고, 사람들과 이야기하면서 선물과 영예를 약속하며 그들을 설득하려고 노력하였다. 이 희곡의 주연 미하일 아네마스가 그를 보러 갔을 때 그가 누군가와 이야기하는 것을 보고, 무슨 말을 하는지 물었는데 솔로몬은 평소처럼 단순하게 대답했다.

"어떤 자리를 달라고 하길래, 내가 그렇게 하겠다고 약속하니까 우리 계획에 가담하겠다고 하던데."

미하일은 그의 어리석음을 저주했고 혀를 가만히 둘 줄 모른다는 사실에 우려하여, 이전만큼 자주 그를 방문하지 않았다.

6

이제 전사들, 그러니까 아네마스들이나 안티오호스와 여타 공모자들은 황제를 겨냥한 음모를 꾸몄고 기회가 생기면 즉시 실행에 옮겨 계획대로 황제를 살해하기로 했다. 그러나 섭리가 기회를 주지 않았기 때문에 시간이 흘러가자 발각될까 두려워졌고, 마침내 그들은 기회를 찾았다고 생각하였다. 왜냐하면 이른 아침에 잠에서 깨어나면 황제는 친족과 체스를 두며 근심거리를 덜고는 했는데, (이 게임은 고상한 아시리아인이 발명하여 우리에게 전해졌다) 이 사람들은 음흉한 손에 무기를 들고 황실의 침실을 통과하여 황제를 시해하려 다가가려는 의도였다. 당시 황제들이 잠을 자던 침실은 성모님께 바쳐진 궁전 예배당 왼쪽에 자리 잡고 있었는데, 대부분 사람은 위대한 순교자 디미트리오스에게 헌정되었다고 말했다. 오른쪽에는 대리석으로 포장된 아트리움이 있었다. 그리고 예배당에서 여기로 이어지는 문은 항상 모든 사람에게 열려 있었고, 그들은 이 문을 통해 예배당에 간 뒤 황제의 침실을 닫은 문을 강제로 열고 들어가 칼로 황제를 단숨에 죽이려고 하였다.

이것이 바로 이 죄 많은 자들이 무고한 자를 노리고 꾸민 일이다. 그러나 하느님은 그들의 계획을 좌절시키셨다. 누군가 황제에게 계획에 대한 이야기를 흘렸고, 곧바로 그들 모두 소환된 것이다. 먼저 황제는 요안니스 솔로몬과 요르요스 바실리아키오스를 궁전 안의 어느 장소로 불러들였는데, 마침 황제가 친족과 함께 있던 작은 방 근처에 이들이 있었기 때문이다. 그는 몇 가지 질문을 던졌고, 이자들은 아주 단순하다는 것을 오래전부터 알았기에 쉽게 전모를 파악할 수 있으리라고 생각했다. 그러나 계속 캐물어도 모든 것을 부인하자, 세바스토크라토르 이사키오스가 다가가 솔로몬에게 까딱하며 말했다.

"솔로몬, 자네는 내 동생인 황제가 선하다는 것을 잘 알겠지. 이제 지금 계획을 낱낱이 자백한다면 즉시 사면될 것이지만, 그러지 않는다면 끔찍한 고문을 받게 될 걸세."

솔로몬은 자리에 못 박힌 듯 그를 쳐다보았고, 동시에 세바스토크라토르 주변을 둥글게 둘러싸고 어깨 위로 손도끼를 휘두르고 있는 야만인들을 보았다. 그러고는 곧장 엎드려 벌벌 떨면서 모든 것을 털어놓고 공모자들의 이름을 불었으나, 살해 계획에 대해서는 아무것도 모른다고 주장했다. 이들은 수비병에게 넘겨졌고 감옥에 따로따로 갇혔다. 다음으로 황제와 황제의 형은 나머지에게 음모에 대해 물었다. 이들은 모든 것을 자백했고 살해 계획조차도 털어놓았다. 이런 짓을 꾸민 것이 전사들이라는 사실, 특히나 미하일 아네마스가 주모자이며 황제를 살해하려 했다는 것이 알려지자, 모두 추방되었으며 재산은 몰수되었다. 솔로몬의 집은 매우 아름다운 곳이었기 때문에 황후에게 넘겨졌다. 그러나 황후는 평상시처럼 친절했고, 솔로몬의 아내를 불쌍히 여겨 어떤 사소한 물품도 빼앗지 않고 그대로 돌려주었다. 솔로몬은 소조폴리스에 수감되었다. 그러나 아네마스와 기타 주요 가담자들은 머리카락을 바싹 잘리고 수염은 밀렸으며, 황제는 이들더러 아고라를 돌게 한 뒤 눈을 뽑으라고 명했다. 그리하여 이 식을 맡은 사람들은 이들을 끌고 가 베옷*을 입히고 소와 양 창자를 마치 왕관처럼 머리에 둘러주고는, 소에 태우고 (똑바로 앉힌 것이 아니고 옆으로) 궁정 밖으로 몰아갔다. 릭토르 Ραβδοῦχος**들이 앞에서 뛰어다니며, 이 행렬에 걸맞은 우스꽝스러운 노래를 큰 소리로 불러댔다. 저속한 노래로 그 의미는 다음과 같다. 모든 사람더러 나와서, 황제에게 칼을 휘두르려 한 이 뿔난 역적들을 구경하라는 것이었다. 이에 이 광경을 보기 위해 남녀노소 모두 모여들었고, 황제의 딸들인 우리도 몰래 보러 나갔다. 미하일이 황궁을 우러러

---

* 베옷을 입는 것은 속죄, 반성, 슬픔 등을 상징한다(마태복음 11장 21절 참고). 사순절 주간 재의 수요일에 베옷을 입고 재를 뒤집어쓰는 풍습이 9세기까지도 있었다고 한다.
** Ραβδοῦχος: 고대 로마 집정관 아래에서 죄인을 처벌하는 관직

하늘을 향하며 팔을 어깨에서, 다리를 엉덩이에서, 머리를 몸뚱아리에서 잘라내야 마땅하다고 몸짓으로 간구하는 것을 군중들이 보았다. 모든 피조물은 감동하여 눈물을 흘리며 비탄했고, 무엇보다 황제의 딸들인 우리가 감동하였다. 나는 그 남자를 그런 비참한 상태에서 구하고 싶은 마음에, 어머니인 황후가 와서 행렬을 보도록 거듭 간청하였다. 사실을 말하자면 우리가 이 사람들을 신경 쓴 것은 황제를 위해서였는데, 그가 이런 훌륭한 전사들을 잃게 될 것이었고 특히나 가장 무거운 형을 선고받은 미하일도 잃게 될 것이었기 때문이다. 따라서 그가 자신의 불행으로 인해 얼마나 겸손해졌는지 보았을 때, 내가 어머니를 설득한 이유는 그 남자들이 가까이 닥친 위험에서 혹시라도 구원받을 수 있도록 하기 위해서였다. 이 행렬을 이끄는 집행관들은 아주 천천히 집행을 진행하여 죄인을 사면할 기회는 남아 있었다. 하지만 그녀는 오기를 망설였다. (황제와 앉아 있었고, 주의 어머니 앞에서 함께 하느님께 간구하고 있었기 때문이다). 나는 직접 내려가서 무서워하며, 문밖에 서서 감히 들어가지는 못하고 손짓으로 어머니를 나오시게 하려 하였다. 마침내 그녀는 설득되었고, 그 광경을 보러 나왔다. 어머니는 미하일을 보았을 때 그를 불쌍히 여겼으며 비통한 눈물을 흘리며 황제에게 달려갔고, 미하일의 눈을 뽑지 말라고 한 두 번도 아닌 여러 번 반복해서 간청하였다. 황제는 곧장 전령을 보내 집행관들에게 멈추도록 했고, 전령들이 아주 서둘러 갔기에 이들이 '손'이라는 장소 안으로 들어가기 전에 따라잡아 부를 수 있었다. 여기를 지나간 자는 더 이상 운명을 피할 수 없게 된다. 황제들은 아주 높다란 돌 아치 위 잘 보이는 지점에 청동으로 된 손들을 올려놓아, 법에 따라 처형되는 자가 그곳에 도달하기 전에 황제의 손이 그를 사면한다면 벌을 면하게 될 것이라고 천명하였다. 이 손들은 황제가 그들을 다시 품으로 데려와 단단히 붙잡았다는 사실을 형상화한 것으로, 자비로운 손으로 그들을 계속 붙들고 있겠다는 뜻이었다. 그러나 만약 그들이 손들을 지나친다면 진실로 제국의 주인이 그들을 버렸다는 신호가 된다. 그러므로 사형수의 운명은 행운의 손에 달려 있게 되지만, 내가 이해하기에는 하느님의 의지에 달렸다 하겠으니, 하느님의 도움을 청하는 것이 마땅하다. 만약 죄지은 자가 손에 도착하기 전, 자비가 그의 곁에 당도한다면 그는 위험을 면하게 되나, 지나가 버린다면 구원받지 못하게 되니 말이다. 나는 이 모든 것을 하느님의 섭리에 의한 것이라 하겠으며, 이번 경우에는 눈을 뽑히지 않도록 구해내었다. 하느님이 그를 불쌍히 여기도록 그날의 우리를 움직였을지도 모른다. 구원을 알리는 전령이 급히 가서 청동 손들이 있는 아치에 도착해 미하일을 끌고 가던 자에게 사면장을 전달하고, 그를 인도받아 데려와서는 궁전 근처에 지어진 탑에 가두었으니, 이것이 바로 황제가 명한 바였다.

7

미하일은 그리고리오스가 들어올 때까지도 감옥에서 풀려나지 못했다. 이 탑은 블라헤르네 궁전 근처의 도시 성벽에 있는 것이며, 아네마스가 처음으로 사슬에 묶여 갇힌 채로 긴 시간을 보냈기에 '아네마스의 탑'이라 불렸다. 그런데 열두 번째 인딕티오*에 트라페준타의 둑스로 임명된 그리고리오스가 오래 전부터 획책해온 반역을 트라페준타로 가던 중 드러내었다. 타로니티스는 둑스 자리를 넘겨주고 콘스탄티노폴리스로 돌아가고 있던 다바티노스를 포로로 잡고, 테베의 감옥에 가두었다. 다바티노스뿐 아니라 여러 주요 트라페준타 시민들도 수감되었는데, 그중에는 박키노스의 조카도 있었다. 이들은 계속 갇혀 있다가 힘을 합쳐 반란군이 배치해 둔 간수들을 공격해 제압했고, 성벽 밖으로 끌고 가 도시 멀리 쫓아버렸다. 그러고는 테베를 되찾아 통제하였다. 황제는 여러 차례 서신을 보내 그리고리오스를 불렀고, 만약 용서받고 옛 지위를 되찾고 싶으면 이만 악행을 멈추라고 충고하기도 하였고, 따르지 않으면 가만두지 않겠다고 위협하기도 하였다. 그러나 그리고리오스는 황제의 현명한 충고는 전혀 귀담아듣지 않았으며, 되려 긴 편지를 써 보내, 원로원과 군부

---

* 1103년 9월~1104년 9월

의 주요 인물들뿐 아니라 황제의 친인척까지도 공격했다. 이 편지를 통해 황제는 그리고리오스가 매일 내리막길로 가고 있다는 사실을 알았으며, 완전히 광기에 빠져드는 것을 보고 그가 가망이 없다고 생각했다. 열넷째 인딕티오[*]에 그는 조카 요안니스, 즉 큰누나의 아들이자 반역자의 사촌을 보내 진심 어린 충고를 하도록 했다. 그리고리오스가 혈족의 말은 듣지 않을까 싶었기 때문이다. 그러나 만약 듣지 않으면 막강한 군사력으로 맞서고 육지와 바다에서 공격하라고 했다. 그리고리오스 타로니티스는 그가 온다는 소식을 듣고 즉시 다니슈멘드에게 도움을 청하기 위해 콜로니오스(매우 강하고 난공불락의 요새)로 떠났다. 요안니스는 일을 시작하면서 이 사실을 알게 되었고 그는 병력에서 켈트인들과 일부 로마 정예병을 나누어 그리고리오스에게 대적하기 위해 보냈다. 그들이 그를 따라잡아 치열한 전투를 벌였는데, 두 명의 용감한 군인이 창으로 그를 공격하여 낙마시켜 사로잡았다. 그들은 그를 요안니스에게 데려갔는데, 요안니스는 그를 황제에게 끌고 갔으며, 도중에 그를 보지도 않을 것이며 말 한마디 나누지 않을 것이라고 맹세했다. 그럼에도 그는 자기 눈을 뽑으려는 척하는 황제에게 강력하게 탄원하였다. 결국 황제는 마지못해 포기하는 듯한 모습을 보이고, 요안니스의 청을 들어주었다. 다만 오고 간 대화가 누설되지 않도록 단단히 일러두었다. 3일 후 그리고리오스는 머리카락과 수염을 남김없이 밀렸으며, 그 상태로 아고라 한가운데를 통과한 다음 내가 방금 말한 아네마스 탑에 투옥되었다. 그는 감옥에서도 여전히 어리석었기 때문에 간수들에게 날마다 광기 어린 말을 지껄였으나 황제는 오랫동안 상당히 신경 써 주었는데, 혹여나 그가 변화하여 반성하는 낌새를 보여주지는 않을까 싶었다. 그러나 그는 이전과 같았고, 옛날에 우리와 친한 사이였기에 종종 나의 카이사르를 요구하였다. 결국 황제는 그를 깊은 낙담에서 들어 올리고 좋은 조언을 제공하기 위해 나의 카이사르에게 방문해도 된다고 허락했다. 그러나 좋은 방향으로 바뀌는 데는 너무 오래 걸렸고, 그는 오랫동안 포로로 남아

---

[*] 1105년 9월~1106년 9월

있었다. 마침내 사면받았을 때, 그는 전보다도 더한 영예와 선물과 배려를 누렸는 바, 이런 황제의 관용은 정말로 대단했다.

8

공모자들과 반역자 그리고리오스의 문제에 주의를 기울이는 동안 황제가 보에몽을 잊은 것은 아니었으며, 이사키오스 콘토스테파노스를 소환하여 그를 함대의 메가스 둑스로 승진시켜 디라히온으로 보냈다. 황제는 그에게 보에몽이 도하하기 전에 일리리아에 도착하지 못하면 눈을 뽑겠다고 위협했다.

그는 또한 조카인 디라히온 둑스 알렉시오스에게 지속해서 편지를 보냈는데, 격려함과 동시에 엄중히 경계하라고 명령하였고, 바다 위에서 경계하는 사람들에게도 똑같은 명령을 내려 보에몽이 몰래 도하하지 못하게 하고 그가 건너갔다는 소식을 즉시 편지로 전하라고 하였다. 그것이 황제가 한 일이다.

콘토스테파노스가 받은 명령은 롬바르디아 해협을 주의 깊게 살피라는 것 하나뿐이었는데, 보에몽이 모든 장비를 운반하기 위해 앞서 보낸 배들이 건너오지 못하게 막고 롬바르디아에서 일리리아로 어떤 것도 전달하지 못하게 막으려는 것이었다. (그러나) 길을 떠난 콘토스테파노스는 배들이 일리리아를 가로질러 항해할 가능성이 가장 높은 지점조차 알지 못했으며, 그뿐만 아니라 명령을 무시하고 이드루스로 건너갔는데 이곳은 롬바르디아 해안에 위치한 도시이다. 이 도시는 탕크레드의 어머니인 한 여성이 지배하고 있었는데, 그녀가 보에몽(이미 이 역사책에서 자주 언급됨)의 누이인지 아닌지도 확실하지 않고, 탕크레드가 보에몽과 아버지 쪽 친척인지 어머니 쪽 친척인지도 알지 못한다*. 콘토스테파노스가 마을에 도착했을 때 그는 배를 정박하고 (브린디시의) 성벽을 공격하여 도시를 거의 점령할 뻔하였다. 그러나 건전한 마음

---

* 탕크레드의 어머니는 보에몽의 누이가 맞다. 그러므로 탕크레드는 보에몽과 어머니 쪽 친척이다.

과 단호한 성격을 가진 그 여성은 그가 배를 정박시키자마자 아들 중 한 명을 요청해 전속력으로 오라고 명령하였다. 전$^\text{全}$ 로마 함대는 도시가 자신들의 것으로 생각했기에 기운이 넘쳐 황제를 환호하기 시작하였는데, 어려움에 처한 여인은 주민들에게도 그렇게 하라고 명령하였다. 동시에 그녀는 콘토스테파노스에게 사절을 보내 황제에게 대한 충성을 바치겠다고 화친할 것을 약속했으며, 황제에게 모든 것을 보고할 수 있도록 직접 나와 콘토스테파노스와 자신들과 관련해 의논하겠다고 말했다. 이런 계획을 꾸민 이유는 콘토스테파노스를 멈추게 한 뒤 그사이에 혹시나 아들이 도착할 수 있지 않겠느냔 생각이었고, 그런 다음 그녀는 비극 작가들이 말했듯이 가면을 벗었고, 그를 공격하였다. 그리하여 성$^\text{城}$ 안팎의 모든 남자가 떠들며 온 동네에 함성이 가득할 때, 내가 말했듯이 그 군인다운 여성은 약속과 전갈로 콘토스테파노스를 멈추게 했으며, 기다리던 아들이 실제로 동료 백작들과 함께 도착하자 즉시 콘토스테파노스를 공격하고 완전히 패배시켰다. 육전에 익숙하지 않은 함대의 모든 사람은 바다에 몸을 던졌다. 이때 로마 군대에는 상당한 수의 스키타이인이 있었는데 이들 중 일부는 (야만인의 관습에 따라) 약탈할 것을 찾으려 전투 중에 앞서 달려갔고, 여섯 사람이 포로로 잡혀갔다. 그들은 보에몽에게로 보내졌고, 그는 그들을 보자마자 매우 쓸모 있겠다고 여겨 곧장 로마로 끌고 갔다. 그곳에서 그는, 로마 교황이 앉는 자리에 다가가 교황과 대화를 나누고 교황이 로마인들에게 맹렬히 분노하게끔 유도했는데, 우리 민족에 대한 그 야만인들의 오래된 원한을 부채질하였다. 그리고 교황과 그의 이탈리아인들 분노를 더욱 자극하기 위해, 보에몽은 황제 알렉시오스가 기독교도들에게 적대적이라는 확실한 증거로 포로로 잡힌 스키타이인들을 데려왔는데, 그가 불신자 야만인과 괴물 같은 궁기병을 사용하여 무기를 휘두르고 기독교인에게 활을 당긴다는 것이었다. 그리고 이런 말을 할 때마다 보에몽은 스키타이 복장을 하고 평소처럼 극도로 야만적으로 보이는 스키타이인들에게 교황이 주목하도록 했으며, 꼬박꼬박 이교도라고 불렀고, 보에몽의 습관처럼 그들의 이름과 외모를 조롱하였다. 아주 영악하게도 그는 로마인에 맞선 자신의 전쟁을 이끌었으니, 로마인을 적대할 충분한 명분이 있다고 보여 대사제장*의 마음조차도 돌려놓은 것이다. 동시에 그는 더욱 거칠고 어리석은 자들이 자발적으로 군대를 이끌고 나서도록 안배하기까지 했다. 대제사장이 동의하였고, 겉보기에 정당한 이유가 모든 말과 사람과 군인의 무기를 지지하는데, 가까이 있든 멀리 있든 이방인 중에 자진하여 우리와 싸우지 않을 자가 누가 있으랴? 교황은 보에몽의 주장에 압도되어 그의 말에 동의하였고, 일리리아로 건너갈 것을 승인했다. 이제 당면한 주제로 돌아가야 한다.

지상군은 정말 용감하게 싸웠으나, 다른 사람들은 파도에 휩싸였다. 그리하여 켈트인들이 눈부신 승리를 거의 거머쥐었으나 아군의 용맹한 전사들, 특히나 장교들이 막아섰다. 가장 유명한 이로는 니키포로스 엑사지노스 얄레오스나 그의 사촌 콘스탄티노스 엑사지노스 두카스, 그리고 그 가장 용감한 알렉산드로스 에브포르비노스가 있었다. 그 외 비슷한 지위와 명성을 가진 이들이, 내 말하건대 '불굴의 투지'를 가진 이들이 돌아서 칼을 빼 들고 온 힘을 다해 싸웠고, 전황을 뒤집고 켈트인들을 상대로 승리했다. 이런 식으로 콘토스테파노스는 켈트인의 공격에서 구호를 받았으며, 그의 줄을 풀고 전체 함대와 함께 아블로나스로 향하였다. 디라히온에 처음 왔을 때 그는 디라히온에서 아블로나스까지, 그리고 심지어 소위 히마라라고 불리는 장소까지 전함을 배치하였다. (디라히온은 아블로나스에서 100스타디온 떨어져 있고 히마라는 아블로나스에서 60스타디온 떨어져 있다). 그러나 보에몽이 머지않아 도착한다는 보고를 받은 후, 디라히온보다 가까운 아블로나스로 건너오리라 예상했고, 그 지역의 수비를 강화해야겠다고 결심했다. 그래서 그는 다른 둑스들과 함께 항해하였고 아블로나스 해협을 조심스럽게 감시하였는데, 그는 이아손이라는 산등성이에 정찰병을 배치하여 바다와 배를 감시하게 하였다. 이탈리아에서 방금 건너온 켈트인은 보에몽이 출발하기 직전이라고 확인해 주었다. 이

---

* 가장 높은 지위의 사제, 대제사장.

사실을 알게 된 콘토스테파노스의 부하들은 보에몽과의 해전을 두려워하며 몸을 움츠렸고, (생각만 해도 공포에 휩싸였다) 몸이 아파서 목욕해야 하는 척*하였다. 선박과 해전에서 오랫동안 다양한 경험을 쌓은, 전[초] 함대 사령관 란둘프는 경계하고 보에몽의 도착을 기다리라고 계속 명령하였다. 그러나 콘토스테파노스의 부하들은 목욕을 위해 히마라로 떠나면서, 함대의 두 번째 드룬가리오스라고 불리는 남자를 모노레메 엑스쿠사톤과 함께 남겨 두어 곶 근처에서 감시하게 했는데, 모노레메 엑스쿠사톤은 아블로나스에서 그리 멀지 않은 글로사라는 장소에 있었다. 그리고 란둘프는 충분한 수의 선박과 함께 아블로나스로 머물렀다.

9

이러한 준비를 한 후 콘토스테파노스의 부하들은 옆에서 목욕하러 가거나 그런 척하였다. 보에몽은 자신의 주변에 12척의 해적선을 배치했는데 모두 비레메였고, 많은 수의 노잡이가 규칙적으로 외치는 노를 젓는 소리가 쩌렁쩌렁하게 메아리쳤다. 그는 이 함대 주위에 상선을 둥글게 배치했는데, 그 모습은 안의 군함들을 에워싸는 담장 같았다. 만약 당신이 그 모습을 보았다면, 그러니까 어떤 곳에서든 멀리서라도 보았다면, 항해 중인 이 함대를 떠다니는 도시에 비유했을 것이다. 운명의 여신도 그를 어느 정도 도와주었다. 바다는 수면에 잔물결을 일으키고 상선의 돛을 부풀리는 부드러운 남풍을 제외하고는 꽤 잔잔했으니 말이다. 그저 상선은 바람을 타고 가게 두고, 노잡이들은 상선을 따라 똑바로 젓기만 하면 되었으며, 아드리아해 한가운데에서 이 함대가 내는 소음은 두 대륙 모두에서 들렸다. 그리하여 보에몽의 야만인 함대는 경외감을 불러일으키기에 적합한 모습이었는데, 즉 콘토스테파노스의 선원들이 공포에 질려 몸을 움츠렸다고 내가 그들을 비난해서도 안 되고 겁쟁이라고 불

---

* 고대 그리스처럼 목욕이 치료요법으로 쓰였다.

러도 안 될 것이다. 유명한 아르고나우타이*도 이런 모습의 그와 함대를 보면, 콘토스테파노스나 란둘프나 다른 이들보다도 더욱 심하게 겁에 질렸으리라. 실제로 란둘프는 보에몽이 이 무시무시한 대열과 무수한 사람들을 태운 수송선을 이끌고 바다를 건너는 것을 보았을 때, 우리가 이미 더 구체적으로 설명했듯이, 그렇게 많은 인원에 맞서 싸울 수 없었기 때문에 아블로나스에서 물러나 보에몽에게 무혈입성을 할 수 있도록 했다. 보에몽은 자신의 행운을 이용하여 바리에서 아블로나스로 건너가 모든 군대를 하선시켜 반대쪽 해안을 건너게 한 뒤, 먼저 해안 전체를 황폐화했다. 그는 믿을 수 없을 정도로 많은 켈트인과 갈리아인의 군대를 데려왔으며, 툴레 섬에서 온 사람들은 보통 로마인들을 위해 싸웠으나 이번에는 그와 합류했으며, 그 외에도 많은 게르만족과 켈티베리아인**이 합류했다. 다음으로 그는 아드리아해를 따라 전국에서 소집한 모든 군대를 분산시켰으며, 조직적으로 황폐화한 후 우리가 디라히온이라고 부르는 에피담노스를 공격하였는데, 이 도시를 점령하고 콘스탄티노폴리스에 이르기까지 온 나라를 폐허로 만들려고 했기 때문이다. 보에몽은 공성에는 그 누구보다도 뛰어나 그 유명한 데메트리오스 폴리오르케테스***도 능가할 정도였는데, 모든 정신을 에피담노스에 집중하여 그 마을에 모든 공성 기계를 옮겨놓았다. 먼저 병사들로 도시를 포위한 다음 인근의 모든 지점을 무너뜨렸다. 때로는 로마군이 맞서는 경우도 있었고, 아무 저항도 없는 경우도 있었다. 여러 차례의 전투와 교전과 학살이 벌어졌고, 숙고한 그는 마침내 디라히온을 직접 공략하기로 결심했다.

그러나 디라히온을 향한 폭군 보에몽과의 싸움에 대해 말하기 전에 도시의 입지를 설명할 필요가 있다. 도시는 아드리아해의 기슭에 있고, 그 앞에는 깊고 긴 바다가 펼쳐져 있다. 너비는 맞은편 이탈리아 해안까지 이어지고 폭으

---

* 황금양털을 구하러 갔다는 그리스 신화 이아손 원정대
** 기원전 이베리아의 켈트인 부족을 말하나 여기서는 이베리아의 기독교인 용병을 뜻한다.
*** 마케도니아 왕(재위 294 BC~288 BC)으로 직접 만든 공성 기계를 가지고 로도스를 공격했다. 폴리오르케테스Πολιορκητης는 그리스어로 '공성자'란 뜻이다.

로는 방향을 틀어 아풀리아 맞은편 북동쪽에 있는 야만인의 땅 베토노스까지 이어진다. 이들은 아드리아해의 경계를 형성한다. 고대 그리스 도시인 디라히온 또는 에피담노스라는 도시는 엘리소스보다 약간 남서쪽에 있다[*]. 이 엘리소스라는 곳은 큰 강 드리몬의 지류인 엘리소스강의 이름을 따왔거나, 그냥 요새의 이름이 그렇게 붙은 것인데, 어느 쪽인지 나는 모른다. 엘리소스는 언덕 위에 세워진 요새이며, 난공불락이었다. 말하자면 평원의 디라히온을 내려다보면서 육지와 바다 모두에서 디라히온에 큰 도움을 줄 수 있을 정도로 안전하였다. 알렉시오스 황제는 이 요새를 이용해 에피담노스를 도왔으니, 항행이 가능한 드리몬강과 육로를 통해 디라히온을 지원하고 필수품을 전달해, 안에 있는 병사와 시민을 위한 보급품과 싸움에 필요한 무기와 장비를 전부 전달하였다. 드리몬강에 대해 몇 마디 덧붙이자면, 리흐니스라고 하는 호수에서 100개의 수로τάφρων들, 우리가 부르기로는 도랑γεφύρας들을 통해 흘러 내려온다. 호수 이름은 지금은 야만인들의 말로 변질되어 아흐리스라고 하는데, 콘스탄티노스와 바실리오스 포르피로옌니토스 황제 때 살았던 불가리아 왕이 처음에 모크로스라고 불리다가 나중에 사무일로 불린 이후부터다[**]. 100개에 달하는 물줄기가 이 호수에 있다가 서로 수원이 다른 것처럼 따로 흘러 나간 뒤 데브리 근처에서 모이는데, 거기서부터 드리몬강이라 칭한다. 이렇게 흐름이 모여 강이 커지고 넓어지는 것이다. 그러고는 달마티아 가장자리를 돌아 북쪽으로 갔다가, 남쪽으로 휘어지며 엘리소스의 발치를 씻어낸 뒤에 아드리아해에 비워내게 된다[***].

디라히온과 엘리소스의 위치와 두 장소의 안전에 대해서는 이것으로 충분하다. 아직 수도에 머무는 동안 황제는, 보에몽의 도하에 대해 디라히온 둑스

---

[*] 카토테로κατωτέρω는 '남서쪽'이라는 뜻으로 해석해야 할 것 같은데, 실제로 드리몬 강이 디라히온 북동쪽에 있다.
[**] 지은이는 7권 3장에서 모크로스의 자손이 사무일이라고 썼으므로 모순된다. 이 부분이 틀렸고 모크로스는 크룸을 그리스어로 잘못 쓴 것이라는 견해가 있다.
[***] 아흐리스 호수는 알바니아 국경 오흐리드호를, 드리몬 강은 흑드린강을 가리킨다.

가 보낸 편지로 보고 받았고, 출발을 서둘렀다. 디라히온 둑스는 부단히 경계하고 잠도 자지 않았으며, 보에몽이 배에서 내려 일리리아 평원으로 나아갔다는 것을 확실히 알았을 때, 거기에 진영을 치고 '날개 달린' 전령이라고 불리는 스키타이인을 황제에게 보내 그의 도하를 알렸다. 전령은 사냥에서 귀환하는 황제를 발견했고, 전속력으로 달려와 머리를 땅에 대고 보에몽이 도하했다는 것을 날카로운 목소리로 정확하게 전달했다. 참석한 모든 사람은 보에몽이라는 이름만 듣고도 넋을 놓고 각자 자기 자리에 완전히 얼어붙은 채 서 있었다. 그러나 황제는 여느 때와 다름없이 용기와 지략으로 가득 찼고, 신발 끈을 풀며 말하였다.

"지금은 우리 점심부터 먹고, 나중에 보에몽 문제에 대해 의논하도록 합시다."

그리고리오스 타로니티스의 반란에 관한 이야기는 문제가 있다. 오흐리드의 테오필락테스 대주교가 보낸 네 통의 편지를 보면 트라페준타 둑스로써 타로니티스는 1101~1103년에 타니스만 술탄을 무너뜨리고 튀르크인에게 사로잡힌 보에몽의 몸값 협상에 관여하는 등 군사적 업적을 이루었다는 것이다. (Margaret Mullett, Theophylact of Ochrid, 2016 참고). 시기도 맞지 않고 반역을 감행한 맥락이 이해되지 않는 문제가 있다.

이에 대해 Buckley(1924)는 안나가 가브라스(8권의 반역자)가 벌인 일을 헷갈렸을 것으로 추측하나, B. Skoulatos(1980)는 둘 다 안나와 친분이 있고 그리고리오스는 남편의 친구라고도 언급되는데 헷갈렸겠냐고 반박했다. 그저 안나가 아버지에게 맞선 반역자가 거둔 업적을 의도적으로 적지 않았고 임명 시기도 뒤로 옮겼다고 보는 것이 더 타당하다는 것이다. (Sinclair, Anna Komnene and her sources for military affairs in the Alexiad, 2014 참고)

그리고리오스의 눈을 황제가 뽑고 싶어 하는 척했다는 부분을 어떻게 이해해야 할지에 대한 JV de Medeiros Publio Dias(2020)의 가설을 소개하여 둔다. 알렉시오스는 트레비존드에 영향력을 행사하고자 먼저 지역 유력 가문인 가브라스 가문과 혼인 관계를 맺으려 했으나 실패했다. 가브라스를 처벌하고 다바티노스를 배치한 것은 친(親)황제파를 통해 다스리려 한 것으로, 반란 당시 '주요 트라페준타 시민들도 수감'되었다는 것은 지역 내 친(親)황제파의 존재를 뒷받침한다. 황제는 이제 충성스러우면서도 지역 주민들도 받아들일 인물을 둑스로 배치하고 싶어 했는데, 타로니티스 가문은 인근 지역(폰토스) 출신이고 미하일 타로니티스(그리고리오스의 삼촌)와 마리아 콤니니가 결혼한 상태였기에 충성스럽다고 생각해 그리고리오스를 고른 것이다. 그러나 9권에 설명된 대로 1094년 미하일 타로니티스는 반역에 가담했다가 재산이 몰수되고 추방된 일이 있었는데, 그리고리오스는 이 때문에 자신의 위업에도 불구하고 제대로 상을 받지 못했다고 불만을 가져, 반란을 일으켰다는 것이다. 그렇다면 황제가 거짓으로 눈을 뽑고 싶어 한다는 척했다거나 완전히 사면해 주었다는 것은, 타로니티스 가문에 빚을 지워 계속 중용하려고 한 정치적 행보로 해석할 수 있을 것이다. (JV de Medeiros Publio Dias, The Political Opposition to Alexios I Komnenos (1081~1118), 2020).

13권

다가오는 암살자,
패배하는 노르만

아론의 음모 & 보에몽의 마지막 패배 & 데볼 조약(1107~8)

XIII. The Conpiracy of Aston & The Final Defeat of Bohemond & The Treaty of Devol. (1107~8)

1

　우리 모두 황제의 위엄 있는 태도에 깜짝 놀랐다. 그러나 황제는 겉으로는 그 전갈을 무시하는 척했지만, 사실 속으로는 그 전갈에 몹시 당황해했다. 그러더니 그는 궁 안의 문제가 잘 풀리지 않는다는 사실을 알면서도 비잔티온을 다시 떠나기로 결심했다. 그래도 황제는 궁중과 도시들의 여왕 사태를 정리하고 환관이자 함대의 메가스 드룬가리오스인 에브스타티오스 키미니아노스와 '데카노스의 아들'이라 불리는 니키포로스를 근위대원으로 임명했다. 그 후 그는 첫 번째 인딕티오의 11월 1일에 동료 몇 명(그들은 그의 친척이었다)을 데리고 비잔티온을 떠난 뒤, 그 도시 밖의 예라니온에서 보라색 황제 전용 텐트에 자리를 잡았다. 그러나 그는 불안해했는데, 도착했을 때 신의 어머니 성모 마리아가 블라헤르네 궁에서 평소와 달리 기적을 발휘하지 않았기 때문이다. 이러한 이유로 그는 같은 장소에서 나흘을 보낸 뒤, 저물녘 아내와 함께 돌아갔다. 그리고 수행원 몇 명만 데리고 남몰래 성모 마리아 교회에 들어갔다.

찬송가를 똑바로 부르고 평소보다 더 오래 기도하니, 평소처럼 기적이 보였기에 마침내 황제는 큰 희망을 품은 채 교회를 떠났다. 이튿날 그는 테살로니키로 향하기 시작했다. 코이로바코이에 도착하자, 요안니스 타로니티스를 그곳의 총독으로 임명했다. 이 남자는 귀족 태생으로, 어린 시절에 황제에게 입양되어 오랫동안 보좌관으로서 황제를 보필해 왔다. 타로니티스는 매우 활동적이고 로마법에 통달했으며, 황제 폐하께서 직접 따르라고 명령하신 법령이 걸맞게 쓰인 것이라면 언제든 선포할 준비가 되어 있었다. 그는 말솜씨가 뛰어났기에 절대 경솔하게 입을 놀리는 법이 없었지만, 이 스타게이리티스^{Σταγειρίτης*}는 잘못을 찾으면 주저하지 않고 비판했으니, 진짜 스타케이리티스가 변증가라면 이러해야 한다고 했을 것이다. 코이로바코이를 떠난 후, 황제는 함대의 둑스 이사키오스와 동료 장교들(두카스 엑사지노스와 얄레아스를 의미한다)에게 롬바르디아에서 배가 건너와 보에몽에게 가지 않도록, 배에서 눈을 떼지 말라고 계속 편지를 보냈다. 황제가 메스토스에 도착했을 때, 황후는 궁궐로 돌아가고 싶어 했지만, 황제는 계속 앞으로 가라고 몰아붙였다. 그런 뒤 두 사람은 에브로스라는 강을 건넜고, 프실로스에서 텐트를 세웠다. 그곳에서 암살을 막 피한 황제는 하느님의 손이 살인을 막지 않았더라면, 다른 자의 손아귀에 놓여 있었을 뻔했다. 혈통을 거슬러 올라가면 아론까지 이어지는 어떤 남자가 불만을 품은 세력에게 살인을 저지르라고 부추겼는데, 그는 그 유명한 아론**에게서 태어난 사생아였지만, 이 비밀스러운 계책을 아론의 형제 테오도로스에게 밝혀서 그를 제 편으로 만들었다. 다른 불만을 품은 자들도 이 계책을 알고 있었는지 아닌지를 나는 별로 말하고 싶지 않다. 그건 그렇고, 암살자들은 디미트리오스라는 스키타이 노예를 매수해서, 암살을 저지르라고 명령했다(이 노예의 주인은 다름 아닌 아론이었다). 암살자들은 목표를 이루기 위해 황후가 떠나는 모습을 포착한 뒤 그 스키타이 노예에게 기회를 잡으라고, 황

---

* Σταγειρίτης; 아리스토텔레스의 별칭
** 불가리아의 왕자 아론(또는 아라온)의 자식들

제를 마주하거나 황제가 잠이 들면 황제의 옆에 칼을 쑤셔 넣으라고 말했다. 꼭 살인하겠다고 뼛속까지 결심한 디미트리오스는 칼을 갈고 피 묻은 오른손을 닦았다. 그러나 정의는 예상치 못한 일을 구현해 냈다. 황제가 매일 황후에게 옆에 있으라고 부추겼고, 황후는 황제의 곁을 떠나지 않고 남편의 곁을 지켰기에, 암살자들이 황제의 잠이 들지 않는 근위대원(여기서는 황후를 의미한다)이 근처에서 계속 눌러앉은 모습을 보고 지쳐버렸다. 그래서 그들은 파모사famosa(누군가를 비방하는 내용을 의미한다)를 써서 황제의 텐트에 던졌다(종이를 던진 자들은 들키지 않았으며, '파모사'라는 단어는 무고하는 글을 말한다). 종이는 황제더러 여행을 계속하되 황후는 비잔티온으로 떠나게 하라고 조언하고 있었다. 이때 법은 이러한 비방을 한 자들을 엄벌에 처하라고 정하고 있었다. 종이를 불에 던져버리고 그렇게 쓴 자들에게 고통을 주는 벌을 내린다고 쓰여 있는 것이다. 그러나 암살자들은 자기들의 목표물을 놓쳤기에, 어리석게도 비방을 하는 지경에 이르렀다. 황제가 점심 식사를 마치고 수행원 대다수가 물러나니, 자리에는 마니교도인 로마노스와 환관 바실리오스 프실로스, 아론의 형제인 테오도로스만 자리에 있었고, 비방한 내용이 적힌 종이는 황제의 소파 밑에서 다시 발견됐다. 종이에는 황후를 향한 피 튀기는 욕설이 적혔는데, 왜냐하면 황후가 황제의 곁을 지키느라 수도로 빨리 물러나지 않았기 때문이다. 비방자들의 계획은 온전히 자유를 확보하는 것이었다. 그러나 황제는 누가 종이를 던졌는지 알고 있었다. 그는 황후에게 고개를 끄덕이며 몹시 분노에 찬 목소리로 말했다.

"당신, 나, 혹은 여기 있는 자 중 한 명이 여기에 이걸 던졌소."

종이 밑 부분에 이렇게 적혀 있었다.

"나, 수도사가 이것을 썼소. 지금 황제 당신은 내가 누군지 알지 못하지만, 꿈속에서 나를 만날 것이오."

어느 밤에 황제의 아버지를 보필한 하인이었고, 지금은 황후를 섬기는 콘스탄티노스라는 환관이 삼경에 텐트 밖에 서서 정해진 대로 찬송가를 부를 때, 누군가가 소리치는 것을 들었다.

"내가 안에 들어가서 황제에게 네놈이 세운 계획과 던져 넣은 어리석은 글을 털어놓지 않는다면, 아무도 날 사람 취급하지 않겠지!"

콘스탄티노스는 바로 하인에게, 지금 말하는 자를 잡아 오라고 명령했다. 그는 그자가 아론의 하인 스트라티고스라는 사실을 눈치챘고, 스트라티고스를 에피 티스 트라페지스*의 탁자로 끌고 갔다. 그자는 안으로 들어오자마자, 자신이 아는 바를 모두 밝혔다. 콘스탄티노스는 스트라티고스를 붙잡아 황제의 자리로 끌고 갔다. 그러나 그때 황제 부부는 자고 있었다. 그래도 콘스탄티노스는 환관 바실리오스를 만나, 아론의 사람인 스트라티고스에 관해 아는 바를 황제에게 고하라고 밀어붙였다. 그래서 바실리오스는 바로 안으로 들어가서 스트라티고스를 황제의 앞에 데려다 놓았다. 즉시 심문이 이루어졌고, 스트라티고스는 이 바보 같은 비방의 전말을 하나도 빼놓지 않고 모조리 털어놓았다. 이 암살을 계획한 자와 황제 암살을 위해 고용된 바로, 그 동료의 이름까지 모두 밝혔다.

"제 주인 아론입니다. 황제 폐하께서 잘 알지 못하는 자들이 황제의 목숨을 빼앗기 위해 음모를 꾸미고 있습니다. 오, 폐하. 살인자인 그들은 스키타이 태생인 제 동료 노예 디미트리오스를 매수했습니다. 그자는 사람을 죽이고자 하는 기질이 강하고, 팔 힘도 세서 무슨 짓이든 할 준비가 되었죠. 짐승같이 매우 잔인한 성정을 지녔고요. 이자에게 그들은 양날 검을 건네준 뒤, 위축되지 말고 가까이 다가가 칼로 황제의 내장을 쑤시라는 잔혹한 명령을 내렸습니다."

그러나 (이러한 이야기를 믿을 준비를 전혀 하지 못한) 황제가 말했다.

---

* ὁ ἐπὶ τῆς τραπέζης; 동로마 황제의 식탁 책임자

"네가 주인들과 동료 노예를 혐오하기에 이리 꾸며대서 고발한 게 아니냐? 자, 네가 아는 만큼 진실을 얘기해라. 거짓말인 게 발견될 시, 네게 이로운 게 없을 것이다."

하지만 이자는 진실을 말하고 있다고 주장했고, 비방하는 내용이 적힌 종이를 주기 위해 이자를 바실리오스에게 넘겼다. 바실리오스는 스트라티고스를 끌고 가, 모두가 자는 아론의 텐트로 보냈다. 거기서 그자는 그러한 종이가 가득한 군인 지갑을 집은 뒤, 그 안에서 종이를 꺼내 바실리오스에게 건네주었다. 동이 틀 때까지 황제는 종이의 내용을 훑어보았고, 그의 암살이 사전에 계획됐음을 알게 됐다. 그는 도시의 총독들에게 아론의 어미는 코이로바코이로, 아론은 ... 으로, 아론의 형제 테오도로스는 안키알로스로 추방하라는 명령을 내렸다. 이 사태로 인해 황제는 향후 여정을 5일 정도 늦추게 되었다.

2

황제가 테살로니키로 가는 동안, 각기 다양한 지역에서 파견된 분견대가 테살로니키에 모였다. 그는 군대가 전투대형으로 맞춰 섰는지 사열하는 것이 좋다고 생각했다. 잠깐 사이에 부대들은 로하구스*를 앞장세운 뒤 그 뒤로 다가가 서고, 후방과 중앙에 있는 자들이 차례대로 줄을 서니, 모두 갑옷이 번쩍거리고(가히 기막히게 아름다운 광경이었다), 서로 꼭 붙어있어 마치 도시의 성벽 같았다. 군인들은 평지에서 미동 없이 서 있었다. 오직 창만이 맛있는 살덩이가 오기만을 애타게 기다리듯 부들부들 떨고 있는 그들의 모습을 보면, 동상과 금속 군인 같은 느낌일 것이다. 황제는 그들을 차례대로 줄 세운 뒤 그들 모두가 마치 예술작품으로 보이도록 왼쪽으로, 혹은 오른쪽으로 나아가라고 명령해 보았다. 그다음 그는 새로 모집한 부대를 전군에서 분리했다. 그자들은 황제가 직접 신경 써서 군사 훈련을 시킨 자로, 황제는 그들을 위에서 언급

---

* λόχους; 8명 편제 단위인 로호스의 사령관

한 군인들의 지휘관으로 임명했다. 지휘관은 총 3,100명으로, 모두 젊고 키가 컸으며, 몸에 힘이 넘쳤다. 턱수염이 거의 나지 않았고, 활을 아주 노련하게 다루었으며, 창을 매우 균형감 있게 던질 수 있었다. 이들은 아주 다양한 인종의 사람 중에서 선발되었으며, 일반 로마 군대 안에서 황제의 명을 바로 받는 선출된 부대였는데, 황제는 이들에게 황제일 뿐 아니라 장군이자 스승이기 때문이었다. 이들 중 황제는 가장 영리한 자를 뽑아 동료들을 이끌 지도자로 임명해, 야만인 군대가 지나갈 골짜기로 보냈다. 그런데 정작 황제는 테살로니키에서 겨울을 났다. 앞서 말했듯 이제, 폭군 보에몽이 거대한 함대를 이끌고 우리나라로 건너왔고 프랑크 군대 전체가 우리 평지로 쏟아져 들어왔다. 보에몽은 우리 평지에서 전투대형을 갖춰 에피담노스로 행진했는데, 타격 하나 입지 않고 에피담노스를 점령할 수 있다거나, 그렇게까지는 아니더라도 공성 병기와 투석기를 이용해 도시를 함락시키리라고 생각하고 있었다. 적어도 이렇게 의도한 것이 분명했다. 그는 문만 열면 청동 기병 동상이 서 있는 성의 동문을 등지고 야영했고, 그 후 포위할지 말지 결정하기 위해 정찰했다. 올해 겨울 내내 그는 계획을 세우고, 디라히온을 점령할 수 있는지 없는지 보기 위해, 자기에게 오는 사람들을 면밀하게 조사했다. 그런데 보에몽은 자신의 병력이 다 건너온 상태에서 봄이 미소 짓기 시작하자, 배의 짐과 짐을 나르는 말, 하나 더 말하면 그의 군함까지 모두 불태웠다. 부분적으로 그의 병사들이 바다 쪽을 돌아보지 않도록 막기 위함이고, 한편으로는 로마 함대에게서 압박받고 있기도 해서 전략적으로 행동한 것이다. 그는 야만인 군대로 도시 전체를 둘러싸기 시작했고, 소규모 접전을 막 벌였다. 이에 응해 로마군 궁수들은 어떨 때는 디라히온의 탑에서, 어떨 때는 널찍이 떨어져서 그들에게 화살을 날렸다. 그는 프랑크 군대 사단을 보냈는데, 그들은 전투 중 우리를 공격하거나 우리한테 공격받을 것이었다. 보에몽은 페트룰라와 디아볼리스 강 건너편에 있는 미로스라는 요새를 점령했고, 전쟁 시 법규에 따라 디라히온 인근 마을들을 차지하였다. 이는 그가 군대로 밀어붙인 덕이었다. 그런데 동시에 보에몽은 전쟁 기계를 만들고, 탑, 공성추와 함께 지붕을 얹은 움직일 수 있는 탑을 만들어 공성추를 달고, 굴착기와 공병들을 보호하기 위해 다른 헛간도 세웠다. 그는 겨울과 여름 내내 일했고, 위협하며 직접 행동을 취해, 이미 겁에 질린 사람들을 더 벌벌 떨게 하였다. 그러나 그렇게 해도 그는 로마의 권세를 조금도 흔들 수 없었다. 그리고 식량 보급 문제 때문에 그는 아주 난처해졌다. 원래 보에몽은 디라히온 주위 지역에서 약탈한 것으로 모든 식량을 때웠지만, 그 식량은 이미 바닥났다. 그리고 그가 식량을 더 보급받기를 바라던 곳이 있었으나, 그곳은 로마 군대가 골짜기와 통로, 심지어 해안까지 차지해 보에몽의 식량 보급을 막아버렸다. 결국 극심한 기근이 그들을 덮쳤다. 말은 사료가 없고 사람은 식량이 없어, 말도 사람도 똑같이 굶주렸다. 이뿐만 아니라 이 야만인 군대는 위장병에 걸려 고통스러워했는데, 듣자 하니 그들이 먹은 곡물이 잡곡이라 그들의 체질에 맞지 않았기 때문이었다. 그러나 사실은 주님의 진노가 너무 강했던 탓에, 무적의 군대가 끊임없이 죽어 나갔다.

3

그러나 이러한 불행은 전* 세계를 파괴하겠다고 위협하는 등 폭군의 마음을 갖춘 이 남자에게는 가벼운 듯했다. 불리한 상황이었지만, 보에몽은 제 계획을 계속 성사하느라 상처 입은 야수가 된 듯 정신을 바짝 차렸고, 앞에서 말했듯이 포위하는 데 온정신을 기울였다. 먼저 보에몽은 말로 표현할 수 없을 정도로 무섭게 생긴 '공성추가 달린 거북'을 완공한 뒤, 도시의 동쪽에서 그 기계의 모습을 공개했다. 단순히 보면 무시무시한 광경인데, 기계는 다음과 같은 과정을 거쳐 세워졌기 때문이다. 그들은 작은 탑을 지어서 평행 사변형 모양을 갖추도록 하고, 밑에 바퀴를 단 뒤 윗면과 측면에 쇠가죽을 덮어 바느질하니, 지붕과 벽으로 이루어진 기계는 호메로스가 말한 것처럼 '소가죽을 일곱 겹이나 입힌 것"이 되었고, 이 기계의 안에 공성추를 매달았다. 기계가 움직일 준비를 마치자, 보에몽은 수많은 사람을 동원해 장대를 이용하여 기계를 벽 앞으로 끌고 가니, 디라히온 벽에 더 가까워지게 되었다. 적절한 거리에 도달해 충분히 가까워진 듯했을 때, 그들은 바퀴를 떼어내고 기계가 고정되도록 모든 면을 나무못으로 고정한 뒤, 혹시나 지붕이 공격받더라도 조각조각 떨어져 나가지 않도록 했다. 그 후 공성추의 양 측면에 있는 아주 힘센 자들이 규칙에 맞추어 협력해서 벽을 세게 밀어붙였다. 그자들이 공성추를 딱 한 번 세게 밀어붙이니, 공성추가 벽을 부숴 산산 조각냈고, 다시 기계가 튀어 오르더니 또다시 벽을 부수고 돌아왔다. 이러한 일이 몇 번 일어나더니 공성추는 양쪽으로 여러 번 획획 움직인 뒤 벽에 구멍을 냈다. 가디라 근처에서 이 기계를 발명한 늙은 기술자들은 공성추에 '숫양'이라는 이름을 붙였는데, 서로에게 박치기하는 양의 모습을 비유한 표현이었다. 그러나 주민들은 야만인들이 이렇게 헛되이 공성추로 벽을 두드리며 포위해도 아무 효과도 보지 못하는 모습을 보고 비웃었다. 주민들은 문을 활짝 열어젖혀 그들이 안으로 들어오라고도 했는데, 공성추로 들이받아 생긴 구멍을 조롱한 것이다. 주민들이 말했다.

"공성추로 두들기기만 해서 성문 크기만 한 구멍을 만들 수 있겠냐."

결국 주민들의 용기와 황제의 조카인 총독 알렉시오스의 자신감 덕에, 야만인들은 헛된 일을 한 것으로 끝났다. 적은 자신들이 하는 방식으로 포위하는 것이 소용없다는 사실을 깨닫고, 나태해져 포위를 풀어버렸다. 야만인에게 문을 열어주고 대담한 표정을 지은 주민들의 용기 덕에 야만인들은 겁쟁이가 되어 그 기계를 버렸다. 그래서 공성추를 둘러싼 작업은 중단되었다. 그렇더라도, 전술한 이유 탓에 지금 움직이지 않고 빈둥거리는 기계 위에 불이 떨어졌고, 기계는 잿더미가 되었다. 이렇게 공성추에서 손을 뺀 뒤 프랑크 사람들은 더 끔찍한 다른 기계가 프라이토리온이라는 공작령에 북쪽 벽을 등지고 서 있

---

* 태어난 지 3년이 된 가죽

는 모습을 떠올렸다. 이 부근의 형상이 어떤지는 다음과 같다. 프라이토리온은 언덕 위에 위치했는데, 돌이 아니라 흙으로 된 언덕이었고, 도시의 성벽이 그 언덕 위로 지나갔다. 보에몽의 사람들은 언덕 반대편에서 일정한 방향으로 땅을 파기 시작했다. 포위한 자들은 도시에 어떻게 못된 짓을 또 할지 궁리한 뒤, 새로이 마을 공성에 사용할 나쁜 기구를 개발했다. 그들은 땅을 파면서, 흙에 구멍을 파는 두더지처럼 진전했고, 위에서 떨어지는 돌과 화살로부터 높은 지붕이 달린 창고로 자기들을 보호했다. 구멍을 내는 그들 위를 땅이 받쳐주었고, 그들은 일직선으로 땅을 계속 파며 전진했다. 그래서 그들은 아주 넓고 긴 굴을 파고, 그 굴을 통해 흙을 수레에 담아 옮겼다. 그들이 충분히 널찍한 굴을 팠을 때, 마치 큰 업적을 이룬 양 크게 기뻐했다. 그러나 도시에 있는 사람들은 거리가 떨어져 있다는 이유로 게으름 피우지 않았다. 그들은 땅을 파고 엄청나게 큰 굴을 만들어, 있는 힘껏 자기들 몸을 집어넣어 포위군이 어느 쪽으로 굴을 파고 있는지 살폈다. 그리고 조만간 그들은 적의 굴을 발견했는데, 적들이 두들기고 땅을 파고 벽의 기반을 허무는 소리가 들렸기 때문이었다. 그리고 나서 그들은 작은 구멍을 반대편에 내니, 수많은 노동자가 구멍의 틈을 통해 보였고, 그들은 적의 얼굴을 불로 태워 잿더미로 만들었다. 지금 이 불은 아래와 같은 재료로 만들어졌다. 쉽게 불이 붙는 송진은 소나무와 다른 비슷한 상록수에서 추출해 유황과 섞어서 만들었다. 그다음 이것을 갈대 대통에 넣고 세게 계속 숨을 쉬듯 불면, 다른 쪽 끝에서 불이 붙어 불꽃이 일어나 반대편 사람들의 얼굴에 번갯불이 떨어졌다. 디라히온 사람들이 곧장 이용한 이 불은 적에게 붙더니, 적들의 수염과 얼굴을 불태웠다. 그리고 적들은 연기를 쐰 벌 떼처럼 보였고, 질서정연하게 들어온 그들은 난잡하게 뒤섞인 채 뛰쳐나갔다. 그들은 또다시 헛된 일을 했을 뿐이다. 이처럼 야만인은 아이디어의 좋은 결과를 내지 못한 채, 세 번째 방안을 고안했다. 기록에 따르면 이는 목탑으로, 이 공성 기구는 다른 장비들이 실패를 거듭한 뒤에 사용한 것이 아니라 1년 전부터 이용한 것이었다. 듣자 하니 이 장비가 진짜배기로, 전술한 다른 장비들은 부속

품에 불과했다. 이들이 일을 진행하기 전에, 나는 디라히온이라는 도시의 모습을 간략히 묘사해야겠다. 벽의 측면을 탑들이 둘러싸고, 탑은 11피트나 높게 솟아 있었으며, 나선형 계단을 타고 올라가면 총안*이 있는 흉벽으로 탑이 보강된 모습을 볼 수 있다. 두꺼운 벽이 눈에 들어오는데, 실제로 벽의 두께가 엄청 두꺼워서 기병 4명 이상이 나란히 달릴 수 있을 정도였다. 앞으로 벽과 관련된 그다음에 일어난 일을 분명히 밝히기 위해, 벽에 대해 대략 설명해야 했다. 보에몽의 야만인들이 지은 헛간의 탑처럼 우뚝 솟은 이 건물의 건축 방식을 묘사하기 어렵고, 쳐다보기조차 두렵다. 이 건물을 본 사람들의 말에 따르면, 끔찍한 괴물이 다가온 것 같다고 했다. 이는 아래와 같은 방법으로 만들어졌다. 목탑은 정사각형 바닥에 바탕을 두고 높이 지어서, 도시의 다른 탑보다 5 또는 6완척** 더 높게 했다. 목탑은 매달려 있는 도개교를 내려놓을 수 있도록 지어져 병사들이 쉽게 성벽으로 건널 수 있었다. 이에 주민들이 계속 뒤로 밀려날 것이며, 과격하게 돌격하면 못 막아내리라 생각했다. 그리고 실제로 디라히온을 포위한 야만인들은 광학에 능한 듯했다. 이 분야에 대한 지식 없이는 성벽의 높이를 재지 못했을 테니 말이다. 어쨌거나 그들이 광학적 지식을 갖지 못했더라도, 최소한 광학기구를 사용하는 방법은 이해했을 것이다. 탑은 보기만 해도 두려운 모습이었으며, 움직일 때는 더욱 무서웠다. 탑의 맨 아랫부분은 수많은 바퀴 위에 올려놓고, 군인들이 탑 안에 들어가 지렛대를 돌려 움직이게 해 구경꾼들을 놀라게 했다. 누가 탑을 움직이는지 뵈지 않았기에 탑 모양의 거인이 스스로 움직이는 듯했다. 꼭대기부터 바닥까지 완전히 덮개를 씌우고, 몇몇 층으로 나눈 채 화살을 쏘는 구멍을 만들어 사방에 틈을 만들었다. 꼭대기층에는 기운 좋은 사람들이 단단히 무장하고 손에 검을 쥔 채 서서, 방어할 준비를 했다. 이 끔찍한 물체가 벽으로 다가올 때, 디라히온이라는 도시의 총독인 알렉시오스와 그 부하들 역시 이에 대비했다. 보에몽이 벽 밖에서 확실

---

* 공격을 하기 위해 성벽에 뚫은 구멍
** 고대에 사용했던 단위로, 약 45cm이다.

히 이 도시를 포위하기 위해 기계를 만드는 동안, 도시 사람들은 안에서 이에 반격할 기계를 만들었다. 스스로 움직이는 탑의 높이가 어느 정도인지, 저 탑의 바퀴가 빠지자, 어디에 탑이 멈췄는지를 보면서, 도시 사람들은 탑 반대편에서 아주 길쭉한 기둥 네 개를 정사각형 바닥에 골격처럼 고정시켰다. 그다음 그들은 꿋꿋하게 선 이 기둥들 사이에 판자를 깔고, 밖에서 보면 목탑보다 1완척 더 높은 건축물을 세웠다. 그리고 이 건축물은 사방이 열린 채로 있었는데, 지붕으로 덮은 꼭대기를 제외하면 어떠한 보호도 받을 필요가 없었기 때문이다. 그다음 알렉시오스의 군인들은 상대편의 목탑을 태우기 위해, 액체 불을 건축물의 열린 꼭대기층으로 가져갔다. 그러나 이 아이디어 실행만으로 탑을 모조리 태우기에는 역부족이었다. 불을 목탑으로 던졌지만, 탑 맨 꼭대기에만 불이 붙었기 때문이다. 이러한 상황 속에서 그들은 무슨 아이디어를 고안해야 했는가? 그들은 목탑과 도시의 탑 사이 공간을 가연성 물질로 채운 뒤, 그 위에 기름을 끝없이 퍼부었다. 그들이 거기, 즉 횃불과 나뭇가지에 불을 붙이자 곧바로 불이 붙었고, 조금씩 불똥을 튀기다가 마침내 큰 불꽃이 일었다. 액화를 통해 타는 빛줄기 덕에 불이 더 타오르니, 나무로 만들어진 멋진 건축물 전체가 불에 타버렸고, 엄청난 소음을 내면서 끔찍한 모습이 드리워졌다. 그리고 그 거대한 불꽃은 13스타디온에서 보일 정도였다. 안에 있던 야만인들은 희망을 잃고 엄청난 소음과 함께 혼란에 빠졌고, 몇몇은 불에 타 잿더미가 되고, 다른 이들은 꼭대기에서 땅으로 뛰어내렸다. 야만인들이 큰 혼란에 빠져 울부짖는 소리가 밖으로 울려 퍼졌다.

4

거대한 탑과 야만인들의 포위 작전에 관해서는 이 정도면 충분하다. 이제 황제의 이야기로 되돌아가야 한다.

봄이 시작되자 황후는 테살로니키에서 수도로 돌아갔고, 황제는 여정을 계속하면서 펠라고니아를 거쳐, 앞에서 말했던 통행이 불가능한 산맥의 기슭에 놓인 디아볼리스에 도착했다. 그는 야만인에게 맞서 새로운 군사 작전을 고안하면서, 대규모 전투를 피하는 것이 상책이라고 판단했다. 이와 같은 이유로 그는 백병전을 치르기를 원치 않았고, 국경 지방이라 두 나라 군대가 맞닥뜨린 곳의, 사람이 지나갈 수 없는 골짜기와 길을 내버려두었다. 그런 뒤에 언덕 꼭대기를 따라 충분한 병력을 거느린, 누구보다 충실한 장교들에게 편지를 부쳐서 자신의 새로운 군사 작전을 실행하게 했다. 아군이 보에몽에게 손쉽게 다가가지 못하게 하고, 편지도 오가지 못하게 했다. 보에몽의 막사에서 우리 사람들에게 편지가 전달되지 못하게 하려는 목적이었다. 편지가 오가면 화해의 분위기가 조성될 수 있기 때문이었다. 스타게이리티스의 우정 관계 상당수는 친근한 인사를 거부하면서 끊어진다고 말한 것도 그 이유였다. 황제는 보에몽이 간교한 꾀를 잘 부리며 활력이 넘치는 남자라는 사실을 잘 알았고, 전투에서 기꺼이 직접 싸움을 벌일 의사도 있었지만, 내가 말했듯 황제는 싸우지 않더라도 수단과 방법을 가리지 않고 보에몽에게 대응해 왔다. 상술한 이유로, 황제는 싸우기를 바란다 해도(황제인 내 아버지는 위협에 처하기를 좋아하고, 오랫동안 위협에 익숙해져 있었지만, 모든 문제를 처리할 때 이성을 최대한 발휘하는 것을 길잡이로 삼았다), 다른 방법으로 보에몽을 무찌르기를 갈망했다. 내가 생각하기에 장군이라면 매번 칼을 빼들어 승리하려고 굴 것이 아니라, 기회와 상황에 맞추어, 때로는 술책을 이용하여, 완벽한 승리를 거둘 줄 알아야 했다. 우리가 아는 바로는, 칼로 전투를 치를 뿐 아니라 조약까지 체결할 수 있는 것이 그가 장군으로서 누리는 특권이었다. 게다가 기회가 주어진다면, 적을 속여서 완패시켜도 괜찮다. 황제가 바쁜 것은 이러한 이유 때문인 듯했다. 그는 백작들과 보에몽 간에 불화의 씨앗을 뿌려, 둘의 동맹이 약해지거나 완전히 깨지기를 바랐다. 황제는 다음의 드라마를 무대 위로 올렸다. 먼저 그는 나폴리에 있는 마리노스 세바스토스를 부를 사람을 보냈다(그는 마기스트리 밀리툼* 가문에 속했다. 그리고 그는 황제에게 했던 맹세를 늘 지키려 하지 않았고, 거짓된 말과 약속에 미혹됐다. 그러나 황제는 보에몽에 관한 이야기, 즉 자신의 비밀 계획을 마리노스에게 누설할 수 있다고 자신했다). 동시에 황제는 프랑크 귀족 로제르와 페테르 알리파스**를 소환했는데, 페테르 알리파스는 전쟁에서 명성을 떨쳤으며 황제에게 무조건적인 충성 약속을 지키는 것으로 유명했다. 황제는 그들과 회의하면서, 보에몽을 완전히 무찌르려면 자신이 어떤 일을 할 수 있는지 계책을 알려달라고 했다. 또한 누가 보에몽에게 가장 충성하는지, 보에몽과 뜻을 가장 함께하는 자가 누구인지 그들에게 물었다. 세 사람이 황제에게 이를 고하자, 황제는 수단과 방법을 가리지 않고 이들을 자기편으로 끌어들여야 한다고 말했다.

"이 일이 벌어진다면, 프랑크 군대에 불협화음이 일어나 자기들끼리 쪼개질 걸세."

이처럼 그가 세 사람에게 자신의 계획을 말한 뒤, 입을 다물 줄 아는 믿을 만한 하인 중 하나를 각각 데려와 달라고 부탁했다. 그리고 그들은 가장 뛰어난 하인을 데려오겠다고 기꺼이 동의했다. 그들이 오자 황제는 다음과 같은 계책을 고안했다. 그는 보에몽의 아주 친한 친구 몇몇에게 보내는 답신인 게 분명한 듯한 편지를 작성해, 보에몽의 가장 친절한 벗 몇몇에게 보내는 편지를 지어냈는데, 마치 이들이 친분을 갈구하고 폭군의 비밀스러운 의도를 밝히는 편지를 보내와 답장을 보내는 것처럼 꾸몄다. 그리하여 대단히 정중하게 고마움을 표하고 기꺼이 선의를 받아들이겠다는 척한 것이다. 그자들은 보에몽과 피를 나눈 귀도, 아주 명성을 크게 얻은 자 중 하나인 코프리시아노스, 세 번째로 리샤르, 네 번째로 보에몽의 군대에서 가장 높은 지위를 차지한 용감한 자인 프린키파토스, 그 외 몇몇 인물이었다. 황제는 이자들에게 조작된 편지를

---

* 고대 로마의 군대 최고 사령관, 군사령관을 가리킨다.
** 프로방스 기사 울푸스의 페테르를 가리킨다. 1081년에 로베르 기스카르와 함께 동로마 제국에 대항한 프로방스 기사이다. 1083년 10월에 알렉시오스 1세가 카스토리아 마을을 점령하자 그는 브리엔 백작과 함께 동로마 제국에 항복했다.

보냈다. 리샤르든 누구든 황제에게 호의와 진심이 담긴 답장을 보내지 않았지만, 황제는 답신을 받은 것으로 여겼다. 이 드라마틱한 일의 목적은 이러한 명망 있는 자들이 배반했다는 소식이 보에몽의 귀에 들어가면, 보에몽은 그들이 자신에게 불만을 품고 황제 편으로 돌아섰다고 믿을 것이고, 불안해하다가 타고난 잔혹성을 드러내 그자들을 학대하다가 관계가 깨어져, 결국 알렉시오스의 책략 탓에 그들은 자기들이 머릿속으로 한 번도 생각하지 못한 일, 즉 황제의 편으로 돌아서는 짓을 저지르게 하는 것이다. 내 생각에 부족 전체가 하나가 되어 똘똘 뭉치면 모두 강해지지만, 서로 다투다가 갈가리 쪼개지면 약해지고, 결국 전쟁 중 상대편에게 손쉽게 잡아먹힐 먹잇감으로 전락한다는 사실을 장군 알렉시오스는 알았다. 이것이 이 편지들 깊숙이 숨겨진 계획이자 간교한 속임수였다. 알렉시오스는 다음과 같이 일을 시행했다. 그는 각각 다른 전령을 통해 그자들에게 순서대로, 개별적으로 편지를 전달했다. 이 편지들은 황제의 감사를 표하는 말만 옮기는 것이 아니라, 그들이 황제에게 호의를 갖고 미래에 베풀 호의를 고려하여 어떠한 비밀도 숨기지 말라고 구슬리고 있었다. 황제는 전령들의 발뒤꿈치를 따라, 자신의 아주 믿을 만한 하인 중 하나를 몰래 보내 전령들을 따르게 했고, 그 하인에게 전령들이 막사 가까이 간 모습을 보면 전령들 곁을 지나쳐 그들보다 더 빨리 보에몽을 찾으라고 말했다. 하인은 황제와 함께 있기를 싫어하는 척하여, 보에몽에게 탈영병으로 합류하는 척해야 했다. 하인은 이 폭군에게 안면을 트고 싶다고 천명하고 선의를 보여주면서, 편지에 나오는 그자들이 어떤 짓을 했는지 공개된 자리에서 고발해야 했다. 하인은 폭군에게 호의를 표하면서 그자들의 이름을 하나하나 열거하며, 그자들이 보에몽에게 했던 충성 맹세를 어기고, 황제의 친구가 되어서 덕담을 해주고 황제가 어떤 분야를 원하는지 언급했다고 말하며, 그들이 오랫동안 보에몽에 맞설 계획을 세웠으니, 보에몽은 그들이 갑자기 폭력을 행사하지 못하도록 근위대를 통해 경계태세를 갖추어야 한다고 덧붙였다. 게다가 황제는 보에몽이 전령에게는 어떤 해도 끼치지 않도록 계획을 세웠다고도 자신에게 말했다. 황제는 자신에게 충성하는 자들이 안전한지 아닌지 걱정하며, 더욱이 보에몽의 일을 철저히 망치고 싶어 했다. 그리고 황제는 단지 말과 조언으로만 한 것이 아니며 행동도 뒤이어 따랐다. 내가 언급한 자는 보에몽에게 접근해 전령들의 안전을 보장받은 뒤 황제의 지시에 따라 보에몽에게 모든 것을 밝혔다. 그자들이 어디에 있다고 생각하냐는 보에몽의 질문에 그는, 그들이 페트룰라를 지나는 것 같다고 말했다. 그래서 보에몽은 사람을 보내 그 편지 전달자들을 억류했고, 편지를 열어보자 의식이 희미해지더니 거의 기절할 뻔했다. 보에몽은 그자들이 충실하다고 믿었기 때문이다. 그다음 보에몽은 그자들을 면밀하게 감시했고, 그 자신은 천막에 남아서 6일 동안 콕 틀어박힌 채 어떻게 해야 할지 혼자 생각에 잠겼다. 그는 머릿속에 많은 계책을 떠올렸다. 그 무관들을 불러 자기 형인 기가 공개된 장소에서 무슨 짓을 했는지 밝혀야 할까? 심문하든 안 하든, 그들을 어떻게 대해야 할까? 다른 질문, 그러니까 그들이 있던 무관 자리에 누구를 임명해야 할까? 발군의 무술 실력을 갖춘 이자들을 없앤다면 그는 엄청난 어려움에 시달릴 것이기에, 유일하게 남은 방법으로 일을 무난히 처리했고(난 그가 편지의 진의를 의심했다고 믿는다), 그는 그들을 기꺼이 맞이했고 끝까지 믿으며 그들이 원래 지위를 유지하도록 허락했다.

5

황제가 모든 산길에, 선발된 지휘관이 지휘하는 상당한 규모의 군대를 배치한 뒤, '크실로클라시아이'라고 하는 산더미 같은 목재 더미를 이용해 프랑크 군대가 못 오게 모든 길을 막았다. 황제는 재빨리 미하일 케카브메노스를 아블로나스, 예리코, 카니나의 근면한 근위대원으로 임명했다. 페트룰라는 여러 인종으로 뒤섞인 보병대를 이끄는 알렉산드로스 카바실라스를 총독으로 받아들였는데, 카바실라스는 아시아에서 수많은 튀르크군을 완패시킨 용감무쌍한 인물이었다. 데브리는 적절한 규모의 수비대를 갖춘 레오 니케리티스의 방어

덕에 버텼고, 에브스타티오스 카미치스는 아르바논 근처의 길목을 보호해야만 했다. 이른바 출발선에서 보에몽은 카바실라스에 맞서기 위해 자기 형제인 길도와 사라센이라는 백작, 콘토파가노스를 보냈다. 아르바논과 국경선을 맞댄 마을 몇 개가 보에몽의 손에 떨어지자, 아르바논 근처의 모든 길목에 아주 익숙했던 아르바논의 주민들은 보에몽에게 와서 데브리의 실제 위치가 어디인지 설명하고 숨겨진 길이 어디에 있는지 알려주었다. 그러자 곧 길도는 자신의 군대를 두 부대로 나누었다. 자신이 직접 이끄는 부대는 카미치스와 맞닥뜨리고, 콘토파가노스와 사라센 백작에게 데브리 사람들을 안내인으로 삼고 자신의 뒤를 따르게 했다. 두 사람은 이 계책을 받아들였고, 길도가 앞에서 싸우는 동안, 다른 백작들은 뒤에서 카미치스의 군대를 공격했고, 끔찍한 학살을 저질렀다. 그들을 모두 상대하기란 불가능하기에, 카미치스는 자기 사람들이 이 자리에서 벗어나게 한 뒤 자신 역시 제 사람들의 뒤를 따랐다. 많은 로마인이 이 전투에서 패배했고, 그들 중 카라스라는 사람이 있었는데, 카라스는 어린 시절에 황제에게 받아들여져 황제 밑 귀족 사회의 일원이 되었다. 또한 스칼리아리오스라는 튀르크인은 예전에 동방의 아주 훌륭한 족장 중 한 명이었고, 훗날 탈영하여 황제에게 의탁한 뒤 세례를 받았다. 그다음 카미치스가 겪은 일은 이러했다. 알야테스는 다른 정예병들과 함께 글라비니차를 지키고 있다가 평지로 내려오는데, 그곳에서 싸우려고 했던 건지 땅에 있는 것을 수색하려 했던 건지는 하느님만이 아실 것이다. 갑자기 알야테스는 그곳에서 쇠사슬 갑옷을 입고 말을 탄 켈트인 몇몇과 50명 정도 되는 용맹한 동료들을 만났다. 켈트인들은 두 부대로 나누어서, 한 부대는 전속력으로 질주해 앞에서 그를 맹렬히 공격했고, 다른 부대는 뒤에서 소리 없이 그의 뒤로 접근했는데, 땅이 축축하기에 소리를 내지 않을 수 있었다. 이에 알야테스는 군인들이 자신의 뒤로 다가오는 것을 눈치채지 못했고, 앞에 있는 적과 싸우는 데 힘을 쏟아붓느라 그가 어떤 위험에 빠졌는지 인식하지 못했다. 이제 곧 그의 뒤에 있는 자들이 그를 공격해 그와 격렬히 싸웠다. 콘토파가노스라는 백작은 그를 만나자마자 검으로 찔러 바로 죽음에 이르게 했다. 알야테스의 많은 동료 역시 죽임을 당했다. 이 소식을 접한 황제는 칸타쿠지노스가 군사적 재질이 매우 뛰어나다는 것을 알고 그를 불렀다. 칸타쿠지노스는 황제에게서 소식을 받자마자 라오디키아에서 소환되었다. 보에몽을 향한 공격을 더 미룰 수 없었기에, 황제는 그에게 대군을 하사했고, 막사를 떠나 동행하며 격려했다. 그들이 그 지역의 파트라라고 불리는 산길을 통과했을 때, 황제는 잠시 그곳에 머물면서 칸타쿠지노스에게 많은 조언을 하며 전략적인 계획을 설명한 뒤, 그에게 큰 희망을 품고 글라비니차로 파견했고, 그 사이 황제는 디아볼리스로 돌아갔다. 칸타쿠지노스는 글라비니차로 가던 중 밀로스의 요새라 불리는 작은 요새로 가서, 공성 기구를 바로 설치하고 요새를 포위했다. 로마인들은 벽에 아무렇지 않게 접근했고, 몇몇은 문에 불을 질러 태워버리는 동안, 다른 이들은 벽을 타고 올라가 총안이 있는 흉벽에 도달했다. 보시스강 반대편에서 야영하던 켈트인들이 바로 이 사실을 눈치채고 미로스 요새를 향해 뛰어갔다. 칸타쿠지노스의 정찰병들은 (내가 설명했듯이 이들은 야만인이다) 켈트인들을 보고 무질서하게 칸타쿠지노스를 향해 달려왔고, 자신들이 본 것을 은밀히 고하지 않고, 멀리서 켈트인이 오고 있다고 소리치고 있었다. 그들이 켈트인이 오는 소리를 들었을 때, 켈트인은 벽을 기어올라 문을 불태우고 요새를 함락시킬 찰나였다. 그들은 공포에 휩싸여 각자의 말을 찾으려고 했지만, 워낙 무섭고 혼란에 휩싸인 탓에 어떤 말이든 상관없이 올라탔다. 칸타쿠지노스는 기어코 완강한 노력을 기울여, 겁에 질린 군인들 옆에 말을 타고 소리쳤다.

"남자답게 굴어라! '전쟁의 격렬함'을 기억하게."

이렇게 시의 구절을 인용하기도 했다. 그는 그들을 설득하지 못했지만, 이렇게 말해서 그들의 흥분을 영리하게 진정시켰다.

"공성기구가 적의 손에 넘어갈 시, 우리를 공격하는 데 쓰일 것이기에 공성기구가 적의 손에 넘어가도록 해선 안 될 것이오. 차라리 공성 기구에 불을 놓고 질서정연하게 후퇴합시다."

칸타쿠지노스가 아주 열의 있게 명령하니 군인들은 바로 명령을 따랐다. 그들은 공성 기구들을 모두 태웠을 뿐 아니라, 보시스강에 있는 배까지 태워서 켈트인들이 손쉽게 건널 방법을 찾지 못하게 했다. 그다음 칸타쿠지노스는 조금 물러나 오른쪽으로 하르자네스라 불리는 강과 인접하고, 왼쪽으로는 축축하고 질퍽질퍽한 땅이 있는 평지로 왔다. 그는 이곳을 모두 방어용으로 이용했고, 그곳에 목책을 고정했다. 우리가 언급한 켈트인들은 강둑으로 내려가 타버린 배를 보고, 실망한 채 돌아갔다. 보에몽의 형제인 길도가 그들을 통해 무슨 일이 일어나는지 알게 되자, 길도는 길을 틀어 가장 용감한 군인들을 선발해 예리코와 카니나에 미리 보냈다. 군인들은 황제가 미하일 케카브메노스더러 지키라고 한 골짜기에 도착했고, 이 사실을 자기들에게 유리한 방향으로 이용해 로마인들을 대담하게 공격하고 완패시켰다. 이처럼 켈트인들은 좁고 사방이 막힌 장소에서 적을 마주했다면 무적이었다. 그러나 평지에서 마주했다면, 쉽게 붙잡혔을 것이다.

6

그다음, 이 승리로 대담해진 켈트인들은 칸타쿠지노스를 공격하겠다는 생각으로 다시 급히 돌아왔다. 그러나 그들이 밟은 땅은 칸타쿠지노스가 이미 거처로 정한 땅으로, 거기서 공격해도 그들에게 이득이 되지 않을 것이라는 사실을 깨닫자, 그들은 겁을 내고 전투를 미루었다. 하지만 그는 저들이 접근하는 것을 눈치채고 밤새도록 전[全] 병력을 강 건너편으로 이동시키느라 분주했다. 태양이 수평선 위로 올라오기 전, 그는 머리부터 발끝까지 갑옷을 입은 뒤 군인 전부를 무장시켰다. 칸타쿠지노스는 전열의 한가운데에 앞장섰고 튀르크군을 왼쪽에 배치했다. 그동안 로스미키스 알라노스는 그의 밑에 있던 동포들더러 우익으로 이동하라고 명령했다. 그는 스키타이인을 앞으로 보내서 켈트인에게 멀찍이 떨어져 한 발 쏘고, 1분 간격으로 계속 쏘고, 옆으로 가서 뒤로 도망치고 다시 앞으로 달려오라고 명령했다. 스키타이인들은 손쉽게 출발했지만, 아무것도 이루지 못했다. 켈트인들이 밀집 대형을 갖추고 대열을 깨지 않으면서도 순서대로 느릿느릿 행군했기 때문이다. 두 군대가 싸우기에 적합한 만큼 거리를 좁히자, 스키타이인들은 켈트인들이 전력을 다해 말을 모는 모습을 보고 더는 화살을 쏘지 않고, 바로 도망쳤다. 스키타이인을 돕고 싶었던 튀르크인들이 이어서 공격했지만, 켈트인들은 앞에 있는 이들을 전혀 안중에도 두지 않고 더 맹렬히 싸웠다. 칸타쿠지노스는 튀르크군이 옴짝달싹 못 하게 된 모습을 보고, 우익군을 이끄는 엑수시오크라토르 로스미키스에게 프랑크군(그들은 알란족이고 매우 호전적이다)과 싸움을 시작하라고 명령했다. 그러나 로스미키스는 그들에게 사자처럼 몹시 노한 모습을 보여도, 공격당한 후 뒷걸음질 친 듯했다. 칸타쿠지노스는 로스미키스가 패하는 모습을 보고는, 무슨 자극이라도 받은 양 용기를 얻어 프랑크군의 전열로 돌진해 군대를 산산 조각 냈고 미로스 요새까지 거세게 뒤쫓았다. 일반 병사들 상당수와 이보다 더 계급이 높은 자들을 죽인 후, 위그와 그의 형제 리샤르, 콘토파가노스와 같이 저명한 백작 몇몇만 살려놓은 채 승리를 거두고 돌아왔다. 그는 이 승리를 황제에게 좀 더 생생히 보여주기 위해 켈트인의 머리 몇 개를 검에 고정한 뒤, 위그와 콘토파가노스라는 남자같이 더 중요한 포로들과 함께 바로 황제에게 보냈다.

여기까지 펜으로 쓰고 나니, 글을 쓰다가 주제에 흥미를 잃어 깜빡 졸았다는 사실을 눈치챘고, 등불을 켤 시간이 되었다는 것을 깨달았다. 야만인들의 이름을 꼭 나열하고 다양한 사건들을 반드시 연이어서 이야기할 때가 오면, 내 역사책의 뼈대와 글의 흐름이 뚝뚝 끊어지곤 한다. 그러나 내 착한 독자들은 투덜거리지 않고 잘 참아 주리라.

전사 보에몽은 바다와 땅 양쪽에서 공격받고 생필품이 바닥나 극심한 결핍에 시달리고 있었고, 이제 자신의 상태가 최악으로 치달았다는 사실을 깨달았다. 그래서 그는 대규모의 군대를 파견해 아블로나스, 예리코, 카니나 근처의 모든 마을을 약탈하게 했다. 감시하던 칸타쿠지노스는 '달콤한 잠이 불시에 인간을 덮친다'는 말과 달리, 잠에 빠지지 않고 아주 민첩하게 베로이테스에게 대규모의 군대를 붙여 파견한 뒤 프랑크군과 맞서 싸우게 했다. 베로이테스는 프랑크군을 만나 패배시켰고, 돌아가는 길에 뒤이어 보에몽의 배에 불을 질렀다. 그러나 이 사나운 폭군은 그가 보낸 군인들이 패배했다는 소식을 듣고도 전혀 낙담하지 않았고, 오히려 군인 한 명도 잃지 않은 것처럼 행동했다. 상황과 반대로 보에몽은 훨씬 더 용기가 넘치는 듯했고, 딱 한 번의 공격으로 칸타쿠지노스와 로마 군대를 생포할 수 있으리라고 생각하며, 말과 아주 격렬한 싸움꾼들인 보병 6,000명을 다시 파견해 칸타쿠지노스와 싸우게 했다. 그러나 칸타쿠지노스는 늘 정찰병에게 프랑크군을 감시하게 했고, 정찰병들은 칸타쿠지노스에게 프랑크군이 온다고 바로 전하니, 그는 밤 동안 무장을 하고 군대도 단단히 무장 시켰고, 이때 새벽에 공격하고자 하는 욕망이 불끈 솟았다. 그래서 프랑크군이 기진맥진한 채 보시스강 둑에 도착해 잠시 휴식을 취하려고 드러누웠을 때, 그곳에 있던 칸타쿠지노스는 아침이 되자마자 웃으면서 그들을 놀라게 했고, 바로 그들을 공격해 수많은 사람을 생포하고 더 많은 사람을 죽였다. 남은 프랑크군은 강의 회오리에 휘말려 익사하니, 늑대를 피하려다가 사자를 만난 셈이었다. 그는 모든 백작을 황제에게 보냈고, 그 후 축축하고 사람들이 접근하기 어려운 티모로스로 돌아갔다. 칸타쿠지노스는 거기서 6일 동안 기다렸고, 보에몽의 움직임을 감시하고 정보를 얻기 위해 각각 다른 방향에 스파이를 보내니, 보에몽이 무엇을 하는지 알 수 있어서 더 정확한 판단을 할 수 있게 되었다. 이 첩자들은 100여 명의 프랑크군이 강을 건너 반대편의 작은 마을을 함락시키기 위해 뗏목을 만들 때 우연히 나타났다. 로마군은 갑자기 프랑크군을 공격했고 대부분 생포했는데, 그들 중 한 명은 보에몽의 사촌으로 키는 10피트 정도 되고 어깨도 넓어서 제2의 헤라클레스 같았다.

사실 그토록 거대한 거인이 난쟁이 스키타이인의 손에 포로로 잡힌 모습은 당연히 기이한 광경이었다. 이 생포한 포로를 보냈을 때, 칸타쿠지노스는 스키타이 소인족에게 그 괴물을 사슬에 묶어서 황제에게 데려가라고 명령했다. 그는 그렇게 하면 황제가 즐거워할 것으로 생각하고 있었다. 황제는 그들이 도착했다는 말을 듣자마자, 옥좌에 앉아서 이 포로들을 연행하라고 명령했다. 그들 사이에 있던 스키타이인은 거대한 프랑크군의 허리에 겨우 닿을 정도여서 간신히 사슬로 손을 뻗었다. 바로 그 자리에 있던 모든 이들이 폭소를 터뜨렸다. 다른 백작들은 감옥에 갇히게 되었다.

7

황제는 칸타쿠지노스의 성공에 환히 미소를 지을 시간이 거의 없었는데, 청천벽력 같은 소식, 즉 로마의 카미치스와 카바실라스가 이끌던 로마 군대가 궤멸했다는 소식이 찾아왔기 때문이다. 황제는 가슴이 아프고 걱정되었지만 전혀 기죽지 않았는데, 쓰러진 이들을 생각하며 종종 한숨을 짓고 몇몇을 위해서는 눈물을 흘리기도 하였다. 그러나 그는 아레스의 진정한 추종자이자 적들에게 불을 뿜어 위협하던 콘스탄티노스 가브라스를 소환해, 페트룰라라는 지역으로 가서 프랑크족이 어느 골짜기로 들어가 이러한 대학살을 저질렀는지 찾은 뒤, 미래를 위해 그 통로를 가로막을 것을 명령했다. 그러나 가브라스는 불만, 그러니까 그 일에 대해서 불만을 품고 괴로워하고 있었다(그는 자만심이 강한 사람이었고 큰 책무에 관여하기를 갈망했기 때문이다). 그리하여 그는, 내 카이사르의 매부로서 아주 호전적인 남자로 용맹하게 전공을 많이 달성해 황제에게 큰 사랑을 받는 마리아노스 마브로카타칼론과 1,000여 명의 아주 용맹한 자를 보냈다. 그는 또한 자신과 동행할 자로 포르피로엔니티의 수많은 하인과, 싸우기를 애타게 바라는 나의 카이사르를 선발했다. 이 남자 역시 그 일에 관해 의구심을 보였지만, 천막으로 가서 업무에 관해 생각했다. 야간에 당직을 설 때쯤 탈라소크라토르 이사키오스 콘토스테파노스와 함께 있던 란둘프에게서 편지가 도착했다. 이 편지들에서 란둘프는 콘토스테파노스 집안사람들, 즉 이사키오스 콘토스테파노스와 그의 형제들 스테파노스, 에브포르비노스를 통렬하게 비판했는데, 그들이 롬바르디아 해협을 지키지 않고 방치하고, 휴식을 취하기 위해 종종 본토로 자리를 뜨기 때문이었다. 편지는 계속됐다.

"오, 폐하. 폐하께서 전력을 다하여 기습조와 프랑크군의 급습을 막고자 노력할지라도, 이 자들은 실패하고 롬바르디아의 해협을 지키지 못한 채 자버리고, 이에 따라 배들은 자연스레 보에몽에게 가서 틈이 있을 때 보에몽에게 생필품을 날라줍니다. 얼마 전에 롬바르디아에서 보에몽에게로 도항하던 그자들은 순풍이 불기만을 기다렸습니다(강한 남풍이 롬바르디아에서 일리리아까지 건너는 데 도움 되는 반면, 북풍은 도움을 별로 주지 못했다). 그다음 그들은 자기들 배에 돛을 올린 뒤 일리리아로 대담하게 항해했습니다. 그러나 남풍이 몹시 강하게 분 탓에 배는 디라히온에 도착하지 못하고, 디라히온 해안을 지나 아블로나스로 가게 되었습니다. 거기서 그들은 자기들의 거대한 배를 땅에 닿게 한 뒤, 자기들이 싣고 온 말과 보병, 살아가는 데 필요한 생필품을 모두 보에몽에게 날라주었습니다. 그리고 그들은 자기들이 갖고 온 것을 토대로 수많은 상품 진열대를 만들어 켈트인들이 생활하는 데 필요한 모든 것을 풍족하게 해 주었습니다."

황제는 격분해 콘토스테파노스를 엄히 꾸짖고, 일을 제대로 하지 않으면 계속 감시하겠다고 경고했다. 그러나 콘토스테파노스는 자신이 의도한 바를 아무 것도 이루지 못했다(비록 그는 배가 일리리아로 항해하는 것을 막으려고 한 번 더 노력했지만 실패했다. 그는 해협 한가운데에서 있다가, 켈트인들이 모든 배의 돛을 달고 순풍을 따라 항해하다가 빠른 속도로 가는 모습을 보았을 때, 미풍이 반대 방향으로 불고 있어서 켈트인과 맞바람 두 적에 동시에 맞서 싸우지 못했다. 헤라클라스조차 두 적과 동시에 싸울 수 없다고들 하지 않는가. 그리하여 콘토스테파노스는 매서운 바람에 밀려날 수밖에 없었다). 이 소식에 황제는 폐부가 찔렸는데, 콘토스테파노스가 올바른 지점에 함대를 배치하지 않아서, 결국 프랑크군은 남풍 덕에 잘 건넌 반면 그는 그러지 못했기 때문이다. 그래서 황제는 롬바르디아와 일리리아의 지도를 만들어 양쪽에 항구가 어디 있는지 그려놓은 뒤, 콘토스테파노스에게 보내서, 배를 어디에 배치시켜야 할지, 건너고 있는 프랑크군과 순풍이랑 맞서려면 어느 장소에서 시작해야 하는지 편지로 설명했다. 황제는 다시 콘토스테파노스를 격려했고, 그에게 일을 가지고 고민하라고 부추겼다. 그래서 콘토스테파노스는 자신감을 얻고, 가서 황제가 알려준 곳에 닻을 내렸다. 그다음 그는 기회가 오기를 기다렸다. 어느 날 롬바르디아의 사람들이 많은 물품을 싣고 바다를 건너 일리리아로 가고 있었다. 올바른 방향으로 바람이 불 때, 콘토스테파노스는 해협 한가운데에서 배들을 나포해 몇몇 화물선에 불을 지르고, 더 많은 배들과 선원들을 모두 바다 밑으로 가라앉혔다. 황제는 이 소식을 듣기 전에 란둘프와 디라히온의 공작이 썼던 평지에 관한 생각으로 머릿속이 꽉 찼다. 그러나 황제는 이 소식을 듣고 마음을 바꾸어 (위에서 언급한) 마리아노스 마브로카타칼론을 부르러 사람을 보냈고, 마리아노스를 함대의 공작으로 임명한 뒤 페트룰라 업무는 다른 사람에게 맡겼다. 이에 마리아노스는 자리를 떴고, 운 좋게 롬바르디아에서 보에몽에게 가던 해적과 화물선을 바로 만났다. 나포해 보니, 저장고를 꽉 채운 상태였다. 그리고 이후 마리아노스는 롬바르디아와 일리리아 사이의 해협에서 잠을 안 자고 해협을 지켰고, 어떤 켈트인도 디라히온으로 건너지 못하게 했다.

8

그동안 황제는 산기슭에서 야영하고 있었다. 우선 그는 보에몽에게로 탈영하고자 하는 사람들을 저지하고, 눈송이만큼이나 많은 수의 전령을 지휘관들에게 보내 산길을 지키도록 했으며, 보에몽과 맞서 싸우기 위해 디라히온 평지로 내려가야 할 병사들은 몇 명이며 전투대형을 어떤 식으로 짜야 할지를 알려주었다. 그들 중 대부분은 말을 탄 채 공격하고 다시 돌아온 다음, 또다시 활과 화살을 이용해 공격하라고 했다. 창을 든 병사들은 그 뒤에서 천천히 전진하면서, 만약 예상치 못하게 궁수들이 너무 뒤로 밀려나면, 타격하러 온 켈트인들을 공격하라고 했다. 황제는 그들에게 화살을 충분히 제공하면서 화살을 아끼지 말라고 했는데, 프랑크군보다 차라리 말에 화살을 쏘라고 지시했다. 그는 프랑크군의 흉갑과 쇠사슬 갑옷 덕에 프랑크군에게 부상을 입히기 어려운 안전한 상태라고 알았기 때문이다. 그러므로 그는 프랑크군에게 화살을 쏘는 게 무의미하고 분별없는 짓이라고 생각했다. 프랑크군의 방어용 무기는 이 쇠사슬 갑옷과 고리끼리 연결된 구멍쇠였고, 철로 된 구조물은 훌륭한 철로 이루어져서 화살을 튕겨내고 갑옷을 착용한 자를 다치지 않게 해 주었다. 방어를 추가로 도와주는 무기는 둥글지 않고 길쭉한 방패로, 맨 위쪽이 아주 넓고 밑으로 내려갈수록 점점 가늘어지며 안쪽은 가볍게 움푹 팼지만, 겉 부분을 만지면 부드럽고, 녹은 놋쇠로 이루어진 훌륭한 부조가 반짝반짝 빛이 났다. 결국 스키타이인이든 페르시아인이든 심지어 거인의 팔이 쏜 것까지, 어느 화살이든 간에, 방패에 맞고 튕겨 나간 뒤 화살 쏜 사람에게 다시 돌아오게 되어 있었다. 이러한 이유 덕에 황제는 프랑크군의 갑옷과 궁술의 성능이 어느 정도인지 인지해서, 아군에게 말을 주로 공격해 '날개를 달아주고'*, 켈트인들이 말에서 떨어질 때 쉽게 잡을 수 있으리라고 조언했다. 말을 탄 켈트인들은 천하무적이었고, 바빌론의 성벽**에 구멍을 낼 수 있을 정도였지만, 말에서 떨어지자 바로 조롱거리가 되었다. 황제는 예전에 우리에게 종종 말했듯, 보에몽과 전략전을 벌이기를 몹시 열망했지만, 켈트인 추종자들의 괴팍한 성정을 잘 알았기에 산길을 건너기를 원치 않았다. 전투에 관해서 보에몽은 어떤 검보다 더 예리했고, 용감한 기상을 가졌으며 극도로 의연했다. 그러나 그의 영혼을 격렬

---

*   화살 끝에 깃털이 달려있으니 날개라 빗댄 것이다.
**   신바빌로니아 왕국의 성벽으로 난공불락으로 유명했다.

하게 짓밟을 훗날의 사건들 탓에 그는 싸우기를 포기했다.

그리고 이제 보에몽은 땅과 바다 양쪽에서 심하게 쪼들리게 되었다. (황제는 관중처럼 앉아 일리리아 평원에서 어떤 일이 일어나는지 지켜보고 있었지만, 군인들 곁을 지키면서 열과 성을 다해 그들이 겪고 있는 것 그 이상으로 그들의 노력과 분투에 공감했다. 그는 산길 맨 앞에 배치된 지휘관들이 새롭게 전투를 치를 수 있도록 격려했고, 켈트인을 공격할 자세를 취하라고 제안했다. 그리고 마리아노스는 롬바르디아와 일리리아 사이의 해협으로 가는 경로를 지켜보다가, 사람들이 이탈리아에서 일리리아로 건너는 것을 가로막았는데, 돛 세 개가 달린 배도, 큼지막한 상선도, 심지어는 노 두 개를 갖춘 작은 해적선까지 보에몽에게 가지 못하게 했다). 바다를 통해 제공되던 식량도 보에몽에게 전달되지 못했기에 보에몽은 육지에서 심하게 쪼들렸고, 전쟁이 황제에게 유리하게 돌아가는 모습을 보았다. (어떤 군인이든 먹을 것을 찾거나 다른 것을 가져오려고 말뚝 울타리를 벗어나거나 물을 먹이려고 말을 몰면, 로마군이 바로 그들을 공격해 군인 대다수를 죽였기에, 그의 군대는 점점 쇠약해졌기 때문이므로), 그는 디라히온의 공작 알렉시오스에게 사절단을 보내 평화 협상을 시작했다. 더욱이 보에몽의 혈통이 좋은 백작 중 한 명인 겔리엘모스 클라렐레스는, 프랑크 군대가 굶주림과 질병으로 죽어가는 (끔찍한 질병이 위에서부터 군대를 덮쳤다) 모습을 보고 자신의 몸을 보호해야겠다고 생각한 뒤, 말 50마리를 데리고 황제에게 몸을 의탁했다. 황제는 이 손님을 환대했고, 보에몽이 무슨 일을 하는지 물었으며, 기근이 군대를 덮쳐 켈트인의 상태가 정말 절박하다는 사실을 확인받은 뒤, 노빌리시모스의 직위를 겔리엘모스에게 즉각 내리고, 많은 선물과 영예로 보답했다. 그다음 황제는 보에몽이 화의를 청하기 위해 사절을 보냈다고 알렉시오스의 편지를 통해 들었다. 자기 주변의 사람들이 자신을 향해 늘 나쁜 짓을 꾸미고 있었다는 사실을 알던 그는, 그들이 얼마나 자주 반란을 일으켰는지, 실은 해외의 적보다 고국의 적에 더 많이 노출되었던 사실을 깊이 상기한 뒤, 그는 두 손 들고 기꺼이 양쪽 적들과의 싸움을 중단하기로 결정했다. 그래서 그는 이왕 해야 하는 일이라면 자기에게 도움이 되도록 했고, 켈트인과의 평화 조약을 맺는 것이 현명하다고 판단해 보에몽의 제안을 거절하지 않기로 했는데, 이 역사책에서 이미 언급한 이유 탓에 더 진격하기를 두려워했기 때문이다. 그래서 그는 양측의 적에게 맞선 채 그 자리에 남아, 디라히온의 둑스 알렉시오스에게 명해서 보에몽에게 다음과 같은 편지를 부치게 했다.

"그대의 맹세와 약속을 믿어서 내가 얼마나 자주 속았는지 그대는 잘 알고 있소. 그리고 복음서의 신법이 그리스도인에게 모든 위법 행위를 용서하라고 명령하니, 나는 그대의 제안에 귀를 열어서는 안 되지만 하느님께 범죄를 저지르고 신법을 위반하는 것보다 그대에게 속는 것이 더 낫소. 오로지 이러한 이유로 나는 그대의 요청을 거절하지 않겠소이다. 만일 그대가 평화를 몹시 바라고 그대가 그동안 해온 어리석고 불가능한 일을 혐오한다면, 그것이 그대의 나라도 아니고 그리스도인도 아니고 오로지 그대의 마음에서 우러난 것이라면, 더 이상 그리스도인을 피 흘리게 하는 일을 저지르기를 바라지 않는다면, 우리 사이의 거리는 좁으니 원하는 만큼 최대한 많은 군인을 데리고 직접 나를 만나러 오시오. 우리가 각자 원하는 바가 같다면, 그래서 합의에 도달할 수 있다면, 설령 그렇지 못하더라도, 내가 이미 약조한 대로 그대는 그대의 야영지에 상처 하나 없이 돌아갈 수 있을 것이오."

9

이 편지를 받자, 보에몽은 그가 야영지로 돌아올 때까지 귀족 중 몇 명을 인질로 보낼 것을 요청했는데, 대신 가두지 않고 자신의 진영에서 지키고 있겠다고 했다. 그러자 황제는 용맹하기로 유명한 나폴리의 마리아노스와 프랑크인 로제르를 소환했는데, 둘 다 오랫동안 라틴 관습에 익숙하여 신중했다. 그리고 콘스탄티노스 에브포르비노스(그는 몸도 가슴도 용기로 무장했으며, 황제에게 어떤 임무를 받든 간에 실패한 적이 없었다)와 프랑크 언어를 아는 아드랄레스토스라는 자도 소환했다. 지금까지 이야기한 이자들을 보에몽에게 보냈는데, 이때 보에몽이 황제에게 와서 원하는 게 무엇인지 말하도록 수단과 방법을 가리지 않고 설득하라고 책망했다. 만일 보에몽의 요구가 황제의 마음에 든다면, 보에몽은 자연스레 원하는 바를 얻을 수 있을 것이다. 그러나 그렇지 않다면, 보에몽은 아무런 해를 입지 않은 채 자신의 야영지로 돌아갈 것이다. 황제가 그자들에게 이렇게 지시한 후 그들을 배웅하니, 그다음에 그들은 보에몽을 보러 떠났다. 보에몽은 그들이 접근하는 소리를 듣자, 그들이 자신의 군대가 붕괴된 사실을 눈치채고 황제에게 이 사실을 고할까 봐 두려워했다. 그래서 말을 탄 뒤 야영지에서 널찍이 떨어진 곳에서 만났다. 그들은 황제의 메시지를 다음과 같이 보에몽에게 알려주었다.

"황제께서는 그대와 한 것뿐 아니라, 그때 왕국을 지나는 모든 백작의 맹세와 약조까지 절대 잊지 않고 있다고 말씀하셨었다. 이제 그대는 이 맹세를 어겨서 어떤 결말을 맞이했는지 똑똑히 보고 있지 않소이까."

그 말을 듣고 보에몽이 답했다.

"됐소. 황제에게서 가져온 전갈이 또 있으면 들려주시구려."

그리고 사절들이 말했다.

"그대와 그대 휘하의 군대가 안전하기를 바라는 황제께서는, 우리를 통해 이 정보를 넌지시 알리라고 하셨소. 그대는 수없이 노력했지만 디라히온 정복도 실패하고, 그대 자신도 그대 휘하의 사람들도 어떠한 이익도 얻지 못했다는 사실을 인지하고 있지 않소이까. 그대와 그대의 사람들이 파멸에 이르기를 원치 않는다면, 안심하고 우리 폐하께 와서 그대의 바람이 무엇인지 설명하고, 다른 한편으로 우리의 바람이 무엇인지도 들어보시오. 만일 우리의 의견이 만족스레 조율된다면, 이는 하느님 덕이오. 그러나 그렇지 못하다면, 나는 그대를 야영지로 상처 하나 없이 돌아가게 할 것이오. 더욱이 그대의 사람

중 성묘교회에 가서 예배하고 싶은 자는 내가 안전하게 예배할 수 있도록 허락하겠소. 반면 고국으로 돌아가고 싶은 자들은 내가 자유롭게 집으로 돌아갈 수 있게 해주겠소."

그러자 보에몽이 그들에게 말했다.

"지금 황제가 적절한 근거를 대는 자들을 내게 보낸 것 같소. 허니, 황제에게서 내가 마땅한 예우를 확실히 받게 해주시오. 황제의 가장 가까운 혈족이 마을에서 6스타디온 떨어진 곳에서 나를 만나러 와야 하오. 내가 황제의 천막에 접근해서 바로 문을 열고 들어갈 때, 황제는 자리에서 일어나 정중하게 나를 맞이해야 하오. 또한 그는 우리가 예전에 맺었던 조약을 언급해서는 아니 되고, 나를 재판에 회부해서도 아니 되지만, 나는 내가 원하는 바는 뭐든지 말할 자유가 온전히 있어야 하오. 그뿐만 아니라 황제는 내 손을 잡아 나를 의자 맨 위에 앉혀야 하오. 나는 군인 두 명을 데리고 들어가야 하는데, 황제에게 복종한다는 뜻으로 조금도 무릎을 굽히지도 머리를 숙이지도 않을 것이오."

위에서 이름이 언급된 사절들이 이 제안을 듣자, 그들은 황제가 옥좌에서 일어나야 한다는 요청이 허황하다는 이유로 받아들이지 않고 묵살했다. 그들은 이 제안뿐 아니라 황제에게 복종의 의미로 머리를 숙이거나 목을 굽힐 수 없다는 보에몽의 제안도 거절했다. 다른 요청들은 거절하지 않았다. 예를 들어, 황제의 덜 가까운 몇몇 친척은 황제를 알현하러 온 보에몽을 어느 정도 떨어진 거리에서 존경과 관심의 뜻을 담아 맞이하기로 했다. 또한 그는 군인 두 명과 함께 들어갈 수 있게 했다. 더구나 황제는 그의 손을 잡고 그를 상석에 앉히기로 했다. 이렇게 대화를 마친 후 사절들은 미리 준비된 그들의 휴식처로 떠났다. 그들은 경호원 100여 명의 호위를 받았는데, 밤에 나가지 못해 군대의 상태에 대한 정보를 캐지 못하게 하려는 의도였고, 이에 따라 그들은 보에몽을 더 경멸하게 되었다. 다음 날, 보에몽은 3,100명의 기병과 모든 백작을 데리고 전날 앞서 언급한 사절들과 의논했던 장소에 도착했다. 거기서 그는 귀족 여섯 명을 골라 그와 동행하게 한 뒤, 사절들에게 향했다. 그 자리에 남겨놓은 귀족들은 보에몽이 돌아올 때까지 기다리게 했다. 전날 했던 논의를 다시 시작했고, 보에몽이 고집을 부릴 무렵 명문가 출신의 백작 중 한 명인 위그라는 자가 보에몽에게 말했다.

"공작님과 함께 온 저희는 황제와 전쟁을 치르기 위해 왔는데, 누구도 창으로 황제를 공격해 타격을 입히지 않았습니다. 그러므로 남은 것은 전쟁 대신 평화를 지키는 것뿐입니다."

많은 말이 앞뒤로 오르락내리락했고, 보에몽은 자신이 사절들에게 했던 요구가 모두 받아들여지지 않았기에 큰 모욕감을 느꼈다. 그들은 어떤 것은 동의하고 다른 것은 거절하니, 결국 보에몽은 이른바 필요한 덕목만은 남긴 채 포기했다. 그다음 그는 사절들에게 자신을 영예롭게 대우하되, 황제가 자신이 요구한 조건에 동의하지 않는다면, 자신을 자신의 야영지로 상처 하나 입히지 않고 돌아가게 해 달라고 요청했다. 그래서 복음서들을 탁자 위에 올려놓은 채, 보에몽은 인질들을 자기 형제인 기에게 인도하고, 자신이 스스로 돌아갈 때까지 그들이 기의 호위를 받게 해 달라고 요청했다. 사절들은 이에 동의했고, 인질들의 안전을 보장한다는 서약을 나누었다. 보에몽도 이에 동의하고 서약을 주고받은 후, 황제가 강화 조건에 동의하든 그렇지 않든 간에 보에몽은 서약을 따르고 인질들을 황제에게 안전하게 돌려보낼 수 있다는 조건으로, 세바스토스 마리아노스, 아드랄레스토스라는 자, 프랑크인 로제르를 자신의 형제 기에게 인질로 넘겼다.

10

보에몽과 사절들이 에브포르비노스 콘스탄티노스 카타칼론과 함께 있는 황제에게 찾아가려 할 찰나에, 보에몽은 똑같은 장소에 너무 오래 머물러서 야영지 안에 끔찍한 악취가 진동한다는 이유로 자신의 군대를 옮기고 싶다고 말했지만, 사절들이 조언을 하지 않았는데도 보에몽은 갑자기 그렇게 군대 옮기기를 시도하는 것조차 원치 않는다고 했다. 이처럼 프랑크란 인종은 변덕스러웠고, 눈 깜짝할 사이에 극단으로 치닫거나 또 다른 극단으로 향하기도 하고, 어느 순간에 똑같은 남자가 온 세상을 휘젓겠다고 떵떵 소리치다가 바로 좌절해 먼지가 코에 닿도록 몸을 숙이는 모습을 볼 수 있는데, 특히 자기보다 더 강한 사람들을 만날 때 더 그렇다. 사절들은 그가 군대를 12스타디온 이상 움직이는 것을 허락하지 않았다. 사절들이 말했다.

"만일 그대가 원한다면, 우리와 함께 가서 어떤 상태인지 면밀하게 봅시다."

보에몽이 이에 동의하자, 그들은 바로 산길을 지키는 사람들에게 돌격하지도 말고 군대에 부상을 가하지도 말라고 편지로 말했다. 그리고 콘스탄티노스 에브포르비노스 카타칼론이 보에몽에게 디라히온에 들어갈 수 있도록 허락해달라고 요청했다. 보에몽이 허락하자, 에브포르비노스는 재빨리 그곳으로 향했다. 그다음 세바스토크라토르 이사키오스의 아들이자 디라히온의 총독인 알렉시오스를 찾아내, 황제가 에브포르비노스와 그와 동행한 다른 군사 지휘관들에게 맡기고자 했던 전갈을 전했다.

그들은 성벽 너머를 향해 몸을 구부릴 수 없었는데, 황제가 총안이 있는 흉벽에 설치하라고 명령한 장치 때문이었다. 이 장치는 못을 박지 않고 요새의 흉벽에 능숙하게 맞춰 준비한 널빤지로, 우연히 라틴인 몇몇이 사다리를 타고 올라가려고 한다면, 그들이 흉벽에 도달할 때 제대로 서지 못하고, 널빤지, 내가 위에 말한 모든 것에 걸려 미끄러질 것이었다. 그래서 에브포르비노스는 디라히온의 사람들과 대화하고, 황제의 전갈을 주면서 그들에게 자신감을 불어넣었다. 그다음 그는 요새의 상태에 대해 물었는데, 풍부한 생필품을 가지고 있는 것을 보면 요새의 상태가 가장 좋았다는 것을 알 수 있기에, 보에몽이 어떤 계책을 가졌는지는 신경도 쓰지 않았다. 이렇게 한 후 그는 야영지를 본인이 선택한 장소로 옮긴 보에몽에게 돌아가고, 보에몽과 함께 황제에게로 향했다. 예전에 했던 합의에 따라 다른 사절들은 기와 함께 남았고, 에브포르비노스는 가장 충성스럽고 믿음직한 하인인 모데나의 마누일을 보내 보에몽이 황제한테 가고 있다고 알리게 했다. 보에몽이 황실 텐트로 가까이 다가왔을 때, 그를 접대하기 위해 하나부터 열까지 준비했는데, 사절들은 그와 미리 동의한 그대로였다. 보에몽이 바로 들어가자, 황제는 손을 뻗어 보에몽의 손을 잡았고, 황제로서 할 법한 의례적인 환영 인사를 한 뒤, 그를 옥좌 근처에 있게 했다. 이제 이 남자의 모습을 간단히 말하면, 그는 로마인의 땅에서 한 번도 본 적 없는 외모를 지녔는데, 야만인이나 그리스인의 땅에서도 마찬가지였다(그의 모습을 보면 참 경이로웠고, 그의 평판을 들으면 간담이 서늘해졌다). 이 야만인에 관한 의문점을 좀 더 세세하게 묘사하겠다. 그는 키가 아주 컸는데, 여기서 가장 키 큰 남자보다 거의 1완척보다 더 컸고, 허리와 둔부는 잘록했고, 어깨가 넓고 가슴도 컸으며 튼튼한 팔을 가지고 있었다. 그리고 몸 전체를 보면 너무 날씬하지도 않고 살이 많이 찌지도 않았고, 완벽히 균형이 잡혀 있어, 누가 말해도 폴리클레이토스의 표본을 잘 따르고 있었다. 그의 손은 강한 힘을 지녔고, 서 있는 자세도 탄탄했으며, 목은 짧고 등은 아담했다. 눈썰미 좋은 관찰자들은 그가 약간 구부정하게 서 있다는 사실을 눈치챘지만, 이는 척추가 약해서 그런 것 같지 않고, 태어날 때부터 그런 자세를 약간 지니고 있었다고 봐야 할 듯했다. 그는 몸 전체가 아주 하얗고, 얼굴도 하얗지만 약간 붉은 기가 있었다. 머리색은 노르스름했지만, 다른 야만인들과 달리 허리까지 늘어지지 않았다. 그렇다고 머리가 휑한 것은 아니고, 귀에 닿도록 머리카락을 짧게 잘랐다. 그의 턱수염은 불그스름한지 아니면 다른 색인지 말할 수 없다. 왜냐하면 면도칼이 턱의 아주 면밀한 곳까지 쓸고 갔고, 그 덕에 턱이 백악*보다 더 매끈하고, 너무 빨갛게 보였다. 그의 푸른 눈동자는 진취적 기상과 위엄을 나타냈고, 코와 콧구멍으로 거리낌 없이 숨을 쉬었다. 폐는 콧구멍에 응답했고, 콧구멍을 통해 가슴에서 끓어오르는 진취적 기상을 자유롭게 들이쉬고 내쉬었다. 이자에게 어떤 매력이 있었지만, 끔찍한 분위기 탓에 매력에 조금 결점이

---

* 석회암의 일종으로 아주 맨들맨들하다.

생겨 버렸다. 몸 전체를 보면, 몸집, 눈빛을 통해 무자비하고 미개한 자라는 점이 보이는데, 내 생각에 그의 웃음조차 다른 이에게는 코웃음 치는 것처럼 들릴 듯했다. 그는 몸과 마음을 아주 많이 소모하다가 용기와 열정이 안에서 치솟아 몸과 마음 둘 다 전쟁을 치르는 데 최적의 방향으로 변해버렸다. 그는 재주가 다양하고 교활했으며, 모든 위급상황에서 탈출(또는 다룰)할 방법을 찾을 수 있었다. 대화하다 보면 그는 박학다식하고, 그가 하는 대답에 반박할 수 없다는 것을 알 수 있다. 이러한 몸집과 특징을 지닌 이 남자는, 재산으로나 웅변으로나 다른 재능으로나 황제 한 사람에게는 못 따라온다.

11

황제는 간단하면서 무언가 숨기는 듯한 말투로 과거의 일을 떠올리게 하다가, 바로 이야기를 다른 방향으로 전환했다. 그러나 양심에 쿡쿡 찔린 보에몽은 황제의 말에 반박하기를 조심스레 회피하며, 그냥 말을 붙일 뿐이었다.

"나는 과거를 조사받으려고 온 것이 아니오. 이러한 상황이니 말하고 싶은 게 많았었소. 하지만 하느님께서 나를 여기로 데리고 오셨으니, 내 미래를 위해 모든 것을 황제에게 맡기겠소."

황제가 대답했다.

"우리는 이제부터 과거를 정리해야 하오. 만일 그대가 나와 강화를 맺고 싶다면, 먼저 그대는 내 신하 중 하나가 되어야 하오. 그다음 그대의 조카 탕크레드에게 그대와 똑같이 하라고 한 뒤, 우리가 맺었던 예전 조약에 따라 사람들을 보낼 테니, 그들에게 안티오히아를 인도하라고 탕크레드에게 명령하시오. 더 나아가 그대는 예전에 우리가 맺은 모든 조약을, 지금도 미래에도 지키겠다고 맹세해야 하오."

황제가 말을 마친 뒤 보에몽이 한 말보다 더 많이 하고 많이 듣자, 보에몽은 예전과 다를 바 없는 자세로 말했다.

"그러한 약조는 불가하오."

그리고 황제가 한 다른 요구를 들은 후, 자신의 진영으로 돌아가게 해 달라고만 요구했는데, 이는 사절들과 한 합의에 따른 것이었다. 그러자 황제가 보에몽에게 말했다.

"나보다 그대를 더 안전하게 데려다 줄 사람이 없을 텐데."

그리고 이렇게 말하면서 군대 지휘관들에게 보에몽과 함께 디라히온으로 대동할 말을 준비시키라고 명령했다. 이 말을 들은 보에몽은 그에게 할당된 야영지로 가서 최근에 판히페르세바스토스라는 직위를 받은 나의 카이사르 니키포로스 브리엔니오스를 보고 싶다고 청했다. 니키포로스가 와서 설득력 있는 모든 주장을 설파하자(공적인 웅변술뿐 아니라 사적인 대화에서도 그를 이길 수 있는 자는 아무도 없었다), 마침내 보에몽은 황제의 대부분 요구에 동의했다. 그다음 니키포로스는 보에몽의 손을 잡고 그를 황제의 곁으로 돌려보냈다. 다음날 보에몽은 스스로의 선택에 따라 서약을 맺기로 한 뒤 강화를 맺었는데, 강화의 내용은 아래와 같다.

12

"제가 예전에 대규모의 프랑크 군대를 이끌고 예루살렘을 해방하기 위해 유럽에서 아시아로 향하다가 황궁에 머물렀을 때, 신성한 황제 폐하를 알현해서 체결한 조약이 여러 우여곡절을 거쳐 쓸모가 없어지니, 조약은 취소되며 상황이 변해 무효라고 선고되었으므로 효력이 발생하지 않습니다. 폐하께서는 조약을 근거로 저의 권리를 침해할 수 없고, 이미 동의하고 똑같이 기록한 요점을 가지고 저와 다툴 수도 없습니다. 제가 폐하의 신성한 제국을 향해 전쟁을 선포하고 조약을 깬 이후, 폐하께서 제게 제기한 고소도 마찬가지로 취소됩니다. 하지만 고통받는 어부처럼, 후회로 고통스러워한 끝에 나는 정신을 차렸고, 폐하의 창 덕분에 더 분별 있게 변했다고 말할 수도 있겠지요. 패배했던 시절과 예전에 치른 전쟁을 기억하면서 폐하가 든 홀의 충실한 부하가 되고자, 좀 더 분명하고 간략히 말하면, 폐하의 머슴이자 신하가 되고자 폐하와 두 번째 조약을 맺고자 합니다. 왜냐하면 폐하께서는 폐하의 오른손 밑으로 저를 끌어들이서 기꺼이 부하로 만들려고 하시기 때문입니다. 그러므로 이제부터 이 두 번째 조약을 따라, 하느님과 성인들의 이름을 걸고 조약을 지키겠다고 맹세합니다. 이분들을 증인으로 삼아 이 현장을 기록하고 말하노니, 나는 황제 폐하와 폐하의 몹시 사랑스러운 아들 요안니스 포르피로예니토스 폐하의 충직한 신하가 되겠습니다. 그리고 그리스도교에 반대하는 자든, 우리 황실을 모르는 자든, '이교도'라 불리는 자든 폐하의 권위에 반대하는 자에 대항해 제 오른손을 무장시킬 것입니다. 그러므로 앞서 언급한 조약에 포함되어 폐하도 저도 기쁘게 만든 조항, 모든 조항을 무효화시킨 그 조항을 이 자리에서 실행하고 고집하며, 고수하겠습니다. 저는 두 분 폐하의 노예, 신하가 되어, 이를테면 폐지한 조항을 갱신하고자 합니다. 그리고 무슨 일이 일어나도 저는 이 조항을 절대 무시하지 않을 것입니다. 어느 조항이든 방법이든, 공개된 것이든 비밀 유지를 하는 것이든 이 조약과 현재의 합의를 위반한 것처럼 보이게 하는 조항은 있어서는 안 될 것입니다. 그러나 저는 이 문서에서 분명히 명시된 대로 금인칙서에 따라 동방의 어느 지역을 받아들일 것이고, 폐하께서 자주색 잉크로 서명하고, 이를 금인칙서에 똑같이 한 바에 따라 저는 그 나라들을 폐하께서 주신 선물로 받아들일 것입니다. 이 선물에 대한 제 권리는 이 금인칙서에서 효력이 발생하고, 이 특정한 나라와 도시들을 대가로 저는 폐하께, 다시 말해 위대하신 황제이자 군주이신 알렉시오스 콤니노스 당신과 당신의 그토록 동경하던 아들인 황제*이자 군주이신 요안니스 포르피로예니토스께 신의를 맹세하고, 제가 약조한 신의를 튼튼한 닻처럼 변함없이 흔들리게 하지 않겠다고 맹세하겠습니다. 그리고 제 약조를 더 또렷하게 반복하고 글로 이 협정을 기록한 자들의 인격을 보호하겠습니다. 보세요. 저, 로베르 기스카르의 아들 보에몽이 당신의 제국과 협정을 맺는 모습을. 저는 폐하와 맺는 이 약조가

---

* 당시 알렉시오스 1세와 요안니스 2세는 공동 황제였다.

모독당하지 않기를 바랍니다. 이 협정을 통해 제가 살아 숨 쉬는 한, 진정으로 로마인의 황제이자 군주이신 알렉시오스 당신과 당신의 황제이신 아들 포르피로예니토스의 가신이 되고자 합니다. 그리고 저는 훗날 적군이 나타나 로마인들과 당신, 늘 존경하는 로마 패권의 존엄한 황제들에게 대항한다면 무기를 들 것입니다. 그리고 저는 당신의 명령을 따라 어디든 향하고, 당신이 절박하게 필요로 할 때면 제 휘하의 군대가 당신을 서슴없이 보필할 수 있게 하겠습니다. 그리고 우리의 창이나 단단한 몸으로 맞설 수 없는 불멸의 천사만 아니라면, 당신의 제국에 적대하는 모든 것에 맞서 폐하 대신 전쟁을 치르겠습니다. 그리고 제 건강 상태가 좋고 튀르크군이나 다른 야만인과 전쟁하느라 바쁘지만 않다면, 저는 저를 따르는 군대와 함께 폐하의 편에 서서 전쟁을 치를 것입니다. 그러나 만약 수많은 이를 죽음으로 몰아넣은 심각한 질병에 제 몸이 묶이거나 긴박하게 전쟁이 터져 제가 출격해야 한다면, 저는 단연코 제 주위에 있는 용감한 자 중에서 최대한 많이 차출해 제 빈자리를 메우겠다고 약조하겠습니다. 제가 오늘 폐하께 진실한 약조를 하노니, 제 힘을 발휘하든 다른 자들의 힘을 빌리든 방금 말했듯이 저는 이 약조의 조항이 깨지지 않도록 보호할 것입니다. 그리고 저는 당신의 제국과 당신의 삶을 위해 이 약조를 하나하나, 전체적으로 지킬 것을 약조하노니, 여기서 말하는 당신의 삶이란 여기 이 땅에서 살아가는 삶을 의미합니다. 속세에서의 당신의 삶을 위해 저는 망치로 두들긴 조각상처럼 무기를 들고 서 있을 것입니다. 그러나 또한 저는 당신의 명예와 제국의 수족들까지도 보호하겠다고 맹세하노니, 만일 떳떳하지 못한 적이 그들에게 위해를 가할 계책을 꾸민다면, 저는 그들을 죽이고 그들이 어떤 사악한 계책을 세우는지 확인하기 위해 최선을 다할 것입니다. 그러나 또한 저는 당신의 모든 나라든 소도시든 대도시든 섬이든 모든 땅과 바다든 간에, 다시 말해 이 아드리아해부터 가장 먼 동방까지 대아시아 곳곳의 로마의 국경이 닿은 곳이면 어디든지 간에, 당신이 지배하는 곳을 위해 싸울 것입니다. 그리고 더 나아가 저는 제가 언제라도 당신이 지배하는 혹은 지배했던 나라를 절대 차지하지 않겠다고, 어떠한 도시나 섬도 차지하지 않겠다고, 다시 말해 하느님께서 수여하신 왕관을 쓰신 폐하께서 표현한 지역, 여기 있는 종이에 표시된 지역을 제외한 뒤 콘스탄티노폴리스 제국이 동쪽이나 서쪽에서 소유하고 있는 혹은 예전에 소유했던 곳들을 차지하지 않겠다고 말하는 바를 하느님께서 들으시고 제 증인이 되시는 것에 동의합니다. 그러나 제가 이 제국의 속국을 현재 다스리는 지배자들을 몰아내 정복할 수 있을 때가 온다면, 저는 틀림없이 당신의 결정에 따라 그 나라를 다스릴지 말지 결정할 것입니다. 그리고 만일 당신이 저더러 당신의 가신이자 충성스러운 노예로서 이 재정복한 나라를 지배하기를 원한다면 저는 그렇게 할 것이지만, 만일 그렇지 않다면, 폐하께서 누구를 임명하든 간에 저는 그 사람에게 그 나라를 양보할 것입니다. 그리고 만일 제국 관할 하에 있는 나라나 대도시 혹은 소도시를 언제 차지했던 것이든 간에 누군가 제게 바친다면, 저는 받아들이지 않을 것입니다. 그러나 포위하든 하지 않든 간에 그곳들은 모두 당신의 소유였고 앞으로도 당신의 소유일 것이므로, 저는 그곳들을 가지고 어떤 애원도 하지 않겠습니다. 그리고 저는 어떤 그리스도인에게라도 맹세를 요청하지도 받아들이지도 않을 것이며, 당신 혹은 당신의 제국에 위해를 가할 수 있는 어떠한 조약도 절대 맺지 않을 것입니다. 저는 또한 당신의 허가 없이 힘이 세든 약하든 간에 누구의 사람 혹은 어떤 정부의 사람이 되지 않을 것입니다. 그러나 제가 유일하게 충성을 맹세하는 자가 있으니, 바로 폐하와 폐하의 몹시 사랑스러운 아들이십니다. 그리고 만약 당신의 제국에 속한 사람이 제게 와서 제국에 반란을 일으키고 저를 보필하고 싶다고 말하면, 저는 그들에게 혐오감을 표출하고 그들을 밀어내, 아니 차라리 그들에 대항해 무기를 들겠습니다. 그리고 다른 야만인들에 관해 말하자면, 만일 그들이 계속 제 검 아래에 복종하기를 바란다면, 그들을 받아들이되 제 앞에서 맹세하게 할 것이 아니라 당신과 당신의 무척이나 사랑스러운 아들에게 맹세하게 할 것입니다. 그리고 저는 폐하의 이름으로 그들에게서 나라들을 탈취할 것이고, 당신이 그들에게 어떤 지시를 내리든 간에 저는 서슴없이 그 지시대로 할 것을 약조합니다. 이는 모두 로마인의 홀 아래에 존재하는 마을과 도시에 관한 약조입니다. 한 번도 로마 제국의 지배를 받은 적이 없는 곳들에 관해 말씀드리자면, 이로써 저는 전쟁을 치르든 치르지 않든 제 수중에 떨어진 국가들을 폐하께서 하사하신 것으로 여기겠다고 맹세하겠습니다. 그들이 튀르크인이든 아르메니아인이든 간에 우리의 언어를 이해한 뒤 말한다면, 이교도이든 그리스도인이든 간에 저와 함께하고 보필하기를 바란다면, 저는 그들이 폐하의 사람들이 된다는 조건에 그들을 받아들일 것입니다. 제가 폐하와 맺어 승인받은 협정이 그들에게도 적용되어야 합니다. 그리고 폐하께서 그중 몇몇 인물이 제 지배를 받기를 원한다면 그들은 제 지배를 받을 것이고, 당신이 그들을 당신의 제국으로 보내기를 원하고 그들이 원한다면, 저는 그들을 제국으로 보낼 것입니다. 그러나 그들이 당신에게 충성을 바칠 의지가 없거나 대놓고 거부한다면, 저 역시 시 그들을 받아들이지 않을 것입니다. 더 나아가 제 조카 탕크레드에 관해 말씀드리자면, 그가 폐하를 향한 적대감을 기꺼이 내려놓지 않고 당신의 제국에 속한 도시들에 계속 힘을 발휘할 시 무조건 전쟁을 치를 것입니다. 그리고 그가 동의하든 하지 않든 간에, 당신의 허가를 받은 제게는 금인칙서에 분명히 열거된 대로 제게 주어진 마을을 다스릴 권한이 있지만, 시리아의 라오디키아를 포함하여 열거되지 않은 다른 도시들은 당신의 왕홀이 지배할 것입니다. 그리고 또 당신의 제국에서 도망친 자들을 저는 절대로 받아들이지 않을 것이지만, 그들이 온 발자취를 그들더러 되짚게 한 뒤 당신의 제국으로 돌아가게 할 것입니다. 더 나아가 위에서 말한 바에 덧붙여 협정을 더 확실히 맺기 위해, 이를 약조합니다. 바로 이러한 협정을 위해 보증인을 내세우는 것으로, 보증인을 통해 협정이 영원히 변치 않고 깨지지 않도록 해서, 다시 말해 제 충실한 부하들이 폐하께서 제게 주신 나라를 제 나라라고 입증할 것인데, 이 도시들은 이미 이름이 열거된 곳들입니다. 저는 이자들이 가장 경건한 맹세를 받아들여 당신의 제국과 로마법이 접촉되는 땅에 변함없이 충성하도록, 이 현재의 협정에 포함된 조항들을 아주 엄격히 따르도록 준비시킬 것입니다. 그리고 저는 그들더러 하늘의 힘과 하느님의 참을 수 없는 분노의 이름으로 맹세하게 할 것입니다. 만일 제가 폐하께 대항하여 음모를 꾸민다면, 하느님께서 금지령을 내리실 것입니다! 오 그리스도여, 오 하느님의 정의여, 이를 금지하소서! 그러면 그들은 처음으로 수단과 방법을 가리지 않고 40일 내내*, 자만심에 빠진 저를 폐하께 충성을 바치도록 변모시키려고 노력할 것입니다. 이러한 일은 완전한 광기와 광란이 저를 사로잡거나 제가 이성에서 온전히 벗어날 때 일어나, 아니 일어나게 될 것입니다. 그리고 제가 그들의 충고를 듣고도 이해하지 못하고 마음이 흔들리지 않으며, 광기가 제 마음속을 격렬히 휩쓴다면, 결국 그들은 제게 의절을 선언

---

* 예수가 광야에서 40일간 금식을 할 때 사탄에게 3가지 유혹을 받은 적이 있다.

하고 저를 대놓고 거부하며 당신의 제국으로 보낼 것이고, 제 손으로 그들에게 쥐여준 권력과 정의, 나라들은 그들이 제 손아귀에서 가로채어 당신에게 양도할 것입니다. 그리고 그들은 스스로 맹세했으니 반드시 이 일을 할 것이고, 제가 유지하겠다고 동의한 만큼 그들도 당신에게 똑같이 신의를 지키고 충성을 바치며 친절을 유지할 것입니다. 당신의 제국민뿐 아니라 당신의 목숨과 속세의 영예를 위해 그들은 무장할 터이니 어떠한 적이 공격해도 다치지 않을 것이고, 음모를 꾸미는 자나 위험한 자가 누구인지 그들이 조금이라도 알고 있다면, 싸움을 멈추지 않을 것입니다. 제가 이 자들더러 무시무시한 맹세를 따르도록 진정으로 억압하는 모습을 신과 인간, 대천사들에게 목격하라고 외칠 것을 선언합니다. 또한, 당신의 요새, 마을, 나라들, 한 마디로 당신이 지배하는 동서양의 모든 나라를 위해, 제가 당신과 맺은 협정의 모든 조항에 그들은 선서하기를 동의할 것입니다. 이는 그들이 해야 할 일로, 제가 살아있든 죽었든 간에 당신의 제국은 이들을 가신으로 거느릴 것이고, 당신은 이들을 믿을 만한 수행인으로 임명할 것입니다. 지금 저와 함께 여기 있는 제 추종자들은 존엄하신 로마인의 황제 알렉시오스 폐하와 아들이신 포르피로예니토스 폐하께 바로 선서하고 약조를 지키겠다고 맹세할 것입니다. 여기에 없지만, 흔히 '기사'라고 불리는 제 기병과 중무장한 군인들에 관해 말하자면, 폐하께서 안티오히아로 사람을 보내면 그들 역시 똑같이 맹세할 것이며 폐하께서 보낸 사람이 그들더러 맹세하게 하는 동안, 저는 그들이 조항에 조금도 손대지 않고 똑같이 맹세한 뒤 이를 지키겠다고 동의하는 모습을 보겠다고 맹세합니다. 게다가 폐하께서 저더러 자진해서, 한때 콘스탄티노폴리스 제국의 지배를 받았던 도시와 나라의 주인에게 전쟁을 걸기를 바라실 때마다, 제가 기꺼이 그들에게 대항해 무기를 들 것을, 그러나 당신이 그들에게 군대를 보내기를 원치 않는다면 우리는 그들에 대항해 진군하지 않을 것을 동의하고 맹세합니다. 모든 일을 할 때, 우리가 당신의 제국을 보좌하고 당신의 의지에 따라 모든 업적을 세우고 희망을 품기를 바랍니다. 자기들 멋대로 당신의 왕국에 들른 사라센인이나 이스마일인*이 자기들의 도시를 양도하는 것에 관해 말하자면, 저는 그들을 방해하지도 않고 설득하려고 노력하지도 않을 것입니다. 사실 제 검으로 그들의 영토를 억

---

* 창세기와 쿠란에 나오는 인물로 여기서는 아랍인을 가리키는 것으로 추정된다.

압하거나 궁핍으로 몰아넣지만 않는다면, 그들은 위기의 순간이 되었을 때 당신의 제국에 기대어 당신에게 복종해 안전을 보장받기를 바랄 것입니다. 그러나 켈트인의 검에 찔릴까 봐, 그들에게 곧 죽을까 봐 두려워하던 이러한, 그리고 다른 모든 이들은, 그렇다 해서 두렵다는 이유로 당신에게 우리의 포로들을 소유할 권한이 있는 것은 아니지만, 우리 때문에 노역하거나 고통을 겪는 게 분명한 이들만 자발적으로 올 때 당신의 소유가 될 수 있습니다. 이미 말한 것에 덧붙이자면, 저는 저와 함께 롬바르디아에서 아드리아해로 건너고자 하는 모든 군인이 스스로 폐하께 복종하겠다고 맹세하고, 이처럼 똑같이 건너려는 목적을 가지고 아드리아해의 다른 편으로 당신이 보낸, 당신 제국의 사람에게도 선서하는 것에 동의합니다. 그러나 그들이 선서하기를 거부한다면, 저는 그들이 절대 건널 수 없게 할 것인데, 그들이 우리와 한마음이 되기를 거부했기 때문입니다. 그리고 신에게 임명된 당신의 제국이 발행한 금인칙서에, 제가 당신에게 수여 받은 나라와 도시들을 이 문서에 명시해야 합니다. 그곳들은 다음과 같습니다. 코엘레 시리아에 있는 안티오히아 도시와 그곳의 요새와 해안가에 있는 수에티오스를 포함한 속령들, 둑스와 그곳의 카브카, 롤로라는 지역을 포함한 모든 속령, 원더러스 산과 페르시아와 그곳에 속한 모든 나라, 성 엘리야 군구와 그곳에 속한 모든 소도읍, 보르세 군구와 그곳에 속한 소도읍들, 그리스인들이 라리사라고 부르는 세셀 군관구 근처의 모든 나라들, 마찬가지로 아르닥 군관구와 델로치 군관구와 각각 관구의 요새들, 게르마니키아와 그곳의 소도읍들, 마브로스 산과 그곳에 딸린 모든 성, 당신 제국의 신하가 된 로페니아 사람들과 레오와 테오도로스 같은 아르메니아 사람들의 영토를 제외한 마브로스 산에 딸린 모든 평원. 이렇게 언급한 곳들 외에 파그라스 군관구와 팔라차 군관구, 주메 관구와 그곳에 딸린 모든 성, 소도읍, 각각에 관련된 나라들입니다. 이 모든 장소 역시 폐하의 금인칙서에 기록되는데, 이는 제 삶이 끝나고 제가 죽은 이후에도 저더러 유지하라고 신의 권능이 제게 수여한 장소들로, 제가 계속 때 묻지 않은 신의를 유지하고 지금껏 존경받아 온 존엄한 황제 폐하이신 당신을 통해 진심 어린 호의를 제국에 베풀면서, 제가 제국의 황위와 왕홀을 떠받드는 하인이자 가신이 된다는 조건하에, 이곳들은 새로운 로마 제국과 도시들의 여왕 콘스탄티노폴리스로 환원됩니다. 그리고 저는 안티오히아 교회에서 숭배하는 하느님의 이름을 걸고, 안티오히아 총대주교는 우리 켈트인이 아니라 폐하께서 콘스탄티노폴리스 대교회의 성직자 중에서 친히 임명한 자가 되는 것에 동의하고 맹세합니다. 이자가 안티오히아의 성좌에 앉을 것이고, 선거를 통해 모든 주된 성직 업무를 처리한 뒤 성좌와 관련된 특권으로 다룰 수 있는 다른 교회 업무를 처리할 것입니다. 그러나 안티오히아 공작령과 단절된 영역이 있으니, 이는 폐하께서 이곳들을 제국의 영역으로 통합하기를 바랐기 때문입니다. 이곳들은 포단돈 관구 ... 와 더 나아가 타르소스시, 아다나, 모프소스의 군관구, 아나바르사의 군관구, 더 간결하게 말하면 키드노스와 에르몬으로 둘러싸인 킬리키아의 전 영역입니다. 마찬가지로 시리아의 라오디키아 군관구와 더 나아가 야만인들이 제벨이라고 부르는 가발라 군관구, 발라네오스, 마라케오스, 안타르도스와 함께, 안타르토스 군관구도 포함됩니다. 이곳들은 폐하께서 안티오히아 공작령 전체에서 분리해 제국의 보주*와 연결한 장소입니다. 그리고 저는 당신이 제게 양보하고 양보한 만큼, 다른 곳들을 합병했다는 사실에 만족합니다. 또한 저는 당신에게 받을 권리와 특권을 지킬 것인데, 제가 받지 못한 권리와 특권은 요구하지 않을 것입니다. 저는 제 국경을 벗어나지 않을 것이지만, 이미 말씀드린 대로 제가 살아있는 한 제게 주어진 곳에 머무르며 그곳의 삶을 즐길 것입니다. 제가 죽은 후, 이곳들은 이미 문서에 기록되었고, 저더러 소유하라고 당신이 하사한 곳들은 다시 당신의 지배를 받게 될 것입니다. 저는 제 중신重臣과 부하들에게, 환원 문제를 가지고 어떠한 잡음도 일으키지 않고 어떠한 논쟁도 벌이지 않은 채, 저희가 언급한 모든 나라들을 로마의 왕홀 아래 넘기라고 마지막으로 제 의지를 담아 명령할 것입니다. 이에 저는 맹세하고, 그들이 미루지도 않고 얼버무리지 않으면서 제 명령을 따르리라는 협정에도 강하게 비준합니다. 이러한 협정을 다른 협정들에 추가해야 하는데, 안티오히아의 지배를 받는 공작령에서 당신의 제국령으로 분리된 지역에 관해 말하자면, 저는 보상받기 위해 폐하께 잘 말씀드렸고 순례자들 역시 폐하께 잘 말씀드리니, 당신의 제국은 제게 동방에 있는 특정 관구와 땅, 도시를 보상으로 지급하는 것에 동의했습니다. 폐하께서 의심받을 흔적조차 없애야 하고 저 또한 더 얻으려고 노력하면 안 되니, 그곳들 역시 여기에서 언급해

---

* 십자가에 동그란 물체를 붙인 형태로, 왕홀과 함께 서양 왕권의 상징이었다.

야 합니다. 그곳들은 다음과 같습니다. 수도가 (야만인들이 살렙이라고 부르는) 베리아인 카시오티스의 전체 관구, 라파라 관구와 그곳에 속한 모든 소도읍, 소도읍을 열거하자면 코니오스의 성 플라스타, 아라미소스의 성 로마니아, 사르바노스의 성, 아미라스 소도읍, 텔챔프손 요새와 세 틸리아, 다시 말해 스틀라보틸린과 스게닌 요새, 칼치에린 성, 그 외에 카티스마틴이라 불리는 지역인 콤메르모에리, 네크란의 소도읍 사르사핀 같은 소도읍도 있습니다. 이곳들은 모두 '더 가까운 시리아'에 위치했습니다. 다른 관구들은 에데사시 근처의 메소포타미아에 있었는데, 이 관구들은 림니 관구와 에토스 관구, 각각 관구의 모든 요새입니다. 에데사에 관해 언급하지 않고 넘어갈 수 없는 요지가 있는데, 이는 당신의 신성한 지도를 받는 제국에서 1년 단위로 하사한 달란트*도 아닙니다. 제가 의미하는 바는 미하일 황제의 초상이 찍힌 동전 200파운드입니다. 이 모든 것뿐만 아니라, 폐하의 신성불가침한 금인칙서에 따라 제게 주어진 것은 ... 공국 전체와 그곳과 관련된 모든 요새와 땅들로, 이러한 공작의 특혜는 저 한 사람에게만 국한되는 것이 아닙니다. 이러한 권한은 제가 원하는 자라면 누구든, 그가 폐하의 명령에 기꺼이 복종하고, 저와 똑같은 제국과 왕국의 가신이 되기를 바라고, 똑같은 의지를 가지고 제가 당신과 맺은 협정과 똑같은 것을 맺는다면, 그에게 똑같이 신성불가침한 금인칙서가 부여될 것입니다.

그리고 이제부터 저는 당신의 사람이 됐고 제국 사회에 속하게 됐으니, 매년 제국의 금고에서 전前 황제 미하일 경이 새겨진 200달란트의 동전을 받는 것이 마땅합니다. 그리고 이 돈은 시리아에 있는 제 사절이 보내줄 것인데, 그는 우리의 이름으로 이 돈을 받기 위해, 당신에게 쓴 편지들을 도시들의 여왕으로 보낼 것입니다. 그리고 당신 입장에서 말하자면, 로마 제국의 세바스토스이자 아우구스투스로서 늘 존경받는 황제 폐하인 당신은, 경건한 황제가 쓴 금인칙서에 적힌 대로 약속을 모두 지킬 것으로 생각합니다. 제 입장에서 말하자면, 저는 이 서약을 통해 당신과 맺은 모든 협정을 비준합니다. 저는 그리스도의 열정, 우리의 초연한 구세주, 모든 인간을 구원하기 위해 버티셨던 그분의 철옹성 같은 십자가, 제 앞에 있는 온 세상을 개종시킨 모든 신성한 복음서의 이

---

* 성경에 나오는 화폐 단위

름을 걸고 맹세합니다. 나는 복음서들을 손에 쥐고, 가장 귀중한 그리스도의 십자가, 가시관, 못, 그리스도의 옆구리를 찔러 생명을 불어넣은 창을 마음속으로 떠올립니다. 저는 우리의 가장 강력하고 신성한 황제인 알렉시오스 콤니노스 경인 당신과 공동 황제인 가장 사랑받는 요안니스 포르피로예니토스 경에게 제가 구두로 동의하겠다고 말한 모든 조건을 지킬 것이고, 늘 이 조건들을 위반하지 않을 것이며, 저는 당신의 제국을 위해 이 조항들을 지금 세심히 신경 쓰고 앞으로도 영원히 그럴 것이며, 당신을 털끝만큼도 증오하거나 배반할 생각을 절대 품지 않을 것인데, 여기서 제가 맺은 협정을 지킬 것이고 어떤 방식으로도 당신에게 한 서약을 어기거나 약속을 무효로 하지 않을 것이고, 전쟁을 일으킬 생각도 하지 않을 것이며, 이는 저 자신과 저와 함께 있고 제 관할권에 속해 있으며, 제 군대의 뼈대를 이룬 자들 모두에게 해당하는 방침이 되게 하리라고 맹세합니다. 그러나 ... 위해, 당신의 적에 맞서 상체를 갑옷으로 두르고 창을 비롯한 무기를 든 채 당신의 벗들에게 우리는 기꺼이 신분을 내어줄 것입니다. 로마법의 이익과 명예를 위한 일이라면 뭐든 생각하고 해낼 것입니다. 저는 하느님, 십자가, 성복음의 도움을 얻게 될지도 모릅니다.

이러한 말들은 글로 기록되었고, 서약은 두 번째 인딕티오 해의 9월, 대략 6617년* 에 서명된 이름의 증인들이 참석한 가운데에서 맺어졌습니다.

그런데 이 조약이 체결되기 전부터 참석해 서명한 증인들은 다음과 같습니다. 하느님께 가장 중요한 주교이자 하느님과 함께한 성직자들인 아말피의 마우리우스 주교와 타란트의 레나르두스 주교, 브린디시 섬에 있는 롬바르디아의 사도 안드레아라는 신성한 수도원의 가장 거룩한 수도원장과 같은 수도원의 수도사 두 명, 순례자의 반장들은 자기 손으로 흔적을 남겼고, 그들의 이름은 하느님께 가장 중요한 주교이자 교황의 사절로서 황제를 알현한 아말피 주교가 그들이 남긴 흔적 가까이에 적었습니다. 황궁에 온 이들은 다음과 같습니다. 세바스토스 마리아노스, 다고베르트의 아들 로제르, 페테르 알리파스, 겔리엘모스 간제, 공국의 리샤르, 고드프루아 드 말리, 라울의 아들 위베르, 로

---

* 1109년

마인 파울로스, 황후의 친척인 불가리아의 왕자 크랄을 대표하여 다키아에서 온 사절들인 유파노스 페레스와 시몬, 리카르도스 신니스카르도스의 사절들인 환관 바실리오스와 공증인 콘스탄티노스입니다."

종이에 기록된 이 서약서를 황제는 보에몽에게 받았고, 답례로 그는 위에서 언급한 금인칙서에 제국의 관습에 따라 자주색 잉크로 서명하여 보에몽에게 주었다.

14권

동방에서의 갈등과
이단의 준동

튀르크인, 켈트인, 쿠만인과 마니교도들 (1108~15)

XIV. Turks, Franks, Cumans and Manichaeans (1108~15)

1

 이리하여 이 일은 황제의 뜻대로 잘 마무리되었으며, 보에몽은 복음서와 무도한 병사들이 우리 구원자의 옆구리를 꿰뚫는 데 쓰였던 창을 앞에 두고 상기한 조약을 받아들였다. 그러고는 제 나라로 돌아가게 허락해 달라 청했으며, 동시에 모든 병력은 황제의 아량에 맡기나 로마 권역에서 겨울을 나며 보급받을 수 있게 하고, 겨울이 끝나 피로를 덜면 어디든지 가고 싶은 곳으로 가게 해달라고도 청했다. 황제는 이 요구를 즉시 허락하였다. 명예로운 세바스토스의 직위와 거액의 돈을 하사받은 뒤 그는 제 군대로 돌아갔다. 콘스탄티노스 에브포르비노스 카타칼론이 동행하면서 우리 병사들이 해를 끼치지 않도록 했고, 켈트인 군대가 머무를 막사를 더 적절하고 안전한 지점에 마련했을 뿐만 아니라 병사들이 요청할 만한 것은 다 조치해 주었다. 보에몽은 제 진영에 도착하여 황제가 보낸 자들에게 군대 지휘권을 넘겼고, 노 한 쌍이 딸린 배에 올라 롬바르디아에 상륙했다. 그는 겨우 여섯 달 동안 더 산 다음 모든 사람이 갚아야 하는 빚을 지불했다*.

　황제는 켈트인들을 신경 쓰느라 잠시 시간을 지체할 수밖에 없었다. 만족스럽게 모든 것을 조치한 뒤에, 그는 비잔티온으로 향하는 길에 올랐다. 그러나 돌아와서도 완전히 내려놓고 쉴 수는 없었는데, 야만인들이 스미르나 해안 전역부터 아탈리아**까지 얼마나 폐허로 만들어 놓았는지 생각하니, 이 도시들을 때 묻지 않은 상태로 되돌려놓고 옛 영광을 다시 찾아, 널리 흩어진 주민들을 다시 불러 모으지 않으면 참으로 수치스러운 일이라 생각했기 때문이다. 아탈로스의 도시***가 처한 상황을 모르지 않기에 그는 해결하고자 진실로 심혈을 기울였다. 필로칼리스 에브마티오스라는 자가 있었는데, 아주 열정적이며 고귀한 핏줄을 타고났을 뿐 아니라 행동거지도 그에 걸맞았다. 마음과 행동이 모두 자유분방하며 하느님과 친구들에게 신의를 지켰고 주군에게 충성을 바쳤으나, 전사로서의 훈련은 전혀 받지 않아 활을 들고 줄을 가슴팍까지 구부리는 법도 몰랐고 방패로 몸을 방어하는 법도 몰랐다. 다른 방면으로는 대단히 총명해서 매복이나 여러 계책으로 적을 몰아낼 줄 알았다. 이자는 황제에게 아탈리아 총독 자리를 내려달라고 강력하게 청했다. 황제는 그의 교묘한 계책과 지능을 알았기에 청원을 듣고 필요한 병력을 내려주며, 충분한 장비도 지원하였다. 황제가 그를 믿은 이유가 하나 더 있었으니, 바로 행운이었다. 실제로 그러한 것인지 공상에 불과한 것인지는 모르겠으나, 행운이 에브마티오스와 함께하며 지금까지 손대는 일마다 잘 풀리지 않은 일이 없었다. 아비도스에 도착하여 에브마티오스는 곧장 해협을 건너 아드라미티온****에 도착했다. 원래 사람이 아주 많은 마을이었으나, 차카가 스미르나 일대를 폐허로 만들 때 이곳도 황폐해졌다. 사람이 한 번도 산 적이 없었던 마음처럼 사라진 것

---
* 보에몽이 사망한 해는 1111년으로, 보에몽의 묘는 아풀리아에 있다.
** 현재 튀르키예의 안탈리아
*** 옛 페르가몬의 왕 아탈로스 2세(재위 158 BC~138 BC)로, 아탈로스의 도시는 페르가몬을 가리킨다. 현재 튀르키예의 베르가마에서 북서쪽에 있다.
**** 카이쿠스 강 인근 마을로 기원전 6세기 크로이소스 왕 때 처음 만들어졌다고 한다.

을 보고, 에브마티오스는 즉시 옛 모습대로 복구한 다음 사방에서 주민들을 불러 모았다. 도망쳤던 원주민도 일부 있었고 다른 여러 지역에서도 많이들 와 마을에 정착하면서, 도시는 옛 모습을 되찾았다. 다음으로 그는 튀르크인들에 관해 물었고, 그들이 현재 람페 근처에 머무르고 있다는 사실을 알게 되자 병력 일부를 떼어 보냈다. 이들은 튀르크인들을 맹렬히 공격했고, 치열한 전투 끝에 승리하였다. 튀르크인을 대단히 잔인하게 대하여 갓 태어난 아이도 물이 펄펄 끓는 솥 안에 던질 지경이었다. 대단히 많은 수를 죽이고 다른 자들은 포로로 잡은 뒤, 이들은 환호하며 에브마티오스에게 돌아갔다. 살아남은 튀르크인들은 외양에서부터 제 불운을 동포들에게 알리려 한 것인지 검은 옷을 입었고, 통곡하며 튀르크인들이 차지한 온 지역을 누비면서 자신들이 겪은 공포를 이야기했다. 옷만 보아도 모든 사람이 동정하였으며, 복수심을 불태우게 했다. 필라델피아로 갔던 에브마티오스는 원정에서 거둔 성공에 즐거워하고 있었다. 그러나 아산이라는 이름을 가진, 카파도키아를 차지하고 주민들을 노예처럼 부리던 어느 사트라프가 앞서 말한 튀르크인들이 겪은 고통에 대해 듣고는, 제 병력을 긁어모았고, 여기저기서 더 불러 총 24,000명의 군대를 이끌고 에브마티오스를 향해 진격했다. 에브마티오스는 영리했기에 필라델피아에서 아무 생각 없이 있던 것도 아니고, 안일하게 바로 성벽 뒤로 숨어든 것도 아니었다. 사방으로 꾸준히 정찰병을 보낼 뿐만 아니라, 이들이 나태해지지 않도록 두 번째 무리도 보내 깨어 있도록 북돋아, 밤을 새우며 모든 샛길과 평원을 감시하도록 만들었다. 정찰병 중 하나가 멀리 있는 튀르크군을 보고, 서둘러 에브마티오스에게 알리려 달려갔다. 그는 머리가 잘 돌아가고 필요한 일을 챙길 줄 알며 즉각 결정을 내릴 줄 알았기에, 그는 바로 성문을 보강하라 명했다. 이런 대군에 맞서기에는 병력이 부족했기 때문이다. 이에 더해, 그 누구도 흉벽 위에 올라가면 안 되고 소리를 지르거나 피리나 리라를 연주해서도 안 된다고 명했다. 한마디로 말하면, 그는 지나가는 사람이 보고 마을이 텅 비었다고 생각하도록 꾸민 것이다.

필라델피아에 도착하여 아산은 병사들로 포위하고 사흘간 있었다. 그러나 단 한 명의 주민도 눈에 띄지 않고, 성문은 튼튼한데 공성 기계도 투석기도 없는 상황이었다. 에브마티오스의 병력이 너무 적어 감히 밖으로 나오지 못하는 것이라 판단하고는, 그는 안에 있는 자들을 나약하다고 욕하며 완전히 깔보았다. 그러면서 10,000명은 켈비아노스로 보냈고, 일부는 스미르나와 님파이온으로, 나머지는 클리아라와 페르가몬으로 보냈다. 가서 약탈하라고 명하면서 그는 스미르나로 가는 병력과 함께 이동했다. 그러나 필로칼리스는 아산의 의도를 짐작하고, 휘하 병력을 전부 내보내 튀르크인들의 뒤를 쫓았다. 이들은 켈비아노스로 가던 부대와 마주쳐 자고 있던 자들을 덮쳤고, 새벽에 공격하여 무자비하게 썰어 넘겼다. 튀르크인들에게 붙잡혔던 포로들을 모두 풀어주기까지 하였다. 그다음에는 스미르나와 님파이온으로 가던 튀르크인들을 뒤쫓았다. 일부 병력이 먼저 치고 나가 전면에서 전투를 벌였으며, 양익에서도 공격해 완전히 무찔렀다. 많은 수가 죽었고 또 포로로 잡혔다. 살아남은 일부는 도망가다 메안드로스 강에 뛰어들었으나, 바로 익사했다. 이 강은 프리기아에 있는데 가장 굽은 강으로 이리저리 휘어져 있다*. 두 번째 승리에 고조되어 이들은 세 번째 부대도 쫓았으나, 튀르크인들이 너무 멀리 가버려서 아무것도 할 수 없었기에 필라델피아로 돌아왔다. 에브마티오스는 이들이 얼마나 용맹하게 싸웠으며 적이 단 한 명도 손가락 사이로 빠져나가지 못하게 막았음을 듣고, 크게 치하하며 미래에는 더 많은 보상을 주겠다고 약속하였다.

2

보에몽이 죽은 뒤 탕크레드는 안티오히아를 단단히 움켜쥐고 자기 것처럼 여겼고, 황제를 철저히 배제하려 들었다. 야만인 켈트인들이 도시와 관련된 서약을 깨고 있다는 사실이 드러나고 있었다. 황제는 엄청난 돈과 수고를 들여

---

*   현재 튀르키예의 남서부 부육 멘데레스 강

이 무수한 무리를 서방에서 아시아로 실어 날랐으나, 이자들은 거만하며 독한 종족이라는 사실만을 깨달을 뿐이었다. 그가 수많은 로마군을 보내 켈트인이 튀르크인에 맞서 싸울 수 있게 도왔던 목적은, 첫째로는 그리스도인으로서 마음이 쓰여 이들이 튀르크인의 검에 죽지 않도록 하고, 둘째로는 이들이 아군과 협력하여 이스마일 부족의 도시를 파괴하고 일부 도시는 협약에 따라 로마 황제로서 넘겨받아 로마의 강역을 넓히려 한 것이었다. 그러나 수없이 고생하고 역경을 견뎌내고 관대하게 대해도 로마 제국은 이익을 전혀 보지 못했다. 켈트인들이 안티오히아에 굳게 뿌리내리고 다른 도시들도 돌려주지 않았으니, 참으로 견딜 수 없으며 사람 같지도 않은 악행에 반드시 복수해야만 하는 상황이었다. 황제는 끝없는 선물과 금 무더기를 하사하고 끝없이 켈트인들을 신경 쓰며 병사들을 보내 지원하였으나, 탕크레드는 그 결실을 즐겼고 로마 제국은 아무것도 누리지 못했다. 켈트인들은 이 상을 제 것으로 여겼고 황제와 맺은 조약과 서약을 무시하고 무가치한 것처럼 여겼으니, 황제는 영혼이 찢겨 나가는 것만 같았고 이런 모욕을 참는 법은 몰랐다. 그리하여 그는 안티오히아의 총독 탕크레드에게 사절을 보내 불의하며 서약을 위반했다 비난하고, 더 이상 이런 모욕을 참지 않을 것이며 로마인들에게 보인 배은망덕에 복수하겠노라 알렸다. 수없이 많은 돈을 쓰고 로마의 정예병을 보내 시리아 전역과 안티오히아를 차지하고 로마 제국의 국경을 넓히려 했는데, 탕크레드가 황제의 돈과 노고로 영화를 누린다면 참으로 치욕스러운 일이리라.

　황제의 사절들이 이 전갈을 전하자, 광포한 야만인은 들으려 하지 않고 사절들의 말에 담긴 진실에 단 한 마디도 귀를 기울이지 않고, 제 종족에 맞게 굴며 허세로 가득 차 자신의 자리를 별 위에 세울 것이며 창끝으로 바빌론*의 성벽을 무너뜨리겠노라 위협했다. 또 제 권세는 동요하지도 않으며 진격하면 막을 수도 없다고 자화자찬하며, 무슨 일이 있든, 설령 불타오르는 손을 가진 병사들이 오더라도 절대로 안티오히아를 내놓지 않겠다고 재차 말했다. 나아가 제

---

*　칼데아의 바빌론을 말한다.

자신을 아시리아의 대왕인 니누스*에 비하며, 자신은 항거할 수 없는 거인과 같아 이 땅에 태산처럼 서 있고, 모든 로마인은 개미와 같으며 생명체 중 가장 약하다고 말했다. 사절들은 켈트인의 미친 소리를 듣고 떠나 돌아왔으며, 황제는 격분하여 화를 억누르지 못하며 곧장 안티오히아로 쳐들어가려 했다. 그는 즉각 군부에서 아주 명망 높은 자들과 원로원 의원들을 불러 모아 의견을 물었다. 이들은 만장일치로 황제가 당장 탕크레드를 공격하면 안 된다고 입을 모았다. 먼저 안티오히아 인근 마을을 다스리는 다른 백작들과 예루살렘의 왕인 보두앵을 끌어들이고, 그자들의 의견을 물어 안티오히아 원정을 도와줄 뜻이 있는지 확인해야 하며, 모두가 탕크레드에 적대적인 걸로 확인되는 경우 걱정 없이 진격해도 문제가 없다는 것이었다. 그렇지 않은 경우 안티오히아는 다른 방식으로 다룰 필요가 있다는 것이다. 황제는 이 조언을 받아들였으며, 마누일 부투미티스와 라틴 말을 아는 다른 자를 불러들여 백작들과 예루살렘의 왕을 만나라고 보내며, 그들과 이야기할 주제에 대해 상세한 지침을 내렸다. 라틴인들은 대단히 탐욕스러우니 임무에서 쓸 돈이 꼭 필요했기에, 그는 부투미티스에게 당시 키프로스 둑스 자리에 있던 에브마티오스 필로칼리스에게 보내는 명령서를 주었다. 여기에는 부투미티스에게 필요한 만큼 최대한 많은 배를 주면서, 백작들에게 선물로 쓸 돈을 형태와 주화와 질을 가리지 말고 넉넉히 채워주라고 쓰여 있었다. 그는 또한 앞서 말한 자들, 특히 마누일 부투미티스에게 돈을 받은 다음에는 트리폴리에 정박해 이 역사책에서 여러 차례 언급한, 레몽의 아들 베르트랑 백작**을 만나 아버지가 황제에게 지켰던 신의를 일깨우고 황제의 서신을 건네주라고 지시했다. 그러고는 다음과 같이 말하라고 했다.

"그대는 아버지에게 못 미치는 모습을 보여주어서는 아니 되고, 그가 그랬듯이 우리와의 신의를 지켜야 할 것이오. 하느님과 나에게 맺은 신성한 맹세를 깬 그자를 징벌하

---

* 고대 그리스의 기록에 나오는 아시리아의 왕으로 수도 니네베를 건립했다.
** 레몽이 사망한 뒤 트리폴리는 알폰소 주르당이, 툴루즈는 베르트랑이 물려받았으나 베르트랑은 툴루즈에서 축출된 뒤 건너와 1109년 트리폴리를 함락시키고 알폰소 주르당을 유럽으로 보내버렸다.

기 위해 내가 안티오히아로 갈 것이라는 사실을 알아두면 좋겠소. 어떤 방식으로든 그를 돕지 않도록 주의하고, 백작들이 우리에게 신의를 지키겠다고 약속하도록 권유해 어떤 이유로든 탕크레드의 주장에 동조하지 않도록 최선을 다해주시오."

그리하여 이들은 키프로스로 간 다음, 돈과 배를 원하는 만큼 모은 뒤 곧장 트리폴리로 갔다. 배를 항구에 세운 다음에는 베르트랑을 접견해 황제가 전하는 전갈을 말해주었다. 사절들은 그가 아주 공감하고 있으며 황제의 뜻은 무엇이든 따라줄 준비가 되어 있고, 정말 필요하다면 목숨을 내놓을 준비도 되어 있음을 알 수 있었으며, 그는 황제가 안티오히아 인근에 당도하면 직접 가서 충성하겠다고도 말했다. 다음으로 그들은, 가져온 돈은 백작의 동의를 받아 황제가 말한 대로 트리폴리의 주교궁에 보관하였다. 돈을 가지고 왔다는 사실을 백작들이 알게 되면, 돈만 받고 아무것도 해주지 않은 다음 돈은 본인들과 탕크레드를 위해 쓰지 않을까 걱정했기 때문이다. 그리하여 황제는 먼저 빈손으로 움직여 백작들의 낌새를 확인하고, 전갈을 전하며 후한 선물을 약속하고 서약을 요구한 다음에, 자신의 요구에 따르겠다는 뜻을 보여주는 경우에만 돈을 건네주라고 지시한 것이다. 그리하여 방금 말했듯 부투미티스와 동료들은 돈을 트리폴리 주교의 거처에 보관해 두었다. 그러나 보두앵은 이 사절들이 트리폴리에 도착했다는 소식을 듣고는, 바로 돈에 눈이 멀어 제 사촌인 시몬을 앞서 보내 맞이하라고 했다. 이들은 베르트랑의 동의를 얻어 돈을 그곳에 남겨두고 예루살렘에서 온 시몬과 함께 갔으며, 티레*를 공략하고 있던 보두앵에게 갔다. 그는 사절들을 기쁘게 맞이했으며 사뭇 친근하게 대했으니, 사순절 절기였으며 이들은 티레를 공략하는 동안 사순절 내내 함께 있었다**.

이 도시는 난공불락의 성벽뿐 아니라 성벽을 둥글게 둘러싸는 세 겹의 외벽으로 방비되고 있었다. 가장 바깥쪽 원이 두 번째 원을 감싸고 있으며, 두 번째가 맨 안쪽 세 번째를 감쌌다. 마치 세 원과 같이 서로를 둘러싸고 있다. 보두앵

---

*   티레는 1차 십자군 때는 공물을 바치고 공격받지 않았다.
**   1112년

은 티레 앞에 가슴덮개처럼 자리 잡아, 공성을 방해하는 이 세 외벽을 먼저 파괴해야만 도시를 점령할 수 있음을 알았다. 그는 첫 번째와 두 번째는 기계로 거의 부숴놓았고 세 번째를 공략하고 있었으나, 그 흉벽을 무너뜨린 다음에는 긴장이 풀려, 마음만 먹으면 차지할 수 있는 것처럼 생각했다. 사다리만 몇 개 있으면 입성할 수 있다고 생각해, 그는 벌써 마을을 차지한 것처럼 공성에 열정을 잃었다. 이 사실은 사라센인들에게는 구원이 되었다. 승리를 거의 손에 쥐었던 자는 놓쳤고, 그물에 거의 잡혀 있던 자는 그물코를 빠져나갔다. 보두앵이 안일하게 보낸 시간 동안 이들은 열심히 회복하여 교활한 계책을 세웠으니, 모든 자들이 보기에는 평화 조약을 맺고 싶은 것처럼 행동하며 보두앵에게 사절을 보낸 것이다. 그러나 실제로는 조약에 대해 논하는 동안 방어 태세를 갖추고, 보두앵을 희망에 잠기게 하며 공격할 수단을 준비하고 있었다. 그가 전쟁에 느슨하게 임하고 성 밖 병사들도 열의를 잃었음을 깨닫고, 어느 날 밤 그들은 토기 병에 액체 수지를 가득 채워 도시를 포위한 기계를 겨냥해 던졌다. 병은 부딪쳐 당연히 산산조각 났으며, 나무 기계 사방에 액체가 묻자, 이들은 횃불을 집어던졌다. 그러고는 나프타가 가득 든 병도 집어던졌으니, 불길이 거세게 치솟아 켈트인들의 기계를 잿더미로 만들어버렸다. 새벽이 밝아오며 비추는 빛이, 나무가 타오르며 만들어낸 하늘을 찌르는 것 같은 빛과 뒤섞였다. 이리하여 보두앵과 병사들은 열심히 키워 온 안일함의 과실을 수확해야 했고, 연기와 불이 그 결과를 보여주니 후회할 수밖에 없었다. 장비 근처에 있던 일부 병사들은 포로로 잡히기도 했는데 이들은 총 여섯으로, 티레의 총독은 이들을 참수해 투석기로 보두앵의 진영에 던져버리라고 명했다. 병사들은 불과 머리통을 보고 겁을 집어먹어 말 잔등에 올라타 달아났으나, 보두앵이 이들 사이로 달려 나가 도주자들을 다시 불러 모으고, 온갖 방법을 통해 사기를 증진하려 했다. 그러나 그는 '귀머거리에게 노래 부르는 꼴'이었으니, 병사들이 허둥지둥 도망가며, 쉬지 않고 어떤 새보다도 빨리 움직인 것이다. 이들이 간 곳은 주민들이 아크레라고 부르는 곳으로, 이 겁쟁이 도주자들에게는 피난처로 보였다. 보두앵은 절망하고 완전히 실의에 잠겨 마지못해, 달아나는 병사들을 따라 후퇴해 앞서 말한 도시로 갔다. 한편 부투미티스는 키프로스에서 가져온 배에 타 (총 열두 척이었다) 해안을 따라 항해해 아크레로 갔으며, 거기서 보두앵을 만나 황제가 전하라고 명한 모든 전갈을 전했다. 또한 황제가 이미 셀레우키아에 도착했다는 말도 했는데, 이는 전혀 사실은 아니었으며 단지 야만인에게 겁을 주고 아크레에서 빨리 움직이게 하려는 속임수였다. 그러나 보두앵은 속지 않았고, 부투미티스에게 거짓말을 했다며 비난했다. 다른 경로로 황제가 무엇을 하는지, 즉 해안가에 나가서 해적을 몰아내다가 병에 걸려 집으로 돌아가고 있다는 정보를 얻은 것이다. 이 정보를 가지고 보두앵은 부투미티스를 캐묻고, 거짓말을 잡아낸 뒤 말했다.

"나와 함께 성묘로 가면, 거기에서 내 결정을 황제에게 전할 사절을 보내겠다."

즉시 그들은 성지로 갔으며, 그는 황제가 보내온 돈을 요구했다. 부투미티스가 말했다.

"황제 폐하를 도와 탕크레드에 맞서는 데 도와주시겠다고 약속하시어 이곳을 올 때 맺은 서약을 지키신다면, 즉시 보내오신 돈을 받으실 수 있을 것입니다."

그러나 보두앵은 황제보다는 탕크레드를 돕고 싶어 했고, 돈에 안달 나 있었으나 받지 못하자 짜증을 냈다. 모든 야만인 종족이 이러하니, 항상 선물과 돈을 사랑하나 돈을 내주는 목적을 수행하는 데에는 거의 관심이 없었다. 결국 그는 부투미티스에게 서신이나 좀 건네주고 돌려보냈다. 사절들은 또한 성지를 순례하러 온 조슬랭 백작*을 부활절에 만났으며, 대화를 나눴다. 그러나 그가 보두앵과 동일한 흐름으로 답하는 것을 깨닫고, 아무것도 이루지 못한 채 예루살렘을 떠났다.

---

* 조슬랭 1세(재위 1118~1131). 1112년 보두앵의 압박으로 탕크레드가 포기한 갈릴리 공작위를 차지했다.

베르트랑이 더 이상 산 자들 사이에 있지 않다는 소식이 들려오자*, 이들은 주교궁에 보관해 두었던 돈을 내달라고 요청했다. 그러나 베르트랑의 아들과 트리폴리의 주교가 질질 끌며 돈을 주지 않자, 결국 사절들은 이렇게 말하며 위협했다.

"만약 돈을 돌려주지 않으면 그대들은 황제를 충실히 섬기지 않는 것이고, 베르트랑과 그의 아버지 레몽과 다르게 충성을 바치지 않는 것이오. 아주 좋소. 나중에 그대들에게 키프로스에서 보급품을 보내오는 일도 없을 것이고, 키프로스 둑스가 도우러 오지도 않을 테니 기근 때문에 굶어 죽을 일만 남았소."

속담에서 말하듯 이들은 모든 패를 꺼내 들었고, 달콤한 말과 위협을 모두 썼으나 베르트랑의 아들이 돈을 포기하도록 설득하지 못했다. 이에 황제에게 충성 서약을 하게 만들기로 하고, 그러면 원래 아버지에게 주기로 한 금과 은으로 된 주화와 온갖 패물로 된 선물을 주기로 했다. 이를 듣고 아들은 황제에게 충성 서약을 했다**. 나머지 돈은 에브마티오스에게 가지고 가서 디마스크와 에데사, 또는 아라비아 산 명마들을 사는 데 썼다. 여기서 시리아 앞바다를 건너 팜필리아만으로 간 다음 육로로 가는 게 안전하다고 판단해, 황제가 있던 케르소니소스로 가서 헬레스폰트를 건너 도착하였다.

3

이제 골칫거리가 연이어 눈사태처럼 불어나고 있었으니, 바다에서 피사와 제노바, 롬바르디아의 제독들이 함대를 끌고 해안 전체를 약탈하려 준비하고 있던 것이다. 동방의 육지에서는 사이산 에미르***가 다시 한번 필라델피아와 해안가 지역을 차지하려 시도하고 있었다. 이에 황제는 수도를 떠나 이 두 무

---
* 1112년. 툴루즈는 알폰소 주르당이, 트리폴리는 베르트랑의 아들 퐁스가 물려받았다.
** 이후 퐁스는 탕크레드와 협력했고 탕크레드가 죽자 유언에 따라 그의 부인과 재혼했다.
*** 킬리지 아르슬란의 맏아들 말리크샤로, 1110년 룸 술탄국으로 돌아와 왕좌를 차지하였다.

리에 맞서 전쟁을 벌일 수 있는 지점으로 가야겠다고 마음먹었다. 그리하여 케르소니소스로 가서 모든 지방에서 육군과 해군을 모았으며, 상당한 숫자의 병력을 스카만드로스나 아드라미티온, 나아가 트라키시온 테마로 보내 주둔하도록 했다. 당시 필라델피아의 총독은 충분한 수비병을 거느린 콘스탄티노스 가브라스였다. 야만인 혼혈인 모나스트라스가 (이 역사책에서 계속 언급한 바 있다) 페르가몬과 클리아라 및 그 인근 마을을 지키고 있었으며, 해안가의 다른 마을들도 용맹함과 군▪ 경험으로 유명한 자들이 맡고 있었다. 황제는 이들에게 자주 서신을 보내 계속 감시하면서, 사방으로 첩자를 보내 야만인들의 습격을 정찰하고 빠르게 보고를 올리라 명했다. 그렇게 아시아의 일을 마무리 지은 뒤에 그는 해전으로 눈을 돌렸다. 몇몇 선장에게는 마디토스와 코엘리의 항구에 정박해, 반대편 해협을 감시하며 가벼운 드로몬을 보내 프랑크 해군이 오는지 해로를 계속 지켜보라고 했다. 다른 이들은 섬 사이를 누비며 방어하고, 펠로폰네소스를 지키며 적절히 수비하라고 명령했다.

   황제는 이 지역에 한동안 머무르고 싶었기에 적절한 곳에 거처를 지어 겨울을 보냈다. 롬바르디아와 다른 곳에서 완전무장한 함대가 줄을 풀고 전진하기 시작했으며, 함대 사령관은 다섯 비레메를 골라 황제가 있는 곳을 알 수 있도록 배를 몇 척 나포해 오라고 시켰다. 그러나 아비도스에 도착했을 때, 딱 한 척을 빼고는 선원들까지 죄다 사로잡혔다. 그래도 돌아온 한 척 덕분에 사령관은 황제가 무슨 일을 하고 있는지 알 수 있었다. 육지와 바다를 철저히 경비하며 사기를 북돋고자 케르소니소스에서 겨울을 나고 있다는 사실을 말이다. 황제의 교묘한 계획을 뚫고 싸워 이길 수는 없었기에, 그들은 항로를 돌려 배를 다른 방향으로 몰았다. 이 제독 중 한 켈트인은, 대단히 빠른 제 모노레메를 끌고 보두앵에게로 갔다. 티레를 공략하고 있던 그를 찾아가서는, 우리가 앞서 황제에 대해 이야기한 바를 다 전하면서, (내 생각에 다른 제독들의 동의를 얻어 간 듯하다) 로마 함대가 정찰선을 나포했다고 알렸다. 그럼에도 부끄러워하지도 않고 켈트인 사령관은 황제가 그들을 상대할 준비를 마친 것을 보고, 로마 함대와 싸워 패하느니 빈손으로 돌아가는 게 낫다고 생각해 후퇴했다고 말했다. 켈트인은 여전히 긴장하고 로마 함대를 두려워하며 이 모든 것을 이야기했다. 바다에 있던 켈트인들에게 일어난 일은 이러하였다. 그러나 육지에서의 일은 황제의 고난과 근심 없이 마무리되지 않았다. 아크로노스의 총독으로 아마스트리스* 태생인 미하일이라는 자가 있었는데, 역심을 키워 도시를 차지하고 인근 지역을 무참히 약탈하기 시작한 것이다. 이 소식을 들은 황제는, 데카노스의 아들 요르요스에게 병력을 주어 진압하도록 했다. 석 달간의 공성 끝에 요르요스는 도시를 차지했으며, 즉시 반역자를 황제에게 보냈다. 황제는 요새의 관리를 다른 자에게 맡겼으며, 미하일을 엄중히 쏘아보며 여러모로 위협하고 처형할 것처럼 굴었다. 그리하여 사뭇 공포심을 심어준 뒤에는 다시 덜어내 주었다. 해가 지기도 전에 이 죄수는 자유민이 되었으며, 사형에 처해질 뻔한 자는 여러 선물을 받았다. 내 아버지, 황제가 이와 같았으니, 모든 상황에서도, 심지어 이후에 온 세상으로부터 배반당한 뒤에도 그러하였다. 아주 오래전 우리 주, 온 세상을 이롭게 하신 분, 사막에 만나**가 내리게 하시고 맨발로 수많은 사람을 이끌어 산과 바다를 헤치고 가신 분께서, 배척당하고 모욕당하고 결국 악한 자들에 의해 십자가에 매달린 것처럼 말이다. 여기까지 쓰니 눈물이 앞을 가린다. 간절히 이야기하고 싶고 배은망덕한 자들을 열거하고 싶으나, 내 혀를 억누르고 가슴을 두드리며 호메로스가 남긴 말을 되풀이할 따름이니, 견디라. 내 마음아. 이미 더 지독한 일도 겪지 않았더냐. 이 배반자에 대해서는 충분히 말했다.

술탄 사이산은 호라산에서 병력을 보냈으니, 일부는 시나오스***에서 육로로 왔고, 나머지는 정확히 아시아라 불리는 곳을 통해 왔다. 이 소식을 듣고 필라델피아 총독이던 콘스탄티노스 가브라스는, 병력을 끌고 나가 튀르크인을 켈

---

*　파플라고니아의 도시
**　모세가 백성들을 이끌고 광야에서 떠돌 동안 여호와가 내려준 양식
***　이집트 시나이

비아노스에서 덮쳤다. 직접 맨 앞에서 전속력으로 달려 나가 덮칠 테니 다른 사람들에게도 그렇게 하라고 했으며, 이런 방법으로 야만인들을 몰아내었다. 병력을 보낸 술탄은 얼마나 많은 수가 죽었는지 듣고는 황제에게 사절들을 보내 평화 조약을 맺겠다고 하면서, 동시에 오래전부터 무슬림과 로마인 사이에 평화를 원해왔다고 털어놓았다. 멀리서 그는 모든 적에 맞선 황제의 기량에 대해 들어보았고, 이를 시험해 보니 '가장자리만 보아도 옷감을 알아보고', '발톱만 보아도 사자를 알아보아' 마음에 들지는 않지만, 화평을 도모하기로 한 것이다. 페르시아에서 사절들이 도착하자, 위엄 있는 풍채의 황제는 옥좌에 앉았고, 온갖 나라에서 온 병사들과 도끼를 짊어진 야만인들이 의례에 맞게 늘어섰으며, 그 후에 사절들이 옥좌 앞으로 입장했다. 황제는 먼저 그들에게 술탄에 대한 의례적인 질문을 던지고 그들이 가져온 전갈을 들은 다음, 자신은 온 세상과의 평화를 원하며 기꺼이 환영한다고 답했다. 그다음에는 술탄의 제안에 대해 묻고 그의 제안 중 일부가 로마 제국에는 썩 좋지 않다는 것을 알아차리고, 여러 말로 설득하고 자기 행동을 대단히 영리하게 방어하여 자신의 뜻에 동의하도록 만들었다. 그 후 황제가 한 말을 생각해 보라며 사절들을 막사로 돌려보내고, 만약 진심으로 조약을 맺는 데 동의한다면 새벽까지 마무리하자고 말했다. 이들은 황제의 조건을 받아들이기로 하였고, 조약은 다음 날 마무리되었다. 이리하여 황제는 스스로의 이익만 쫓은 것이 아니라 로마 제국의 이익도 생각하였다. 자신보다 모두의 이익에 헌신하였기 때문이요, 모든 행동에 있어 로마 왕홀의 권위를 고려하여 자신이 숨을 거둔 뒤에도 조약이 이어질 수 있도록 안배하였으나, 결국 뜻을 이루지는 못했다. 그 이후에 상황이 달라져 모든 것이 혼란에 빠졌기 때문이다. 그 전까지는 혼란을 일으킬 만한 모든 요인이 잠잠했으며 완벽한 평화가 찾아왔고, 그의 생명이 다할 때까지 우리는 평화를 누릴 수 있었다. 그러나 모든 바람직한 것은 황제와 함께 사라졌으니, 옥좌를 물려받은 상속자의 어리석음으로 인해 모든 노고는 그가 떠난 뒤 무위로 돌아가고야 말았다.

4

다섯 정찰선 중 생환자에게서 로마 함대에 대해 믿을 만한 정보를 수집한 뒤, 황제가 함대를 꾸려 케르소니소스에 머무르며 그들이 오기를 기다린다는 소식을 듣고, 켈트인 함대의 제독은 첫 계획은 폐기하고 더 이상 로마 해안에 접근하려는 생각을 버렸다. 황제는 겨울을 칼리오폴리스에서 황후와 함께 보냈으니 앞서 여러 차례 말했듯 그의 발이 심각하게 아팠기 때문이며, 켈트인 함대가 집으로 가는 계절을 기다렸다가 수도로 돌아갔다. 그러나 시간이 얼마 지나지도 않아 튀르크인 무리가 진격한다는 소식이 들려왔으니, 전 동방 국가에서 집결했고 심지어는 호라산에서도 왔으니, 그 수는 총 50,000명에 달했다. 치세 내내 황제는 아주 잠시도 쉬지 못했으니, 적들이 계속해서 솟아난 탓이다. 그리하여 그는 각지에서 군을 모았고, 야만인들이 통상 건너와 그리스도인을 공격하러 오는 시기에 비잔티온과 다말리스 사이 해협을 건너갔다. 발의 고통이 점점 더 커지고 있었지만, 그는 굴하지 않았다.

이 병은 황제의 조상 중 누구도 앓은 적이 없으니, 유전으로 전해진 것은 아니라고 생각할 것이다. 보통 절제할 줄 모르고 쾌락을 탐닉하는 자가 걸리는 병이나, 그가 사치스럽게 살았기 때문도 아니다. 발이 병에 걸린 진짜 원인을 내가 이야기하겠다. 어느 날 운동을 하러, 그는 내가 자주 언급한 바 있는 타티키오스와 폴로를 즐기고 있었다. 타티키오스가 말에서 떨어져 황제를 덮쳤는데, 그의 몸무게가 꽤 나갔기에 황제는 무릎 뼈에 부상을 입었고, 고통이 다리 아래까지 퍼졌다. 그는 참는 데 익숙했기에 아무 말도 하지 않았으며, 다리에 아주 간단한 치료만 받아 고통이 평범한 정도를 넘어섰다. 이것이 바로 황제가 앓은 병의 근본적 원인이다. 부상이 류머티즘으로 번진 것이다[*]. 그러나 두 번째이자, 보다 직접적인 원인은 다음과 같다. 도시들의 여왕에 도착한 수많

---

[*] 통풍 등 류머티즘 질환은 고대 그리스부터 의사들의 관심 대상이었으며, 유전이나 지나친 음주 등이 원인으로 지목되고 4체액설에 따라 점액이나 담즙이 관절에 축적되었기 때문이라 보기도 했다.

은 켈트인 무리가 집을 떠나 우리를 침공했을 때의 소식을 듣지 못한 자가 누가 있으랴? 그들 때문에 황제는 그야말로 걱정거리의 심해에 빠진 것과 같았으니, 켈트인들이 로마 제국을 노린다는 사실을 오래전부터 알았기 때문이다. 그리고 그 수가 모래알이나 별의 수보다도 많고, 다 모아도 로마군은 그 일부도 안 된다는 사실도 알았다. 하물며 로마군은 대부분 흩어져 있었으니, 일부는 세르비아와 달마티아의 골짜기를 지키고 있었다. 다른 자들은 쿠만과 다키아를 상대하며 이스트로스 강을 따라 지켰고, 또 많은 수가 디라히온을 지켜 켈트인들에게 두 번째로 함락당하지 않도록 막고 있었다. 황제는 이 모든 것을 고려하여 온 정신을 켈트인들에게 집중하였고, 다른 것들은 그다음 우선순위로 밀어두었다. 비밀리에 움직이며 아직 적의를 공공연하게 드러내지 않은 야만인들에게는 작위와 선물로 기쁘게 했다. 모든 방법을 동원해서 그는 켈트인들의 목표를 확인하려 했고, 이보다 더하면 더했지 절대 덜하지 않은 국내의 위협과 마주해서는 최선을 다해 막아내고, 그자들의 계획을 능수능란하게 드러내었다. 그러나 이 시기에 그를 덮친 병의 고통을 묘사할 수 있는 자가 누가 있으랴? 그는 모든 이들이 원하는 것을 알고 거기에 맞추어 행동하였으며, 모든 일을 최선을 다해 처리하고 가장 시급한 일에 몰두했다. 솜씨를 발휘할 줄 아는 숙달된 의사가 그러하듯이 말이다. 아침에 태양이 동쪽 지평선 위로 떠오르자마자 그는 옥좌에 앉아 켈트인들을 자유로이 들여보내라 하였는데, 그들이 원하는 것이 무엇인지 자유로이 듣고, 동시에 교묘히 조정하여 이들이 자신의 뜻을 따르도록 만들려 했기 때문이다.

켈트인 백작들은 그 본성이 수치를 모르고 폭력적이며, 탐욕스럽고 원하는 것이 있으면 자제할 줄 모르며 떠들기가 다른 어느 민족보다도 심하다. 황제를 알현하러 올 때 어떤 질서를 유지하며 온 것도 아니며, 매번 들어올 때마다 내키는 대로 무리를 이끌고 들어왔다. 한 사람이 가면 그다음 사람이 그러했고, 또 그다음 사람도 그러했다. 들어와서는 옛날에 시간을 알려주던 물시계에 따라 대화를 조절한 것도 아니며, 각자 원하는 만큼 이야기했고, 황제는 하찮은 자에게도 그토록 길게 말해도 된다는 허락을 내려주었다. 이자들의 성격이 그러하여, 말은 허황되고 황제를 존중하지도 않았으며 시간도 신경 쓰지 않고 지켜보는 사람들의 분노도 신경 쓰지 않았으며, 단 한 명도 다음 차례의 사람을 위해 공간을 내주는 법이 없이 계속 떠들고 요구를 늘어놓을 뿐이었다. 그 수다스러움과 덤벼드는 본능과 딱딱거리는 말은, 사람의 천성에 대해 탐구하는 데 흥미 있는 자라면 다들 알겠지만, 당시 우리는 경험으로 알게 된 것이다. 저녁이 되면 하루 종일 아무것도 먹지 못하고 옥좌에 앉아만 있던 황제는, 그제야 일어나 침실로 들어갔다. 이때에도 불쑥불쑥 들어오는 켈트인에게서 벗어나지 못했다. 한 명이 나가면 또 다른 하나가 들어왔고, 낮에 없었던 자들뿐 아니라, 왔던 자가 또 들어와서는 핑계거리를 가지고 또 다른 이야기를 이어나갔으며, 황제는 켈트인들 사이에 미동 없이 서서 끝없는 재잘거림을 견뎠다. 그가 홀로 서서 흔들림 없이 모든 질문에 즉각 답을 내놓는 모습을 볼 수 있었으리라. 이들의 터무니없는 수다는 끝이 없었다. 만약 행정관 중 누군가가 말을 막으려 하면 황제는 제지했다. 켈트인들의 태생적인 화로 인해 아무 사소한 계기만 주어져도 엄청난 소동이 터져 로마 제국에 큰 해가 될까 우려한 것이다.

참으로 놀라운 광경이었다. 청동이나 강철로 된, 망치로 벼려낸 듯한 동상과도 같은 모습으로, 온 밤을 앉아 지새우며 저녁부터 자정까지도, 어떨 때는 수탉이 세 번째로 울 때까지, 가끔 태양 빛이 환할 때까지 지새웠다. 모든 수행원은 죽도록 피곤해했으며, 물러나 쉬고 투덜거리며 다시 돌아왔다. 가신 중 휴식을 취하지 않고 황제만큼 오래 버틸 수 있는 자는 없었으며, 다들 어떤 방식으로든 가만히 있지 못했다. 누구는 앉아있고, 누구는 머리를 어디 대고 누웠으며, 또 누구는 벽에 기대기도 하였다. 이 모든 수고로움을 지치지 않고 버틴 자는 황제밖에 없었다. 무슨 말로 그의 인내심을 표현할 수 있으랴. 이 수많은 언어의 바벨탑에서 각자 길게 늘어놓아 호메로스가 말했듯 '혀를 놀려 언쟁하면', 그는 다른 사람 옆에 서서 말할 기회를 주고, 또 다른 사람으로 계속 넘어갔다. 아주 잠깐 서 있었음에도, 수탉이 첫 번째 또는 두 번째로 울 때까지 쉼 없이 움직여야 했다. 잠깐의 휴식 뒤에는 해가 뜰 때 옥좌에 다시 앉아 새로이 일을 했고, 또 새로운 요청이 밤까지 이어졌다. 바로 이러한 이유에서 황제의 발이 아프게 된 것이다. 바로 이 시기부터 그가 숨을 거둘 때까지 류머티즘이 주기적으로 찾아왔고, 극심한 고통을 안겨주었다. 그러나 그는 단 한 마디의 불평도 없이 견뎌냈으며, 단지 이렇게 말했다.

"나에게는 이 고통이 마땅하니. 내 죄가 셀 수 없이 많아 생긴 응보다."

어떤 상황에서든 울분에 찬 말이 한마디라도 입술에서 새어 나가는 때에는, 즉시 악마에게 대항하여 십자가를 긋고 이렇게 말했다.

"내게서 떠나라. 사악한 것아. 너와 그리스도인을 노리는 네 유혹에 저주가 있으리!"

그의 발에 생긴 고통에 대해, 지금으로써는 충분히 이야기했다.

그러나 어쩌면 이 병에 영향을 미쳐, 가득 찬 쓴 잔에서 겪는 고통을 더욱 늘린 자가 있을 수도 있다. 이에 대해서는 몇 마디 말만 해두고, 모든 이야기를 늘어놓지는 않겠다. 황후가 비록 잔의 가장자리에 꿀을 발라 쓴 잔을 조금은 수월히 견딜 수 있도록 쉬지 않고 노력하는 수호자 역할을 했음에도, 황제가 아팠던 세 번째 이유라 할 수 있는 이자에 대해 꼭 설명하여야 할 것이다. 의사들이 통상 하는 말을 빌리자면, 그가 병의 실질적인 원인일 뿐만 아니라 가장 큰 영향을 미친 원인이라 하겠다. 한 번만 아프게 하고 사라진 것이 아니라, 항상 있으면서 마치 혈관에 있는 해로운 4체액과 같았던 것이다. 분만 아니라 누가 그자의 본성에 대해 생각해 보았다면, 단지 병의 원인일 뿐만 아니라 병 그 자체이며, 가장 해로운 증상이라 할만 했다. 그러나 내 혀를 붙들고 말을 억누르며 주제에서 벗어나지 않는 것이 옳겠다. 이 악당들을 얼마나 이야기하고 싶든 간에. 그에 대한 이야기는 적절한 순간을 위해 아껴두겠다.

5

이제 내 역사책의 서사를 이어 나가자. 황제가 다말리스 반대편 해안으로 건너가 진을 쳤었다는 부분까지 이야기했었다. 모든 사람이 눈사태처럼 그에게 몰려들었고, 있던 곳까지 건너왔는데, 황제는 그들이 오기를 기다리고 있기도 했으며 동시에 발의 고통을 덜 수는 있지 않을까 추측하여 간 것이다. 황후는 함께 가서 그를 돌보고, 여러 방법으로 간호하여 아픔을 덜어주고 있었다. 보름달을 보며 황제가 황후에게 말했다.

"만약 튀르크인들이 정말로 약탈하러 넘어올 생각이라면 지금이 적기인데, 이 기회를 놓치게 되어 짜증스럽구려."

저녁에 이 말을 했는데, 새벽에 환관이 침소로 와 튀르크인들이 니케아를 공격했다고 알렸으며, 당시 그곳의 총독인 에브스타티오스 카미치스가 그들이 벌인 일에 대해 쓴 편지를 전했다. 한순간도 지체하지 않고 마치 발에 아무 고통도 느껴지지 않는 것처럼, 황제는 오른손에 채찍을 쥐고 전차에 올라타 니케아로 행군하기 시작했다. 병사들도 창을 들고 양쪽에서 질서정연하게 행군했다. 일부는 옆에서 함께 뛰었으며, 앞지르기도 뒤따르기도 한 자도 있었으나, 모두 야만인들에게 맞서 싸우려는 사기가 충만했다. 황제는 병으로 말에 타지 못해 심적으로 괴로워했다. 그러나 말과 몸짓으로 모든 이의 용기를 북돋웠으니, 웃어주고, 말을 걸어주기도 했다. 사흘 간의 여정 뒤 이들은 아이기아론이라 불리는 곳에 도착하였으며, 이곳에서 키보토스로 건너가려 했다. 황후는 그가 서둘러 건너가려 하는 것을 보고, 그에게 작별 인사를 한 뒤 수도로 돌아갔다. 황제가 키보토스에 도착하자 전령이 와서, 40,000명의 주요 사트라프들이 부대를 나누어 일부는 니케아로 가서 그 일대를 약탈하고 있고, 모노리코스˚와 ... 는 해안 지방을 황폐하게 만들고 있었다고 전했다. 니케아의 호수 인근 지역을 폐허로 만든 무리는 프로사와 아폴로니아스도 그렇게 만들었고, 마

---

* 룸 술탄국의 장군 마나렉

을 초입에 진을 친 뒤 모든 전리품을 그곳에 두었다. 그러고는 한데 모여 움직이며 로파디온* 일대를 약탈하였으며, 전령이 전하기를 그들은 심지어 해안가 방면으로 공격해 단번에 키지코스를 함락시켰으며, 그곳의 총독은 아주 조금도 저항하지 않고 바로 꽁지가 빠지게 도망갔다고 했다.

그뿐 아니라 콘토그멘과 마호메트 에미르라고 하는 정예병의 대* 사트라프들은, 렌티아논에서 포이마니논**으로 가면서, 엄청난 전리품과 함께 칼에 맞아 죽지 않은 남녀와 어린이들을 아주 많이 포로로 끌고 다녔다. 모노리코스는 어느 강을 건넜는데, 그곳 주민들은 바레노스라 부르는 강***으로 이비스 산에서 다른 강들과 함께 흘러나오는데, 그 이름을 말하자면 스카만드로스, 앙겔로코미티스와 엠필로스이다. 그는 파리온으로 꺾어 헬레스폰트에 있는 아비도스로 간 다음 아드라미티온을 지나 클리아라까지 가면서, 단 한 방울의 피도 흘리지 않았고 단 한 번의 전투도 치르지 않고서 엄청난 포로를 잡아갔다. 이 소식을 듣고 황제는 당시 니케아 둑스를 맡고 있던 카미치스에게 전갈을 보내, 500명의 병사를 끌고 가 야만인들을 따라잡고 계속 보고를 올리되, 교전은 피하라고 지시했다. 카미치스는 니케아에서 나와 콘토그멘과 마호메트 에미르 및 나머지를 아오라타라는 곳에서 따라잡고는, 황제의 지시를 잊어버리기라도 한 것인지 곧바로 공격했다.

이자들은 황제가 온 줄 알았고, 그가 자신들을 습격한 줄 알아 혼비백산해 도망갔다. 그러나 포로로 사로잡은 한 스키타이인 덕에 카미치스였다는 사실을 알게 되자, 산을 넘어와 북을 두드리고 소리를 지르며 부족민들을 다시 불렀다. 소리를 듣고 모든 자들이 다시 복귀했다. 이들은 즉시 아오라타 바로 밑에 있는 평원으로 가서 대열을 갖추었다. 그러나 카미치스는 전리품을 챙긴 뒤, 난공불락인 포이마니논으로 가서 안전하게 일을 마무리하지 않고, 아오라

---

* 현재 튀르키예의 울루아바트. 키지코스 동쪽으로 이어지는 주요 거점이었다.
** 키지코스 남쪽 요새
*** 현재 튀르키예의 아이세푸스 강 또는 비가 강

타에 머물렀다. 스스로 파멸에 가까워지고 있다는 사실은 전혀 눈치채지도 못했다. 유리한 고지를 차지한 야만인들이 카미치스를 잊지 않고 계속 기다리고 있었기 때문이다. 그가 여전히 아오라타에 머무르며 전리품과 포로들을 처리하고 있다는 소식을 듣고, 이들은 모든 병력을 끌어모아 이른 새벽에 습격했다. 공격해 오는 엄청난 수의 야만인을 보고 카미치스의 병력 대부분은 도망가 목숨을 건지려 했으나, 카미치스 본인은 스키타이인과 켈트인, 그리고 로마인 중 용감한 자와 더불어 용맹하게 싸웠다. 많은 수가 죽었으나 카미치스는 몇몇 살아남은 자와 함께 싸움을 이어갔다. 그러나 그가 타고 있던 말이 일격을 맞아 죽자 그는 땅에 떨어졌는데, 조카 카타로돈이 제 말에서 내려 그에게 주었다. 그러나 카미치스는 키가 크고 건장해 말에 쉽게 올라타지 못했고, 잠시 뒤로 물러났다가 오크나무에 등을 대고 단검을 빼 들었다. 그는 살아 돌아갈 수 있다는 희망은 버렸으나, 감히 덤벼드는 야만인들의 투구나 어깨, 손을 쉬지 않고 찔렀다. 야만인들은 그가 오래도록 저항하며 많은 사상자를 내는 것을 보고, 대담함에 경탄하고 굳건함에 놀라 살려주기로 마음먹었다. 이전부터 그와 안면을 익혔던 대* 사트라프 마호메트가 그를 알아보고 싸우던 자들에게 물러나라고 한 다음, 부하들과 함께 말에서 내려 말했다.

"안위를 돌보지 않고 죽음을 기꺼워하지 말고, 내게 손을 내밀어 목숨을 건지시오."

그러자 카미치스는 포위한 자들의 수를 세보고 상대할 수 없을 거로 생각하여, 튀르크인에게 손을 내밀었다. 마호메트는 그를 말에 태우고 발을 묶어 달아나지 못하게 했다. 카미치스가 겪은 운명이 이러하였다.

황제는 적이 지나갈 만한 길을 추측한 다음, 니케아와 말라기니와, 이른바 바실리카라고 하는 곳을 통과하여 (올림포스 산골짜기에 있는 좁은 골짜기이며 험준한 길이다) 알리티나로 내려간 다음, 아크로코스에 도착하여 서둘러 튀르크인들을 앞질러 전면전을 벌이려 했다. 한편 튀르크인은 로마군을 완전히 잊어버리고, 골짜기를 따라 생긴 갈대밭을 발견하자 흩어져 쉬었다. 황제는 야만인들이 평원에 흩어져 있다는 소식을 보고받고, 적절한 거리에 전투 대형을 갖추었다. 중군에는 콘스탄티노스 가브라스와 모나스트라스를, 나머지는 대대 단위로 양익에 배치하고 후방은 오랫동안 군을 두루 경험해 본 치포렐레스와 아벨라스에게 맡겼다. 황제 자신은 한가운데에 자리를 잡았고, 모든 튀르크인을 천둥처럼 덮쳐 혼란에 빠뜨리며 전면전을 벌였다. 아주 치열한 전투 끝에 많은 야만인이 이때 죽었으며, 창에 찔려 죽은 자들도 많았다. 갈대밭에 숨었던 자들은 잠깐은 무사했다. 눈부신 승리를 거둔 뒤 황제는 갈대밭으로 향해 그 안에 있는 자들을 끌어내려 했다. 그러나 병사들은 질척거리는 늪 같은 갈대밭에 들어갈 수가 없었기에 끌어낼 방도가 없었다. 그리하여 황제는 병사들에게 갈대밭을 둥글게 에워싸라고 한 다음, 한쪽에 불을 지르라고 명했다. 엄청난 높이로 화염이 치솟았으며, 안에 있던 튀르크인들은 불을 피해 달아나 로마군의 손아귀 안으로 들어갔다. 일부는 칼을 맞아 죽었으며, 일부는 사로잡혀 황제에게 끌려갔다.

6

카르메에서 내려온 튀르크인들에게 일어난 일은 이와 같다. 마호메트 에미르는 카르메에서 온 튀르크인들에게 일어난 재앙에 대해 듣고, 즉시 아시아에 사는 튀르크멘들 등과 합류하여 황제의 뒤를 쫓았다. 서로서로 추적하는 판국이 되었다. 마호메트와 함께 있는 야만인들은 황제의 뒤를 쫓고 있었고, 황제도 카르메에서 온 튀르크인들을 추적하고 있었으니, 한쪽 무리를 무찌르기는 했으나, 쫓아오는 자들은 피해를 보지 않은 상태였다. 마호메트가 후방에서 황제를 기습했을 때 먼저 마주한 자는 아벨라스였다. 황제의 시야 안에 있어 그는 더욱 용기를 얻고 용맹해졌고, 병사들을 기다렸다가 제대로 진형을 갖추어 튀르크인들의 공격을 받아낼 생각은 하지 않고 곧장 마호메트를 향해 달려들었다. 치포렐레스가 그 뒤를 따랐다. 둘은 옛 요새가 있는 곳까지 갔으나 부하들은 아직 그들을 따라잡지 못한 상황이었고, 강건한 자인 마호메트는 화살을 한 발 쏘아 아벨라스의 말에 부상을 입혀 낙마하게 했다. 낙마해서 땅에 선 것을 보고, 튀르크인들은 포위하여 그를 죽였다. 마찬가지로 치포렐레스도 겁 없이 달려들었으나 그들은 '날개를 달아주었는데', 그가 타고 있던 말에 화살을 박아 낙마하게 만들고 곧장 칼로 찔러댄 것이다. 지친 수송대와 말을 보호하면서 적을 무찌르는 임무를 맡던 후방의 병사들은 공격해 온 튀르크인들을 쫓아가 궤멸시켰다. 카미치스도 포로가 되어 튀르크인들과 함께 있었는데, 전투로 인해 혼란스러워진 상황과 튀르크인들이 달아나며 아군이 추적하는 모습을 보고서는, 결단력 있게 탈출할 계획을 짜 도망쳤으며 무장한 켈트인을 만나 말을 건네받을 수 있었다. 그는 필라델피아와 아크로코스 사이 드넓은 평원에서, 하나도 아니고 여러 부대를 거느리고 진을 치고 있는 황제를 찾을 수 있었다. 황제는 카미치스를 보고 크게 기뻐하며 그의 무사 귀환을 하느님께 감사드린 뒤 수도로 보내며 말했다.

"모든 이에게 네가 겪은 역경을 전하고, 우리 혈족들에게 하느님께 감사하게도 우리는 살아있다고 알려라."

아벨라스와 치포렐레스의 죽음을 보고받고 황제는 마음속 깊이 슬퍼하며 말했다.

"하나를 얻었으나, 둘을 잃었구나."

그는 전쟁에서 승리를 거두더라도 병사 중 누군가 포로로 잡히거나 적의 손에 쓰러졌는지 물었으며, 가장 하위 계급의 병사랄지라도 죽는다면 그 승리는 아무것도 아닌 카드모스의 승리*로 여겨 득이 아닌 실이라 보았다. 이후 요르요스 레보노스를 포함한 몇몇 장교를 불러 군관구의 총독으로 임명하고, 병력을 남겨둔 뒤 수도로 개선하였다.

---

* 피로스의 승리와 비슷한 표현으로, 카드모스는 테베를 짓던 도중 샘물이 필요해 부하들을 보냈으며, 샘을 지키던 용을 죽였으나 부하들도 모두 잃었다.

카미치스는 그동안 다말리스에 도착하여 삼경*에 작은 배에 올라탔고, 황후가 궁전 상부에 있다는 사실을 알았기에 거기로 가 바다를 향해 있는 문을 두드렸다. 급사들이 누구인지 묻자, 그는 이름을 밝히지 말고 문을 열라고 말했다. 약간의 다툼 끝에 그가 이름을 밝히자, 들어오라는 허락이 떨어졌다. 황후는 대단히 기뻐하며 침실 문 밖에서 맞이했으나, (옛날에는 이 발코니는 아리스테리온이라 불렸다) 튀르크인 옷을 입고 전투에서 부상당해 절뚝거리는 것을 보고서는, 자리에 앉으라고 권하기도 전에 황제가 어떤지 물었다. 다음으로 그에게 모든 일에 대해 묻고, 황제의 근황과 예견치 못한 승리에 대해 듣고서야 풀려나 돌아온 눈앞의 포로를 보고서, 기뻐 어쩔 줄을 몰라 했다. 황후는 그에게 돌아가 새벽까지 쉰 다음, 나가서 온 세계에 무슨 일이 있었는지 알리라 명했다. 그리하여 그는 아침에 일어나 기적적으로 탈출했을 때 입었던 옷차림 그대로 말에 올라, 콘스탄티누스 광장으로 달려갔다. 온 도시가 그를 보려 뛰쳐나왔으니, 뭘 하려는 건지 궁금하기도 하고, 황제에 대한 소식을 알고 싶어 안달 나 있었기 때문이다. 기병과 보병 여럿에게 둘러싸여 그는 큰 목소리로 전쟁에서 일어난 사건들과 로마군이 겪은 모든 일에 대해 알리고, 황제가 야만인들에게 맞서 짠 계획과 여러 차례에 걸쳐 복수하고 거둔 눈부신 승리에 대해 떠들었다. 그러면서 자신이 야만인의 손에서 기적적으로 탈출한 이야기로 끝맺었다. 모든 군중은 그의 연설에 환호했으며 환호 소리가 하늘에 닿았다.

7

  이 일이 있으니, 콘스탄티노폴리스는 황제의 성공에 대한 이야기로 가득 찼다. 진실로, 운명이 그와 로마 제국에 얼마나 험난한 역경을 내렸으며 얼마나 많은 불운이 그를 둘러쌌던가! 그럼에도 용맹하고 열렬하며 열정 넘치는 성격으로, 모든 불운에 힘차게 맞서 싸운 것이다. 예부터 지금까지 그 어떤 황제

---

* 새벽 1시~4시

도 이번 황제처럼 이런 다사다난한 상황에 마주한 적이 없었으며, 국내와 국외 양면으로 모든 부류의 사람에게 이런 악독한 일을 겪은 적이 없었다. 로마 제국이 그른 자들의 압제에 놓이리라고 하느님께서 선포하신 것이거나, (나는 우리의 운명이 별들의 운행에 달려 있다고는 전혀 생각지 않으니) 아니면 로마의 왕조가 이전 황제들의 어리석음으로 쪼그라들어 내 아버지의 치세까지 여러 문제와 심각한 혼란이 쌓여 온 것이리라. 스키타이인들이 북쪽에서 준동하고, 서쪽에서는 켈트인들이, 동쪽에서는 이스마일 부족이 동시에 나타나고, 바다에서의 위험은 말할 것도 없으니, 바다를 통제하고 있는 야만인들과 수없이 많은 해적선이 있었고, 그중 일부는 사라센인이 분노로 만들어낸 것이며, 다른 것들은 베토네스 족*이 로마 제국에 대한 증오와 탐욕으로 만든 것이었다. 모두가 질투에 차 로마 제국을 쏘아보았다. 로마 제국은 다른 자들의 주군이었기에 자연히 그 신하들에게 증오하게 되었고, 기회가 올 때마다 모든 자는 육지에서든 바다에서든 달려들려 했다.

우리가 통치하기 전에 있던 어려움은 아주 미미했으며 견딜 만한 것이었다. 그러나 내 아버지의 경우 제국이라는 전차에 올라타자마자 온갖 어려움이 모든 곳에서 동시에 덮쳐왔다. 켈트인들이 움직여 창끝을 겨누었고, 이스마일 부족은 활을 당겼으며 모든 유목민과 스키타이인 부족은 수많은 수레에 타서 달려들었다. 그러나 이 역사책과 우연히 마주쳐 지금까지 읽은 독자라면, 내 말이 태생부터 편향되었다고 말할 수도 있다. 그러나 진실로 이는 사실이 아니다. 황제가 로마 제국을 위해 무릅쓴 위험과, 내 아버지가 그리스도인을 위해 겪은 고난과 재앙에 걸고 맹세하건대, 내 아버지에 대해 좋게 쓰려 이 일을 묘사하거나 쓰는 것이 절대 아니다. 나아가, 내 아버지가 실수했다고 여겨지면 나는 망설임 없이 천리를 거스르고 진실을 따르니, 아버지를 소중히 여기나 진실을 그보다 더 소중히 여기기 때문이다. 어느 철학자 중 하나가 말했듯,

---

* 이베리아 반도의 켈트인 부족을 가리키는 말이나, 여기서는 이베리아의 용병들을 가리킨다.

'양쪽 다 소중하나 진실을 우선시하는 것이 최선인 것'이다*. 나는 사실 자체만을 따르니, 내 뜻대로 어떤 것도 더하거나, 어느 사건을 두고 중상모략하지 않고 말하며 쓴다. 증거도 아주 가까이에 있다. 내가 10,000년 전의 일에 대해 쓰는 것이 아니기에, 내 아버지를 알았던 이들이 오늘날까지도 많이 살아있으며 내게 말해주었다. 내 역사책에는 그들을 통해 모은 내용이 적지 않으니, 한 명이 기억나는 한 가지를 말하고 다른 사람이 또 말해도 서로 모순되는 것이 없었다. 그리고 당연히 나는 내 아버지와 어머니와 함께 있었으며 동행하였다. 집에 가만히 있으면서 그림자 아래에서 사치에 빠져 사는 것이 내 운명은 아니었기 때문이다. 요람에서조차 고난과 고통과 연이은 불운이 나를 덮쳤으니, (주님과 그분의 어머니가 내 증인이시다!) 어떤 것은 외부에서 오고 어떤 것은 내부에서 말미암은 것이었다. 내가 어떻게 생겼는지는 말하지 않겠으나, 이네코니티스의 시녀들이라면 길게 묘사하고 말할 수 있을 것이다. 그러나 채 여덟 살도 지나기 전에 내게 일어난 모든 외적인 불운과, 나를 노리고 일어난 수많은 사악한 적에 대해 묘사하려면, 이소크라테스의 세이렌이나 핀다로스의 우아함, 폴레모스의 산뜻함과 호메로스의 칼리오페, 사포의 리라와 이 모든 것을 뛰어넘는 어떤 힘이 있어야 할 것이다**. 크든 작든, 가까이든 멀리든 우리를 맴돌지 않은 두려움이 없었다. 홍수가 나를 휩쓸었으며, 그때부터 내가 이 역사책을 쓰고 있는 지금, 이 순간까지도 고난의 바다가 나를 덮치고 파도가 연이어 밀려왔다. 부지불식간에 내 골칫거리에 대해 이야기하는 상황이 되었다. 이제 이성을 되찾고 수면 위로 헤엄쳐, 맨 처음의 주제로 돌아가자.

내 역사책의 일부는 내 기억에서 가져온 것이며 일부는 황제와 함께 한 원정 중, 다양한 것을 말해 준 자들에게서 가져온 것이고, 그중에는 나룻배를 타고 와 전쟁에서 무슨 일이 일어났는지 소식을 전해온 자들도 있다. 그러나 대

---

*   아리스토텔레스
** 모두 유명한 작가나 연설가로, 세이렌과 칼리오페는 그들의 작품에 나오는 아름다운 목소리의 소유자이고, 사포는 리라를 잘 연주하기로 유명했다.

부분은 내가 손수 모은 것으로, 황제와 요르요스 팔레올로고스가 자주 대화하는 것을 들었기 때문이기도 하다. 이런 방식으로 상당수의 자료를 모았으며, 특히나 내 아버지를 이어 옥좌를 물려받은 세 번째 후계자가 재임할 때다*. 온 세계는 옥좌에 지금 앉아있는 자를 칭송하며, 떠나간 이는 아무도 과장하지 않고 있던 일을 그대로 말하기 마련이어서, 황제의 할아버지에 대한 모든 찬사나 거짓말은 다 사라진 때라는 말이다. 그러나 지금 나는 내 불운에 대해 비탄하고 세 황제, 즉 황제인 내 아버지와 황후인 내 어머니, 그리고 아아! 카이사르인 내 남편의 죽음에 대해 통곡하고 있다. 그리하여 몸을 숨기고 책과 하느님께 정신을 쏟고 있다. 그 어떤 평범한 사람도 나를 만날 수 없으니, 다만 다른 이들이나 내 아버지의 가장 친한 친구들에게 들은 것이 있어, 내가 배울 것이 있는 자만이 가능하다. 지난 30년 동안, 매우 크게 축복받은 황제들의 영혼에 걸고 맹세하건대, 내 아버지의 친구를 하나라도 보거나 대화를 나눈 적이 없으니, 많은 수가 죽었고 많은 수는 겁에 질려 오지 못한 탓이다. 권세를 쥔 자들이 우리를 이 우스운 위치에 내던져 서로 볼 수 없게 하였으며, 기피 대상으로 만든 것이다**. 내가 역사책에 덧붙인 자료는 주님과 그분의 어머니께서 증인이시니 아무 중요성도 없는 단순한 기록들에서 긁어모으고, 내 아버지가 로마의 왕홀을 쥐었을 때 군에 있다가 험난한 시간을 보내고, 난세에서 벗어나 수도원의 고요한 삶으로 은퇴한 몇몇 노인에게서 얻은 것이다. 내 손에 들어오게 된 기록들은 그 어조가 단순하고 호기심이 없으며, 진실에 충실하고 특별한 문체를 드러내지 않으며, 모든 수사학적인 과장이 담겨있지 않다. 노인들의 서술 방식은 그들의 언어와 생각 방식과 비슷하고, 나는 역사책에 실을 사실을 검증할 때 이들이 내게 말한 것과 내가 쓴 것을 비교하고 검증하였으며, 나 자신이 직접 아버지나 삼촌 또는 외삼촌한테 들은 이야기와도 비교하였다. 이 모든 출처에서 내 진실한 역사책을 온전히 자아낸 것이다. 그러니 이제 내

---

* 황제 마누일 1세 콤니노스(재위 1143~1180). 지은이 안나 콤니니의 조카이다.
** 안나 콤니니는 콘스탄티노폴리스에 있는 케하리토메니 수도원에 1153년 사망할 때까지 은거하고 있었다.

가 앞서 말하고 있던 지점으로 돌아가자. 카미치스가 야만인에게서 탈출하여 시민들에게 연설하던 지점으로.

내가 앞서 말했듯이, 그는 일어난 모든 일과 황제가 이스마일 부족에 맞서 고안한 계책에 대해 이야기했다. 콘스탄티노폴리스의 모든 주민은 입을 모아 황제에게 찬사를 보내고 칭송하였으며, 그를 띄우고 축복하며 기쁨을 억누르지 못했다. 들뜬 카미치스를 집으로 돌려보내고, 그들은 며칠 뒤 위풍당당한 승리자, 무적의 장군이자 불굴의 장군이며, 경건한 황제로서 개선하는 황제를 맞이했다. 사람들이 행동한 바는 이러했다. 그러나 그는 궁전에 들어와 주님과 주님의 어머니께 안전한 귀환에 감사드린다는 기도를 올렸으며, 평상시 생활을 재개할 따름이었다. 외적을 잠재우고 참칭자의 반역을 꺾으니, 이제 정의로운 법정과 법에 관한 문제에 관심을 돌린 것이다. 그는 평시와 전시 언제든 으뜸가는 감독관이었기 때문이다. 그는 고아들을 살피고 과부들에게 정의를 가져다주었으며, 모든 부당한 사건은 엄격히 살펴보고, 아주 가끔은 사냥하며 체력을 회복하거나 다른 방식으로 휴식을 취했다. 다른 사항에 대해서도 그는 철학자와 같이 행동하여, 육신을 억누르고 의지에 따르도록 만든 것이다. 그는 하루의 대부분을 일을 하는 데 보냈으며, 휴식을 취하기도 했으나 이는 두 번째 일이었으니, 책을 읽고 공부하거나 '성경을 연구하라'는 말*을 근면히 따르기도 하였다. 내 아버지에게 사냥과 폴로 놀이는 두 번째, 또는 세 번째 가는 일이었으니, 젊을 때도 발의 통증이 저주에서 말했듯 기어다니는 뱀처럼 '발꿈치를 물기 전에도'** 그러하였다. 그러나 병세가 심해지자, 그때에야 운동을 시작하여 승마나 다른 놀이를 했으니, 의학적인 이유로서 정기적으로 말을 타고 운동하면 아래로 내려온 체액 중 일부가 퍼져, 짓누르고 있는 무게가 줄어들지는 않을까 하는 이유에서였다. 내가 앞서 말했듯이, 내 아버지에게 생긴 이 지독한 고통의 원인은 다름 아니라 로마인의 영광을 위해 한 일과 피로 때문이다.

---

*　요한복음 5장 39절
**　창세기 3장 15절. 정확히는 '발꿈치를 상하게 하기 전에'

8

　채 1년도 지나지 않아 황제는 쿠만인들이 이스트로스 강을 건넜다는 소문을 듣게 되었다. 즉각 여덟째 인딕티오 11월 초* 이제 막 가을이 되었을 때 도시들의 여왕을 떠나기 전에 모든 병력을 불러 모아 배치하였다. 일부는 필리포폴리스와 페트리초스, 세르디카라는 마을과 니소스 군구에, 그리고 일부는 저 멀리 이스트로스 강둑에 있는 보라니초비까지 말이다. 그는 이들에게 말을 소중히 다루어 튼튼하고 강건하도록 유지하여, 전투할 때가 왔을 때 기수를 제대로 태울 수 있도록 하라 명했다. 황제 본인은 트라키아 한가운데 있는, 북쪽에서 에브로스 강이 흘러내리는 마을인 필리포폴리스에 머물렀다.

　이 강은 로도피 맨 끝자락에서 흘러내려와, 여러 차례 굽이 굽어 아드리아노폴리스를 지나면, 여러 지류가 합류하여 마을을 지나 아이노스 인근의 바다에 비워낸다. 필리포스라 함은 아민타스의 아들인 마케도니아인**을 말하는 것이 아닌데, 현재 있는 마을은 그가 살던 시대 이후의 것으로서, 나는 로마인 필리푸스, 키가 대단히 크며 힘은 누구도 맞설 수 없었던 자***를 뜻하는 것이다. 맨 처음 필리포스의 시대 전에 그곳은 크레니디스라 불리는 작은 마을이었으며****, 어떤 이들은 트리모스라 부르기도 했다. 그러나 그 건장한 자 필리푸스가 마을을 넓히고 둥글게 성벽을 짓고 트라키아에서 가장 유명한 마을로 만들었으니, 대단히 넓은 경기장과 여러 경탄스러운 건물을 지었으며, 나 자신도 황제와 이런저런 이유로 그 마을에 머무르며 그 흔적을 목격한 적이 있다. 이 도시는 세 언덕 위에 서 있으며 각각의 언덕은 튼튼한 높은 성벽으로 둘러싸여 있으며, 그 옆에는 평원이 있고 평평한 땅에는 해자를 파놓아 에브로스 강까지 이어진다. 모든 모습으로 미루어 보건대 대단히 크고 훌륭한 도시였을 것

---

　　*　1114년 11월
　**　고대 마케도니아 왕국의 왕 필리포스 2세(재위 359 BC~336 BC). 알렉산드로스 대왕의 아버지
　***　로마 황제 필리푸스 아라부스(재위 244~249)
****　크레니디스는 필리포폴리스가 아니라 인근 도시인 빌립보의 옛 이름이다.

이다. 타우로이 족과 스키타이인들이 오래전에 이 도시를 함락시킨 이래, 지금 내 아버지의 치세에 보이는 상태로 무너졌으나 아주 크기는 했을 것이다*. 도시가 겪은 불운의 주된 원인은 그곳에 살던 수많은 이단 때문이다. 아르메니아인들이 도시를 차지하였고, 소위 보고밀파도 그러했으며 (이들과 이 이단에 대해서는 나중에 적절한 순간에 이야기하겠다) 심지어는 가장 하느님을 저버린 마니교 분파에서 떨어져 나온 불신자 파울리키아파도 있었다. 이름이 보여주듯 이들은 파울과 요안니스가 만든 것으로**, 마네스의 이단을 날것 그대로 받아들여 제 추종자들에게 건넨 자들이다.

마니교도들의 교리를 상세히 설명하여 다루고, 이들 불신자의 교리를 반박하고도 싶다. 그러나 나는 모든 사람이 이 마니교 이단을 터무니없다고 생각한다는 사실을 알며, 내 역사책을 서둘러 이어가고 싶으니 생략하리라. 나아가 우리 궁정에 있는 사람들만이 그들을 반박한 것이 아니며, 우리의 거대한 대적자인 포르피리오스***가 마니교도들의 비이성적인 교리를 완전히 터무니없는 것으로 박살 내 놓았으니, 여러 장을 할애하여 두 교리에 대해 대단히 심도 있게 탐구하였다. 비록 그의 하느님의 연합에 대한 교리는 독자더러 플라톤의 '합일'이나 '일자'를 받아들이라 설득하긴 하지만 말이다. 물론 우리는 신성한 본성의 연합을 섬기기는 하지만, 단 하나의 사람을 담은 연합을 섬기는 것이 아니다. 플라톤의 '일자', 그리스인들은 형언할 수 없는 자라고 하고, 칼데아인들은 신비라 하는 것에서 수많은 다른 우주적이거나 초우주적인 권세가 나온다고 받아들이는 것도 아니다.

---

* 필리포폴리스는 250년 고트족에 의해 함락되어 파괴되었고, 5세기 훈족의 공격으로 한 번 더 파괴되었다.
** 파블키아노이Παυλικιανοί는 파울의 추종자라는 뜻이다. 포티오스 세계 총대주교가 파울과 요안니스가 만들었다고 기록했으나, 현대의 연구는 이를 부정한다.
*** 티레의 포르피리오스(234~305). 4세기 신플라톤주의 철학자이자 반기독교주의자로, 인간의 영혼은 철학적 사고를 통해 완전한 절대자인 일자와 합일할 수 있다고 생각했다.

마네스의 부제들, 칼라니코스의 아들들*인 파울과 요안니스의 추종자들은 못 배우고 야만적이며 피를 보기를 주저하지 않았지만, 황제들 중 가장 존경할 만한 요안니스 치미스키스**가 무찔렀다. 그는 이들을 노예로서 아시아에서 데려와 칼리베스의 땅***이나 아르메니아에서 트라키아로 보냈으며, 필리포폴리스 인근 지역에 살도록 했다. 첫째로는 이들이 지도자로서 차지하고 있던 튼튼한 도시와 요새에서 이들을 몰아내고자 한 것이며, 둘째로는 트라키아 지역을 종종 공격해 히무스의 통로를 지나 그 아래 평원을 질주하는 스키타이인들의 침략을 막아내기 위한 믿음직한 수비병으로 쓰려한 것이다.

히무스****라 함은 로도페 산맥과 나란히 뻗은 대단히 긴 산줄기다. 이 줄기는 엑시노스 폰토스에서 출발하여 한쪽에서 약간의 급물살에 맞닿았다가, 곧장 일리리아로 흘러간다. 아드리아해가 이를 갈라놓으나, 내 생각에는 반대쪽 땅에서 다시 이어져 에르키니아 숲까지***** 가서야 끝난다. 가파른 산 양옆으로는 대단히 부유한 부족들이 살아가는 바, 북쪽에는 다키아인과 트라키아인들이, 남쪽에는 트라키아인들과 마케도니아인들이 산다. 예전에는 스키타이 유목민들이 히무스를 건너오고는 했으니, 알렉시오스의 창과 수많은 전투로 거의 멸절되기 이전에는 대군을 이끌고 쳐들어와 로마의 영토를 약탈하였으며, 특히나 필리포폴리스라 불린 옛 저명한 도시와 같은 가까운 마을들을 노렸다. 그러나 요안니스 치미스키스는 이 마니교 이단분자들을 우리의 동맹으로 바꿔놓았으니, 이들은 스키타이 유목민들에게 맞서는 든든한 병력이 되었으며 그 때 이후로 이곳은 침입에서 벗어나 활기를 되찾았다. 그러나 마니교도들은 천성적으로 무절제하고 무질서하여, 곧 타고난 대로 행동했다. 극소수를 제외하고는 필리포폴리스 주민은 모두 마니교도였기에 이들은 그리스도인들을 억

---

* 포티오스의 기록에 따르면 칼리니코스는 두 아들을 아르메니아로 보내 이단을 퍼뜨리게 했다고 전한다.
** 황제 요안니스 1세(재위 969~976)
*** 칼데아
**** 발칸 산맥
***** 프랑스 북동부에서 보헤미아, 헝가리까지 이어지는 숲 지대를 통칭한다.

압하고 물건을 빼앗았으며, 황제가 보내온 사절에게는 극히 조금만 바치거나 심지어 아무것도 내지 않았다. 수는 계속 불어나 필리포폴리스 인근 주민이 모두 이단일 지경이었다. 거기에 또 다른 이주민들, 짜디짠 물결처럼 아르메니아인들이 밀려들었고, 또한 가장 더럽혀진 이아코보스*의 부산물도 밀려들었다. 비유적으로 말하자면, 모든 오염된 물이 모여드는 장소와도 같았다. 나머지가 마니교도들의 교리에 동의하는 것은 아니었으나, 증오는 공유하고 있었다. 그러나 내 아버지인 황제는 이들과 오랫동안 군사적으로 맞서왔으며, 일부는 싸움 없이 귀순하게 했고 일부는 싸워 굴복시키기도 했다. 이 용맹한 자가 사도와 같은 위업을 얼마나 많이 행하고 견뎠던가! 그를 찬양하지 않고 못 배길 자 누가 있으랴? 그가 군사적인 일에 무심했다고? 아니, 그는 동방과 서방 모두에서 장군으로서의 업적을 이뤘다. 그가 언변이 뛰어나지 않았다고 할 것인가? 그것도 아니다. 그는 다른 누구보다도 성서를 탐구하여, 이단들과 논쟁을 벌일 수 있을 만큼 갈고닦았다. 홀로 무기와 언변을 모두 합쳐, 무기로는 야만인들을 정복하고 언변으로는 불신자들을 굴하게 했다. 이때 그가 마니교도들과 벌인 싸움은 사도의 임무였으며 군사적인 것은 아니었다. 나는 기꺼이 그를 '열세번째 사도'라 부르겠다. 물론 어떤 이들은 이 영광을 콘스탄티누스 대제에게 돌리겠지만 말이다. 그러나 나 개인적으로는, 알렉시오스는 콘스탄티누스 대제와 같은 평가를 받아야 한다고 보고, 논란을 피하기 위해서라면, 그를 사도이자 황제로서 콘스탄티누스에게 버금간다고 말할 수도 있다고 생각한다.

앞서 말하고 있었듯이, 그는 상기 이유로 필리포폴리스에 갔으나 아직 쿠만인들이 오지 않았기에 다른 목표를 더 우선으로 놓았으니, 이 마니교도들이 짜디짠 교리에서 벗어나 달콤한 교회의 교리로 돌아올 수 있도록 개종시키기 시작했다. 그리하여 아침부터 오후 또는 저녁까지, 때로는 밤의 이경 또는 삼경까지 이들을 불러들여 정통 신앙을 가르쳤으며, 뒤틀린 이단을 반박했다. 그와 함께 한 자는 니케아 주교 에브스트라티오스로, 신학과 세속의 글을

---

* 이아코보스 바라디오스. 6세기 에데사 주교로 시리아 정교회 분화에 영향을 미쳤다.

두루두루 알았으며 스토아나 아카데미의 철학자보다도 수사학에 능했다. 또한 필리포폴리스의 대주교도 함께 있었다. 그러나 황제의 가장 가까운 조언가는 나의 카이사르 니키포로스로, 그도 성서를 깊이 탐구한 바 있었다. 그리하여 많은 마니교도가 주저 없이 사제들에게 갔으며, 죄를 고백하고 신성한 세례를 받았다. 그러나 그 유명한 마카베오를 뛰어넘을 정도*로 제 신앙을 열성적으로 믿는 자들도 많았으니, 성경에서 구절을 인용해 가며 자신들의 역겨운 교리를 뒷받침하려 들었다. 그러나 황제의 지속적인 주장과 훈계로 그들 대부분도 설득되어 세례를 받았다. 동쪽에서 태양이 처음으로 빛을 내기 시작하여 밤이 가장 깊어질 때까지 논쟁이 이어졌으며, 그는 쉬지 않았고 때로는 음식도 없이 여름에 뻥 뚫린 막사에 있었다.

9

이런 일이 이어지고 마니교도들과 기나긴 논박이 이루어지고 있을 때, 이스트로스 강에서 온 전령이 쿠만인들이 도하했다고 알렸다. 황제는 지체 없이 다뉴브강을 향했는데, 당시 휘하에 있던 병사들만 데리고 갔다. 비딘에 도착한 후 야만인들이 없는 것을 확인하자(황제가 온다는 소식을 듣고 벌써 반대편으로 물러난 것이다), 즉시 용맹한 병사 일부를 떼어 추적하라고 보냈다. 이들은 다뉴브를 건너 추격을 개시했다. 사흘 밤낮으로 뒤쫓았으나, 쿠만인들이 뗏목을 타고 이미 강 너머로 건너갔다는 사실을 알게 되어 빈손으로 돌아올 수밖에 없었다. 황제는 병사들이 야만인들을 쓰러뜨리지 못했다는 사실에 분통이 났지만, 자신의 이름만 듣고도 야만인들이 도망쳤고 많은 마니교 이단을 우리 신앙으로 개종시켰으니, 승리로 칠 수 있다고 생각했다. 즉 그는 두 개의 공훈을 세웠으니, 하나는 무기로 야만인들에게서 거두었고, 또 하나는 신성한 말

---

*　마카베오기에 따르면 마카베오는 그리스 신을 따르도록 요구하는 셀레우코스 제국에 맞서 유대교 반란을 이끌었다.

로 이단에게서 거둔 것이다. 그 후 그는 필리포폴리스로 돌아가 잠시 쉰 뒤 새로운 문제에 뛰어들었다. 마니교 이단의 세 지도자인 쿨레온, 쿠시노스와 폴로스가 다른 면에서는 나머지 마니교도 족속과 다를 것이 없으나, 제 이단을 꿋꿋이 지켜 모든 설득에도 아랑곳하지 않았다. 이들은 성경을 이리저리 가져다가 제멋대로 해석할 줄 알았다. 그리하여 황제는 이들을 매일 불러들여 치열히 말싸움을 벌였다. 양쪽이 충돌했다 할 수 있겠는데, 한편으로는 황제가 모든 힘을 다해 그들을 구원하려 하고, 다른 쪽에서 이 셋은 가능하다면 소위 카드모스의 승리를 얻으려고 열렬히 논했다. 셋은 멧돼지의 엄니인 양 서로의 재치를 날카롭게 갈아주며 황제의 주장을 부수려고 했다. 어떤 반론을 쿠시노스가 놓치면 쿨레온이 넘겨받았으며, 쿨레온이 이기지 못하면 폴로스가 맞서고는 했다. 이들은 번갈아 가며 황제의 약속과 반박에 맞섰으니, 거대한 파도 뒤에 또 파도가 밀려오는 것과 같았다. 황제는 이들의 반대를 거미줄처럼 쓸어버렸으며 불경한 입을 막아버렸다. 그러나 결국 설득하지 못하여, 이자들의 어리석음에 지쳐 도시들의 여왕으로 그들을 보내면서, 대궁전을 둘러싸고 있는 포르티코*에서 지내라고 공간을 내주었다. 말로 설득해 이 지도자들을 잡지 못했더라도 아무 성과도 거두지 못한 것은 아니었으니, 매일 100명, 때로는 100명보다도 많은 수를 하느님께로 인도했다. 그러니 그가 예전에 입에서 나오는 말로 사로잡은 이와 이번에 사로잡은 이를 다 합하면 수천에서 10,000명에 달할 것이다. 그러나 내가 온 세상이 알고 동방과 서방이 모두 증언할 수 있는 일을 왜 늘어놓아야 하겠는가? 모든 마을과 지역이 다양한 이단으로 더럽혀졌을 때, 그는 다양한 방법으로 정통 신앙으로 돌아오게 했다. 유명한 마니교도들에게는 엄청난 선물을 내리고, 뛰어난 장교로 등용하기도 하였다. 비천한 자들, 날품팔이들이나 쟁기로 땅을 갈고 소를 키우는 자들은 한데 모아, 아내와 아이들과 함께 필리포폴리스 인근 에브로스 강 반대편에 지은 마을로 보냈다. 그들을 이곳에 정착하게 하였으니 마을은 알렉시오폴리스, 보다 통상

---

* 지붕으로 덮이고 기둥으로 둘러 싼 주랑 현관

적으로는 네오카스트론이라 불렸다. 그는 이들 중 한 명도 빼놓지 않고 쟁기와 포도밭, 말과 부동산을 나눠주었다. 이 선물은, 보살피지 아니하여, 어느 날에는 꽃이 만개했다가 다음 날에는 져버리는 아도니스의 정원처럼 둔 것도 아니며, 금인칙서로 보장하고 아들과 손자에게도 물려줄 수 있다고 천명하였다. 만약 물려받을 남자가 없는 경우에는 여자가 물려받을 수도 있다고 하였다. 이런 지혜로, 위대한 자는 자신의 은혜를 보장하였다. 상당 부분 생략하기는 했지만, 이 주제에 대해서는 족할 것이다. 그러나 누구도 이 역사책을 왜곡된 것으로 여기지는 말라. 아직 살아있는 많은 이가, 내가 이야기한 내용과 내가 거짓말을 하지 않았다는 것을 뒷받침할 수 있다.

모든 일을 최선을 다해 마무리한 뒤, 황제는 필리포폴리스를 떠나 도시들의 여왕으로 돌아갔다. 그는 여기서 계속 쿨레온과 쿠시노스 및 그 추종자들과 토론을 이어갔다. 그리고 쿨레온을 무너뜨렸으니, 내 생각에는 다른 자들보다 지혜롭고 참된 주장을 면밀히 따를 줄 알았기 때문이다. 쿨레온은 우리 신앙의 아주 얌전한 양이 되었다. 그러나 쿠시노스와 폴로스는 야만적이었으며, 사자처럼 연이은 황제의 말을 내리쳤고, 무쇠와 같이 머무르며 등을 돌려 멀어지고, 이끌리지 않았다. 마니교도 중 가장 신성모독적이며 깊은 어둠에 잠기고 있었기에, 그는 이들을 모두 엘레판티나라고 하는 감옥에 집어넣었다. 모든 필요한 것은 넉넉히 제공하였지만, 죄에 잠겨 외로이 죽으라고 내버려 두었다.

15권

찾아온 평화와 이단의 죽음

튀르크인에게서 거둔 승리 & 오르파노트로피온 & 보고밀파의 이단
& 마지막 병과 알렉시오스의 죽음 (1116~18)

XV. Victory over the Turks & The Orphanage & Heresy of the Bogomils & Last Illness and Death of Alexius (1116~18)

1

 황제가 마니교도들과 관련하여 필리포폴리스에서 한 일은 내가 말한 바와 같다. 그 후에는 야만인들이 만든 새로운 골칫거리가 끓어올랐다. 쉴레이만 술탄이 다시 한번 아시아를 폐허로 만들 계획을 세워, 호라산과 할렙에서 병력을 모아 황제와 제힘을 견주어보려 한 것이다. 쉴레이만 술탄의 계획은 일체 이미 황제에게 보고된 바 있었기에, 황제는 이코니온*까지 진격하여 전면전을 벌이기로 마음먹었다. 이 마을이 킬리지 아르슬란의 술탄국 국경에 있었기 때문이다**. 그리하여 그는 외국에서 병사를 모으고, 엄청난 용병을 긁어모았으며 자국 사방에서 병사들을 모집했다. 그때 이 두 장군이 서로 싸울 계획을 세우던 와중에 발에 생긴 옛 고통이 황제를 덮쳤다. 그리고 온 지역에서 계속 병력이 밀려들고는 있었으나, 각 나라들이 대단히 멀어 한꺼번에 오지 못하고 찔

---
* 현재 튀르키예의 콘야
** 위 전쟁은 1116년 일이고 쉴레이만은 1086년, 아들 킬리지 아르슬란은 1107년에 죽었으므로 타당하지 않다. 침략해 온 술탄은 앞서 언급한 사이산 술탄(말리크샤)이다.

끔찔끔 오는 상황이었다. 황제는 고통 때문에 세워놓은 계획을 실행에 옮기지도 못했을 뿐 아니라, 아예 걸어 다니지도 못할 지경이었다. 그가 소파에 매여 있으며 괴로워한 것은 발의 극심한 고통 때문이기도 하였으나, 그보다는 야만인들을 공격하는 원정이 미루어지고 있었기 때문이었다. 야만인 킬리지 아르슬란은 이를 잘 알고 있었고, 그가 쉬는 동안 아시아 전역을 쑥대밭으로 만들었으며 그리스도인들을 일곱 차례 습격했다. 이전에는 황제의 병이 이토록 심한 적은 없었다. 예전의 고통은 긴 간격을 두고 나타났던 것이, 이제는 계속 이어졌고 끊이지 않았다. 킬리지 아르슬란의 부하들은 황제가 실제로 병에 걸린 것이 아니라 아프다고 꾸며내는 것이 아닐까라고도 생각했고, 통풍이라고 가장하여 나태와 망설임을 숨긴다고 생각했다. 그리하여 황제가 술을 마시거나 취했을 때 이를 조롱했고, 야만인들은 타고난 이야기꾼이어서 황제의 병을 깎아내려 희곡의 소재로 만들었다. 의사 역할을 하는 자가 있고, 다른 자들은 시종 역할을 하면서 가운데 소파에 누운 황제를 두고서 연극을 한 것이다. 이 유치한 놀이가 야만인들 사이에서는 웃음을 자아냈다. 황제는 이런 일을 모르지 않았고, 화가 치밀어 더 가열 차게 전쟁을 벌이려 했다. 시간이 약간 흘러 고통이 가라앉자 그는 계획했던 여정을 시작했다. 다말리스로 배를 타고 간 다음 키보토스와 아이기아론 사이 해협을 건너, 로파디온에서 군과 용병이 도착하기를 기다렸다. 모두 집결하자 그는 병력을 이끌고 이동해, 니케아 밖 호수 근처의 게오르기오스 요새를 점령한 다음 니케아로 갔다. 사흘 뒤 여기서 돌아가 카리케오스 분수 근처에 있는 로파디온 다리 입구 쪽에 진영을 차렸다. 그는 먼저 병사들을 다리 너머로 보내 적절한 장소에 막사를 설치하게 한 뒤에야 다리를 건너가 병사들과 함께 황제의 막사를 차렸다. 그러나 거친 튀르크인들은 렌티아니아 언덕 밑에 있는 평원과 코토이레키아라는 곳을 폐허로 만들었는데, 황제가 그들을 공격하려 진격한다는 소식을 듣고 겁에 질려, 횃불을 여럿 피워 거대한 군대인 양 꾸몄다. 하늘이 이 불로 가득 찼으며, 미숙한 많은 병사는 겁을 집어먹었으나 황제는 이 모든 것에도 아랑곳하지 않았다. 튀르크인들은 모든 전리품과 포로들을 긁어모아 떠났다. 새벽이 되자 황제는 그들을 제압하려 평원까지 서둘러 뒤쫓았으나 놓치고야 말았다. 대신 아직 숨이 붙어 있는 로마인들과 많은 시체를 보고, 당연히 분노에 찼다. 추적하고 싶었으나, 모든 병력이 다 나서서 도망간 자들을 신속하게 쫓아가기는 불가능했다. 따라서 그는 포이마니논 인근 지점에 말뚝을 박고 용맹한 경보병 부대를 따로 분리하여 야만인들을 쫓으라 명하고, 역겨운 자들을 따라잡기 위해 어느 길로 가야할지도 말해주었다. 이 병사들은, 전리품과 포로들을 가지고 도망가던 튀르크인들을, 주민들은 켈리아라고 부르는 곳에서 따라잡았으며 불같이 덮쳤다. 상당수는 죽이고 몇몇은 포로로 잡았으며, 모든 전리품을 모아 빛나는 승리자로 황제에게 돌아왔다. 그는 이들을 기쁘게 맞이한 다음, 적이 완전히 무너졌다는 소식을 듣고 로파디온으로 돌아갔다. 돌아온 그는 그 마을에서 석 달 내내 머물렀으니, 안 그러면 통과해야 할 지역에서 물이 모자랐기 때문이며 (여름이었고 더위가 참을 수 없는 지경이었다) 아직 오지 않은 용병들 일부를 기다리고 있기 때문이기도 했다. 이들이 모두 모이자, 그는 진영을 옮겨 올림포스 골짜기와 말라기니 산 사이로 군대를 옮겼고, 그 자신은 아에르라는 곳으로 갔다. 황후는 그동안 프린키포스라는 곳에 머물렀는데, 여기서 황제가 로파디온으로 돌아온 후의 소식을 더욱 쉽게 들을 수 있었다. 황제가 아에르로 가면서 자신의 전용 범선을 보내 황후를 데려오도록 했다. 첫째로는 발의 고통이 극심했기 때문이며, 둘째로는 그를 쫓고 있는 수많은 적 때문이었으니, 그녀는 그를 극진히 간호하고, 그는 그녀를 쉬지 않고 지키려 한 것이다.

2

사흘이 채 지나지 않아, 황제의 침실 시종이 아침에 들어와 소파에 가까이 섰다. 황후가 잠에서 깨 쳐다보자 시종이 말했다.

"튀르크인들이 따라붙었다는 사실을 보고 드리러 왔습니다."

이미 게오르기오스 요새까지 왔다는 말을 하자, 그녀는 손으로 황제가 잠에서 깨지 않게 조용히 하라고 신호를 보냈다. 황제는 모든 말을 다 들었으나, 가만히 자세를 바꾸지 않고 얼마간 움직이지 않았다. 황제는 해가 뜨자 일어나 평상시처럼 행동했으나, 마음은 이 자의 경고에 완전히 팔려 있었다. 세 시간이 지나기도 전에 다른 전령이 와서는 야만인들이 벌써 상당히 가까이 왔다고 말했다. 황후는 여전히 황제와 함께 있었지만, 당연히 겁을 먹었고 그의 결정을 기다렸다. 군주들은 서둘러 점심을 먹었으나 또 다른 자가 왔는데, 피가 흠뻑 묻은 채로 황제의 발치에 부복해서는 위험이 임박했다고 맹세하며, 야만인들이 발끝까지 왔다고 말했다. 이에 황제는 즉시 황후에게 비잔티온으로 돌아가라 했고, 그녀는 근심했으나 두려움을 마음 깊숙이 감추고 말이나 태도로 일절 드러내지 않았다. 용기 있고 심지가 곧았으니, 잠언에서 솔로몬이 노래한 여성과도 같았으며, 많은 여자가 두려운 소식을 들으면 대개 겁먹는 것과 달리 그녀는 그러지도 않았다. 겁을 먹은 자는 얼굴색도 변하며 위험이 지척에 닥치면, 떨며 비명을 지르기도 한다. 비록 황후도 두려웠으나, 그 두려움은 황제에게 무슨 변고가 있지는 않을까 하는 것이었으며, 자신의 안위에 관한 것은 그다음이었다. 그리하여 이 상황에서 그녀는 스스로의 용맹함 정도에 걸맞지 않은 일은 전혀 하지 않았다. 비록 마지못해 떠나며 그를 다시 보려 고개를 여러 차례 돌리기는 했으나, 황후는 자세를 고쳐 잡고 마음을 단단히 먹었고, 황제와 헤어져 떠났다. 거기서 바다로 가 군주를 위해 준비된 범선을 타고 비티니아 해안을 지나 항해했고, 폭풍에 휘말려 헬레노폴리스에 정박해 잠시 머물렀다. 황후와 관련해서는 여기까지이다.

황제와 그와 함께 있던 병사들 그리고 친족들은 곧장 무장을 갖추었다. 말에 탄 다음 니케아를 향해 달렸다. 한편 야만인들은 어느 알란인을 붙잡았으니, 황제가 공격해 온다는 말을 그한테 듣고 곧장 왔던 길을 따라 후퇴했다. 그러나 스트라보바실리오스와 미하일 스티피오티스라는 둘은 (스티피오티스라는 이름을 듣고 야만인 혼혈 동명이인과 헷갈리지 말라. 그는 내가 지금 말하는 이 고귀한 태생의 스티피오티스가 사서 나중에 황제에게 선물로 바친 노예다) 대단히 싸움을 즐겼으며 이미 유명세를 떨치는 자들이었는데, 예르미온 산등성이에서 기다리며, 걸려드는 야만인들을 그물에 든 짐승처럼 잡을 수 있지 않을까 생각해 주변의 길을 감시하고 있었다. 튀르크인들이 다가오는 것을 보고 그들은 ... 라고 하는 평원으로 내려가 전투를 벌였고, 맹렬히 공격한 끝에 완전히 무찔렀다. 황제는 먼저 게오르기오스 요새에 들어갔다가, (자주 언급한 곳이다) 주민들에게 사고다오스라고 불리는 마을로 갔으나 튀르크인과 마주치지는 못했다. 그러나 앞서 언급한 용맹한 자들이 어떤 일을 해냈는지 듣고 용맹함을 칭찬하고 승리에 찬사를 보냈다. 그러고는 위에 적은 요새 바깥에 말뚝을 박았다. 그는 다음 날이 되자 헬레노폴리스에서 바다가 잠잠해지기를 기다리던 황후를 만나러 떠났다. 튀르크인들에게 무슨 일이 있었는지 모두 이야기해 주고, 승리를 염원하던 자들이 어떻게 불운을 마주했으며, 주인이 되려고 한 자들이 정반대로 주인을 섬겨야 하는 처지에 놓이게 되었는지 설명했다. 이리하여 그녀의 깊은 근심을 덜어준 뒤 그는 다시 니케아로 떠났다. 이곳에서 튀르크인들이 새로이 밀려온다는 말을 듣고는 로파디온으로 떠났다. 그러나 이곳에 약간 머무르던 중 대규모 튀르크 군대가 니마로 가고 있다는 말을 듣게 되어, 병력을 규합하여 키오스로 방향을 돌렸고, 튀르크인들이 니케아 쪽으로 간다는 말에 그날 밤 다시 진영을 옮겨 니케아를 통과해 미스코라*로 갔다. 모든 튀르크인이 온 것은 아니고, 모노리코스가 보낸 일부 병력이, 황제가 도착하면 모노리코스에게 알리기 위해 도릴리온과 니케아 인근을 정찰하고 있다는 사실을 황제는 알 수 있었다. 이에 황제는 레오 니케리티스와 그 휘하의 병력을 로파디온으로 보내 인근 길목을 철저히 경계하라고 명하면서, 튀르크인들의 동태를 서신으로 보고하라고 지시했다. 황제는 나머지 병력은 적절한

---

*   현재 튀르키예의 뮈스퀴레Müşküle

장소에 두었고 지금 술탄을 공격하는 것은 적절치 않겠다고 결정했는데, 로마인이 공격할 거라고 도망친 야만인들이 아시아의 모든 튀르크인에게 떠들고 다니며, 어쩌다 마주친 로마인들을 여러 차례 공격하였고 … 어떻게 자신들이 용맹하게 싸웠으나 패해, 일부는 사로잡히고 일부는 죽어 몇몇만이 부상 입은 채로 도망쳤는지 이야기할 것으로 추측했기 때문이다. 이런 이야기를 들으면, 야만인들은 그가 다가온다는 것을 깨닫고, 이코니온 너머로 후퇴하여 지금까지의 모든 노력이 헛수고로 돌아갈 수도 있었다. 이런 이유에서 그는 돌아서 비티니아를 거쳐 니코메디아로 갔으며, 이러면 야만인들은 그가 공격하리라 예상하지 못하고 원래 있던 곳으로 돌아가려고 했다. 이후 튀르크인들이 제 방식대로 용기를 되찾아 다시 약탈에 나섰으며, 술탄 본인도 옛 계획을 이어 나갔다. 잠깐의 휴식 뒤 병사와 말과 짐꾼용 동물들이 힘을 되찾자, 알렉시오스는 더 힘차게 전쟁을 이어 나갔고 더 가열 차게 전투를 벌이려 했다. 이를 위해 그는 니코메디아에서 모든 병력을 끌고 간 다음, 근처 마을에 풀어놓아 말과 짐승이 충분한 음식을 먹을 수 있도록 했다. 비티니아 땅에는 풀이 많이 자랐으며, 병사들도 만(灣) 너머에 있는 비잔티온 및 그 인근 지역에서 쉽게 필요한 모든 것을 가져올 수 있었기 때문이다. 그는 병사들에게 말과 짐승을 충분히 신경 쓰고 사냥이나 승마에는 동원하지 않도록 했는데, 좋은 상태를 유지하여 필요한 일이 생겼을 때 기수를 수월히 날라 기병이 적을 공격할 수 있도록 하기 위함이었다.

3

이 모든 조치를 취하고 모든 길에 수비병을 배치한 다음, 황제는 보초처럼 눌러앉았다. 이곳에 꽤 오래 머무를 생각이었기에 그는 내가 여러 차례 언급한 이유로 황후를 불렀으니, 야만인들의 침공에 대한 보고를 받아 그곳을 떠나기 전까지는 함께 있으려 한 것이다. 황후는 급히 니코메디아로 갔다. 그녀는 적

수 중 몇몇이 의기양양해 있는 꼴을 보았는데, 내용은 이러했다. 황제가 아무 것도 하지 않고 있으며, 야만인들을 공격한다고 대단하게 준비하고 대군을 불러 모아서는 아무 대단한 일도 하지 못하고 니코메디아로 물러났다고 사방에 중상모략하고 수군거리고 있던 것이다. 이런 말이 구석에서만 오간 것이 아니라 광장에서도 공공연하게 돌아다녔으며, 큰길과 교차로에서도 그러했기에, 그녀는 심란해했고 화를 냈다. 그러나 황제는 원정이 이로운 결과를 가져올 거라는 사실을 알았고, 이런 일을 영리하게 처리할 줄 알았기에, 적들의 비난과 음해에 개의치 않았고 그 모든 것을 유치한 짓이라 경멸했으며, 그들의 유치한 마음가짐을 비웃었다. 그는 이성적인 말로 황후를 격려하였으며, 이자들이 코웃음 친 바로 그것이 대단한 승리의 이유가 될 것이라 확언해 주었다. 내가 보기에 적절한 판단력을 통하여 승리를 거두기 위해서는 용기가 필요하다. 판단력 없이 기상과 혈기만 거세다면, 그것은 어리석음이지 용기가 아니다. 이길 수 있는 자와 전쟁을 벌일 때에는 용기를 가지고 임해야 한다. 그러나 이길 수 없는 자와 맞서는 것은 어리석은 것이니, 위험이 우리를 덮칠 때는 전면에서 공격할 수 없으니, 전술을 바꾸어 피 흘리지 않고 이기는 길을 찾아야 한다.

또한 장군의 주된 덕목이란 위험 없이 승리를 거두는 것이다. 호메로스가 말했듯 '기술로써, 한 전차 기수가 다른 기수를 이기는 것이다.' 속담을 낳은 그 유명한 카드모스도 위험으로 가득한 승리는 혹평하지 않던가. 내가 보기에는 전투 중에도 교묘한 술책을 이용하는 것이 최선으로 보이니, 아군이 적에 비해 약할 때는 항상 그러하리라. 누구든 역사책을 넘기면 예시를 찾을 수 있을 것이니 승리는 항상 똑같은 방식이나 방법으로 거머쥐는 것이 아니며, 예로부터 지금까지 다양한 노력이 있었으니, 승리라는 결과는 하나이고 다 같으나, 장군들이 얻어내는 방식은 여럿이며 그 성격도 하나가 아님을 알 것이다. 옛 우리 명장 중 일부는 적을 오로지 힘으로 무찔러 ... 이런 방식으로 승리한 듯하나, 다른 이들은 다른 방법과 수단으로 승리를 얻어낸 바 있다. 내 아버지인 황제는 때로는 기량으로, 때로는 재치로 적을 압도했으니, 심지어 전투 중에도 영리한 계책을 생각해 내 대담히 바로 실행에 옮겨 승리를 거두고는 했다. 때에 따라 계책을 이용하고, 어떤 자들은 힘껏 싸워서 자주 기대를 뛰어넘고 영예를 거머쥔 것이다. 만약 위험을 좋아하는 자가 있다면 바로 그일 것이며, 위험이 그의 앞길을 계속 막아서고는 했으나 어떤 때는 맨손으로 뛰어들어 야만인과 가까이서 맞서 싸웠고, 때가 요구하고 상황이 적절하면 겁을 먹은 척하며 전투를 피하기도 했다. 간략히 말하자면 그는 도망칠 때도 압도했고, 추적할 때도 완승했다. 쓰러지면서 일어섰고, 추락하면서도 어떻게 던지든 똑바로 서는 마름쇠처럼 서 있었다. 그러나 여기서 다시 한번 내가 아부한다고 비판받을 수 있으니, 미리 반박해 두어야겠다. 나를 옹호해 말하자면, 내가 이런 언급을 하는 것은 내 아버지를 사랑해서가 아니라 상황의 본질 때문이었다고 여러 차례 말한 바 있다. 진실을 다루는데 아버지와 진실에 대한 사랑을 모두 지키지 못할 이유가 무엇이 있으랴? 나는 진실한 역사책을 써, 좋은 사람에 대해 다루고자 했다. 그 사람이 역사가의 아버지라 하더라도, 아버지의 이름은 단지 부속물로 둘 뿐이다. 역사책은 반드시 진실에만 집중해야 한다. 다른 경우일 때 나는 아버지에 대한 사랑을 표현했고, 그로 인해 나를 노리는 뒤틀린 자들의 창끝이 날카로워지고 칼날이 섰으니, 내가 어떻게 살아오는지 아는 자라면 누구든 알고 있을 것이다. 그러나 내 역사책을 꾸미며 진실을 배반한 바 없다. 아버지에 대한 사랑을 드러내고 그때 내가 용기를 낸 바 있으나, 다른 때에 진실이 가장 중요한 경우에, 그런 때가 내 앞에 찾아오면 가볍게 다룰 수 없다. 그리고 내가 말했듯, 이 경우에는 나는 아버지에 대한 애정도 함께 드러내었으며, 진실을 가렸다는 사람들의 공격은 전혀 두렵지 않다. 그러나 이제는 원래의 주제로 돌아가야 한다.

 황제는 니코메디아에 막사를 치고 있는 동안 병사를 징집했으며, 활을 구부리고 창을 휘두르고, 말 잔등에 올라타 여러 대열을 갖추는 법을 가르치는 데에만 열중했다. 또한 직접 고안한 전투 대형을 병사들에게 가르쳤으니, 함께 말을 달리며 팔랑크스들을 살피고 여러 탁월한 조언을 해주었다. 그러나 이제 태양이 큰 궤도에서 돌아와 추분점을 지났고, 보다 남쪽 궤도로 접어들었으니*, 원정에 나서기 좋은 계절이었다. 그리하여 모든 병력을 이끌고 그는 곧장 원래 마음먹은 대로 이코니온으로 진격했다. 니케아에 도착하여 그는 경보병들과 경험 많은 장교들을 떼어내어, 먼저 가 튀르크인들을 습격해 약탈하라고 명했다. 그러나 만약 하느님께서 승리를 허락하여 적을 무찌르면, 공격을 이어 나가지 말고 승리에 만족해 질서 있게 물러나라고 했다. 그리하여 그들 모두는 황제와 함께 ... 라고 하며 주민들은 가이타라 부르는 곳을 점령하였다가, 이곳에서 따로 이동했고 그는 나머지 모든 병력을 이끌고 피테카스강 근처 다리까지 갔다. 그는 사흘간 아르메노카스트론과 이른바 레브케를 지나 도릴레온 평원에 도착할 수 있었다. 병력을 배치할 수 있을 정도로 넓고 꼼꼼히 살펴 정확한 아군의 군사력을 파악하고 싶었기에, 그는 여기에 진을 쳤다. 완벽한 기회였기에 그는 오래도록 생각하고 계획을 짜며, 여러 차례 종이에도 묘사한 바 있는 전투 대형을 펼치도록 했으니, 참으로 아일리아노스의 전술론**을 잘 알았다. 오랜 경험으로 튀르크인의 전투 대형은 다른 어느 나라와도 다르다는 점을 알았으니, 튀르크인들은 호메로스가 말한 것처럼 '방패를 겹겹이, 투구를 겹겹이, 사람을 겹겹이' 하는 것이 아니었고, 좌우익과 중군이 상당히 흩어져 있었으며 팔랑크스는 서로 거리를 두고 있었다. 그러니 만약 좌익이나 우익을 공격하면, 중군이 덮쳐오고 그 뒤에 있는 모든 군이 회오리처럼 몰아쳐 혼란에 빠트릴 터였다. 사용하는 무기를 보면, 켈트인처럼 창을 사용하는 것이 아니라 완전히 에워싼 다음 화살을 쏘아대고는 했으며, 방어도 멀리서 화살로 했다. 추적할 때도 활을 쏘아 포로를 잡았다. 도망칠 때도 똑같은 무기로 추적자를 물리쳤으며, 화살이 말을 맞히든 기수를 맞추든 엄청난 힘으로 발사되어 상대를 관통할 정도였다. 활을 쓰는 일에 이들이 이토록 능했다. 오랜 경험으로 이를 알고 있던 황제는, 튀르크인들이 오른쪽에서 쏠 수밖에 없도록 대형과 팔랑

---

*   가을이 되었다는 뜻이다.
** 아일리아노스는 2세기에 전술에 관한 글을 남겼다.

크스를 배치하여 그쪽은 방패를 내세워 막게 하면서, 아군은 튀르크인들의 왼쪽에서 쏘아 노출된 방면을 공격할 수 있게 했다. 황제는 이 전투 대형이 무적이라 생각했으며, 그 위력에 감탄했고 천사들이 영감을 내려준 것이며, 하느님께 바칠 만하다 생각했다. 다른 이도 모두 경탄하고 기뻐하였으며 황제의 생각에 새롭게 용기를 낼 수 있었다. 그는 자신의 병력과 곧 지나야 할 평원에 대해 생각해 보고, 이 전투 대형이 탄탄하며 쉽게 무너지지 않을 것으로 생각하고는, 큰 희망을 품고 실현해 달라고 하느님께 기도드렸다.

4

이런 전투 대형으로 그는 산타바리스에 도착했으며 ... 대열에 모든 지휘관을 배치했다. 카미치스는 폴리보토스와 케드로스를 공격하라고 보냈다. (후자는 대단히 요새화된 마을로 사트라프 푸체아스가 차지하고 있었다). 스티피오티스는 아모리온의 야만인들을 공격하라고 보냈고 ... 두 스키타이인이 이 계획을 눈치채고는 푸체아스에게 도망친 뒤, 그에게 카미치스가 진격하며 황제도 다가오고 있다고 전했다. 푸체아스는 이에 너무나도 겁을 집어먹고 한밤중에 도시를 빠져나가 모든 주민을 이끌고 도망갔다. 날이 밝을 즈음 카미치스가 도착했을 때는 푸체아스도 어느 튀르크인도 찾을 수 없었다. 요새, 그러니까 케드로스를 찾았고 전리품이 가득했으나 그는 일절 시간을 낭비하지 않았으니, 거의 손에 들어온 사냥감을 놓친 사냥꾼처럼 화가 난 상태였기 때문이다. 그리하여 곧바로 그는 말머리를 돌려 폴리보토스로 진격했다. 이곳을 기습하여 셀 수 없을 정도로 많은 야만인을 죽이고, 모든 귀중품과 포로를 모아 황제가 도착하기를 기다리며 진을 쳤다. 스티피오티스도 똑같이 했으며, 포이마니논에 도착한 다음 황제에게 돌아갔으며, 황제는 해가 질 때쯤에 케드로스에 도착했다. 즉시 몇몇 병사가 다가와, 한때 이름을 날린 부르치스*에게 충성했던 인근의 작은 마을들에 야만인이 우글거린다고 보고했다. 황제는 이들의 보고를 듣고 즉시 준비를 갖추었다. 즉각 유명한 부르치스의 후손인 바르다스와, 요르요스 레보노스, 제 나라말로는 피티칸이라 하는 스키타이인을 불러들여, 각각 충분한 수의 병력을 내주고 튀르크인들에게 맞서라고 보냈다. 그러면서 도착하면 약탈을 맡을 부대를 내보내 인근 지역을 초토화하고, 모든 주민을 자신에게 데려오라 명했다. 이들은 즉시 맡은 바에 따라 여정에 나섰으며, 황제는 이전에 세운 목표에 따라 서둘러 폴리보토스에 도착하여 이코니온까지 나아가려 했다. 이 목적을 이루기 위해 작전에 투입한 믿을 만한 소식통이 전해오기를, 야만인들과 술탄 쉴레이만**은 그가 온다는 말을 듣고, 아시아의 모든 작물과 평원에 불을 질러 사람도 짐승도 먹을 것이 없도록 만들었다는 것이었다. 더 북쪽의 나라에서 또 다른 야만인들이 침략했다는 전갈도 도착했으니***, 소문이 아시아 전역에 빠르게 퍼졌다. 그리하여 그는 이코니온으로 진격하다가 전군이 식량이 부족해 굶주리지는 않을까 염려하였고, 이코니온에 있을 야만인들에 대해 의심하고 근심했다. 그리하여 면밀하면서도 대담한 계획을 세웠으니, 즉 하느님께 기도하여 이코니온으로 진격할지, 필로밀리온 인근에서 야만인들을 공격할지 결정하겠다는 것이었다. 그는 이 질문들을 두 장의 종이에 쓴 뒤, 성찬대에 올려놓고 밤을 새워 찬송가를 부르고 하느님께 열렬히 기도드렸다. 새벽이 되어 사제가 들어와 성찬대에 놓인 두 장 중 하나를 골랐으며, 모두가 보는 앞에서 펼쳐, 황제께 필로밀리온으로 향하는 길에 오르게 하라고 읽었다. 황제는 이 말대로 했다.

부르치스의 후손인 바르다스는 앞서 말한 길을 따라가던 중 모노리코스에게 합류하려고 좀페에서 다리를 건너던 정예병들과 마주쳤다. 즉시 그는 무장

---

* 미하일 부르치스(930/35~996). 동로마 장군으로, 969년 안티오히아를 수복해 이름을 날렸으나, 해임되자 요안니스 치미스키스의 반란에 가담해 즉위를 도왔다.
** 위와 마찬가지로 말리크샤가 맞다.
*** 다니슈멘드의 공격

을 갖추고 아모리온 평원에서 전투를 벌여 무찔렀다. 그러나 모노리코스에게 합류하러 가던 동쪽에서 온 또 다른 튀르크인들이, 부르치스가 복귀하기 전에 그의 진영을 덮쳤으며 짐꾼용 동물과 병사들의 짐을 죄다 빼앗아갔다. 부르치스는 승리 후 넉넉한 전리품을 가지고 돌아오고 있었는데, 진영에서 나오던 튀르크인 하나를 마주쳤다. 그는 튀르크인들이 모든 것을 도둑질하고 전리품을 챙겨 떠났다는 것을 알게 되었고 어떻게 해야 할지 고심했다. 기동력이 뛰어난 튀르크인을 뒤쫓고 싶었으나, 말들이 지쳐 그럴 수는 없었다. 그리하여 그는 추격을 포기하고 더 나쁜 상황이 벌어지지 않도록 천천히 질서정연하게 출발하여, 새벽쯤에 앞서 말한 부르치스의 마을에 도착해 모든 주민을 끌어냈다. 이곳에서 포로들을 모아 야만인들이 가지고 있던 모든 보급품을 챙기고는, 지친 병사들과 함께 잠시라도 푹 쉰 후, 해가 뜨자 길을 따라 황제에게 돌아갔다. 도중에 그는 다른 튀르크 부대와 마주쳤으며 맹렬히 전투를 벌였다. 튀르크인들은 오래도록 버텼고 그가 붙잡은 포로와 약탈품을 요구했으며, 요구를 받아들이면 로마인들을 다시 공격하지 않고 고향으로 돌아가겠노라고 엄숙히 맹세했다. 부르치스는 그러나 야만인들의 요구에 응하지 않고 전투를 이어나가 용맹하게 싸웠다.

튀르크인들은 전날 싸우는 동안 물을 전혀 마시지 못했기에, 강둑을 차지하고서는 타는 듯한 목을 달랜 다음 무리 지어 싸우러 돌아왔다. 한 무리가 싸우는 동안 다른 지친 무리는 물을 마시며 휴식을 취했다. 부르치스는 야만인들의 굳건함을 보았고, 그 숫자에 죽도록 겁에 질려 무력함을 느꼈다. 그는 병사 중 하나를 보내 자신이 처한 상황을 황제에게 전했는데, 그 병사는 내가 앞서 말했던 요르요스 레보노스이었다. 레보노스는 튀르크인들이 우글거리지 않는 길은 알아내지 못해, 과감하게 그 사이로 뛰어들었고, 뚫고 나가 무사히 도착했다. 황제는 부르치스에 대한 소식을 듣고 튀르크인들의 수를 꽤 정확하게 파악한 다음, 엄청난 수의 원군이 필요하겠다는 판단하에 빠르게 친히 무장을 갖추며 병사들을 준비시켰다. 부대가 팔랑크스 대형으로 도열하자 그는 질서정연하게 진격하도록 했다. 중군은 바실리오스 미하일이 이끌었으며, 우익은 브리엔니오스가, 좌익은 가브라스가, 후방은 케카브메노스가 맡았다. 튀르크인들은 멀리서 대기하고 있었는데, 젊고 싸움에 목말라 있던 황후의 조카 니키포로스가 아레스의 추종자 몇몇을 이끌고 전열 앞으로 뛰쳐나갔다. 그는 공격해오는 첫 번째 사람과 싸웠고 무릎에 부상을 입었으나, 창으로 그자의 가슴을 찔렀다. 튀르크인은 말에서 곧장 떨어졌고 아무 말도 내뱉지 못했으며, 이를 본 뒤에 있던 자들은 등을 돌려 달아났다. 황제는 이 용감한 젊은이를 기쁘게 맞이하고 칭찬하였으며, 계속 필로밀리온으로 향했다. 그는 마흔 순교자의 호수를 지나 다음 날 메사낙타라는 곳을 점령했고, 다시 움직여 필로밀리온을 함락시켰다. 다음으로 전군에서 다양한 병종의 군사들을 뽑아내 용맹한 지휘관들에게 맡긴 다음, 이들을 이코니온 인근의 마을로 보내 수복하고 튀르크인에게 붙잡힌 포로를 풀어주라 명했다. 즉시 이들은 야생동물처럼 흩어졌으며, 야만인들의 포로들을 황제에게 돌려보냈고 포로들의 짐도 함께 챙겨왔다. 튀르크인에게서 도망치던 이곳의 로마인 주민들은 자발적으로 따랐다. 아기가 딸린 여자도 있었고, 남자와 아이들도 있었는데 모두 피난처를 찾듯이 황제에게로 달려왔다. 그는 모든 포로와 여성, 아이들을 가운데에 둔 새로운 대형을 짰으며, 왔던 길 그대로 돌아가 지나가는 곳 어디든 무사히 지나갔다. 방금 묘사한 새로운 대형으로 행군했으니, 만약 직접 봤더라면 살아 있는 요새 도시가 걸어 다니는 것 같다 말했을 것이다.

5

  황제가 나아가는 동안 야만인들은 모습을 드러내지 않았으나, 모노리코스는 몰래 따라붙어 길 양쪽에 대군을 거느리고 매복했다. 황제가 폴리보토스와 앞서 말한 호수 사이의 평원을 지날 때, 아무 짐 없이 매복하고 있던 용맹한 경보병 부대가 갑작스럽게 언덕 위로 모습을 드러냈다. 대★ 사트라프 모노리코스가 황제의 새로운 대형을 본 것은 이번이 처음이었다. 그는 늙었고 전쟁과 전술에 경험이 풍부하였으나, 이 새로운 배치를 보고 놀라 멍해져 지휘관의 이름이 누구냐 물었으며, 다른 누구도 아닌 황제 알렉시오스일 수밖에 없으리라 짐작했다. 공격을 개시하고 싶었으나 어떻게 해야 할지 알 수 없었다. 그럼에도 그는 튀르크인에게 외치며 명했다.

"전장으로!"

로마인들에게 대군을 마주한 착각을 심어주기 위해 밀집 대형이 아닌 이리저리 무리 지어 흩어져 공격하라 명했으니, 앞서 묘사한 튀르크인들의 전형적인 방식이었다. 기습과 말이 달그닥거리는 소리로 로마군의 귀를 멀게 하고, 겁을 심어주려 한 것이다. 그러나 황제가 전열에서 탑이나 불기둥 또는 신성한 천상의 형상인 양, 말을 타고 아군에게 위치를 지키라 명하며 사기를 북돋웠다. 이렇게 노고를 들이는 것은 자신의 안위를 위한 것이 아니라 로마 제국의 영광과 명예를 위한 것이라 말했으며, 그들을 위해 목숨을 바칠 준비도 되어 있노라고 했다. 모두가 그의 말에 용기를 얻었으며 맡은 자리를 지키고 명에 따라섰다. 그리하여 야만인들이 보기에는 거의 움직이지 않는 것처럼 보였다. 하루 종일 튀르크인들은 로마군을 공격했으나 이길 수 없었다. 진형을 아주 약간도 돌파할 수 없었기 때문이니, 결국 이들은 아무것도 이루지 못한 채 언덕으로 물러났다. 거기서 횃불을 엄청나게 피워 올리며 밤새 늑대처럼 울부짖고 가끔 로마인들을 비웃으며 소리쳤다. 그리스어를 할 줄 아는 혼혈이 몇 있었다. 새벽이 밝아왔고, 모노리코스는 생각을 바꾸지 않고 튀르크인들에게 어제와 같이 움직이라 명했다. 그때 킬리지 아르슬란 술탄 본인이 도착하여 부대의 완벽한 대형을 보고 감탄하였으나, 젊은이답게 늙은 모노리코스에게 황제와 전투를 미루고 있었느냐고 비웃었다*. 모노리코스가 답했다.

"저는 늙었고 겁이 많아 지금까지도 교전을 미루고 있었겠지요. 폐하께서 그토록 용

---
*   앞서 말했듯 말리크샤 술탄이다.

맹하시다면 가서 시도해 보십시오. 결과가 증명해 줄 것입니다."

즉각 킬리지 아르슬란은 후방을 공격하면서, 다른 몇 사트라프들에게는 전방에서 황제를 공격하고 나머지는 양익을 치라고 지시했다. 이에 우익을 맡고 있던 카이사르 니키포로스 브리엔니오스는 후방에서 벌어지는 전투를 눈치채고 지원하고 싶어 했으나, 경험이 적다거나 아직 미숙하다는 지적을 받을까 봐 야만인들에 대한 분노를 억누르고 계속 질서 있게 대형을 유지했다. 야만인들은 용맹하게 싸웠으며 내가 가장 아낀 동생 안드로니코스 포르피로옌니토스는 좌익을 이끌고 있었는데, 한 바퀴 돌아 병력을 이끌고 맹렬히 야만인들과 싸웠다. 그는 이제 막 인생의 황금기에 접어든 나이였으며, 전쟁에서 순수한 용맹과 재빠른 손, 충분한 지혜를 보여주었으나 때 이르게 목숨을 잃었으니, 아무도 예측하지 못한 때 우리를 떠나 숨을 거두었다.

오, 젊음과 완벽한 육신과 말을 타고 도약하는 빛나는 모습이여, 이 세상 어디로 사라졌는가? 내 비통함이 그를 기리는 눈물을 빚어낸다. 그러나 역사의 법이 나를 다시금 옭아매노라. 요즈음에는 그 누구도 옛날에 그랬듯이, 너무나 큰 충격을 받아 돌이나 새, 나무나 다른 무생물로 바뀌지 않으니 놀라운 일이다. 어쩌면 그토록 악을 깊이 받아들이느니, 아무것도 느낄 수 없는 무언가로 바뀌는 것이 나을지도 모른다. 만약 가능했다면, 내가 겪어야 했던 부당한 일들이 나를 돌로 바꾸어 놓았을지도 모른다.

안나 콤니니의 동생 안드로니코스는 1130/1131년에 병으로 급사했다. 전투에 대한 기록이 비망문으로 이어져 이 전투에서 죽은 것처럼 착각하게 만든다. 그러나 테오도로스 프로드로모스(1100~1165)가 쓴 모노디를 보면 안드로니코스는 아버지 알렉시오스 1세가 죽은 뒤 사망했다(L'obituaire du typikon du Pantokrator, 1969, 249p 참고).

6

니키포로스는 전투가 근접전의 양상을 띠는 것을 보고, 패할까 두려워 병력을 이끌고 한 바퀴 돌아 그들을 도우러 서둘러 갔다. 이에 야만인들은 등을 돌렸고, 킬리지 아르슬란 술탄 본인도 온 힘을 다해 도망쳐 언덕으로 돌아갔다. 많은 자가 그 전투에서 전사했으며, 더 많은 수가 사로잡혔다. 살아남은 자들은 모두 흩어졌다. 술탄 본인도 다급히 겁을 먹어 잔 드리는 자만 거느리고 도망쳤으며, 큰 사이프러스가 빽빽이 서 있는 어느 산꼭대기에 있는 성당으로 올라갔는데, 세 스키타이인과 우자스의 아들이 뒤쫓고 있어 달아나야 했다. 그는 다른 방향으로 돌아섰고 추적자들이 눈치채지 못하게 도망쳤으나, 잔 드리는 자는 사로잡혔으며 황제에게 끌려가 값진 전리품으로 바쳐졌다. 황제는 적을 패퇴시켰고 승리했음에 즐거워했으나, 술탄은 사로잡히지 않았고, 속담에서 말하듯 구사일생했다는 사실에 염려하였다. 저녁이 되어 그는 그 자리에 진을 쳤고, 살아남았던 야만인들은 언덕 꼭대기로 올라가 불을 많이 피우고 개처럼 밤 내내 로마인들에게 짖어댔다. 그러나 로마군에서 탈주한 어느 스키타이인이 술탄에게 가서 말했다.

"낮에 황제와 싸울 생각은 하지 마십시오. 유리한 점이 하나도 없습니다. 그러나 평원이 그리 크지 않아 황제가 막사를 밀집시켜 놓았으니, 날랜 궁수들에게 언덕 발치로 내려가 밤 내내 화살을 퍼붓게 하십시오. 그러면 로마군이 적지 않은 타격을 입을 겁니다."

이 말을 들은 어느 야만인 혼혈 튀르크인이 눈치채지 못하게 도망쳐 황제에게 달려가서는, 스키타이인이 와서 술탄에게 제안한 바를 이야기했으며 로마군에 맞서 무슨 짓을 꾸미는지 똑똑히 설명했다. 이를 듣고 황제는 군을 두 부대로 나누어 한쪽은 진영 안쪽을 지키며 깨어있으라 명하고, 다른 쪽은 무장하고 진을 떠나 전투를 벌이러 오는 야만인들을 치라고 명했다. 그날 밤 야만인들이 군을 둘러쌌고 언덕 발치쯤에서 공격을 준비한 후 화살을 쏘아댔다. 그러나 황제의 지시에 따라 움직인 로마군은, 대열이 무너지는 일 없이 막아낼 수 있었다. 날이 밝아오자, 이들은 똑같은 대형으로 진군했으며 마찬가지로 전리품과 모든 짐, 죄수들과 여자, 아이들을 한가운데에 두고 암푸스로 갔다. 무시무시하고 치열한 전투가 기다리고 있었다.

술탄이 다시 한번 병력을 모아 군을 에워싸고 사방에서 공격해 왔다. 그러나 어느 지점으로도 로마군의 대형을 뚫어내지 못했으며, 굳건한 벽과 같은 대형을 공격했으나 아무것도 이뤄내지 못하고 물러나야 했다. 밤 내내 낙담하고 절망해 그는 모노리코스 및 나머지 사트라프들과 상의하였으며, 하늘이 밝아오자, 황제에게 화평을 구하였으니, 모든 사트라프가 이것이 가장 낫다고 말한 것이다. 황제는 청원을 받아들였으며 즉시 군대에 물러나라는 신호를 보내라 명했으나, 병사들에게 현재 상태를 유지한 채 말에서 내리거나 짐승이 짊어진 짐을 풀지 말고, 원정 내내 그러했듯 방패와 투구와 창으로 몸을 가리라 했다. 황제가 내린 이 명령은 다른 것 때문이 아니라, 만약 혼란이 일어나면 전열이 무너져 모두가 쉽게 사로잡힐 수도 있었기 때문이다. 그가 보기에 튀르크인 무리는 매우 많은 듯했고, 사방에서 로마군을 공격해 올 수도 있었으니 말이다. 이후 그는 적절한 자리에 멈춰서 모든 친족과 상당한 수의 병사들을 거느리고 섰다. 양옆에 친인척과 사슬 갑옷을 입은 정예병들이 서 있었으며, 이들의 무기에서 비치는 맹렬한 빛줄기가 태양빛보다도 눈부셨다. 그 사이 술탄이 제 봉신 사트라프들을 이끌고 다가왔으니, 그중 우두머리는 모노리코스로 아시아에 있는 그 어느 튀르크인보다도 나이, 경험, 용기가 많은 자였다. 술탄은 아우구스토폴리스와 아크로니온 사이 평원에서 황제와 만났다. 사트라프들은 멀리서 황제를 발견하고 말에서 내려 통상 군주에게 하는 대로 복종의 예를 표했다. 술탄은 여러 차례 말에서 내리겠다고 했고 황제는 그러지 말라 했으나, 그는 잽싸게 내려 황제의 발에 입을 맞추었다. 황제는 손을 내밀며 말에 올라타라 일러주었다. 술탄이 말에 올라타 황제와 나란히 가자, 황제는 갑작스레 입고 있던 망토를 벗어 술탄의 어깨에 둘러주었다. 잠깐의 침묵이 있고 나서 그는 마음먹은 바를 말했다.

"만약 그대가 로마 제국에 복종하고 그리스도인을 살육하지 않을 뜻이 있다면 호의와 명예를 누릴 것이며, 그대를 위해 마련된 땅에서 여생을 평화롭게 보낼 수 있을 것이오. 로마노스 디오예니스가 황제가 되고 불운하게도 술탄과 전장에서 마주쳐 끔찍하게 패하고 사로잡히기 전*에 그대가 살아가던 땅 말이오. 그러니 전쟁이 아닌 평화를 고르시오. 로마 제국의 국경에서 손을 떼고 가진 것에 만족하시오. 지혜로이 조언하는 내 말을 듣는다면 후회할 일이 없을 것이며, 오히려 많은 특권을 누릴 수 있을 것이오. 그러지 않는다면, 나는 그대 민족을 파멸시킬 수밖에 없소."

술탄과 그의 사트라프들은 조약에 동의하며 말했다.

"폐하께 평화를 구하러 온 것이 아니라면 제 발로 여기까지 찾아오지도 않았습니다."

이렇게 말을 한 뒤 그는 이들을 배정된 막사에 가도록 보내주었으며, 내일 정식으로 조약을 맺자고 약속했다. 저물녘에 황제는 다시 한번 사이산 술탄과 이야기를 나누었고 통상적인 내용으로 조약을 마무리했으며, 대단히 많은 양의 돈을 내려주고 사트라프들에게도 선물을 안겨주어, 모두를 만족시킨 후 돌려보냈다. 이 사이 황제는 술탄의 사생아 형제인 마수트가 왕좌를 노리고 있으며 사이산을 암살하는 계획을 꾸민다는 소식을 듣게 되었으니 … 몇 사트라프들이 부추긴 것이다. 거의 항상 그렇듯이. 이에 황제는 술탄에게 음모의 세부 사항을 알게 되기 전까지 잠시 기다리라 조언했으며, 무슨 일이 일어났는지 알게 되면 만반의 준비가 된 채로 나아갈 수 있을 거라 충고했다. 그러나 술탄은 황제의 조언을 무시했고 자신에 차 결정을 고집했다. 황제는 자신의 의지로 나아온 술탄을 강제로 구금하는 것처럼 보이고 싶지 않았기에 제지하지 않았다. 야만인의 뜻에 따라 말해줄 뿐이었다.

"조금 더 기다리는 것이 현명할 텐데. 그러나 가겠다고 마음을 먹었다면 차선책을 취해야 할 것이니, 사슬 갑옷을 입은 로마군 병사들이 넉넉히 따라가 이코니온까지 안전

---

* 로마노스 4세 디오예니스는 1071년 만지케르트에서 셀주크 제국에 패하고 사로잡혔다.

히 호위하도록 하겠소."

그러나 야만인은 여기에도 동의하지 않았으니, 이 야만인들은 마음속에 오만이 가득하고, 자기들이 구름도 넘을 수 있다고 생각하기 때문이었다. 그리하여 그는 황제를 떠나 충분한 금액의 돈을 선물 받고 집으로 가는 길에 올랐다. 밤이 되자 그는 꿈을 꾸었다. 거짓 환영도 아니고 제우스가 보낸 것도 아니며 달콤한 시에서 말했듯 '넬레우스의 아들 모습을 하고' 야만인에게 싸우러 가라 부추기는 것도 아니었다*. 진실을 예지하는 꿈이었으니, 그가 아침을 먹는 사이에 엄청난 쥐 떼가 둘러싸더니 손에 들고 있던 빵을 가로채는 꿈이었다. 화가 나 이것들을 쫓아내려 하니, 갑작스레 쥐가 사자로 바뀌어 그를 쓰러뜨렸다. 꿈에서 깨 이를 동행하던 황제의 전사에게 말해주며 무슨 뜻일지 물었다. 풀이는 꿈에 나온 사자와 쥐는 적들이라 했는데, 술탄은 이를 믿으려 하지 않았고 서둘러 여정을 이어갔고, 예방책을 취하지 않았다. 물론 정찰병을 보내 둘러보게 하고 약탈하는 적이 있는지 살피도록 하기는 했다. 그러나 정찰병들은 이미 대군을 이끌고 전진하던 마수트와 마주쳐 그와 이야기를 나누었으며, 사이산을 겨냥한 음모에 가담하기로 한 채 돌아와서는 아무도 못 봤다고 보고했다. 사이산은 이를 믿고 무방비하게 이동했으며, 마수트가 이끄는 야만인 병력과 마주쳤다. 부대에서 가제스라고 하는, 사이산이 옛날에 죽였던 사트라프 아산 카투흐의 아들이 달려 나와 창으로 공격했다. 사이산은 빠르게 몸을 돌려 가제스의 손에서 창을 낚아채고 말했다.

"여자도 이제 창을 휘두르며 싸우게 되었는지는 미처 몰랐구나."

그러면서 그는 황제에게 돌아가는 길을 따라 도주했다. 그러나 오래전에 마수트의 편에 섰으면서 사이산의 친구인 척하던 푸체아스가 그를 발견하고는, 앞으로 나아가 더 나은 계획이 있다며 제안했다. 덫을 놓고 구덩이를 파고 있

---

* 일리아스의 일화이다. 제우스는 그리스 함대를 무너뜨리려 그리스 왕 아가멤논의 꿈에 넬레우스의 아들 모습을 한 형상을 보내 트로이를 공격하라 부추겼다.

었으니, 푸체아스는 사이산더러 황제에게 돌아가지 말고 길에서 약간 벗어나 필로밀리온 근처에 있는 티라기온이라고 하는 작은 마을로 가라고 했다. 어리석은 사이산은 푸체아스의 충고에 따라 티라기온에 도착했으며, 황제가 사이산에게 호의를 베풀었음을 아는 로마 주민들은 반갑게 맞이했다. 머지않아 야만인들이 도착했고, 마수트는 성벽을 에워싸고 공성을 준비했다. 사이산은 성벽 너머를 내려다보고 동료 야만인들을 맹렬히 꾸짖으며, 황제와 로마군이 인근에 있으니 물러나지 않으면 최악의 사태를 맞이할 것이라 말했다. 안쪽의 로마인들도 맹렬히 맞섰다. 이제 가면을 벗고 피부 아래 숨겨진 늑대의 얼굴을 내보인 푸체아스는 사이산에게 주민들을 독려하겠다고 말하며 성벽에서 내려와서는 그들을 위협했으니, 항복하고 성문을 열지 않으면 이미 호라산에서 대군이 이동하고 있으니 죽어나갈 뿐이라 말한 것이다. 그들은 야만인들의 엄청난 수에 겁을 먹었고, 푸체아스의 말에 설득도 되었기에 튀르크인들이 들어올 수 있도록 했다. 튀르크인들은 사이산 술탄을 사로잡아 눈을 뽑았고, 이에 필요한 장비가 없었기에 황제가 사이산에게 내렸던 촛대를 이용했다. 빛을 밝히는 도구가 어둠과 실명을 불러오는 도구로 쓰인 것이다. 그러나 그는 여전히 약간 앞을 볼 수 있었고, 끌려오는 길에 이를 간호하는 자와 아내에게 털어놓았으며, 이코니온에 도착했다. 어떤 경로로 이런 사실이 마수트의 귀에도 들어갔고, 그자는 마음 깊이 염려하며 분노에 차 엘레그몬에게 (귀족 태생의 사트라프 중 하나) 활줄로 목을 졸라 죽이라 명했다. 황제의 제안을 듣지 않았던 어리석은 술탄 사이산이 맞이한 슬픈 최후가 이러하였다*. 그러나 황제는 계속 수도로의 여정을 이어나갔고, 군대의 완벽한 대형을 유지하였다.

---

* 마수트/메수트는 다니슈멘드의 도움을 받아 이코니온을 함락시켰고 1116년 필로밀리온 전투에서 패배한 말리크샤를 사로잡아 1117년에 죽였다.

7

　누구든 '전투 대형'이니 '팔랑크스'니 '포로', '전리품', '장군'이나 '사령관'이라는 말을 듣고 나면, 모든 역사가와 시인들이 으레 언급하는 말을 듣고 있다 생각할 것이다. 그러나 이 전투 대형은 새롭고 누가 봐도 특이했으며, 이전에도 본 적 없고 어떤 역사가도 언급한 적 없는 것이었다. 이코니온으로 향하는 길을 따라 진군하는 동안 병사들은 질서정연하게 행군했고, 피리 소리에 맞추어 앞으로 나아갔다. 만약 전군의 모습을 보았다면 움직이는 성채 같다고 생각했을 것이며, 서 있으면서도 움직인다고 생각했을 것이다. 방패가 밀집해 있고 나란히 늘어선 자들은 굳건한 산과 같이 보였으며, 방향을 돌릴 때는 아주 거대한 짐승과도 같았으니, 모든 팔랑크스가 한마음인 양 걷고 몸을 돌렸다. 그러나 앞서 어딘가에서 이야기했듯, 필로밀리온에 도착해 야만인들의 손에서 모든 사람을 구출해 낸 다음에는, 포로와 여자와 아이들과 전리품을 가운데에 두고 돌아오는 길은 아주 느리게 행군하고 거의 개미 같은 속도로 느긋하게 나아갔다. 더군다나 대부분 여자가 아이를 배었고 많은 사람이 병에 걸린 상태였는데, 아이를 낳는 경우가 있으면 황제는 고개를 끄덕이는 것으로 나팔을 불게 해 전군에게 즉시 정지하라는 명령을 내렸다. 아이가 태어나면 평소와 다른 나팔을 불어 움직이라고 알렸고, 다시 여정을 이어 나가도록 했다. 만약 누가 죽는 경우에도 똑같은 절차를 따랐으며, 황제는 죽어가는 사람 옆에 있었고 사제들이 와서 그를 위해 찬송가를 부르고 망자를 위한 성사를 거행하였다. 망자를 위한 예식이 적절히 이루어지고 시신을 매장하기까지, 군은 단 한 발짝도 움직이지 못했다. 또한 황제는 점심을 먹을 때가 되면 병이나 노령으로 고생하던 남녀를 불러 모아 음식을 반 넘게 내어주며, 자신과 함께 점심을 먹는 자에게도 똑같이 하라 권하였다. 악기가 없음에도 그 식사는 신들의 대잔치와도 같았으니, 피리도 북도 어떤 시끄러운 음악도 없었음에도 그러했다. 이런 식으로 그는 스스로 이런 사람들을 위한 곡창이 되었으며, 다말리스에 도착했을 때도 (저녁이었다) 도시에 시끌벅적하게 들어가기를 원치 않았다. 따라서 장엄한 의식이나 휘황찬란한 장식을 금했고, 불가피하게 도하를 하루 미루도록 명했다. 본인은 조그마한 갤리선을 타고 번개같이 넘어가 궁전에 도착했다. 이튿날 아침 그는 포로와 손님을 살피는 데 전념했다. 슬프게도 부모를 여의어 고아가 된 아이들은 친척들이나 그가 알기로 모범적으로 살고 있는 이들에게 보냈으며, 수도원의 원장들에게 보내기도 했다. 그러면서 이 아이들을 노예로 기르는 것이 아니라, 자유인으로 기르고 온전히 교육하며 성경을 배울 수 있도록 하라 지시했다. 직접 세우고, 배움에 목마른 이들을 위해 학교로 탈바꿈시킨 고아원에도 일부를 보냈으며, 관리자들에게는 이 고아들에게 질 좋은 가르침을 제공하라 말했다. 아크로폴리스 인근 하구가 넓어지는 지역에서는 대사도 파울로스에게 바쳐졌던 대단히 큰 교회가 있던 곳을 발견하여, 도시들의 여왕 내에 두 번째 도시를 세웠다. 이 교회는 도시에서 가장 높은 곳에 있었으며 성채처럼 서 있었다. 이 새로운 도시는 높이로도 넓이로도 몇 스타디온은 되었다. (아마 정확히 얼마인지 기억하는 사람이 있을 것이다). 그 주변에는 원형으로 수많은 집들이 둘러싸고 있었는데, 이는 가난한 이들을 위한 것이었으니 황제의 인간적인 천성을 잘 보여주었으며, 또한 손발을 잃은 사람들을 위한 곳이기도 했다. 이곳에서는 맹인이나 절뚝거리는 사람, 다른 장애가 있는 사람이 홀로 다니는 것을 볼 수 있었다. 팔다리나 전신이 온전하지 않은 사람들로 가득 찬 것을 보았다면, 솔로몬의 주랑과도 같다고 불렀으리라*. 이 집들은 2층짜리였고 한쪽 면이 다른 집과 붙어 있었으며, 일부 불구인 남녀는 위층에 살았고 일부는 아래층에 살았다. 크기를 말하자면, 누구나 아침에 방문하더라도 저녁이 되어야 다 둘러볼 수 있을 정도였다. 이 도시와 주민들이 이러하였다. 여기에는 으레 소일거리로 삼는 밭이나 과수원 같은 부류의 것은 없었고, 각 남녀가 읍이 그랬듯, 집에 살면서 제국의 손에 필요한 모든 의식주를 제공받았다.

가장 기이한 점은 이 궁핍한 사람들이 마치 넓은 땅과 부유한 비축품을 가

---

* 사도행전 5장 12절. 예루살렘 성전의 방 중 하나

진 영주라도 되는 것처럼, 황제와 황제의 친구들이 집사나 생필품 관리자 역할을 맡아주었다는 것이었다. 좋은 상태의 밭이 있고 쉽게 갈 수 있는 위치에 있으며 이 형제들에게 그 밭을 언제든 내주었으니, 그곳에는 포도주가 강처럼 흘렀으며 빵이나 빵과 함께 먹는 모든 것이 있었다. 먹는 자는 수를 셀 수 없을 정도로 많았다. 그리고 내가 말하건대, 어쩌면 용기 내어 말하는 것일 수도 있는데, 황제의 위업은 내 구원자의 기적, 즉 오병이어의 기적에 비할 수 있다. 그 경우에는 하느님이 기적을 직접 행하시어 빵 다섯으로 5,000명을 먹였으나, 이 경우에는 신성한 명령에 따라 사람이 행한 일이었다. 전자의 경우 기적이었으며, 후자의 경우 황제가 베풀어 형제들을 먹였다. 나는 젊은이가 늙은 여자를 돌보는 것을 보았으며, 앞을 볼 수 있는 자가 맹인을 이끄는 것을 보았고, 발이 없는 남자가 다른 사람의 발에, 손이 없는 자가 다른 자의 손에 의지하는 것을 보았다. 그리고 다른 어머니들이 아기들을 돌보는 것을 보았고, 힘센 자들이 중풍 환자들의 시중을 드는 것을 보았다. 그리하여 돌봄 받는 자가 두 배였으니, 절반은 보살핌을 받았고 절반은 보살핌을 주는 이들이었다. 황제가 중풍 환자에게 "일어나 걸으라!"고 말할 수는 없었고 눈먼 자에게 앞을 보라 말할 수도 없었으며 발이 없는 자에게 걸으라고 할 수도 없었다. 이는 오로지 우리를 위하여 인간이 되시고, 인간을 위하여 이곳 아래에서 살아가셨던 독생자*의 권능이니 말이다. 그러나 황제는 할 수 있는 일을 했다. 모든 불구인 사람에게 시종을 내주었으며, 건강한 자들과 똑같이 보살폈다. 그러니 누구든 내 아버지가 토대부터 쌓아 올린 이 새로운 도시를 이해하고 싶은 자가 있다면 이 도시가 네 겹을 넘어 여러 겹으로 되어 있음을 보았으니, 아래와 위층에 사람이 있으며 이들을 보살피는 자들도 있었기 때문이다. 그러나 매일 먹는 사람의 수나 매일 드는 비용, 각 개개인을 위한 배려가 얼마나 되는지 셀 수 있는 자가 누가 있으랴? 그의 뒤에도 이어진 이 일의 공은 그에게 돌리는 것이 마땅하다. 그는 육지와 바다에서의 혜택을 누리게 해주었으며, 최대한 고통을

---

*   예수. 요한복음 3장 16절

덜어주었다. 가장 저명한 이들 중 하나가 이 붐비는 도시의 보호자로 일하였으니, 그 이름은 오르파노트로피온이었다. 이곳이 오르파노트로피온ὀρφανοτροφεῖον이라 불린 까닭은 황제가 고아와 복무를 마치고 퇴역한 이들에게 베푼 친절 때문이며 ... 이름은 고아를 위한 보살핌에서 따온 것이었다*. 이 모든 일을 처리하는 위원회가 있었으며, 이 가난한 이들의 돈을 관리하는 사람들은 예금이 필요했다. 또한 금인칙서에 따라 이를 유지하는 자들에게는 절대적인 권한을 내렸다. 대규모의 주요 성직자들이 위대한 전도사 파울로스의 교회를 위해 선발되었으며, 조명에도 돈이 아낌없이 투입되었다. 이 교회에 간다면 안티폰을 부르는 합창단을 볼 수 있을 것인데**, 솔로몬의 선례를 따라 그는 교회에 남녀 성악가를 배치해 두었다. 또한 부제들의 일도 신중하게 처리하였으며, 콘스탄티노폴리스로 이주해서 집마다 구걸하러 다니다가 아예 눌러앉아 버린 이베리아인 수녀들에 대해서도 여러모로 신경을 썼다. 내 아버지의 배려로 그들에게도 수녀원을 지어주었으며, 음식이나 격식에 맞는 의복을 내려준 것이다.

그 유명한 마케도니아의 알렉산드로스는 이집트 알렉산드리아에 있는 제 마을이나, 메디아의 부케팔로스***, 에티오피아의 리시마키아에 대해 떠벌릴 수도 있다****. 그러나 우리가 아는 바와 같이 온 지역에 마을을 세웠음에도, 황제 알렉시오스는 이 고아원을 보다 자랑스러워했다.

들어서면 왼쪽에는 성당과 수도원을 볼 수 있을 것이다. 오른쪽에는 거대한 성소가 있으니, 모든 민족의 고아들을 위한 문법 학교였으며, 대가 한 명이 주재하였다. 소년들이 그의 주위를 둘러싸고 서서 일부는 문법 질문을 퍼부었고, 다른 아이들은 소위 문법 구문 분석이라 하는 것을 했다. 교육받는 라틴인도 볼 수 있었고, 그리스어를 배우는 스키타이인, 그리스어로 된 글을 다루

---

* 4세기에 성聖 조티코스가 제국 수도에 고아원을 처음 세웠으며 관리자를 오르파노트로포스 ὀρφανοτρόφος라 불렀다.
** 시편의 구절을 노래로 하여 두 합창단이 교대로 부르는 것을 말한다.
*** 알렉산드로스 대왕의 애마이자 명마
**** 엄밀히 말해 리시마키아는 알렉산드로스의 후계자인 리시마코스 이름을 땄다.

며 그리스인에게 그리스어를 제대로 말하는 법을 가르치는 로마인도 볼 수 있었다. 알렉시오스는 논리학을 가르치는데 아주 지대한 관심을 가졌다. 그러나 문법 구문 분석이라는 기술은, 우리 세대 중 보다 젊은 사람들이 만들어낸 것이다. 나는 지금 스틸리아노스와 롱기바르도스 및 온갖 종류의 기록을 모으던 자들, 아티코스뿐 아니라 이름은 언급하지 않을 우리 위대한 성 소피아 성당의 사제들은 건너뛰고 말하는 것이다. 오늘날 이런 고상한 일이나 시나 역사, 이를 통해 얻을 수 있는 지혜에 관한 것은 경시당하기 일쑤다. 모든 관심이 페티아^{πεττεία}* 게임이나 다른 무도한 것에 쏠려 있으니 말이다. 내가 이 말을 하는 이유는 교양 교육이 완전히 무시당해 비통하고, 나 자신도 똑같은 것들에 너무나 많은 시간을 허비하여 분노가 끓어오르기 때문이다. 나는 아이 때의 가르침에서 벗어나 수사학을 배우는 데 시간을 보내고 철학을 맛보다 이 학문 중에서 시인과 역사가들에게로 돌아섰으니, 이를 통해 거칠었던 내 언변을 다듬었다. 그리하여 수사학의 도움으로 나는 이 스케도그라피아스^{σχεδογραφίας}**라고 하는 것은, 지나치게 방종한 것이라 비판하겠다. 몇 마디 할 수밖에 없었으니, 주제를 벗어난 것은 아니며 내 주장을 뒷받침하는 것이다.

8

이후 그의 통치 ... 년에, 아주 거대한 이단 무리가 일어났으니, 그 이단의 본성은 새로운 것으로 교회가 알지 못하는 부류였다. 이전 시대에 알려져 있던 아주 사악하고 무가치한 두 교리를, 마니교라고도 부르며 파울리키아파 이단이라 하는 자들의 불경함과 메살리아파 이단***의 파렴치함을 얽어놓았다 할 수

---

* πεττεία; 체커와 비슷한 게임으로 호메로스 때도 있었다고 하나, 정확한 규칙이 전해 내려오지 않는다.
** σχεδογραφίας; 11세기 이후 동로마의 주요 교육 방식으로, 문법과 어원, 어휘를 집중적으로 다뤘다.
*** 기도를 극단적으로 강조해 일하기를 거부하고 기도만 하며 구걸로 먹고 살았다고 알려져 있다. 431년 파문되었다.

있겠다. 메살리아파와 마니교도로부터 만들어진 보고밀파의 교리가 이러하였다*. 이것은 아마 내 아버지의 시대 이전에도 존재했을 텐데, 비밀리에 있었다. 보고밀파는 덕망 있는 척하는 데에는 아주 능숙했다. 보고밀파는 길게 머리를 늘어뜨리고 다니지 않았으며, 제 사악함을 망토와 수도사의 고깔로 숨기고 다녔다. 음침하게 생겼으며 코까지 얼굴을 가리고, 몸을 구부리고 걸어 다니며 웅얼거리나, 그 내면은 통제 불가능한 늑대와도 같았다. 그리고 내 아버지는 이 가장 유해한 부류, 구멍에 숨은 뱀과 같은 자들을 꾀어내고, 신비로운 주문을 암송하여 빛 아래로 불러내었다. 동방과 서방에서의 근심을 상당 부분 제거한 끝에, 더욱 영적인 일에 관심을 돌린 것이다. 매사에 그는 다른 자들보다 나았으니 가르치는 일을 업으로 삼은 자들보다 나았고, 전투와 전략에서도 공훈으로 칭송받는 자들을 능가했다. 이 시기에 이미 보고밀파라는 이름은 온 사방에 퍼진 상태였다. 바실리오스라고 하는 수도사가 있었는데, 보고밀파 이단을 아주 능수능란하게 다룰 줄 알았다. 그는 '사도'라고 부르는 열두 부제를 거느렸으며, 여자 부제도 몇몇 끌고 다녔는데 아주 해이한 생활방식을 가진 완전히 사악하고 뒤틀린 여자들이었다. 그는 자신의 사악함을 온 사방에 퍼뜨리고 다녔다. 이 악이 불길처럼 많은 영혼을 내려쳤으나 황제의 영혼은 타격을 받지 않았으니, 그는 이단에 대한 조사를 시작했다. 그는 보고밀파 중 몇몇을 궁전으로 데려왔으며, 이들 모두가 바실리오스라는 자를 선생이자 보고밀파 이단의 우두머리로 지목했다. 이 중 감옥에 갇힌 디블라티오스라고 하는 자가 있었는데 질문에 순순히 답하지 아니하여 고문을 받았고, 바실리오스와 그가 고른 부제들에 대해 실토하였다. 즉시 황제는 여러 사람에게 그자를 찾으라고 명했다. 사타나엘의 대* 사트라프 바실리오스가 빛 아래 끌려 나왔으니, 수도승의 옷을 입은 마른 모습에 수염은 깨끗이 밀었고, 키는 컸다. 황제는 그자의 가장 내밀한 생각까지도 드러내 보이려 압박했으나, 짐짓 설득하는 모양새를 취하고자 적절한 구실로 그를 초대하였다. 심지어 의자에서 일어나 환

---

* 10세기 불가리아 사제 보고밀이 창시한 것으로 알려져 있는데, 불평등과 사유재산 등의 물질세계는 신의 사악한 아들인 사타나엘에게서 나왔다고 하는 마니교적 교리로 쉽게 퍼졌다.

대하기까지 했고, 친히 자리로 안내하고 탁자도 같이 쓰며, 갈고리에 여러 미끼를 단 낚싯줄을 던져 이 탐욕스러운 고래가 물기를 기다렸다. 그리하여 그는 마치 그의 부제가 되고 싶은 것처럼 행동함과 동시에 독을 주어, 수많은 면에서 악한 이 수도사가 모두 삼키도록 만들었으니, 홀로 한 것이 아니라 아마도 형인 세바스토크라토르 이사키오스도 함께였던 것 같다. 황제는 그자가 말하는 모든 말이 신성한 목소리에서 나온 양 귀를 기울이고 받아들였으며, 악당 바실리오스가 그의 영혼을 구원해 줄 수라도 있는 것처럼 굴었다. 그가 말했다. (황제는 잔 가장자리에 꿀을 발라 이 귀신 들린 자가 제 검은 속내를 실토하도록 한 것이다).

"가장 경건한 신부이시여. 저는 당신의 미덕을 존경하며, 당신의 주님께서 내려주신 새로운 교리를 제게 가르쳐 주시기를 간절히 청합니다. 우리 교회의 것은 말 그대로 아무 쓸모없으며, 누구에게도 미덕을 알리지 못합니다."

수도사는 처음에는 비밀스러운 태도를 유지했으니 진실로 재수 없는 작자여서, 사자 가죽을 단단히 두르고 황제의 말에 침묵을 지켰다. 그러나 찬양에 한껏 들뜨기 시작했는데, 황제가 그와 함께 식사를 했으니 말이다. 모든 상황에서 황제의 형 세바스토크라토르는 이 연극을 도왔고 함께하였다. 마침내 바실리오스는 자기 이단의 교리를 토해내었다. 이에 다음과 같은 일이 일어났다. 영혼에 든 모든 것을 토해내고 공공연하게 설파하는 뒤틀린 자와 두 황제가 함께 앉아 있는 방과 여자들의 방을 가르는 커튼이 있었다. 커튼 안쪽에는 서기 한 명이 앉아 그의 말을 적는 데 전념하고 있었다. 이 바보는 선생인 양 보였고 황제는 제자인 척했으며, 서기는 그의 교리를 받아 적었다. 저주받을 자는 모든 끔찍한 것을 휘저어 놓았고 어떤 역겨운 교리도 거리낌 없이 말했으며, 심지어 우리 신학을 격하하고 모든 교회의 체제를 엉터리로 이야기하였다. 교회에 대해서는, 아아, 슬프도다! 그자는 우리의 성스러운 교회와 사원을 악마라 부르며, 가장 위대하신 유일무이한 제사장이자 희생제물의 살과 피를 축성하는 일이 아무 쓸모없다고 비난하였다. 이에 무슨 일이 일어났는가? 황제는 가면을 벗어던지고 커튼을 열어젖혔다. 원로원 전원이 한데 있었고, 군사령관과 교회 원로들도 자리 잡고 있었다. 당시 도시들의 여왕의 주교좌에 착좌한 자는 대주교 중 가장 축복받은 성^巫 니콜라오스 문법학자였다*. 극악한 교리가 낭독되었으며 증거는 반박할 수 없을 정도로 분명했다. 피고는 아무것도 부인하지 않았고, 오히려 즉시 고개를 빳빳이 들고 맞서며, 불길과 채찍질도 견딜 수 있으며 천 번 죽을 준비도 되어 있다고 선언했다. 이 오만한 보고밀파는 자신들이 고통을 느끼지 않고 어떤 것도 견딜 수 있다 믿었으니, 천사가 이자들을 불 속에서 꺼내 주리라 믿었기 때문이다. 모든 ... 와 불경함을 질책하였고 그 자의 파멸에 관여한 이들도 그러하였음에도, 그는 바뀌지 않았으며 꺾이지도 않고 용감한 보고밀파를 자처하였다. 화형에 처하거나 다른 고문을 하겠다는 위협에도 그는 악마를 섬겼으며 사타나엘을 모셨다. 감옥에 갇히고 난 뒤 황제는 그자를 자주 소환하여 자백하라고 훈계하였으나, 황제가 꾸짖음에도 그는 바뀌지 않았다. 그러나 그에게 벌어진 기이한 일을 언급하지 않고 넘어가서는 안 될 것이다. 그에게 강경한 조치를 취하기 전, 불경을 자백하게 한 후 황제는 최근에 마련된 궁전 꽤 가까운 곳의 작은 집으로 물러나 있었다. 저 위 별들이 맑은 하늘 아래 빛나는 때였으며, 교회회의 이후 달이 빛나는 저녁이었다. 수도사가 자정 즈음 감방에 들어서자 돌들이 저절로 우박처럼 떨어졌으니, 돌을 던지는 어떤 손도 없었고 이 악마의 수도원에 돌을 던지는 어떤 사람도 보이지 않았다. 아마 사타나엘의 시종인 악마가 분노를 토하여 그가 황제에게 자신들의 비밀을 털어놓은 것을 보고, 이 이단자에게 극심한 분노를 쏟아낸 것은 아닐까. 파라스케비오티스라고 하는 그 악마 같은 늙은이를 경비하는 임무를 맡은 자가 있었는데, 다른 자와 말하거나 악행을 퍼뜨리지 못하게 막는 임무를 맡았던 자였다. 그는 대단히 엄숙하게 돌이 땅과 지붕에서 던져지며 부딪치는 소리를 들었다 맹세했으며, 비 내리는 것 같은 돌을 보았으나 이를 던

---

* 니콜라오스 3세 그라마티코스(재위 1084~1111)

지고 있는 자는 단 하나도 없었다고 했다. 투석이 있고 난 뒤 갑작스레 지진이 일어나 땅을 뒤흔들었으며, 지붕이 흔들렸다. 파라스케비오티스가 주장하기를, 이것이 악마가 벌인 짓은 아닐까 하는 생각이 들기 전까지는 별로 겁이 나지 않았다고 했는데, 돌이 위에서 아래로 비와 같이 퍼붓고 있었으며 늙은 이단자는 안쪽에서 조용히 움직이고 가만히 갇혀 있는 것을 보고는, 그 일이 악마의 짓이라 느꼈고 아무것도 할 수 없었다고 했다.

9

그 기묘한 일에 대해서는 이 정도면 될 것이다. 보고밀파의 모든 이단을 상세히 설명하고 싶으나, 아름다운 사포*가 어디서 말했듯 '온화함이 나를 막아 세운다.' 역사가이기는 하나 나는 여자로서 포르피로옌니티 중 가장 영예로운 이이고, 알렉시오스의 아들딸 중 가장 나이가 많으니 천박한 것에 대해 말하느니 침묵하는 게 나으리라. 보고밀파 이단에 대해 철저한 기록을 쓰고 싶기는 하다. 그러나 내 혀를 더럽히고 싶지는 않으니 지나가리라. 보고밀파 이단을 온전히 이해하고 싶은 사람들이 있다면 내 아버지의 명령으로 엮인, '믿음의 갑옷$^{Πανοπλία δογματική}$'이라는 이름의 책을 권하겠다. 지가베노스**라는 이름의 수도사가 있었으니, 내 어머니와 외할머니도 알고 지냈으며, 성직자 명부에 오른 모든 사람도 그를 알았으니 그는 문법학을 대단히 깊이 공부하여, 수사학도 모르지 않았으며 교리에는 누구보다도 통달해 있었다. 황제는 그를 불러들여 모든 이단을 각각 상술하라는 임무를 내리면서, 교부의 반박을 각 이단에 맞춰 덧붙이도록 했다. 그중에는 물론 보고밀파 이단도 있었으니, 불경한 바실리오스가 이해한 그대로였다. 황제는 이 책을 '믿음의 갑옷'이라 이름

---

* 기원전 7세기경의 고대 그리스 여류 시인(630 BC~570 BC)
** 1710년 출판본 편집자들은 지가데노스라고 부른다.

붙였으니*, 그 이름이 지금까지도 이어지고 있다. 이제 내 이야기는 바실리오스의 죽음으로 돌아가자.

황제는 바실리오스의 부제들과 동료 신비주의자들을 온 세상에서 불러 모았으니, 특히나 소위 열두 부제를 불러 이들의 견해에 대해 재판을 열었고, 재판을 통해 바실리오스를 공개적으로 지지하는 자들임을 확인하였다. 악이 가장 위대한 집안에도 깊이 스며들었으며, 대단히 많은 수를 이루고 있었다. 그렇기에 그는 이 이방인들을 불태우라고 저주하였으니, 무리의 지도자와 무리를 전부 불태우라고 하였다. 적발된 보고밀파들이 한데 끌려왔을 때, 일부는 제 이단을 포기하지 않았고, 일부는 즉각 철회하고 고발을 맹렬히 반박하며 보고밀파 이단을 얼마나 혐오하는지 토로했다. 황제는 이들을 선뜻 믿기 어려웠기에, 한 명의 그리스도인도 보고밀파로 몰려 죽거나, 한 명의 보고밀파도 그리스도인으로 위장하여 빠져나가지 못하도록 하여 진짜 그리스도인을 가려내기 위한 영리한 계책을 만들었다. 다음 날 그는 옥좌에 앉았으며, 여러 원로원 의원과 교회회의의 위원이 참석하였고 몇몇 박식한 수도승도 있었다. 보고밀파 이단으로 고발당한 모든 자가 가운데에 함께 나왔으며, 황제는 각각 다시 한번 조사하라 명했다. 일부는 보고밀파 이단이라 자백하며 자신들의 이단을 굳건히 지켰으나, 다른 자들은 완전히 부인하고 스스로를 그리스도인이라 칭하였고, 다른 이들에게 공격당해도 전혀 물러서지 않았다. 그리하여 그는 이들을 응시하며 말했다.

"오늘 두 개의 장작더미에 불이 붙을 것이고, 하나에는 땅에 십자가를 박아놓을 것이다. 선택권을 주겠으니 오늘 그리스도인으로서 죽을 준비가 된 자는 십자가가 있는 쪽으로 가고, 보고밀파 이단을 버리지 않으려는 자는 다른 쪽으로 가라. 그리스도인도 보고밀파로 고발당해 수많은 이의 양심을 더럽히느니 죽는 게 나을 것이다. 가서 각자 위치를 골라라."

---

* 에베소서 6장 11절에서 따온 것이다.

이러한 평결로 황제는 이 일을 마무리 지은 척했다. 이들은 즉시 끌려갔고, 엄청난 대중이 모여들어 둥글게 둘러쌌다. 다음으로 장작에 불이 붙었으니, 찬송가 작가가 말했듯 '평소보다 일곱 배나 뜨거운' 것이었고*, 치카니스테린이라는 장소**에서였다. 불꽃이 하늘을 찔렀으며 한쪽 장작더미에는 십자가가 있었다. 각 고발당한 자들은 어느 쪽을 원하는지 선택권을 받았으나, 모두가 불탈 운명이었다. 탈출구는 없었고, 정통 교회를 믿는 자들은 십자가가 있는 장작으로 가서 순교하려 했다. 반면 역겨운 이단을 버리지 않은 무도한 자들은 다른 쪽으로 갔다. 이들 모두가 한날한시에 장작더미에 던져질 상황에 놓였으며, 구경꾼들은 이제 불에 탈 그리스도인들을 위해 눈물 흘리고 황제를 향해 역정을 냈으니 그가 세운 계획에 대해 몰랐기 때문이다. 바로 그때 황제는 명령을 내려 집행관들이 임무를 수행하기 직전에 막아 세웠다. 진짜 보고밀파에 대한 확실한 증거를 얻었으니, 억울하게 고발당한 그리스도인들을 풀어주면서 여러모로 훈계하였다. 나머지는 감옥에 다시 가두었으나, 불경한 바실리오스의 제자들은 다른 이들과 분리해 두었다. 그는 이들을 매일 불러내 몇몇은 직접 가르치기도 하고 끔찍한 사교邪教를 버리라고 진심으로 충고하였으며, 나머지는 교회에서 선발된 자들에게 맡기며 매일 나와서 정통 신앙을 가르치고 보고밀파 이단을 지워버릴 수 있도록 조언하라고 했다. 몇몇은 진실로 더 나은 쪽으로 바뀌어 풀려났고, 나머지는 감옥에 갇혀 이단자로 죽었으나 음식이나 옷은 넉넉히 배급받았다.

10

그러나 모든 교회회의의 구성원과 수도사들, 그리고 당시 총대주교 니콜라오스는, 이단의 수괴이며 회개하지 않는 바실리오스는 불에 타 마땅하다고 선

---

* 다니엘서 3장 19절
** 폴로 경기장

언했다. 황제도 같은 의견이었으며 그와 여러 차례 대화를 나눈 뒤, 이자는 그릇되었으며 이단을 버리지 않을 것임을 깨달았다. 황제는 마침내 원형 경기장에 엄청난 양의 장작더미를 가져다놓으라 명했다. 아주 거대한 구덩이를 파고 긴 나무를 잘라 대량의 나무를 집어넣었으니, 그 구조물이 마치 산과 같았다. 불이 붙자 수많은 사람이 경기장 지면과 계단으로 모여들었고, 앞으로 일어날 일을 구경하러 안달이 나 있었다. 그 반대편에는 십자가를 박아두어 불경한 자는 선택지를 받았으니, 불이 두렵고 마음을 바꾸었다면 십자가로 향해 걸어가 화형을 면하라는 것이었다. 많은 이단이 모여들어 지도자 바실리오스를 지켜보고 있었다. 그는 모든 처벌과 위협을 얕잡아보며 불에서 좀 떨어져 있을 때는 웃음을 터뜨리며 대단한 이야기를 늘어놓았으니, 천사들이 자신을 불길 한가운데에서 잡아 올릴 것이고, 그때 자기는 "이 재앙이 네게 가까이 못하리로다. 오직 너만이 목도하리라*."는 다윗의 말을 암송하겠다는 것이었다. 그러나 군중이 옆으로 비켜서서 그 끔찍한 광경, 불타는 장작더미를 똑똑히 볼 수 있게 되자, 멀리 떨어져 있는데도 열기가 느껴지고 불길이 높이 치솟아 벼락이 치는 것처럼 불씨가 휘날렸고, 원형 경기장 중앙에 서 있는 돌 오벨리스크 꼭대기까지 닿는 것을 보고, 그 대담했던 작자는 갑작스레 주저하며 떨었다. 완전히 절망에 빠진 것처럼, 그는 계속 눈을 돌리며 손뼉을 치고 허벅지를 때렸다. 그 광경을 보고도 그자는 확고하였다. 불길이 강철 같은 의지를 녹이지도 못했고, 황제가 전하려 한 뜻도 마찬가지였다. 지금 처한 역경의 압박감이 그자를 극한의 광기로 몰아 미치게 만들어, 자신에게 유익할 일을 결정할 힘을 앗아간 것인지는 모르겠다. 아니면 악마가 이미 그자의 영혼을 사로잡아 가장 깊은 어둠에 빠뜨렸다고 보는 게 더 그럴듯할지도 모른다. 그리하여 역겨운 바실리오스는 가만히 선 채 어떤 위협이나 공포에도 움직이지 않았고, 불길과 구경꾼을 보고 숨을 들이쉴 뿐이었다. 장작더미로 달려가는 것도 아니고 뒤로 물러나지도 않았고, 가만히 처음 위치에 붙박인 듯 서 있는 것을 보고 모두

---

* 시편 91편 7~8절

그가 미쳤다고 생각했다. 수많은 사람이 이야기를 늘어놓고 그가 떠든 대단한 말을 수군거려, 집행관들은 하느님이 허락하시어 악마가 바실리오스를 보호하지는 않을까 두려워했으니, 무슨 놀라운 기적을 행하여 그 뒤틀린 자가 맹렬한 불길 한가운데에서 아무 해 없이 휙 나와 아주 붐비는 장소에 내려앉지는 않을까 싶었다. 그런 경우에는 상황이 악화할 것이었다. 그리하여 이들은 실험을 해보기로 했다. 그가 대단한 이야기를 늘어놓고 불길 한가운데에서 아무 해도 입지 않으리라고 떠벌리고 있을 때, 이들은 그의 망토를 벗기며 말했다.

"그럼, 한번 불길이 네 옷에 닿을 수 있나 보자."

그러면서 장작더미 한가운데에 집어 던졌다. 그러나 바실리오스는 현혹하는 악마에 너무나도 깊이 사로잡혀 말했다.

"내 망토가 하늘 높이 솟아오르는 것을 보라!"

이에 그들은 '천 끝만 보고도 옷을 알아보아'* 그자를 끌고 가 옷과 신발과 기타 등등 모두 장작더미에 던졌다. 불길이 마치 그에게 성을 내듯이 불경한 자를 먹어 치웠고, 어떤 냄새가 나거나 연기가 형상을 이루는 일 없이, 그저 짙은 한 줄기 연기만이 불길 한가운데에서 보일 따름이었다. 원소조차도 이 불경한 자를 없애려 일어났던 것인데, 하느님께 진실로 사랑받았던 자들은 불길조차도 남겨둔 바 있으니, 오래전 바빌론에서 불이 하느님께 충실했던 젊은이들에게서 물러나 금빛 방처럼 둘러싼 적이 있다**. 저주받을 바실리오스를 들어 올린 자들은 그를 장작더미 끄트머리에 놓았으나, 불길이 앞으로 뻗어 나와 그자를 잡아챈 것처럼 보였다. 구경하던 사람들은 크게 소란을 피우며 바실리오스의 이단에 속한 남은 모든 자도 불길에 던져야 한다고 말했으나, 황제는 허락하지 않았고 남은 자들을 대궁전의 방에 가두라 명했다. 그렇게 이 회합은 끝났다. 이후 무도한 자들은 아주 튼튼한 감옥으로 이송되었으며, 오래도록

---

* 동로마 속담
** 다니엘서 3장

갇혀 있고도 불경함을 버리지 않고 죽어갔다. 황제가 오래도록 수고하고 성공을 거둔 마지막 영광스러운 위업이었으며, 놀라운 담대함을 보여준 일이었다*.

당시에 살았고 관여했던 자들도 지금쯤이면 무슨 일이 있었나 의아해하며, 현실이 아닌 꿈이거나 환영이 틀림없다고 생각하리라. 디오예니스가 즉위한 직후 야만인들이 처음 로마 제국의 국경을 넘었을 때 디오예니스는 맨 처음부터 다들 말했듯 파멸적인 여정에 나선 것이었고, 그 이후부터 내 아버지의 치세에 이르기까지 야만인들의 힘에 맞서본 자도 없었고, 검과 창이 그리스도인들에게 휘둘러졌으며 전투와 전쟁, 학살이 있을 따름이었다. 도시는 쓸려 나가고 지방은 폐허가 되었으며, 모든 로마 영토는 그리스도인의 피로 채워졌다. 일부는 검과 창에 가련히 죽었고, 다른 이들은 집에서 끌려 나와 페르시아의 도시에 포로로 끌려갔다. 공포가 모두를 사로잡아, 다들 동굴과 숲, 그리고 산과 언덕에 숨으려 할 뿐이었다. 그중에는 친구들이 페르시아로 끌려가 고통받고 있음에 아파하며 크게 우는 자들도 있었다. 로마의 땅에 살아남은 소수의 사람은 깊이 한숨 쉬고 애통해했으니, 아들을 위해 우는 자도, 딸을 위해 우는 자도, 때 이르게 죽은 형제나 조카를 위해 우는 자도, 여자처럼 쓰라린 눈물을 흘리는 자도 있었다. 눈물과 신음에서 자유로이 살 수 있는 상황이 없었다. 황제 중 치미스키스나 바실리오스 등 몇 명을 제외하면, 내 아버지의 시대가 오기 전에 감히 아시아의 땅에 손을 대어 본 자도, 발가락 하나 대본 자도 없었다.

11

그러나 내가 왜 이런 것들을 쓰고 있던가? 주제에서 벗어났음을 알겠다. 내

---

* 이 처형이 니콜라오스 총대주교의 임기 내인 1111년에 있었다는 견해가 있으나, 보다 최근의 학설은 '마지막 영광스러운 위업'이라는 표현을 근거로 1117/1118년으로 본다. 투옥 후 상당한 시일이 경과한 끝에야 화형이 선고되었다는 뜻이다.

가 스스로 정해 놓은 역사의 주제가 두 개의 의무를 부과하니, 황제에게 벌어진 사건들에 대해 이야기하고 애통해해야 하니 그의 업적을 말하고, 한편으로는 내 마음을 쥐어짠 일에 대해 비가를 써내려야 한다. 이로써 나는 그의 죽음과 모든 지상의 가치 있는 것이 무너진 일에 대해 다룰 것이다. 내 아버지가 역사책을 쓰지 말고, 대신에 애가哀歌나 만가挽歌를 쓰라고 했던 말이 기억난다. 황제가 자주 이리 말하는 것을 들었으니, 황후인 내 어머니가 현명한 자더러 그에 대한 역사책을 써서 모든 수고와 역경과 시험을 대대로 전하라 명하는 것을 보고 책망하며, 차라리 자신에 대한 비가를 써서 불운을 애도하라 말한 적도 있었다.

내 아버지가 원정에서 돌아오고 채 1년 반도 지나지 않아 두 번째로 끔찍한 병이 닥쳐왔으며, 그를 노리고 죽음의 올가미를 만들었으니, 사실대로 말하자면 모든 것이 무너지고 파괴되는 상황까지 이르렀다. 그러나 내 주제의 엄중함이 요구하고, 내가 요람에서부터 아버지와 어머니를 따랐으니, 역사의 규칙을 벗어나 최대한 간략하게, 내 아버지의 죽음에 대해 이야기하겠다. 경마 대회가 열렸는데, 그 당시 불어대던 맹렬한 바람으로 인해 류머티즘이 도졌고, 사지를 넘어 어깨 한쪽에도 증세가 나타났다. 대부분의 의사는 우리를 위협하던 이 위험에 대해 전혀 알지 못했다. 그러나 니콜라오스 칼리클레스라는 (이름이 이러했다) 자가 두려운 병을 예견하였으며, 류머티즘이 사지를 벗어나 다른 부위를 공격하였으니, 불치병이 될 위험이 있어 우려된다고 말했다. 우리는 차마 그의 말을 믿을 수 없었다. 그러나 당시 칼리클레스 외에도 한 명 이상의 의사들이 지사제를 이용해 체내를 씻어내야 한다고 재촉했다. 황제는 이런 지사제를 먹는 것을 내켜하지 않았고, 아예 약을 먹는 것 자체를 원하지 않았다. 다수의 의사와 미하일 판테흐네스는 이런 이유로 지사제를 절대 금했다. 그러나 칼리클레스는 미래를 내다보고 그들에게 애통한 목소리로 말했다.

"이제 이 병이 사지를 지나 어깨와 목에 이르렀습니다. 지사제로 씻어내지 않으면 다시 움직여 필수적인 장기나 심장에까지 흘러갈 것이고, 불치병이 될 겁니다."

안주인의 명령으로 의사들의 주장을 판단하였고 나 또한 있었으니, 그들이 말한 모든 것을 들었고 나는 칼리클레스의 제안에 동의하였다. 그러나 과반수의 의견이 그러지 않았다. 당시 고통은 황제의 몸에서 며칠 뒤에 떠났고, 서서히 건강이 돌아오는 듯 보였다. 그러나 채 여섯 달도 지나기 전에 치명적인 병이 그에게 닥쳐왔으니, 아마 매일 일하고 공적인 책무를 수행하느라 깊이 시름했기 때문이리라. 황제가 내 어머니에게 말하는 것도 자주 들었으니, 이렇게 불평하는 것도 들어보았다.

"내 기관지를 공격하는 이 병은 대체 뭐란 말이오? 깊게 숨을 한 번 들이쉬어, 심장을 찌르는 이 고통을 없애고 싶구려. 계속 시도해 봤지만, 아무리 시도해도 나를 짓누르는 무게를 아주 약간도 빼낼 수가 없소. 무거운 돌이 심장에 놓여 숨을 쉴 때마다 찌르는 것 같은데, 그 이유도 모르겠고 이 고통이 왜 생겨난 건지도 모르겠소. 하나 더 말해주겠소. 내 사랑, 내 고통과 생각의 동반자여, 하품을 할 때도 아프니 숨을 들이쉴 때마다 목에 걸려 엄청나게 아프오. 이 새로운 병이 뭔지 알거든 제발 말해주시오."

황후는 이 말을 듣고, 그가 아픈 것과 똑같은 병을 앓고 천식에 걸린 것처럼 아파했으니, 이토록 깊게 황제의 말에 충격을 받은 것이다. 그녀는 자주 명의를 불러들여 이 병이 무엇인지 면밀히 조사하라 닦달했으며, 직간접적인 원인을 알려 달라 물었다. 의사들은 그의 동맥에 손을 얹었고 맥박이 모든 면에서 비정상적이라는 것을 알 수 있었으나, 병의 원인을 알아내지는 못했다. 이들은 황제의 식사가 풍성하지 않고 극도로 간소해, 운동선수나 병사의 것과 같아 체액이 쌓이지 못하게 막고 있다는 사실도 알았다. 따라서 그가 숨쉬기 힘든 까닭은 다른 데에 있다고 생각했으며, 틀림없이 직무에 너무 열중하고 여러 근심거리를 신경 쓰느라 심장에 염증이 생겨 몸의 다른 부위에서 온갖 불필요한 것을 끌어모으고 있기 때문이라고 결론 내렸다. 이 두려운 병은 황제를 집어삼킨 후 잠시도 쉬지 않았으며, 올가미처럼 목을 졸랐다. 질병이 매일 너무 빨리 진행되었고, 간격을 두고 나타나는 것이 아니라 쭉 이어지고 끊임이 없었으며, 황제는 어느 쪽으로도 누울 수 없었고, 고통스러운 노력 없이는 숨도 제대로 쉴 수 없었다. 모든 의사가 불려와 황제의 병에 대해 토론했다. 의견은 다 갈렸고 혼란스러웠으며, 각자 진단도 달랐고 자신의 진단에 따라 병을 치료하려고 했다. 그러나 어떻게 하든 황제의 상태는 계속 나빴다. 아주 잠깐도 편히 숨을 쉴 수가 없었다. 숨을 쉬려면 꼿꼿하게 앉아 있어야만 했고, 등을 누이거나 한쪽으로 몸을 돌리면 숨이 막혔으니, 공기가 오가는 통로로 아주 조금도 들이쉬거나 내쉴 수가 없던 것이다. 졸음이 몰려와 잠이 엄습했을 때에는 질식할 위험이 있었다. 그렇기에, 깨어 있든 자고 있든 질식으로 목숨을 잃을 위험이 그를 조르고 있던 것이다. 지사제를 먹지 않았기에, 이들은 정맥을 절개해 보고 팔꿈치 쪽을 찢어보기도 하였다. 그러나 그는 전혀 호전되지 않았고 전처럼 힘겹게 숨을 쉬었으며, 너무나 힘들어하여 우리 손 안에서 곧 숨을 거두지는 않을까 싶을 정도였다. 그러나 후추 해독제를 처방하자 증상이 조금 나아졌다*. 우리는 기뻐 어쩔 줄 몰랐으며, 하느님께 감사 기도를 올렸다. 그러나 이것은 단기적인 착시에 불과했으니, 사흘 또는 나흘째 되는 날 똑같이 숨쉬기 어려운 증상이 황제를 공격했다. 이 약 때문에 더 나빠진 것은 아닌가란 의문이 드는데, 체액을 잡아주지 않고 동맥의 구멍으로 퍼뜨려 병세를 악화시킨 것은 아닌가 싶다. 그 이후 우리는 그를 편안히 눕히는 법조차 찾을 수 없었다. 병이 최고조에 이른 것이다. 황제는 저녁부터 새벽까지 한숨도 자지 못하고 밤을 새웠으며, 영양분도 편히 섭취하지 못해 어떤 방식으로도 도와줄 수 없었다. 나는 꽤 자주, 내지는 매일, 어머니가 황제와 함께 밤을 지새우며, 침대에 누운 그의 뒤편에 앉아 팔로 그를 지탱하며 어떻게든 숨을 편히 쉬게 하려 도왔던 것을 보았다. 어머니가 흘리는 눈물은 나일강의 물보다도 많았으리라. 황후가 밤낮으로 쏟은 보살핌이나 그를 간호하고 자세를 바꾸어주며 한 일이나, 침소를 모든 방법으로 바꾸라 한 조치는 차마 설명할 수도 없다. 그러

---

* 후추가 기침이나 천식 치료에 쓰였다.

나 어떤 방법으로도 평안을 찾을 수는 없었다. 병이 황제를 따라와, 아니 올가 미처럼 함께하여, 절대 놔주지 않고 목을 졸랐다. 병을 완화시킬 어떤 약도 없었다. 황제는 남향인 방으로 옮겨갔는데, 짓눌려 있으나 조금씩 움직이면서 약간이나마 원기를 회복했다. 황후는 이를 계속 유지할 수 있도록 노력했으니, 소파의 양쪽 끝에 나무다리를 박고 시종들에게 그를 태우고 돌아다니라 명했다. 이후 그는 대궁전을 떠나 망가나로 갔다. 이렇게 했음에도 황제는 회복되지 못했다. 황후는 황제의 병세가 점점 심해지고, 사람의 힘으로는 안 될 것 같아 낙담하였다. 하느님께 그를 위한 기도를 열렬히 드렸으며 모든 성당에 촛불을 켜고 끝없이 찬송가를 부르도록 했으며, 모든 땅과 바다에 사는 사람들에게 아낌없이 베풀었다. 산이나 동굴에 살아가며 혼자 지내는 모든 수도승에게도 길게 기도 드려달라고 청했다. 모든 병자와 죄수와 고통받는 자들에게 그녀는 후하게 기부하였으며 황제를 위해 기도해 달라고 초대했다. 그러나 황제의 복부가 부풀어 올라 비대해지고, 발도 부어오르고 열이 났다. 의사들은 열은 감안하지 못한 채, 소작법*을 행했다. 모든 치료는 무의미했고 헛되었으며 소작법도 도움이 되지 않았고, 소화기와 호흡기는 여전히 상태가 나빴다. 그리고 의학 종사자들이 칭하는 대로 말하자면, 류머티즘이 구개수와 구개를 침범해 잇몸이 부어오르고 성대가 막혔으며 혀가 부어올랐다. 음식물이 통과하는 길이 좁아지고 닫혀 끔찍한 굶주림이라는 악이 우리 앞에 닥쳐왔다. 하느님께서는 아시리라. 내가 얼마나 성실히 아버지의 음식을 준비하고 내 손으로 직접 가져다드렸으며, 씹기 편하게 만들려 노력했는지를 말이다. 부어오른 종양을 가라앉히기 위한 모든 약은 ... 했으며, 우리와 의사들이 어떤 시도를 해도 효과가 없었다. 11일이 지난 뒤 병이 말기가 되었으며, 최고조에 달하여 위협하였고 ... 그의 상태는 더욱 나빠져 설사했다. 그리하여 이때 병이 끊이지 않고 연이어 덮쳐왔다. 이제 아스클레피오스의 제자들**도, 황제를 간호한 우리들도 어

---

* 환부를 불이나 달군 쇠 등으로 지지는 요법. 수술로 고칠 수 없는 병은 불로 고칠 수 있다고 한 히포크라테스에 근거했다.
** 의사를 일컫는다. 아스클레피오스는 그리스 신화에 나오는 의술의 신이다.

떤 길로 가야 할지 알 수 없었고 ... 모든 것이 끝을 향해 갔다. 그 이후로 모든 일이 혼란스러웠고, 난장판이었으며, 평상시의 생활이 완전히 무너졌고 공포와 위험이 우리 머리 위에서 맴돌았다. 그러나 이런 급박한 위험 속에서도 황후는 강한 정신을 지키고 위기 속에서도 가장 용기를 내보였으니, 애달픈 슬픔은 넣어두고 올림피아의 게임에서 승리한 사람처럼 서서 끔찍하게 잔인한 고통과 맞섰다. 황제의 상태를 보고 영혼에 상처를 입었고, 마음속 깊이 괴로워했음에도 말이다. 그러나 그녀는 정신을 추스르고 이런 고통 앞에 꿋꿋이 섰으며, 죽을 만큼 상처받았고 슬픔이 골수까지 들어찼으나, 버틴 것이다. 그렇지만 눈물은 파도처럼 흘렀고 아름다웠던 얼굴도 사그라들었으며, 영혼이 실에 매달린 것만 같았다. 8월의 열다섯째 날이었으며 목요일로써 원죄 없이 잉태하신 여인, 하느님의 어머니가 돌아가신 날을 기리는 날이었다. 아침에 몇몇 아스클레피오스의 제자가 황제의 머리에 기름을 붓고 (그것이 옳다 생각해서) 집으로 돌아갔으니, 아무렇게나 내린 결정이거나 급히 필요가 있었기 때문이 아니라, 끝이 거의 다 왔다고 생각했기 때문이었다. 주치의는 총 셋으로 탁월한 니콜라오스 칼리클레스, 둘째로는 가족에게서 성을 따온 미하일 판테흐네스, ... 환관 미하일이었다. 한편 황후는 친인척들이 둘러싸고 음식을 먹으라고 청했으나 ... 잠도 자지 않았고 ... 며칠을 밤을 새며 ... 황제를 간호하고 ... 따랐다. 그러나 마지막 주마등이 찾아오자 ... 그녀는 기대하였으나 ... 바닥에 몸을 던지고 통곡하며 가슴을 두드리고, 그녀에게 닥친 악한 일에 대해 애통해하며 죽어버렸으면 좋겠다고 말했으나, 차마 그러지는 못했다. 그러나 죽어가는 중에도, 고통이 집어삼키는 와중에도 황제는 죽음보다 더 강하다는 것을 보여주었으니, 마음이 쓰여 딸 중 하나와 함께 황후의 극한의 아픔을 덜어주려 노력했다. 셋째 딸 포르피로옌니티 에브도키아였다. 마리아*의 경우, 주님의 발치에 앉았던 다른 마리아와는 달리, 그의 머리맡에 앉아 분주히 큰 물잔을 들고 물을 주었으나 컵을 쓰지 않았는데, 구개가 부어오르고 혀와 후두도 그러하여

---

* 둘째 딸 마리아 콤니니(1085~1136)

마시기 지나치게 어려웠을 것이기 때문이었다. 그는 황후에게 단호하고 남자다운 조언을 몇 마디 했으니, 마지막으로 남긴 말이었다.

"왜 내 죽음에 그토록 슬퍼하여 스스로를 내던지고, 빠르게 달려오는 끝을 예견해보려고 억지를 쓰시오? 스스로를 생각하고 미래를 대비하지 않고, 왜 슬픔의 파도에 휩쓸리고 있는 것이오?"

그가 이렇게 말했으나, 황후가 느끼는 슬픔의 상처를 더욱 깊이 벌려놓았을 뿐이었다. 나 또한 내가 할 수 있는 모든 일을 했다. 만물을 아는 하느님께 맹세하나니 아직 살아있는 친우들과 후에 이 역사책을 읽을 사람들이여, 나 역시도 광인이나 다름없었으니 슬픔에 완전히 잠기었었던 탓이다. 그때 나는 철학과 가르치심을 부정하였으니, 내 아버지께 완전히 정신이 팔려 돌보고 있던 까닭이다. 한 순간에는 그의 맥박을 살피고 호흡을 보았으며, 다음 순간에는 어머니께 몸을 돌려 최대한 위로하였다. 그러나 ... 부위가 도저히 치료할 수가 없었고 ... 황제는 마지막 숨을 내쉬고 있었고, 황후의 영혼도 황제와 같이 떠나려 서두르는 것만 같았다. 그리하여 내가 ... 진실로 찬송가 서문대로 그 시간에 "사망의 줄이 우리를 얽었다*." 나 역시도 정신을 놓아버릴 것 같은 느낌이었으니 ... 정신이 나갈 것만 같아 내가 어찌 되는 것인지 알 수 없었고, 돌아서자 고통의 바다에 가라앉고 있는 황후의 모습이 보였으며, 황제는 드문드문 숨을 이어가며 거의 생을 마무리하고 있었다. 그러나 두 번째로 정신을 잃었다가 다시 의식을 찾았으니, 내가 가장 아끼는 동생 마리아가 찬 물과 장미 향수를 뿌렸기 때문이었다. 그는 딸에게, 황후에게도 똑같이 하라고 했다. 곧 그는 세 번째로 의식을 잃었고 ... 황제의 소파 위치를 바꾸는 것이 적절해보였으며 ... 함께 있던 자들은 바삐 움직였고, 우리는 황제가 자리한 소파를 5층짜리 건물의 다른 층으로 옮겼는데, 좀 더 신선한 공기를 마시면 정신을 차리지는 않을까 하는 희망에서였다. 그 방은 북향이었으며, 문으로 이어진 ... 집은 없었다.

---

* 시편 18편 4절

한편 황제의 후계자는 이미 몰래 따로 마련한 자신의 집으로 떠나 있었으니, 황제의 ... 를 보고 서둘러 대궁전으로 간 것이다. 당시 도시는 ... 혼란스러웠으나 완전히 ... 아니었다. 그러나 황후는 통곡했다.

"전부 다 망하게 두어라. 제관이니 왕국이니 권력이니 하는 것도, 모든 제국도, 옥좌도 공국도 다 망하게 두고 애가를 불러라."

나 역시도 함께 통곡하고 다른 모든 것을 잊었으며, 함께 흐느끼고 ... 했다. 사람들은 소리 높여 흐느끼고, 머리카락을 쥐어뜯었다. 그러나 우리는 그녀가 정신을 차리도록 도왔다. 황제가 마지막으로 숨을 내쉬었으니, 속담에서 말하듯, '영혼이 풀려나가는 것만 같았다.' 황후가 그의 머리맡으로 몸을 던졌으니, 아직 ... 와 붉은 신발을 신고 있었으며 ... 상처를 입었으나 심장이 불타오르는 듯 아파 어찌할 줄을 몰랐다. 아스클레피오스의 제자 몇 명이 다시 들어와 잠시 기다렸다가, 황제의 맥박을 재고 ... 그의 동맥이 뛰는지를 ... 하나같이 임종의 순간을 얼버무리고, 가망이 있다고 헛되이 늘어놓았다. 그러나 이들에게는 분명한 이유가 있었으니, 황제의 몸에서 생명이 떠났다 하면 황후도 숨을 거두지는 않을까 저어한 것이다. 현명한 황후도 이들을 믿어야 할지 믿지 말아야 할지 알 수 없었다. 이들이 숙련된 사람임을 오래전부터 알았기에 믿었으나, 황제의 생명이 벼랑 끝에 있음을 보았기에 믿지 말아야겠다는 느낌도 들었다. 그렇게 저울을 기울이지 못하고, 나를 똑바로 보며 내가 예언자처럼 결정을 내리기를 기다렸으니, 다른 중대한 순간에도 그러해 온 습관이 있었다. 내가 할 예언을 기다린 것이다. 그리고 마리아는, 내 동생들 중 가장 사랑스러운, 우리 가족 중 가장 빛나며 변함없는 여자이자 모든 미덕의 현신은, 황제와 황후 사이에 서서 손으로 그녀가 황제를 똑바로 보지 못하게 가렸다. 나는 다시 한번 오른손을 그의 손목에 대고 맥박을 쟀으니 ... 황후는 손으로 얼굴을 감쌌으며 ... 베일도 있었다. 황후는 옷을 갈아입으려 하였으나, 맥박에서 ... 희미한 힘을 느꼈기에 말렸다. 그러나 내가 틀린 것이었으니 ... 내가 느낀 것은

... 힘이 아니라 단지 힘껏 ... 숨을 쉬느라 ... 동맥과 폐가 더 이상 움직이지 않았다. 이에 나는 황제의 손을 놓아주었고 ... 황후에게 ... 다시 한번 손을 그의 손목에 대었으며 ... 숨을 쉬지 않았다. 그녀는 자꾸 나에게 손짓했으니, 맥박이 어떠한지 빨리 말해달라는 것이었다. 그러나 ... 나는 다시 대어보았으나 모든 힘이 사라졌으며 동맥의 맥박도 마침내 멎었다는 것을 깨닫고 머리를 숙였으며, 지치고 정신이 아득하여 땅을 바라보고 아무 말도 하지 못했다. 다만 손으로 머리를 감싸고 뒤로 물러나 흐느낄 뿐이었다. 황후는 그 의미를 깨닫고 완전히 절망하여 갑작스레 소리를 내질러, 멀리까지 들릴 정도로 비명을 질렀다. 온 세계를 집어삼킨 재앙을 내가 어찌 그릴 수 있으랴? 내 상태가 어땠는지 어찌 직접 비탄하랴? 황후는 베일을 벗고 칼을 집어 들어 머리카락을 짧게 잘라내고서는, 발에서 붉은 신발을 벗어던지며 수수한 검은 샌들을 가져오라 명했다. 그러면서 자줏빛 예복 대신 검은 옷을 가져오라 명했다. 쉽사리 찾을 수 없는 부류의 옷이었으나, 내 동생 중 셋째가 적당한 옷을 가지고 있었으니, 이미 남편을 잃는 슬픔을 겪어본 적이 있기 때문이었다. 황후는 옷을 받아 갈아입고, 머리에는 검은 베일을 둘렀다. 황제의 영혼은 주님께 갔으며, 내 태양은 떨어졌고 ... 감정에 휩쓸린 사람들은 애가를 부르고, 가슴을 두드리고 하늘에 닿도록 목소리를 높여 날카로이 울고 ... 흐느꼈으니 자신들의 후원자 ... 모든 것을 그들에게 ... 했던 이를 위한 것이었다. 그러나 오늘날까지도 정녕 내가 살아서 이것을 쓰고 황제의 죽음을 떠올리는 것이 맞는 건지 의아해진다. 손을 눈에 얹고 내가 지금 이야기하는 것이 꿈은 아닌지, 꿈이 아니라면 환영은 아닌지, 내가 미쳤거나 이상하고 끔찍한 환상을 본 것은 아닌지 자문해본다. 그가 세상을 떠났는데도 왜 나는 여전히 산 자들 사이에 있으며 ... 왜 내 영혼은 떠나지 않았으며, 함께 숨이 끊어지지도, 아무것도 느끼지 못하고 죽지도 않았던가? 그게 내 운명이 아니었다면, 어째서 어디 높은 곳에서 뛰어내리거나 파도 속으로 몸을 던지지도 않았던가? 내 인생에는 크나큰 불운이 이어져 왔다. 비극에서 말했듯이 '어떤 역경도 신이 내린 고난도 내가 견디지 못할 것

은 없으니*.' 그러나 진실로 하느님께서는 내게 많은 슬픔을 내리셨다. 먼저 나는 세상의 눈부신 빛, 위대한 알렉시오스를 잃고야 말았으니, 그의 영혼은 고통 받는 육신의 주인이었다. 또 다른 거대한 빛도 꺼지고야 말았으니 눈부신 달이라 해야 할까, 위업이며 동방과 서방의 자랑인 황후 이리니 말이다. 그럼에도 우리는 살아가고 숨을 쉬었다. 한 불운에 다른 것도 이어오고, 폭풍우가 우리를 집어삼켜 카이사르의 죽음이라는 슬픔이 최고조에 이르는 모습을 보아야만 했으니, 우리는 이런 끔찍한 재앙을 겪도록 예견되어 있던 것이다. 얼마간 불운이 퍼지고 재주가 먹히지 않아 나는 절망의 바다 속으로 가라앉았으며, 내 영혼이 아직도 육신에 머무르고 있음에 흐느낄 뿐이었다. 내가 다이아몬드처럼 단단하지 않았거나, 다른 단단한 물질로 이루어져 있지 않았거나 ... 스스로와 괴리되어 있지 않았더라면, 곧장 죽어 없어졌을 것이다. 그러나 나는 살아서 수천 번도 더 넘게 죽어가고 있다. 우리는 니오베의 놀라운 이야기를 들으니 ... 슬퍼 돌로 바뀌었다고 하나 ... 감각이 없는 물질로 바뀐 뒤에도, 아픔은 그 상태에서도 영원토록 남았다고 한다**. 그러나 진실로 나는 그녀보다도 더 불운한 자이니, 모든 크나큰 엄청난 역경에도 여전히 살아 또 다른 것들을 겪고 있지 않은가. 차라리 무감각한 돌로 바뀌는 것이 나을 것이다 ... 눈물을 흘리며 있는 ... 아무 고통도 느끼지 않고 ... 이런 고난을 견디는 것보다는 말이다. 그런 위험을 견디고 궁전에 있는 자들에게 너무나 부당한 대우를 받았으니, 이는 니오베의 고통보다도 더 아파오는 것이며 ... 악이 너무나도 멀리 퍼져나가 ... 끝나고야 말았다. 황제 내외의 죽음과 부제의 사망과 연이은 나의 슬픔은, 몸과 영혼을 만신창이로 만들기에 충분하고도 남았다. 이제 높은 산에서 흘러오는 강처럼 ... 고난의 강이 ... 하나의 조류가 되어 내 집을 채우고 있다. 그러나 이제 내 역사책을 마무리해야만 하니, 슬픈 일을 더 오래 묘사하면 더더욱 쓰라리지 않겠는가.

---

* 오레스테스
** 니오베는 아폴론과 아르테미스가 자식들을 모두 죽이자 돌로 변했고, 그 상태에서도 눈물을 흘렸다고 한다.

원문 중간중간의 빈 부분은 원작자가 의도한 것이 아니며, 남아있는 판본이 손상된 것이다.

『알렉시아드』의 마지막 부분은 손자 마누일 1세 콤니노스 황제가 재위할 때 쓰인 것이나, 안나는 '온 세계를 집어삼킨 재앙'이라 쓰며 왕조를 부정하는 듯한 모습을 보인다. 나아가 상속에 대한 부분은 '황제의 후계자는 이미 몰래 따로 마련한 자기 집으로 떠나 있었으니....'라고 극히 모호하게 묘사되며, 의학적인 증세만이 상세하게 묘사된다.

후대 역사가들의 기록은 엇갈린다. 호니아티스는 분쟁에 대해 집중적으로 다룬다. 안나가 궁전에서 세력을 모으는 걸 본 요안니스는, 몰래 아버지의 손에서 인장 반지를 빼고 대궁전과 거리에 지지자들을 불러 모은다. 바랑기안들이 막아서자, 강제로 문을 열기도 하며, 알렉시오스는 요안니스에게 황위를 물려주지 말라는 이리니의 비난 속에 죽는다. 다음 날 시신을 그리스도 필란트로포스 수도원으로 옮겨 장례식을 열자는 이리니의 말에, 요안니스는 황위를 둘러싼 불안 때문에 참석을 거부한다. 호니아티스는 1118년 그해, 안나가 요안니스를 살해하려 기도했으나 남편 브리엔니오스가 망설여 실패했고, 처벌로 재산을 몰수당했다가 얼마 뒤 복권되었다고 기록한다. 또한 이리니는 이 시도에 대해 가담하지 않았으며, 상속이 이루어질 때는 후계자를 모색해야 하나, 이미 즉위한 군주를 시해하는 것은 불가능하다고 말했다고 기록한다. (O City of Byzantium, Annals of Niketas Choniates, 1984 5~7p 참고)

조나라스 역시도, 요안니스가 지지자들을 부르고 입구에서 바랑기안들을 몰아내고 교회에 전령을 보내 알렉시오스가 죽었다고 알렸다고 기록하며, 알렉시오스는 시종들만 있는 가운데에서 초라하게 죽었다고 쓴다. 요안니스가 이처럼 행동한 원인으로는 이리니와 안나를 의심했기 때문이라 지목하나, 이러한 의심이 타당했는지에 대해서는 판단을 유보하고 있다. (The Alexiad of Anna Komnene, Buckley, 2014에서 재인용)

이 세 기록은 다 지은이가 관심을 둔 부분만을 다루었고, 객관적인 것은 아니다. Buckley(2014)에 따르면 호니아티스의 것은 특히나 창작이 많으리라 여겨지나 안나가 상속에 관한 자신의 행적에 대해 남긴 것이 없어 반박하기 쉽지 않으며, 황제가 황후에게 "스스로를 생각하고 미래를 대비하지 않고...."라 말한 것이 상속 분쟁에 관한 발언이라 해석할 수도 있으나, 안나가 강조하는 것은 황제가 정신이 또렷했다는 것뿐이다.

가계도

인물설명

지도

축사

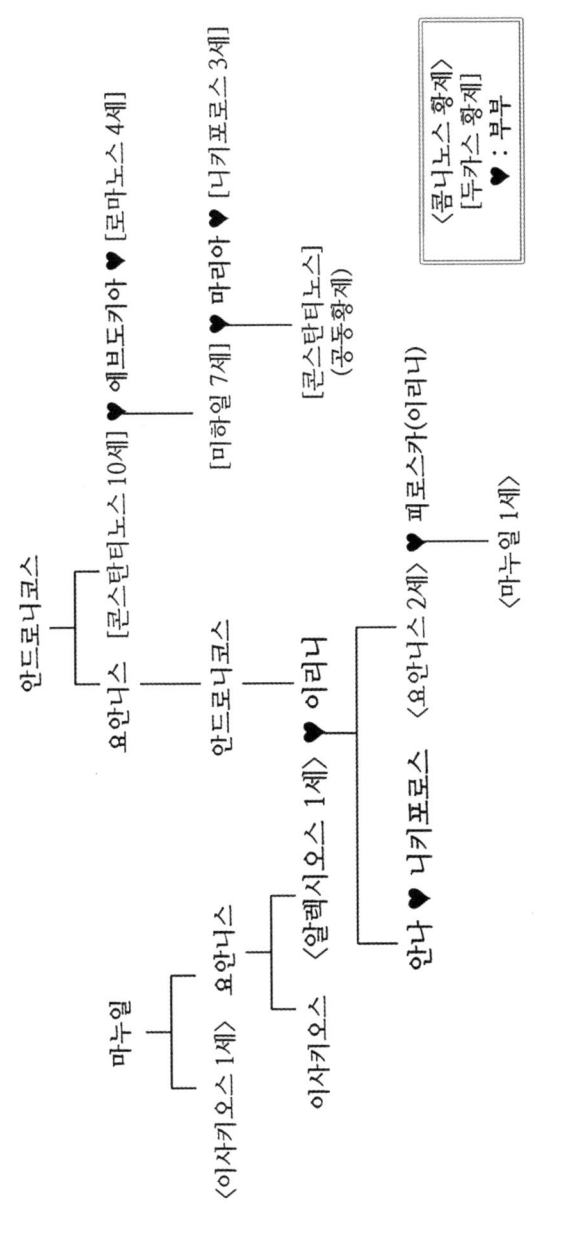

안나 콤니니
(Ἄννα Κομνηνή)

생몰 : 1083년~1153년

   동로마 제국의 황녀이자 그녀의 아버지인 알렉시오스 1세의 통치에 대한 설명인 『알렉시아드』의 지은이였다. 15권 분량으로 구성된 『알렉시아드』는 11세기 말과 12세기 초 동로마 역사의 가장 중요한 1차 사료이며 동로마 제국을 포함한 중세 유럽의 역사를 파악할 수 있고 특히 고전과 성경을 두루 언급하여 문학사적인 가치도 있다.

   안나는 당시 정치에서 중요한 역할을 했으며 출생부터 제국의 '자줏빛 황녀'인 포르피로엔니티로 태어났다. 그리고 전(前) 황제 미하일 7세 두카스의 아들인 콘스탄티노스와 약혼했으며 그의 어머니인 전(前) 황후 알라니아의 마리아의 집에서 자랐다. 그녀는 그리스어, 기하학, 음악, 천문학, 산술학, 역사, 지리, 그리스 철학 등 좋은 교육을 받았다. 콘스탄티노스는 1094년경에 사망했고, 안나는 1097년에 니키포로스 브리엔니오스(소(小) 니키포로스)와 결혼했다. 두 사람은 알려진 여섯 명의 자녀가 있었고 이들 중 이리니, 요안니스, 알렉시오스가 성년까지 생존했다.

   1118년 아버지가 사망한 후 그녀는 자기 남동생인 요안니스 2세 콤니노스를 폐위시키고 제위를 차지하려고 시도하였는데, 여기에는 안나와 요안니스의 어머니인 이리니 두케나 역시 뜻을 같이하였다. 그러나 안나의 남편은 그들에게 협조하기를 거부했고, 찬탈은 실패했다.

   그 결과 요안니스는 안나를 수도원으로 추방했고, 그녀는 그곳에서 여생을 보내게 되었는데, 이 『알렉시아드』는 이 기간에 쓰인 것이다. 그녀는 동생의 치세를 모두 지켜보았고 동생의 아들이자 조카인 마누일 1세 콤니노스 치세에 세상을 떠났는데, 따라서 그녀는 세 황제의 치세를 모두 지켜본 역사적 증인이 되었다. 그중 부부의 아들 알렉시오스는 마누일 1세 치세 당시 해군의 총사령관인 메가스 둑스가 되기도 했다.

'동로마 제국의 황제'
알렉시오스 1세 콤니노스
(Αλέξιος Α´ Κομνηνός)

생몰 : 약 1057년~1118년

재위 : 1081년~1118년

황후 : 이리니 두케나 (전前 왕조 두카스 왕조의 일원)

자녀 : '안나', 마리아, '요안니스 2세', 안드로니코스, 이사키오스, 에브도키아, 테오도라, 마누일, 조이

    1081년부터 1118년까지의 동로마 제국의 황제였다. 이전에 같은 가문의 이사키오스 1세 콤니노스가 있었기에 엄밀하게 말하면 콤니노스 가문의 첫 번째 황제는 아니었지만, 그의 통치 기간에 콤니노스 가문은 완전한 권력을 잡고 '제위 계승'을 시작했다. 알렉시오스 1세가 최종적으로 아들 요안니스 2세 콤니노스로 지명하여 공동 황제로 만든 것 역시 콤니노스 가문의 제위 계승을 위해서였다.

    만지케르트 전투를 큰 기점으로 하여 무너지는 제국을 물려받고 통치 기간 동안 소아시아의 셀주크 튀르크와 발칸 반도 서부의 노르만에 맞서 끊임없는 전쟁에 직면한 알렉시오스 1세는 동로마 제국의 쇠퇴를 억제하고 군사, 재정, 영토 회복을 시작할 수 있었다. 결과적으로 그는 위험한 위기를 극복하고 동로마 제국을 안정시켜 제국의 번영과 성공의 세기를 열었다고 평가받는다. 이러한 행보 중 셀주크 튀르크에 맞서 서유럽에 도움을 요청한 것은 제1차 십자군을 촉발한 촉매제였다. 이러한 십자군과의 관계에 대해서도 『알렉시아드』는 상세한 설명을 제공하는 1차 사료로 잘 알려져 있다.

알렉시오스는 특히 강력한 귀족 가문과의 긴밀한 동맹을 추구하였는데, 이 결과에 따라 대부분의 귀족이 자신의 대가족을 매개로 하여 정부에 흡수되었다. 이러한 정책은 관료제의 효율성을 떨어뜨린다는 결점도 있었지만 '제위 계승'에서는 결실을 맺었다. 그 이후 통치한 모든 동로마 황제는 혈통이나 결혼을 통해 그와 친족이 되었기 때문이다. 또한 그의 혈육 중 일부는 국외로 결혼했기도 했는데, 십자군과 관련해서는 현손녀인 마리아 콤니니가 예루살렘 왕 아모리와 결혼하였고 그 사이의 딸이 예루살렘 여왕 이사벨 1세가 되어 그 후대가 왕국이 멸망할 때까지 세습하였다.

니키포로스 브리엔니오스
(Νικηφόρος Βρυέννιος)

생몰 : 약 1062년~1137년

동로마 제국의 장군이자, 정치가 및 역사가였다. 안나 콤니니와의 좋았던 부부 금슬과는 대조적으로 그의 아버지(또는 아마도 할아버지)는 미하일 7세에게 반란을 일으켰지만, 미래의 알렉시오스 1세에게 패배하여 눈이 멀게 되었다는 이야기가 전해지기도 하는 등 복잡한 정치적 배경 속에서 태어났다.

그는 탁월한 능력으로 두각을 얻었으며, 장인 알렉시오스 1세를 통해 카이사르*, 판히페르세바스토스 칭호를 받았다. 또한 다양한 이력을 쌓았는데, 이 이력은 1차 십자군 동안 부용의 고드프루아에게서 콘스탄티노폴리스의 성벽을 효과적으로 방어하고, 알렉시오스 1세와 안티오히아의 보에몽 1세 사이의 평화조약(데볼 조약)을 수행했으며, 셀주크와의 관계에 대해서는 필로밀리온 전투에서 룸의 셀주크 술탄인 말리크샤를 패배시키는 데 크게 기여하였다.

장인 알렉시오스 1세가 죽은 후 그는 장모 이리니와 아내 안나가 처남 요안니스 2세를 폐위시키고 그를 제위에 올리려는 계획을 거부했다. 그의 작품 중 특정 구절을 본다면, 그는 정당한 상속자에게 반항하는 것을 범죄로 여겼던 것 같다. 이러한 그의 태도는 비교적 불안정하며 내전이 벌어지는 일 등도 상당히 있었던 동로마 제위의 안정성과 관련된 특성을 본다면 매우 이례적이면서도 매우 충성스러운 면모라고 해석될 수 있다.

그 덕분에 그는 처남이자 새로운 황제인 요안니스 2세와도 우호적인 관계

---

* 잘 알려진 로마 역사의 인물 율리우스 카이사르를 지칭하는 것이 아니라, 그의 이름을 딴 동로마 제국의 칭호이다.

를 이어갈 수 있었다. 이후 그는 처남의 시리아 원정에 동행하였으나, 병으로 인해 콘스탄티노폴리스로 돌아가 같은 해에 그곳에서 사망하였다. 이후 전술했던 대로 부부의 아들인 알렉시오스는 브리엔니오스의 처조카인 마누일 1세 당시 해군의 총사령관인 메가스 둑스가 되기도 했다.

1100년경 초반의 동로마 제국 영토

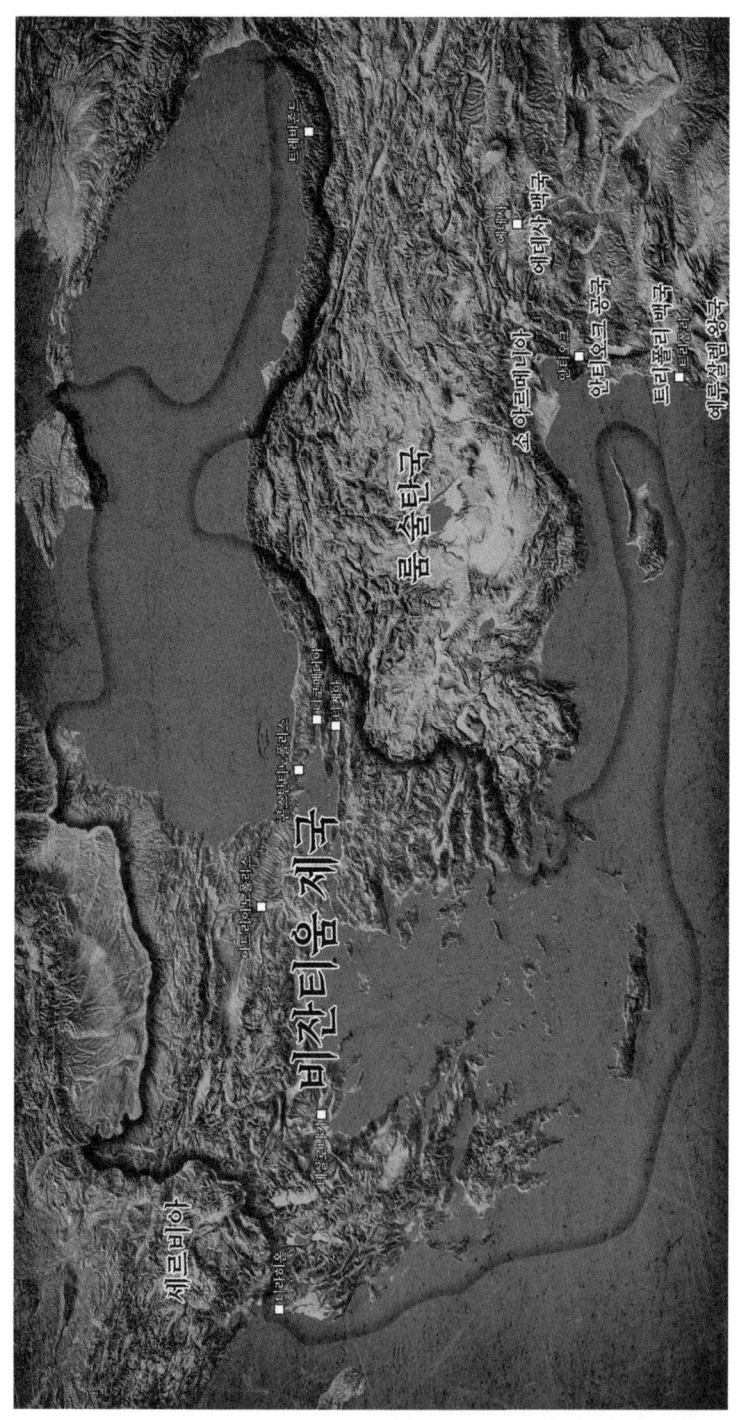

Congratulation 축사

『십자군 이야기』라는 만화를 그리며 『알렉시아드』라는 책을 만났다. 동로마 제국의 역사며 십자군 전쟁의 시작이며, 알고싶던 내용이 가득했다. 그런데 양도 많고 언어의 장벽도 있어, 술술 다 읽을 엄두를 내지 못했다. 안타까웠다. 그랬던 『알렉시아드』의 한국어판이 나온다. 이 얼마나 꿈 같은 일인가. 기쁘고 고마울 따름이다. 이제야 처음부터 끝까지 읽는구나. 오래 전 헤어진 어린 시절 친구를 만나듯 마음이 설렌다. -김태권(『김태권의 십자군 이야기』의 지은이)

기다리고 기다렸던, 한국어로 읽을 수 있는 알렉시아드. 동로마 제국의 황녀, 안나 콤니니의 숨결을 드디어 더욱 가깝게 느낄 수 있게 돼서 기쁘다. 그녀의 아버지인 황제 알렉시오스와 십자군, 그리고 그녀 자신을 둘러싼 혼란한 세상을 안나의 시선에서 널리 읽힐 수 있기를 바란다. -동사원형(『로마의 딸』, 『만화로 보는 일리아스』의 지은이)

알렉시아드는 고대 그리스의 신화와 문학의 유산을 풍부하게 활용하여 중세에도 여전히 그 유산이 버려지지 않았음을 보여주는 분명한 유산입니다. 어떤 식으로든 공식적으로 한국어로 이런 유산을 접할 수 있게 되었다는 건 좋은 일일 수밖에 없습니다. 시대가 변했음에도 옛 것 위에 공고히 올라 새 시대를 바라보면 어떤 글을 쓸 수 있는지, 안나 콤니니의 글을 통해 보게 될 것입니다. -물의백작(『동로마의 황제로 회귀하다』의 지은이)

한 사람의 로마-비잔티움사 애호가로서, 같은 역사를 사랑하는 애호가들이 힘을 모아 하나의 책을 번역하고 출간까지 했다는 사실이 감격스럽게 느껴집니다. 이번 『알렉시아드』의 출간을 계기로 한국의 기성 출판사들이 로마-비잔티움사의 시장성을 발견하여 다른 연구서와 사료들도 한국어로 소개되길 바랍니다. -최하늘(『비잔티움의 역사』의 번역가)

알렉시아드: 황제의 딸이 남긴 위대하고 매혹적인 중세의 일대기

초판 1쇄 발행일 2023년 12월 31일
초판 2쇄 발행일 2024년 4월 15일
지은이 안나 콤니니
옮긴이 장인식, 여지현, 유동수, 김연수
발행처 히스토리퀸
발행인 김연수
주소 경기도 용인시 기흥구 동백8로131번길 9
출판 등록 2022년 7월 20일 제2022-000078호
이메일 kys8702@naver.com
표지디자인 지지
편집 김연수
중세 그리스어 감수자 물의백작
인쇄 열림씨앤피
ⓒ장인식, 여지현, 유동수, 김연수, 2023

값 29,000원
ISBN 979-11-979587-5-5 03920

이 책은 저작권법에 의해 보호받는 저작물이므로 무단 전재와 무단 복제를 금합니다.
잘못 만들어진 책은 판권지의 연락처로 문의주시면 새로 드립니다.

책값과 바코드는 뒷표지에 있습니다.